本书为国家社会科学基金重大项目
"西沙群岛出水陶瓷器与海上丝绸之路研究"
（项目批准号：16ZDA145）成果之一

编辑委员会

国家文物局考古研究中心·考古报告系列 –5

华光礁一号沉船遗址发掘报告

（上）

国家文物局考古研究中心
海 南 省 文 物 局 编著
海南省文物考古研究所

文物出版社

图书在版编目（CIP）数据

华光礁一号沉船遗址发掘报告 / 国家文物局考古研究中心，海南省文物局，海南省文物考古研究所编著. -- 北京：文物出版社，2022.12
ISBN 978-7-5010-7851-6

Ⅰ.①华… Ⅱ.①国… ②海… ③海… Ⅲ.①沉船—考古发掘—研究—中国—宋代 Ⅳ.①K875.3

中国版本图书馆CIP数据核字(2022)第204736号

审图号：GS（2022）5422号

华光礁一号沉船遗址发掘报告

编　　著：国家文物局考古研究中心
　　　　　海　南　省　文　物　局
　　　　　海南省文物考古研究所

装帧设计：秦　彧
责任编辑：秦　彧　刘雅馨
责任印制：苏　林

出版发行：文物出版社
社　　址：北京市东城区东直门内北小街2号楼
邮　　编：100007
网　　址：www.wenwu.com
经　　销：新华书店
印　　刷：北京荣宝艺品印刷有限公司
开　　本：889mm×1194mm　1/16
印　　张：56.5　　插页：4
字　　数：1500千字
版　　次：2022年12月第1版
印　　次：2022年12月第1次印刷
书　　号：ISBN 978-7-5010-7851-6
定　　价：1500.00元（全三册）

Archaeological Report on the Excavations of Huaguang Jiao I Shipwreck Site

(I)

National Centre for Archaeology

Hainan Provincial Cultural Heritage Administration

Hainan Provincial Institute of Cultural Relics and Archaeology

Cultural Relics Press

内容简介

华光礁一号沉船遗址位于西沙群岛华光礁礁盘内侧，1996 年发现，1998 ～ 1999 年做过一次初步调查和试掘。2007 年 3 ～ 5 月、2008 年 11 ～ 12 月，中国国家博物馆、海南省文物保护管理办公室先后两次组队进行水下考古发掘，分别完成了华光礁一号沉船遗址的全面揭露和船载遗物发掘、船体表层测绘，船体遗迹的发掘和船体构件的测绘、拆解并提取出水。

华光礁一号沉船艏向为 320°，残存船体底部，水平残长 17.0、残宽 7.67 米。残存 10 道隔舱板，船舱进深多在 1.1 ～ 1.5 米。船底部保存较好，船体为多层船板结构，一般为 5 层，局部有 6 层；船体构件之间平接或搭接，并以铁钉加固，接缝处以舱料密封。出水遗物一万余件，有陶瓷器、铁条材、铜镜、铜钱等，以陶瓷器为大宗，有青白釉、青釉、白釉、酱黑釉等，产地有景德镇窑、龙泉窑、松溪窑、南安窑、德化窑、闽清义窑、磁灶窑等。其中，有一件闽清义窑青白釉碗（釉色略泛青）内壁刻有"壬午载潘三郎造"铭，从器物组合与特征分析，此"壬午"干支款应为南宋高宗绍兴三十二年，即 1162 年。因此，判断华光礁一号沉船年代应为此后不久。

从船体结构特征和出水遗物分析，华光礁一号沉船是一艘沉没于南海丝绸之路重要航线的南宋早期贸易商船。它不仅是宋代海上丝绸之路繁荣的重要实证，而且也是宋元时期造船技术、海外贸易和外销瓷研究的重要资料。

本书是 2007 年和 2008 年华光礁一号沉船遗址水下考古发掘的学术报告，是两个年度工作成果的全面、客观、系统的总结，是中国水下考古的一项重要成果。

Abstract

The Huaguang Jiao I shipwreck site was located on the inner side of Huaguang Jiao Reef of the Paracel Islands. It was discovered in 1996. A preliminary investigation and trial excavation were conducted from 1998 to 1999. National Museum of China and the Hainan Provincial Office of Cultural Relics Protection and Administration had organized archaeology team twice to conduct underwater archaeology excavations, respectively from March to May 2007, and from November to December 2008. The Huaguang Jiao I shipwreck site was fully revealed. The ship cargo remains were dug out. The ship hull's surface was measured and recorded. The next year the ship hull remains were excavated. The hull's components were measured, recorded, disassembled and lifted out of water.

The bow's direction of Huaguang Jiao I shipwreck is 320 °. The bottom of the hull is remained, with a horizontal residual length of 17.0 m and a residual width of 7.67 m. There are 10 bulkhead plates left. The width of most cabins is between 1.1-1.5 m. The bottom of the ship is well preserved. The hull structure has multi-layer plates, which have 5 layers for most parts and 6 layers for certain parts. Hull components are connected with flush joints or overlap joints, which are strengthened with iron nails. The joints are sealed with adhesive materials. There are more than 10000 pieces of artifacts from the site, including ceramics, iron bars, bronze mirrors, copper coins, etc. The majority are ceramics, including celadon, qingbai glaze wares, brown and black glaze wares, etc. The identified provenance kilns include Jingdezhen Kiln, Longquan Kiln, Songxi Kiln, Nan'an Kiln, Dehua Kiln, Yi Kiln of Minqing, Cizao Kiln, etc. Amongst, there is a qingbai bowl (the glaze color is slightly bluish) made by the Yi Kiln of Minqing, which is carved with an inscription of "Ren Wu Zai Pan San Lang Zao". Based on analysis of the combination and characteristics of the artifacts, the "Ren Wu" should refer to the Year 32nd of Shaoxing Reign of Gaozong Emperor in Southern Song Dynasty, i.e., 1162 C.E. Therefore, conclusions could be drawn that the Huaguang Jiao I shipwreck was supposed to sink shortly thereafter.

By analyzing the hull structure's characteristics and the artifacts from the site, Huaguang Jiao I shipwreck was a merchant ship of early Southern Song Dynasty sunken on the important shipping routes of the Maritime Silk Road in South China Sea. It is not only important evidence of the prosperity of the Maritime Silk Road of Song Dynasty, but also a significant material for studying shipbuilding technology, maritime trade and export ceramics during the Song and Yuan Dynasties.

This book is an academic report on the underwater archaeological excavations on the Huaguang Jiao I shipwreck site in 2007 and 2008. It is a comprehensive, objective and systematic summary of the achievements of the two years' work. It is an essential outcome of China's underwater archaeology work.

目　录

（上）

（中）

第四章　出水遗物 …………… 289

（下）

插图目录

附图目录

插表目录

彩版目录

第一章　前言

　　我国是一个海洋大国，拥有 18400 多千米的海岸线以及 300 多万平方千米的领海和管辖海域，在这些海域内沉睡着大量各类水下文物，它们是中国文化遗产的重要组成部分。南海是太平洋与印度洋之间重要的海上走廊，是人类海洋贸易活动和东西文化、经济交流的重要桥梁；同时，南海地区自然资源丰富，拥有大量的海产资源和生物资源。中国先民发现、开发并利用南海的历史非常悠久，自汉唐时期始，中国人开创了途经南海的海外交通线，逐步形成了著名的海上丝绸之路。伴随着大量的航海活动，中国古代有相当多的船舶及物品沉没于海洋，形成了无以计数的水下文化遗存，这在海外贸易发达的宋代尤为明显，我国水下考古已发现的福建连江定海湾白礁一号沉船[1]、平潭大练岛西南屿沉船[2]、莆田北土龟礁一号沉船[3]、龙海半洋礁一号沉船[4]、广东台山南海一号沉船[5]、海南西沙华光礁一号沉船等；或因海岸线变迁等不同原因淤没于港口或港湾，如著名港口明州的和义路沉船[6]、东门口沉船[7]和泉州的后渚沉船[8]、法石沉船[9]，形成了海上丝绸之路上的一处处遗珍（图 1-1）。其中，华光礁一号沉船位于西沙群岛这一南海贸易航线的关键节点，保存状况较好，出水遗物丰富，是这类水下文化遗存的典型代表。

　　西沙群岛属于海南省三沙市，位于南海的西北部，由宣德环礁、永乐环礁、东岛环礁、华光礁、玉琢礁、浪花礁、北礁、盘石礁等八个环礁和嵩涛滩与一些海山组成。华光礁地处西沙群岛西部靠南海域，华光礁一号沉船遗址位于华光礁环礁内的西北边缘，1996 年由渔民发现，1997 年曾遭到非

---

[1]　中国国家博物馆水下考古研究中心等：《福建连江定海湾沉船考古》，科学出版社，2011年。

[2]　国家文物局水下文化遗产保护中心等：《福建沿海水下考古调查报告（1989～2010）》，文物出版社，2017年，第19～26页；福建沿海水下考古调查队：《福建沿海水下考古调查》，《文物》2014年第2期，第29～40页。

[3]　国家文物局水下文化遗产保护中心等：《福建沿海水下考古调查报告（1989～2010）》，文物出版社，2017年，第163～186页；福建沿海水下考古调查队：《2008莆田沿海水下考古调查简报》，《福建文博》2009年第2期，第4～6页。

[4]　国家文物局水下文化遗产保护中心等：《福建沿海水下考古调查报告（1989～2010）》，文物出版社，2017年，第277～304、382～386页；福建沿海水下考古调查队：《福建沿海水下考古调查》，《文物》2014年第2期，第29～40页。

[5]　国家文物局水下文化遗产保护中心等：《南海Ⅰ号沉船考古报告之一——1989～2004年调查》，文物出版社，2017年；广东省文物考古研究所：《2011年"南海Ⅰ号"的考古试掘》，科学出版社，2011年；"南海Ⅰ号"考古队：《"南海Ⅰ号"宋代沉船2014年的发掘》，《考古》2016年第12期，第56～83页；国家文物局水下文化遗产保护中心等：《南海Ⅰ号沉船考古报告之二——2014～2015年发掘》，文物出版社，2018年。

[6]　龚昌奇、丁友甫、褚晓波、席龙飞：《浙江宁波和义路出土古船复原研究》，宁波市文物考古研究所：《宁波文物考古研究文集》，科学出版社，2008年，第183～188页；宁波市文物考古研究所等：《发现——宁波地域重要考古成果图集（2001～2015）》，宁波出版社，2016年，第326～331页。

[7]　林士民：《宁波东门口码头遗址发掘报告》，浙江省文物考古所：《浙江省文物考古所学刊》，文物出版社，1981年，第105～129页。

[8]　福建省泉州海外交通史博物馆：《泉州湾宋代海船发掘与研究》，海洋出版社，1987年；泉州湾宋代海船发掘报告编写组：《泉州湾宋代海船发掘简报》，《文物》1975年第10期，第1～18页。

[9]　中国科学院自然科学史研究所等：《泉州法石古船试掘简报和初步探讨》，《自然科学史研究》1983年第2期，第164～172页。

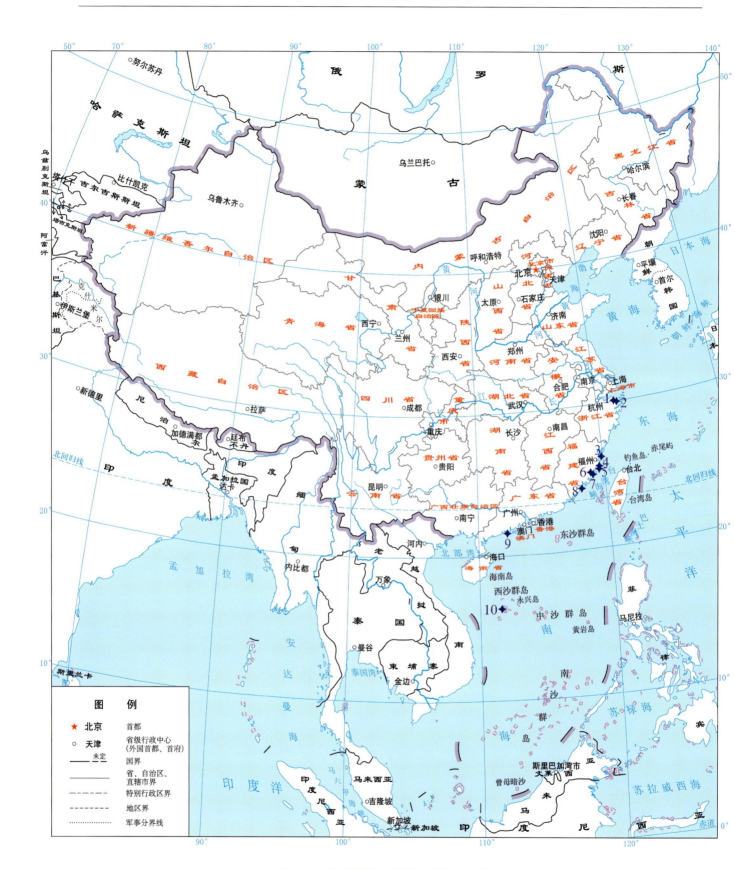

图1-1　中国沿海宋代沉船位置示意图

1.浙江宁波和义路沉船　2.浙江宁波东门口码头沉船　3.福建连江定海湾白礁一号沉船　4.福建平潭大练岛西南屿沉船　5.福建莆田北土龟礁一号沉船　6.福建泉州湾后渚沉船　7.福建泉州法石沉船　8.福建龙海半洋礁一号沉船　9.广东台山南海一号沉船　10.海南西沙华光礁一号沉船

法盗掘，沉船遗址破坏严重。1998 年 12 月 23 日至 1999 年 1 月 4 日，中国历史博物馆和海南省文物部门在西沙群岛水下考古调查期间，做过一次初步的抢救性试掘工作，出水文物 850 余件，绝大部分是青白釉瓷器，间或有青釉、褐釉器物，从产地上看大多来自于福建闽南一带窑场，年代属南宋。据此，我们推断华光礁一号沉船的性质是一条古代贸易商船。该船在满载着中国瓷器等货物前往东南亚等地进行贸易途中，遇到过分强大的海面风浪驶近华光礁，终因风浪过大，没有机械动力的帆船失去控制，被风浪吹至礁盘北侧的珊瑚礁浅滩水域，搁浅遇难沉没。这次工作的成果已在《西沙水下考古（1998 ～ 1999）》报告中全面展现[1]。

此后，由于水下考古经费、远海作业等诸多因素限制，加之 2001 ～ 2004 年重点开展广东南海一号沉船调查工作[2]，西沙群岛水下考古工作一度未能继续开展。直至 2005 年，中国国家博物馆和海南省文物保护管理办公室商议重启华光礁一号沉船遗址发掘项目，并于 2006 年 8 月正式向国家文物局上报发掘方案，项目由中国国家博物馆水下考古研究中心主持，实行项目领队负责制，由张威具体负责，水下考古队员由经过培训的全国水下考古专业人员中调选，原定工作时间为 2006 年 10 月至 12 月。根据国家文物局《关于开展西沙华光礁沉船遗址抢救性发掘和北礁海域水下文物调查工作的批复》（文物保函〔2006〕1246 号），原则同意工作方案，要求明确经费安排及文物保存等问题，在确保南海一号沉船打捞工作顺利进行的前提下，做好此次抢救性发掘和调查工作。经数月前期协调和准备工作，2007 年 3 月，正式启动华光礁一号沉船遗址发掘项目，西沙海域也进入理想工作时间。本年度发掘期间，清理至船底板后，发现华光礁一号沉船船体大部分已断裂摊散，但仍然保存有较好的船底板等构件，残长 18.4、残宽最宽处约 9.0 米，保留有 10 道抱梁肋骨，残存 11 个隔舱。但限于当年工作季节和人员、经费等因素，经综合评估后确定本年度发掘在完成船内文物清理和船体表层结构测量绘图后，做好遗址回填保护后结束，船体则于第二年作为第二阶段的发掘任务。2008 年 1 月，第二阶段发掘工作方案上报后，根据国家文物局《关于开展西沙华光礁沉船遗址第二阶段发掘和北礁海域水下文物调查工作的批复》（文物保函〔2008〕84 号），原则同意发掘方案，进一步明确了经费安排及文物保存等问题。经多方准备，第二阶段发掘工作于 2008 年 11 月开始，对华光礁一号沉船船体进行了清理、测绘，并逐层拆卸、分解，511 块船体构件全部发掘出水，圆满完成了华光礁一号沉船遗址的水下考古发掘工作。

华光礁一号沉船遗址发掘是中国海疆考古"十一五"发展规划中重要项目之一，也是继福建平潭碗礁一号清代沉船遗址之后，中国水下考古一次重要的大规模的抢救性发掘工作，对沉船做了全面揭露、清理和遗物提取，发掘工作分为两个阶段进行。其中，第一阶段 2007 年 3 ～ 5 月，主要完成沉船遗址的全面揭露，围绕沉船中心布设 2 米见方的探方，进行了沉船遗址的表层清理和全面揭露，逐层、按探方清理船内遗物，总发掘面积约 370 平方米。由于沉船保存较差，船体上层构件已不存，船舱内也仅存船底隔舱，无法完全按船舱进行揭露，但通过探方可大体记录船载物的分布情况。船内遗物提取后，还完成了船体的平面测绘。经本年度考古发掘，共计出水了 1 万余件陶瓷器、铜镜、铁器等文物。第二阶段 2008 年 11 ～ 12 月，在上一季度工作基础上，遵循考古学的基本原则，对饱

---

[1] 中国国家博物馆水下考古研究中心、海南省文物保护管理办公室：《西沙水下考古（1998～1999）》，科学出版社，2006 年。
[2] 国家文物局水下文化遗产保护中心等：《南海 I 号沉船考古报告之一——1989～2004 调查》，文物出版社，2017 年。

水古代木质沉船船体采用逐层拆卸、分解出水的方法进行全面考古发掘，先后清理测绘、分解提取出水了511块船体构件，取得了重要学术成果[1]。此外，发掘期间，还采集了各个部位船板、舱料、珊瑚砂等近百个不同样品进行鉴定和测试，以全面获取船体及其保存环境等信息。在完成现场的临时保护处理后，出水遗物和船体构件则全部运回博物馆进行后期的实验室脱盐、脱水等保护处理[2]。由于遗址远离大陆、保护条件有限，在两个工作季期间，遗址虽获回填保护，但又遭到了一定程度的破坏。

　　两个年度的发掘工作均得到了国家文物局的高度重视和关心支持，特别是2008年11月17日时任国家文物局局长单霁翔率团赴水下考古发掘现场调研并慰问水下考古队员（图1-2）。工作也得到了海南省文化广电出版体育厅、海南省文物保护管理办公室的协调支持；中国国家博物馆则具体承担了项目实施工作，并先后给予专项经费支持。考古发掘工作的顺利开展和圆满完成，也离不开各兄弟单位的鼎力相助和每一位水下考古队员的辛苦付出。

　　华光礁一号沉船遗址的成功发掘，是我国水下考古事业发展史上的一项重要成果，具有十分重要的意义。一是华光礁一号沉船是迄今我国水下考古工作中所完成的唯一一处远海海域的沉船遗址发掘，由于其所处的地理位置，为宋代海外贸易和古代海上丝绸之路研究提供了非常宝贵的实例，是中国人最早到达、最先开发南海诸岛的最好的历史见证。二是继2007年南海一号沉船整体打捞出水后，华光礁一号沉船遗址是我国水下考古工作者再次完成的一项完整的古代沉船水下考古发掘项目。由于沉船遗址所处的自然环境，良好的水下能见度，使得我们严格遵循考古工作规程和水下考古国际规范的原则，进行了一次我国水下考古工作开展以来，最为科学、最为规范和实施最严谨的水下考古发掘实践，这对于中国水下考古学科建设和专业队伍的提高具有很大的推动作用。

　　发掘工作结束后，我们旋即组织了华光礁一号沉船发掘资料的整理和报告的编撰。需要指出的是，在本报告整理过程中，按考古遗址或遗迹常用记录原则，沉船遗址也可看作一个独立的遗迹单位，在正文中以汉字编号表示[3]，即记为华光礁一号沉船遗址，除非特殊强调或需突出表现，名称一律不加引号[4]，本报告除所引原文献名称中保留原记录样式外，正文中均统一为此格式；在沉船遗址记录缩写中，我们沿用了以往水下考古记录的缩写原则，以沉船的英文（Wreck）首字母"W"记录沉船遗址，沉船的汉字编号相应地以阿拉伯数字表示，如一号沉船遗址记为W1；为明确西沙群岛岛礁名称，我们以汉语拼音的首字母组合表示，即以"XS"表示西沙群岛，以"HG"表示华光礁，编号前面加年度前缀，2007年度西沙华光礁一号沉船遗址相应地记录编号为07XSHGW1；

　　[1] 赵嘉斌：《水下考古学在中国的发展与成果》，《水下考古学研究》第1卷，科学出版社，2012年，第13～56页；海南省博物馆：《大海的方向——华光礁Ⅰ号沉船特展》，凤凰出版社，2011年；吕章申：《中国国家博物馆水下考古成果》，安徽美术出版社，2015年。

　　[2] 华光礁一号沉船清理出水遗物除部分标本现藏于中国国家博物馆外，其余绝大多数遗物和船体构件均存放于海南省博物馆，目前正进行后期保护处理，参看包春磊：《"华光礁一号"南宋沉船出水文物的保护》，《南海水下文化遗产》第一辑，江苏人民出版社，2015年，第67～78页；包春磊：《华光礁Ⅰ号出水铁器文物的腐蚀与保护措施》，《腐蚀与保护》2012年第7期，第614～617、625页；杨传森、王菊琳、张治国：《华光礁出水铁器腐蚀产物及脱盐研究》，《化工学报》2011年第9期，第2582～2587页；陈岳、李乃胜、罗武干、王昌燧：《华光礁Ⅰ号出水瓷器脱盐方法研究》，《江汉考古》2013年第1期，第117～122页。

　　[3] 以往工作中有的以罗马数字表示沉船遗址序号，多有不便，与中国考古遗迹记录方法也不太一致，故统改之。

　　[4] 根据中华人民共和国国家标准《标点符号用法》（GB/T15834-2011），此类沉船名称一般为考古学遗址或遗存、遗迹命名而来，而非原船舶固有的专用名词或特定用语，即使作为特定名称也可以不使用引号，如果沉船或航行器本身所固有名称，则中文名称可加引号，但需将"号"字放在引号内。实际上，如果考古报告或文章中但凡遇到沉船名称均要加上引号，则是完全没有必要且甚是累赘的，也是不符合考古命名规范和行文习惯的。

图1-2　时任国家文物局局长单霁翔一行调研华光礁一号沉船遗址发掘现场

由于华光礁一号沉船遗址出水遗物编号在整理过程中又进行了统一编号，器物编号加在沉船编号之后，中间以冒号作间隔，即07XSHGW1：1、2、3……，本报告中若无特殊说明，则简称为W1：1、W1：2、W1：3……；船体构件则另外添加简称"船构"的汉字拼音首字母"CG"，其后沿用考古发掘时的编号，全称即08XSHGW1CG1、2、3……，本报告中若无特殊说明，则简称为CG1、CG2、CG3……。

　　华光礁一号沉船遗址水下考古发掘报告的编撰，虽几经周折，迟至今日方才得以付梓，但本报告仍尽力全面、客观、系统地呈现两个阶段的考古发掘资料与工作成果。我们相信，本报告的出版，不仅为古代海上丝绸之路和宋代航海史、造船技术、陶瓷外销、海外贸易等相关专业领域研究提供了十分宝贵的实物资料，同时也展现了中国水下考古人艰辛探索和取得的丰硕成果。

第二章 发掘概述

第一节 地理环境与遗址概况

一 地理环境

西沙群岛与东沙群岛、中沙群岛及南沙群岛统称为南海诸岛，这些岛屿绝大部分是由珊瑚堆积形成的。南海地处中国南部，北邻广东省、台湾省、广西壮族自治区和海南岛；西邻越南、柬埔寨、泰国、马来西亚、新加坡；东邻菲律宾；南邻马来西亚、文莱、印度尼西亚（图2-1）。平均水深1212米，最大水深5377米[1]。西沙群岛位于我国南海的西北部，隶属海南省三沙市，距离海南省三亚榆林港约330千米，北纬15°47′ ～ 17°08′、东经110°10′ ～ 112°55′之间[2]。西沙群岛北接西沙北海槽，南对南海盆地，西邻海南大陆架，东至中沙海槽，地处南海西部大陆坡台阶上，海底地形为西沙海台。西沙群岛全为低矮的岛礁，由岛屿、沙洲、礁、滩组成。除高尖石为玄武岩质的火山岛外，其余的岛屿、沙洲、礁、滩均为珊瑚岛。礁由珊瑚体组成，分为环礁和台礁两种，水深3 ～ 5米，其中的环礁呈截顶锥状，上部出露接近海面。西沙群岛由宣德环礁、永乐环礁、东岛环礁、华光礁、玉琢礁、盘石礁、浪花礁和北礁等8个大型环礁和金银岛、中建岛2个台礁和嵩焘滩与一些海山组成，有29个天然岛屿，岛屿面积约10平方千米，海域面积50余万平方千米[3]。

南海海域地处亚洲大陆南部的热带和亚热带区域，与我国南海其他诸岛一样，西沙群岛属于热带海洋季风气候，受低纬度热带天气系统（副热带高压、热带辐合带、热带低压、热带气旋）和北半球中、高纬度天气系统的影响，气候长夏无冬，季风盛行，空气湿润，雨量充沛[4]。全年平均日照时数为2900小时；年平均气温26.5℃；年平均降水量为1392.2毫米，集中于台风雨和热雷雨季节，其他季节降水极少。西沙群岛处于南海的风能高值地区，季风和热带气旋风盛行，4 ～ 5月波浪略少，波高只有0.7 ～ 0.9米，其他月份风浪和涌浪较大，11月份波高最大；年平均波高风浪1.3米，涌浪1.8米。东北季风期（每年11月～翌年4月），以东北浪为主，海流向西南流；西南季风期（6 ～ 9月），以西南浪为主，浪大，整体上海流向东北流。西沙群岛海域水质极佳，能见度20 ～ 25米；

---

[1] 刘忠臣等：《中国近海及邻近海域地形地貌》，海洋出版社，2005年，第16页。

[2] 孙立广、刘晓东等：《南海岛屿生态地质学》，上海科学技术出版社，2014年，第24页。

[3] 王文介：《华南沿海和近海现代沉积》，科学出版社，1991年，第134页；刘忠臣等：《中国近海及邻近海域地形地貌》，海洋出版社，2005年，第94页。

[4] 中国国家博物馆水下考古研究中心、海南省文物保护管理办公室：《西沙水下考古（1998～1999）》，第二章第一节，科学出版社，2006年，第10～12页。

图2-1　西沙群岛位置图

图2-2　华光礁一号沉船遗址位置示意图

表层水温月平均为 23.9℃（12月）至 30.2℃（5、6月），最高 32.5℃，最低 21.2℃；表层盐度各月平均 32.67‰（11月）至 33.84‰（5月），最高 34.11‰，最低 27.99‰[1]。西沙群岛的潮汐以不规则日潮为主，平均潮差约 1 米。

华光礁位于西沙群岛的中部靠南，属于永乐群岛，地理坐标为北纬 16°19′～16°22′、东经 111°57′～112°06′，为暗礁类型（图2-2）。环礁沉积相带分为礁前相、礁坪相、潟湖相、点礁带和礁内礁。其中，礁前相水深变化平缓，分三级向外海渐深，每级宽约 100 米，水深级差分别为 3～4、5～9、9～12 米；礁坪相呈东西向环礁，西南礁坪宽约 1000、东北礁坪宽约 2000 米，顶面位于水面下 0～2 米，基底为生长良好的珊瑚及钙质生物沙，造礁珊瑚就有 89 种之多[2]，而且长势较好，块状与粗大分枝状的并存；潟湖相基底分布有钙质生物沙、珊瑚及软体动物，湖底起伏不平，水深 16～21 米，珊瑚礁、沙堤高低不同，分布有 40 余个大小不一的点礁带，近水面 3～8 米，礁内航行有一定风险；礁内礁有 5 个，其中较大的岛礁高出水面约 1 米，面积约 9000 平方米，位于南礁门内北面 700 米处，其余 4 个较小，位于环礁北面内礁坪边，相距 1 千米。华光礁与外海有 3 个通道，南面有 2 个，其中西南面入口较好，水深达 2 米，宽数十米，可供较大船只进出；东南面入口水深约 10 米；北面为假门，水深仅 1 米，宽约 100 米，大型船只较难进出[3]。

华光礁的东北礁坪因东北季风的冲蚀，礁坪变得平缓宽广，基底较难形成大面积活的珊瑚群落，表面以大颗粒珊瑚沙为主，下层则杂有大量死去的柱状珊瑚骨骼，3～5 米深度内未发现板结，表明近代沉积速度较快。华光礁环礁内的潟湖面积较大，但湖内分布密集的点礁带则对避风的船只威胁巨大。外礁盘周围近礁盘水域，基底较为平缓，但水较浅，在强大的季风和台风时期，航行船只极易触礁。因此，点礁带分布密集的环礁区域和外礁盘水域是风帆时代较易发生沉船事故地带。

[1] 朱袁智：《西沙群岛岛屿生物礁》，《南海海洋科学集刊》第2集，科学出版社，1981年，第33～47页。
[2] 王文介等：《华南沿海和近海现代沉积》，科学出版社，1991年，第117页。
[3] 中国国家博物馆水下考古研究中心等：《西沙水下考古（1998～1999）》，第二章第二节，科学出版社，2006年，第16～17页。

二　历史沿革

南海，我国古代称之为"涨海"。汉杨孚《异物志》记载有"涨海崎头，水浅而多磁石，徼外人乘大舶，皆以铁锢之，至此关，以磁石不得过"[1]；三国时期吴丹阳太守万震在《南州异物志》则有"句稚，去典游八百里，有江口，西南向，东北行，极大崎头，出涨海中，浅多磁石"[2]。这里的"涨海"即对包括南海诸岛在内的南中国海的称呼，"崎头"则是对海中岛礁的称呼。吴人康泰的《扶南传》则记曰："涨海中，倒珊瑚洲，洲底有盘石，珊瑚生其上也。"[3]这便记述了珊瑚礁盘的特征。晋谢承《后汉书》曰："汝南陈茂，尝为交趾别驾。旧刺史行部，不渡涨海。刺史周敞，涉海遇风，船遇覆没。茂拔剑诃骂水神，风即止息"[4]，并记"交趾七郡贡献，皆从涨海出入"。《旧唐书·地理志四》：（海丰）"南海在海丰县南五十里，即涨海，渺漫无际。"[5]由此也知，"涨海"是一个较大的地理概念，甚至包括了今中南半岛、印尼、菲律宾等东南亚一带海域。

我国开发、利用和管辖南海的历史悠久，《汉书·地理志》中已详细记载了自"日南障塞、徐闻、合浦船行"通往东南亚各地乃至印度洋的海上航线[6]。东汉时地方官吏已开始巡视，宋乐史《太平寰宇记》也记有：（东莞县）"珊瑚洲，在县南五百里，昔有人于海中捕鱼得珊瑚"[7]。宋人赵汝适《诸蕃志》记有海南"外有洲曰乌里、曰苏密、曰吉浪，南对占城，西望真腊，东则千里长沙、万里石床，……四郡凡十一县，悉隶广南西路，环拱黎母山"[8]，开宝四年（971年）"置巡海水师"巡视南海，"从屯门山用东风，西南行七日至九乳螺洲，又三日至不劳山，又南三日至陵山东，其西南至大食、佛师子、天竺诸国，不可计程"。此时，西沙群岛已被称为"九乳螺洲"，或"七洲洋"[9]。宋元以来，也被称为"长沙""千里长沙""万里石床""万里石塘"等[10]，明清时期归琼州府管辖。1876年，清政府驻英国公使郭嵩焘在其著《使西纪程》中明确指出："（光绪二年十月）二十四日午正行八百三十一里，在赤道北十七度三十分，计当琼南二三百里，船人名之曰齐纳西（China Sea之音译），犹言中国海也。……左近帕拉苏岛（Paracel Islands，即西沙群岛），出海糁，亦产珊瑚，而不甚佳，中国属岛也。"[11]1909年5月（宣统元年四月间），清政府两广总督张人骏命广东水师提督李准率伏波、

[1]　（汉）杨孚：《异物志》，见（明）唐胄纂修：《正德琼台志》卷九，土产下，药之属，引《异物志》，1964年据宁波天一阁藏明正德残本影印，《天一阁藏明代方志选刊》，上海古籍书店，1982年重印。

[2]　（吴）万震：《南州异物志》，见（宋）李昉等撰：《太平御览》卷七百九十《四夷部十一·句稚国》引，中华书局，1960年，第3501页。

[3]　（吴）康泰：《扶南传》，见《太平御览》卷六十九《地部三十四·洲》引，中华书局，1960年，第327页。

[4]　（晋）谢承：《后汉书》，见《太平御览》卷六十《地部二十五·海》引，中华书局，1960年，第287页。

[5]　（后晋）刘昫等：《旧唐书》卷四十一《志第二十一·地理志四》，中华书局，1975年，第1715页。

[6]　（东汉）班固：《汉书》卷二八下《地理志》，中华书局，1962年，第1671页。

[7]　（宋）乐史撰：《太平寰宇记》卷一百五十七，《岭南道一·广州·东莞县》，王文楚等点校本，中华书局，2007年，第3019页。

[8]　（宋）赵汝适：《诸蕃志》，杨博文校释本，中华书局，2000年，第216页。

[9]　（宋）吴自牧：《梦粱录》卷十二，"江海船舰"，《东京梦华录》（外四种），古典文学出版社，1956年，第236页。

[10]　刘南威：《南海诸岛地名初探》，《岭南文史》1985年第2期，第94～98页；林金枝：《石塘长沙资料辑录考释》，《南洋问题》1979年第6期，第100～126页；曾昭璇：《中国古代南海诸岛文献初步分析》，《中国历史地理论丛》1991年第1期，第133～160页；周运中：《南澳气、万里长沙与万里石塘新考》，《海交史研究》2013年第1期，第35～43页。

[11]　（清）郭嵩焘：《使西纪程》，（清）王锡祺辑：《小方壶舆地丛钞》第十一帙，光绪中，上海著易堂排印本，第147页。

琛航、广金三舰巡视西沙群岛，登岛查勘，升旗鸣炮，刻石竖碑，采用现代命名方式将西沙群岛中的15个岛屿正式定名为"琛航""甘泉""珊瑚"等并沿用至今[1]。清代晚期至二战期间，帝国主义列强疯狂劫掠我国领土，法国、日本等先后霸占西沙、南沙大部分岛屿。日本投降后，中国相继恢复了对南海诸岛的主权，国民政府于1946年11月24日，派海军"永兴""中建"两舰接管了西沙群岛，并建立收复西沙纪念碑；12月12日，派"太平""中业"两舰接管南沙群岛，也勒石记铭，并在太平岛上设立"南沙群岛管理处"，重新确定了各岛礁的名称，并派兵驻守，南海诸岛暂时隶属于海军司令部。1947年，中华民国政府将西沙、南沙、东沙、中沙群岛归辖于海南特别行政区。1950年，海南岛解放后，中华人民共和国将其归广东省人民政府管辖，属海南行政区；1959年，设立西沙群岛、南沙群岛、中沙群岛办事处，隶属于广东省；1969年，更名为广东省西、南、中沙群岛革命委员会；1981年，恢复为广东省西沙群岛、南沙群岛、中沙群岛办事处，属县级办事机构；1984年海南行政区成立后，由海南行政区人民政府管辖；1988年，更名为海南省西沙群岛、南沙群岛、中沙群岛办事处，为海南省人民政府的派出行政机构[2]。2012年，撤销西沙群岛、南沙群岛、中沙群岛办事处，建立地级三沙市，政府驻西沙永兴岛，下辖西沙群岛、中沙群岛、南沙群岛的岛礁及其海域，陆海面积200多万平方千米，下设西沙区、南沙区[3]。

　　西沙群岛是古代中国通往南洋各国及至印度洋地区的交通要地，是连接太平洋、印度洋的海上通道要冲[4]，不仅蕴藏着丰富的海洋渔业资源，也是古代海上丝绸之路航线的重要节点，经由该地的海上贸易颇为发达，这在文献记载与考古资料上均有大量证据。然而，由于该海域岛礁林立，触礁风险颇大，"海洋近山礁则水浅，撞礁必坏船"[5]，加之海况复杂，"上下渺茫，千里一色"[6]，如遇恶劣天气，也是古代航海事故多发地带。也正因为如此，西沙群岛独特的地理位置和自然环境条件，使得该海域有着丰富的水下文化遗存，近些年来的水下考古调查与发掘工作，发现了一大批水下文化遗存地点[7]，即明证。

　　[1]　（清）李准：《李准巡海记》，据其巡阅南海时所撰《巡海纪事》摘录刊出，《国闻周报》1933年第10卷第33期，1933年8月21日。李准巡视西沙应为宣统元年（1909年），此处所刊光绪三十三年（1907年）为巡视东沙群岛时间。参阅：陈天赐：《西沙岛东沙岛成案汇编·西沙岛成案汇编》，香港：商务印书馆，1928年；郭渊：《清末初勘西沙之中外文献考释》，《南海学刊》2019年第1期，第46～59页；王静：《清末两广总督派舰复勘西沙及法国认知之演变》，《南海学刊》2019年第1期，第60～74页；周鑫：《宣统元年石印本〈广东舆地全图〉之〈广东全省经纬度图〉考——晚清南海地图研究之一》，《海洋史研究（第五辑）》，社会科学文献出版社，2013年，第216～286页。

　　[2]　孙立广、刘晓东等：《南海岛屿生态地质学》，上海科学技术出版社，2014年，第29页。

　　[3]　李国强：《中国三沙市》，人民出版社，2013年。

　　[4]　韩振华：《七州洋考》，《南洋问题研究》1981年第3期，第1～31页。

　　[5]　（宋）吴自牧：《梦粱录》卷十二，"江海船舰"，《东京梦华录》（外四种），古典文学出版社，1956年，第236页。

　　[6]　（宋）王象之：《舆地纪胜》卷一百二十七，"广南西路·吉阳军·风俗形胜"条，引《琼管志》（1203～1208年）文，北京：中华书局，1992年；（宋）祝穆撰，祝洙增订：《方舆胜览》卷四十三，"海外四州·吉阳军·形胜"条，同引《琼管志》："其外则乌里苏密、吉浪之洲，南与占城相对，云云，东则千里长沙、万里石塘，上下渺茫，千里一色，舟舶往来，飞鸟附其颠颈而不惊。"施和金点校本，中华书局，2003年，第776页。

　　[7]　赵嘉斌：《南海海域水下考古工作概况——以西沙群岛水下考古调查与文物巡查为重点》，《南海水下文化遗产》第一辑，江苏人民出版社，2015年，第47～58页。

1. 遗址海床表面堆积状况

2. 遗址海床表面珊瑚

3. 遗址海床表面珊瑚

图2-3 遗址海床表面堆积

三 既往工作

华光礁一号沉船遗址位于华光礁礁盘内西北边沿（图 2-2），遗址表面为生长良好的珊瑚及大颗粒的钙质生物沙，受盗掘破坏区域珊瑚大多坏死，表面及其下由交织成片的柱状珊瑚骨骼、板结的珊瑚沙等构成，并夹杂有大量瓷器残片（图 2-3、4）。水浅流缓，潮差小，水深 2～3 米（低潮～高潮），因堆积深度差异，遗址浅处仅 1 米左右，水下能见度约 25 米。

由于沉船位于礁盘内水下，表层覆盖物较多，在未被扰动以前很难发现。因此，1974 年 3～5 月、1975 年 3～5 月，文物工作者在西沙群岛 10 余处岛礁开展文物调查时，并未发现[1]。1996 年 4～5

[1] 广东省博物馆：《西沙文物——中国南海诸岛之一西沙群岛文物调查》，文物出版社，1975年；广东省博物馆：《广东省西沙群岛文物调查简报》，《文物》1974年第10期，第1～29页；广东省博物馆、广东省海南行政区文化局：《广东省西沙群岛第二次文物调查简报》，《文物》1976年第9期，第9～27页；广东省博物馆、广东省海南行政区文化局：《广东省西沙群岛北礁发现的古代陶瓷器——第二次文物调查简报续编》，《文物资料丛刊》第6辑，文物出版社，1982年，第151～168页；何纪生：《遗留在西沙群岛的古代外销陶瓷器》，《古陶瓷研究》第一辑，1982年，第132～136页。此二次调查发现的资料，后再经整理另刊，参看蔡奕芝：《1974～1975西沙群岛文物调查综述》，范伊然：《南海考古资料整理与述评》附录，科学出版社，2013年，第159～198页。

1.遗址海床表面堆积（局部）

2.遗址海床表面堆积（散落瓷器）

3.遗址海床表面堆积（凝结物与瓷器）

4.遗址海床表面堆积（瓷器）

5.遗址海床表面堆积（瓷器）

6.遗址海床表面堆积（瓷器）

图2-4　遗址海床表面堆积局部

　　　　1.清理

　　　　2.记录

图2-5　1998年水下考古试掘

月，水下考古工作者开展西沙群岛文物普查，当时调查了10余处岛礁和沙洲，水下调查发现了8处沉船和水下遗物点，在岛礁和水下共采集到了1800多件以陶瓷器为主的文物，其中水下遗物有400多件（片）[1]。后经多方核实，本次普查曾经到达华光礁，但因工作时间有限，未能深入开展水下调查，因而，此次工作仍未发现华光礁一号沉船遗址[2]。

　　直至1996年，海南省琼海市潭门镇渔民在华光礁一带捕鱼作业时发现该沉船遗址。之后，沉船遗址曾多次遭到非法盗掘扰乱、破坏严重。1997年，海南省文物保护管理办公室了解到这一线索，开始着手联合中国历史博物馆水下考古学研究室，计划对华光礁一号沉船进行抢救性考古发掘。

　　1998年11月，经国家文物局批准，由中国历史博物馆水下考古学研究室牵头，与海南省文物保护管理办公室联合，调集北京、海南、广东、山东、福建等地水下考古队员组建西沙水下考古队，开展了西沙群岛水下考古调查工作。期间，于1998年12月23日至1999年1月4日，对华光礁一号沉船遗址进行了为期13天的小面积抢救性水下考古试掘（图2-5），布设一个5米×5米的探方，

　　[1]　海南省博物馆、海南省文物考古研究所：《1996年西沙文物普查》，科学出版社，2020年；蒋迎春：《西沙群岛文物普查获丰硕成果》，《中国文物报》1996年7月14日第1版；郝思德：《'96西沙群岛文物普查的新收获》，广东炎黄文化研究会：《岭峤春秋——海洋文化论集》，广东人民出版社，1997年，第300～306页；郝思德、王大新：《'96西沙群岛文物普查》，《中国考古学年鉴·1997》，文物出版社，1999年，第216～217页；郝思德：《南海文物》，《海南历史文化大系·文博卷》，南方出版社、海南出版社，2008年；郝思德：《南海考古》，广西师范大学出版社，2011年，第10～12页。

　　[2]　关于1996年西沙文物普查工作，目前见诸报道的资料存在一定差异。2020年出版的调查报告《1996年西沙文物普查》一书，记述在北礁、浪花礁、华光礁、珊瑚岛、金银岛等附近海域开展了水下调查，发现1处古代沉船遗址和10处水下遗物点，打捞出水陶瓷器和少量石器、石构件、铁器等文物400余件，这处古代沉船遗址即华光礁一号沉船，但采集标本数量未见具体统计数据；从其所刊布标本资料情况和编号情况来看，华光礁调查地点应未明确发现和采集标本，调查报告中有关水下考古测量、绘图、摄影和华光礁沉船遗址水下陶瓷器分布图片也均非1996年调查资料（图4-12～15），报告后所附表二《水下遗物点登记表》中也未记录有华光礁水下遗存。另一说法，据参与当年调查工作的同志回忆，此次文物普查工作中的水下考古调查在浪花礁、华光礁、珊瑚岛、北礁等岛礁的礁盘上开展，共发现8处水下遗物点，共采集出水约500多件文物，其中在华光礁停留时间较短，实际上未能开展详细的水下调查，对堆积状况并未进一步了解，也未记录采集文物标本，当时报刊或年鉴中均未有明确记录，基本可以断定1996年西沙文物普查中并未确认华光礁一号沉船遗址。此可参阅：蒋迎春：《西沙群岛文物普查获丰硕成果》，《中国文物报》1996年7月14日第1版；郝思德、王大新：《'96西沙群岛文物普查》，《中国考古学年鉴·1997》，文物出版社，1999年，第216～217页。由于工作时间久远，并多次开展水下考古调查，资料刊布不及时，疑有部分信息讹误，故而录此，以兹备考。

出水文物共计849件，以陶瓷器为主，还发现有木舱塞、铜镜残片、铁器等遗物[1]。这次试掘，出水陶瓷器以青白瓷居多，青瓷次之，酱褐釉器最少，器形有碗、盘、碟、盏、瓶、壶、粉盒、罐、钵、军持等，产地有江西景德镇窑、福建德化窑、闽清义窑、松溪窑、南安窑、磁灶窑等[2]。由于本次工作周期有限，沉船遗址规模较大，因此未对该遗址作进一步揭露，全面发掘工作留待今后择机进行。本次试掘结束后，为防止珊瑚的坍塌和可能的盗掘活动，水下考古队对遗址已揭露部分做了回填保护。

不曾想，这个"今后"，一下子就到了9年之后的2007年。其实，发掘工作从2005年1月即开始计划和筹备，当时中国国家博物馆水下考古研究中心已编制考古发掘方案，经不断完善后由海南省文物保护管理办公室于2006年8月正式上报国家文物局，2006年10月获批复同意，不过直至2007年年初才得以实施。从2007年3月水下考古队重返遗址现场的保存状况来看，这期间，华光礁一号沉船遗址再次遭到盗掘破坏。

第二节　2007年发掘工作

一　工作概况

经国家文物局批准（国家文物局《关于开展西沙华光礁沉船遗址抢救性发掘和北礁海域水下文物调查工作的批复》，文物保函〔2006〕1246号），中国国家博物馆和海南省文物保护管理办公室联合组队，调集北京、海南、辽宁、湖北、江西、安徽、浙江、福建、广东、广西等地水下考古队员，共同组成西沙水下考古工作队（图2-6～8），于2007年3月15日～5月8日，对华光礁一号沉船遗址开展了抢救性发掘。由于西沙群岛远离大陆，工作期间，水下考古队租用了三艘当地渔船，其中的两艘作为队员工作母船和生活用船，一艘作为往来大陆的文物中转运输船和水下考古队的设备与物资补给船（图2-9）。但限于当年工作季节和人员、经费等因素，经综合评估后确定本年度发掘在完成船内文物清理和船体表层结构测量绘图后，做好遗址回填保护后结束，船体则于第二年作为第二阶段的发掘任务。因此，2007年度发掘任务主要是船货发掘和船体测绘。

在渔民向导指引下，结合1998年的沉船遗址定位坐标，水下考古工作队在华光礁礁盘内西北边沿的目标海域内自由搜索，确认了华光礁一号沉船遗址区后，利用高精度DGPS在遗址中心区进行坐标定位。经初步判断，此时的沉船遗址保存状况较之1998年水下考古调查时，已遭到了更为严重的自然破坏和人为盗扰。

本年度水下考古发掘工作，前后历时55天，总潜水时长约30万分钟。发掘工作严格遵循考古工作规程和水下考古国际规则，科学严谨，并结合水下环境具体情况，灵活运用发掘技术和清理方法，并取得了重要成果。水下考古队员不畏艰险，克服困难，各尽其责，获取了客观、完整的文物

[1]　中国国家博物馆水下考古研究中心等：《西沙水下考古（1998～1999）》，科学出版社，2006年。
[2]　栗建安：《西沙群岛水下考古调查发现陶瓷器的相关问题》，《西沙水下考古（1998～1999）》附录，科学出版社，2006年，第250～280页。

图2-6　2007年西沙水下考古工作队合影

图2-7　2007年西沙水下考古工作队合影

图2-8　2007年西沙水下考古工作队合影（水下）

图2-9　工作船

图2-10　国家文物局文物保护与考古司和海南省文化广电出版体育厅领导到海南琼海潭门港码头迎接水下考古队归来

资料和考古测绘数据与影像资料，也为远海海域水下考古发掘工作积累了经验。

发掘期间，西沙水下考古队向国家文物局及时汇报并请示了船体发掘保护方案，并确定了下一年度再次发掘清理船体的工作方案。发掘工作结束后，2007年5月8日，国家文物局文物保护与考古司关强副司长、海南省文化广电出版体育厅朱寒松副厅长一行到潭门港码头迎接水下考古队归来（图2-10）。

二　发掘经过

本年度发掘工作以清理船货为主、兼顾船体测绘，因此，发掘过程分为四步骤：遗址表面清理、遗址主体发掘、船体初步测绘和遗址回填保护。

1.遗址表面清理

为了方便表面清理、规范操作和科学记录，在调查沉船遗址环境后，首先布设正东西向和正南北向基线各一条，横穿纵越沉船遗址上方，垂直交汇于沉船遗址中心位置，即沉船中部凝结物南侧约0.3米处，并将白色基线绳用红漆涂成间距为0.5米的红白相间的小段，以作水下观察、测绘（图2-11）；然后以纵横基线为参考线，调查、勘测出沉船遗址的分布范围（即遗物散落范围）及沉船遗址表面地形地貌（图2-12）；再对沉船遗址表面进行摄影、摄像和测绘记录（图2-13、14）。之后，采集沉船遗址表层遗物，特别是完整器物、可复原小件、典型纹饰器物以及罕见器形和纹饰的器物

1.水下基线

2.水下基线

图2-11　水下基线

1.遗址分布范围调查

2.遗址分布范围扩展搜索

图2-12　遗址分布范围调查

1.遗址表层摄影记录

2.遗址表层测绘与摄影记录

图2-13　遗址表层测绘与摄影记录

1.遗址表层平面测绘记录

2.遗址表层平面测绘记录

图2-14　遗址表层平面测绘记录

1.遗址表层堆积清理

2.遗址表层堆积清理

3.遗址表层堆积清理

图2-15　遗址表层堆积清理

图2-16 遗址表层堆积搬运

1.遗址表层堆积转移存放

2.遗址表层堆积集中存放

图2-17 遗址表层堆积转移存放

等（图2-15）。由于华光礁一号沉船遗址散落的受破坏陶瓷碎片甚多，本次远海发掘中无法将全部碎片采集，一些小的遗物碎片暂保留于水下原址，也可作为沉船遗址存留的标志。最后，用人工清理、箩筐搬运等方式把沉船遗址表面的扰乱堆积（图2-16），包括经挑选后的器物碎片、珊瑚骨骼、生物沙等，移送到沉船遗址分布范围周边30～50米以外（图2-17）。

经现场勘察和清理，本年度发现华光礁一号沉船遗址时，其所在海床表面有一层包含较多瓷器碎片的厚约0.2米的堆积，分布相对集中，范围呈不规则状，南北最长约36、东西最宽约28米（图2-18）。中部偏南有一个近似圆形的盗捞扰坑，坑口直径约12、坑中心深约0.5米。盗坑中部偏西

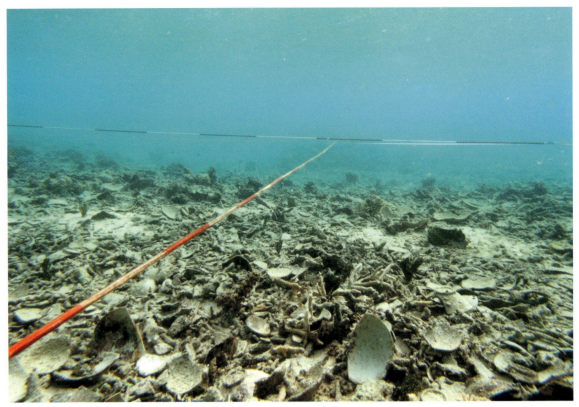

图2-18　水下基线与遗址表层堆积状况

图2-19　遗址中部突起的凝结物

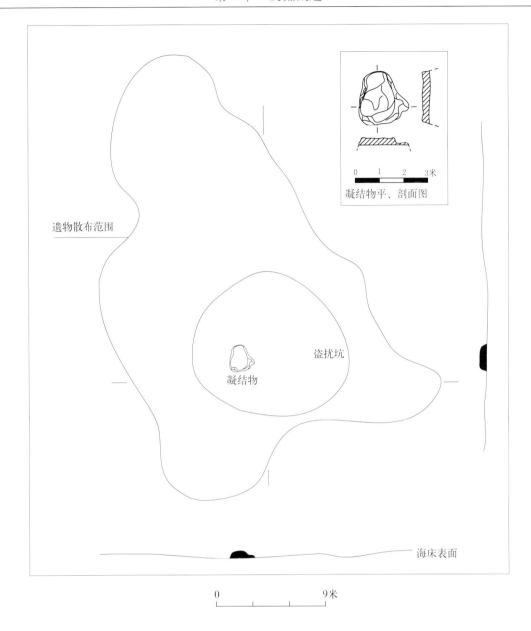

图2-20 遗址海床表层遗物分布平、剖面图

有一块突起的凝结物（图 2-19），由北向南逐渐变宽，顶部比较平坦，南北长约 1.9、东西最宽处约 1.3 米，底部渐大，南北长约 2.1、东西最宽处约 2 米，该凝结物周围散落的瓷片等遗物最厚也最为密集，推断其应是沉船遗址的中心位置（图 2-20）。遗址周边海床表面为珊瑚和生物沙等海底自然堆积（图 2-21、22）。

　　2.遗址主体发掘

　　在完成沉船遗址表层扰乱堆积清理后，采用探方法由上而下逐一按地层全面揭露。

　　布设探方时，以两条基线的交汇点为基点，向东、西、南、北四个方向扩散，不断扩大发掘面积。所布探方均为 2 米 ×2 米，正南北向，共计 52 个（图 2-23），发掘面积 208 平方米。发掘探方采用硬探方，以统一材料、按同一规格制作，先在水上用塑料管制作好可拆装的探方框，再到水下组

图2-21　遗址海床表层堆积全景图之一（北—南，基线为南北向，由东向西拍摄）

图2-22　遗址海床表层堆积全景图之二（北—南，基线为南北向，由东向西拍摄）

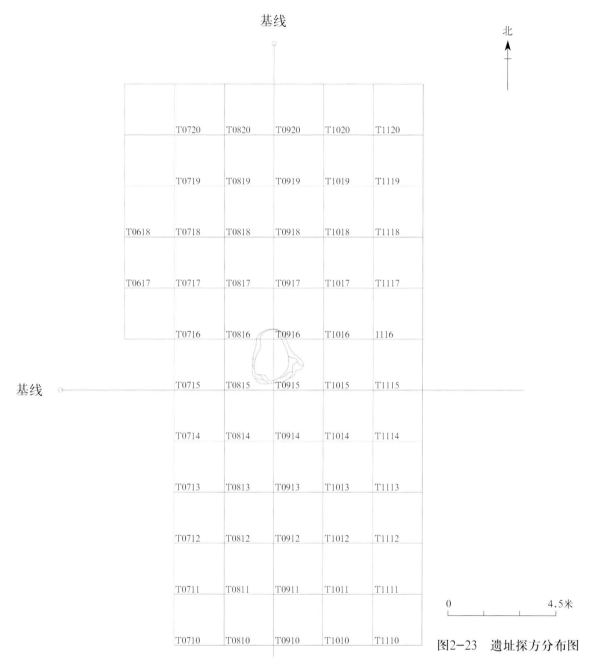

图2-23　遗址探方分布图

图2-24　布设探方

图2-25　水下探方

图2-26　水下发掘清理

图2-27　水下抽沙清理

装（图 2-24），各探方之间通过水平仪和立柱校正水平和高差（图 2-25），并随遗迹分布扩方。

　　布好水下探方后，开始逐层清理。清理时以人工捡取珊瑚、器物碎片等块状、片状物，装进箩筐，搬运到遗址外围的堆弃区。同时，也采用铁耙、铁锹或手搠翻动堆积层各类包含物（图 2-26），以便清理。大量的泥沙等细小堆积物则主要以高压气管抽送到堆弃区，有时也利用高压水枪辅助抽沙清理（图 2-27）。在发掘清理过程中，如遇到重要遗迹、遗物现象，则先暂停，待完成必要的文字记录、测量绘图和摄影摄像记录后，再继续向下清理，逐层发掘，直至船体底板。如清理到成叠成摞的瓷器堆积时，根据需要进行细部清理（图 2-28），并按探方、按船舱逐层做好器物登记（图

图2-28　水下细部清理

图2-29　水下遗迹探方记录

图2-30　可移动网格探方框辅助测绘

图2-31　水下测绘平、剖面图

图2-32 水下摄影记录

图2-33 文物提取

图2-34　遗址西北部地层堆积（器物未清理时）

图2-35　遗址西北部地层堆积（清理至船板）

2-29），使用以 0.2 米网格线间隔的 1 米见方的可移动网格探方框（图 2-30），辅助测绘平剖面（图 2-31），拍照录像（图 2-32）。若有必要，还要完成正射摄影拼接，然后才逐层按探方、按船舱提取器物（图 2-33），并装筐出水，做好相关文字和图像记录后，再继续向下发掘。

在整个发掘过程中，按照《田野考古工作规程》要求，规范操作、科学发掘、严谨记录，以文字、测绘和影像三种形式构成统一的发掘记录系统。文字记录包括工地日记、探方日记、

探方记录、发掘记录表，以及遗迹编号、
影像、资料采集和入库等登记表格。测绘记
录包括遗址表面总平、剖面图，遗物（船
货）分布总平、剖面图，主要凝结物平剖面
图、船体平剖面图、探方总平面图、地层剖
面图，遗迹平、剖面（侧视）图等。影像
记录包括水上和水下摄影资料、录像资料
等，并重视对各种遗物遗迹现象和发掘工作
过程的记录，以及大面积船货堆积和船体
全景等的正射摄影拼接。

　　经水下考古发掘，沉船遗址地层堆积
情况，一般是表层为散乱遗物堆积，其下
为珊瑚沙层，再下层是珊瑚沙夹杂较多珊
瑚骨骼，下面有的是船货遗物堆积层，再
下面是船体，船体以下是纯净的珊瑚沙和
礁盘（图2-34～36）。沉船遗址的不同区
域略有不同（图2-37），其中，东西方向，
T0516～T1016北壁地层堆积如下：

图2-36　遗址西南部船体外侧地层堆积

　　第①层，瓷片堆积，厚0.15～0.20米。

　　第②层，黄沙，厚0.15～0.20米。

　　第③层，鹿角珊瑚等，厚0～0.35米。

　　第④层，黄沙，厚0.20～0.65米。

　　第⑤层，鹿角珊瑚等，厚0.20～0.65米，该层底部有器物出水。

　　第⑥层，船体，厚0.15～0.30米。

　　船体以下即纯净的珊瑚沙和礁盘。

　　南北方向，T0814～T0819东壁地层堆积如下：

　　第①层，瓷片堆积，厚0.15～0.20米。

　　第②层，黄沙，厚0.15～0.65米。

　　第③层，鹿角珊瑚等，厚0.20～0.65米，该层底部有器物出水。

　　第④层，船体，厚0.15～0.30米。

　　船体以下即纯净的珊瑚沙和礁盘。

　　经发掘清理，华光礁一号沉船可见残存有10道隔舱板或痕迹，将船体分成11个隔舱，从南至
北分别记作1～11号舱（详参下文测绘图和照片）。这些船舱编号和遗物分布情况，可与探方编号
搭配记录。

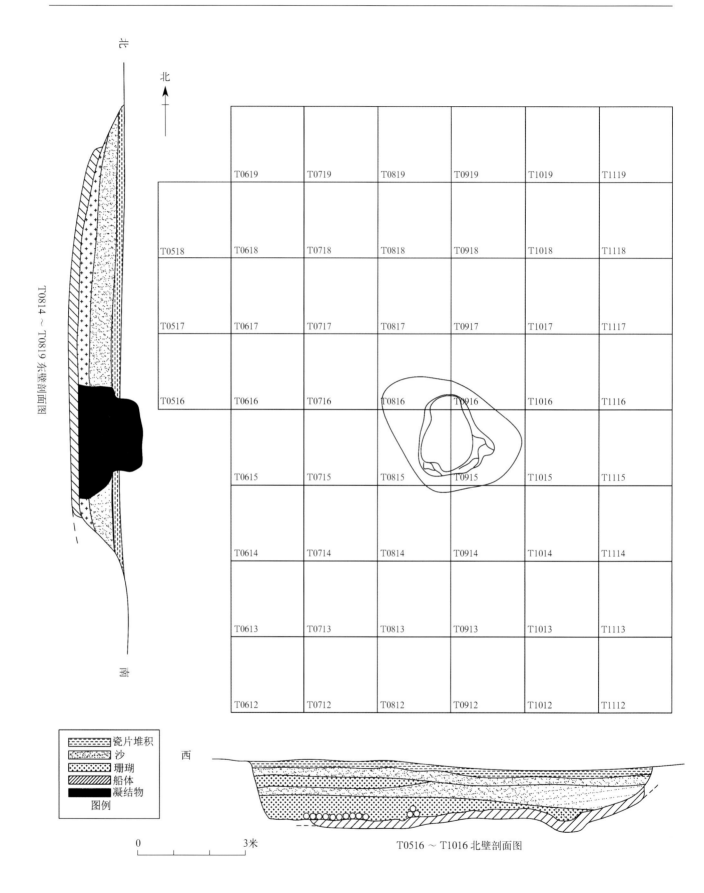

图2-37　华光礁一号沉船遗址地层剖面图

北

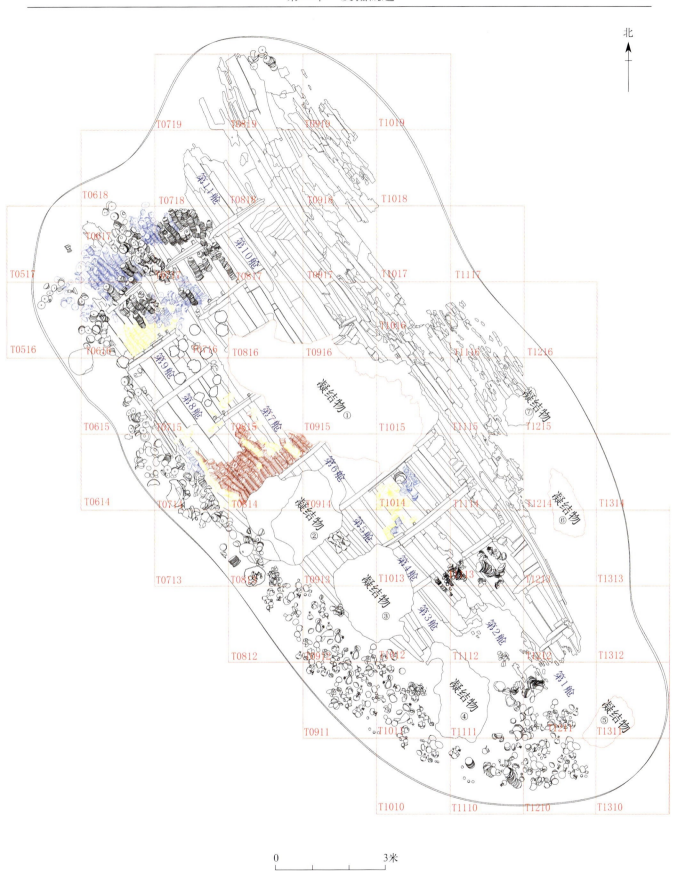

0   3米

图2-38 华光礁一号沉船遗址遗物分布图

图2-39 遗址西北部第9～11舱
（T0717、T0718、T0719、T0818、T0819第1层器物，上为北偏西）

图2-40 沉船底层瓷器堆积与船板压痕

图2-41　遗址西北部第9~11舱（T0717、T0718、T0719、T0818、T0819第2层器物，上为北偏西）

图2-42　遗址西北部第10、11舱表层遗物（T0617、T0717）

图2-43　遗址西北部第1层瓷器堆积（第10、11舱，T0617、T0717）

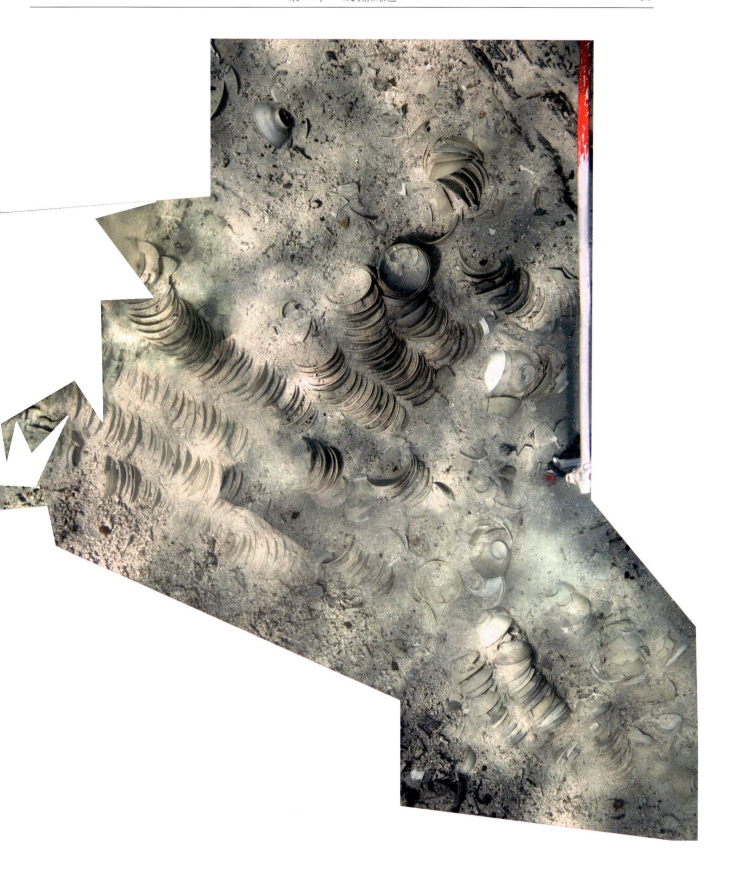

图2-44　遗址西北部第1层瓷器堆积（第10、11舱，T0617、T0717，上为北）

图2-45　遗址西北部遗物堆积（T0817船体、T0717瓷器）

图2-46　遗址西北部第1层瓷器堆积（T0717）

图2-47　遗址西北部第1层瓷器堆积
（第11、10舱，T0617、T0716、T0715）

图2-48　遗址西北部第1层瓷器堆积（第11、10舱）

图2-49　遗址西北部第1层瓷器堆积
（第11、10舱）

图2-50　遗址西北部第2层瓷器堆积
（第11、10舱，T0716、T0617）

图2-51　遗址西北部瓷器堆积（第10舱，上为北）

图2-52 遗址西北部第3层瓷器堆积（第11、10舱，T0617、T0716、T0715）

图2-53 遗址西北部瓷器堆积（第10舱，由西向东）

图2-54　遗址西北部瓷器堆积（T0617及外侧）

图2-55　遗址西北部瓷器堆积（第10舱，船底板可见瓷器压痕，上为北）

1.遗址西北部瓷器分层堆积（第11、10舱）　　　　　　　　　　2.遗址西北部瓷器分层堆积（第11舱，由北向南）

图2-56　遗址西北部瓷器分层堆积（第11、10舱）

1.遗址西北部舱内瓷器排列状况与船底板压痕（第10舱，由南向北）　　2.遗址西北部舱内瓷器与船底板压痕（第10舱，由东向西）

图2-57　遗址西北部舱内瓷器排列状况与船底板压痕（第10舱，由南向北）

华光礁一号沉船遗址出水文物1万余件，陶瓷器占绝大部分。其遗物分布情况如下（附图一；图2-38）。

在华光礁一号沉船遗址中心的正西和西北方向，发现成摞成层整齐码放的瓷器，多数为完整器，位于船体结构上方，属原生堆积，集中在T0617、T0616、T0717、T0716等四个探方及附近区域，主要在第10、11舱的西部（图2-39～55），全部为青白瓷碗，最多堆积有3层瓷器（图2-56），底层瓷器有的破损严重，船体底板可见明显的瓷器压痕（图2-57）；船体西侧边缘的外部也有较多的散落瓷器遗物（图2-58、59）。在T0814、T0714及其周边的第7舱内的西部也有排列整齐的青白瓷堆积（图2-60～65），一些瓷器还延伸或散落到了船体西侧边缘的外部区域（图2-66～68），

1.第11、10舱，T0717、T0718（上为北）　　　　　　　　　　2.第11、10舱，T0717、T0718（上为北）

图2-58　遗址西北部堆积（第11、10舱，T0717、T0718，上为北）

1.第11舱外侧（T0517，上为北）

2.第11舱外侧细部

3.第11舱（T0617）

图2-59　遗址西北部堆积（T0517、T0617，第11舱外侧）

图2-60　遗址西侧中部堆积（T0716、T0715，第7舱瓷器堆积，由南向北）

1.第7舱（T0715、T0714）

2.第7舱（T0715、T0714，上为北）

图2-61　遗址西侧中部堆积（第7舱，T0715、T0714）

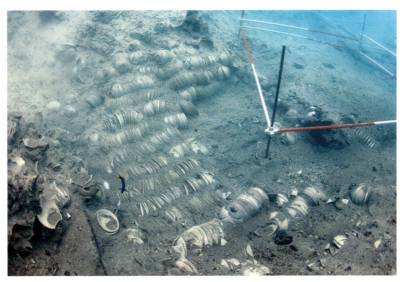

图2-62　遗址西侧中部堆积（第7舱，瓷器堆积，T0715、T0714，由东向西）

图2-63　沉船第7舱瓷器堆积与凝结物位置（由北向南）

图2-64　沉船第7舱瓷器堆积（由东向西）

图2-65　沉船第7舱瓷器堆积（T0716，由北向南）

图2-66　遗址西北部船体外遗物堆积

1. 第9舱外侧

2. 第8舱外侧（北向南）

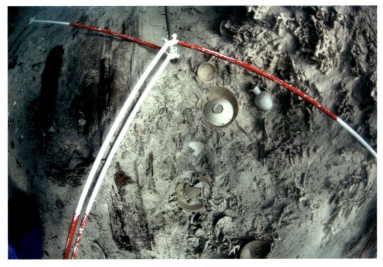

3. 第7舱外侧（T0714）

图2-67　遗址西北部船体外侧堆积（第9舱外侧）

图2-68　遗址西北部船体边缘遗物堆积

图2-69　遗址西北部遗物堆积（第9舱，T0716、T0715，由东向西摆放的陶罐）

图2-70　遗址中南部船舱及遗物堆积（第6～4舱，由北向南）

图2-71　遗址中南部遗物堆积（第6、5舱，由北向南）

图2-72　遗址中南部遗物堆积（第5、4舱，由东向西）

图2-73　遗址中南部遗物堆积（第4、5舱，由南向北）

图2-74　沉船第3舱遗物堆积（由北向南）

图2-75　沉船第3舱遗物堆积（上为南）

图2-76　沉船第3舱遗物堆积局部

图2-77　遗址南部堆积（第4舱）

图2-78 沉船第4舱堆积

图2-79 沉船第4舱东南部堆积

图2-80　沉船第3舱遗物堆积局部（南安窑青瓷大碗）

图2-81　沉船第3舱遗物堆积细部

图2-82　沉船第3舱船底板上的瓷器压痕

大致分布在第7、8、9舱西部外侧较为集中；西北区域的第9舱及其外侧还发现有个体较大的成排的酱釉陶罐，大多已破碎（图2-69）。在T1011及其周边即第5舱中部（图2-70～73），以及T1014及其周边即第3舱中部（图2-74～76），均发现有单层成摞摆放的瓷器，以青瓷碗为主，也有一些青白瓷器；与之相邻的第4舱则鲜有瓷器留存（图2-77～79）。这层瓷器提取后，尤其是第3舱的底层南安窑"吉"和"大吉"青瓷，船底板上可见明显的瓷器压痕（图2-80～82）。在船体边缘的南端、西南、西北、西部区域，特别是沉船船体边缘的西侧区域，均发现有散落瓷器（图2-83），但其排列杂乱无序，且与珊瑚等共生、凝结在一起，应是船体沉没过程中倾斜而翻滚出的器物堆积；沉船船体西南部的外侧区域（图2-84～88），以及沉船遗址南端（图2-89～93），散落的遗物仍然较多，主要集中在T1210、T1211、T1111、T1110、T1011、T1010、T0912、T0911等探方及邻近区域，出水文物以执壶、粉盒、小口瓶为主。沉船东北角也有少量散落瓷器遗物（图

1.沉船船体西部外侧遗物堆积

2.沉船船体西部外侧遗物堆积

图2-83　沉船船体西部外侧遗物堆积

1. 沉船船体西南部外侧遗物堆积（俯视）

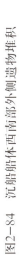

2. 沉船船体西南部外侧遗物堆积（侧视）

图2-84　沉船船体西南部外侧遗物堆积

1.沉船船体西南部外侧遗物堆积局部

2.沉船船体西南部
外侧遗物堆积局部

图2-85　沉船船体西南部外侧遗物堆积局部

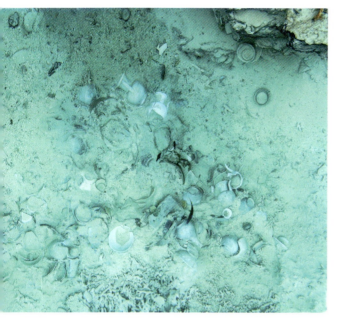

1.沉船船体西南部外侧遗物堆积   2.沉船船体西南部外侧遗物堆积

图2-86 沉船船体西南部外侧遗物堆积

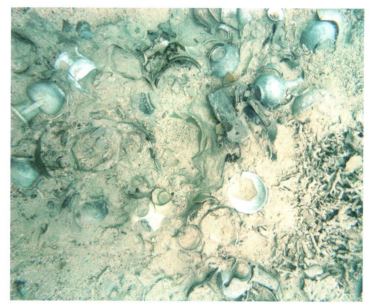

1.沉船船体西南部外侧遗物堆积细部   2.沉船船体西南部外侧遗物堆积局部

图2-87 沉船船体西南部外侧遗物堆积细部

2.沉船船体西南部外侧遗物堆积（陶罐）

1.沉船船体西南部外侧遗物堆积（执壶）

图2-88　沉船船体西南部外侧遗物堆积

图2-89　沉船船体南端遗物堆积

1.沉船船体南端遗物堆积局部

2.沉船船体南端遗物堆积局部

图2-90　沉船船体南端遗物堆积局部

3. 沉船船体南端遗物堆积

2. 沉船船体南端遗物堆积局部

1. 沉船船体南端遗物堆积局部

图2—91 沉船船体南端遗物堆积局部

图2-92　沉船船体南端遗物堆积局部

图2-93　沉船船体南端遗物堆积

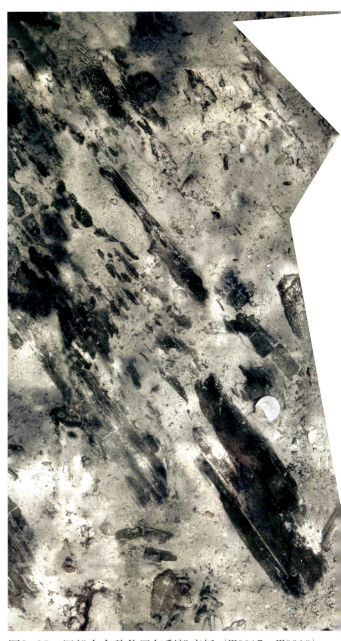

图2-94　沉船遗址东北角散落遗物　　　　　　　图2-95　沉船大多数位置仅剩船底板（T0917、T0918）

图2-96　沉船船体上的大型凝结物遗存（第6～1舱，由北向南；自右向左分别为第①～⑥号凝结物）

图2-97　遗址中部第7、6、5、4舱凝结物（由北向南，由右向左分别为第①～⑦号凝结物）

图2-98　遗址中部凝结物遗存（第7、6舱，由西向东）

图2-99　遗址中部第6、7舱凝结物（第①号凝结物，右侧小块凝结物与之相连，由北向南）

图2-100　遗址中部第7舱凝结物（第①号凝结物，右下角为第②号凝结物，由西向东）

图2-101　遗址中部第5、6舱与凝结物位置（左为第②号、右为第①号凝结物，由南向北）

图2-102　遗址中部第5舱凝结物（由右向左分别为第①、③、⑦号凝结物，由北向南）

图2-103　遗址中部第5舱与两侧凝结物（由左至右分别为第②、③号凝结物，由西向东）

图2-104　遗址中部第6舱凝结物（第②号凝结物，由北向南）

图2-105　第4舱凝结物（第③号凝结物）

图2-106　遗址南端凝结物（第⑤号凝结物）

图2-107 遗址南端凝结物（第⑤号凝结物）

图2-108 遗址南端凝结物细部（第⑤号凝结物，铁条材）

1.遗址南端凝结物细部（第⑤号凝结物，瓷器等遗物）

2.遗址南端凝结物细部（第⑤号凝结物，瓷器等遗物）

图2-109　遗址南端凝结物细部（第⑤号凝结物，瓷器等遗物）

1.遗址中部凝结物细部（第③号凝结物，瓷器等遗物）

2.遗址中部凝结物细部（第③号凝结物，瓷器等遗物）

图2-110　遗址中部凝结物细部（第③号凝结物，瓷器等遗物）

2-94）；其他位置上的遗物已被盗捞一空，仅剩沉船的船底板（图2-95）。

　　船体上方的大型凝结物无法清理提取，暂保留在原处（图2-96～107）；从其断裂处可以看出，这些凝结物有成束的铁条材类遗物（图2-108），夹杂有各类瓷器、船体木材遗物，以及珊瑚骨骼、珊瑚沙、贝壳等自然遗存，局部呈现为黑色或黑褐色（图2-109、110）。

　　华光礁一号沉船遗物分布的整体状况，可以通过前文所用不同区域、不同发掘阶段拍摄的正射影像照片拼图来说明。

　　3.船体初步测绘

　　华光礁一号沉船遗址上的船货等遗物全面发掘、提取之后，沉船船体的底板、龙骨、肋骨和隔舱等主要结构及遗迹已出露出来。在完成沉船船体遗迹的摄影（包括全景正射摄影拼接）、录像后，

1.沉船船体测绘

2.沉船船体测绘

图2-111　沉船船体测绘

图2-112　遗址北部船体结构（由北向南）

图2-113　遗址东北侧船体构件（由南向北）

以探方为单位，初步测绘沉船船体表层的平、剖面图，再将其拼接成全图（图2-111）。在测绘平面图时，仍使用了1米见方的可移动网格探方框辅助测绘。局部复杂的部位，也有用正射摄影的数码照片，在电脑上完成描线测绘。在测绘剖面图时，则于每道肋骨处均测绘一个横剖面，而以中部的龙骨为剖线测绘纵剖面（附图二）。

　　水下考古发掘清理后，出露的沉船船体显示，华光礁一号沉船船体结构受自然因素和人为盗掘影响，损坏较严重（图2-112、113）。沉船船体沉没在坚硬的珊瑚礁海床上，大部分骨架已断裂摊散（图2-114）。沉船船体的方向为320°，大略呈东南—西北走向，船体沉没后暴露在海床表面的部分已无存；现存的沉船船体残长18.4、最宽处9.0米，分布面积约180平方米。船体龙骨位于沉船遗址中部偏东，共发现抱梁肋骨10道（图2-115），确认残存的隔舱11个，船底骨架虽已摊散，但基本未缺失，其船底板也保存较好。

　　华光礁一号沉船船体虽受破坏缺损严重，但其主要结构基本清晰，全景摄影拼接照片展示了其表层的保存状况（图2-116）。在2008年发掘提取船体时，船体一些部位和结构再次遭受破坏，缺损增多，为详细地介绍沉船船体结构和保存状况，下文按照由北向南的方向依次从不同拍摄视角来介绍华光礁一号沉船的船体遗迹（图2-117～133），以及不同区域的正射摄影拼接图片（图2-134～136），以便将本年度发掘工作中的船体记录资料尽多地刊布，也可为复原、重建、研究工作提供更多信息。

图2-114　断裂摊散的船板（第11～9舱，船体结构，东向西）

图2-115　船体底板处的隔舱遗迹（第6～4舱，船体结构与凝结物位置，由南向北）

图2-116 华光礁一号沉船船体摄影拼接全景图（左南右北）

图2-117　遗址北部船体结构（第11～8舱，由西向东）

图2-118　遗址北部船体结构（第9～11舱，由南向北）

图2-119　遗址北部船体结构（第8～11舱，由南向北）

图2-120　遗址北部船体结构（第11～7舱和凝结物位置，由西北向东南）

图2-121　遗址北部船体结构（第10～7舱与凝结物位置，由西向东）

图2-122　遗址北部船体结构（第10～8舱，由北向南）

图2-123　遗址北部船体结构（第9～5舱，由西向东）

图2-124　遗址中部船体结构（第7舱与凝结物位置）

图2-125　遗址南部船体结构（第6～2舱，由西向东）

图2-126　遗址南部船体结构（第1～6舱，由西向东）

图2-127　遗址南部船体结构（第6～1舱，由北向南）

图2-128　遗址中部船体结构（第5、4舱与凝结物位置，由东向西）

图2-129　遗址南部船体结构（第1～5舱，由东向西）

图2-130　遗址南部船体结构（第1～5舱，由东南向西北）

图2-131　遗址南端船体结构（第3～1舱与南部边界，由西向东）

图2-132　遗址南端船体结构（第1、2舱，由北向南）

图2-133　遗址南端船体结构（南部边界与第1、2舱，由南向北）

图2-134　遗址北部船体遗迹（由下向上为第11~8舱，下为北）

图2-135 遗址西部船体遗迹
（由下至上为第11~7舱，下为北）

图2-136 遗址南部船体遗迹
（由上至下为第1~6舱，上为南）

图2-137　遗址回填覆盖

图2-138　遗址回填覆盖

图2-139　遗址回填覆盖

图2-140　出水文物初步整理

图2-141　出水文物初步整理

图2-142　出水文物初步整理

图2-143　出水铁质文物

4.遗址回填保护

本年度在完成绝大部分船货等遗物的提取、船体初步测绘之后，因人员、经费等因素影响，无法继续开展船体的发掘清理。经研究讨论，水下考古工作队对华光礁一号沉船遗址暂时采取现场回填保护。除凝结物保持其原有状态外，沉船船体构件均用水下考古发掘区域周边的珊瑚、珊瑚沙进行回填、覆盖（图2-137～139）。

发掘期间，水下考古队还同时对出水遗物进行了初步清洗和分类整理（图2-140～143），为后期整理奠定了基础。

第三节 2008年发掘工作

一 工作概况

根据国家文物局《关于开展西沙华光礁沉船遗址第二阶段发掘和北礁海域水下文物调查工作的批复》（文物保函〔2008〕84号），中国国家博物馆与海南省文物保护管理办公室合作，调集北京、海南、辽宁、湖北、江西、安徽、浙江、上海、福建、广西等地水下考古队员，再次组建西沙水下考古工作队（图2-144、145），于2008年11月15日～12月28日，对华光礁一号沉船遗址进行了第二年度的水下考古发掘。

图2-144 2008年西沙水下考古工作队合影

图2-145　　2008年西沙水下考古工作队合影

　　本年度工作主要是对华光礁一号沉船的船体进行考古发掘。首先对沉船船体进行全面清理、揭露，并进行测绘、拍照和录像；在完成相关记录后，拆卸、提取全部沉船船体构件。由于沉船遗址所在海域能见度极好，埋藏深度仅2米左右，为科学、完整、系统的水下考古发掘提供了良好的条

图2-146　　暂时存放在海南省博物馆的华光礁一号沉船船体构件包装箱

图2-147 国家文物局文物保护与考古司和海南省文化广电出版体育厅领导到海南琼海潭门港码头迎接水下考古队归来

件。尽管水下文化遗存埋藏环境与陆地不同，但是基本的考古理论、工作方法和操作原则是一致的。因此，在本次水下考古发掘中，水下考古工作队按照《田野考古工作规程》进行，制订了详细周全的沉船船体发掘和船体构件初步处理、保护方案，并做好遗址发掘资料的收集、记录，为今后沉船船体的保护和复原奠定了基础，达到了预期的发掘目的。本次发掘，一共提取出水有编号船板511块，采集编号表层散落船板48块，专门制作了244厘米×47厘米×35厘米和244厘米×61厘米×35厘米两种规格的木箱177个，经水下考古现场初步保护、包装后，陆续转运至海南省博物馆存放（图2-146），并做下一步文物保护处理。

根据本年度船体发掘工作任务分工需要，水下考古队员主要分成了人员适时调整的四个工作组，分别是：发掘组，负责沉船船体的揭露、清理、发掘以及船板编号、提取；资料组，负责发掘现场沉船船体的测绘、摄影、摄像以及每一件船体构件的测绘、摄影和器物描述；设备组，负责所有水下考古工作设备的维护、修理以及各种工作平台、辅助工具的制作；文物保护组，负责对发掘、提取的沉船船体构件、其他出水文物进行初步保护和包装。

发掘工作结束后，2008年12月28日，国家文物局文物保护与考古司柴晓明副司长、海南省文化广电出版体育厅朱寒松副厅长一行到潭门港码头迎接水下考古队归来（图2-147）。

二　发掘经过

2007年度发掘工作结束后，水下考古工作队使用珊瑚和珊瑚沙对沉船遗址的船体遗存进行了回填保护，因此，本年度发掘工作之初，仍需要先对表层堆积进行清理，然后再对船体进行发掘、测绘和拆卸、提取出水。

1.遗址表面清理

本年度水下考古工作队抵达华光礁一号沉船遗址现场后，首先对沉船遗址的保存现状进行调查和录像记录。经过18个多月和将近两个台风季的影响，遗址受到海浪等自然环境的不断影响，同时，人为破坏因素也很严重，导致遗址表面散落有杂乱的船体构件残件（图2-148），而且回淤了

图2-148　遗址表层散落遗物堆积

图2-149　遗址表面堆积

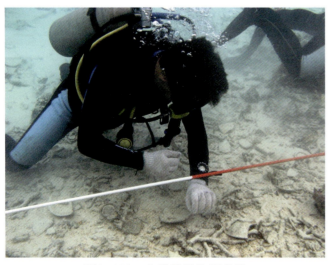

图2-150　布设遗址发掘基线

图2-151　布设水下探方

图2-152　遗址表面的凝结物

图2-153　清理表层珊瑚沙堆积

图2-154　清理表层珊瑚沙堆积

图2-155　搬运转移表层堆积

大量的珊瑚骨和珊瑚沙，有的地方回淤厚度约 1 米（图 2-149）。在完成沉船遗址表层状况记录后，根据 2007 年绘制的华光礁一号沉船遗址平面图，在遗址中部重新布设了一条与沉船方向一致的基线（图 2-150），作为本次进行发掘清理的测绘控制线，并根据工作需要布设探方（图 2-151）。此后，在遗址正上方架设水面工作平台，并开始清理沉船遗址表面覆盖的珊瑚和珊瑚沙，这也是本次发掘的首要工作，主要包括回填和回淤的珊瑚和珊瑚沙、遭到破坏的零乱散布的船体构件，以及叠压在沉船船体上的凝结物（图 2-152）。

沉船遗址表面堆积有较多的大块珊瑚骨骼，无法用抽沙的方式清理，只能使用人工手段，即依靠水下考古队员用手将珊瑚块捡拾到塑料筐内（图 2-153、154），再搬运到沉船遗址的外围倒掉（图 2-155）。由于海水的阻力，在水下搬运既耗时又费力，工作十分辛苦。与此同时，还要对散乱的珊瑚沙进行抽沙作业。抽沙主要采用水抽式，由于珊瑚沙和珊瑚块混杂在一起，抽沙时须配合使用高

图2-156　水下抽沙清理

图2-157　表层散落船板测绘

图2-158　表层散落船板编号

图2-159　凝结物照相记录

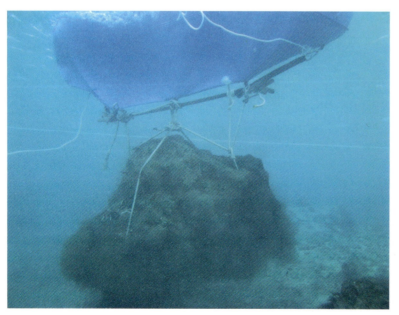

图2-160　提取凝结物

图2-161　吊运凝结物

压水枪才能达到较好的效果。通常情况下，一个抽沙组至少需要配备3个人，1人操作抽沙头，1人握持高压水枪，1人负责清走冲开的松散珊瑚（图2-156）。同时，对于散落在遗址表面、已经离开原有位置的船体构件进行采集，采集前根据布设的基线记录其所在位置（图2-157）、给定采集编号（图2-158）。遗址表面覆盖的珊瑚沙和珊瑚骨骼清理完毕后，在船体的中部、西南部、北部和东部还压有6块大凝结物。为全面揭露船体，需将其清理出水，因此，在对这些凝结物测绘、照相记录后（图2-159），使用大型浮力袋将其提取（图2-160），并吊运至工作平台上（图2-161），再转运回工作母船。

2. 船体发掘提取

在华光礁一号沉船遗址表面清理完成后，残存的船体全面揭露，船体大致呈西北—东南走向，方向320°，船体的上部构件与船艏、船艉均已不存，仅存的船底部分也摊散在海床上，残长17.0、残宽7.67米，较之2007年发掘时已有缺损，可辨认的船体构件有龙骨、龙骨翼板、抱梁肋骨、舱壁板（痕迹）、船板等。

在沉船船体全部清理暴露后，发现该船是多层船板结构，最厚处可见有六层（图2-162）。因此，根据船体构件的不同层位，分别对船体进行摄影、摄像、测绘、编号，船板提取采取了逐层进行的方式。

根据考古工作流程，首先要对揭露出来的沉船船体进行水下摄影和摄像，并且贯穿于水下考古发掘过程的始终。摄影包括沉船船体遗迹的全景照和沉船船体各部位结构的局部照。虽然水下能见度较好，但是由于遗址所处水深较浅，无法获取类似航拍方式的水下船体全景照，需要在水下拍摄数量众多的单张局部照片（图2-163），采取摄影拼接的方法拼接成船体全景照，工作量颇大。较之全景照，局部照的拍摄较简单，但是水下局部照也非常重要，不仅有利于了解沉船船体的结构、船板的搭接方式、船板的形状，也是将来沉船船体复原、重建的重要依据之一。水下摄像同样包括沉船船体全景和局部的摄录。

图2-162 船体多层船板遗迹

图2-163 水下船体摄影

图2-164　水下船体测绘

图2-165　水下船体测绘与摄影

图2-166　固定船体构件编号

图2-167　船体构件编号

　　水下影像记录完成后，对船体进行水下测绘、船体构件编号，然后是将沉船船体构件小心拆卸和分别提取。

　　本次发掘时，对沉船船体采取水下逐层测绘、逐层按设定的顺序编号和逐层逐件拆卸和分别提取的方法。测绘时，以沉船遗址的总基线为基准，根据水下测绘的需要，临时布设多条测绘参考线。水下测绘包括沉船船体的平、剖面的测绘（图2-164、165），其中的剖面不仅包括纵、横两个大剖面图，而且还有沉船船体的不同部位的剖面图，并且一些重要部位，如隔舱板、龙骨等还单独绘制结构图。考虑到将来沉船船体复原的需要，以船体构件为单位，每块船体构件都做了编号（图2-166、167），而且一块构件无论大小均编为一个号。由于船体构件数量较多，而且有的船板形状相似，这就要求在测绘、编号和扎系标签、提取船板时，各个环节必须衔接紧密，以避免漏号和错号，不利于后期考古资料整理和沉船船体复原。在实际操作中，水下考古队员分成若干个小组，每个小组由

图2-168　钢质托架

图2-169　辅助工具提取船体构件

图2-170　提取出水船体构件

图2-171　出水船体构件测绘

图2-172　出水船体构件初步防霉保湿处理

图2-173　出水船体构件包装入箱

编号员1名、标签员1名、提取员2名组成，各司其职，流水作业；统一将船体划分为几个区域，每个小组负责一个区域，分头进行，这样降低了漏号错号，可行有效。

在船体构件的提取过程中，使用一种两端为弧形的钢质托架作为辅助工具（图2-168）。由于船板经过长年的海水浸泡和腐蚀，处于饱水状态，而且有的船板已经酥朽，提取时可能会断裂或损坏，需要根据实际情况轻轻撬动船板（图2-169）。为避免直接用手搬动造成损坏，水下考古队员在水下先将提取的船体构件放置到钢质托架上，然后用松紧带固定，再将其提取出水（图2-170）。在固定时不可太用力，避免松紧带勒进船板造成二次破坏。

提取出水的船体构件运回工作母船后，再对每块船板进行测绘、摄像和文字描述（图2-171），并进行现场初步保护处理。由于受到条件的限制，初步保护处理主要是船体构件的保湿和抑菌，防止干裂和霉变（图2-172）。最后，为保证出水沉船构件长途运输的安全，同时节约工作船空间，还为初步保护后的船体构件分别制作了牢固安全的木箱进行包装（图2-173）。

第四节　考古发掘技术与方法

华光礁一号沉船遗址远离大陆，水下能见度极佳，水深仅1～3米，因其特殊的埋藏环境，水底为较硬的珊瑚和生物沙底质，这便使得水下考古发掘中所用的技术与方法既具一定的普遍性，但也有一些特殊性。本节即对2007、2008年度考古发掘中所运用的技术和方法做一简单介绍，以此作为发掘过程的补充。

一　设备材料准备

华光礁一号沉船遗址距离大陆约200海里，水下考古发掘期间无法快速地由陆地得到物资和设备补充。因此，前期准备工作尤为重要，在离岸出发前计划和准备好发掘中必须和可能用到的仪器、设备、工具、材料等，是顺利完成沉船遗址水下考古发掘任务的重要保证之一。这些准备内容包括潜水技术装备、水下考古发掘和记录设备和水面工作平台制作材料、用具等。

1.潜水技术装备

潜水技术装备是水下考古工作的基础，直接影响水下工作的开展和效率。同时，水下工作属于高危行业，良好的潜水技术装备也是人身安全的保障。中国水下考古的潜水方式以水肺式轻潜为主，主要设备包括潜水服、潜水背心（BCD）或背囊、呼吸调节器、

图2-174　半干式潜水服

图2-175　空气压缩机与船上充气

图2-176　水下抽沙设备

图2-177　水下摄像

图2-178　水下摄影

气瓶、蛙鞋、电脑表、配重等。另外再配备一些辅助用品，例如浮标袋、潜水刀、罗盘、导向轮等。除了潜水服，其他装备对自然环境条件基本没有差异。潜水服按性能可分湿式、半干式、干式等。我们基本上使用的潜水服都是湿式的。根据不同的水温条件，准备了 1、3、5 毫米等不同厚度的潜水服。因为这次发掘任务繁重，考虑到要长时间在水下作业，因此还准备了 7 毫米厚的半干式潜水服（图 2-174）。

　　鉴于潜水工作量大，气体消耗也较大，一支 20 ～ 25 人的水下考古工作队，我们准备了 12 升铝瓶 80 只。还及时补充了适合双瓶潜水的装备，压缩空气的体积增加一倍，将平时使用的潜水背心（BCD）换成背囊。还有管道供气设备，该设备在水下考古发掘的后期，一旦由于空气压缩机故障不能及时供应足够的气瓶时就大有用武之地。

　　2007 年水下考古发掘时，准备了 3 台 100 型汽油空气压缩机，该型机是小型汽油空气压缩机，充气速度特别慢，工作效率极低。为了满足工作需要，3 台空气压缩机从早到晚不停工作，噪音也特别大，长时间使用，压缩出来的气体质量明显下降。在水下考古发掘后期，3 台机器还经常出现故障，技术人员天天要进行维修，一定程度上影响了工作的进度。

　　2008 年水下考古发掘准备了 2 台 250 型空气压缩机，这一批机器都属于潜水专用设备，功率大，效率高，噪音也明显降低，易于保养，压缩空气质量高，为水下考古发掘工作的顺利完成提供了有力的保障（图 2-175）。

　　2. 水下考古发掘设备

　　水下考古队准备了水下抽沙用的 2 台大型柴油空气压缩机（图 2-176），配合使用的抽沙设备多套，以及发电机、水枪、风镐、浮力袋等各种水下考古发掘设备。

　　3. 水下考古记录设备

　　水下遗址的调查和发掘不同于陆地考古那样直观，由于水下考古工作环境的特殊性，能展示或看到的东西只有后期整理的资料。所以，对水下考古发掘过程、沉船遗址概况等，必须使用相应的

图2-179　制作水面工作平台

水下设备记录下来。一是作为第一手原始资料保存，二是给大家一个比较直观的画面。这需要用到水下数码摄像机（图 2-177）和水下数码相机（图 2-178）。这两种设备本身就是普通的数码相机、摄像机，与陆上用的同类设备不同的是，其外面加装了易于操作的防水罩，摄像机还配有水下辅助灯光等设备。

　　4.水面工作平台制作

　　华光礁一号沉船遗址的位置在华光礁的礁盘内，水深在 1.5 ～ 2 米，大型船只无法进入。1998年进行水下考古试掘时，因为发掘面积比较小，所以选用快艇作为操作平面。小型快艇存在操作面小、稳定性差等缺点。2007、2008 年度的水下考古发掘规模大，要动用多种大型设备和大量工具、材料等，因此，需要建造水面工作平台以放置这些设备。根据华光礁一号沉船遗址发掘工作需要，水下考古队建造了两个或三个工作平台。

　　2007 年，西沙水下考古队在工作船到达沉船遗址所在海域后，利用工作船前甲板的较大空间施工，制作成了两个工作平台。为了使平台有足够的强度，采用工程脚手架的连接钢扣和直径 1.5 英寸的钢管作为平台的骨架。长方形工作平台表面用 4 厘米厚的木板铺成，下面是 9 块 1 米 ×2 米 ×0.5米的泡沫板，每块泡沫板都用塑料彩条布包起来，以防止由于碰撞和海浪冲击而损坏（图 2-179）。根据海上潮汐变化的要求，平台要浮在海平面上，相对固定的同时又可以根据水下考古发掘的进展情况随时调整位置，在平台的四角设 4 口铁锚以便固定平台，并利用收放锚绳来短距离移动平台。

图2-180　水面工作平台

图2-181　制作水面工作平台

图2-182　水面工作平台

图2-183　固定式水面工作平台

图2-184　半固定式可拖曳工作平台

发掘工作开始前，将工作平台固定在遗址南部上方，其上放置机器和设备、遗物出水、人员着卸装和上下水（图2-180）。为了方便水下考古队员上下水，还在平台的一侧做了一架入水梯。

　　2008年，华光礁一号沉船船体发掘时，在遗址正上方水面架设了3个工作平台，均使用钢管做骨架，中间填充泡沫板（图2-181），其中两个为固定式、一个半固定式（图2-182）。固定式平台主要用于放置各种工具、仪器、机械设备等，以及供水下考古队员着卸装和上下水（图2-183）。半固定式平台主要用于临时放置、运输水下发掘提取的船体构件和其他文物，大小则为4米×4米。水下考古发掘出水的船体构件由于体积庞大、数量众多，小艇不便运输。出水船体构件打包好以后，放在这个工作平台上，由小艇缓慢地拖拽平台，往来于沉船遗址与工作船之间，这样既平稳安全，运输量又大，使用起来方便简单、效率高（图2-184）。

1.水下遗址搜索　　　　　　　　　　　　　　　　　2.水下遗址搜索

图2-185　水下遗址搜索

二　水下遗址搜索

1998年到2007年，经历了9年的时间，华光礁一号沉船遗址经过自然环境和人为因素的再次破坏，已发生较大变化，沉船遗址的中心点需要再次确认。开展远海大规模水下考古发掘，由于工作时间有限，发掘任务繁重。能否尽快准确找到沉船遗址的中心点，是能否按时完成年度发掘任务的关键。因此，抵达沉船遗址现场后，全体水下考古专业人员一起下水进行搜索。由于华光礁海域的能见度极好，大部分礁盘上的海水仅齐腰深，所以浮潜搜索是最简单、便捷、实用的办法（图2-185）。经过多方搜索，很快发现了瓷器碎片散落密集的区域（图2-186），以及遗址上的大面积凝结物位置，曾参加过1998年水下考古试掘工作的队员也确认这些凝结物就是华光礁一号沉船遗址的中心。

三　水下抽沙清理

清除覆盖在华光礁一号沉船遗址表面的珊瑚、珊瑚沙，是一项繁重的水下劳动。这项工作的进展，直接影响水下考古发掘工作进度。为此，需要使用机械设备进行此项工作。根据以往水下考古清淤工作的经验，西沙水下考古队在出发时已准备了2台气抽式空压机和3组抽泥头。到达水下考古发掘现场后，根据华光礁一号沉船遗址水下埋藏的实际情况，分别使用了气抽式、水抽式两种方法开展抽沙清理作业。

1.气抽式抽沙

气抽式抽沙机的制作方法，是将空气压缩机的压缩空气输出管与"Y"形三向接头的"入水口"相接；压缩空气输出管的口径一般用6分高压胶皮管。与之相连的抽沙管一般用4英寸防变形塑料管。在工作时用尼龙绳将抽沙管的水面一端固定在锚好的小艇上，小艇根据涨落潮、水流的变换情况，不断地自动调整排沙口的方向，使排沙口总处在洋流的下游方向；排水口则尽量贴近水面、使之产生高度差。其工作原理为：空气压缩机将压力为6至8公斤的压缩空气注入"Y"形管的0.75英寸（6分）管中，利用空气在置于水下的4英寸管中膨胀上浮时在管道中产生的虹吸现象，将沉积物及碎珊瑚吸走。为了防止遗物也同时被吸走，在吸泥口加装了滤网。开始时滤网过细，吸泥口往往容易被异物堵塞，最后通过不断试验确定了在3英寸抽沙头口上焊"十"字滤网，这样比较适合华光礁一号沉船遗址的发掘。

这种气抽式的抽沙是比较常规的方法，我国的水下考古工作一直沿用到今天。不同的自然条件，工作效率也不一样，主要适用于水较深、海床面多为松动泥沙的水域。这种抽沙方式的缺点是设备较多而且笨重，水下的工作抽头不易控制。2004年在福建漳州东山冬古湾沉船遗址水下考古发掘时，主要就是采用这种抽沙方法[1]。这次华光礁一号沉船遗址发掘，也是首选这种抽沙方法（图2-187）。由于华光礁一号沉船遗址所在海域的水比较浅，在试用的时候效果不理想。因此，在使

---

[1] 鄂杰、赵嘉斌：《2004年东山冬古湾沉船遗址A区发掘简报》，《福建文博》2005年增刊，第118～123、77页；李滨、孙键：《2004年东山冬古湾沉船遗址B区发掘简报》，《福建文博》2005年增刊，第124～131页。

图2-186　沉船遗址遗物散落区域

图2-187　气抽式抽沙

图2-188　高压水枪

用抽沙机的同时，还采用水枪冲刷法。该方法也是水下考古发掘最常用的方法之一，其原理是运用高压水枪喷出的小股高压水流，冲刷沉船遗址表面的淤积层和碎珊瑚等覆盖物，从而暴露出遗迹和遗物（图2-188）。这种方法基本上不会对遗物造成损害。经过实际操作发现，该方法虽然效率很高但不适合西沙水域。因为通常在使用这种方法时需要利用一定的自然水流，使冲刷起来的浑浊物能够被水流搬运，带离工作地点，不至于对发掘范围内的能见度有太大的影响；或者在浑浊水域的无能见度环境下使用也较为合适。但是，华光礁的潮差很小，自然水流的流速缓慢，况且海底的沉积物由小珊瑚块和碎珊瑚形成的生物沙组成，比重较大，不同于其他海域常见的有机悬浮物。所以，因高压水枪冲刷而扬起来的沉积物在没有自然水流搬动的情况下很快会就地沉淀下来，将遗迹和遗物重新覆盖。使用了几次后，因效果不好就放弃了。但是，使用这种方法确定沉船遗址的大概范围还是很有效的。

2. 水抽式抽沙

随着华光礁一号沉船遗址发掘工作进展，沉船遗址的发掘面积不断扩大，又出现了新的困难，遗址表面的珊瑚沙层还可以勉强用这种气抽式抽沙方法来清理，但是去掉珊瑚沙层后，下面出现厚厚的死珊瑚骨骼层，这层是珊瑚和泥沙板结在一起，特别坚硬牢固，气抽式抽沙方法基本不起作用。我们依靠补给船带来了2台水抽式抽沙机。这种抽沙方式的工作原理很简单，直观地讲就是一台大型抽水机的原理，经过改造，变成一台抽沙机（图2-189）。这种抽沙方法需要将泥沙搅起来，同水一起抽走，水下考古队员须不停地用手搧动泥沙，效果虽好但是工作队员特别容易疲劳，因此，我们改为水枪和抽沙机一起使用的方法，经过实践，效率大大提高，队员的劳动强度也降低了（图

图2-189　水抽式抽沙机

图2-190　水抽式抽沙机与高压水枪配合使用

图2-191　水下抽沙与人工清理相结合

2-190）。

　　水枪也叫水炮，因为出水速度快，能够打透很厚的泥沙层，在发掘的前期经常被用到。水枪配合抽沙使用后，由于泥沙被冲击扬起，会影响和降低了水下能见度。但是，如果改变使用水枪的角度和力度，不会降低能见度，而且工作效率更高。水抽式抽沙机的抽沙管径8英寸，接一个多孔的抽沙头。适当封堵数个抽沙孔，反而能增强其余孔的吸力。配合水枪使用后，抽沙发掘清理工作成为流水作业，前面队员使用抽沙机和水枪抽走泥沙，后面队员拿竹筐清理松动的死珊瑚（图

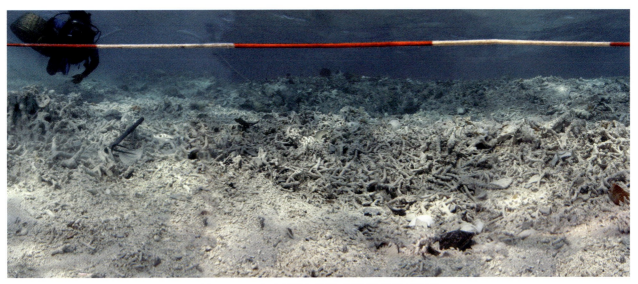

图2-192　艇尾螺旋桨辅助清理后局部照片

2-191）。同时，也使用气抽式抽沙机，主要用于抽走浮动回淤的泥沙。这些方法都是第一次在水下考古发掘工作中使用，在工作过程中积累了很多宝贵的经验。

华光礁一号沉船遗址发掘后期，有的船体表面堆积的珊瑚层近 2 米厚，清除起来特别费时费力。随船的渔民提供了一种行之有效地方法——艇尾螺旋桨推进法。这种方法在华光礁一号沉船遗址发掘中清理效果非常好，该遗址海水较浅，尤其在低平潮时水深不足 1 米，满足使用这种方法的基本条件。具体使用方法是：将小艇船尾用锚绳固定住，小艇的螺旋桨对着要清理的地点、位置，发动油门，螺旋桨产生的反作用力将海床的死珊瑚吹起，并向远处翻去。横向移动小艇，大面积海床很快就能被螺旋桨向下清理了 1 米多深（图 2-192），效率很高，节约了很多时间。不过，这种方法只适用表面的快速清理，不适用于后期的水下发掘工作，一是水深效果不好，二是太接近沉船遗址表面，可能会对遗物有影响。

四　水下遗物提取

2007 年主要进行沉船载运货物的发掘清理，华光礁一号沉船出水遗物以陶瓷器为主，数量多，但器形一般都不大，提取出水较为容易。在做好相关考古记录后，按单位直接提取出水，或者装载塑料筐内提取出水（图 2-193），再转运至工作船甲板上，在完成现场的初步整理和分类统计后，按探方单位暂时存放于固定的塑料筐内，直至运到陆地文物整理场所，再进行统一的后期考古资料

图2-193　小件陶瓷器类遗物提取

和文物整理。

2008 年工作的主要任务是华光礁一号沉船船体的发掘。在沉船船体的水下考古发掘过程中，遇到多个体积庞大的凝结物叠压在沉船船体上。从水下移走这些重达千斤的物体，在没有大型起重设备的情况下，确实不易。在打捞工程人员配合下，根据所需搬移物体的大小，可以选用适合的浮力袋辅助上浮。为了保持物体的平衡，一般要多个浮力袋一起使用。水下考古队员将空浮力袋带到水下，用绳子固定到要搬运的物体上，浮力袋的位置要选好，绳子要捆结实，绑好后用潜水气瓶或者空气压缩机分别给浮力袋同时充气，同时充气可使被移动物体周围的浮力差不多相等，避免物体抬起过程中发生倾斜。起吊物体的浮力调整到中性浮力后，就可以移动（图 2-194）。一些具有重要

图2-194　浮力袋辅助提取凝结物

图2-195　水下船体构件出水前编号

图2-196　借助金属撬板撬动船体构件

图2-197　多人托底抬起船体构件

图2-198 转移船体构件至钢质托架

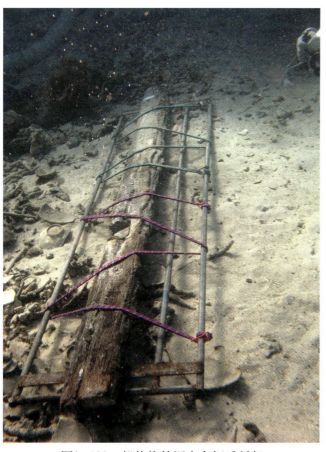

图2-199 船体构件固定在钢质托架

价值的物体也可以直接移动到工作船边，利用船上的起吊机将其起吊上船。华光礁一号沉船船体的龙骨部分就是用这种浮力袋的托运方法运回工作船上的。

水下考古发掘和拆卸的沉船船体构件，采用了托架安放和输送。托架用 0.5 英寸（4 分）钢管焊成 0.6 米 ×2.0 米的长方框，中间也加焊钢管加固，用来减小框内的间距。整个托架不能太重，但也不能让船体构件掉下来。

一般船体构件的具体提取流程是：在发掘清理出船体构件后，首先进行水下信息资料采集，对其进行编号（图 2-195），并在其所处位置标注和测绘在船体总平面图上；然后由两人或多人使用扁平的长条形金属撬板在船板多处位置同时用力，将其撬离船体（图 2-196），再使用两人或多人

图2-200　钢质托架和船体构件出水

图2-201　散碎船体构件使用钢架和木盒转运

图2-202　专门定制的龙骨托架

图2-203　龙骨放置到托架上

图2-204　使用绑带固定龙骨

图2-205　浮力袋辅助托运龙骨至工作船

托底的方式（图 2-197），将船板水平搬放至准备好的钢质托架上（图 2-198），并使用较粗的带有弹性的绑带将其固定在托架上（图 2-199），以防止运输时脱落，这样既方便固定，也便于装卸；最后，将托架抬出水面（图 2-200），运至工作船上进行现场保护处理。

　　在水下考古发掘后期，出现了大量细长的船底板，船底板的样子大致相同，残损都较严重，长 3 米左右的船底板，有的断成 20 来截，发掘、拆卸、搬运都比较麻烦。为了运送这一类船底板，将一些托架加装上盒子（图 2-201），盒子里面还有可以移动的挡板，根据船底板的大小和长度稍加固定。

　　一般船体构件的提取出水，水下抬起托架，转移至工作平台即可。但是，大型船体构件则需要特殊处理，其中，沉船龙骨的发掘出水尤为重要，难度也最大。为了安全地将沉船的龙骨发掘出水，首先按龙骨的尺寸量身定做了一个大的托架，使用 1.5 英寸钢管做骨架，用钢扣连接钢管（图 2-202）。托架运到水下后，将龙骨平稳放置到托架上（图 2-203、204），再固定托架两侧的立杆，一切都安装完毕后，在托架两侧分别固定 2 个浮力袋，浮力袋充气达到整个托架的中性浮力，待托架在水中平稳后，利用小艇拖拽托架到工作船，再使用工作船上的吊机起吊上船（图 2-205）。

第五节　水下遗址考古摄影拼接

　　华光礁一号沉船遗址所在水域水质极佳，水下能见度超过 15 米，但是水深仅 1 ～ 3 米，这既为沉船遗址全景图的拍摄工作提供了良好的能见度条件，但也因拍摄距离限制造成了无法获取大范围的取景照片。鉴于此，水下考古队采用了摄影拼接技术来获取沉船遗址的全景照片，在 2007 年船载遗物和 2008 年船体遗迹的水下考古发掘中应用效果颇佳，分别获取了高精度、高清的华光礁一号沉船遗址的正射影像全景图。本节以 2008 年华光礁一号沉船船体的摄影拼接为例进行介绍。

华光礁一号沉船遗址船体部分，高平潮时水下深度最浅及最深处分别为 1.5 米和 3.5 米左右，2008 年发掘清理后的船体残长 17.0、残宽 7.67 米，船体遗存状态为船头高于船尾、右舷高于左舷。此次沉船遗址的船体水下考古发掘，船体构件共分 6 层，水下考古队对其中的第一层及第五层进行了全景水下摄影拼接。本次拼接工作共拍摄了 1500 多张照片素材，实际拼接使用 1100 多张。本次拼接使用的方法，是根据遗址的具体工作环境、条件等确定的。下文介绍本次沉船遗址全景水下摄影拼接工作的过程及使用的方法。

一　摄影拼接技术要求

众所周知，当被摄体的范围很大，并受摄影条件限制，使用单张照片无法将其一次性记录下来时，就必须使用到摄影拼接技术。摄影拼接技术的应用，对前期照片的拍摄有比较严格的要求：

其一，等距拍摄。对被摄物体必须用相等的距离拍摄，不能第一张照片用 5 米距离，而第二张则用 10 米来拍，这样物体大小不一，后期照片就无法拼接。当然也不能使用变焦镜头在同一高度、同一地点不断地变换焦距、拉近或推远拍摄，应根据需要预定焦距后，只能以固定标准连续拍摄。

其二，画面相叠。无论是从左向右还是自右往左拍摄，无论是统一用横画面拍摄还是统一用竖画面拍摄，第一张与第二张照片相交之处必须相互重叠，便于以相交物体为参照标准进行剪裁、拼接，重叠范畴不宜超过每张照片的三分之一，相叠过多会显得画面接痕过多、组合过碎。

其三，镜头使用。多使用标准镜头或中长焦镜头，少用广角或超广角镜头。因中长焦镜头的变形小，而广角镜头的画面边缘呈弧线性，容易使被摄物体变形，造成相邻照片物距不等，无法拼接。使用中长焦镜头拍摄，照片之间边缘部分没有变形，拼接起来十分方便。

其四，定量曝光。在同一时间拍照，必须用同一速度、统一光圈拍摄，所拍的一组照片才能和谐相接，不能在顺光区域拍摄时用一档光圈，而待拍至逆光区域时又用另一档光圈，这样拍出的照片之间明暗悬殊太大，拼接起来明显的景色明亮度不真实、自然，破坏了画面整体的协调，虽然后期可以利用软件调整，但为了不增加照片拼接时的工作量，尽量使拍摄的照片等量曝光。

二　拍摄拼接照片素材

全景水下摄影拼接工作共分为器材准备阶段、水下拍摄阶段及照片拼接阶段。首先要根据水下遗址具体情况，拍摄拼接照片素材。

本次发掘工作确定使用佳能 G9 型相机进行拼接照片的拍摄，具体相关参数为：镜头焦距范围：实际焦距 7.4 ～ 44.4 毫米，等效焦距 35 ～ 210 毫米，光圈大小 F2.8 ～ 4.8，快门速度 15 ～ 1/2500 秒，感光度 80/100/200/400/800/1600。

要保证等距拍摄，尽量保证垂直摄影（使镜头光轴平行于水平垂线），就必须使用水下摄影架。水下摄影架可以按照沉船遗址遗存的具体环境、条件和相机的使用情况来自己制造（图 2-206）。

图2-206　制作水下摄影架

图2-207　水下摄影架（底框一边安装有

1.水下拍摄

2.水下拍摄

图2-208　水下拍摄

　　由于华光礁一号沉船遗址最浅处离水面只有1.5米左右，在水下摄影时，摄影者如果太靠近水面，就会受水面波浪的影响，致使无法保持自身身体的平衡，而无法进行正常的摄影；而摄影高度太低时，相机取景会比较小，这就增加了照片的数量，加大后期拼接的工作量。因此将水下摄影高度定为1米，即刚好把摄影者的身体置于水面以下，以刚好不受水面波浪影响为标准。摄影架顶框大小及相机固定装置，以相机实际尺寸设计制作。摄影时使用G9相机的最小焦距为7.4毫米（取景范围约等于 135 相机的 35 毫米焦距拍摄），而等同焦距情况下，在水下由于有放大作用，水下拍摄时所能取景的范围相对陆地而言比较小，这就需要先行确认 1 米的拍摄距离使用 7.4 毫米焦距，在水下拍摄时所能取景的范围大小，实测数据为 65 厘米 ×56 厘米。以此为标准制作的水下摄影架底框大小为 70 厘米 ×60 厘米，并安装了水平测量装置（图 2-207）。以取景范围为标准制作底框，可以确保拍摄范围等距等焦，在后期拼接时大大提高工作效率。

保证了等距拍摄和垂直摄影后，下一步就是照片的拍摄了（图 2-208）。拍摄时，需要一人拍摄、一人辅助调整水下拍摄架的水平（图 2-209），并确保不遗漏拍摄区域。

要完成沉船遗址的摄影拼接全景图，必须要对遗址进行全面的照片素材拍摄，这就需要对遗址拍摄区域、顺序做出整体规划。首先，要在沉船船体的中间位置拉出贯穿沉船遗址的两条相交并垂直的基线，其中一条基本平行于隔舱板即 230°，另一条与船体方向一致为 320°。此时，已将船体分为 A、B、C、D 四个区域，在两条基线的相交点处打入一根定位桩，打这个桩子的原因有二：其一，由于一天所能拍摄的照片有限，无法在一天内把全部沉船遗址拍摄下来，定位桩有助于确定基准的拍摄起始地点，即拍摄 4 个区域时都是以定位桩为基准，向四周扩散式的拍摄；其二，为保证 A、B 两区或 A、C 两区或每 2 个相邻拍摄区靠近基线一排的照片能够互相重合，则必须平移这根基线，定位桩有助于确定基线的平移距离。如下图所示（图 2-210）。

图中的紫色区域为遗址范围示意，红色交叉的两条为基线，方向分别为 320° 和 230°。图中 1+2、3+2 为相邻的两张拼接照片素材所拍摄的范围，其中 2 为两张照片相交部分。在拍摄 A 区拼接素材时，以定位桩为标准，将水下摄影架底部的 70 厘米长边紧贴 320° 基线，60 厘米短边紧贴 230° 基线拍摄下第一排第一张照片，接着沿皮尺向 320° 方向平移 30 厘米拍摄第二张照片，直至无遗址船板分布为止。完成第一排后，将 320° 方向基线向 230° 的反方向即 50° 方向平移 25 厘米，然后重复平移拍摄。以此类推，直到拍摄完预定区域。水下摄影架底框即为拍摄范围，可以在保持等距等焦拍摄的同时，配合基线上的皮尺，有效地控制每次移动的距离，保证不漏拍。下图 8 张照片可作示例，这是沉船第一层船板揭露后 A 区的两组照片，1 ～ 4、5 ～ 8 分别为船体的上、下两排，

图2-209　水下拍摄架水平调试

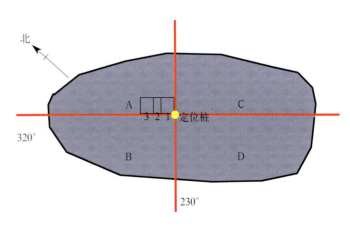

图2-210　遗址水下摄影拼接基线与区域规划

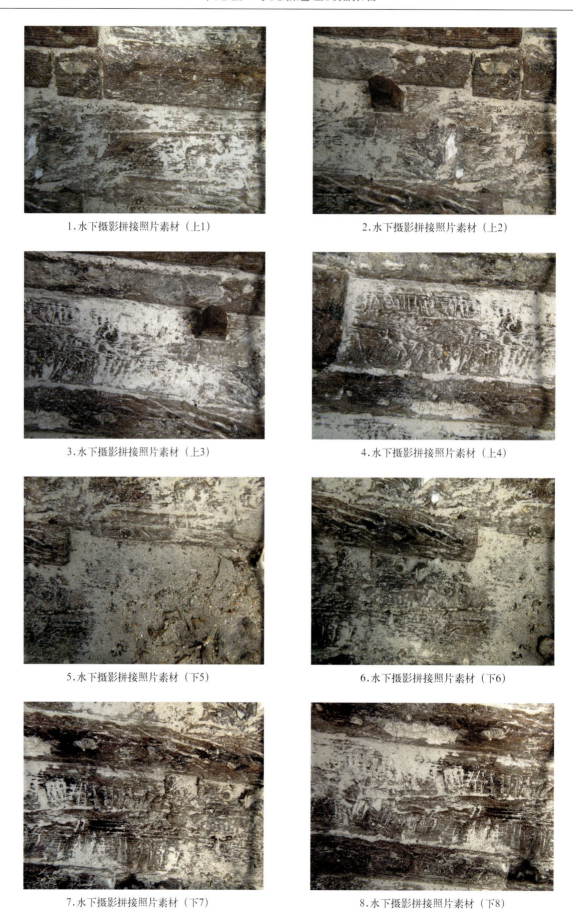

1.水下摄影拼接照片素材（上1）

2.水下摄影拼接照片素材（上2）

3.水下摄影拼接照片素材（上3）

4.水下摄影拼接照片素材（上4）

5.水下摄影拼接照片素材（下5）

6.水下摄影拼接照片素材（下6）

7.水下摄影拼接照片素材（下7）

8.水下摄影拼接照片素材（下8）

图2-211 水下摄影拼接照片素材

照片均为从右至左的顺序拍摄，为方便照片拼接，每相邻两张照片均有重叠部分（图2-211）。而且，在实际拍摄操作中，重叠区域往往会大一些。

三　照片素材拼接成图

在完成遗址全部摄影拼接照片素材的拍摄后，下一步便是将这些照片素材进行拼接成图。

华光礁一号沉船遗址的全景水下摄影拼接工作，在水下拍摄完成后的照片拼接中，使用的是Photoshop图像处理软件。由于在拼接照片时，各人所使用的软件工具和拼接时的操作习惯不一样，且使用不同工具和方法，所能达到的效果差不多，所以这里就不对软件拼接时的工作进行详细介绍。

不过，在进行摄影拼接时，一般也是先进行单排照片素材拼接，以上述5～8号下排的照片素材为例，这一组照片中的重叠部分合并，特别是照片的衔接部位和边缘位置，要根据实际情况作变形校正，并作细部微调，色阶、色彩、亮度、对比度也要尽量调整一致，这组素材拼接后效果，如下图所示（图2-212）。

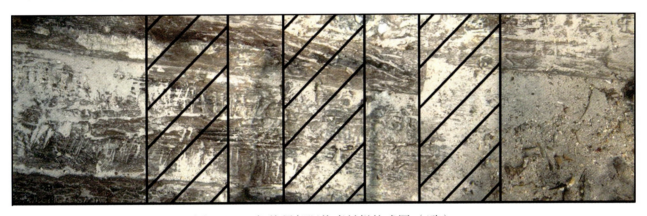

图2-212　船体局部照片素材拼接成图（4张）

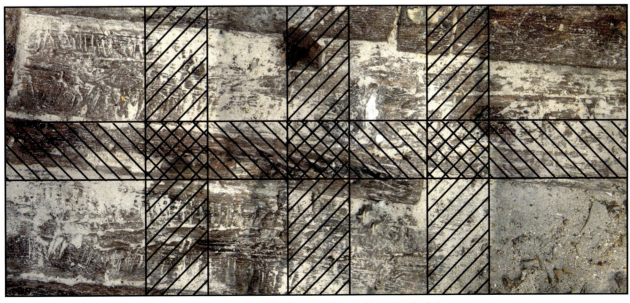

图2-213　船体局部照片素材拼接成图（8张）

以上是由 5 ~ 8 号照片拼接而成的船体局部图片，5 ~ 8 号照片拍摄顺序为从右至左。拼接成图上从右至左的 3 个右上左下的斜线区域分别为 5、6 号，6、7 号，7、8 号照片素材的大致重叠区域。

然后，再将相邻两排素材照片拼接图，拼接成更大范围的拼接图，如前述 1 ~ 4 号照片，拼接后与 5 ~ 8 号的拼接图片再次拼接，形成新的由 1 ~ 8 号素材照片拼接的图片，如图所示（图 2-213）。

合并后的拼接成图里，右上左下的斜线区域表示左右两张图片的重合范围；左上右下的斜线区域表示上下两张图片的重合范围；交叉网格区域表示四张图片的重合范围。

以此类推，逐渐完成遗址全景图的摄影拼接。以下是华光礁一号沉船遗址发掘清理的第一层（图 2-214）、第五层（图 2-215）船体遗迹拼接完成后的水下全景图，呈现了沉船船体的正射影像全景图。

第六节　考古发掘现场文物保护

2007、2008 年度华光礁一号沉船遗址发掘的重点不同，所涉及的考古发掘现场文物保护也有较大差别。2007 年的发掘以沉船内船货遗物为主，因其质地不同，需要根据不同质地进行现场保护处理。2008 年的发掘以沉船船体发掘为主，饱水木质船体的现场保护较为复杂。华光礁一号沉船为一艘南宋时期的木质沉船，船体沉没后船板一直处于海水环境之中，长时间的海水浸泡、潮汐冲刷和海生物侵袭对船体本身产生了一定的破坏，同时船体也与其所处环境达到了相对稳定的状态。从以往工作经验来看，长期在海水中浸泡的木质沉船船体构件，其含水率可达 200% 以上，考虑到发掘出水后，环境的急骤变化，会使木材快速干燥、龟裂、剥落、变形，因此，2008 年发掘的船体构件在出水后便立即做了现场保护操作。

不过，由于沉船遗址发掘现场远离陆地，现场保护工作也需要在工作船上开展，因条件限制，仅能进行第一现场的初步保护处理，以避免其因埋藏环境的改变而发生骤变或不可逆的损坏为要。出水后的保护处理，则需运至陆地出水文物存放地后，再进行稳定的长期性保护处理。

一　船载文物的现场保护

华光礁一号沉船载运货物以陶瓷器为主，并有少量铜器、铁器等遗物，现场保护处理相对较为简单。陶瓷器有青白瓷、青瓷、黑瓷、青褐釉器和酱黑釉器等，大部分胎釉结合比较好，釉面较为光润，含水率相对较低。因而，出水后一般先用水冲洗（图 2-216），在条件允许时，部分器物放在淡水筐中进行浸泡，略作脱盐处理；但由于出水陶瓷器数量庞大，现场无法全部进行浸泡脱盐。大多数器物是表层附着物稍作清理后，先进行初步分类统计和登记，再进行简单包装，然后将其以探方为单位放在专门用于盛放文物的塑料筐中，同时做好出水单位记录。铜器、铁器等遗物则在简单冲洗后，晾干存放，以备后期的实验室保护处理。

图2-214　华光礁一号沉船第一层船体遗迹摄影拼接全景图

0 ├────┤ 225厘米

图2-215 华光礁一号沉船第五层船体遗迹摄影拼接全景图

图2-216　出水陶瓷器初步清洗

二　发掘过程中船体构件的保护

由于盗捞和长期海水冲刷的原因，华光礁一号沉船船体损坏比较严重。同时沉船的船体构件在海水中的长期浸泡，木质细胞壁中的纤维素部分水解，从而导致船体构件的强度大大降低。为避免船体构件在发掘出水过程中由于搬运的受力不均匀而产生的应力破坏，发掘现场采用自制钢质托架进行托取的方式对船体构件进行提取（图2-217），并可作保护性防护；而提取出水时，直接抬起托架（图2-218），避免船体构件移动时用力不匀。

图2-217　船体构件使用钢质托架转运

图2-218　船体构件水下搬运

图2-219　出水后的船体构件

三　船体构件出水后的现场保护

　　由于长期的海水浸泡和潮汐影响，部分船体构件表面已经软化，颜色呈深褐色和炭化状黑色，个别木质本身糟朽严重（图 2-219）。从文物保护和将来修复复原的角度出发，为配合本次水下考古发掘，确保文物不发生收缩、变形和微生物的滋生，并尽可能地保留船体构件中蕴含的文物信息，同时为下一步实验室保护和复原打下基础，我们在文物出水后，立刻进行了现场文物保护操作。根据最小干预、可再处理原则，我们对出水船体构件进行了如下处理。

　　1. 泥沙清洗

　　出水船体构件的表面附着有大量的泥沙，这些泥沙不仅影响外观，而且会滋生海洋生物和微生物，并进一步损坏船板。因此在船板搬运至工作船后，在不破坏构件本身结构的情况下，我们使用软质刷子和沾水海绵进行擦拭，并辅以海水冲淋的方式，将表面附着的泥沙清除干净。

　　2. 附着物清除

　　有些船体构件在清洗后，表面仍然附着有贝壳和其他海生物，这些贝壳和海生物的存在不仅对船体本身结构造成了严重影响，同时这些附着物如果存放时间过久也会增加日后的清除难度。结合本次出水船体构件表面附着物的种类情况，我们选择干预最小的物理方法对其进行清除。根据附着物的强度和附着物与船体结合的强度，我们选择使用木刀、牙签、刀片、凿子等工具将其清除。结合强度小的使用木刀、牙签清除，结合强度大且有一定厚度的使用小锤子在刀片、凿子的一端施力的方式将其清除直至干净。

　　3. 信息采集

　　在完成出水船板的清洗和清除表面附着物的工作后，我们对船体构件的各个表面进行了拍照记录，绘制了平、剖面图，登记记录了船板的编号、名称、尺寸、出水时间、原生状态所处位置（图2-220），并对出水后的现状进行了简要的文字描述，最后再将这些信息一并汇总在船板统计表之中。

4. 防霉处理

鉴于发掘现场所在位置纬度较低，虽然发掘时间选择在冬季进行，工作船上白天气温仍可达到25℃左右，而且船体本身也为细菌的生长提供了充足的养分。因此我们在对船体构件进行密封包装前，使用去离子水加硼酸／硼砂溶液对船体进行喷淋（图2-221），以防止细菌和微生物的滋生。

5. 密闭保湿

由于长期在海水中浸泡的木质沉船船体构件发掘出水后，会产生迅速脱水，从而使木材龟裂、剥落、变形，在完成船板防霉处理过程后，立刻对其进行了密闭保湿处理。鉴于本次发掘所处环

图2-220　出水船体构件记录

图2-221　出水船体构件防霉处理

图2-222　出水船体构件装箱密封

图2-223　船体构件包装箱记录

境和现场材料所限，密闭保湿处理的方法采用的是，使用海水喷淋的方式使船体构件达到充分的饱水状态，然后用密封的塑料袋将其包裹密闭，基本断绝与外界的空气流通，避免水分散失（图2-222）。

四　船板的包装运输

在船体构件的包装过程中，采用强度较高的木条为框架，三合板为外包装材料，根据出水构件的尺寸制作成具有一定防震、防冲撞、抗压效果的长方体包装箱。包装箱内部使用海绵填充尽可能地减少在挪动和搬运过程中的震动、摩擦、碰撞等对船体构件产生的破坏。包装入箱后，将箱子装订密封，在箱体外用油性记号笔书写上船体构件的编号信息（图2-223），然后按照搬运文物的操作规程将包装箱装入工作船的船舱中，并用绳子将包装箱固定。根据补给船安排和工作总体进度，陆续运至陆地，再转运至海南省博物馆，进行实验室保护。

第三章　船体遗存

　　华光礁一号沉船船体遗存保存较好，2007 年发掘时，将沉船遗物清理后，对暴露出来的残存船体遗存进行了测绘，绘制了船体遗存的表层平、剖面图；2008 年发掘船体时，首先清理、提取其上遗留的大型凝结物，而后逐层对船体遗存进行发掘、提取。第二年度发掘时，再次清理表层散落遗物后，发现船体遗存较之上一年又遭到了破坏，其结构形态已有较大变化。由于船体发掘、提取和记录均为第二年度完成，故本章船体遗存以 2008 年发掘记录为主来介绍，而 2007 年度船体遗存状态则在前文第二章发掘概述中已有详述，此处不再赘述。下文从整体的船体结构和单体的船体构件两个方面来介绍华光礁一号沉船船体遗存情况。其中，需要指出的是，船体构件编号已由发掘时的"XH Ⅰ：+ 数字"统一更改为"CG+ 数字"，个别图片中因不便修改而保留了原编号。

第一节　船体结构

　　华光礁一号沉船的上部结构已无存，船体基本上仅存底部结构，其基本正沉于华光礁礁盘上，底质较硬，船底部和船壳板也已基本摊散、压平，船体变形严重，已不见原有形态。从考古发掘情况来看，船体底壳板保存尚好，而且最多可见 6 层船壳板，颇为难得，为研究宋元时期远洋贸易海船的船体结构提供了十分宝贵的实物资料。

一　船体遗迹

　　华光礁一号沉船船体呈西北—东南向，方向 320°，西北为船艏，东南为船艉，上部结构不存，仅余船体底部，水平总残长 17.0、残宽 7.67 米。整个船体随海底地形由东向西倾斜，龙骨以东仅存小部分船体，水平残长 16.3、残宽 1.94 米，埋藏较浅，最浅处距海床表面约 0.2 米；龙骨以西残存船体较多，水平残长 17.0、残宽 5.73 米，埋藏较深，最深处距海床表面 2.3 米。龙骨以西 3.25 米处有一道西北—东南向的沙沟，沙沟平均宽 0.29、深 0.16 米，船体在沙沟处断裂成两部分，沙沟以东船体水平残长 17.0、残宽 5.47 米，沙沟以西的船体水平残长 15.9、残宽 1.91 米（附图三、四）。

　　埋藏较深的西部、南部沉船船体的保存状况明显好于东部和北部。部分船体构件，尤其是第二层（图 3-1）、三层（图 3-2）的船板木质尚好，纹理清晰，仍有一定强度，外表呈黄褐色（图 3-3）。部分船体构件糟朽严重，质地松软，表面可见许多裂纹和船蛆蛀蚀的痕迹，呈现灰黑色（图 3-4），其中第一层（图 3-5）边缘位置和第六层（图 3-6）船板朽烂程度最为严重，部分船板仅剩边缘部位（图 3-7），尤其是龙骨西侧凝结物下的船板，受重压及金属物质侵蚀，保存状况极差，已经无法成块提取，第四层（图 3-8）、第五层（图 3-9）船板有不同程度的糟朽。

1.船体构件CG63

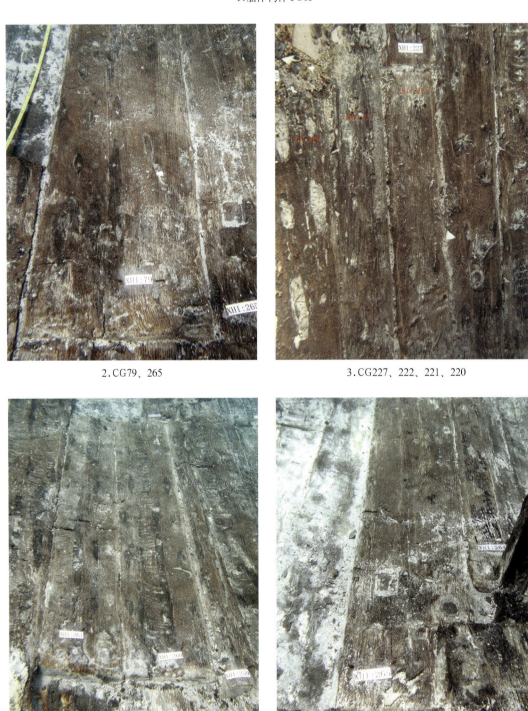

2.CG79、265

3.CG227、222、221、220

4.CG260、261

5.CG264、265

图3-1　第二层船板

1.CG208、217、294、353

2.CG286、287

图3-2　第三层船板

1. CG263、264、265　　　　　　　　　　　　　　　　　　　　2. CG79、265

图3-3　第三层船板

图3-4　第一、二层船板（CG5、6、7）

1.CG2

2.CG16

3.CG9、10

4.CG14、15

图3-5　第一层船板

图3-6　第六层船板（CG466、467）

图3-7　第五层船板北部船板

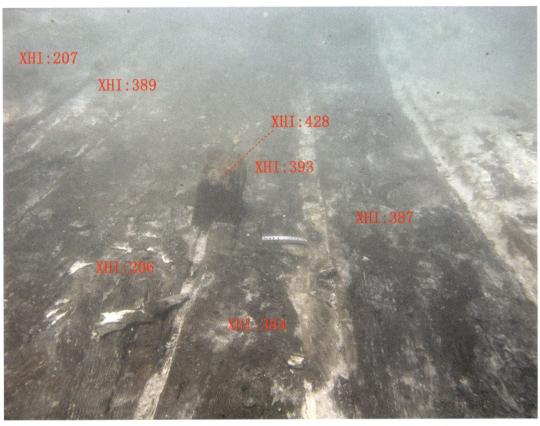

图3-8　第四层船板（CG206、207、384、387、389、393、428）

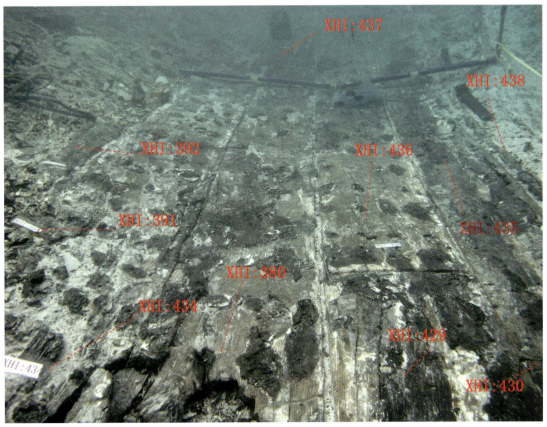

图3-9　第五层船板（CG391、392、380、429、430、434、435、436、437、438）

二　连接方式

船壳板在纵向上主要采用企口搭接、平接和斜肩搭接等连接方式。六层船壳板中，仅第二层为企口衔接（图3-10，1；图3-11），其他五层为平接（图3-10，2；图3-12），采用纵向滑肩搭接方式的不多，仅见于艉龙骨西侧一列的船壳板（图3-10，3；图3-13～15），船板接缝处使用麻丝舱料密封。

船壳板在横向上的拼接总体呈现阶梯状特点（图3-10，4；图3-16），采用横向滑肩搭接（图3-10，5；图3-17）和企口衔接技术（图3-10，6；图3-18），板与板之间使用条木压缝（图3-10，7；图3-19），并以铁钉加固、以舱料密封（图3-20），仅第四层、六层船壳板不见使用条板压缝，其他四层有的整层使用，有的局部使用。

船体构件间除了大量使用企口衔接、滑肩搭接、平接等连接方式外，还普遍采用铁钉和舱料进行加固密封。华光礁一号沉船没有发现完好的铁钉，仅存钉孔和孔内残留的铁渣，因此无法明确铁钉的尺寸，钉孔主要分布于船板的边缘四周及中部，孔隙填有舱料，钉头深入船板，以舱料封堵，

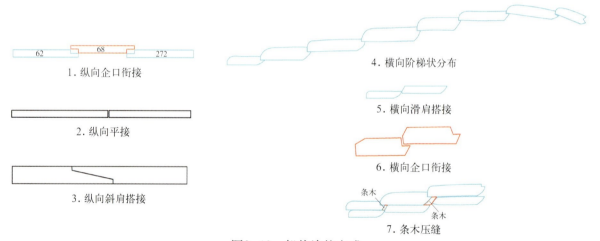

1. 纵向企口衔接

2. 纵向平接

3. 纵向斜肩搭接

4. 横向阶梯状分布

5. 横向滑肩搭接

6. 横向企口衔接

7. 条木压缝

图3-10　船体连接方式

1.CG52、177

2.CG76、83

图3-11　船体企口衔接

1. CG286、287

2. 船板平接细部

图3-12　船体平接

图3-13　船体滑肩搭接（CG9、12）

图3-14　船体滑肩搭接（CG21、25）

1. CG53

2. CG347、348

3. CG408

4. 滑肩搭接细部

图3-15　船体滑肩搭接

图3-16　横向阶梯状船板（CG196、368，遗址东部，船体中部近龙骨处，由南向北）

图3-17　船体滑肩搭接（遗址东部，船体中部近龙骨处，由南向北）

1.CG23、22、21、17、18剖面

2.船板细部（遗址东部，船体中部近龙骨处，由南向北）

图3-18　船体企口衔接

图3-19　CG255、259、260、261南端压缝处

图3-20　船体构件间的艌料

1.CG144

2.钉孔隙填以艌料

图3-21　铁钉直钉孔

钉孔左右排列的间距稍宽，为 0.04 ～ 0.3 米，前后排列的间距稍窄，为 0.04 ～ 0.1 米。从船板上钉孔的大小和形状判定，使用了多种型号的铁钉，钉孔孔径的尺寸有 0.5、0.8、1、1.1、1.2、1.5 厘米等，其中最常见的是 1 ～ 1.5 厘米的钉孔，说明直径为 1 ～ 1.5 厘米的铁钉是该沉船船体上使用最多的。钉孔的形状有圆形和方形两种，说明铁钉有圆形和方形两种形状。钉孔有的比较正，有的比较斜，说明当时钉铁钉时，有的是垂直于板（图 3-21），有的则斜钉在板上的（图 3-22）。

在船体构件连接处、榫孔及钉孔处使用舱料以加强密封性，同层船板接缝包括上下板的间缝中均填有舱料（图 3-23）。船体横向连接处的企口使用由桐油、麻丝、白灰等构成的舱料（图 3-24、25），船体纵向企口连接、船壳板上下连接及钉孔处使用桐油和白灰等构成的舱料，未见麻丝（图 3-26）。白灰的成分也存在差异，如在船壳板上、下层中使用的白灰硬度很大，难以捏碎；而在船壳板横向企口连接处的白灰很细很软，难以采样。

1. CG26

2. CG117

3. CG137

4. CG148

图3-22　铁钉斜钉孔

图3-23　船板间的填缝艌料

图3-24　横向企口处的含麻丝艌料

图3-25　艌料中的麻丝

1.企口处的白灰舱料

2.船壳板上下的白灰舱料（CG182）

图3-26　船板间的白灰舱料

第二节　船体构件

　　华光礁一号沉船残存的船体构件有龙骨、龙骨翼板、龙骨补强材、船壳板、压缝板、肋骨、隔舱板、舌形榫等，所有船体构件全部提取出水，共计511件，其类别与功能可用下表说明，并作索引（表3-1）。另外，还有少量散落于遗址表层而采集的船体构件，一般形制较小（图3-27～30）。下文对其分类进行介绍，囿于本报告篇幅和体例，本节无法将所有船体构件逐一列举，但将所绘船体构件的全部线图均列于其下。为全面刊布船体发掘资料和信息，以便后期保护、复原、重建和研究，本书将所有船体构件的详细信息汇总列表于后，详见附录一。

表3-1　船体构件分类一览表

编号	类别	编号	类别	编号	类别	编号	类别
CG1	船壳板，第二层	CG129	压缝板，第一层	CG257	船壳板，第一层	CG385	船壳板，第四层
CG2	船壳板，第一层	CG130	压缝板，第一层	CG258	压缝板，第一层	CG386	船壳板，第四层
CG3	船壳板，第二层	CG131	船壳板，第一层	CG259	压缝板，第二层	CG387	船壳板，第四层
CG4	船壳板，第二层	CG132	船壳板，第一层	CG260	船壳板，第二层	CG388	船壳板，第四层
CG5	船壳板，第一层	CG133	压缝板，第二层	CG261	船壳板，第二层	CG389	船壳板，第四层
CG6	船壳板，第二层	CG134	压缝板，第一层	CG262	船壳板，第二层	CG390	船壳板，第四层
CG7	船壳板，第一层	CG135	船壳板，第一层	CG263	船壳板，第一层	CG391	船壳板，第五层
CG8	船壳板，第一层	CG136	压缝板，第一层	CG264	船壳板，第二层	CG392	船壳板，第五层
CG9	船壳板，第一层	CG137	船壳板，第二层	CG265	船壳板，第二层	CG393	船壳板，第四层
CG10	船壳板，第一层	CG138	压缝板，第一层	CG266	船壳板，第一层	CG394	船壳板，第四层
CG11	压缝板，第一层	CG139	压缝板，第一层	CG267	船壳板，第二层	CG395	船壳板，第四层
CG12	船壳板，第二层	CG140	压缝板，第二层	CG268	船壳板，第二层	CG396	船壳板，第四层
CG13	船壳板，第二层	CG141	船壳板，第二层	CG269	船壳板，第一层	CG397	压缝板，第三层
CG14	船壳板，第一层	CG142	隔舱板，第一层	CG270	压缝板，第一层	CG398	船壳板，第三层
CG15	船壳板，第一层	CG143	船壳板，第二层	CG271	压缝板，第一层	CG399	压缝板，第三层
CG16	船壳板，第一层	CG144	船壳板，第二层	CG272	船壳板，第二层	CG400	压缝板，第三层
CG17	船壳板，第二层	CG145	压缝板，第二层	CG273	压缝板，第一层	CG401	船壳板，第四层
CG18	船壳板，第三层	CG146	龙骨补强材	CG274	压缝板，第一层	CG402	船壳板，第四层
CG19	船壳板，第二层	CG147	龙骨补强材	CG275	压缝板，第一层	CG403	船壳板，第四层
CG20	船壳板，第一层	CG148	龙骨补强材	CG276	压缝板，第一层	CG404	船壳板，第三层
CG21	船壳板，第二层	CG149	龙骨补强材	CG277	船壳板，第三层	CG405	压缝板，第三层
CG22	船壳板，第二层	CG150	压缝板，第一层	CG278	船壳板，第三层	CG406	压缝板，第三层
CG23	船壳板，第一层	CG151	隔舱板，第一层	CG279	船壳板，第二层	CG407	压缝板，第三层
CG24	压缝板，第一层	CG152	隔舱板，第一层	CG280	压缝板，第二层	CG408	船壳板，第三层
CG25	压缝板，第一层	CG153	压缝板，第二层	CG281	船壳板，第三层	CG409	船壳板，第五层
CG26	船壳板，第四层	CG154	隔舱板，第一层	CG282	船壳板，第三层	CG410	船壳板，第四层
CG27	船壳板，第三层	CG155	船壳板，第二层	CG283	船壳板，第三层	CG411	船壳板，第五层
CG28	压缝板，第一层	CG156	船壳板，第二层	CG284	船壳板，第三层	CG412	船壳板，第五层
CG29	船壳板，第三层	CG157	压缝板，第一层	CG285	船壳板，第三层	CG413	船壳板，第五层
CG30	龙骨补强材	CG158	隔舱板，第一层	CG286	船壳板，第三层	CG414	船壳板，第五层
CG31	船壳板，第三层	CG159	隔舱板，第一层	CG287	船壳板，第三层	CG415	船壳板，第五层
CG32	船壳板，第三层	CG160	隔舱板，第一层	CG288	压缝板，第二层	CG416	船壳板，第五层
CG33	压缝板，第一层	CG161	隔舱板，第一层	CG289	船壳板，第二层	CG417	船壳板，第五层
CG34	船壳板，第一层	CG162	肋骨，第一层	CG290	船壳板，第二层	CG418	船壳板，第四层
CG35	船壳板，第一层	CG163	船壳板，第一层	CG291	船壳板，第三层	CG419	船壳板，第五层
CG36	船壳板，第一层	CG164	压缝板，第一层	CG292	船壳板，第三层	CG420	船壳板，第四层
CG37	船壳板，第一层	CG165	船壳板，第一层	CG293	船壳板，第三层	CG421	压缝板，第三层
CG38	压缝板，第一层	CG166	压缝板，第一层	CG294	船壳板，第三层	CG422	舌形榫

编号	类别	编号	类别	编号	类别	编号	类别
CG39	压缝板，第一层	CG167	压缝板，第一层	CG295	船壳板，第三层	CG423	舌形榫
CG40	压缝板，第一层	CG168	船壳板，第一层	CG296	船壳板，第三层	CG424	舌形榫
CG41	压缝板，第一层	CG169	船壳板，第一层	CG297	船壳板，第三层	CG425	舌形榫
CG42	船壳板，第一层	CG170	压缝板，第一层	CG298	船壳板，第三层	CG426	舌形榫
CG43	船壳板，第二层	CG171	压缝板，第一层	CG299	船壳板，第三层	CG427	船壳板，第三层
CG44	船壳板，第一层	CG172	压缝板，第一层	CG300	船壳板，第三层	CG428	舌形榫
CG45	压缝板，第一层	CG173	压缝板，第一层	CG301	船壳板，第二层	CG429	船壳板，第五层
CG46	压缝板，第一层	CG174	压缝板，第一层	CG302	压缝板，第一层	CG430	船壳板，第五层
CG47	船壳板，第二层	CG175	压缝板，第一层	CG303	压缝板，第一层	CG431	船壳板，第五层
CG48	船壳板，第二层	CG176	压缝板，第一层	CG304	舌形榫	CG432	船壳板，第五层
CG49	隔舱板	CG177	船壳板，第二层	CG305	船壳板，第二层	CG433	船壳板，第五层
CG50	船壳板，第一层	CG178	船壳板，第三层	CG306	压缝板，第三层	CG434	船壳板，第五层
CG51	船壳板，第二层	CG179	船壳板，第二层	CG307	压缝板，第三层	CG435	船壳板，第五层
CG52	船壳板，第二层	CG180	船壳板，第三层	CG308	船壳板，第三层	CG436	船壳板，第五层
CG53	船壳板，第二层	CG181	船壳板，第三层	CG309	船壳板，第三层	CG437	船壳板，第五层
CG54	船壳板，第一层	CG182	船壳板，第四层	CG310	船壳板，第三层	CG438	船壳板，第五层
CG55	船壳板，第二层	CG183	船壳板，第三层	CG311	压缝板，第三层	CG439	船壳板，第五层
CG56	船壳板，第二层	CG184	船壳板，第四层	CG312	压缝板，第三层	CG440	船壳板，第五层
CG57	船壳板，第二层	CG185	压缝板，第三层	CG313	船壳板，第二层	CG441	船壳板，第四层
CG58	压缝板，第一层	CG186	船壳板，第三层	CG314	船壳板，第三层	CG442	船壳板，第五层
CG59	船壳板，第二层	CG187	船壳板，第四层	CG315	压缝板，第三层	CG443	船壳板，第五层
CG60	船壳板，第一层	CG188	压缝板，第一层	CG316	压缝板，第三层	CG444	船壳板，第五层
CG61	船壳板，第二层	CG189	船壳板，第三层	CG317	船壳板，第三层	CG445	船壳板，第五层
CG62	船壳板，第二层	CG190	船壳板，第四层	CG318	压缝板，第三层	CG446	船壳板，第五层
CG63	船壳板，第二层	CG191	压缝板，第一层	CG319	压缝板，第三层	CG447	压缝板，第五层
CG64	压缝板，第一层	CG192	压缝板，第一层	CG320	压缝板，第三层	CG448	压缝板，第五层
CG65	压缝板，第一层	CG193	船壳板，第一层	CG321	压缝板，第三层	CG449	压缝板，第五层
CG66	船壳板，第一层	CG194	船壳板，第一层	CG322	船壳板，第三层	CG450	压缝板，第五层
CG67	压缝板，第一层	CG195	船壳板，第一层	CG323	船壳板，第二层	CG451	船壳板，第五层
CG68	船壳板，第二层	CG196	船壳板，第五层	CG324	压缝板，第三层	CG452	压缝板，第五层
CG69	压缝板，第一层	CG197	压缝板，第一层	CG325	船壳板，第三层	CG453	船壳板，第五层
CG70	压缝板，第一层	CG198	船壳板，第二层	CG326	龙骨	CG454	船壳板，第五层
CG71	船壳板，第二层	CG199	压缝板，第一层	CG327	船壳板，第三层	CG455	船壳板，第五层
CG72	压缝板，第一层	CG200	船壳板，第一层	CG328	压缝板，第三层	CG456	船壳板，第二层
CG73	压缝板，第一层	CG201	船壳板，第三层	CG329	压缝板，第三层	CG457	船壳板，第四层
CG74	船壳板，第一层	CG202	船壳板，第三层	CG330	压缝板，第三层	CG458	船壳板，第四层
CG75	船壳板，第二层	CG203	船壳板，第三层	CG331	船壳板，第三层	CG459	船壳板，第五层
CG76	船壳板，第二层	CG204	船壳板，第一层	CG332	压缝板，第三层	CG460	船壳板，第四层
CG77	船壳板，第一层	CG205	船壳板，第三层	CG333	船壳板，第三层	CG461	船壳板，第四层

编号	类别	编号	类别	编号	类别	编号	类别
CG78	船壳板，第二层	CG206	船壳板，第四层	CG334	船壳板，第三层	CG462	船壳板，第四层
CG79	船壳板，第二层	CG207	船壳板，第四层	CG335	压缝板，第三层	CG463	船壳板，第五层
CG80	船壳板，第二层	CG208	船壳板，第三层	CG336	压缝板，第二层	CG464	船壳板，第五层
CG81	船壳板，第二层	CG209	船壳板，第三层	CG337	船壳板，第三层	CG465	船壳板，第三层
CG82	船壳板，第二层	CG210	船壳板，第一层	CG338	压缝板，第三层	CG466	船壳板，第六层
CG83	船壳板，第二层	CG211	船壳板，第一层	CG339	压缝板，第三层	CG467	船壳板，第六层
CG84	船壳板，第二层	CG212	船壳板，第一层	CG340	压缝板，第三层	CG468	船壳板，第五层
CG85	船壳板，第二层	CG213	船壳板，第一层	CG341	船壳板，第三层	CG469	压缝板，第三层
CG86	船壳板，第二层	CG214	船壳板，第二层	CG342	压缝板，第三层	CG470	船壳板，第四层
CG87	压缝板，第一层	CG215	船壳板，第二层	CG343	船壳板，第三层	CG471	船壳板，第三层
CG88	船壳板，第三层	CG216	船壳板，第二层	CG344	压缝板，第三层	CG472	船壳板，第三层
CG89	船壳板，第三层	CG217	船壳板，第三层	CG345	压缝板，第三层	CG473	船壳板，第四层
CG90	船壳板，第三层	CG218	船壳板，第三层	CG346	船壳板，第三层	CG474	船壳板，第五层
CG91	船壳板，第三层	CG219	船壳板，第五层	CG347	船壳板，第三层	CG475	船壳板，第五层
CG92	船壳板，第三层	CG220	船壳板，第二层	CG348	船壳板，第三层	CG476	船壳板，第三层
CG93	船壳板，第二层	CG221	船壳板，第二层	CG349	船壳板，第三层	CG477	船壳板，第四层
CG94	压缝板，第二层	CG222	船壳板，第二层	CG350	压缝板，第三层	CG478	船壳板，第三层
CG95	船壳板，第三层	CG223	船壳板，第四层	CG351	压缝板，第二层	CG479	船壳板，第三层
CG96	船壳板，第一层	CG224	船壳板，第三层	CG352	压缝板，第三层	CG480	船壳板，第三层
CG97	船壳板，第一层	CG225	船壳板，第二层	CG353	船壳板，第三层	CG481	船壳板，第三层
CG98	压缝板，第一层	CG226	船壳板，第三层	CG354	压缝板，第三层	CG482	船壳板，第三层
CG99	船壳板，第一层	CG227	船壳板，第二层	CG355	压缝板，第三层	CG483	船壳板，第三层
CG100	船壳板，第一层	CG228	船壳板，第一层	CG356	压缝板，第三层	CG484	船壳板，第三层
CG101	船壳板，第二层	CG229	压缝板，第一层	CG357	船壳板，第三层	CG485	船壳板，第三层
CG102	船壳板，第三层	CG230	压缝板，第一层	CG358	压缝板，第三层	CG486	船壳板，第五层
CG103	船壳板，第二层	CG231	压缝板，第一层	CG359	船壳板，第三层	CG487	船壳板，第三层
CG104	船壳板，第二层	CG232	压缝板，第二层	CG360	船壳板，第三层	CG488	船壳板，第五层
CG105	船壳板，第二层	CG233	压缝板，第一层	CG361	船壳板，第三层	CG489	船壳板，第五层
CG106	龙骨	CG234	压缝板，第一层	CG362	压缝板，第三层	CG490	船壳板，第四层
CG107	船壳板，第三层	CG235	压缝板，第一层	CG363	压缝板，第三层	CG491	船壳板，第四层
CG108	压缝板，第二层	CG236	船壳板，第一层	CG364	压缝板，第三层	CG492	船壳板，第四层
CG109	船壳板，第二层	CG237	压缝板，第一层	CG365	船壳板，第三层	CG493	船壳板，第四层
CG110	压缝板，第一层	CG238	压缝板，第一层	CG366	压缝板，第三层	CG494	船壳板，第四层
CG111	船壳板，第二层	CG239	压缝板，第二层	CG367	船壳板，第三层	CG495	船壳板，第四层
CG112	船壳板，第二层	CG240	船壳板，第一层	CG368	船壳板，第四层	CG496	船壳板，第四层
CG113	船壳板，第二层	CG241	压缝板，第一层	CG369	压缝板，第三层	CG497	船壳板，第三层
CG114	船壳板，第二层	CG242	船壳板，第一层	CG370	船壳板，第四层	CG498	船壳板，第三层
CG115	船壳板，第二层	CG243	船壳板，第一层	CG371	船壳板，第四层	CG499	龙骨
CG116	船壳板，第二层	CG244	船壳板，第一层	CG372	船壳板，第四层	CG500	船壳板，第三层

编号	类别	编号	类别	编号	类别	编号	类别
CG117	船壳板，第二层	CG245	船壳板，第一层	CG373	船壳板，第四层	CG501	船壳板，第三层
CG118	船壳板，第二层	CG246	船壳板，第一层	CG374	龙骨	CG502	龙骨
CG119	船壳板，第二层	CG247	船壳板，第一层	CG375	船壳板，第三层	CG503	龙骨翼板
CG120	船壳板，第二层	CG248	船壳板，第一层	CG376	船壳板，第四层	CG504	龙骨翼板
CG121	压缝板，第二层	CG249	肋骨，第一层	CG377	船壳板，第四层	CG505	龙骨翼板
CG122	压缝板，第二层	CG250	肋骨，第一层	CG378	船壳板，第四层	CG506	龙骨翼板
CG123	压缝板，第一层	CG251	船壳板，第二层	CG379	船壳板，第四层	CG507	龙骨翼板
CG124	压缝板，第一层	CG252	船壳板，第二层	CG380	船壳板，第五层	CG508	龙骨翼板
CG125	压缝板，第一层	CG253	船壳板，第二层	CG381	船壳板，第三层	CG509	龙骨翼板
CG126	压缝板，第一层	CG254	船壳板，第二层	CG382	船壳板，第三层	CG510	龙骨翼板
CG127	压缝板，第一层	CG255	船壳板，第二层	CG383	船壳板，第四层	CG511	龙骨
CG128	压缝板，第一层	CG256	压缝板，第二层	CG384	船壳板，第四层		

1. 采28～33

2. 采1

3. 采6

4. 采9

图3-27　遗址表层散落船体构件

1. 采12　　　　　　　　　　　　　2. 采15

3. 采23　　　　　　　　　　　　　4. 采24

5. 采29　　　　　　　　　　　　　6. 采34、35

图3-28　遗址表层散落船体构件

1.采38、39

2.船板采41

3.采44

图3-29　遗址表层散落船体构件

1.采42

2.采43

3.采46

4.采47

图3-30　遗址表层散落船体构件

一　龙骨

龙骨位于遗址东部，残存船体中部靠东，分为三段，总残长 16.7 米，自北向南依次为艏龙骨、主龙骨和艉龙骨。其中艏龙骨破坏较为严重，主龙骨中间有所缺失，艉龙骨南部残断。虽然沉船遗骸整体已经平摊于海底，看不出前后船型的变化，但龙骨部分依然保持了前高后低的整体外观，最北面的艏龙骨高出最南面的艉龙骨约 0.63 米。受船体保存现状影响，现存的龙骨由船艏至船艉未在一条直线上，略呈"S"形（附图五、六）。主龙骨两端有企口，与艏龙骨、艉龙骨以凹凸榫、企口衔接的方式连接，龙骨二侧边修整成企口状（图 3-31）。

1. 艏龙骨

位于船体东北部，与主龙骨不在一条直线上，在主龙骨北端折向西南，偏离主龙骨中心线约 0.25 米，总残长 2.86、残宽 0.32 米。艏龙骨断为二截，其中北段编号 CG499，两端皆残断；南段编号 CG502，北端残断，南端置于主龙骨北端的凹榫中，中间断裂处有缺失，应是船体坍垮时造成。

CG499，黑色，腐蚀严重。残长 113、宽 32、厚 19.5 厘米（图 3-32）。

CG502，正面黑色、平整，南端有一半凸榫，与主龙骨北端 CG106 以凹凸榫、企口衔接的方式连接，榫口宽 3.5、深 4 厘米。残长 106、宽 25、厚 7.5 厘米（图 3-33）。

2. 主龙骨

两侧为企口，侧面较直，底部略呈弧形，中间略宽，两端较窄，长 1053、宽 44、厚 24 厘米，中间有缺失，共编三个号，北段编号 CG106，中段编号 CG511，南段编号 CG326（图 3-34），南段南端与艉龙骨以凹凸榫相接。

1. 龙骨细部　　　　　　　　　　　　　　2. 龙骨细部

图 3-31　龙骨细部

1. 水下状态

2. 出水后

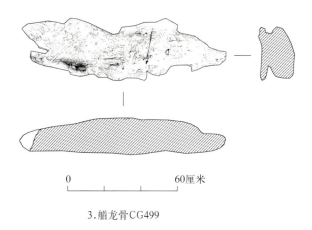

0　　　　　　　　　60厘米

3. 艄龙骨CG499

图3-32　艄龙骨（CG499）

1.水下状态

2.艏龙骨CG502、106连接方式

3.出水后

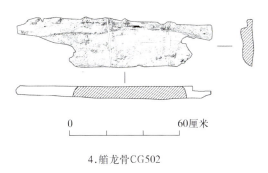

0　　　　　　　　60厘米

4.艏龙骨CG502

图3-33　艏龙骨（CG502）

图3-34 主龙骨（CG106、511、326）

图3-35 主龙骨（CG106）

1.主龙骨CG106水下状态

2.主龙骨细部CG106东侧

3.主龙骨细部CG106西侧

图3-36 主龙骨（CG106）

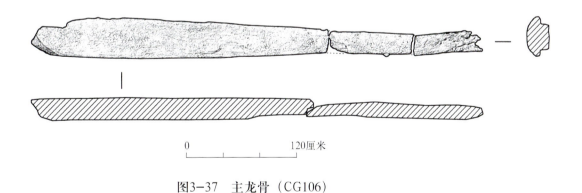

0 120厘米

图3-37 主龙骨（CG106）

CG106，主龙骨的北段。北端以企口衔接的方式连接艏龙骨的南端，断为两截，一块长186、宽24、厚18厘米，另一块长307、宽41、厚24厘米。正面平整，呈灰褐色，有钉孔3排，孔径1.5、孔距31～36厘米，每排间距约5厘米，每个钉孔四周为椭圆形黑色锈斑，锈斑外为灰白色舱料。背面为圆弧形，呈黑色，可见大量船蛆腐蚀的痕迹，东西两侧面较平，修整成企口状，企口宽4.5、深4厘米，企口内有1排钉孔。长493、宽41、厚24厘米（图3-35～38）。

图3-38　主龙骨细部（CG106）

　　CG511，主龙骨的中段，南北两端皆残，形状不完整，外表呈黄色。残长110、宽17、厚19厘米（图3-39）。

　　CG326，主龙骨的南段。北端残，南端为凹榫，凹榫长28、宽11.5、深10.5厘米，凹榫接艉龙骨。正面平整，呈灰褐色，有钉孔2排，孔径1、孔距16～25、每排间距20厘米。东西两侧皆有企口，企口宽4.5、深4厘米，企口内各有1排钉孔，孔径1.5、孔距10～15厘米。残长429、宽44、厚20厘米（图3-40、41）。

　　3.艉龙骨

　　CG374，北端为凸榫，与主龙骨南段（CG326）南端的凹榫衔接（图3-42），凸榫长17、宽13厘米，南端残断，距南端13厘米处开一凹榫，凹榫长15、宽13.5、深1.2厘米。残长265、宽32、厚21厘米。正面平整，外表呈黄褐色，有较多船蛆腐蚀的痕迹，有钉孔2排，孔径1～1.5、孔距15～20、每排间距9厘米（图3-43）。东西两侧为企口，企口宽4.5、深3.5厘米，企口内各有1排钉孔，孔径1.5、孔距13～15厘米（图3-44、45）。

1.主龙骨CG511

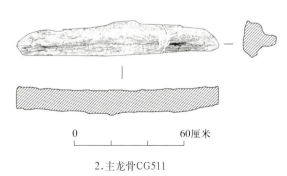

0　　　　　　　　60厘米

2.主龙骨CG511

图3-39　主龙骨（CG511）

1. 水下状态

2. 出水后

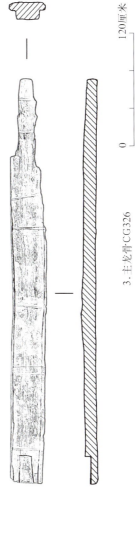

3. 主龙骨CG326

图3-40　主龙骨（CG326）

2. 主龙骨CG326与舭龙骨CG374衔接细部

图3-41　主龙骨细部（CG326）

1. 主龙骨细部CG326

1. 主龙骨与艉龙骨CG374、326

2. 主龙骨与艉龙骨CG374、326

图3-42　主龙骨与艉龙骨（CG374、326）

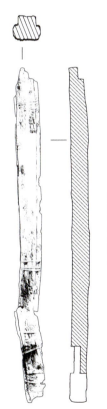

0　　　90厘米

图3-43　艉龙骨（CG374）

1. 艉龙骨CG374

2. 艉龙骨CG374

1.南端细部

2.企口上的钉痕

图3-44　艉龙骨（CG374）细部

1.南端细部

2.南端细部

图3-45　艉龙骨（CG374）南端细部

二　龙骨翼板

位于龙骨两侧，紧贴龙骨腹部（图3-46）。共发现8件，分别为CG503（图3-47，1）、504（图3-47，2、3）、505、506（图3-47，4、5）、507（图3-48）、508（图3-49）、509、510。多为形状规整的长方形条木，长54.5～310、宽5.5～16、厚2.5～5厘米，未贯穿龙骨两侧，其中龙骨中部断裂处两侧及龙骨后部东侧未发现，大多为船蛆蛀蚀，中空腐朽，加上海水长年浸泡，朽烂严重。龙骨翼板正反面多残留有大量白色凝结物，并有一些钉孔，表面翼板与龙骨、船壳板之间以铁钉相连，并涂以大量的舱料来加强稳固性和密封性。龙骨翼板贴于龙骨两侧主要是为了保护龙骨，从而减少龙骨的磨损。

1.龙骨翼板与龙骨位置

2.龙骨翼板与龙骨位置

图3-46　龙骨翼板与龙骨位置

1. 龙骨翼板 CG503

2. 龙骨翼板 CG504

4. 龙骨翼板 CG506

3. 龙骨翼板 CG504

5. 龙骨翼板 CG506

图3-47　龙骨翼板（CG503、504、506）

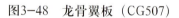

1.龙骨翼板CG507　　　　　　　　　　　　　　　2.龙骨翼板CG507

图3-48　龙骨翼板（CG507）

图3-49　龙骨翼板（CG508）

三　龙骨补强材

位于主龙骨和艉龙骨连接处及艏柱与艏龙骨连接处的上方，用铁钉及艌料等紧密叠加的条木，既可以保护龙骨，又与龙骨共同起到加强材的作用（图3-50）。共发现5件，分别为CG30（图3-51、52）、146、147、148、149（图3-53），大多保存不佳，横截面为梯形、长方形，纵向有的平直，有的为弧形，长43～224、宽9.5～32、厚6～15厘米。有的是单层叠压在龙骨上，有的为两层叠压在龙骨上，两侧留有大量白色凝结物和多个钉孔，补强材之间以及与龙骨、船壳板之间以铁钉相连，再涂以桐油灰加强密封。

1.龙骨补强材

2.龙骨补强材

图3-50　龙骨补强材

图3-51　龙骨补强材（CG30）

1. CG30南端细部

2. CG30底部细部

图3-52　CG30南端细部

图3-53　CG148、149局部

四　船壳板

华光礁一号沉船船壳系多重板结构，大部分为五层板叠加，仅局部残存有六层板，最厚处达32.5厘米。船壳外板采取鱼鳞状搭接方式，上层板于下缘里侧开肩，呈鱼鳞状、逐一骑叠于下层板的外端，上下多层、相互错缝，用铁钉与肋骨等紧密地联结成为一个坚实的整体（图3-54）。

从沉船船体残存现状看，龙骨西侧由于地势较低，船板埋藏较深，船壳板保留较多，保存相对较好；龙骨东侧地势较高，船板埋藏较浅，船壳板保留较少，保存状况较差。龙骨西侧第一层板残存有6排，东侧残存5排；龙骨西侧第二层板残存15排，东侧残存4排；龙骨西侧第三层板残存14排，东侧残存3排；龙骨西侧第四层板残存15排，东侧残存2排；龙骨西侧第五层板残存13排，东侧残存1排；第六层板仅见于龙骨西侧边缘，残存2排。

从船体横断面看，龙骨西侧同一层船壳板形成一条以龙骨为起点的向西侧伸出下行的台阶，上层板比下层板向外扩出6～10厘米。残存的六层船壳板中，第二层、第三层板保存最好，其木质尚好、纹理清晰，纤维仍有强性，外表呈现黄褐色。第一层、第四层板有不同程度的糟朽，第五层板朽烂较为严重，完整木板少见，大多被船蛆蛀蚀，质地疏松，呈现灰黑色，第六层板朽烂严重，呈

图3-54　船体多层船板结构（船体南部船艉部位，由南向北）

现灰黑色，仅存外壳形状，无法提取。

船壳板多使用较宽厚的长板，以整木裁制，宽度多在18～28、厚约8厘米，少数为两块木板拼合而成（图3-55、56），以龙骨为中心向两侧排列，构成船体的主要结构。六层船壳板中第一、二层板较厚，厚6～10厘米；三、四层板略薄，厚4～5厘米，第五层板和西边的第六层板（即底层板）则最薄，厚2～5厘米，最大的船壳板长1444、宽36、厚4.5厘米，最小的长10.4、宽48、厚8.5厘米。

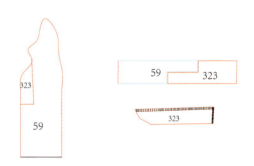

图3-55　拼合船壳板平、剖面图

1. 第一层船壳板

位于沉船船体表面，破坏较严重，此层板多残缺、零散，没有成片分布（附图七），全部使用长板，厚度约6厘米，上层板于下缘里侧开肩，逐一骑叠于下层板的外端，形成阶梯状，第一层长板压在第二层板上，长板之间使用压缝板找平填缝，上、下长板之间以及压缝板与长板之间用桐油灰相粘，并用铁钉固定。船板之间及船板与压缝板之间采用斜角同口方式平接，用铲钉斜向钉合，钉孔填有艌料，钉头深入船板，并以艌料封堵（图3-57～59）。

1.拼合船壳板CG55、313

2.拼合船壳板CG55、313

图3-56　拼合船壳板

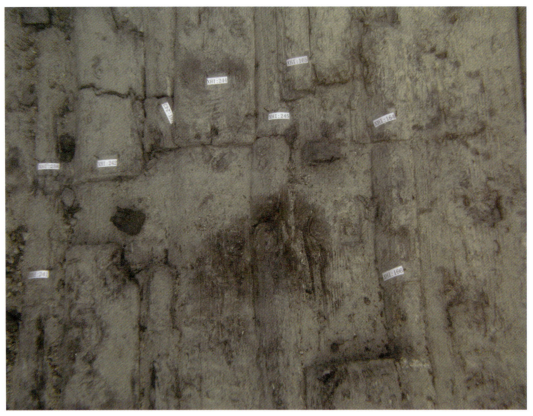

图3-57　第一层船壳板排列示例（CG164~166、241~245、258）

图3-58　第一层船壳板连接示例（CG34、35、36、37、38）

图3-59　第一层船壳板连接示例（CG269与CG263、270）

　　第一层船壳板采集出水56件，分别为CG2、5、7、8、9、10、14、15、16、20、23、34、35、36、37、42、44、50、54、60、66、74、77、96、97、99、100、131、132、135、163、165、168、169、193、194、195、200、204、210、211、212、213、228、236、240、242、243、244、246、247、248、257、263、266、269（图3-60～68）。

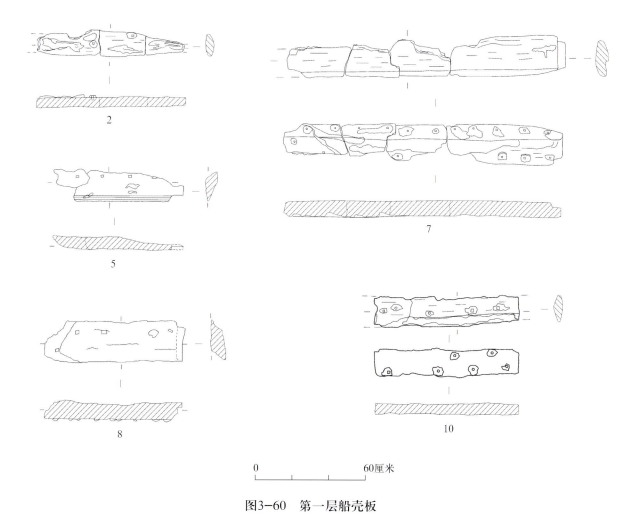

图3-60　第一层船壳板

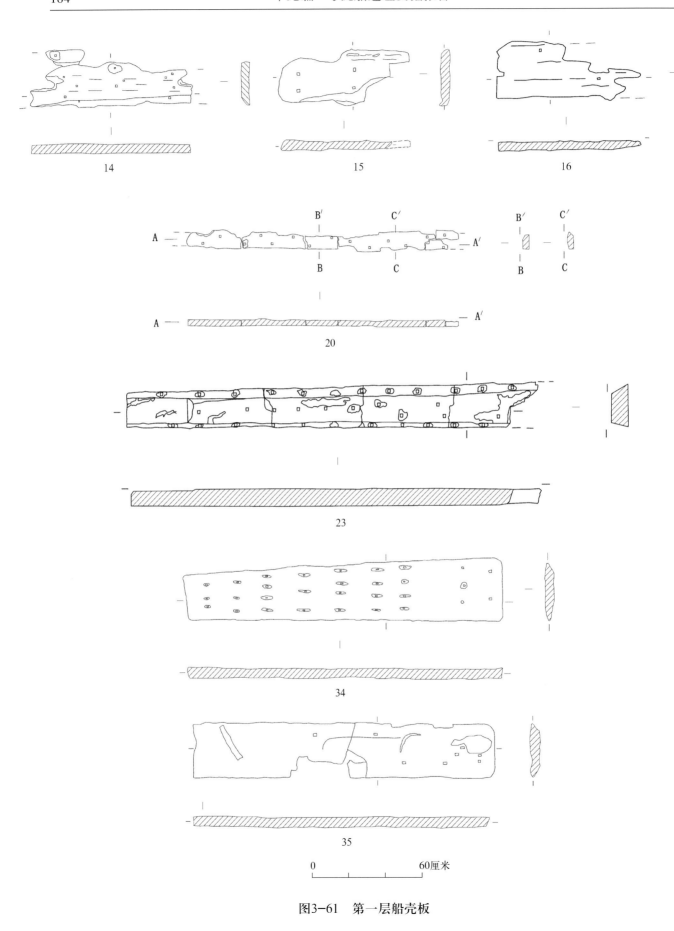

图3-61　第一层船壳板

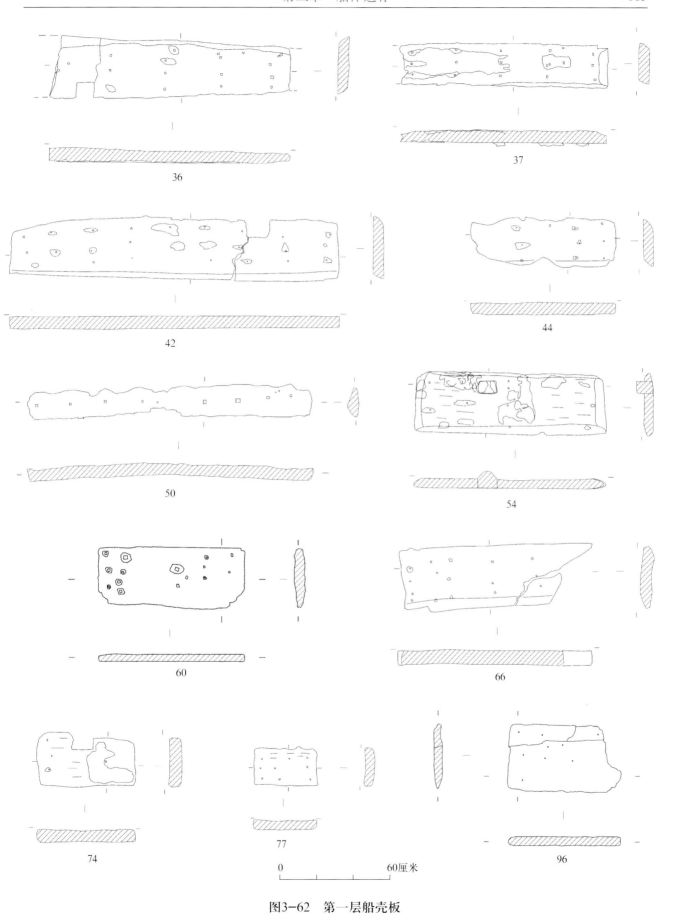

图3-62　第一层船壳板

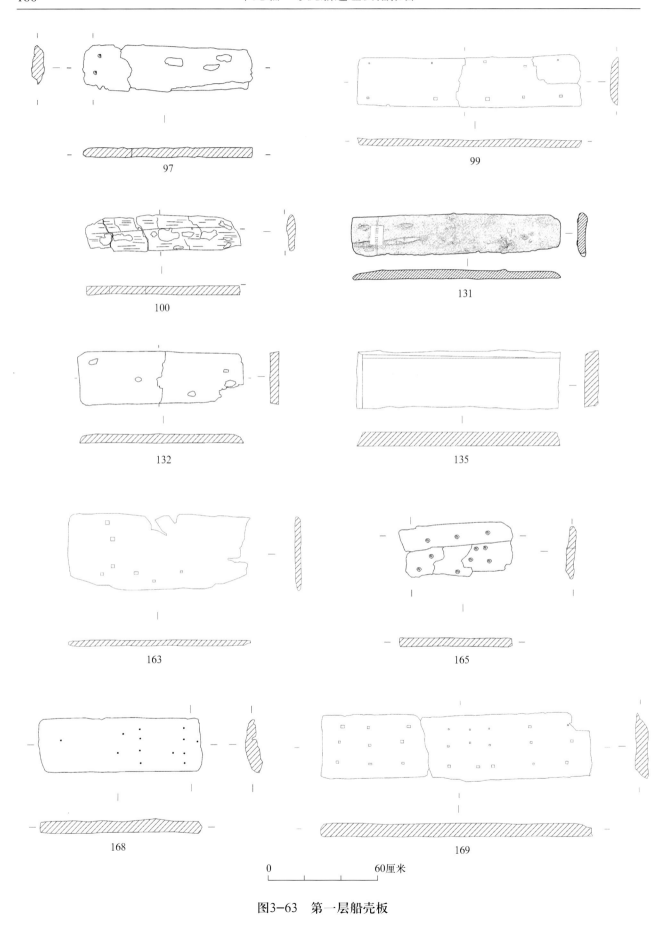

0　　　　　　　60厘米

图3-63　第一层船壳板

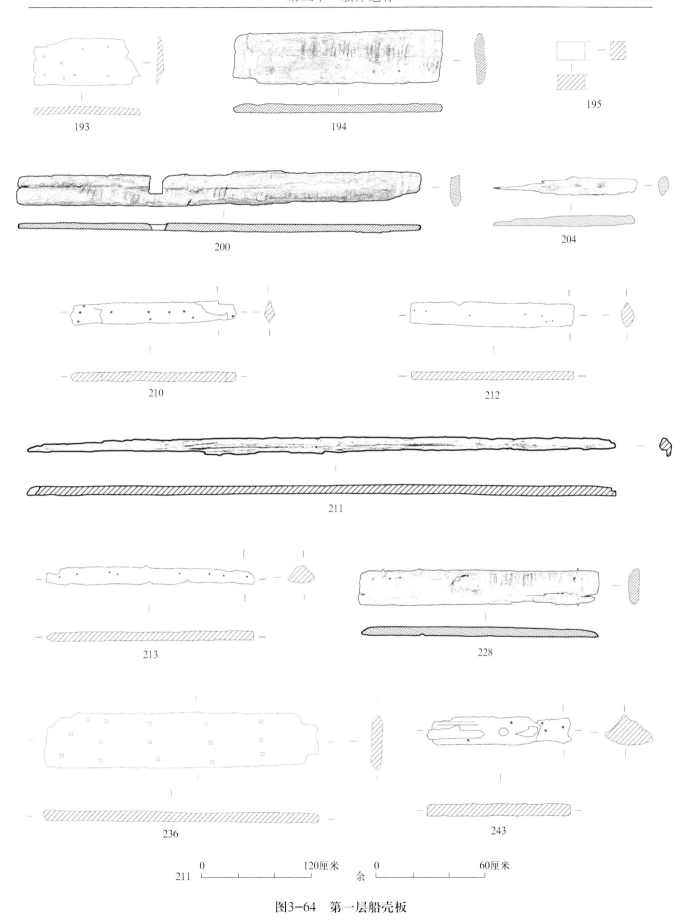

图3-64 第一层船壳板

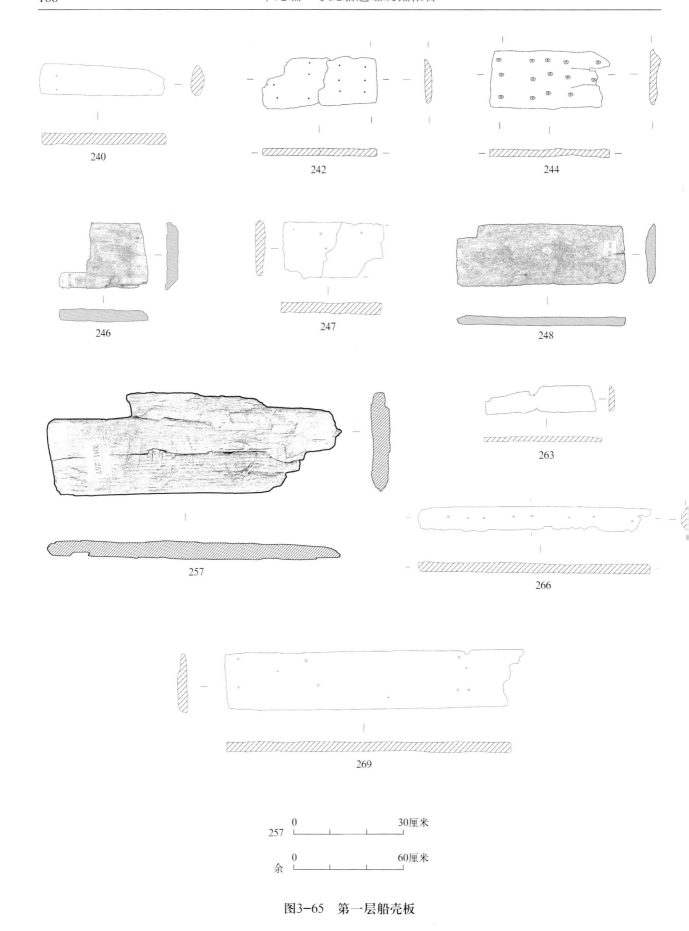

图3-65　第一层船壳板

1.CG20水下

2.CG21、22、23水下

3.CG34水下

4.CG54细部

图3-66　船板水下状态

1.CG74与舌形榫接口细部

2.CG131与153、155连接细部

3.CG212、210、213、232

4.CG246细部（侧为舌形榫）

图3-67　舌形榫接口细部

2.第二层船壳板

第二层船壳板之间排列紧密，呈片状平铺（附图八；图3-69）。分布范围残长16.1、残宽7.1米，面积约90平方米。船板保存稍好，尤其是被第一层板压住的船板，未被第一层板覆盖的船板保存较差，边缘板有残损，中间板形体均完整，较少断裂、孔洞的情况，分解操作时多能成块提取。

本层板在六层板中最厚，一般厚约10厘米，企口的深度、宽度约3厘米。全部使用条板，横截面为菱形，压在第三层前后两块长板的缝隙上，同时被第二层的长板压住，板与板之间的缝隙以桐油灰粘连，并用铁钉固定。船壳板上下为直线，左右为弧线，总体上近"菱形"，但第二层板的形状稍有不同，在"菱形"的左上角有一个企口。

本层板与下层板连接采用两种方式，一种用穿心钉固定，间缝填上舱料，用于西侧船板连接。另一种采用凸榫搭接，在板的边缘做出企口，与下层板拼合，再用铁钉固定，这种方式较多用于东侧船板。船板横向间的连接，大多采用斜角同口方式连接，接缝部位再用铁钉斜着钉合，因而船板两侧多带斜口，列与列接缝有意错开。纵向上使用直角同口连接。船板与压缝板之间的连接，采用斜角同口方式平接（图3-70），接缝处用铁钉斜着钉合，分别钉在左右船板上。

1.CG5、6、13、7位置

2.CG8尾端细部

3.CG9、10尾端细部

4.CG14细部

图3-68　船板连接与细部

图3-69　第二层船壳板排列示例（CG261、260、259、255）

图3-70　第二层船壳板连接示例（CG255、259、260）

　　第二层船壳板采集出水 90 件，分别为 CG1、3、4、6、12、13、17、19、21、22、43、47、48、51、52、53、55、56、57、59、61、62、63、68、71、75、76、78、79、80、81、82、83、84、85、86、93、101、103、104、105、109、111、112、113、114、115、116、117、118、119、120、137、141、143、144、155、156、177、179、198、214、215、216、220、221、222、225、227、251、252、253、254、255、260、261、262、264、265、267、268、272、279、289、290、301、305、313、323、456（图 3-71 ～ 92）。

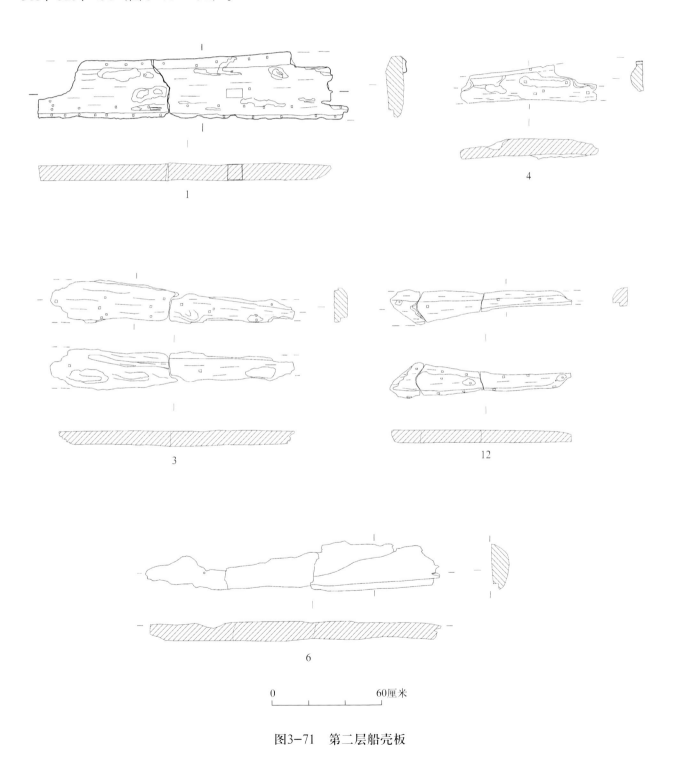

图3-71　第二层船壳板

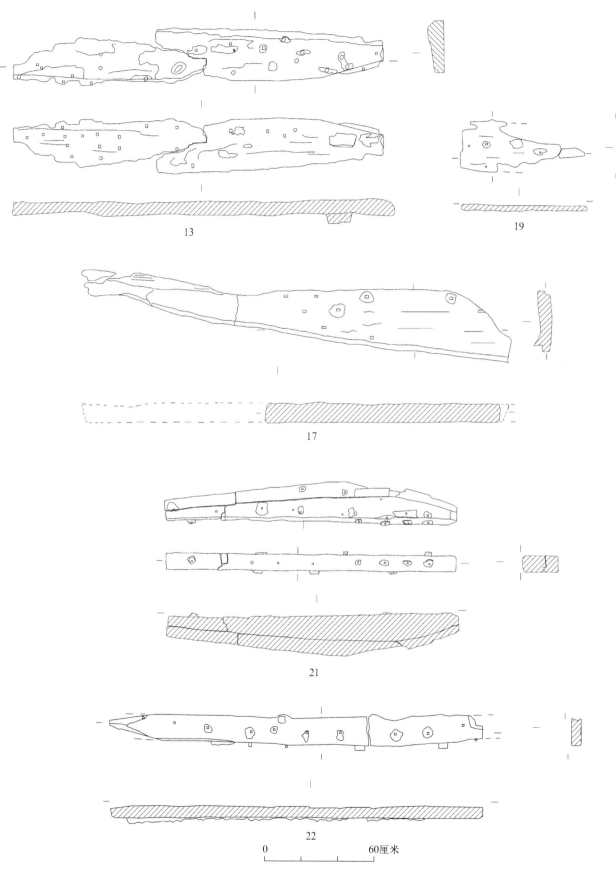

0　　　　　　60厘米

图3-72　第二层船壳板

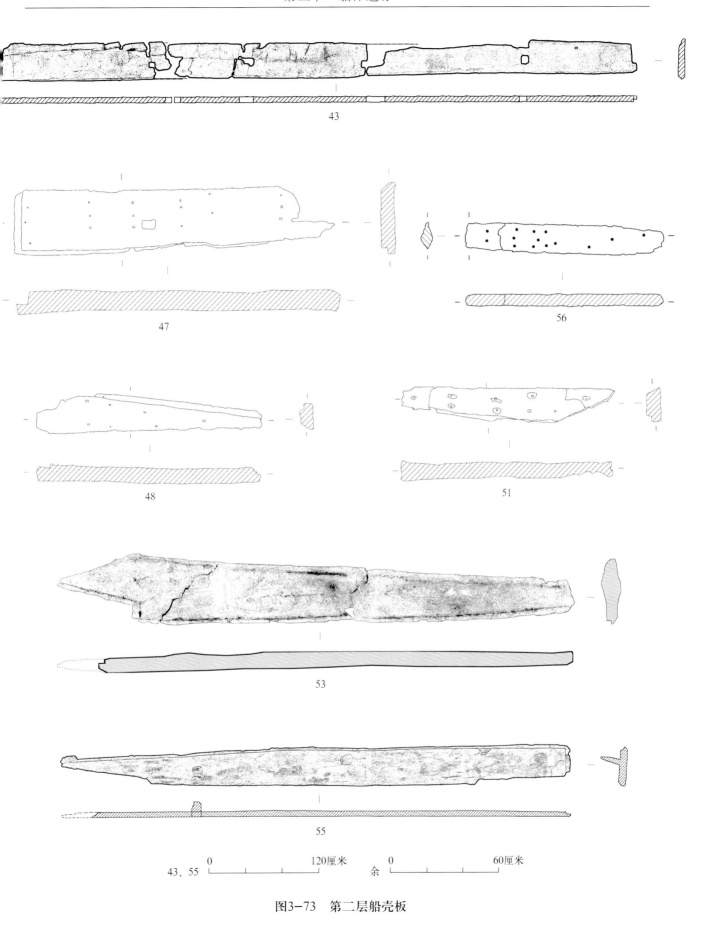

图3-73　第二层船壳板

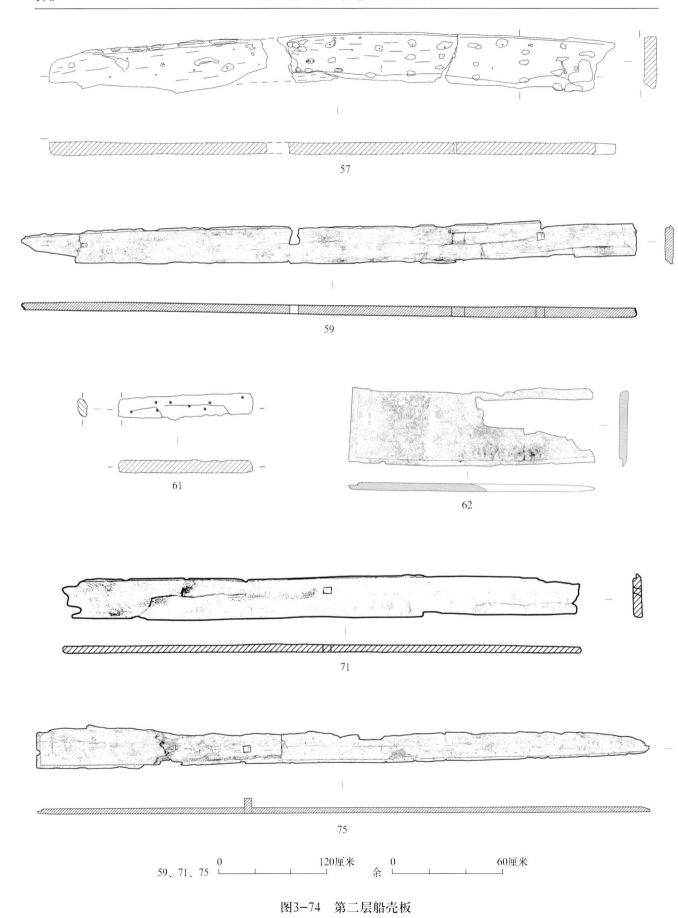

57

59

61

62

71

75

59、71、75 0 ⸻ 120厘米 0 ⸻ 60厘米
余

图3-74 第二层船壳板

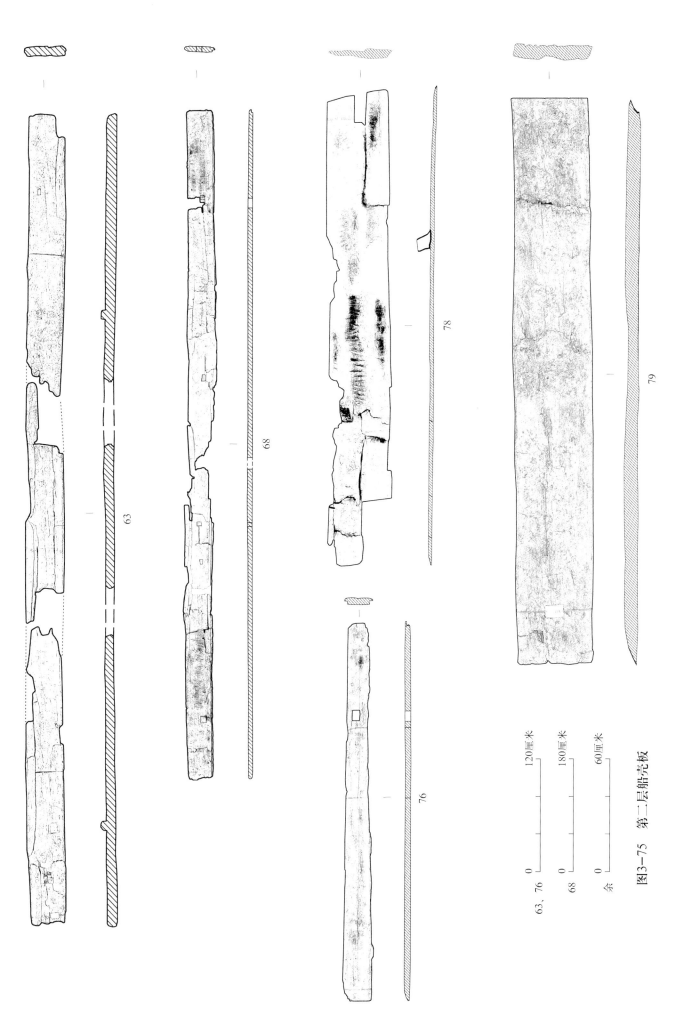

68

78

79

76

120厘米

180厘米

60厘米

0

0

0

63、76

68

余

图3-75　第二层船壳板

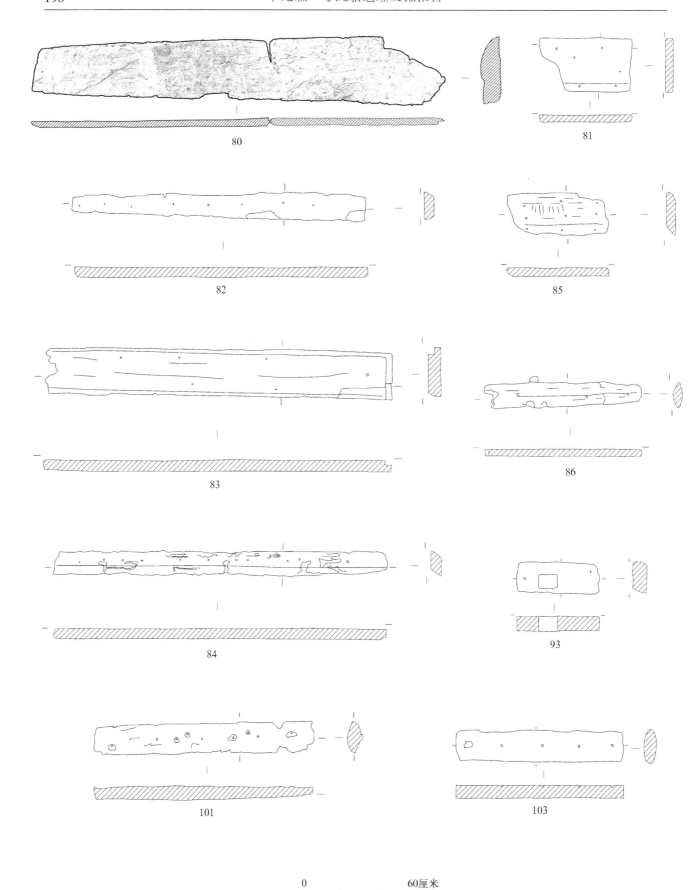

0　　　　　　　　60厘米

图3-76　第二层船壳板

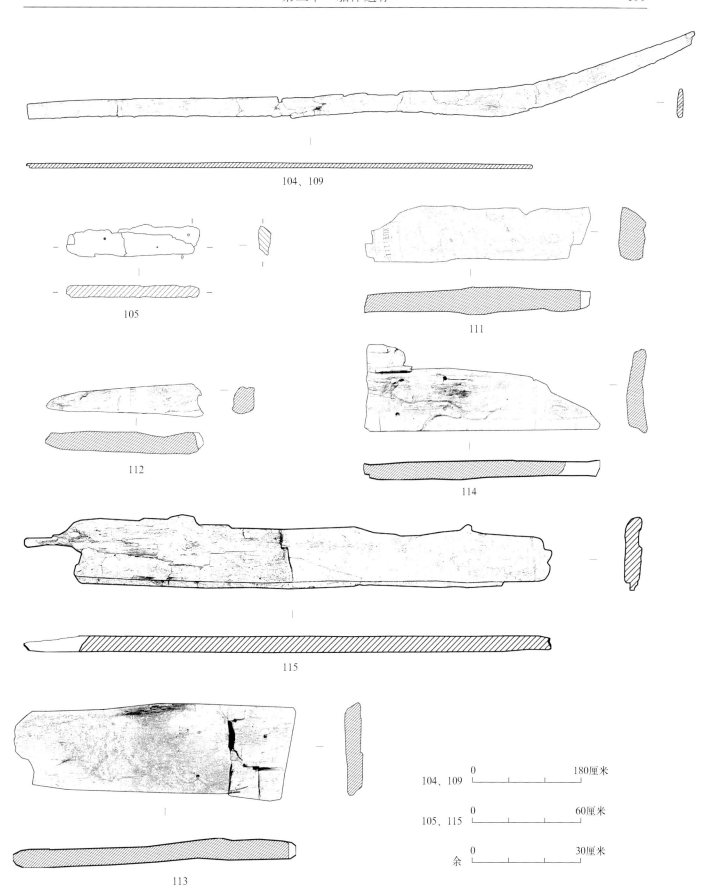

104、109

105

111

112

114

115

113

104、109	0	180厘米
105、115	0	60厘米
余	0	30厘米

图3-77　第二层船壳板

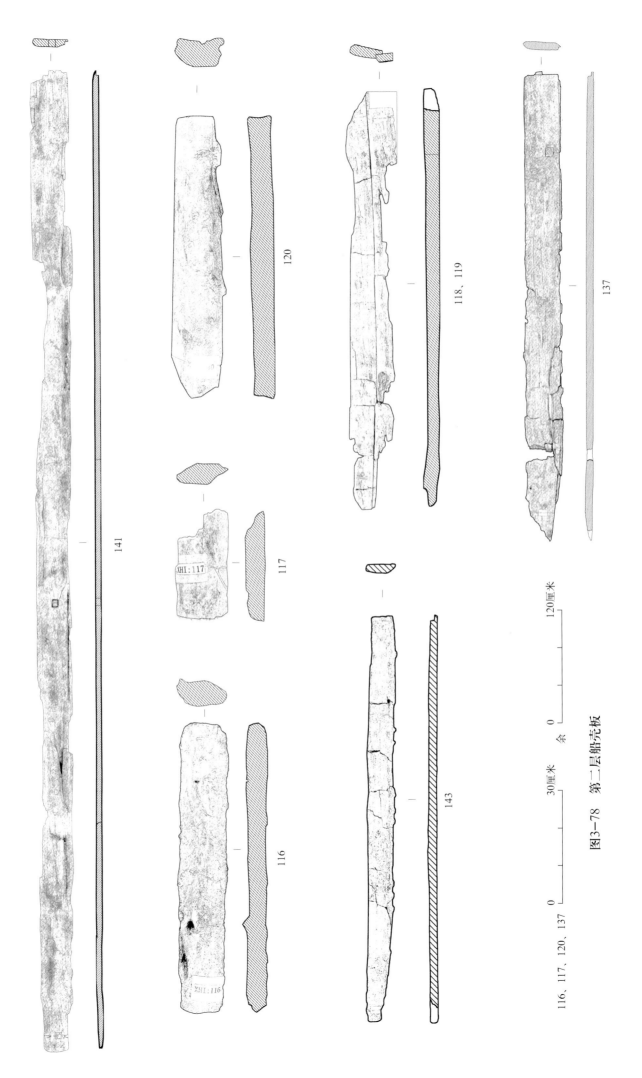

141

120

118、119

137

117

116

143

XHI：117

XHI：116

120厘米

30厘米   余   0

0

116、117、120、137

图3-78   第二层船壳板

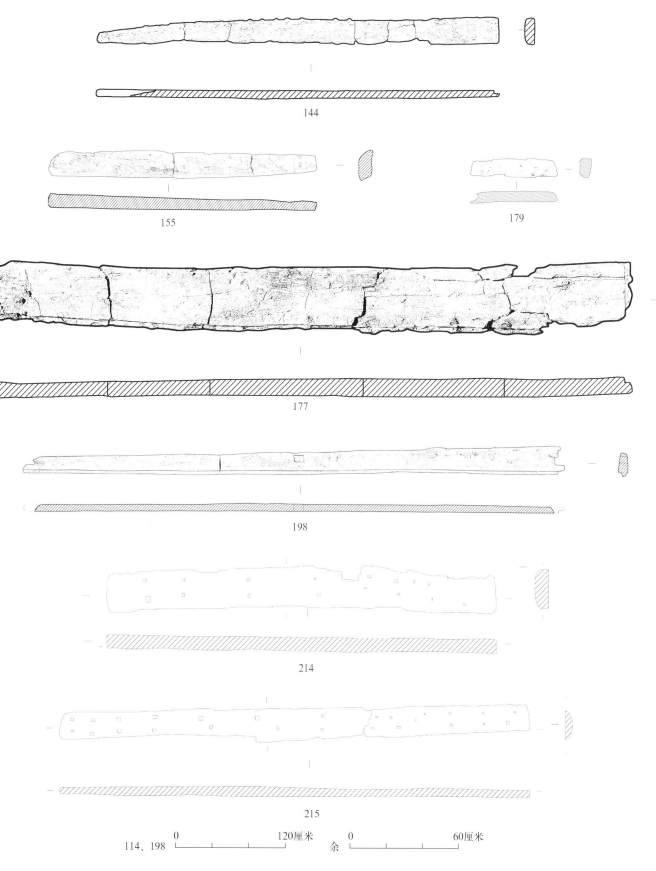

图3-79　第二层船壳板

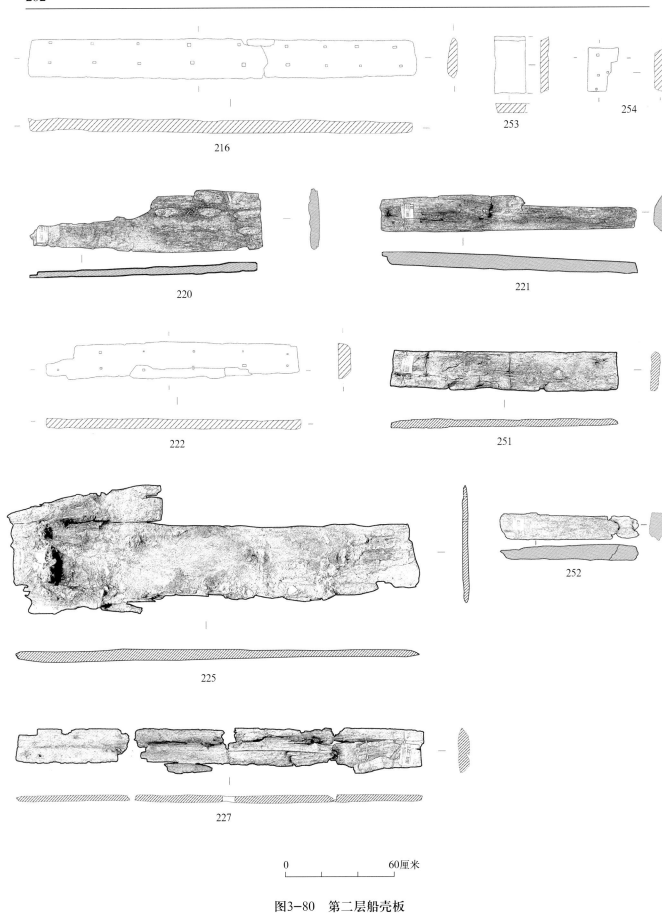

图3-80　第二层船壳板

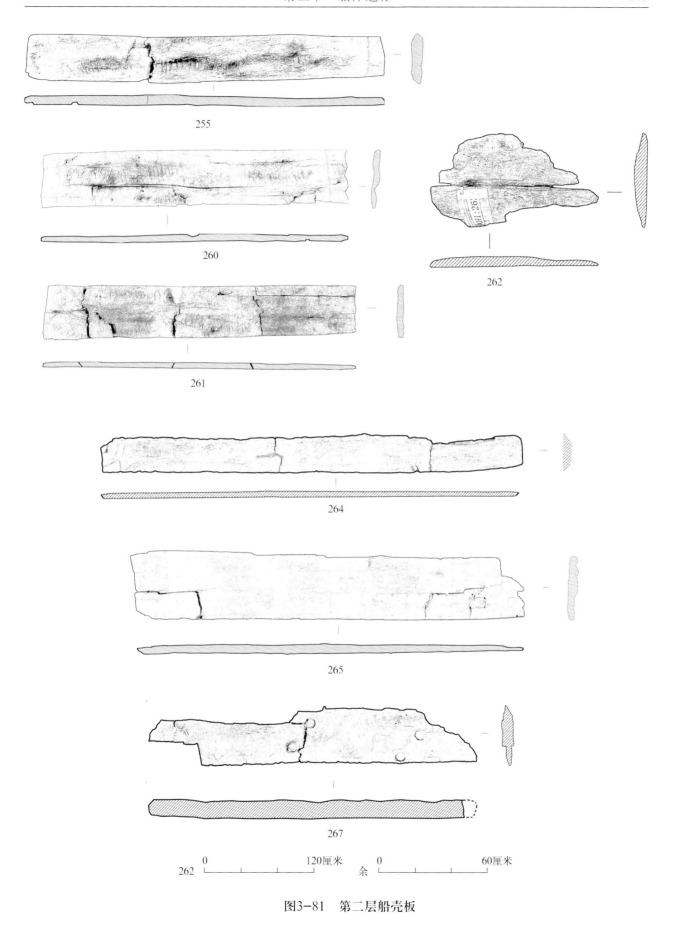

255

260

262

261

264

265

267

0　　　　　　　120厘米　　余　　0　　　　　　　60厘米

图3-81　第二层船壳板

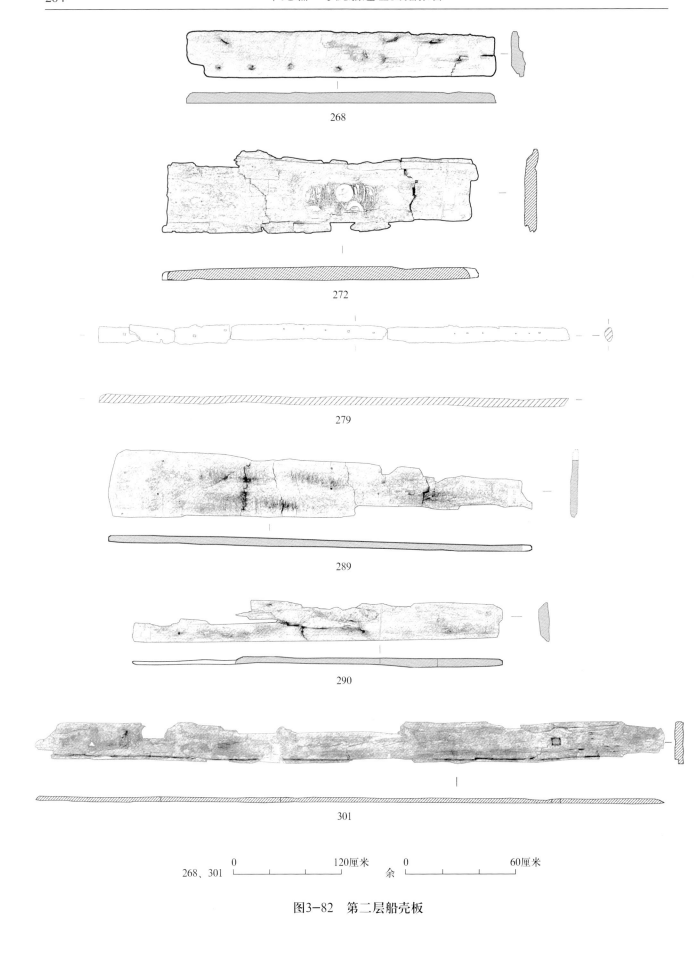

268

272

279

289

290

301

268、301　0　　　　　120厘米　　0　　　　　60厘米
　　　　　　　　　　　　　　余

图3-82　第二层船壳板

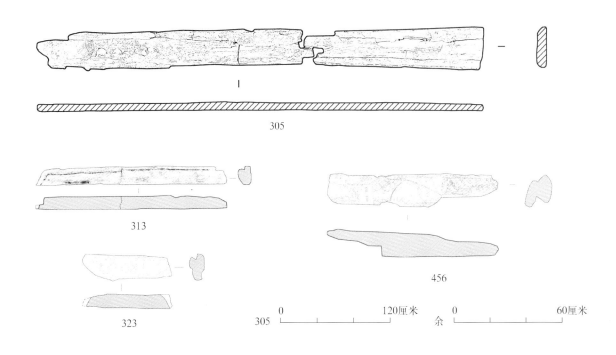

图3-83　第二层船壳板

3.第三层船壳板

该层船壳板是分布面积最大、保存最好的一层板（附图九；图3-93）。除外围板材边缘有破损外，中间板材保存基本完好，无断裂、虫蛀现象，木质强度较高，有些板材中心材质颜色与新木材相差不大，板材体量也是最大的，在长度、厚度上明显超出其他层的板材。区域范围残长16.9、残宽5.4米，面积约90平方米。第三层板加上艌料的厚度可达12厘米。

第三层板都比较薄，最薄仅4厘米。该层下没有使用条板，直接搭压在第四层板上，上、下板之间涂桐油灰并以铁钉相固定。前后板的缝隙中填以麻丝艌料。

此层船板横向（东—西）保存有6列板面。东、西两侧所用板材略有差别，西侧的4列板均厚达9厘米，长度一般过500、最长达760、宽度一般40～48厘米。东侧的两列板采用双层板，板材规格稍小，长度300厘米左右，宽约30厘米，厚度上稍薄，厚5～8厘米，其下方各贴有一块薄板，厚3.5～4.4厘米，致使整体厚度可达12厘米，并不比西侧的单层板面薄。更明显的是压缝板也仅用于东侧的板面接缝处，也即使用压缝板的位置与第二层的情况大体一致。第三层的船板之中还有一种补板的情况。如大的板材有点缺损，用一小块木板补全。方式也一样多变，比如CG218采用斜角同口方式补全（图3-94，1），CG90与91之间则采用凸榫搭接方式拼合（图3-94，2），CG360与359为两块小木材，均横向，间距2.2米，CG360被夹于285凹口中（图3-94，3），CG359夹于两块板（CG285与226）之间，类似于两块小木楔，稍厚于周边的船板，达11厘米，第三层其他位置上的船板加上艌料才达此厚度。

第三层的船板与压缝板之间的连接同于第二层。采用斜角同口方式平接，接缝处再用铁钉斜着加固。第四层、第五层板的搭接与第一层相类似，不同的是这两层前后板的缝隙中都用麻丝艌料。

1.CG1细部

2.CG1、2、3位置

3.CG13中部侧面细部

5.CG17、18、21、22、23南端细部（由南向北）

4.CG17、18、21—23

图3-84　船板水下状态

1.CG23、22、21、18、17南端断面细部（由南向北）

2.CG43细部

3.CG48细部

4.CG52细部

5.CG38、39、49、50、51、52、53

图3-85　船板水下状态与细部

1.CG55水下

2.CG52、53、56、57、61

3.CG55南端细部

4.CG59、43、55、52、53、56、57位置与连接

图3-86　船板水下状态与连接

1.CG59水下

2.CG63、71、75、198、239、305

3.CG63、64、68、70

4.CG71水下

图3-87　船板水下状态

1.CG75、336

2.CG75水下

3.CG78、94细部

4.CG94、93连接细部

图3-88　船板水下状态与连接细部

1.CG30、56、57、101、103、104、105、106

2.CG109、104南端连接细部

3.CG113、114、366、367位置与连接

4.CG52、143～150

图3-89　船板水下状态与连接

1.CG198水下

2.CG143、374、144南端细部

3.CG178、179、177位置与连接

4.CG214与肋骨位置细部

5.CG227、268、251位置与连接

图3-90　船板水下状态与连接

1.CG246、253-257、259-261位置与连接

2.CG255、256、259~261俯视

3.CG285、261、260位置与连接

4.CG265、264、280位置与连接

5.CG279水下

图3-91 船板水下状态与连接

1.CG268南端细部

2.CG305企口细部

3.CG323细部

图3-92　船板连接与细部

1.第三层船壳板排列示例（CG178、180、181、310、314、316、317、325、332、334）

2.第三层船壳板排列示例（CG186、189、309、327、331、335、337、338、361、362）

3.第三层船壳板排列示例（CG282~285）

4.第三层船壳板排列示例（CG342、343、344、348）

图3-93　第三层船壳板排列示例

1.第三层船壳连接板示例（CG218，斜角同口补板）

2.第三层船壳板连接示例（CG90、91，凸榫搭接）

3.第三层船壳板连接示例（CG360、285，横向凹槽）

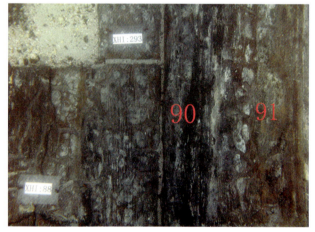

4.第三层船壳板连接示例（CG88、90、91、293，企口搭接）

图3-94　第三层船壳板连接示例

　　第三层板与下层板连接只采用一种方式，即用铁钉固定，间缝填上舱料。船板纵、横向间的连接方式，一种是同口平接，包括直角同口、斜角同口；一种是凸榫搭接，有的板块全无企口，有的仅一侧或两侧有企口；有的板材上、下端也做出企口或凸榫，在纵向上也出现企口搭接的情况（图3-94，4）。东侧下面贴附的薄板因厚度偏薄，只采用斜角同口连接，接缝处以铁钉进行加固。总之其连接方式比较多样，各处情况不一。

　　第三层船壳板采集出水94件，分别为CG18、27、29、31、32、88、89、90、91、92、95、102、107、178、180、181、183、186、189、201、202、203、205、208、209、217、218、224、226、277、278、281、282、283、284、285、286、287、291、292、293、294、296、298、300、308、309、310、314、317、322、325、327、331、333、334、337、341、343、346、347、348、

349、353、357、359、360、361、365、367、375、381、382、398、404、408、427、465、471、472、476、478、479、480、481、482、483、484、485、487、497、498、500、501（图3-95～109）。

1.CG27、107、476位置与连接

2.CG29细部

3.CG90、91、94位置与连接

4.CG95细部

5.CG31、32、33

图3-95　船板水下状态与连接

1.CG282～285

2.CG277细部（方孔）

3.CG282、283、284位置与连接

4.CG286、287、94、90、88位置与连接

5.CG286、287南端细部（292、281提取后）

图3-96 船板水下状态与连接

1.CG325

2.CG309细部（钉痕）

3.CG317、403、418细部

4.CG325南端细部

5.CG334南端细部

图3-97　船板水下状态与细部

1.CG298、300、343、349

2.CG347、348连接

3.CG347、348连接细部

4.CG472细部

5.CG487侧面细部（钉痕）

图3-98　船板水下状态与细部

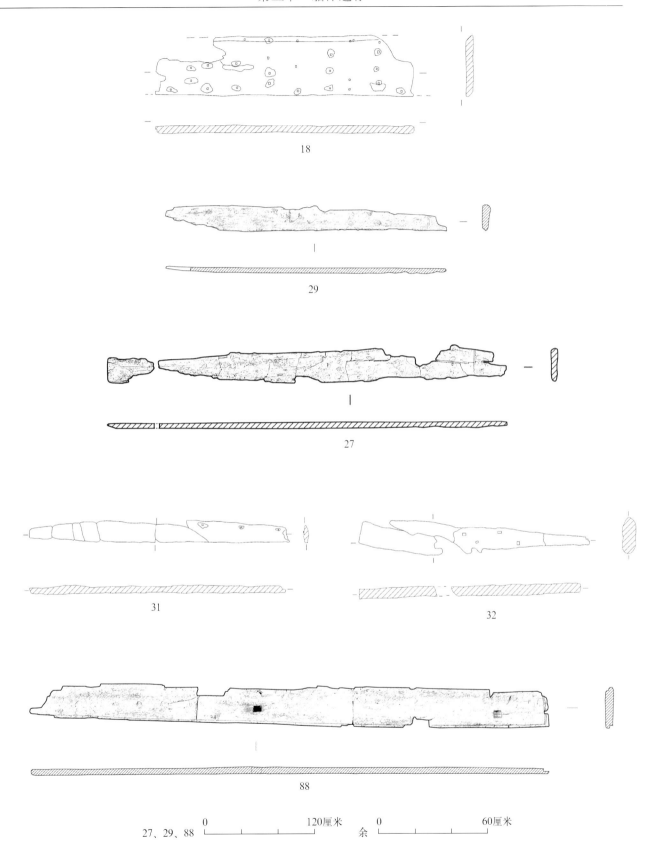

图3-99 第三层船壳板

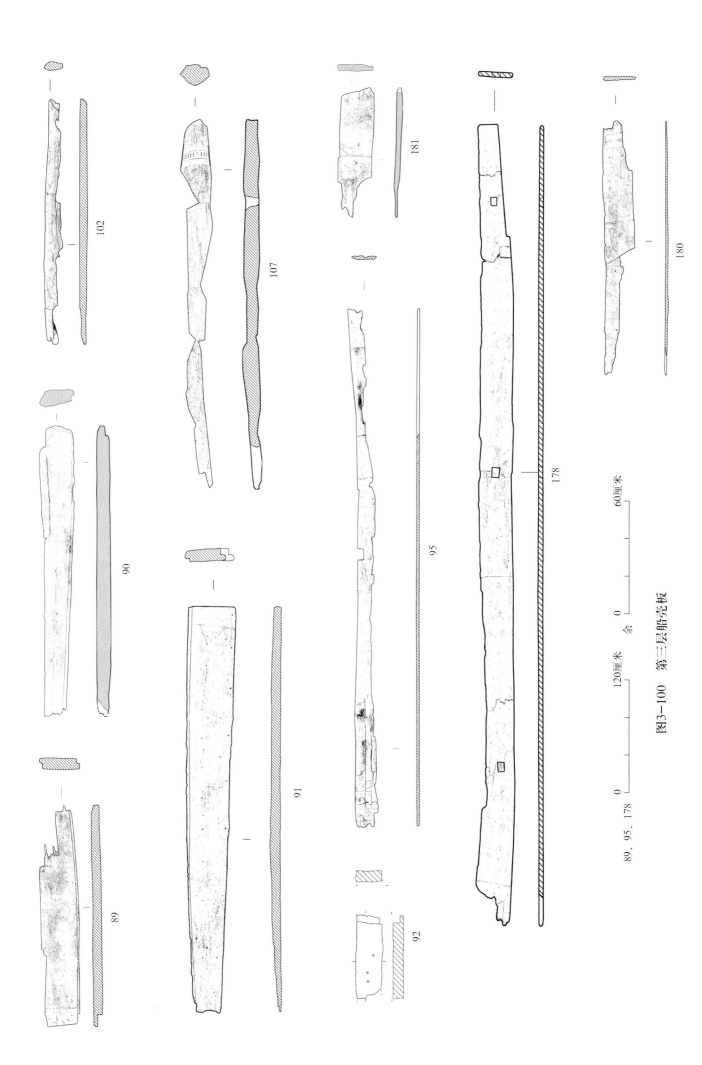

图3-100 第三层船壳板

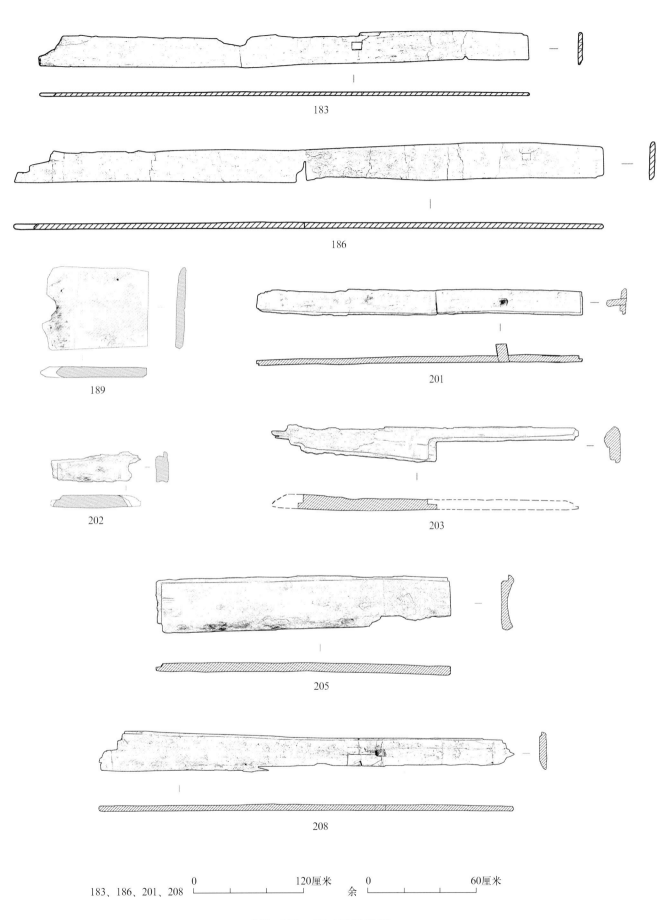

183

186

189

201

202

203

205

208

183、186、201、208   0   120厘米   0   60厘米
余

图3-101   第三层船壳板

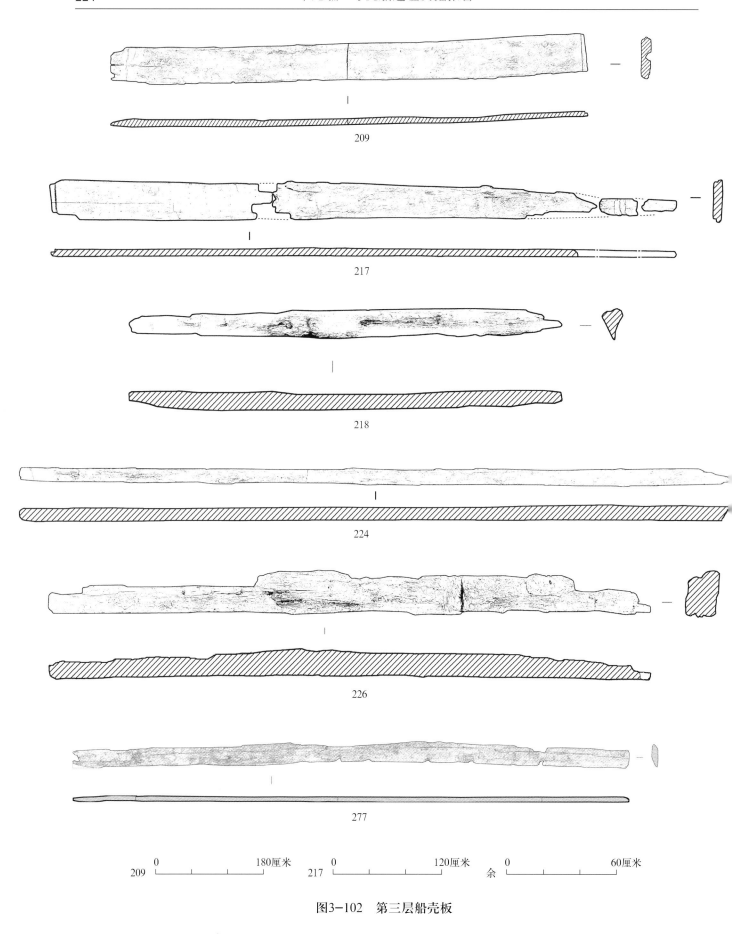

209

217

218

224

226

277

| 0 | 180厘米 | 0 | 120厘米 | 0 | 60厘米 |

209　　　　　　　　　　217　　　　　　　　　　余

图3-102　第三层船壳板

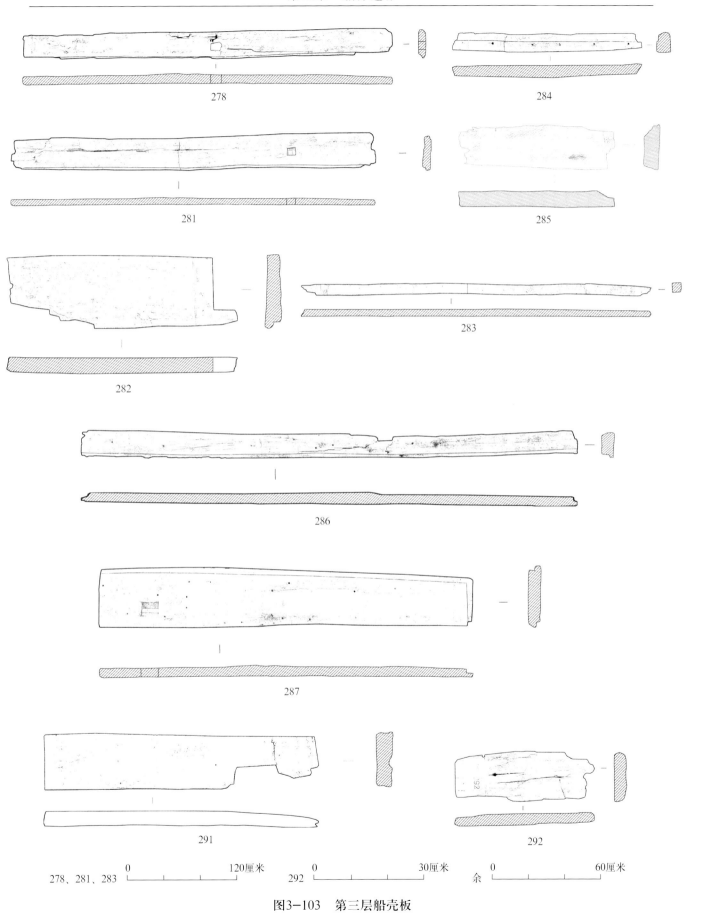

图3-103　第三层船壳板

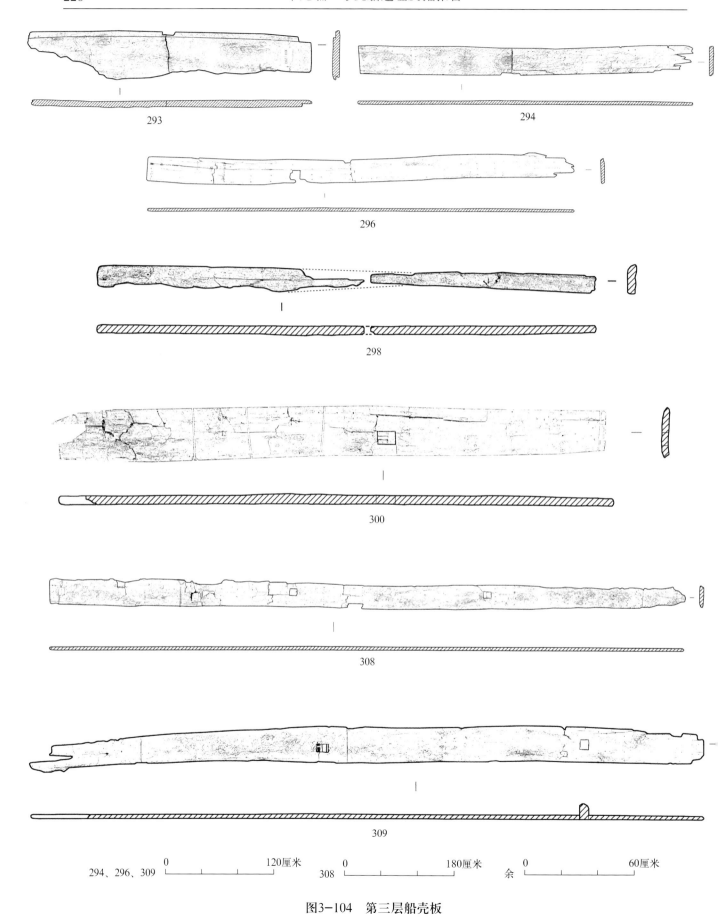

293

294

296

298

300

308

309

294、296、309 ├─ 0 ─── 120厘米 ─┤　308 ├─ 0 ─── 180厘米 ─┤　余 ├─ 0 ─── 60厘米 ─┤

图3-104　第三层船壳板

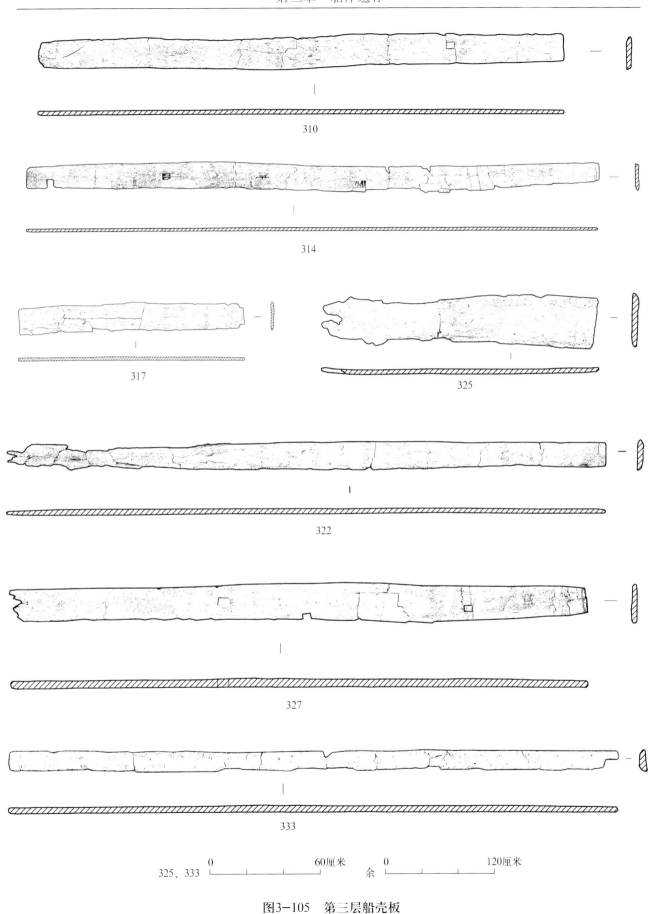

图3-105　第三层船壳板

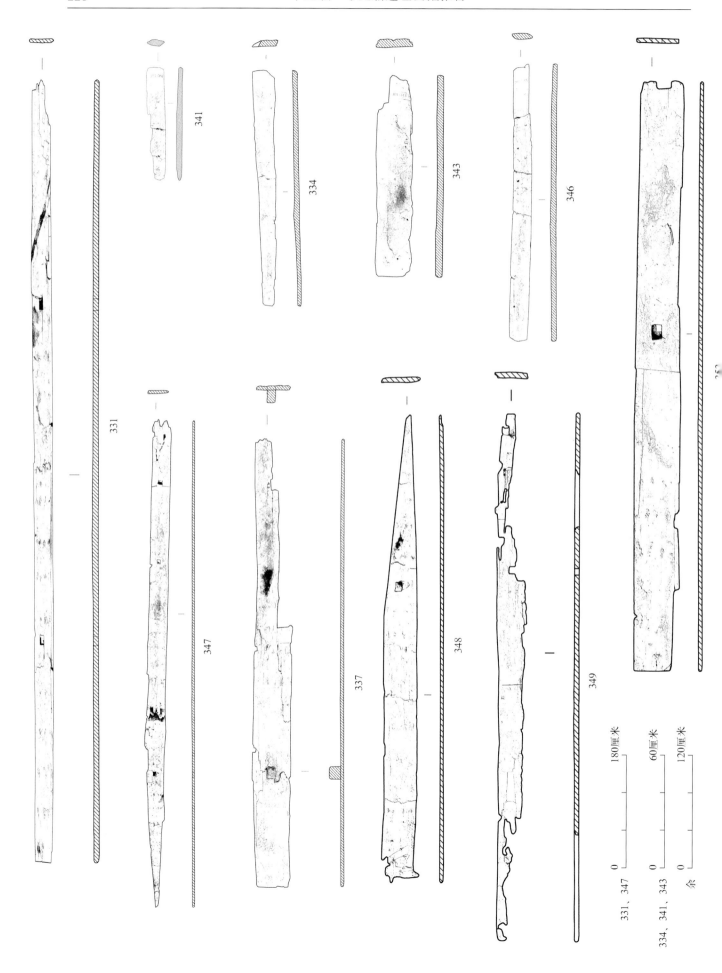

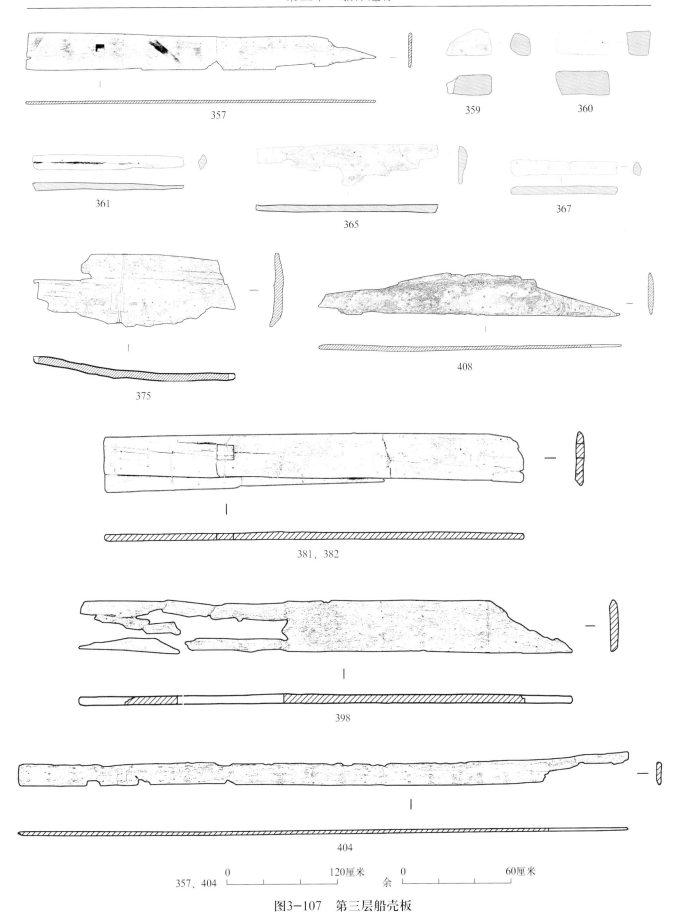

图3-107　第三层船壳板

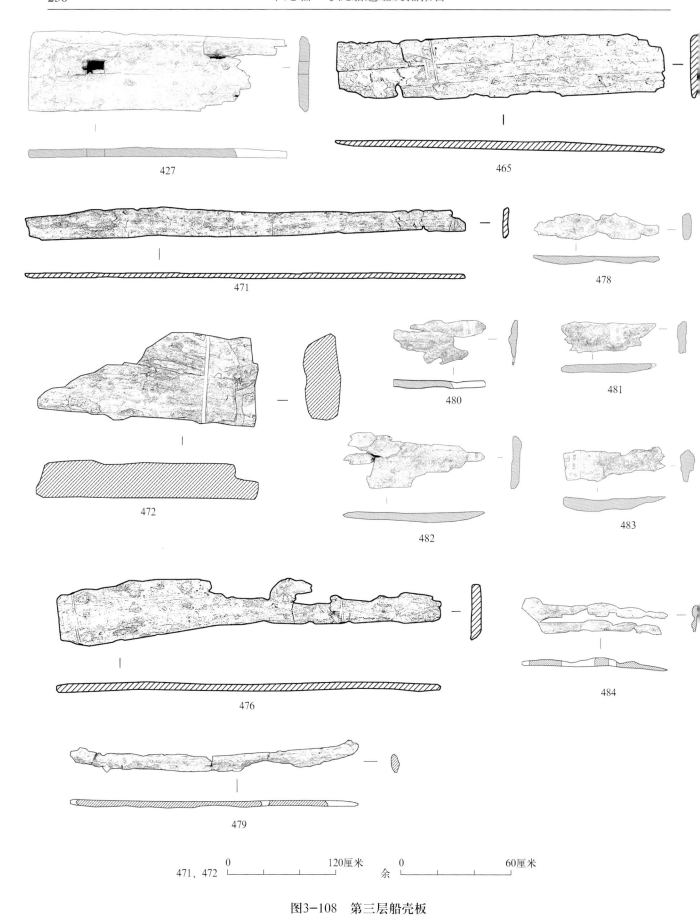

图3-108 第三层船壳板

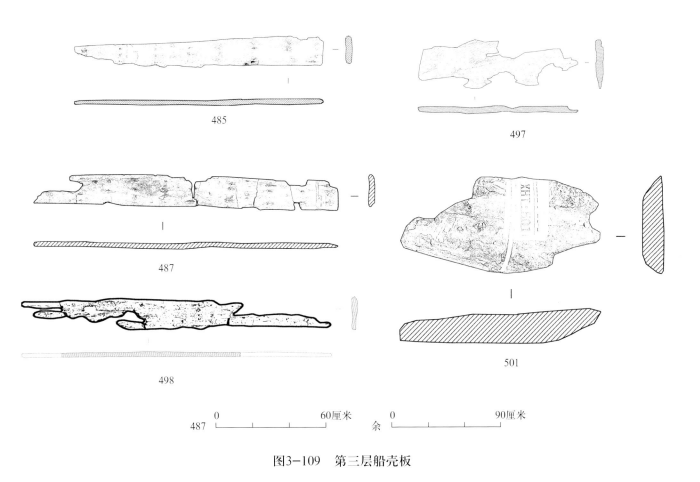

485

497

487

498

501

487 ├─ 0 ────── 60厘米 ┤　余 ├─ 0 ────── 90厘米 ┤

图3-109　第三层船壳板

4.第四层船壳板

该层船壳板面积稍小于第三层板，外围板材受损严重，残缺较甚，中间板块较好。所用板材规格稍小于第三层板，但比第二层板要大。区域范围残长16.1、残宽6.9米，面积约65平方米（附图一〇；图3-110，1）。

船板横向从东至西保存有6～7列板面，多选用较长的板材，最长的板CG387长达1220厘米以上（图3-110，3），最短的板也长达470、宽16～40、厚4.3～6.6厘米。多数板材规格为：长过600、宽30、厚6厘米。

本层板与下层板连接只采用一种方式，即用铁钉固定，间缝填上艌料。船板横向间的连接方法较单一，只采用直角同口方式搭接，个别板块有错缝拼接的情况。纵向多用直角同口，偶尔用滑肩同口方式连接，以CG389、207为例，同口长达160厘米（图3-110，2）。该层不见压缝板。

第四层船壳板采集出水51件，分别为CG26、182、184、187、190、206、207、223、368、370、371、372、373、376、377、378、379、383、384、385、386、387、388、389、390、393、394、395、396、401、402、403、410、418、420、441、457、458、460、461、462、470、473、477、490～496（图3-111～119）。

1.第四层船壳板排列示例（CG389、390、393、394、395、396）　　2.第四层船壳板连接示例（CG389、207，同口搭接）

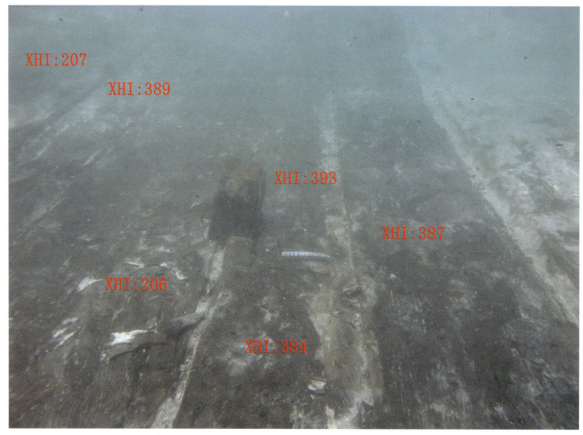

3.第四层船壳板排列示例（CG207、389、206、384、393、387）

图3-110　第四层船壳板排列示例

1.CG26南端侧面细部

2.CG182细部

3.CG376南端连接细部

4.CG418、317连接细部

5.CG420细部

6.CG442、441、373船板连接（第五层板）

图3-111　船板细部与连接

1.CG408、457—460

2.CG374、462、463、465、470位置与连接

3.CG470与上下层船板细部

图3—112　船板细部与连接

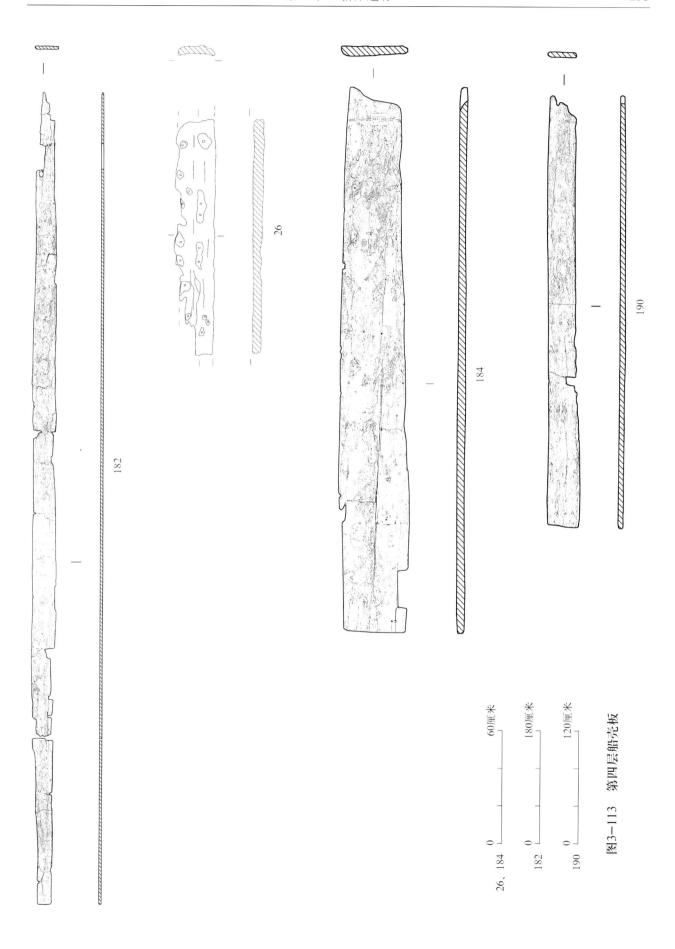

图3-113　第四层船壳板

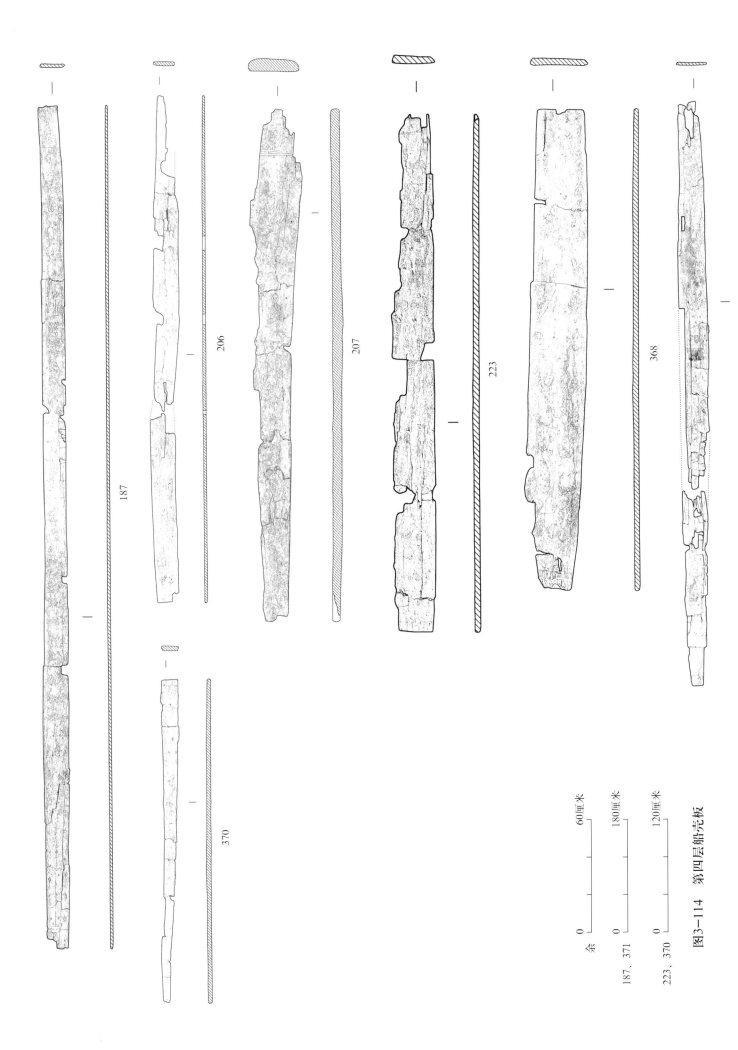

187

206

207

223

368

370

0   60厘米

0   180厘米

0   120厘米

余

187、371

223、370

图3—114　第四层船壳板

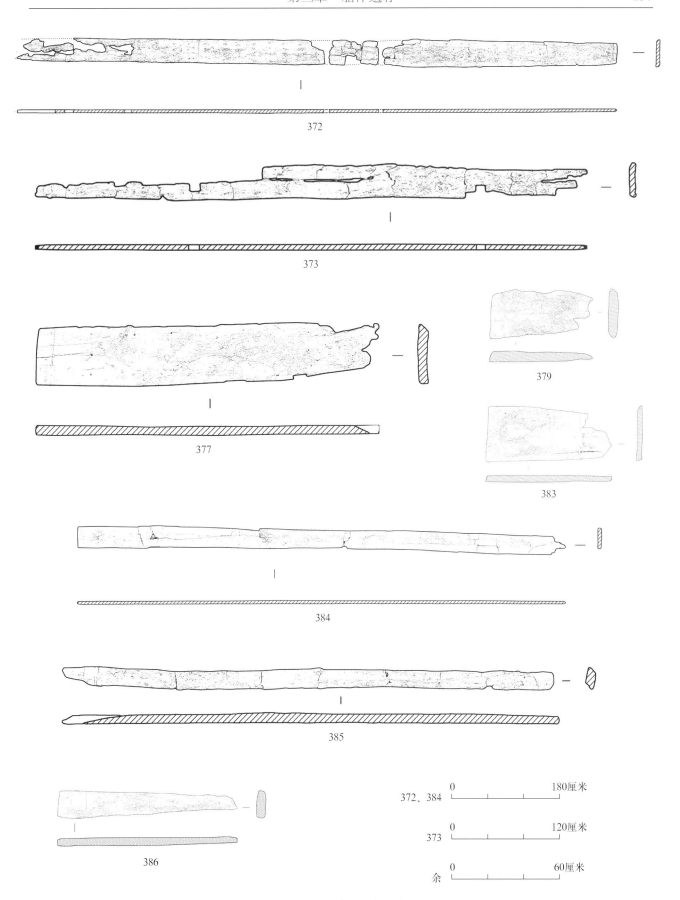

图3-115　第四层船壳板

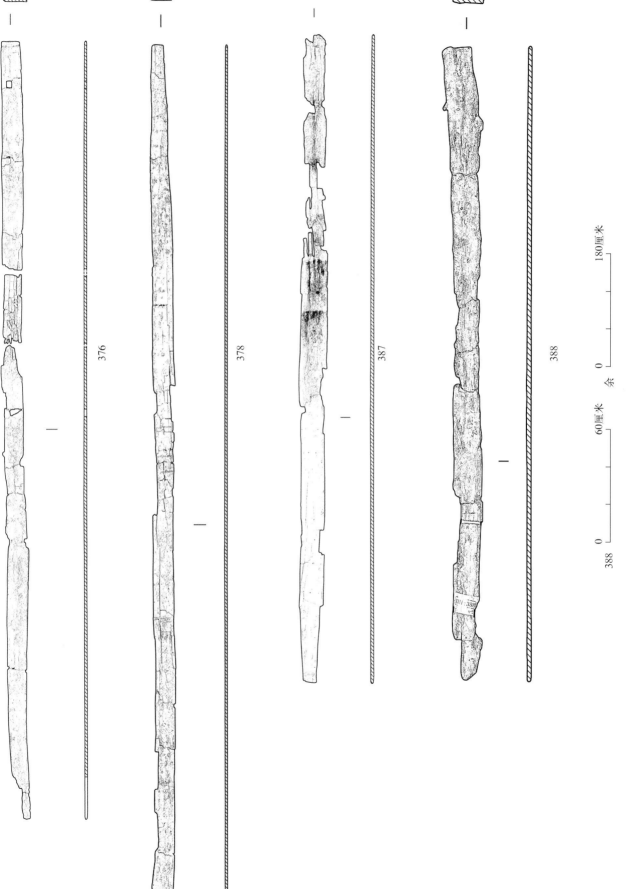

376

378

387

388

图3-116　第四层船壳板

388

0　　　　　60厘米　　余　　0　　　　　180厘米

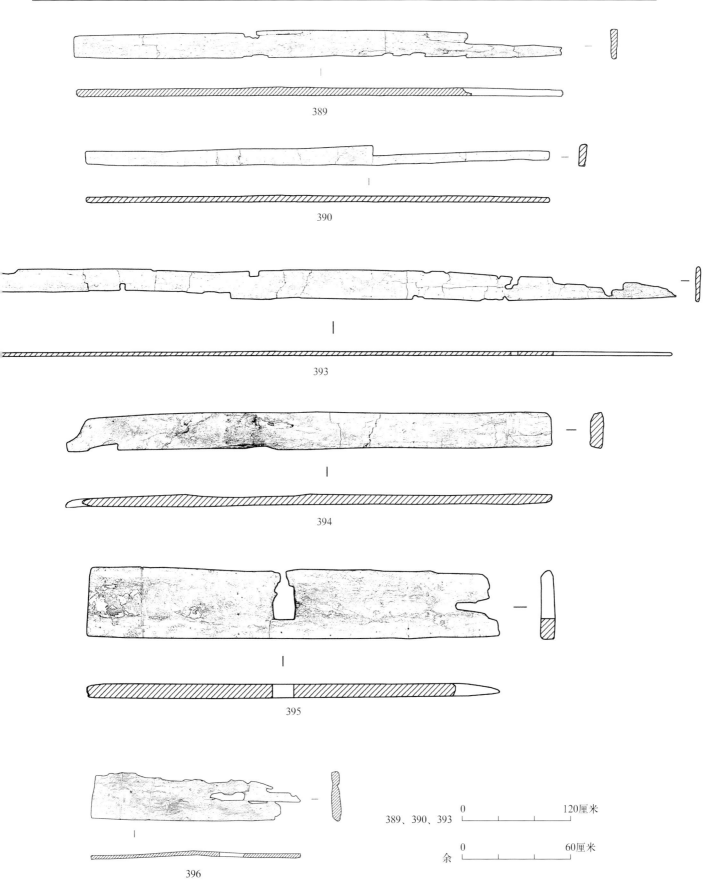

389

390

393

394

395

396

389、390、393　0 ⊢——————⊣ 120厘米

余　0 ⊢——————⊣ 60厘米

图3-117　第四层船壳板

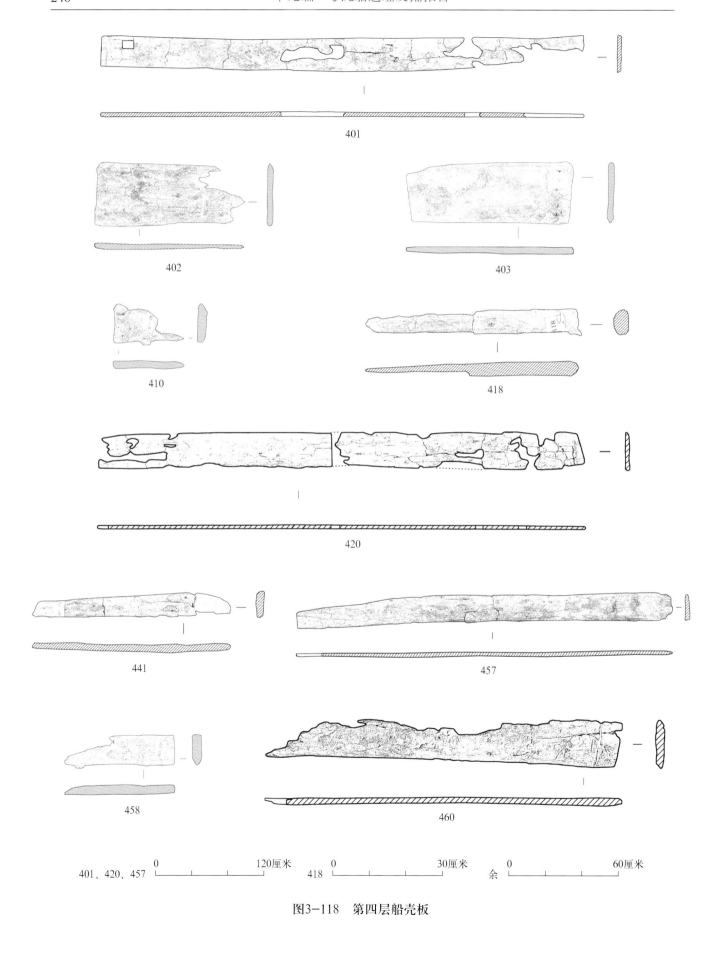

401

402　　　　　　　　　　　　　　　　　403

410　　　　　　　　　　　　　　418

420

441　　　　　　　　　　　　457

458　　　　　　460

401、420、457　　0　　　　　　120厘米　　　0　　　　　30厘米　　　0　　　　　60厘米
418　　余

图3-118　第四层船壳板

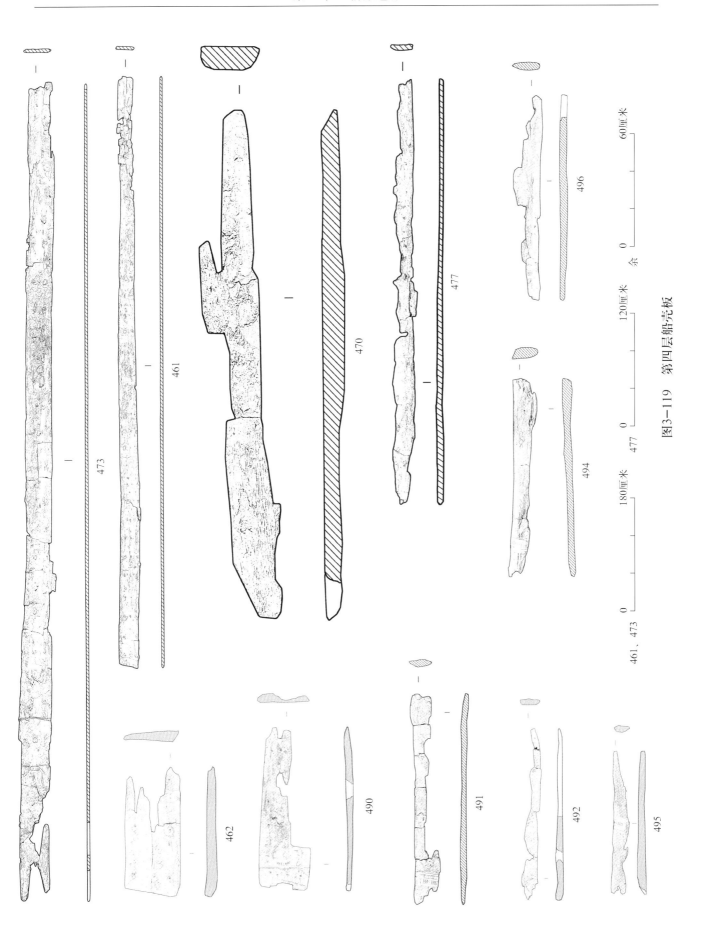

图3-119　第四层船壳板

5. 第五层船壳板

该层船壳板面积与第四层板相当，板材虽然也能成片分布，但是板材受损严重，无完好的木板，保存较差，木质易碎。外围板材边缘残缺不全，中间的板材还能成块，至边缘也残碎成屑，板块已不能成块提取。区域范围残长 15.3、残宽 6.5 米，面积约 60 平方米（附图一一；图 3-120）。

船板横向从东至西保存有 6 块板面，选用较长的宽板，厚度上稍薄于第四层板。板长过 700、宽约 40、厚 4.1 ~ 5.4 厘米。

本层板与下层板的连接只采用一种方式，即用铁钉固定，间缝填上舱料。船板之间的连接单一，纵、横向只采用直角同口方式连接，每列板的接缝前后错开。

第五层船壳板采集出水 42 件，分别为 CG196、219、380、391、392、409、411、412、413、414、415、416、417、419、429、430、431、433、434、435、436、437、439、440、442、443、444、445、446、451、453、454、455、459、463、464、468、474、475、486、488、489（图 3-121 ~ 128）。

图3-120　第五层船壳板连接示例（CG380、391、392、429、430、434、435、436、437、438）

1.CG411细部（东侧可见填缝麻灰）

2.CG486细部

图3-121　船板细部

1.CG379、413~417、419、443

2.CG409、445~449、451、452

3.CG440、442、446、451~454

图3-122　船板水下状态

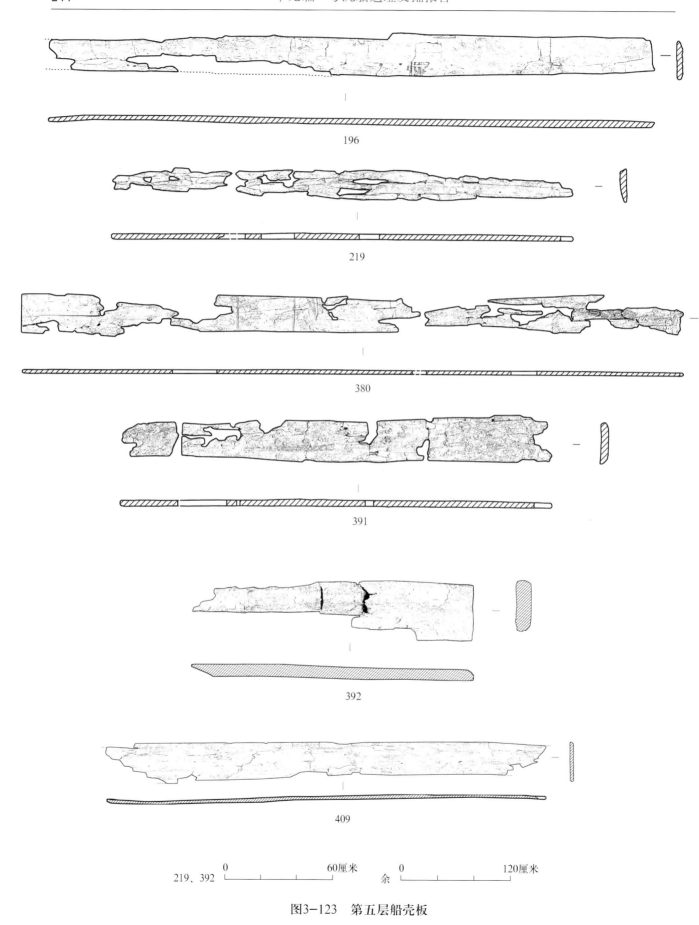

196

219

380

391

392

409

0　　　　　60厘米　　　　　0　　　　　120厘米

余

图3-123　第五层船壳板

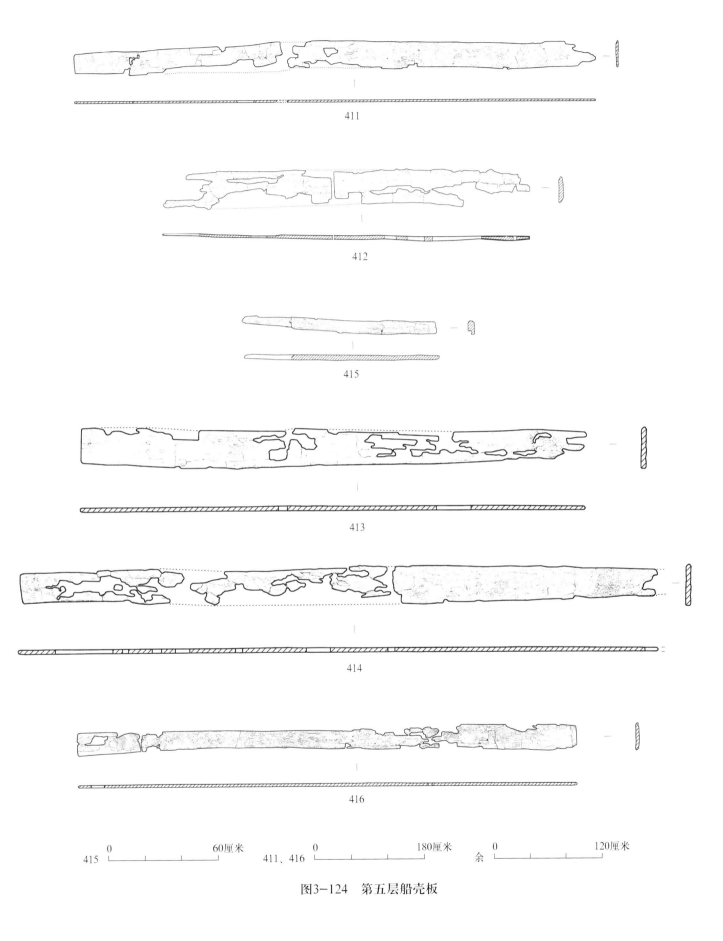

图3-124　第五层船壳板

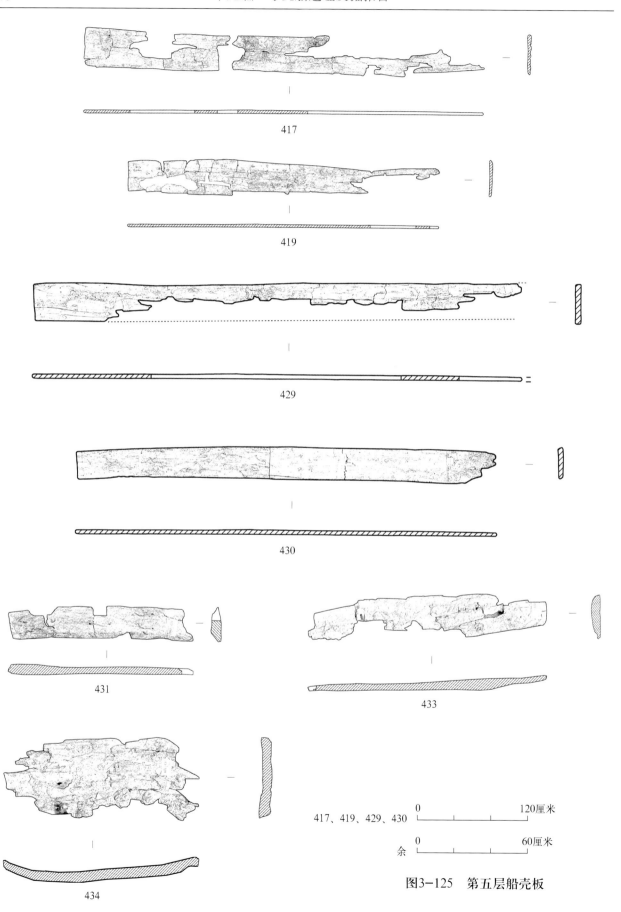

417

419

429

430

431

433

434

417、419、429、430 0 ⊢⊢⊢⊢⊢⊢⊢⊢ 120厘米

余 0 ⊢⊢⊢⊢⊢⊢⊢⊢ 60厘米

图3-125 第五层船壳板

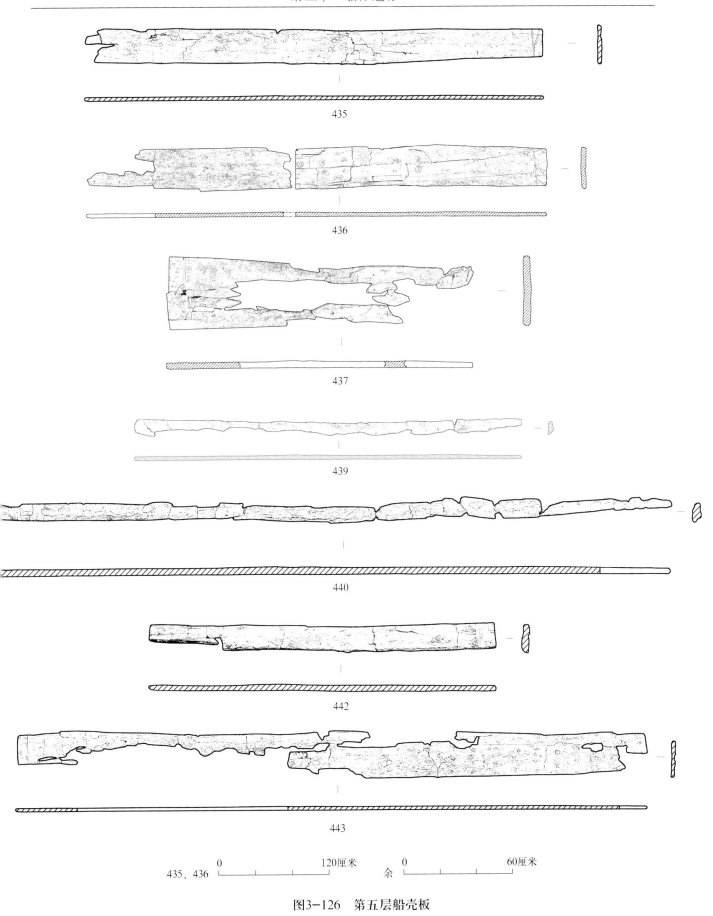

435

436

437

439

440

442

443

435、436　0　120厘米　　0　60厘米　余

图3-126　第五层船壳板

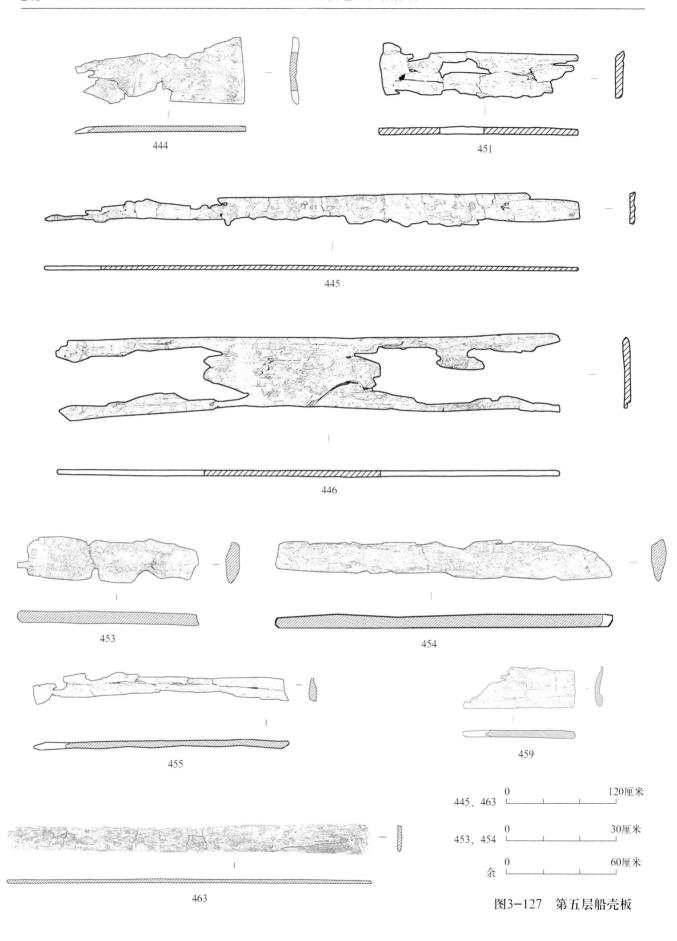

444

451

445

446

453

454

455

459

445、463   0   120厘米

453、454   0   30厘米

余   0   60厘米

463

图3-127 第五层船壳板

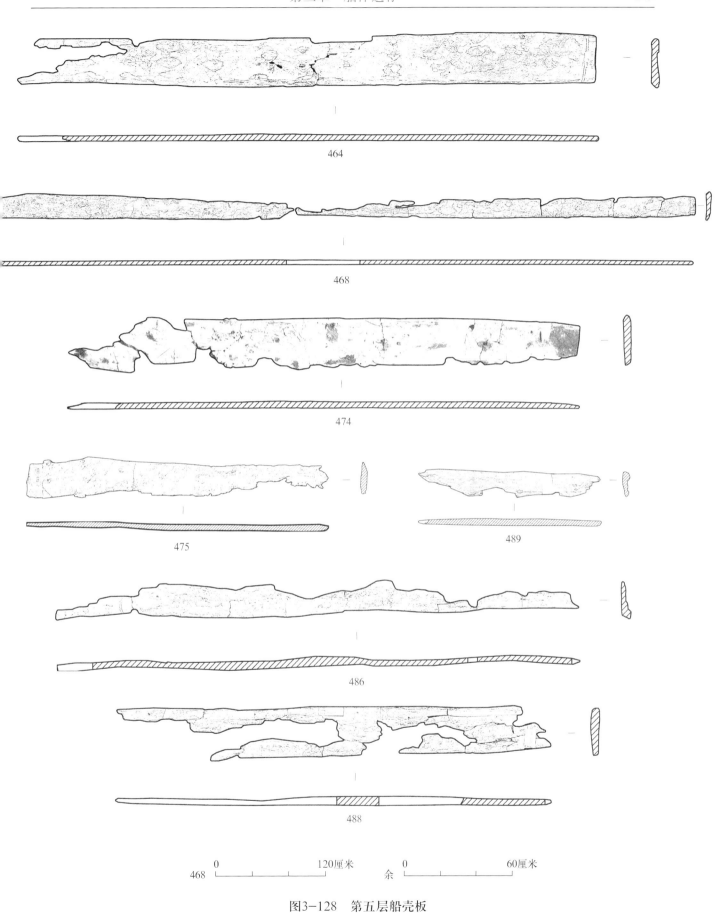

图3-128　第五层船壳板

6.第六层船壳板

第六层船壳板仅发现 2 块，横向两列，编号为 CG466、467（附图一二；图 3-129）。见于船体的边缘，此层板遭受重压，并与珊瑚礁体直接接触，坚硬的珊瑚残块大多穿透了船板，致使木板只存一个大体的边框，残碎不堪，无法成块提取（图 3-130）。从仅存的船体结构痕迹上判断，应该也是采用滑肩搭接。

此外，在水下考古发掘过程中，为记录船体构件之间的位置与组合关系，水下考古队对一些成组的船板遗存进行了水下摄影拼接，形成了遗址局部和分层的局部正投影平面图（图3-131 ～ 137）。

这类图片均由多件相邻的船体构件组合而成，主要是船壳板，有的还包含不同类别构件，不便将其归入某一层船壳板或某一类船体构件下，而在此一并介绍。

1.第六层船壳板（CG467、466与CG454、440中部）

2.第六层船壳板（CG466、467与CG440，北部）

图3-129　第六层船壳板水下状态（CG466、467）

1. 第六层船壳板（CG466）

2. 第六层船壳板（CG466横断面）

3. 第六层船壳板（CG467）

图3-130　第六层船壳板（CG466、467）

1.CG27、29、102、106、107、143、144、316、317、322、326、374、375、397、398、408

2.CG33、99、111、120～133、140～144、147～155、180、181

3.CG43、110、135、136、162～168、170～176、191～194、231、235、236、242～245、258、275

4.CG52、55、104、177、179～182、309～312

图3-131　船板水下连接

1.CG59、68、185、277、304、306～309

2.CG106、326、374、375、404、408、459、460、462～465

3.CG116～119、143～149、155、156、180

4.CG120～122、124、125、130、131、151～153、155、156

图3-132　船板水下连接

1.CG143、144、180、182、316、317、374、375、378、402~408东沟西侧第四层板

2.CG143、316、317、322、374、375、379、404、408、443、444

3.CG162、191、193~195、197~200、22~231、236、237、239

图3-133　船板水下连接

1.CG178、180、181、310、314、316、317、325、332、334

2.CG178、183、308、327、334、338、362

3.CG180、182、184、316、317、377～379、402、403、407（中部）

4.CG186、189、309、327、331、335、337、338、361、362

图3-134　船板水下连接

1.CG186、308、327、330、335、338、339、345

2.CG187、190、370～373、368（中部）

3.CG196、411～415、429、447、450

4.CG199～201、208～211、214～216、218～219、221～222、228、232、233、237～243、246～251、256～258

图3-135　船板水下连接

1. CG342—344、347~350

2. CG365、367、369、387—400系侧第一层板取完后

3. CG368、196、372、409

图3-136 船板水下连接

1.CG372、373、383、385～388（西沟）

2.CG374、477、485～488

图3-137　船板水下连接

五 压缝板

因船壳板为鱼鳞状上下搭接，所以在船壳的内外两面都留出规则的台阶，为了确保船体的坚固性，在台阶处嵌接长条形的压缝板（图3-138）。压缝板的断面为不规则、长弧边的椭圆形，厚约9厘米，长边则在10～15厘米，是一种较窄、较薄的条板，主要压在两块长板缝隙之上，或垫在两块长板之中。第一层、第二层、第三层靠近龙骨的附近普遍使用条板，在边缘地带不见使用，第四层和第六层没有见到，第五层局部使用。从形状上看，压缝板分两种，一种较窄，截面呈菱形，边宽5厘米左右；另一种稍宽，中部隆起、两侧削薄，截面呈扇形，宽8～13厘米。主要根据周边几块长板之间缝隙形状来定条板的形状，因此条板主要起到固定长板和填缝找平的作用。

华光礁一号沉船船体中压缝板的应用相当普遍，尤其以船体后部各舱保留较多且完整。压缝板紧贴于壳板的上下接缝之处，其目的自然是为了加强壳板的连接强度。压缝板的广泛应用，从另一

1.压缝板嵌接示例（CG38、39、40、41）

2.压缝板嵌接示例（CG38、39、40、45、46）

3.压缝板嵌接示例（CG58、63、64）

图3-138 压缝板嵌接示例

个侧面反映了船体的修补程度之高及修复次数之多。

第一层压缝板采集出水 71 件，分别为 CG11、24、25、28、33、38、39、40、41、45、46、58、64、65、67、69、70、72、73、87、98、110、123、124、125、126、127、128、129、130、134、136、138、139、140、150、157、164、166、167、170、171、172、173、174、175、176、188、191、192、197、199、229、230、231、233、234、235、237、238、241、245、258、270、271、273、274、275、276、302、303（图 3-139 ~ 145）。

第二层压缝板采集出水 15 件，分别为 CG94、108、121、122、133、145、153、232、239、256、259、280、288、336、351（图 3-146 ~ 148）。

第三层压缝板采集出水 45 件，分别为 CG185、295、297、299、306、307、311、312、315、316、318、319、320、321、324、328、329、330、332、335、338、339、340、342、344、345、350、352、354、355、356、358、362、363、364、366、369、397、399、400、405、406、407、421、469（图 3-149 ~ 155）。

第五层压缝板有 7 件，分别为 CG432、438、447、448、449、450、452（图 3-156）。

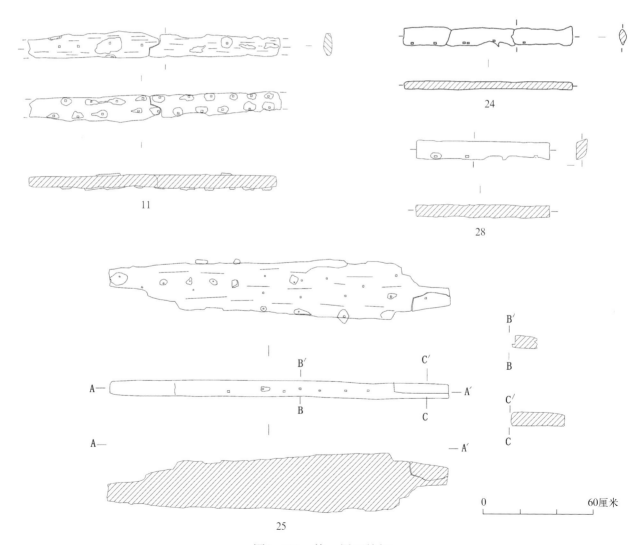

图3-139　第一层压缝板

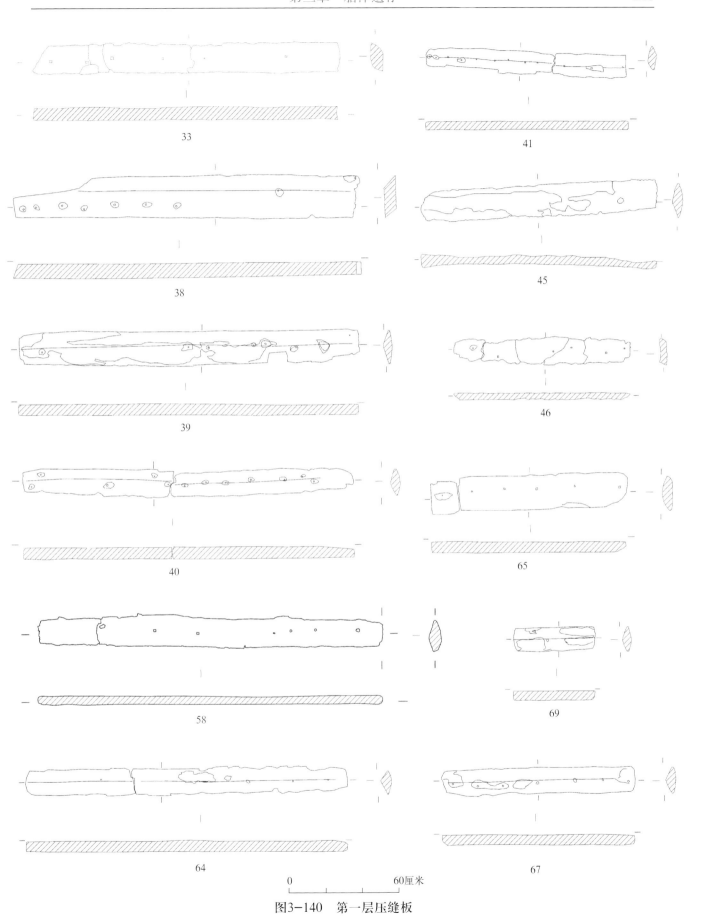

图3-140　第一层压缝板

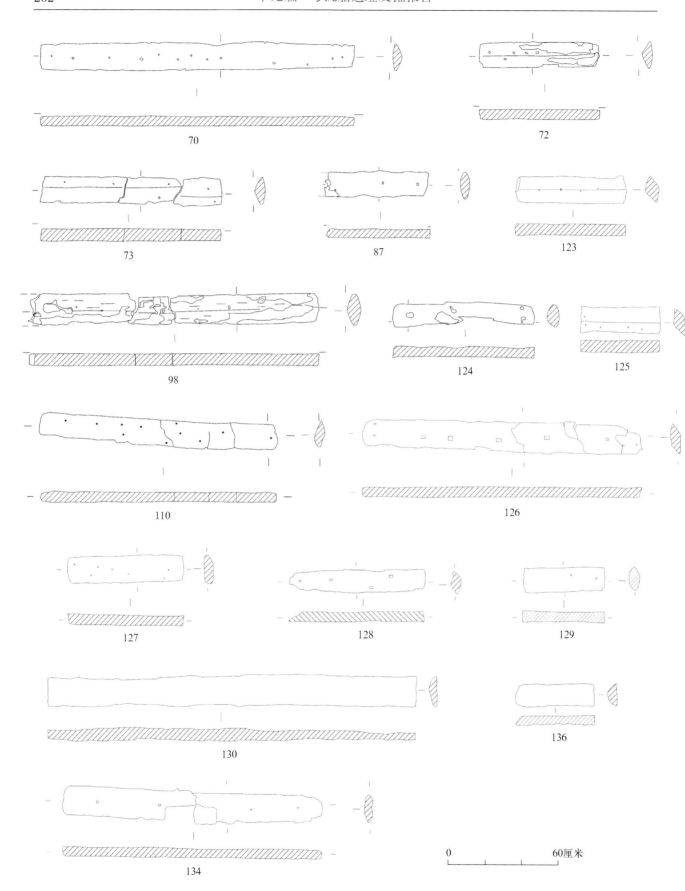

0　　　　　　　60厘米

图3-141　第一层压缝板

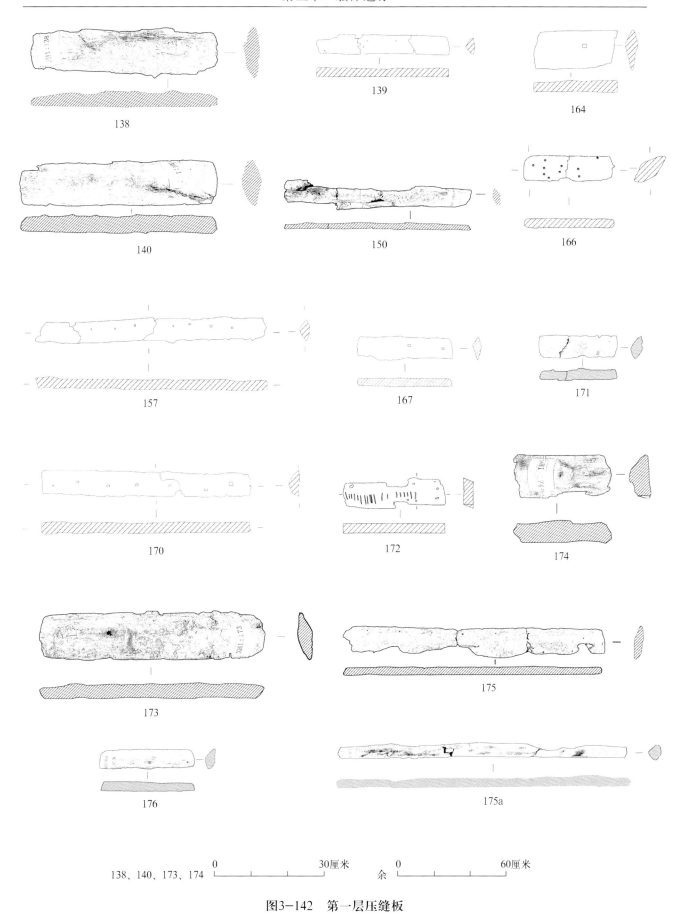

图3-142 第一层压缝板

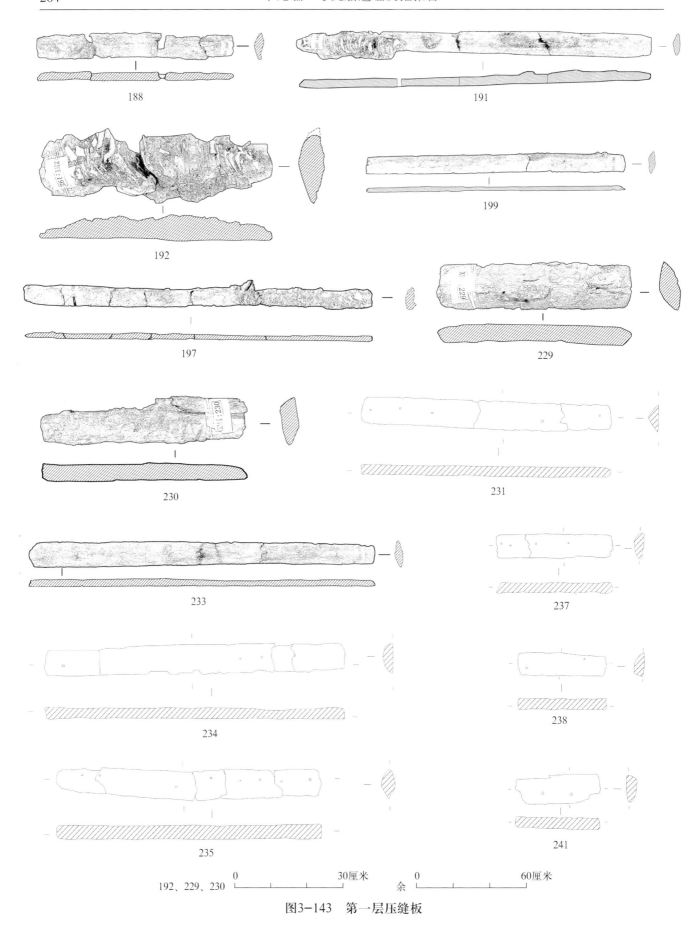

图3-143　第一层压缝板

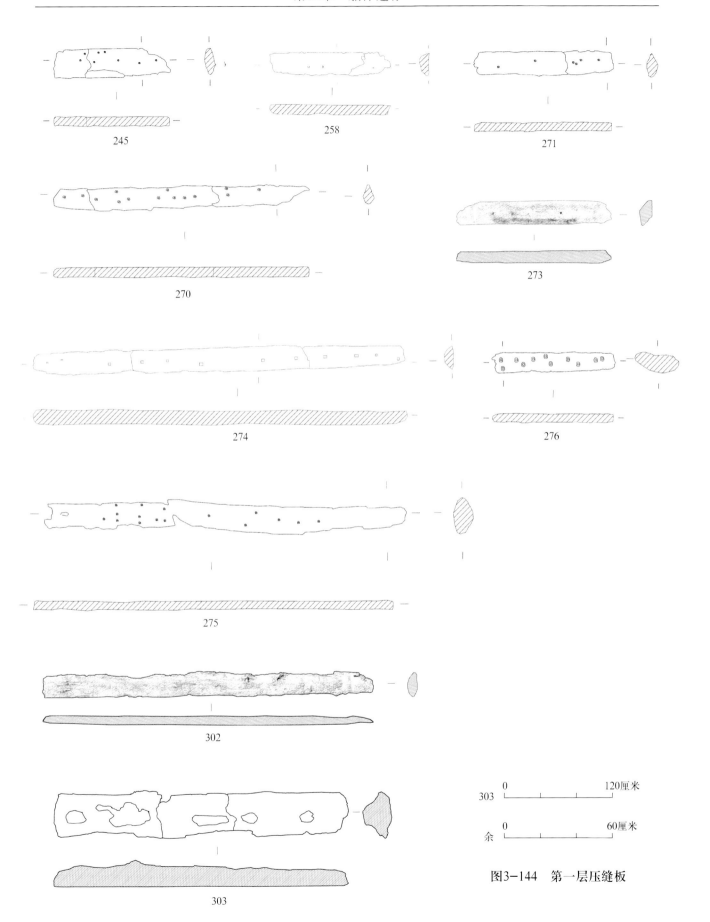

245

258

271

270

273

274

276

275

302

303

303 ⊢0————————120厘米⊣

余 ⊢0————————60厘米⊣

图3-144　第一层压缝板

1.CG11侧面细部（钉痕）

2.CG54、40、55细部（上覆压缝板为CG40）

3.CG63、64、68、69、70、71、72、73位置与连接

4.CG63、177、186、187、189–191、197、239位置与连接

5.CG40、41、43、45、46、47、49、54、55

图3-145　船板细部与连接

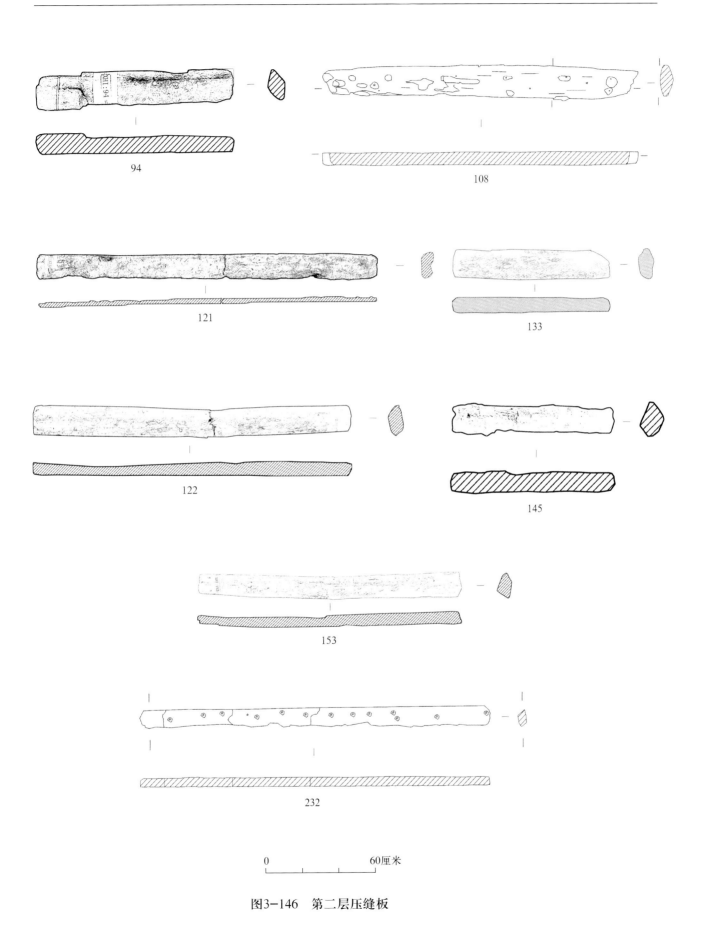

0　　　　　　60厘米

图3-146　第二层压缝板

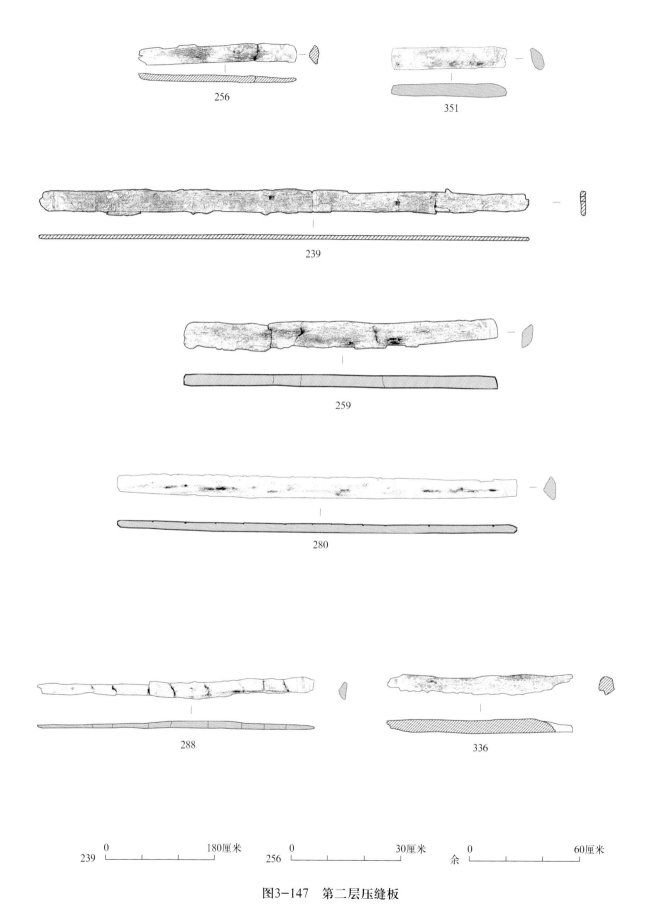

图3-147 第二层压缝板

1.CG122、326、351

3.CG336、75连接细部

2.CG255、256、259位置与连接

图3-148　船板位置与连接

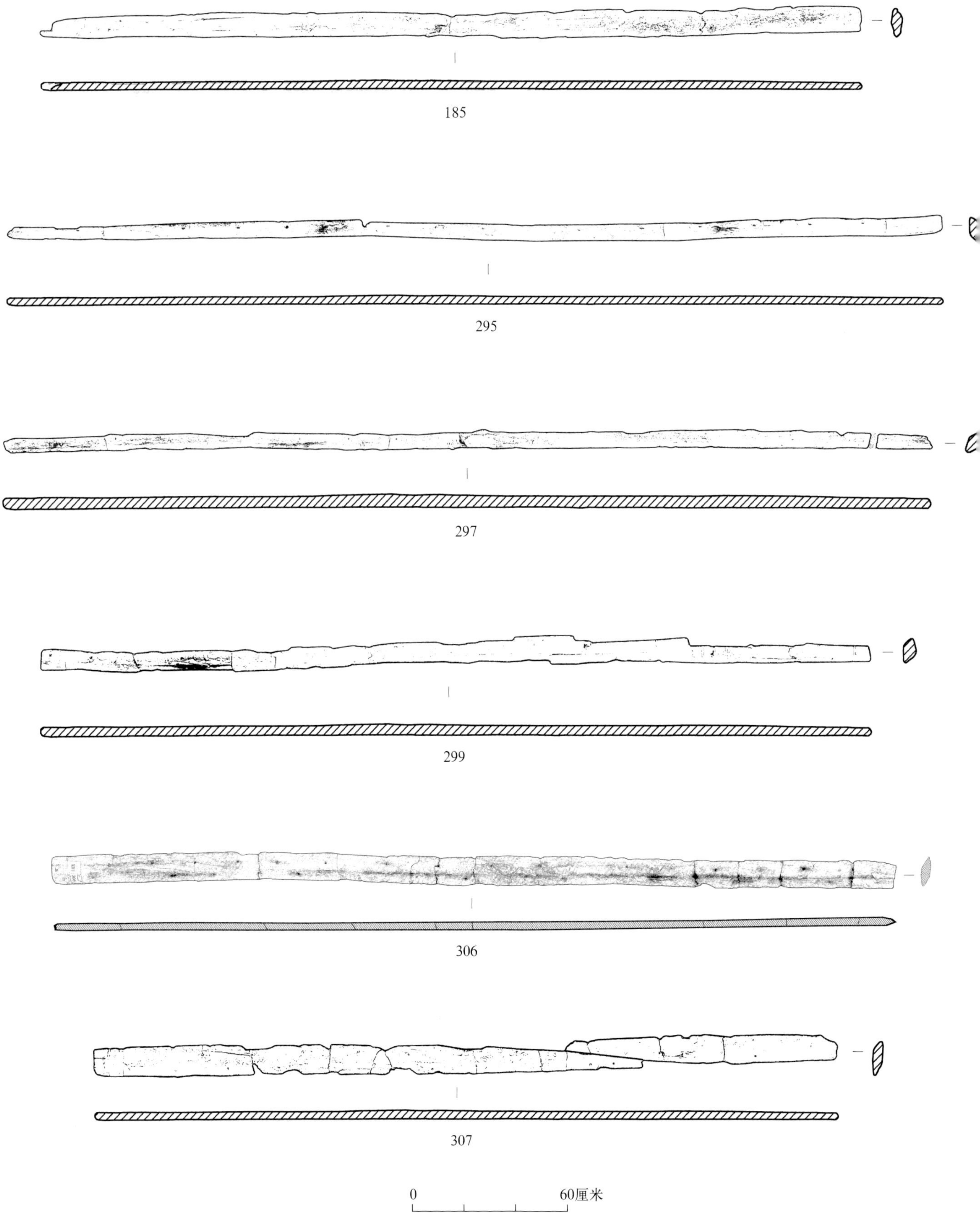

185

295

297

299

306

307

0　　　　　　　　60厘米

图3-149　第三层压缝板

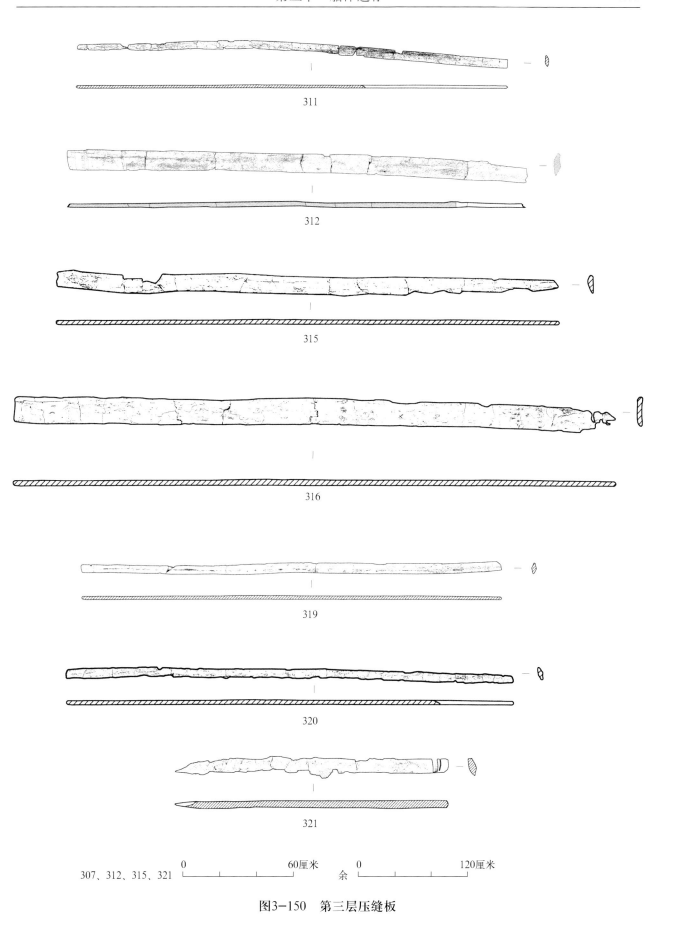

311

312

315

316

319

320

321

307、312、315、321

0 ⊢———————⊣ 60厘米　　0 ⊢———————⊣ 120厘米

余

图3-150　第三层压缝板

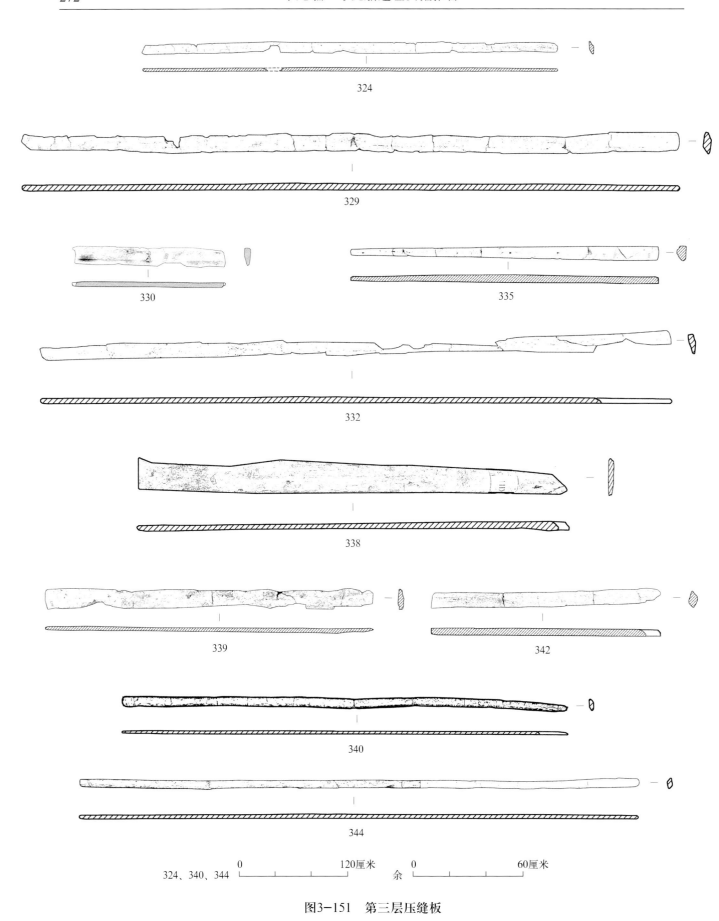

324

329

330　　　　335

332

338

339　　　　342

340

344

324、340、344

0　　　　　　120厘米　　　0　　　　　60厘米

余

图3-151　第三层压缝板

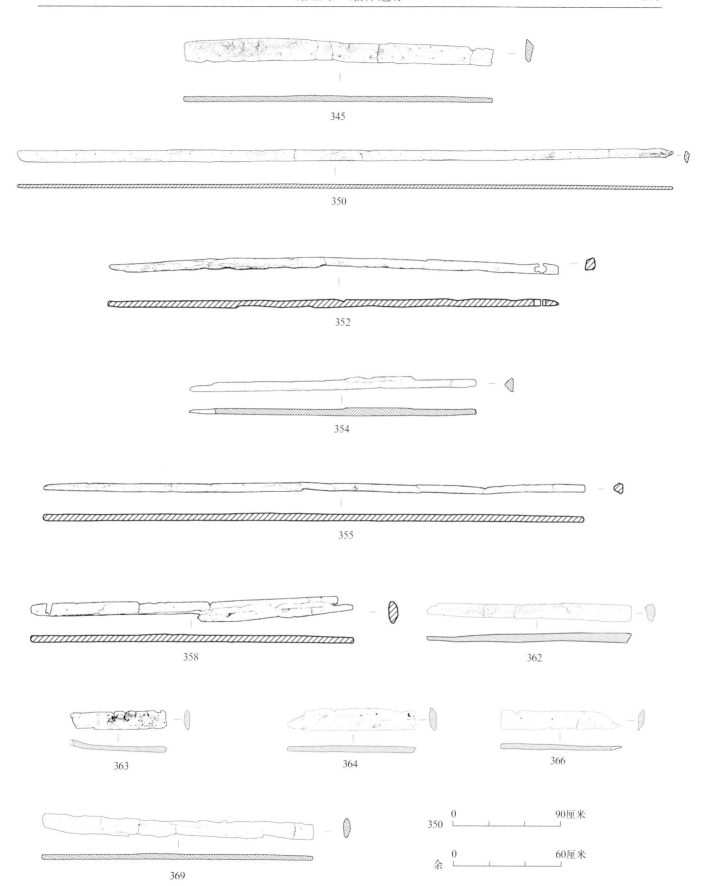

345

350

352

354

355

358

362

363

364

366

369

350 ├─────────────────┤ 0 ── 90厘米

余 ├─────────────────┤ 0 ── 60厘米

图3-152 第三层压缝板

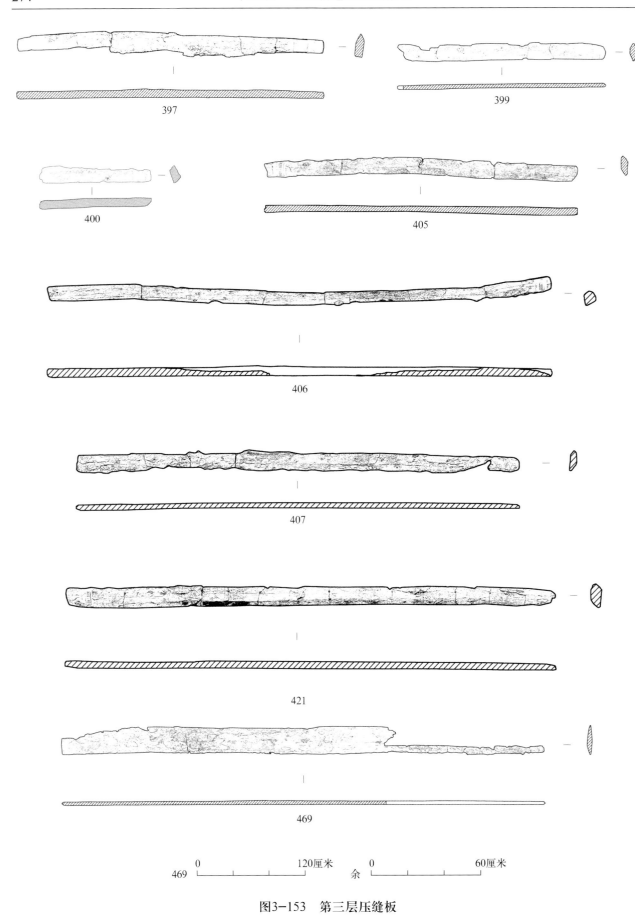

图3-153　第三层压缝板

1. CG319、320、322

2. CG324

3. CG330、335、327

图3-154　船板水下状态

1. CG342、343、344、348

3. CG469与龙骨细部2

2. CG469与龙骨细部1

图3-155　船板水下状态与连接细部

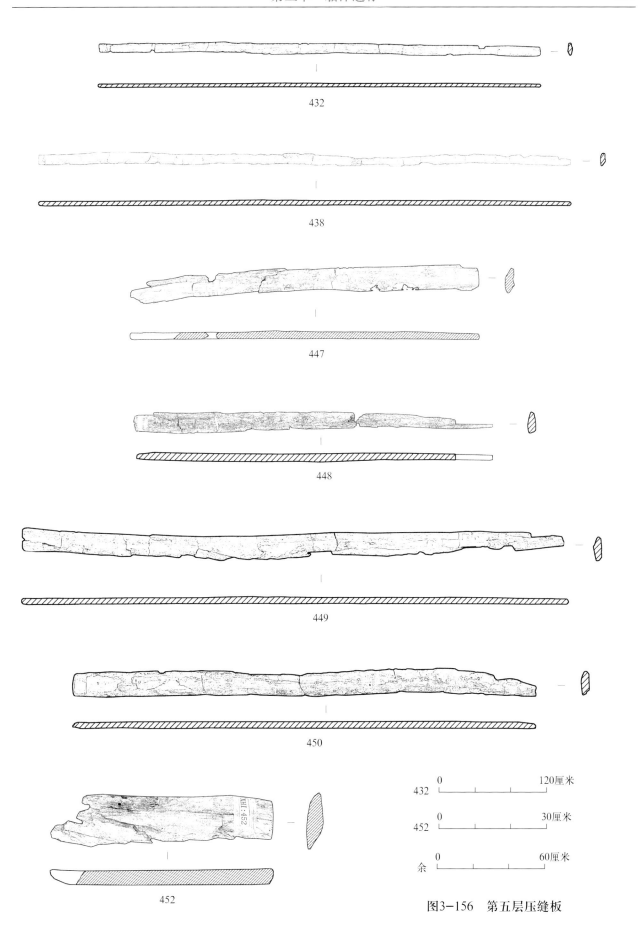

432

438

447

448

449

450

452

图3-156　第五层压缝板

六　肋骨

共发现 10 道肋骨，有舱壁周边肋骨及独立式两种。舱壁周边肋骨位于舱壁与外板的交接处，前后共有 8 道；独立式的肋骨前后与舱壁不相连，从船艏位置起算，分别为第三道和第五道。2007 年发掘时尚保留较多（可参阅本书第二章 2007 年发掘概述），2008 年发掘时发现其又受较大损坏，仅存个别残件，采集出水 3 件，分别为 CG162、249、250（图 3-157，1 ～ 3）。

第一道，已经断成三截，由东向西分别长 1.66、1.1、1.1 米，总长为 3.86 米。

第二道，断成两截，分别长 1.0、1.7 米，总长为 2.7 米。

第三道，断为两截，分别长 1.4、2.0 米，其东段被大凝结物叠压。

第四道，中段被大凝结物叠压，但东、西两侧均有出露，连同被叠压部分，总长约 4.2 米。

第五道，东、西两端被大、小两块凝结物叠压，中段出露，连同被叠压部分，总长约 5.7 米。

第六道（CG249、250），西段被凝结物叠压，连同被叠压部分，总长约 4.9 米（图 3-158）。

第七道（CG162），西段被凝结物叠压，连同被叠压部分，总长约 4.3 米（图 3-159）。

第八道，断为两截，东段长 1.2 米，西段的西侧被凝结物叠压，连同被叠压部分，长约 2.4 米。

第九道，残长约 0.6 米。

第十道，残长约 0.7 米。

由沉船船头的第一道肋骨往后，各道肋骨之间的距离分别为：1.56、1.14、1.36、2.03、1.59、1.72、1.43、1.61、1.40 米。肋骨宽约 12、高约 18 厘米。肋骨的底部，往往就是前后壳板相拼连的接缝处，所以肋骨的用材极好，钉孔较多，同时使用大量的艌料等与周边构件紧密粘连。

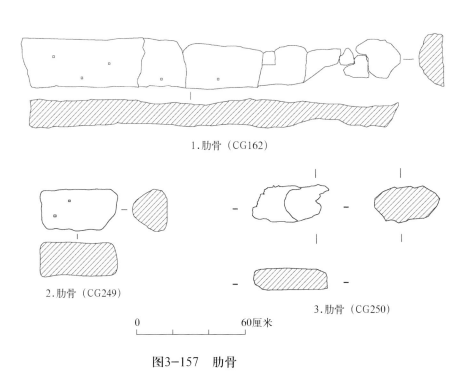

1.肋骨（CG162）

2.肋骨（CG249）

3.肋骨（CG250）

0　　　　　　　　60厘米

图3-157　肋骨

1.肋骨（CG249、250，由北向南）

2.肋骨（CG249、250，由西向东）

图3-158　肋骨

1.肋骨（CG162、249，左南右北）

2.肋骨（CG162、249，由南向北）

图3-159　肋骨

七　隔舱板

整个船体仅残留三道隔舱板，分别为第一道、第六道和第七道。

第一道，仅残留一块长方形板（CG49），残长 18.5 厘米，背面一侧斜向削平，正面和背面残留大量白色舱料和钉孔，与船底板以铁钉相连，并涂以桐油灰（图 3-160）。

第六道，保存相对较好，残存有五块舱板（CG142、158、159、160、161），五块板依次斜压，最下的一块板靠近龙骨一侧，最长的舱板为 92、最短的舱板为 23 厘米，大部分舱板为菱形、个别的为长方形和三角形，表面被虫蚀严重，有很多孔洞。仅一块舱板上发现有凹槽，与其上边的舱板以榫卯相连，该道隔舱板与龙骨未相连，中间出现空缺，与船底板以铁钉相固定，并涂以桐油灰。舱板之间有企口相连，也有平接。隔舱板靠近船舷一侧，紧贴舱板有一排小榫坑，内残存舌形榫，用以加强隔舱板的稳固性，隔舱板靠近船尾一侧，为一道肋骨，即稳固隔舱板又加强船底的横向凝聚力（图 3-161 ～ 163）。

第七道，残存有三块舱板（CG151、152、154），形状为长方形，与龙骨上方的加强材之间以铁钉相固定，并涂有桐油灰，与船底板相连接一侧没有发现流水孔（图 3-164 ～ 166）。

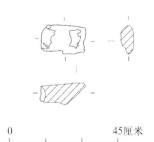

0　　　　　　　45厘米

图3-160　第一道隔舱板（CG49）

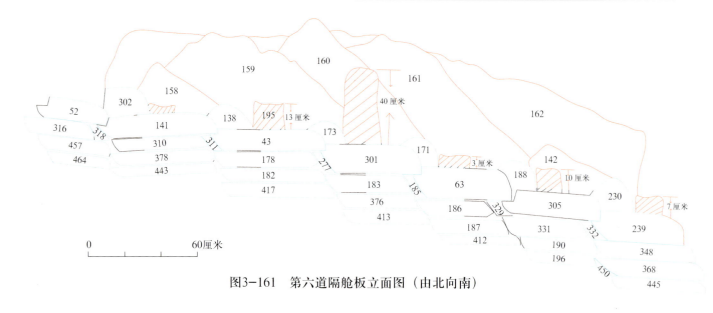

图3-161　第六道隔舱板立面图（由北向南）

1.隔舱板（CG142、158、159、160、161，由北向南）

2.隔舱板（CG142、158、159、160、161，由南向北）

图3-162　第六道隔舱板

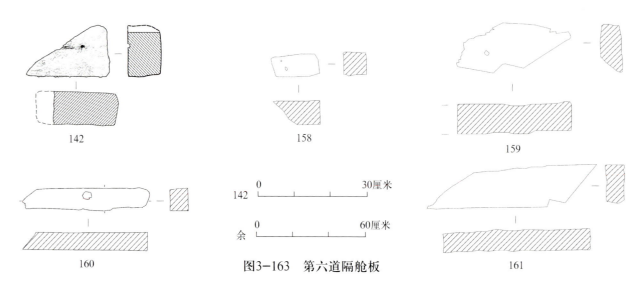

图3-163　第六道隔舱板

图3-164　第七道隔舱板（CG151、152）

图3-165　第七道隔舱板（CG154）

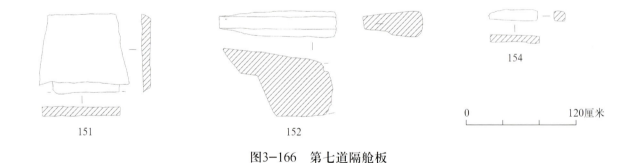

151　　　　　　　　　　152　　　　　　　　　　154

0　　　　　　　　　　120厘米

图3-166　第七道隔舱板

八　舌形榫

　　华光礁一号沉船船壳板残留有40余个7厘米×9厘米大小的长方形榫坑，有些榫坑内还残留着舌形榫，每一个榫坑中应对应有一个舌形榫，榫坑主要分布在第二、四、七、八、九、十道隔舱板靠近船头一侧，紧贴隔舱板，横向成排分布，龙骨西侧一排最多有10个榫坑，最少残留着3个榫坑，间距从24至56厘米不等，大多数为30厘米左右。

　　采集出水有7件舌形榫，编号为CG304、422、423、424、425、426、428。楔形，顶端尖，其余各面平整的小立柱，形如四棱柱体，下大上小，穿透数层船板，与隔舱板紧紧相依（图3-167～170）。

1. 舌形榫

2. 舌形榫

图3-167 舌形榫

　　舌形榫打破船板，上端高出船板 10 ～ 28 厘米，下端植入船体，在靠近龙骨较近的位置，打穿三层板，落在第四层板上；靠近船体边缘位置，打穿第四层板，落在第五层板上；在船体的中部偏向边缘位置，舌形榫打破第五层板，落在第六层板上。如 CG425 仅穿透一至三层板，CG424、426 穿透一至四层板（图 3-171），CG422、423（图 3-172）、CG428（图 3-173）穿透一至五层船板。

　　舌形榫与船板之间涂以桐油灰以增强密封性，从舌形榫的位置判断，应主要起到加强隔舱板使其稳固的作用。

图3-168　舌形榫（CG426、424，由左向右）

图3-169　舌形榫

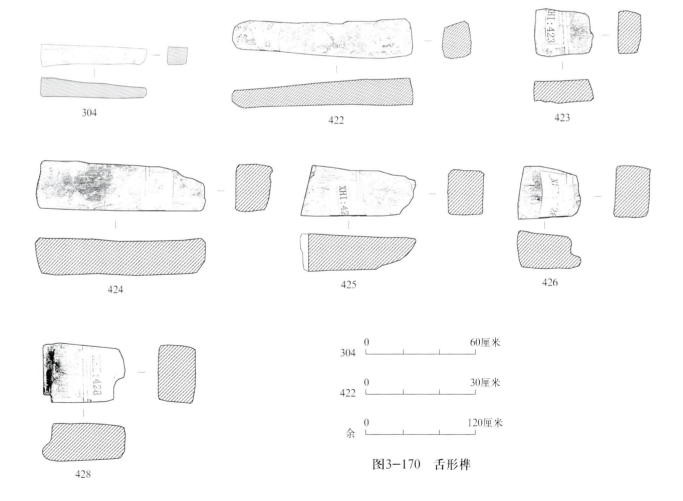

图3-170　舌形榫

图3-171　舌形榫（CG426、424、425，由左向右）

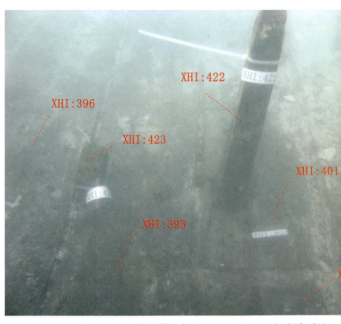

图3-172　舌形榫（CG422、423，由右向左）

图3-173　舌形榫（CG428）

华光礁一号沉船遗址发掘报告

（中）

国家文物局考古研究中心
海 南 省 文 物 局 编著
海南省文物考古研究所

文物出版社

Archaeological Report on the Excavations of Huaguang Jiao I Shipwreck Site

（ II ）

National Centre for Archaeology

Hainan Provincial Cultural Heritage Administration

Hainan Provincial Institute of Cultural Relics and Archaeology

Cultural Relics Press

第四章　出水遗物

经 2007 年水下考古发掘，除了大型凝结物外，华光礁一号沉船遗址出水各类遗物 10823 件（套 /片）。由于沉船遗址受破坏严重，表层原生堆积扰动较大，但其下层则保存有较好的原生堆积状况，因此，沉船发掘出水遗物也已无法完全反映船只装载的原始状态和船货数量[1]。发掘期间，由于沉船船舱受损严重，大多已不存隔舱板，故考古记录以所布设探方为参照，为较为客观地刊布各类遗物在沉船内的位置和分布状况，我们对各探方内出水遗物均作了分类统计，以供研究者参考，详见附录二。但是，这批出水遗物作为同一艘沉船的载运物，对其进行整体的分类统计是非常必要的，这是系统研究当时海上贸易的重要参考，也方便将出水资料全面刊布。因此，根据本书出水遗物的分类情况，我们对各类遗物的分类统计数量做了汇总，详见附录三。

华光礁一号沉船遗址出水遗物以陶瓷器为主，还有少量铁器、铜镜、铜钱等。在这些遗物中，绝大多数为载运的贸易货物，极少数为船上生活用器，但由于沉船遗址受破坏严重，无法完全确定或复原其性质和用途。因此，下文介绍出水遗物时未作明确区分，但据资料整理和器物组合来判断，这批出水遗物绝大多数应为船货，少数遗物应为船上生活用品。

第一节　陶瓷器

华光礁一号沉船遗址出水陶瓷器有青白瓷、青瓷、酱黑釉和青褐釉器等，共计 10792 件（套 /片）。结合这批陶瓷器胎、釉和制作工艺等方面的差异，青白瓷可分为三大类。一为江西景德镇窑青白瓷，二为福建德化窑青白瓷，三为福建闽清义窑青白瓷；青瓷则有浙江龙泉窑青瓷、福建松溪

---

[1]　华光礁一号沉船由于自然环境或人为盗掘破坏，而损失不见的沉船遗物数量已不可统计。目前，见诸考古调查和试掘报告的资料主要有两批，当时均是作为国家文物局"中国南海诸岛考古"重要项目：一是1996年西沙文物普查，但存在不同说法。其一，新出版的调查报告记述，在北礁、浪花礁、华光礁、珊瑚岛、金银岛等附近海域开展了水下调查，发现1处古代沉船遗址和10处水下遗物点，打捞出水陶瓷器和少量石器、石构件、铁器等文物400余件，这处古代沉船遗址即华光礁一号沉船，但采集标本数量未见具体统计数据。从其所刊布标本资料和编号情况来看，华光礁调查地点应未明确发现和采集标本，报告后所附表二《水下遗物点登记表》中也未记录有华光礁水下遗存，参阅海南省博物馆、海南省文物考古研究所：《1996年西沙文物普查》，科学出版社，2020年。其二，根据参与当年调查工作的同志回忆，此次普查工作中的水下考古调查在浪花礁、华光礁、珊瑚岛、北礁等岛礁的礁盘上开展，共发现8处水下遗物点，共采集出水约500件文物，其中在华光礁停留时间较短，实际上未能开展详细的水下调查，并未发现华光礁一号沉船，当时报刊或年鉴中均未有明确记录，据此基本可以断定1996年西沙文物普查中并未确认华光礁一号沉船遗址。可参阅蒋迎春：《西沙群岛文物普查获丰硕成果》，《中国文物报》1996年7月14日第1版；郝思德、王大新：《'96西沙群岛文物普查》，《中国考古学年鉴·1997》，文物出版社，1999年，第216～217页。由于工作时间久远，并多次开展水下考古调查，资料刊布不及时，疑有部分信息讹误，故而录此，以兹备考。二是1998～1999年西沙水下考古调查，对华光礁一号沉船遗址进行了试掘，出水沉船遗物849件，包括青白瓷器678件、青瓷器159件、酱褐釉器8件，以及舱塞1件、铜镜1件、铁器（铁条材）2件，参阅中国国家博物馆水下考古研究中心、海南省文物保护管理办公室：《西沙水下考古（1998～1999）》，科学出版社，2006年。

窑青瓷和闽南地区的南安窑青瓷；青褐釉和酱黑釉器则均为福建晋江磁灶窑产品。下文以釉色和产地对其分别进行介绍。

一　景德镇窑青白瓷

数量不多，共计有 119 件。器类有碗、盏、盘、碟、钵、杯、器盖、小瓶、砚滴等。器形大多规整，制作精细，胎色洁白，胎体轻薄，质地细腻、坚密。釉呈青白色，青中泛白，白中闪青，釉层略厚或积釉处色泛淡青，釉薄处色泛白，少量呈灰白色。釉面光洁莹润，部分器物因受海水侵蚀而失去光泽。从器物造型、胎釉特征和装饰工艺看，这类器物应为江西景德镇窑生产[1]。

1.青白瓷碗

12 件。敞口，弧腹，有的斜直，多呈斗笠状，圈足。根据口沿、腹部形态差异，可分两型。

A 型

1 件。口沿不详，弧腹略深，外壁作多层花瓣状，外层为 8 片莲瓣，交错分布，具浅浮雕式效果。

W1：1197，底腹残件。内壁弧收，至底折平，内底略下凹，边缘可见一道凹痕，圈足较矮，足沿窄，外底较平，修削较规整。釉色泛白，釉面光润，开细碎纹片，有灰色小斑点。外底露胎处泛黄褐色，垫烧痕迹明显。足径 4.8、残高 4.8 厘米（彩版 4-1）。

彩版4-1　A型青白瓷碗W1：1197

---

[1]　江西省文物考古研究所等：《景德镇湖田窑址——1988～1999年考古发掘报告》，文物出版社，2007年；刘新园、白焜：《景德镇湖田窑考察纪要》，《文物》1980年第11期，39～49页；刘新园：《景德镇湖田窑各期典型碗类的造型特征及其成因考》，《文物》1980年第11期，第50～60页。

B 型

11 件。形制相似，器形较大，略呈斗笠状。六瓣菱花口，敞口，尖唇，斜弧腹略直，内壁斜弧至内底心，底心堆贴一小龟；圈足较小，稍内敛，挖足较浅，足墙细矮，足沿细而圆滑。外底见有明显的垫饼支烧痕迹，部分残留有黑褐色渣粒。内外均施青白釉，外施釉至足内壁，外底无釉；釉面开细密冰裂纹片，由于海水侵蚀，釉面见有较多细黑点。内壁刻划祝寿题材纹样，由上至下分三层：口沿下为一周卷云纹；腹部饰以仙人、立鹤和灵龟，间以三朵祥云纹，仙人着长袍站立，仙鹤回首而立，灵龟呈侧面趴伏状；碗心则饰龟游荷叶纹，底心刻划一片荷叶，中心贴伏一只小龟，龟背细纹清晰。外壁素面无纹。

W1：51，釉色青中泛灰，釉面光润。外底粘有少量粗砂粒。口径 16.0、足径 4.3、高 5.9 厘米（彩版 4-2）。

彩版4-2　B型青白瓷碗W1：51

W1：597，釉色泛白。外底呈火石红色，粘有少量装窑时的粗砂粒。口径 16.3、足径 4.6、高 6.7厘米（图 4-1；彩版 4-3）。

W1：598，内底心呈淡青色。内壁纹饰刻纹较深，仙人图案延伸至口沿下卷云纹内。外底心有不明显小乳突。口径 15.4、足径 4.3、高 5.9 厘米（彩版 4-4）。

W1：599，釉色泛白。口径 16.4、足径 4.5、高 6.7 厘米（彩版 4-5）。

W1：939，釉层薄，釉色泛白。外底粘少量窑渣和粗砂粒。口径 16.3、足径 4.7、高 6.7 厘米（彩版 4-6）。

W1：1298，挖足较规整，足沿窄，外底较平，底心微突。釉色泛灰白。外底粘少量窑渣和粗砂粒。口径 15.4、足径 4.7、高 6.0 厘米（彩版 4-7）。

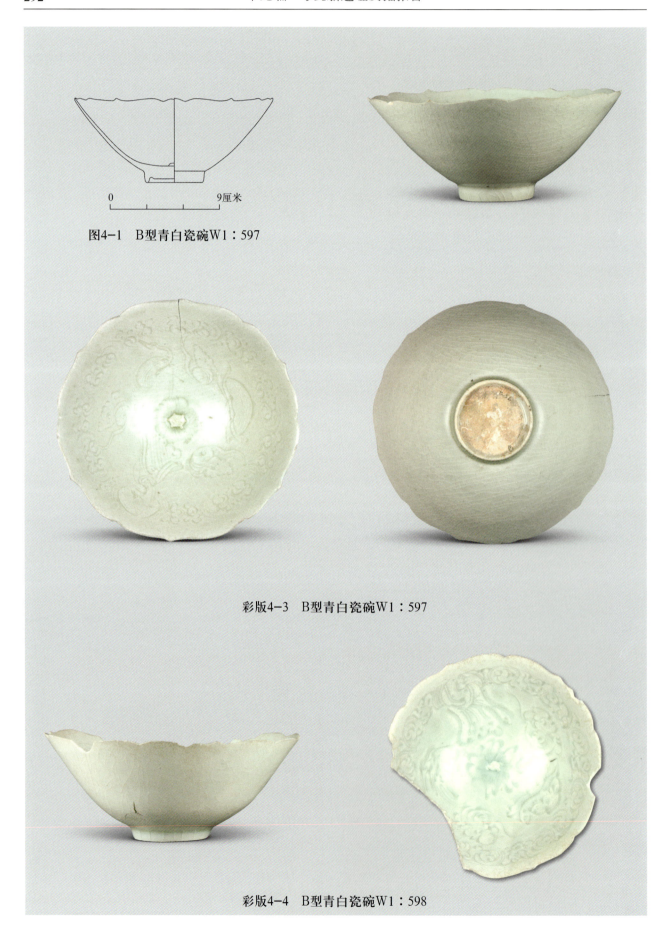

0   9厘米

图4-1 B型青白瓷碗W1：597

彩版4-3 B型青白瓷碗W1：597

彩版4-4 B型青白瓷碗W1：598

彩版4-5　B型青白瓷碗W1：599

彩版4-6　B型青白瓷碗W1：939

彩版4-7　B型青白瓷碗W1：1298

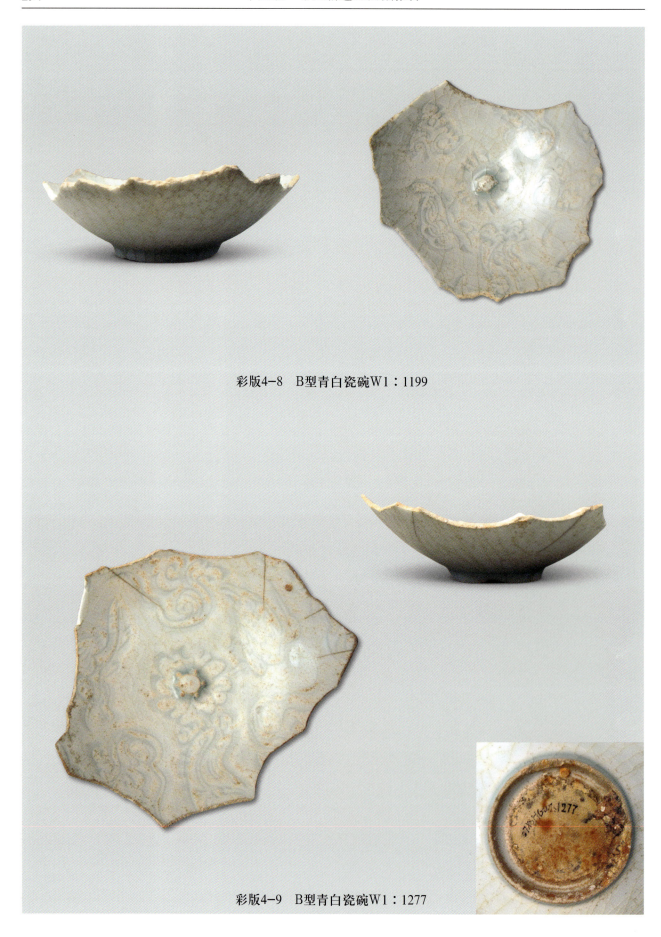

彩版4-8　B型青白瓷碗W1：1199

彩版4-9　B型青白瓷碗W1：1277

W1：1199，釉色青白。足径4.8、残高3.7厘米（彩版4-8）。

W1：1277，圈足内侧挖一道深凹痕，足沿窄。釉层青白，开稀疏纹片，开片处泛黄，足部施釉至圈足内侧。外底心垫烧痕迹清晰，粘较多窑渣和粗砂粒。足径4.7、残高4.0厘米（彩版4-9）。

W1：1278，釉色浅淡，开稀疏纹片。外底露胎处泛黄褐色。足径4.7、残高2.2厘米（彩版4-10）。

W1：1279，略显生烧，釉色泛黄，釉面开细碎纹片。附着有珊瑚砂等海生物。足径4.8、残高

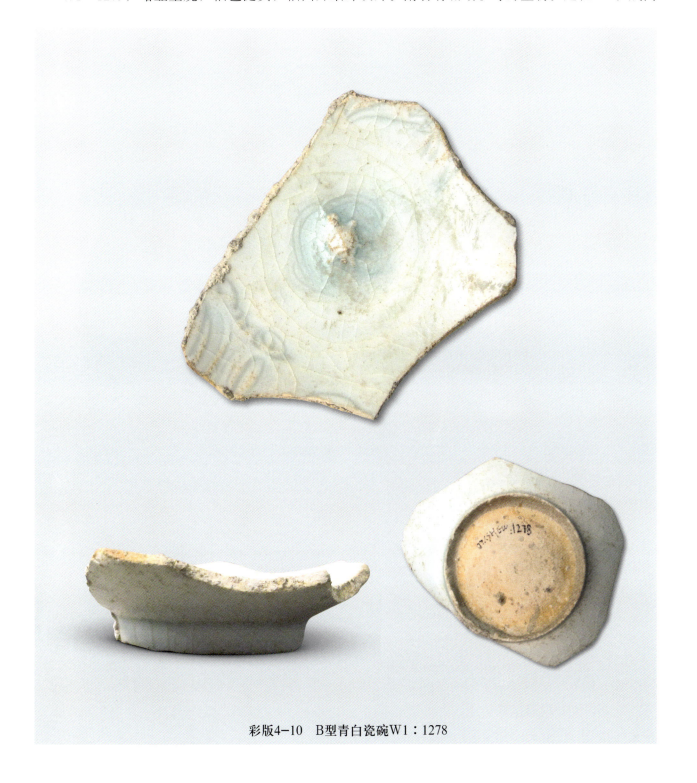

彩版4-10　B型青白瓷碗W1：1278

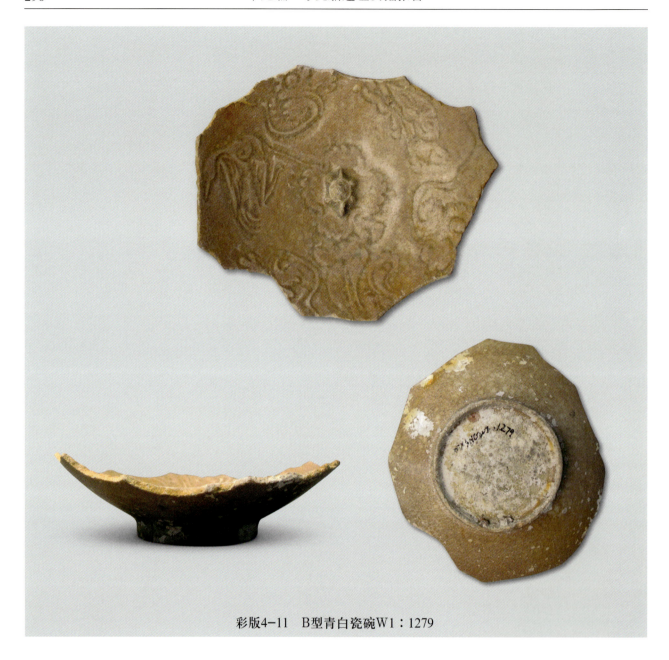

彩版4-11　B型青白瓷碗W1：1279

3.0厘米（彩版4-11）。

2.青白瓷盏

31件。器形较碗略小，呈斗笠状。敞口，斜弧腹略直，内壁斜弧；圈足较小，微内敛，足沿较窄，挖足浅，有的仅刮削一层，有的内墙斜削，外底较平。通体施青白釉，外壁施至足外壁，釉层较薄，釉面光洁。内壁刻划花纹，线条简洁流畅，外壁素面无纹。根据口沿形态可分两型。

A型

1件。六瓣菱花口。

W1：953，内壁斜弧至底心，内底平滑。圈足浅挖，底平。青白釉色纯正，釉层较薄，内底心及圈足外壁因积釉而呈淡青色。内壁刻划三朵折枝荷花纹，花茎缠连。外底墨书"寿"字。口径11.5、足径3.1、高4.2厘米（图4-2；彩版4-12）。

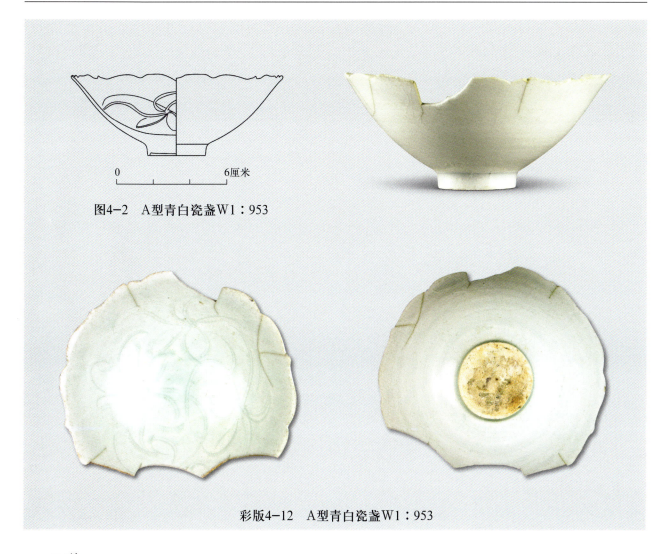

图4-2　A型青白瓷盏W1：953

彩版4-12　A型青白瓷盏W1：953

B 型

30 件。平口。根据内底特征分为两亚型。

Ba 型

27 件。尖唇，斜弧腹，内底斜弧至底心，内底平滑，内底心略下凹，大多不明显。小圈足或略近于饼状足，浅挖或斜削而成，足稍内敛。青白釉，有的泛白或泛灰，釉面光洁。内壁一般刻划三朵折枝荷花纹，花茎缠连。

W1：604，釉色泛灰白，釉面有灰色小斑点，开细密冰裂纹，内壁口沿下流釉现象明显，纹饰线条处釉层略厚。花纹刻划简洁草率。口径 10.9、足径 3.1、高 4.3 厘米（彩版 4-13）。

W1：605，釉色泛灰白，釉面有灰色小斑点，开细密冰裂纹。内壁口沿下流釉现象明显。口径 11.0、足径 3.1、高 4.2 厘米（图 4-3；彩版 4-14）。

W1：606，圈足挖足不明显，近似饼状足。釉色浅淡，色调不一，釉面光洁莹润。外底呈火石红色。口径 11.4、足径 3.8、高 4.4 厘米（图 4-4；彩版 4-15）。

W1：607，挖足不明显。釉色浅淡，釉面光洁莹润。口径 11.2、足径 3.9、高 4.4 厘米（彩版 4-16）。

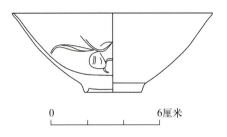

图4-3　Ba型青白瓷盏W1：605

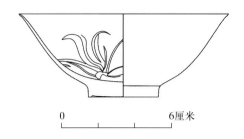

图4-4　Ba型青白瓷盏W1：606

彩版4-13　Ba型青白瓷盏W1：604　　　　　　　　彩版4-14　Ba型青白瓷盏W1：605

彩版4-15　Ba型青白瓷盏W1：606

彩版4-16　Ba型青白瓷盏W1：607

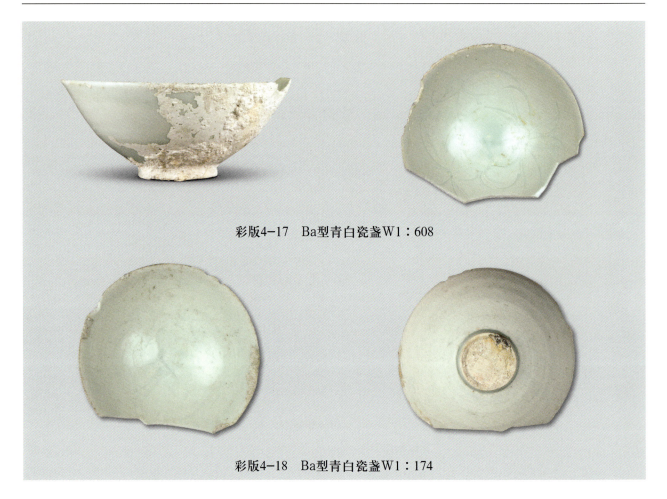

彩版4-17　Ba型青白瓷盏W1：608

彩版4-18　Ba型青白瓷盏W1：174

W1：608，小圈足，挖足不明显，近似饼状足。釉面光洁莹润。外壁粘连有白色珊瑚石。口径10.9、足径3.7、高4.5厘米（彩版4-17）。

W1：174，圈足浅挖，足内侧斜削，足沿尖。青白釉色纯正，釉层厚处呈淡青色。外壁轮旋修坯痕迹明显，外底露胎处色泛黄。口沿及外底粘连有白色珊瑚石。口径11.0、足径3.3、高4.2厘米（彩版4-18）。

W1：375，圈足浅挖，足沿内侧斜削，平底。外壁轮旋修坯痕迹明显。釉色浅淡，釉面开细碎冰裂片。内壁刻花纹样潦草。外底泛黄褐色。口径10.9、足径3.2、高4.1厘米（图4-5；彩版4-19）。

W1：963，小圈足，挖足浅，足内墙斜削，足沿尖。釉面有灰黑色小斑点，开细碎冰裂纹。外底无釉处泛黄褐色，垫烧痕迹明显。内壁刻花纹样简化。口径11.5、足径3.1、高4.2厘米（图4-6；彩版4-20）。

W1：1350，挖足不明显，略近于饼状足，足部有一周划痕。釉面光润，开稀疏细纹片。外底无釉处泛黄褐色，垫烧痕迹明显。内壁刻花纹样简化。口径11.2、足径3.3、高3.8厘米（彩版4-21）。

W1：1206，挖足浅，足边缘向内斜平。釉面光洁莹润。外底粘有白色珊瑚砂。内壁刻花纹样简化。口径10.8、足径3.8、高4.2厘米（彩版4-22）。

图4-5　Ba型青白瓷盏W1：375

彩版4-19　Ba型青白瓷盏W1：375

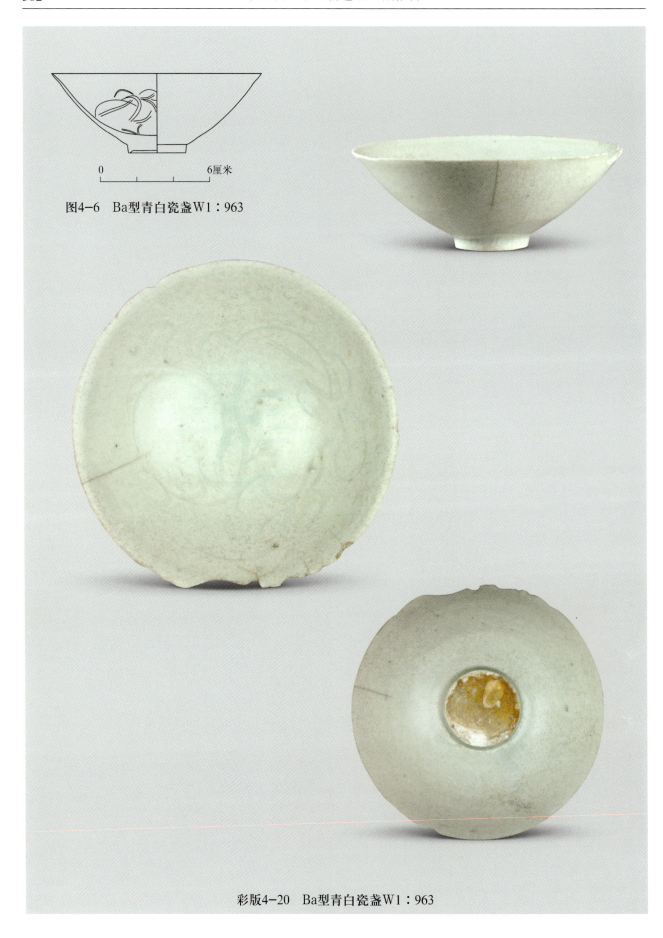

图4-6　Ba型青白瓷盏W1：963

0　　　　　　6厘米

彩版4-20　Ba型青白瓷盏W1：963

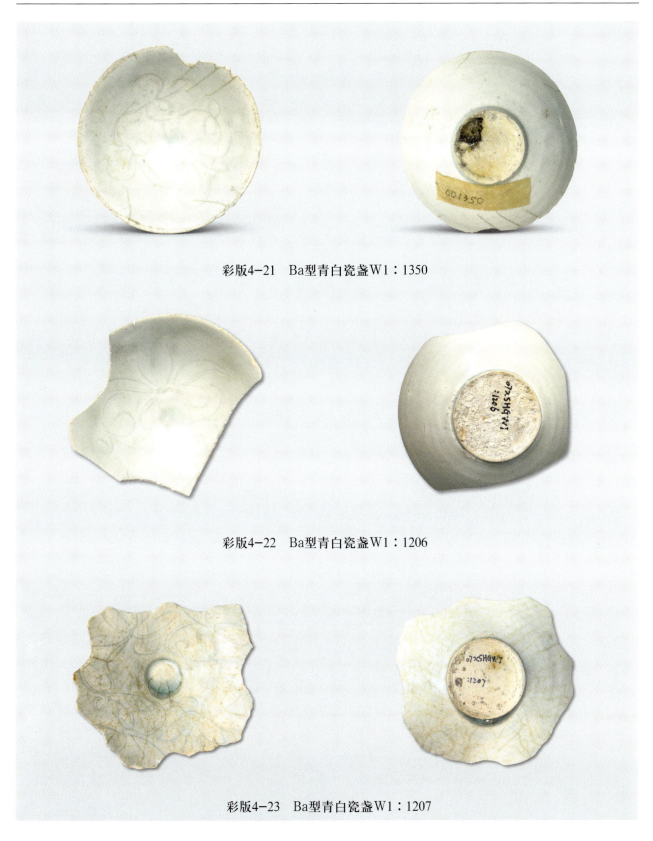

彩版4-21　Ba型青白瓷盏W1：1350

彩版4-22　Ba型青白瓷盏W1：1206

彩版4-23　Ba型青白瓷盏W1：1207

　　W1：1207，底腹残件。内底心略下凹，凹痕明显。挖足浅，足内墙斜削，足沿较尖，外底平。釉面有灰黑色小斑点，开细碎纹片，开片处泛黄。外底粘有少量渣粒。内壁莲纹刻划线条流畅，纹样清晰。足径3.8、残高3.6厘米（彩版4-23）。

Bb 型

3 件。尖唇，斜直腹，微弧；内底边缘刮削一周，凹痕明显，底心呈小平台状，小平底。小饼形足浅挖成圈足，足稍内敛。青白釉色纯正，积釉处色泛淡青，釉面莹润。内壁刻划落花流水纹，先刻饰两朵对称分布的折枝小花，再篦划满地短线水波纹。

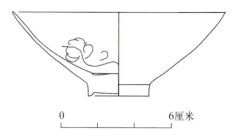

图4-7　Bb型青白瓷盏W1∶1164

W1∶1164，内底心微突。口径 11.6、足径 3.3、高 4.4 厘米（图 4-7；彩版 4-24）。

W1∶995，尖唇处釉薄露胎，色泛黄。釉面落有砂粒。两朵折枝小花刻纹流畅清晰，与水波纹地层次分明。口径 10.9、足径 3.5、高 4.5 厘米（彩版 4-25）。

W1∶993，两朵折枝花线条简化，刀法娴熟；篦划水波纹浅而密。足径 3.5、残高 4.2 厘米（彩版 4-26）。

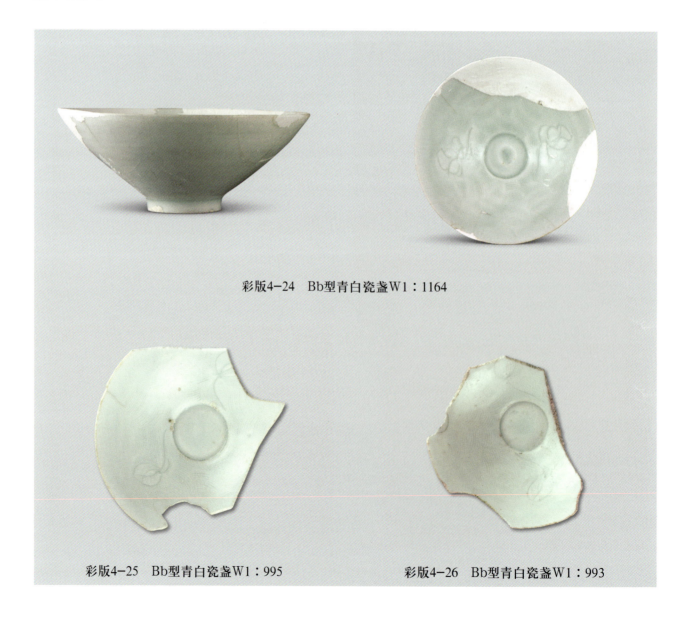

彩版4-24　Bb型青白瓷盏W1∶1164

彩版4-25　Bb型青白瓷盏W1∶995

彩版4-26　Bb型青白瓷盏W1∶993

3. 青白瓷盘

16 件。花口，呈菊瓣状或菱口状，尖唇，撇口，平折沿，浅斜弧腹，内底心微下凹，边缘刻痕一周，矮饼足或浅圈足，小平底。根据器形大小和口沿形态，可分为三型。

A 型

2 件。器形较大。菊瓣花口。内底心下凹，作低台状。内外壁作三层浅浮雕式菊瓣状，每层 12 片菊瓣，交错分布。整器以菊瓣作饰，式样别致，颇为少见。胎色白，质细密。青白釉色纯正，内外壁纹样突起处釉层薄，有磨痕，色泛灰，釉面光洁莹润，开稀疏纹片。内底心下凹，刻折枝莲纹，纹样突起，具浅浮雕效果。

W1：1202，外底略出台，饼状足极矮，外底平，无釉，露胎处泛黄色，垫饼支烧痕迹明显。口径 18.3、足径 5.2、高 2.8 厘米（彩版 4-27）。

W1：1194，底腹残件。内底心下凹略深，饼状足浅挖，足沿窄，外底平。足径 6.9、残高 2.5 厘米（彩版 4-28）。

彩版4-27　A型青白瓷盘W1：1202　　　　　　彩版4-28　A型青白瓷盘W1：1194

B 型

10 件。器形较大。六瓣菱花口。青白釉，一般釉色较纯正，个别泛灰白，刻纹处釉色略深呈淡青色，釉面光洁莹润，多有开片，可见许多细小灰斑点。足沿外侧底端略有积釉，外底无釉，露胎处泛黄色，垫饼支烧痕迹明显。内壁刻划祝寿题材纹样，由上至下分三层：口沿下为一周卷云纹，内侧浅划一道凹弦纹；腹部饰以仙人、立鹤和灵龟，间以三朵祥云纹，仙人着长袍站立，仙鹤回首而立，灵龟呈侧面趴伏状；内底心凹圈内一般刻划一折枝荷花纹。外壁素面无纹。此式盘菱口形制、刻划纹样，与龟鹤仙人纹菱口碗相似，应是配套使用。

W1：1193，矮饼状足，其内浅挖，足沿窄矮，底平。釉面开细纹片。外底无釉，泛黄褐色，粘有少量窑渣粒。口径 20.0、足径 6.5、高 3.5 厘米（彩版 4-29）。

W1：1203，矮饼状足，其内浅挖，足沿窄矮，底平。釉色泛白，釉面开细密纹片。外壁附着有含铁凝结物，釉面受侵蚀严重。口径 19.5、足径 6.5、高 3.2 厘米（彩版 4-30）。

W1：1204，矮饼状足，其内浅挖，足沿窄矮，底平。釉面开细纹片。外底无釉，泛黄褐色，粘有少量窑渣粒。口径 18.4、足径 5.6、高 3.8 厘米（彩版 4-31）。

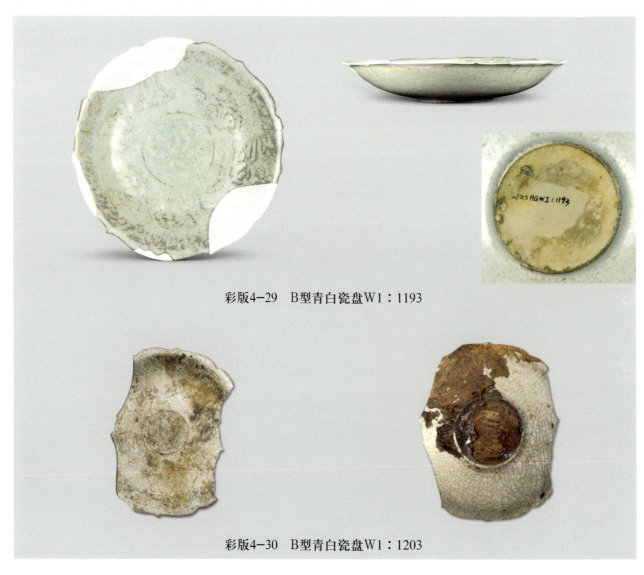

彩版4-29　B型青白瓷盘W1：1193

彩版4-30　B型青白瓷盘W1：1203

W1：1280，外壁腹下端出台，矮饼状足，底平。釉面开细纹片。足径6.1、残高1.9厘米（彩版4-32）。

W1：1281，外壁腹下端出台，矮饼状足，底平。外底粘有少量窑渣粒。釉面开细纹片。足径6.1、残高1.8厘米（彩版4-33）。

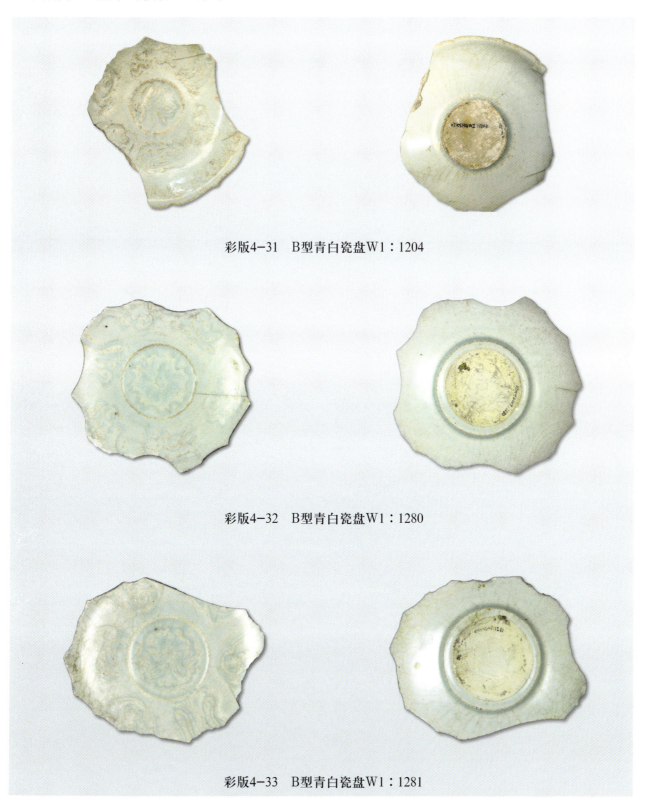

彩版4-31　　B型青白瓷盘W1：1204

彩版4-32　　B型青白瓷盘W1：1280

彩版4-33　　B型青白瓷盘W1：1281

　　W1：1282，矮饼状足，底平。釉面开细纹片。外底粘有少量窑渣粒。足径6.0、残高1.0厘米（彩版4-34）。

　　W1：1283，外壁腹下端出台，矮饼状足，底平。釉面开细纹片。足径5.8、残高1.9厘米（彩版4-35）。

　　W1：1284，外壁腹下端出台，矮饼状足，底平。釉面开细纹片。外底粘有少量窑渣粒。足径6.4、残高2.5厘米（彩版4-36）。

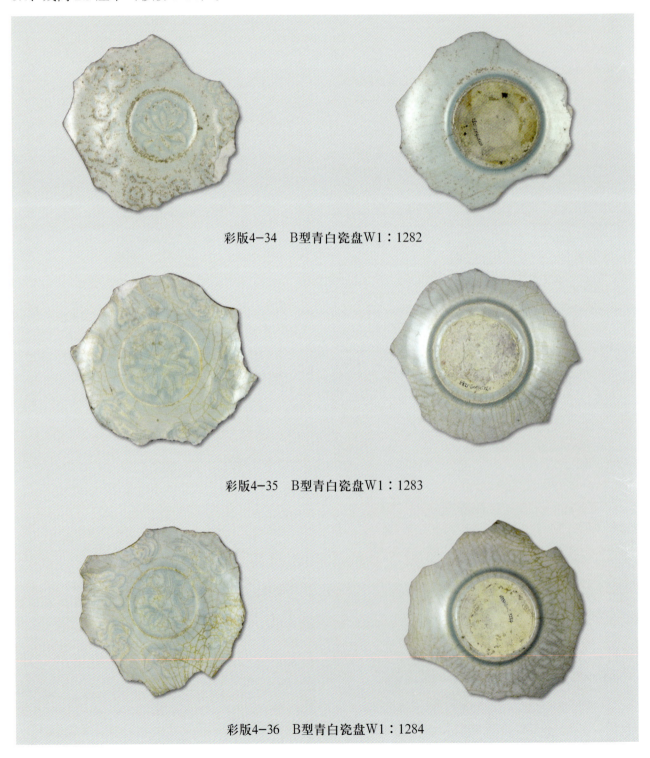

彩版4-34　B型青白瓷盘W1：1282

彩版4-35　B型青白瓷盘W1：1283

彩版4-36　B型青白瓷盘W1：1284

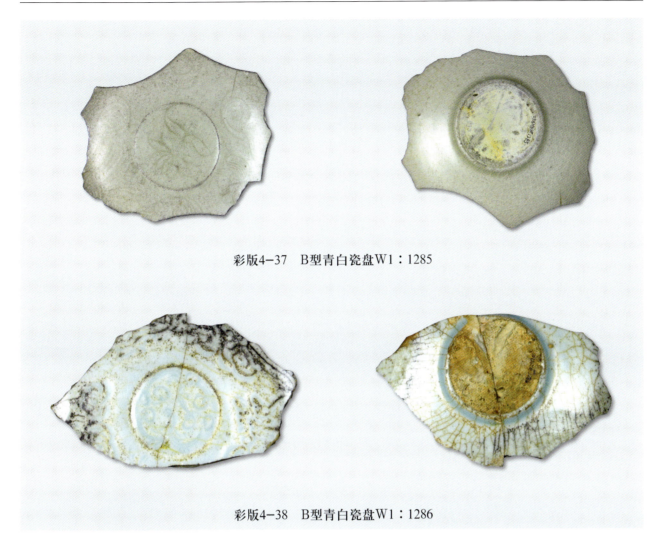

彩版4-37　B型青白瓷盘W1：1285

彩版4-38　B型青白瓷盘W1：1286

W1：1285，矮饼状足，底平。釉色泛灰白，釉面开细纹片。外底无釉，局部泛黄褐色，粘有少量窑渣粒。足径6.0、残高2.3厘米（彩版4-37）。

W1：1286，矮饼状足，底平。釉面开大纹片，磨痕明显，纹样突起处泛灰黑色。内底心刻卷云纹。外底无釉，泛黄褐色，粘有少量窑渣粒。足径6.0、残高1.4厘米（彩版4-38）。

C型

4件。器形略小。六瓣菱花口。青白釉色纯正，刻纹处釉色略深呈淡青色，釉面光洁莹润，局部开稀疏纹片，外壁可见许多细小褐点。足沿外侧底端略有积釉，外底无釉，露胎处泛黄色，垫饼支烧痕迹明显。内壁刻划花卉纹，花枝缠连。

W1：601，内壁刻划三朵折枝荷花纹，花茎缠连。口径15.0、足径5.3、高2.7厘米（图4-8；彩版4-39）。

W1：1288，底腹残件。外壁腹下端出台，矮饼状足，底较平。外底无釉，露胎处泛黄色，粘有渣粒。内壁刻划折枝花卉纹，花茎缠连。足径4.5、残高1.9厘米（彩版4-40）。

W1：1201，外壁腹下端出台，矮饼状足，底较平。内壁刻划折枝花卉纹，花茎缠连。内壁附着有小块含铁凝结物，侵蚀釉面。口径15.2、足径4.5、高2.7厘米（彩版4-41）。

图4-8　C型青白瓷盘W1：601

彩版4-40　C型青白瓷盘W1：1288

彩版4-39　C型青白瓷盘W1：601

彩版4-41　C型青白瓷盘W1：1201

4.青白瓷碟

12 件。器形较小，浅弧腹，外壁底部略似矮饼状足，平底，内底平阔。青白釉，色泽不一，釉面开冰裂纹。外底无釉，露胎处多泛黄色，垫饼支烧痕迹明显。根据口沿和底腹形状，可分两型。

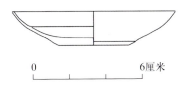

图4-9 A型青白瓷碟W1：610

A 型

9 件。平口，敞口，尖唇，内底坦平，边缘略下凹。胎体薄，胎色白，质细密。内外均施青白釉，釉色纯正，外底无釉，露胎处泛黄褐或红褐色。内底刻一道单圈凹弦纹，内刻划花卉纹。

W1：609，釉面冰裂纹片较均匀。外底露胎处泛红褐色，呈火石红色。口径9.2、足径3.8、高1.8 厘米（彩版 4-42）。

W1：610，釉面开稀疏大纹片。外底露胎处呈黑褐色。口径9.0、足径3.8、高1.8厘米（图4-9；彩版 4-43）。

W1：611，釉面开稀疏大纹片，口沿处有灰黑色小斑点。外底露胎处呈黑褐色。口径8.9、足径3.7、高 1.8 厘米（彩版 4-44）。

W1：612，釉面开稀疏大纹片。外底露胎处呈黑褐色。口径9.0、足径3.8、高1.8厘米（彩版4-45）。

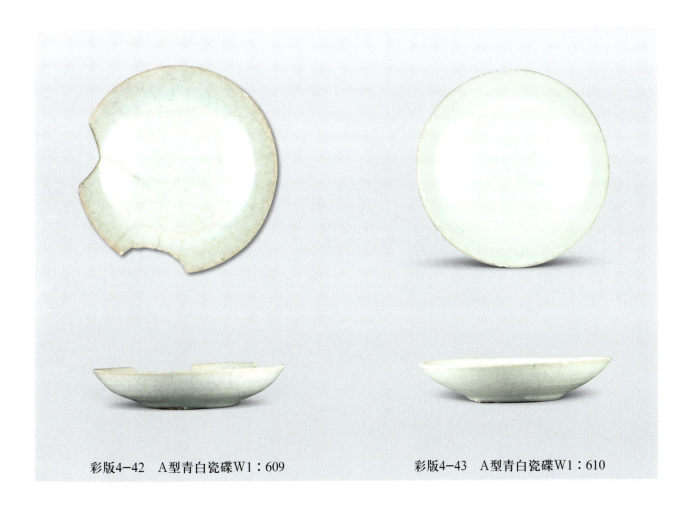

彩版4-42 A型青白瓷碟W1：609　　　　彩版4-43 A型青白瓷碟W1：610

彩版4-44　A型青白瓷碟W1：611

彩版4-45　A型青白瓷碟W1：612

B 型

3件。六瓣葵花口，尖唇，撇口，平折沿，与葵口相对应处，内壁口沿下有六道出筋，浅弧腹，内底平阔，边缘可见明显的凹痕一周，平底。胎体略厚，胎色灰白，内外均施青白釉，泛灰白色，釉面光润，开冰裂纹。

需要指出的是，此型青白瓷花口碟，从整体上来判断，更接近于景德镇窑，本报告为分类叙述方便，暂列于此节。不过，从器物形制和胎釉特征等工艺特征来看，与景德镇窑青白瓷有一定区别，胎色泛灰，青白釉的色泽泛灰，玻璃质感略差，但其与福建地区青白瓷（如该沉船载运数量较大的德化窑青白瓷和闽清义窑青白瓷）也有所差异。因此，其确切产地尚待进一步研究。

W1：967，内壁六道出筋不明显。釉色浅淡，釉面开细碎冰裂纹，密布灰黑色小斑点。口径8.8、足径3.2、高1.7厘米（图4-10，1；彩版4-46）。

W1：966，釉面开细条状冰裂纹。口径8.7、足径3.4、高1.6厘米（图4-10，2；彩版4-47）。

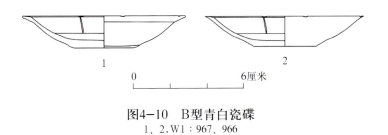

图4-10　B型青白瓷碟
1、2.W1：967、966

彩版4-46　B型青白瓷碟W1：967　　　　　彩版4-47　B型青白瓷碟W1：966

5. 青白瓷钵

15件。圆唇，直口，有的口微敛，深弧腹，小平底或饼状足。胎色灰白，质地细腻。内外均施青白釉，因受海水侵蚀，釉面泛涩。芒口，口沿内外侧刮釉而成，个别口沿还可见有金属釦，已腐蚀成灰黑色。根据外壁口沿下是否贴饰乳丁纹分为三型。

A型

4件。口沿下贴饰一周不太规则的乳丁纹。腹部外壁刻饰弧线柳斗纹，或刻多层莲瓣纹，形似柳斗罐。

W1：600，口沿内敛，小平底。釉面开冰裂纹。口沿外侧刻两道弦纹，中间有一周小乳丁纹，腹下部近底处刻划两周弦纹，外腹部刻划半圆形弧线柳斗纹。外底附近釉层聚集青色较重。口径14.5、足径4.1、高8.4厘米（彩版4-48）。

W1：994，口腹残件。口稍敛。釉色青白，釉面光洁莹润。外壁口沿下刻饰两道弦纹，乳丁纹饰于弦纹之间，其下腹部外壁刻划斜向交叉的尖莲瓣纹。口沿外侧无釉处粘连有白色珊瑚石。口14.6、残高7.3厘米（彩版4-49）。

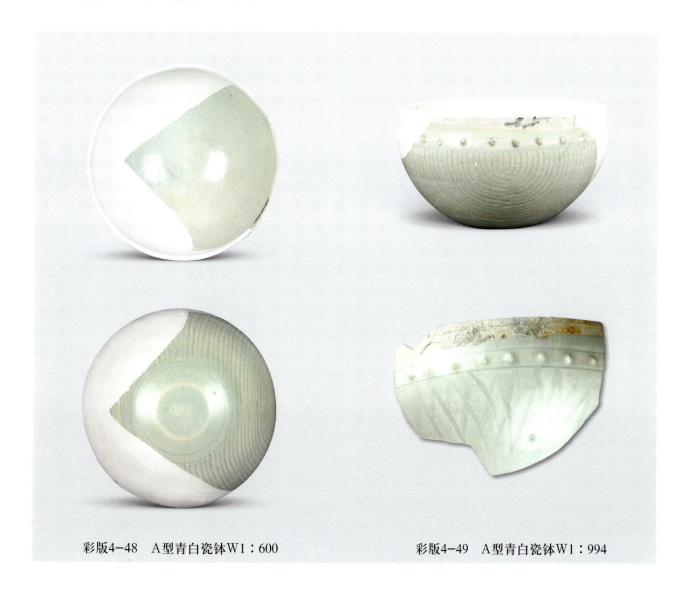

彩版4-48　A型青白瓷钵W1：600　　　　　彩版4-49　A型青白瓷钵W1：994

B 型

3 件。外壁口沿下无乳丁纹，但以褐彩点绘以作乳丁纹装饰效果。腹部外壁刻饰弧线组成的柳斗纹。

W1：1509，口腹残片。口沿内外刮釉规整，泛黄褐色，外侧似有黑褐色金属釦粘连痕。釉色青白，刻纹处釉色略深，泛淡青，釉面开细纹片。口沿外侧刻两道弦纹，其间突起条带上以褐彩点绘一周圆点状纹，分布较均匀，褐彩略有晕染效果，弦纹下腹部刻划半圆形弧线柳斗纹。残高 7.3 厘米（彩版 4-50）。

W1：1515，口腹残片。釉面开冰裂纹。口沿外侧刮釉处泛黄色。口沿外侧刻两道宽弦纹，其间突起条带上以褐彩点绘一周圆点状纹，分布较均匀，褐彩晕染明显，弦纹下腹部刻划半圆形弧线柳斗纹。残高 5.4 厘米（彩版 4-51）。

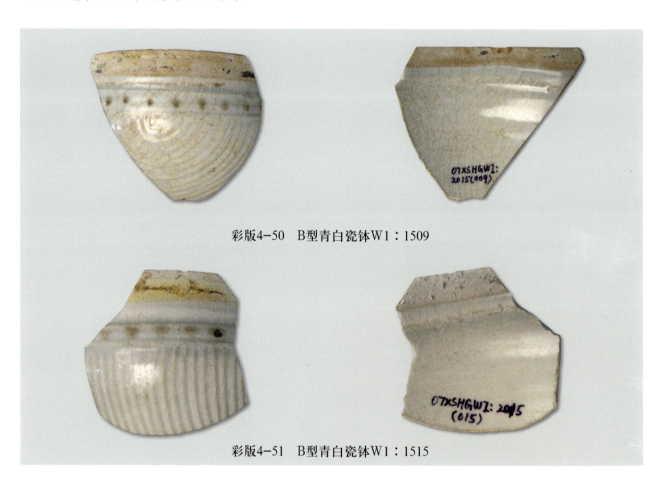

彩版4-50　　B型青白瓷钵W1：1509

彩版4-51　　B型青白瓷钵W1：1515

C 型

8 件。外壁口沿下无乳丁纹。依据底足形态，可分三亚型。

Ca 型

1 件。小矮饼足。

W1：596，口微敛，腹壁圆滑，深腹，小平底，略微凸出，近似圜底，呈矮小饼状足。外壁口沿下及下腹部均刻两道凹弦纹，中间腹部刻划多层斜向交叉的尖莲瓣纹。口径 13.4、足径 3.4、高 7.1

厘米（图 4-11；彩版 4-52）。

Cb 型

1 件。矮圈足状。

W1：941，器形略大，直口，弧腹较深，平底略突出，足内侧浅挖，呈浅圈足状。内底较平，边缘刻凹弦纹一周。釉面磨痕明显，开细碎纹片，可见密集小黑点。口径 17.4、足径 6.4、高 7.3 厘米（图 4-12；彩版 4-53）。

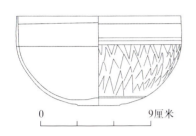

图4-11　Ca型青白瓷钵W1：596

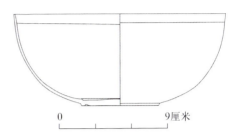

图4-12　Cb型青白瓷钵W1：941

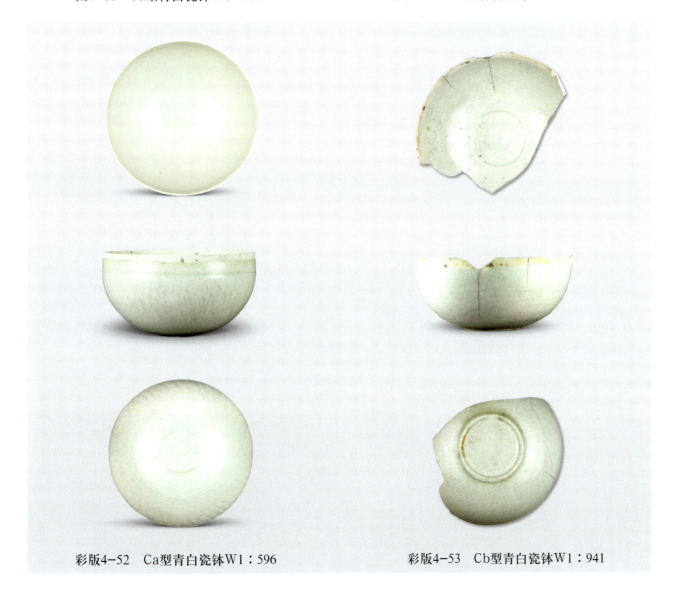

彩版4-52　Ca型青白瓷钵W1：596　　　　彩版4-53　Cb型青白瓷钵W1：941

Cc 型

6件。平底或底微内凹。

W1：52，直口，平底，内底边缘有凹痕一道。釉色泛灰白，烧结度略差。口径14.3、足径7.0、高6.1厘米（图4-13；彩版4-54）。

W1：940，直口，底微内凹。胎色灰白，釉色灰白，釉面磨痕严重，分布密集小黑点。芒口处内外两侧均残留有黑色金属釦痕迹。口径15.8、足径5.7、高6.1厘米（彩版4-55）。

W1：1514，器形略小，直口，内底边缘下凹痕明显，底心微突，外底略下凹。釉色泛白，开细碎纹片。外壁口沿下有凹弦纹，不明显。口径12.7、足径5.8、高4.7厘米（彩版4-56）。

W1：992，器形略小，直口稍敛，平底。釉色泛黄，釉面开细碎冰裂纹片。外壁上、下部各有凹弦纹一道，口沿外侧有凹槽一道，芒口处残留有灰黑色金属釦痕迹。口径11.7、足径4.9、高5.7厘米（彩版4-57）。

W1：964，器形略小，直口稍敛，平底内凹。釉色青白，开细碎纹片。外壁口沿下及近平底处各饰两道凹弦纹。口径11.2、足径3.3、高5.4厘米（图4-14；彩版4-58）。

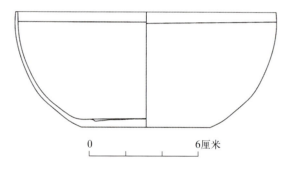

图4-13　Cc型青白瓷钵W1：52

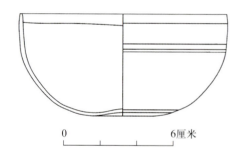

图4-14　Cc型青白瓷钵W1：964

彩版4-54　Cc型青白瓷钵W1：52

彩版4-55　Cc型青白瓷钵W1：940

彩版4-57　Cc型青白瓷钵W1：992

彩版4-56　Cc型青白瓷钵W1：1514

彩版4-58　Cc型青白瓷钵W1：964

6.青白瓷杯

仅出水1件。直口，尖唇，弧腹较直，下腹弧收，底心略鼓，窄圈足，足墙较直，微外撇，挖足较深，外底较平。胎细白坚密，胎体轻薄。内、外壁及底部满施青白釉，口沿内外两侧施釉后再刮釉成芒口。外壁口沿下浅刻一道凹弦纹，其下腹部刻划莲纹，枝蔓缠连。内壁素面无纹。从其特征来看，此类杯可能与同类纹样的盘类器配套使用。

彩版4-59　青白瓷杯W1：1297

W1：1297，釉面光洁莹润，开细碎纹片。口沿无釉处泛黄褐色，有支烧痕迹。外壁刻划纹较浅。口径9.0、足径4.3、高4.7厘米（彩版4-59）。

7.青白瓷执壶

3件。形制不同，造型、纹饰和工艺特征也较大有别；胎、釉大致较为接近。其中，1件直口、细长直颈、龙首状柄，2件八棱形身，胎体轻薄，釉色泛白。从其特征看，其产地与该沉船出水的大多数青白釉执壶应不属同一处窑场，至少不属于同一处小范围内的窑场。另据本书第五章的成分分析，可知其与景德镇窑产品更为接近，此结果可供参考，但具体产地尚需进一步研究，为行文方便，现将这3件执壶暂归入景德镇窑青白瓷，对其进行介绍。根据口、颈和腹部的差异，可分两型。

A 型

2件。壶身由口至足作八棱形，棱线平滑。

W1：1300，喇叭形口，方唇，长束颈，肩部略折，深弧腹，下腹弧收，隐圈足，足沿较宽，足内侧斜削，挖足较浅，外底心微突。内壁轮旋痕迹明显，八棱形身应为拉坯后修坯而成。宽扁条状曲柄，外侧刻两道纵向凹槽，柄上端置一横装管状系；长弯流，流口高于壶口。釉色泛白，釉面光洁莹润，通体开细碎纹片。柄、流下端浅刻叶片状纹，简单潦草。足沿处粘连有4枚长条状垫烧渣粒痕迹。口径7.0、足径8.2、高24.4厘米（彩版4-60）。

B 型

1件。直口，细长直颈。

W1：1296，器形较大，残存口、颈、肩部，方唇，溜肩，圆腹。颈、肩处置龙首柄，龙首弯曲，其下直，顶端置一横管状系。略生烧，釉色灰白，略泛黄，内壁无釉，口沿处刮釉。颈部刻划蕉叶纹，颈下部刻兽面纹，肩部、腹部刻龙纹，并饰以篦划纹，上下分层纹饰之间以两道凹弦纹间隔。口径4.8、残高21.8厘米（彩版4-61）。

彩版4-60　A型青白瓷执壶W1：1300

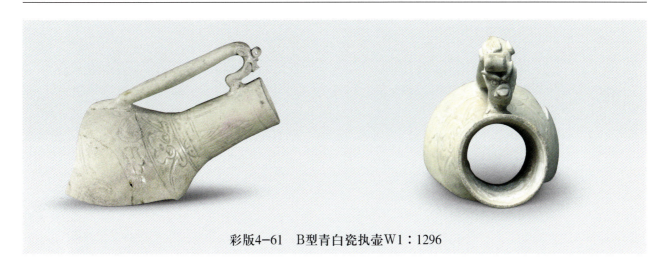

彩版4-61　B型青白瓷执壶W1：1296

8.青白瓷器盖

5件。数量少。子口，盖沿略外出，盖面弧隆。盖面内外施青白釉，盖沿下及子口外侧与器身扣合处无釉。此类盖应为钵类器盖。根据盖面形态和有无盖纽，分为两型。

A 型

3件。盖面弧隆，盖沿微向外弧平，微下垂，折痕不明显，盖顶无纽。浅子口，尖唇，盖边略外出，微下垂，盖面向上微弧起。胎色白，体薄质细。盖面施青白釉。盖面满布乳丁纹，由内向外分三周，呈圆周形排列，分别有三、六、八枚乳丁纹。

W1：1295，青白釉泛灰，开细碎冰裂纹。口径 9.0、沿径 11.4、高 1.9 厘米（彩版 4-62）。

W1：1195，青白釉泛灰，开细碎纹片，磨痕明显。口径 9.0、沿径 11.0、高 1.6 厘米（彩版4-63）。

W1：996，青白釉泛灰，开细碎冰裂纹（彩版 4-64）。

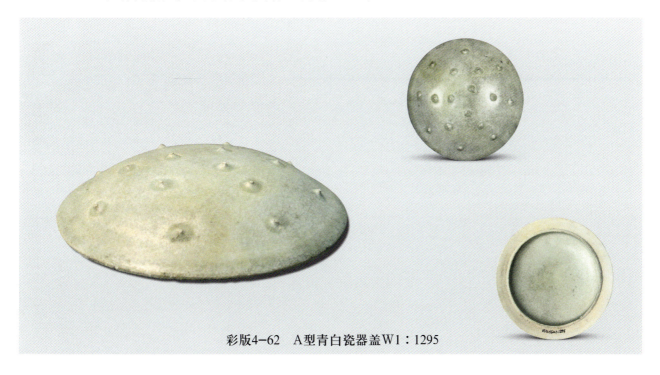

彩版4-62　A型青白瓷器盖W1：1295

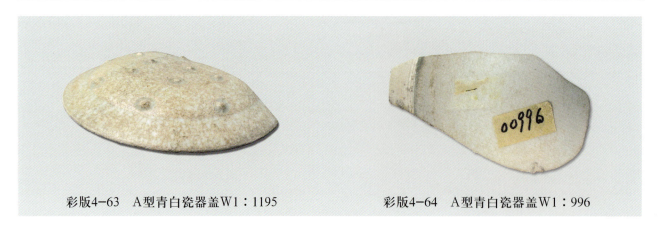

彩版4-63　A型青白瓷器盖W1：1195　　　　　彩版4-64　A型青白瓷器盖W1：996

B 型

2件。盖沿向外平折，由沿内侧向上隆起，顶心带纽，弯蒂形，中心弯曲成穿孔。子口，内敛，盖沿向外平出，盖面向上弧隆，顶心贴纽。胎色白，质细密。盖面内外施青白釉，盖沿下及子口外侧与器身扣合处无釉。

W1：1276，青白釉，釉面光润，但有磨痕，可见较多灰色小斑点。盖面刻划花纹。残高2.9厘米（彩版4-65）。

W1：1179，略显生烧，釉色泛灰黄，受海水浸泡影响大，釉面泛涩，附着有珊瑚等海生物。口径7.0、沿径9.0、高2.5厘米（彩版4-66）。

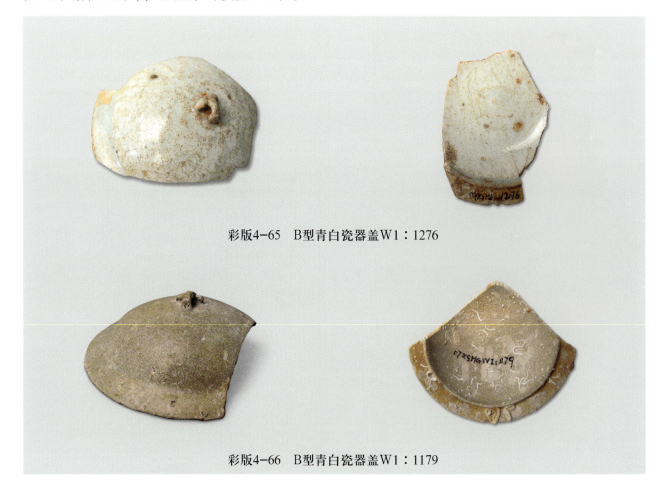

彩版4-65　B型青白瓷器盖W1：1276

彩版4-66　B型青白瓷器盖W1：1179

9.青白瓷小瓶

19件。形制相近，器形小巧，大多不太规整。口颈呈喇叭状，盘口，微束颈，溜肩，腹部略鼓，下端弧收，宽圈足，外撇，足端较平，足内较高。外壁施青白釉，有的泛灰白或黄色，腹底端及足根部积釉处色较深，内施釉至颈下部，外施至足外壁底部。此类瓶为模制拼接而成，腹部则用对半模制后胎接而成，左右接痕明显，口部、圈足分别模制，颈部一般分成上、下两段模制，而后胎接而成，故上、下可见四道接痕。腹部一般模印菊瓣纹或多层莲瓣纹，足外壁多模印覆莲瓣纹。根据瓶身形状和模印纹样，可分四型。

A 型

3件。器身略矮，腹部圆鼓，腹部模印莲瓣纹。

W1：1144，釉面有灰白色斑，腹底端积釉。腹部模印四层莲瓣纹，足外壁模印覆莲瓣纹，纹饰模糊。口径3.0、足径3.4、高7.0厘米（彩版4-67）。

W1：440，釉色泛灰。肩部、足外壁模印斜条形纹，腹部模印三层莲瓣纹。口径3.2、足径3.4、高6.8厘米（彩版4-68）。

W1：469，圈足内较浅。釉色泛灰。肩部模印菊瓣纹，腹部印三层仰莲瓣纹，足外壁模印覆莲瓣纹，花纹较模糊。口径3.2、足径3.3、高6.8厘米（彩版4-69）。

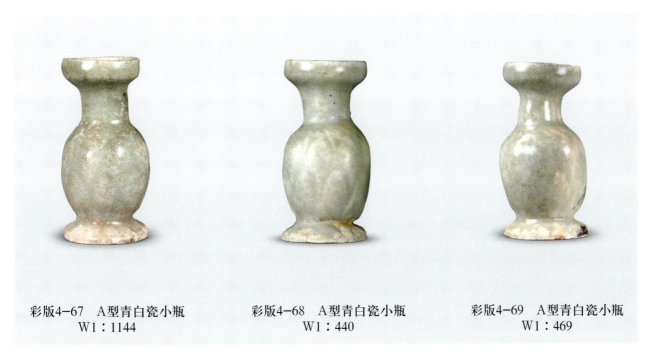

彩版4-67　A型青白瓷小瓶　　　彩版4-68　A型青白瓷小瓶　　　彩版4-69　A型青白瓷小瓶
W1：1144　　　　　　　　　　W1：440　　　　　　　　　　W1：469

B 型

7件。器身略矮，腹部圆鼓，腹部模印竖条状菊瓣纹。

W1：1145，通体开片，足根积釉。腹部模印竖条状菊瓣纹，足外壁模印菊瓣纹。口径2.6、足径2.6、高5.1厘米（彩版4-70）。

W1：1146，口沿残缺。通体开片，腹、足衔接处积釉较厚。腹部模印菊瓣纹，足外壁模印覆莲瓣纹。足径2.8、残高4.7厘米（彩版4-71）。

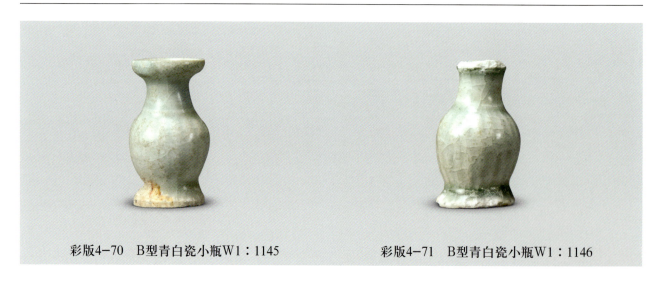

彩版4-70　B型青白瓷小瓶W1：1145　　　　　　　彩版4-71　B型青白瓷小瓶W1：1146

W1：617，釉面光洁，局部开片，颈肩交接处及足根处积釉。颈下部一条凹弦纹，腹部模印菊瓣纹。口径2.7、足径2.6、高5.0厘米（图4-15；彩版4-72）。

W1：470，釉色浅淡，釉面局部开片。颈下部一条凹弦纹，腹部模印菊瓣纹。足部粘连有窑渣。口径2.6、足径2.6、高5.1厘米（图4-16；彩版4-73）。

W1：441，釉色青白，釉面局部开片，颈肩交接处及足根积釉。颈下部一条凹弦纹，腹部模印菊瓣纹。口径2.6、足径2.7、高5.1厘米（彩版4-74）。

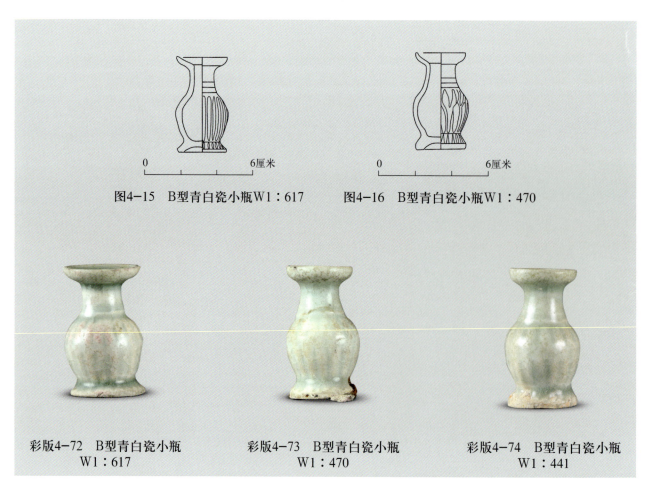

图4-15　B型青白瓷小瓶W1：617　　　　图4-16　B型青白瓷小瓶W1：470

彩版4-72　B型青白瓷小瓶　　　　彩版4-73　B型青白瓷小瓶　　　　彩版4-74　B型青白瓷小瓶
W1：617　　　　　　　　　　　W1：470　　　　　　　　　　　W1：441

C 型

2 件。瓶身显修长，下腹弧收，腹部模印莲瓣纹。

W1:385，釉色青白，釉面莹润，局部开片。颈中部有两条凹弦纹，肩部模印菊瓣纹，腹部模印三层仰莲瓣纹，足外壁模印覆莲瓣纹。口径3.2、足径3.1、高6.5厘米（彩版4-75）。

W1:386，釉色浅淡，釉面密布灰褐色小斑点。颈部饰三道凹弦纹，肩、足部各模印一周覆莲瓣纹，腹部模印四层仰莲瓣纹。口径3.2、足径3.0、高7.2厘米（图4-17；彩版4-76）。

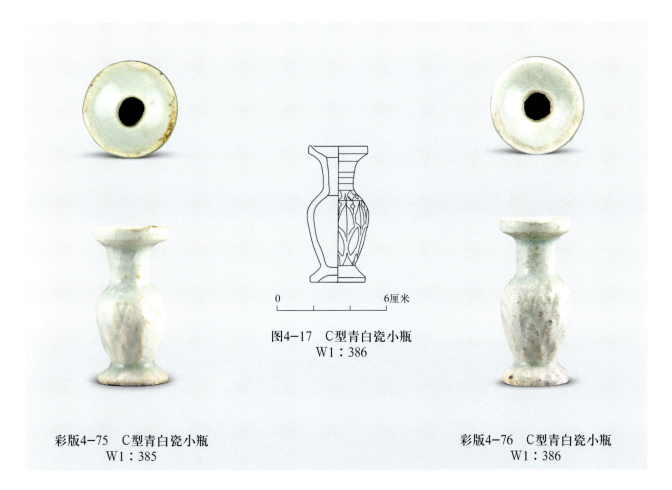

图4-17 C型青白瓷小瓶
W1:386

彩版4-75 C型青白瓷小瓶
W1:385

彩版4-76 C型青白瓷小瓶
W1:386

D 型

7 件。瓶身显修长，腹部较深，腹部模印竖条状菊瓣纹。

W1:437，釉色青白泛灰，釉面通体冰裂纹。颈中部饰三道凹弦纹，肩部、腹部模印菊瓣纹，足外壁模印覆莲瓣纹。口径3.2、足径3.1、高6.5厘米（彩版4-77）。

W1:438，釉色青白，通体开片，足根积釉较厚。颈部饰三条凹弦纹，肩、腹部均模印菊瓣纹，足外壁模印覆莲瓣纹。口径3.2、足径3.3、高7.1厘米（彩版4-78）。

W1:439，釉色青白，釉面光洁莹润，足根积釉。颈部饰三道凹弦纹，肩部、足外壁模印覆莲瓣纹，腹部模印菊瓣纹。外壁粘连有白色珊瑚石。口径3.2、足径3.3、高7.1厘米（彩版4-79）。

W1:35，釉色青白，通体开冰裂纹，足根积釉。颈部饰三道凹弦纹，肩部、足外壁模印覆莲瓣纹，腹部模印菊瓣纹。口径3.2、足径3.3、高7.3厘米（图4-18；彩版4-80）。

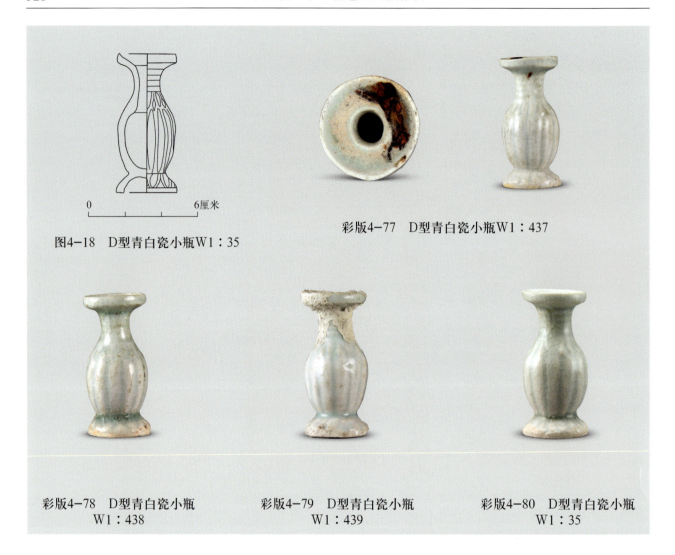

图4-18　D型青白瓷小瓶W1：35

彩版4-77　D型青白瓷小瓶W1：437

彩版4-78　D型青白瓷小瓶
W1：438

彩版4-79　D型青白瓷小瓶
W1：439

彩版4-80　D型青白瓷小瓶
W1：35

10.青白瓷砚滴

5件。长方形台座，圆角，座内中空，上有卧狮一只，侧身昂首，双目圆睁，颈披鬃毛，狮尾蜷曲可作执柄，方形台座前端伸出一微弯管状流。胎较白，质细腻。釉色青白，釉面光润，开冰裂纹；外底无釉，粘连有砂粒。

W1：34，流略残。狮口大张为砚滴注水孔。残长7.0、台座长5.2、宽2.8、通高6.1厘米（图4-19；彩版4-81）。

W1：384，卧狮昂首张口，口后颈部两侧均有注水孔。釉色浅淡。通长7.8、台座长5.4、宽2.9、通高7.0厘米（图4-20；彩版4-82）。

W1：1139，狮身及尾部残，存留头部和前身。狮子怒目张口，口后两侧开两孔为砚滴注水孔。残长5.0、宽2.9、通高6.8厘米（彩版4-83）。

W1：1354，卧狮昂首张口，口后颈部两侧均有注水孔。残长7.3、宽3.0、通高7.0厘米（彩版4-84）。

W1：1355，卧狮昂首张口，口后颈部两侧均有注水孔，流短。釉色青白，釉面开细纹片。通长7.6、宽3.1、通高6.6厘米（彩版4-85）。

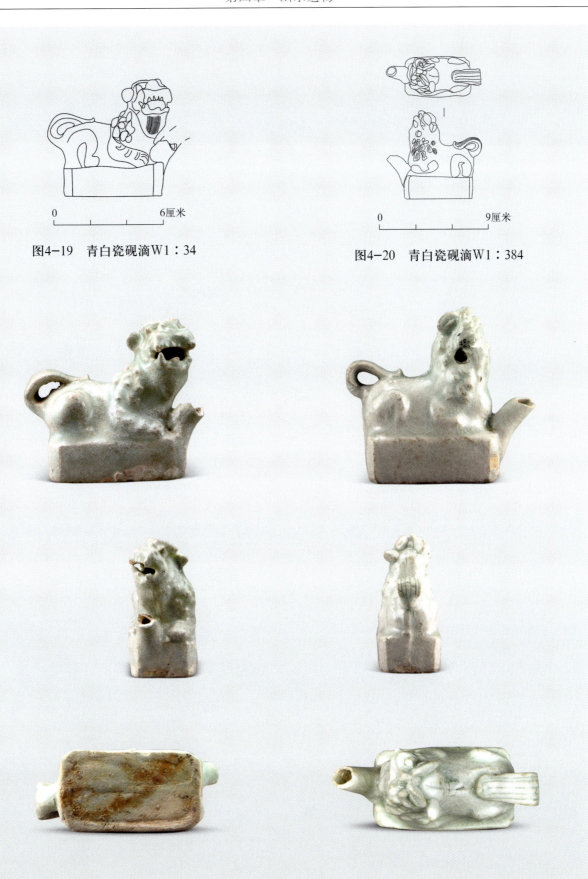

图4-19　青白瓷砚滴W1：34

图4-20　青白瓷砚滴W1：384

0　　　　　6厘米

0　　　　　9厘米

彩版4-81　青白瓷砚滴W1：34

彩版4-82　青白瓷砚滴W1：384

彩版4-83　青白瓷砚滴W1：1139

彩版4-84　青白瓷砚滴W1：1354

彩版4-85　青白瓷砚滴W1：1355

二　德化窑青白瓷

数量较多，计有 2598 件（套）。器类有花口刻花瓶、印花小瓶、葫芦瓶和大小略有差异的印花盒，其中以各式印花盒数量最多，达 2530 件（套）。器形制作规整，胎色白或呈灰白色，质地细密。青白釉，多泛白或灰白色，部分器物近于白瓷，釉面大多光洁莹润，多有开片，部分釉面受海水浸泡而失去光泽。器表多有装饰，花口刻花瓶饰刻划花卉纹，其余多饰模印花纹，常见菊瓣纹、莲瓣纹、牡丹纹等花卉纹样。有的器物底部书有墨书款押文字。从器物造型、胎釉特征和装饰工艺看，这类器物应是福建德化窑产品[1]。

1.青白瓷瓶

5 件。器形较大，六瓣花口，口部外撇，口颈呈喇叭状，尖唇，口沿外卷，内侧花瓣口下随形出筋 6 道，直颈下部微束，圆肩，深弧腹，腹下端弧收，矮圈足外撇，足沿刮削较平整，圈足内墙斜削，挖足较浅，外底平。口颈与腹部分制而成，上、下粘接而成，内壁胎接痕明显。胎色白，质细腻。青白釉，釉色多浅淡或泛青灰，釉面光洁莹润，开冰裂纹片，内满釉，外施至足外壁底部。颈部上、下和肩部均刻饰两道凹弦纹，腹壁刻划上、下两层缠枝荷花纹，圈足外侧下部一般可见一道刮削痕。腹壁可见明显的轮制成型痕迹，外底露胎处的轮旋挖足、修坯痕迹清晰。

W1：17，釉色浅淡，花瓣口沿及颈肩衔接处釉层较厚，呈淡青色；釉面开稀疏的纵向大纹片。外底粘连有白色珊瑚砂石。口径 7.8、足径 7.8、高 16.3 厘米（图 4-21，1；彩版 4-86）。

W1：18，釉色青白，釉面布满灰黑色的细小斑点。外底心胎体上浅刻"靴口"两字，字迹较为潦草。足沿粘有窑内垫烧渣粒。口径 8.0、足径 8.0、高 16.5 厘米（图 4-21，2；彩版 4-87）。

W1：19，器物略生烧，胎釉结合较差，受海水浸泡后釉面失去光泽，色泛灰白。腹部刻划纹饰模糊。口径 8.0、足径 8.1、高 16.4 厘米（彩版4-88）。

W1：1290，釉色青白，釉面局部开片，有灰黑色小斑点。腹部双线刻上、下双层莲瓣纹，线条简洁流畅。口径 8.3、足径 7.6、高 16.9 厘米（彩版 4-89）。

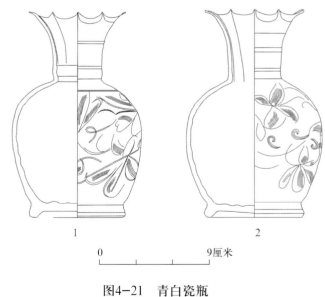

0 ——————— 9厘米

图4-21　青白瓷瓶
1、2.W1：17、18

---

[1]　福建省博物馆：《德化窑》，文物出版社，1990年；陈建中、陈丽华：《中国古陶瓷标本·福建德化窑》，岭南美术出版社，2003年。

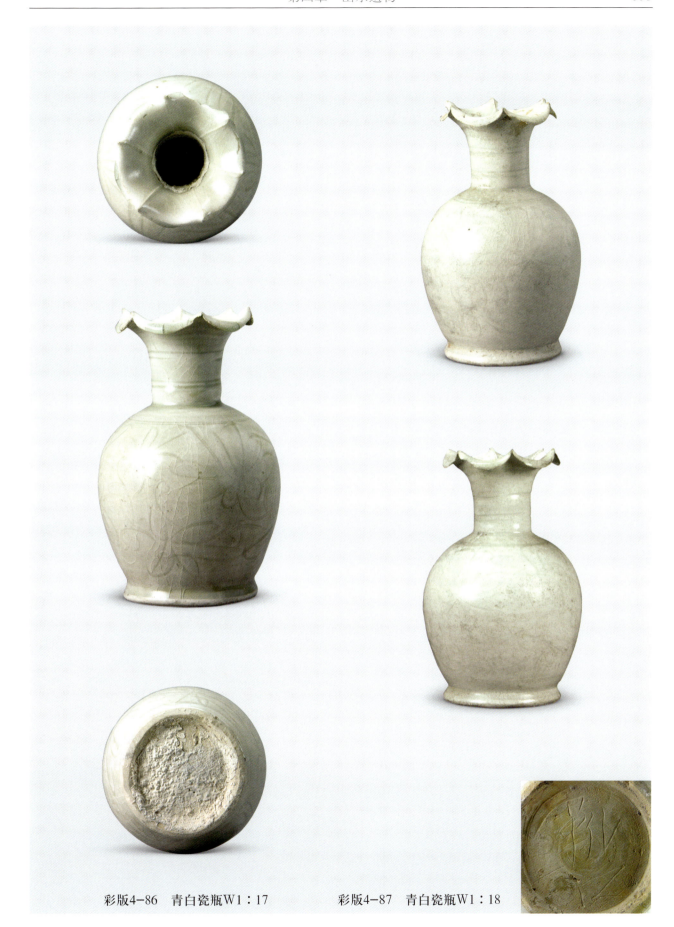

彩版4-86　青白瓷瓶W1：17　　　　　彩版4-87　青白瓷瓶W1：18

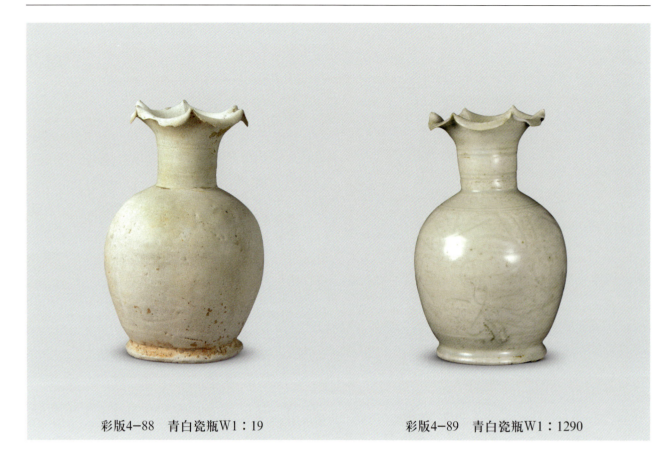

彩版4-88　青白瓷瓶W1：19　　　　　　彩版4-89　青白瓷瓶W1：1290

W1：1361，青白釉泛白，釉厚处微泛黄，釉面莹润，开细碎纹片。腹部浅刻莲花纹，线条简洁潦草。外底粘有白色珊瑚砂石。口径8.3、足径7.7、高16.7厘米（彩版4-90）。

2. 青白瓷小瓶

51件。印花小瓶，喇叭状口，外撇较大，尖圆唇，细长颈，下端弧收或微束，弧肩或圆肩，深弧腹，下腹弧收，圈足外撇，近底端略折收，足沿较平，其内侧弧收，外底心微向下凸。瓶体上、下分四段胎接而成，口颈、圈足分别模

彩版4-90　青白瓷瓶W1：1361

制，腹部分上、下两段模制后粘接而成，颈肩、腹中部的粘接部位接痕明显。胎色灰白，胎质较细腻。青白釉色浅淡，有的泛白，大部分开细碎冰裂纹片，内壁施釉至颈下肩部，外壁施釉至圈足根部。肩部、足外壁模印覆莲瓣纹或菊瓣状纹，腹部上、下分别模印花纹，有莲瓣纹、菊瓣纹、雷纹地龙纹等，纹饰突起呈阳文。依口沿形态、腹部形态及纹样，可分五型[1]。

A 型

数量不多。器形略大。六瓣花口，微下弧，腹部模印莲瓣纹。颈上部刻划四道弦纹，肩部有凸棱一道，腹上部模印双层近圆形覆莲瓣纹，腹下部一层瘦长仰莲瓣纹，印纹较浅，足外壁印一周以密集弧线组成的覆莲瓣纹。

W1：442，釉色局部呈灰白色，口沿处开片。口径 6.4、足径 5.8、高 12.2 厘米（图 4-22；彩版 4-91）。

W1：471，釉色青白，口颈及腹中部开细碎纹片。口径 7.1、足径 5.8、高 12.0 厘米（图 4-23；彩版 4-92）。

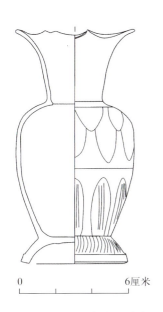

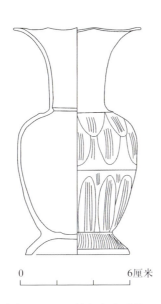

图4-22　A型青白瓷小瓶　　　图4-23　A型青白瓷小瓶　　　彩版4-91　A型青白瓷小瓶W1：442
　　　　W1：442　　　　　　　　　　W1：471

B 型

数量不多。器形略小。喇叭形口，口沿处修削出六缺花口，制作草率，口沿微外卷；腹部模印尖仰莲瓣纹。颈上部刻划四道弦纹，肩部有凸棱一道，腹上部模印三层仰莲纹，腹下部则为双层，足外壁印一周覆莲瓣纹。纹样突起明显。

W1：443，瓶体略变形。口部缺口不明显。釉色泛白，略有乳浊质感，通体冰裂纹。纹样突起处磨损严重，泛灰黑色。口径 6.0、足径 5.5、高 11.1 厘米（彩版 4-93）。

---

[1]　此类小瓶仅作总体数量统计，未能对其按型进行分类统计，但所选择标本基本代表了每一型的典型器物和大致数量比例，个别类型仅1件，以模印莲瓣纹者居多，模印菊瓣纹者次之。

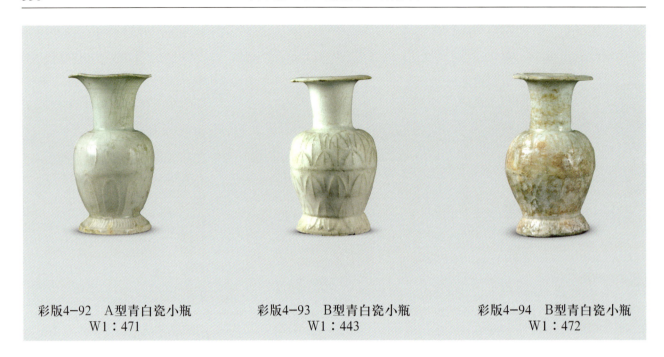

彩版4-92　A型青白瓷小瓶　　　　彩版4-93　B型青白瓷小瓶　　　　彩版4-94　B型青白瓷小瓶
　　　　W1：471　　　　　　　　　　　W1：443　　　　　　　　　　　W1：472

　　W1：472，腹中部略鼓。釉色呈黄褐色，局部泛黄或泛白，略有乳浊质感，釉面磨损严重，通体开冰裂纹。口径6.3、足径5.4、高11.4厘米（彩版4-94）。

　　C型

　　数量较多。喇叭形口，口较阔，腹部上、下一般均模印双层仰莲瓣纹，圈足外壁模印一周覆莲瓣纹。

　　W1：21，圈足不平整。釉色泛灰，通体有冰裂纹。口径6.2、足径6.1、高11.5厘米（彩版4-95）。

　　W1：614，釉色浅淡，釉面光洁莹润，口沿、颈部开片。口径6.1、足径5.8、高11.1厘米（图4-24；彩版4-96）。

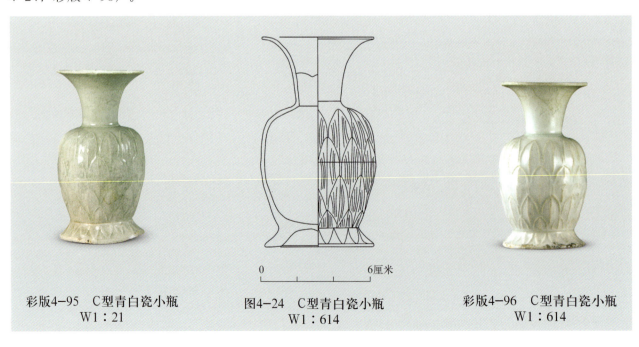

彩版4-95　C型青白瓷小瓶　　　图4-24　C型青白瓷小瓶　　　彩版4-96　C型青白瓷小瓶
　　　　W1：21　　　　　　　　　　　　W1：614　　　　　　　　　　W1：614

0　　　　　　　　　6厘米

W1：615，釉色泛灰，局部泛青，通体开冰裂纹片。口径 6.2、足径 6.1、高 11.1 厘米（彩版 4-97）。

W1：969，釉色泛白，外壁釉面可见零星窑渣。口径 6.1、足径 6.2、高 11.2 厘米（彩版 4-98）。

W1：616，腹部、圈足略有变形。釉色泛灰，釉面开细碎纹片，密布灰黑色小斑点，落有零星窑渣。口径 6.3、足径 5.5、高 11.8 厘米（彩版 4-99）。

W1：20，釉色泛白，具乳浊质感，釉面开细密的冰裂纹片，并有灰黑色斑点。上腹部模印三层仰莲瓣纹，下腹部则为双层，莲纹形状有别。圈足内修足指纹痕迹明显，底心书有单字墨书款押，为宋元时期的常见样式。口径 6.4、足径 5.4、高 11.3 厘米（彩版 4-100）。

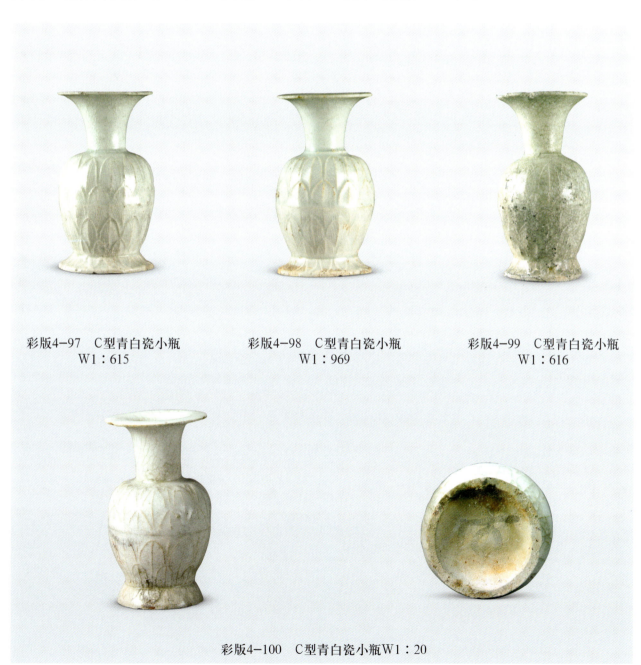

彩版4-97　C型青白瓷小瓶　　　　彩版4-98　C型青白瓷小瓶　　　　彩版4-99　C型青白瓷小瓶
　　　　W1：615　　　　　　　　　　　　W1：969　　　　　　　　　　　　W1：616

彩版4-100　C型青白瓷小瓶W1：20

D 型

数量较多。喇叭形口，口沿微外卷。腹部上、下均模印竖条状菊瓣纹，足外壁模印一周覆莲瓣纹或竖条状菊瓣纹。

W1：24，口沿略向下弧，腹部略显修长。釉色青白，釉面光洁莹润，通体开细碎冰裂纹。肩部凸棱一道，其内模印一周覆莲瓣纹；足外壁模印一周竖条状菊瓣纹。口径 5.7、足径 5.1、高 10.6 厘米（彩版 4-101）。

W1：22，釉色青白，釉面光洁莹润，开冰裂纹。肩部一道凸棱，其内模印一周覆莲瓣纹；足外壁模印一周竖条状菊瓣纹。口径 5.9、足径 4.9、高 10.8 厘米（图 4-25；彩版 4-102）。

W1：23，釉色青白，釉面光洁莹润，腹部开冰裂纹。肩部一道凸棱，其内模印一周覆莲瓣纹；足外壁模印一周竖条状菊瓣纹。口径 6.1、足径 4.9、高 10.7 厘米（彩版 4-103）。

W1：444，釉色泛灰，釉面光洁，通体开细碎冰裂纹。肩部一道凸弦纹，其下模印一周覆莲瓣纹；足外壁模印一周覆莲瓣纹。口径 5.7、足径 5.3、高 10.9 厘米（彩版 4-104）。

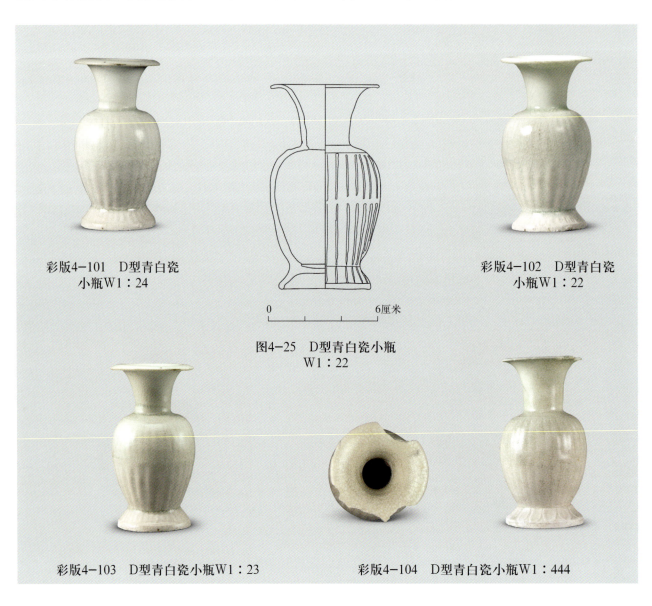

彩版4-101　D型青白瓷小瓶W1：24

图4-25　D型青白瓷小瓶 W1：22

0 ———— 6厘米

彩版4-102　D型青白瓷小瓶W1：22

彩版4-103　D型青白瓷小瓶W1：23　　　　彩版4-104　D型青白瓷小瓶W1：444

W1：381，釉色浅淡，颈肩衔接处釉层较厚，呈青白色，釉面光洁莹润，开稀疏冰裂纹。肩部凸棱一道，其内模印一周覆莲瓣纹；足外壁印一周竖条状菊瓣纹。口径5.4、足径5.0、高10.6厘米（彩版4-105）。

W1：382，釉色浅淡，釉面光洁莹润，开稀疏冰裂纹。肩部一道凸棱，其内模印一周覆莲瓣纹；足外壁模印竖条状菊瓣纹。口径5.6、足径5.0、高10.4厘米（彩版4-106）。

W1：509，釉色浅淡，釉面光洁莹润，开细碎纹片。肩部一道凸棱，其内模印一周覆莲瓣纹；足外壁模印竖条状菊瓣纹。口径5.8、足径5.0、高10.6厘米（彩版4-107）。

W1：383，腹部略鼓，足沿宽平。釉色泛白。肩部模印一周覆莲瓣纹，足外壁模印一周覆莲瓣纹。外底书楷体墨书"王"字款押，字迹较模糊。口径5.8、足径5.3、高9.7厘米（图4-26；彩版4-108）。

W1：25，肩中部微隆起，腹部略鼓。釉色泛白，外壁釉面可见零星窑渣。肩部一道凸棱，其下印一周细小的覆莲瓣纹，足外壁模印一周覆莲瓣纹，印纹清晰。外底书楷体墨书"吴"字款押，字迹清晰。口径5.9、足径5.3、高10.0厘米（图4-27；彩版4-109）。

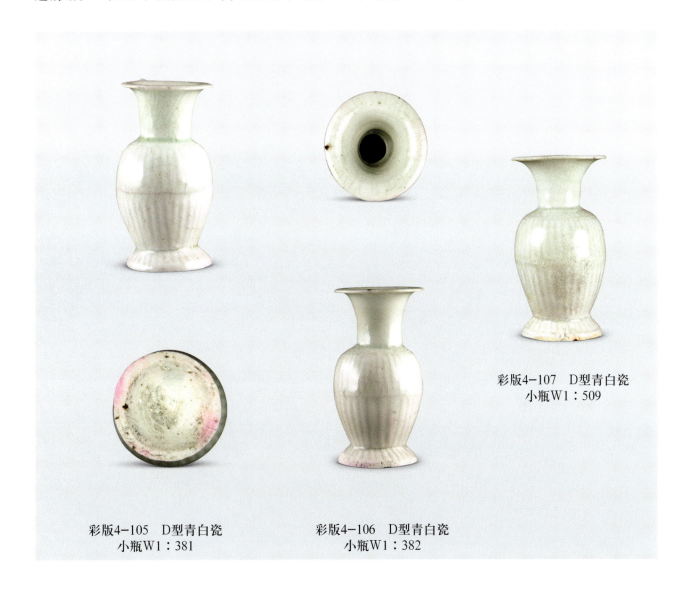

彩版4-105　D型青白瓷
小瓶W1：381

彩版4-106　D型青白瓷
小瓶W1：382

彩版4-107　D型青白瓷
小瓶W1：509

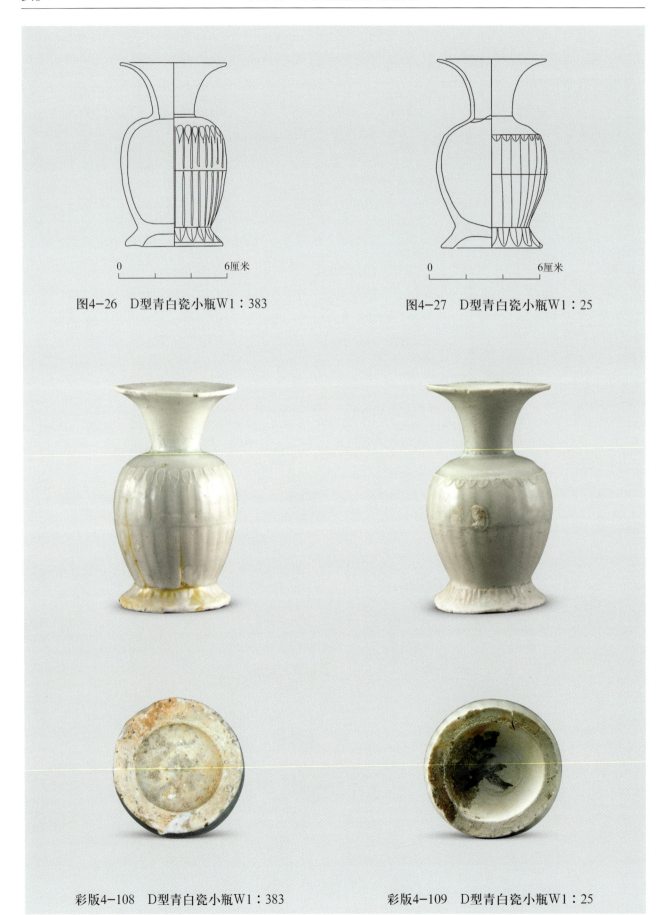

图4-26　D型青白瓷小瓶W1∶383

图4-27　D型青白瓷小瓶W1∶25

彩版4-108　D型青白瓷小瓶W1∶383

彩版4-109　D型青白瓷小瓶W1∶25

E 型

数量少，仅出水 1 件。器形略大。腹部模印雷地龙纹。

W1：1171，残存腹足部。胎细白；釉色泛白，局部开细碎纹片，纹饰突起处釉层有磨损，可见灰黑色小斑点。腹部上、下分别模印雷地蟠龙纹，中间胎接而成。圈足外撇，足外墙模印覆莲瓣纹一周。残高 7.9 厘米（彩版 4-110）。

彩版4-110　E型青白瓷小瓶W1：1171

3. 青白瓷葫芦瓶

12 件。器形小巧，作葫芦形。方唇，敛口，口下向外斜渐阔，颈中部外鼓成珠状，以作葫芦瓶上部，细直颈略束，颈下渐外弧，溜肩或斜肩，腹部渐阔，下端扁鼓，垂腹，浅阔圈足，足沿内侧斜弧，外底较平。胎色白，质细腻。青白釉色不匀，瓶上部多泛青白，下部多泛白或灰白；内施釉至口沿内侧，外施至腹下部。器身上、下分三段胎接而成，以颈中部圆鼓处下端、下腹中部为界，分别模印成型后粘接而成，接痕明显。腹部上、下均模印花纹，上部肩处上、下各有一道凸弦纹，中间阳印双层覆莲瓣纹，其下为一圈垂珠纹；腹下部模印菊瓣纹。

W1：26，青白釉，局部泛灰，釉厚处泛淡青色，釉面开细碎冰裂纹。下腹接痕处局部开裂。外底有楷体墨书"隆兴□"题记，右侧及下端字迹较模糊，部分脱落。口径 1.2、足径 4.7、高 7.7 厘米（彩版 4-111）。

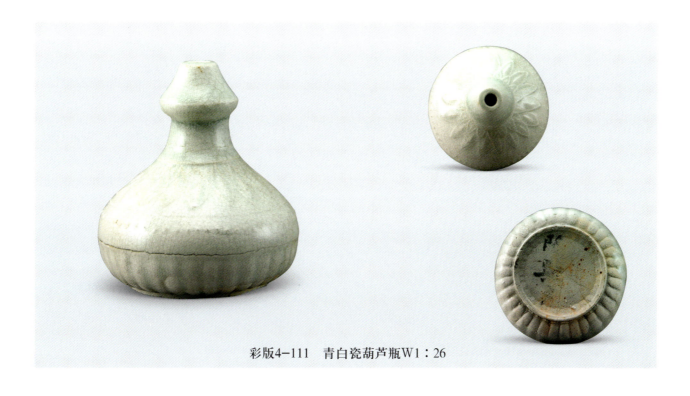

彩版4-111　青白瓷葫芦瓶W1：26

W1：27，釉色青白，釉面光洁莹润。口径1.4、足径4.8、高7.6厘米（图4-28，1；彩版4-112）。

W1：28，釉色不匀，上部泛白，釉面光润；腹部泛灰白，开细碎冰裂纹。下腹接痕处局部开裂。口径1.2、足径4.7、高7.8厘米（图4-28，2；彩版4-113）。

W1：29，釉色不匀，上部釉厚处泛淡青色，下部略白，釉面开细碎冰裂纹。腹部模印的垂珠纹局部纹样不明显。外底有模印阳文"大"字，印文清晰。口径1.4、足径5.1、高7.8厘米（彩版4-114）。

W1：32，釉色不匀，釉面开细碎冰裂纹。外底有模印阳文"大"字，印文清晰。口径1.5、足径5.2、高8.0厘米（彩版4-115）。

W1：30，釉色不匀，腹下部开冰裂纹。口径1.5、足径4.8、高7.7厘米（彩版4-116）。

W1：31，釉色泛灰白，釉面开细碎冰裂纹。口径1.5、足径4.8、高7.8厘米（彩版4-117）。

W1：33，釉色青白，颈中部积釉处泛淡青色，釉面开细碎冰裂纹。口径1.2、足径4.8、高7.4厘米（彩版4-118）。

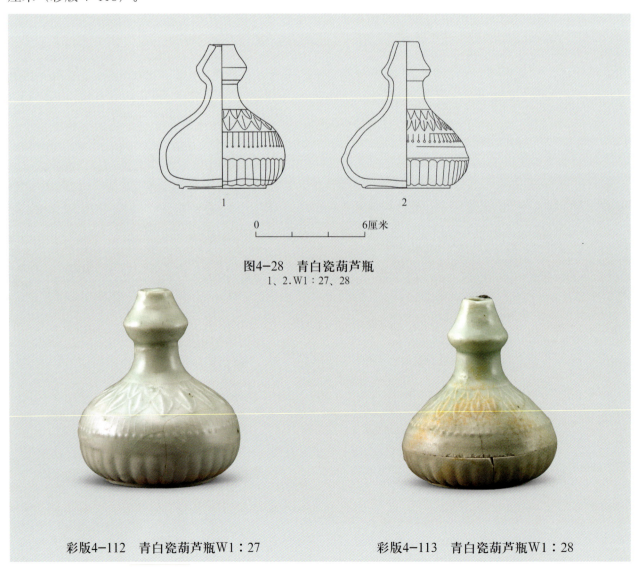

0　　　　　　6厘米

图4-28　青白瓷葫芦瓶
1、2.W1：27、28

彩版4-112　青白瓷葫芦瓶W1：27　　　　　　彩版4-113　青白瓷葫芦瓶W1：28

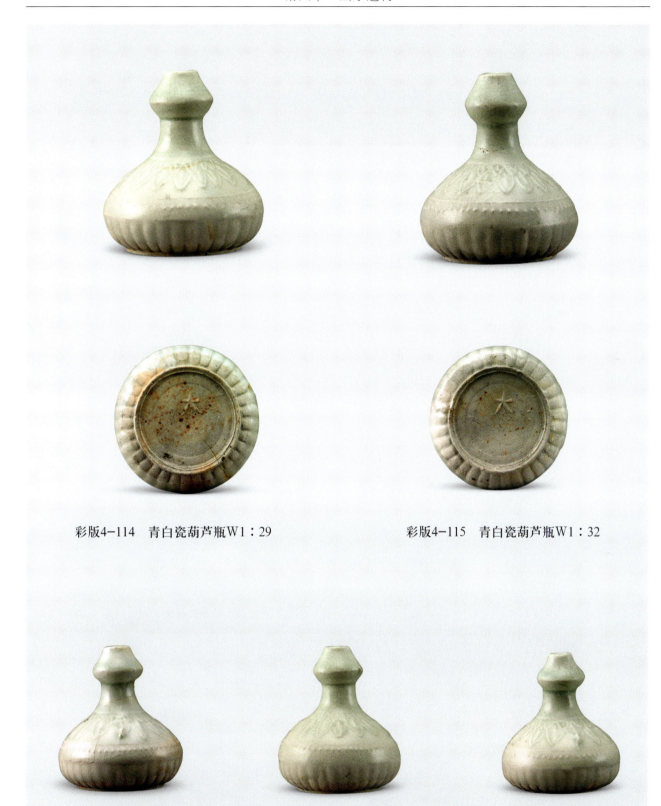

彩版4-114　青白瓷葫芦瓶W1：29

彩版4-115　青白瓷葫芦瓶W1：32

彩版4-116　青白瓷葫芦瓶
W1：30

彩版4-117　青白瓷葫芦瓶
W1：31

彩版4-118　青白瓷葫芦瓶
W1：33

4.青白瓷大盒

数量不多，仅出水6件。其中，盒身5件，盒盖1件，二者不配套。器形较大，盖口径大于14厘米。盒身、盖为子母口，菊瓣纹身。盒盖方唇，直口，盖面微弧。盒身则为尖唇，子口微内敛，浅弧腹，底内凹。胎色白，质细密。青白釉，盖口沿、身子口处及外底无釉。盒身、盖皆模制成型，印花为饰，盖、身腹壁中部均有凸棱一道，上、下分作双层菊瓣纹。

W1：520，盒身，腹上部直，下部弧收，内底向上凸较明显。外壁施釉不到底，外底无釉露胎。口径12.9、腹径14.6、底径12.2、高4.5厘米（图4-29；彩版4-119）。

W1：1293，盒盖，盖下壁较直，上端弧收，至盖面处向内平折，顶心微隆。青白釉，釉面光洁莹润，口沿外侧有流釉痕。盖面模印花卉纹，中部双线八瓣状开光内两枝缠枝花卉，外侧分别以一片花叶间隔呈八组折枝花卉，布局紧凑，纹样清晰。口径14.2、高4.8厘米（彩版4-120）。

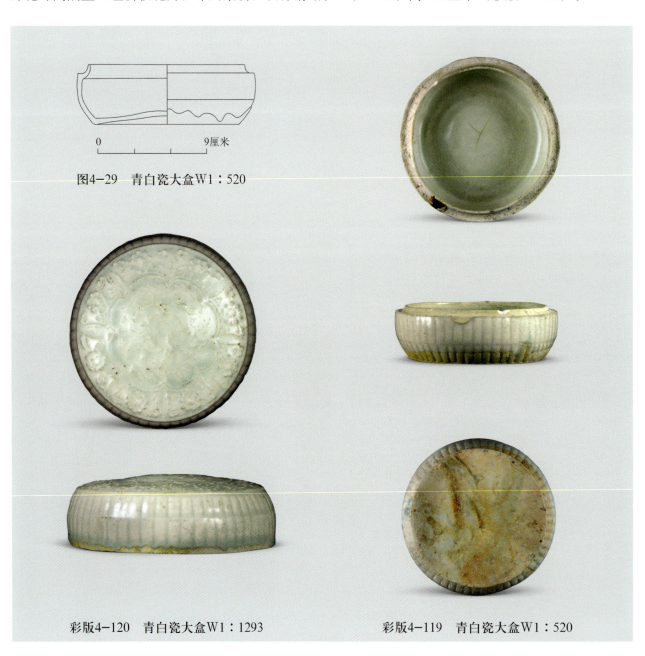

图4-29　青白瓷大盒W1：520

彩版4-120　青白瓷大盒W1：1293　　　　彩版4-119　青白瓷大盒W1：520

5. 青白瓷盒

186件（套）。其中，盒身、盖成套者12套，盒身96件，盒盖78件[1]。器形略大，盖口径在10~12厘米。盒身、盖为子母口。盒盖方唇，直口，盖面一般微弧或较平，部分微隆或微下凹。盒身则为尖唇，子口微内敛，微弧腹或斜腹微弧，腹较浅，底内凹或微内凹。胎色白或灰白，质较细腻。一般除盖口沿、盒身子口及外底无釉露胎外，盒身外壁多施釉不及底，余处皆施青白釉，多泛白，有的返灰。盒身、盖皆模制成型。印花为饰，部分盒底有模印文字或墨书题记。依据腹部形态，可分三型。

A 型

178件（套）。其中，盒身、盖成套者9套，盒身95件，盒盖74件。圆形，盒身、盖腹部外壁均模印成菊瓣状；外壁中部各有一道凸棱，分别将菊瓣状的身、盖分为上下两部分。盒身腹上部直，下部弧收，内底向上凸较明显；盒盖的下壁较直，上端弧收，至盖面边缘，顶心一般较平或微隆。盖面边缘呈菊瓣状，顶部模印花卉纹；菊瓣状边缘与顶心图案之间多以三道波浪状凸棱纹为装饰边界，有的边缘向中心略下凹或仅凹纹一道。盒的形制大多相似，对其不再细分亚型。因其盖面纹样类别多样，本报告无法一一举例说明，故现依盖面印花纹样的差异，将其数量略作统计：成套者，9件均为折枝牡丹纹；盒盖，74件均为折枝牡丹纹或折枝荷花或其他花卉纹，有单枝、两枝或三枝之分，以单枝最多。

W1：88，盖、身扣合相连。盖顶较平，腹壁下直上弧。青白釉泛白，釉面光洁莹润。盖面模印折枝牡丹纹。盖口径11.6、身底径9.5、通高6.5厘米（图4-30；彩版4-121）。

图4-30 A型青白瓷盒W1：88

0 　　　　　 9厘米

彩版4-121 A型青白瓷盒W1：88

---

[1] 由于华光礁一号沉船遗址保存环境较差，水下遗存已有自然或人为扰动，而非原始状态，多数盒盖、身分离，因此，本文对其整理和分类统计时，如无法确认为一套者，暂将盒身、盖分别进行统计。下文的小盒分类统计同此。

　　W1：89，盖、身可扣合。盖顶微隆，腹壁微弧。青白釉泛白，釉面光洁莹润。盖面模印折枝牡丹纹。盖口径11.1、盖高3.9厘米（彩版4-122）。

　　W1：90，盖、身扣合相连。盖顶微隆。青白釉泛灰白，釉面光洁莹润，局部开细碎纹片。盖面模印三枝缠连的花卉纹。外壁粘连有珊瑚砂粒。外底部有墨书"王七矴□"题记。盖口径11.7、盖高3.5、盒身口径10.8、底径10.1、盒身高3.8、通高6.8厘米（彩版4-123）。

　　W1：91，盖、身可扣合。盖顶微隆。青白釉泛灰。盖面模印三朵折枝牡丹纹。外壁粘连有珊瑚砂粒。盖口径11.6、盖高3.4、盒身口径10.6、底径10.0、盒身高3.7、通高6.8厘米（彩版4-124）。

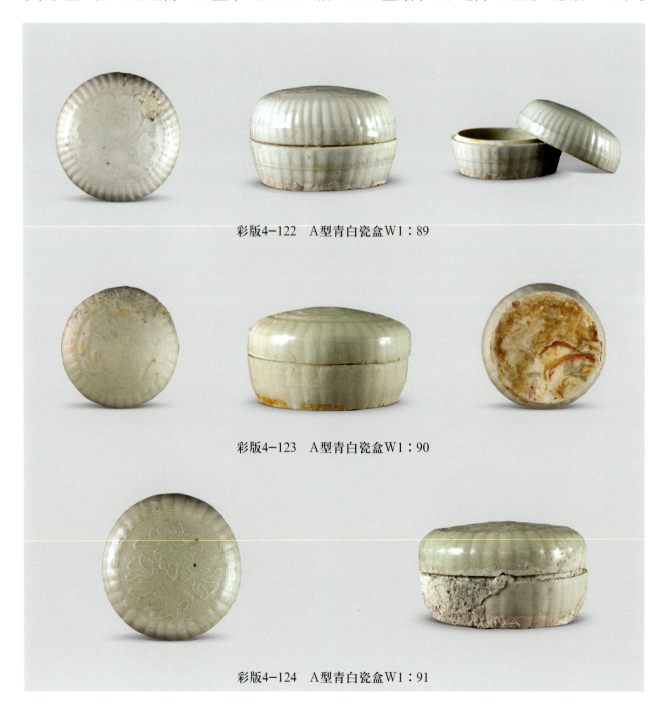

彩版4-122　A型青白瓷盒W1：89

彩版4-123　A型青白瓷盒W1：90

彩版4-124　A型青白瓷盒W1：91

W1：978，盖、身可扣合。盖顶微隆。釉色泛灰，釉面开细碎纹片。盖面模印折枝牡丹纹。外壁粘连有珊瑚砂粒。盖口径11.7、盖高3.2、盒身口径10.4、底径10.1、盒身高3.8、通高6.9厘米（彩版4-125）。

W1：979，盖、身可扣合。盖顶弧隆。内外均施釉，子母口及外底无釉露胎，盒身外壁施釉不到底。盖面模印折枝牡丹纹，纹饰清晰。盖口径11.4、盖高3.5、盒身口径10.6、底径10.4、盒身高3.8、通高7.0厘米（图4-31，1；彩版4-126）。

W1：980，盖、身可扣合。盖顶微弧，部分隆起。釉色泛白，釉面开小冰裂纹。盖面模印折枝牡丹纹。盖口径11.4、盖高3.8、盒身口径10.4、底径10.0、盒身高4.2、通高7.8厘米（图4-31，2；彩版4-127）。

W1：976，盖、身可扣合。盖顶微弧，部分隆起。釉色泛灰，釉面开片。盖面模印折枝牡丹纹，印纹清晰。盖口径11.2、盒身口径10.0、底径9.8、通高7.4厘米（图4-31，3；彩版4-128）。

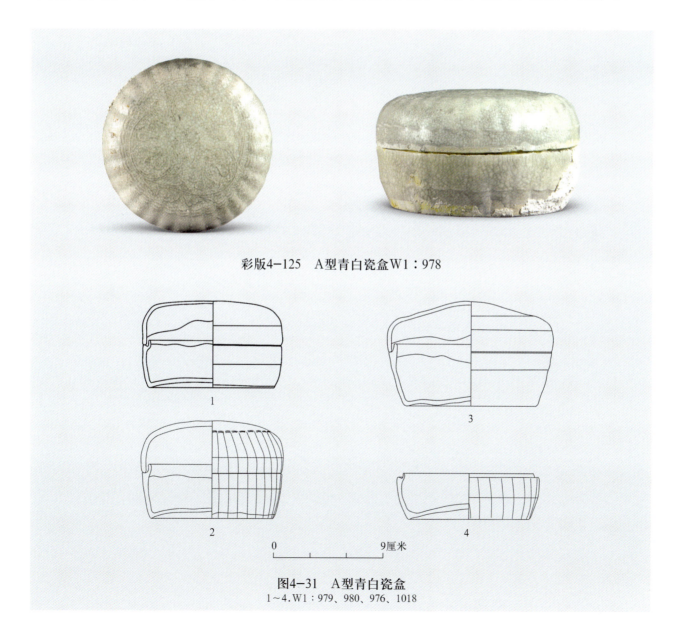

彩版4-125　A型青白瓷盒W1：978

0　　　　　　9厘米

图4-31　A型青白瓷盒
1～4.W1：979、980、976、1018

彩版4-126　A型青白瓷盒W1:979

彩版4-127　A型青白瓷盒W1:980

彩版4-128　A型青白瓷盒W1:976

　　W1:981，盒盖。釉色浅淡，釉面光洁莹润。盖面模印折枝牡丹纹，印纹清晰。口径11.3、高3.1厘米（彩版4-129）。

　　W1:982，盒盖。釉色泛灰，釉面光洁莹润。盖面模印折枝牡丹纹，印纹清晰。口径11.2、高3.6厘米（彩版4-130）。

　　W1:983，盒盖。釉色泛白，开细碎纹片。盖面模印折枝牡丹纹。口径11.6、高3.1厘米（彩版

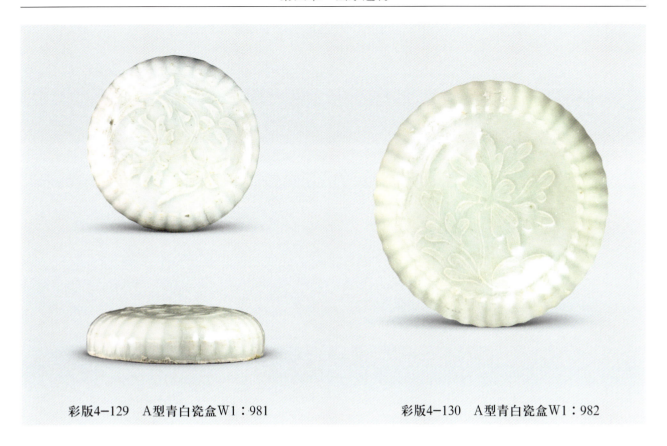

彩版4-129 A型青白瓷盒W1：981　　　　　　　彩版4-130 A型青白瓷盒W1：982

4-131）。

W1：984，盒盖。釉色泛黄，釉面开细碎纹片，受海水浸泡开片处泛灰。盖面模印三朵折枝牡丹纹，印纹清晰。口径11.7、高3.4厘米（彩版4-132）。

W1：985，盒盖。釉色泛白，局部泛黄，釉面光洁莹润。盖面模印折枝牡丹纹，印纹清晰。口径11.7、高3.5厘米（彩版4-133）。

W1：986，盒盖。釉色泛黄，釉面开细碎纹片。盖面模印折枝牡丹纹。口径11.7、高3.8厘米（彩版4-134）。

W1：988，盒盖。釉色青白，釉面光洁莹润，开细碎纹片。盖面模印折枝牡丹纹。口径11.5、高3.2厘米（彩版4-135）。

W1：987，盒盖。釉色泛白，釉面光洁莹润，局部开细碎纹片。盖面模印三朵折枝牡丹纹，印纹清晰。口径11.5、高3.6厘米（彩版4-136）。

W1：998，盒盖。釉色泛白，釉面光洁莹润。盖面模印折枝莲荷纹，花纹边缘有一周弧线纹连为盖面开光，其内模印把莲纹，三片荷叶、两朵荷花、两枝莲蓬，印纹清晰。口径11.1、高3.6厘米（彩版4-137）。

W1：1006，盒盖。盖面边缘向上弧收，顶心弧隆。釉色灰白，釉面泛涩，开细碎纹片。盖面模印折枝牡丹纹，一朵牡丹盛开，花瓣布满盖面，印纹清晰。口径11.3、高4.1厘米（彩版4-138）。

W1：1010，盒盖。釉色泛白，釉面光洁莹润。盖面模印折枝牡丹纹，三枝牡丹花盛开，枝蔓交错缠连，印纹清晰。口径11.7、高3.5厘米（彩版4-139）。

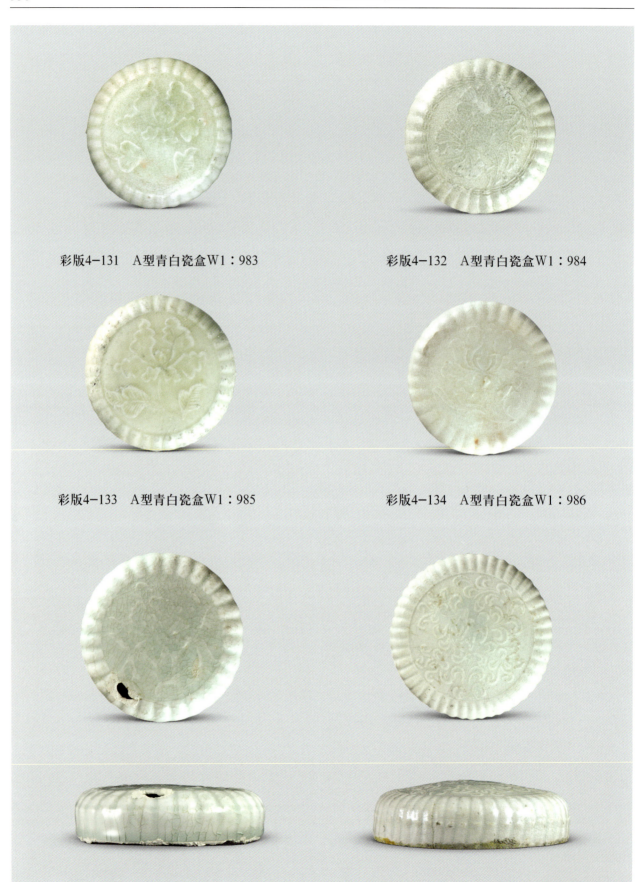

彩版4-131　　A型青白瓷盒W1：983　　　　　　　彩版4-132　　A型青白瓷盒W1：984

彩版4-133　　A型青白瓷盒W1：985　　　　　　　彩版4-134　　A型青白瓷盒W1：986

彩版4-135　　A型青白瓷盒W1：988　　　　　　　彩版4-136　　A型青白瓷盒W1：987

彩版4-137　A型青白瓷盒W1：998

彩版4-139　A型青白瓷盒W1：1010

彩版4-138　A型青白瓷盒W1：1006

彩版4-140　A型青白瓷盒W1：1011

W1：1011，盒盖。盖顶较平，顶心微隆。釉色微泛黄，釉面光洁莹润。盖面模印折枝花卉纹，三朵花枝缠连，印纹清晰。口径 11.7、高 3.3 厘米（彩版 4-140）。

W1：1012，盒盖。釉色泛白，釉面开细纹片。盖面模印折枝牡丹纹，三朵牡丹花枝相连，印纹清晰。口径 11.6、高 3.2 厘米（彩版 4-141）。

W1：1013，盒盖。釉色泛白，釉面光洁莹润。盖面模印折枝牡丹纹，印纹清晰。口径 11.5、高 3.4 厘米（彩版 4-142）。

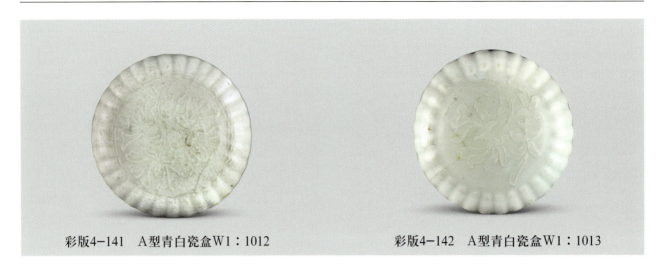

彩版4-141　A型青白瓷盒W1：1012　　　　彩版4-142　A型青白瓷盒W1：1013

W1：1018，盒身。斜腹微弧，平底内凹明显。釉色泛白。外底有墨书"王七矴□"题记，字迹褪色。口径11.0、底径10.3、高3.7厘米（图4-31，4；彩版4-143）。

W1：1015，盒身。斜腹微弧，平底内凹明显。釉色灰白。外底有"谢字□□"墨书题记，字迹不清。口径10.5、底径10.1、高3.9厘米（彩版4-144）。

W1：997，盒身。釉色泛灰。外底有墨书"王七矴□"题记。口径10.7、底径9.9、高3.7厘米（彩版4-145）。

W1：991，盒身。釉色泛白。外底有墨书"杨四□"题记，字迹清晰。口径10.5、底径10.2、高3.8厘米（彩版4-146）。

W1：1245，盒身残件。釉色泛灰。外底有墨书"杨四□"题记，字迹清晰。残高1.3厘米（彩版4-147）。

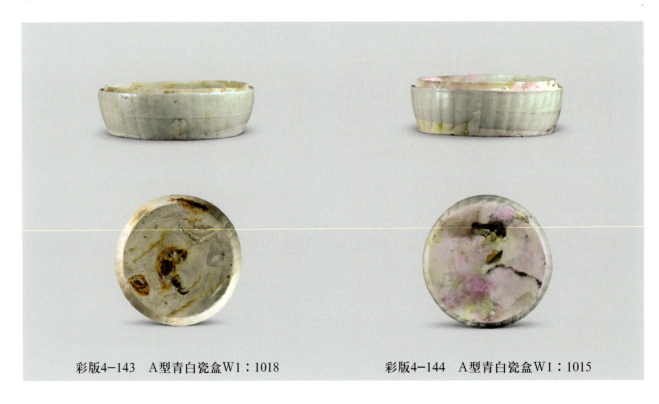

彩版4-143　A型青白瓷盒W1：1018　　　　彩版4-144　A型青白瓷盒W1：1015

彩版4-145 A型青白瓷盒W1：997

彩版4-146 A型青白瓷盒W1：991

彩版4-147 A型青白瓷盒W1：1245

彩版4-148 A型青白瓷盒W1：1244

彩版4-149 A型青白瓷盒W1：1246

　　W1：1244，盒身残件。釉色泛白。外底有墨书"程□"题记，字迹清晰。底径9.6、高3.8厘米（彩版4-148）。

　　W1：1246，盒身残件。釉色泛白。外底有墨书"程□"题记，字迹清晰。高3.8厘米（彩版4-149）。

　　B型

　　4件（套）。其中，盒身、盖成套者1套，盒盖3件。圆形，盒身、盖腹部外壁均模印成菊瓣状，菊瓣凹纹较深；外壁中部各有一道凸棱，分别将菊瓣状的身、盖分为上下两部分，棱线突出。盒身腹上部略弧收，下部棱线处内折弧收，内底较平；盒盖的下壁较直，略高，上端弧收，至盖面边缘，顶心较平。盖面边缘呈菊瓣状，延伸至盖面中部较多；顶心模印朵菊纹，呈团花状，花心为圆点，外侧有两层菊瓣，纹样突起明显，具浅浮雕效果。

W1：1294，盖、身扣合相连。釉色泛灰白，内壁无釉露胎。口径 12.0、高 3.5 厘米（彩版4-151）。盖口径 12、高 3.6、盒身口径 10.6、底径 8.5、盒身高 4.2、通高 7.1 厘米（彩版 4-150）。

W1：1016，盒盖。釉色泛白。口径 12.0、高 3.5 厘米（图 4-32；彩版 4-151）。

W1：1019，盒盖。釉色泛灰白。口径 12.0、高 3.6 厘米（彩版 4-152）。

0　　　　　6厘米

图4-32　B型青白瓷盒W1：1016

彩版4-151　B型青白瓷盒W1：1016

彩版4-150　B型青白瓷盒W1：1294

彩版4-152　B型青白瓷盒W1：1019

C 型

4件（套）。其中，盒身、盖成套者2套，盒盖1件，盒身1件。八方形，盒身、盖外壁皆作八边形。盒身子口，上腹直，作八边形，下腹略向内折收，呈圆形，子口及内壁皆作圆形，平底微内凹。盒盖母口，方唇，直腹，顶部向内折平成弧面，平顶。釉泛灰白，内外施釉，子母口、下腹部及外底不施釉。盖面中部模印单枝牡丹纹，周边一圈水波纹。

W1：989，盖、身可扣合。釉色泛灰，釉面开细碎冰裂纹，因受海水浸泡泛灰黑色。盖口径12.1、边长4.9、盖高2.9、盒身口径10.5、底径10.2、盒身高3.7、通高6.1厘米（图4-33，1；彩版4-153）。

W1：1287，盖、身可扣合。釉色泛灰白，釉面磨损痕迹明显，密布灰黑色小斑点。盖口径11.7、盖高3.1、盒身口径10.3、底径10.0、盒身高3.3、通高6.4厘米（彩版4-154）。

W1：990，盒身。子口圆形。釉色青白。外平底，中心阳印一朵花。口径10.6、边长4、高3.5厘米（图4-33，2；彩版4-155）。

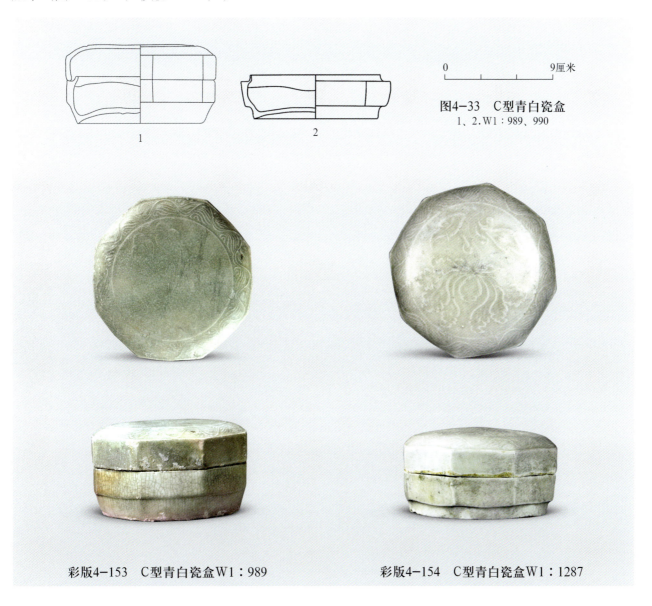

0　　　　　　　　9厘米

图4-33　C型青白瓷盒
1、2.W1：989、990

彩版4-153　C型青白瓷盒W1：989　　　　　彩版4-154　C型青白瓷盒W1：1287

彩版4-155　C型青白瓷盒W1：990

6.青白瓷小盒

数量较多，共计2338件（套）。其中，盒身、盖成套者216套，盒身1126件，盒盖996件。器形略小，盖口径在6～7厘米。盒身、盖为子母口。盒盖方唇，直口，盖面一般微弧或较平，部分微隆或微下凹。盒身则为尖唇，子口微内敛，微弧腹或斜腹微弧，腹较浅，底内凹或微内凹。胎色白或灰白，质较细腻。一般除盖口沿、盒身子口及外底无釉露胎外，盒身外壁施釉多不及底，余处皆施青白釉，多泛白或灰白。盒身、盖皆模制成型。盖面印花为饰。依据腹部形态，可分两型。

A 型

2336件（套）。其中，盒身、盖成套者216套，盒身1124件，盒盖996件。圆形，盒身、盖腹部外壁均模印成菊瓣状，少数素面。器物成型时，菊瓣状盒的外壁中部一般各有一道凸棱，分别将菊瓣状的身、盖分为上、下两部分，有的棱线随菊瓣纹波折起伏，少量棱线不明显。盖面顶部模印花卉纹，有的盖面纹样模印有阳文文字，部分盒底有模印文字、花押符号或墨书题记。盒的形制大多相似，故对其不再细分亚型。因盖面纹样类别多样，大多数为折枝花卉纹，有些花纹不易辨识，本报告无法一一举例说明，故现依盖面印花纹样的差异，将其数量略作统计：成套者，折枝牡丹纹132件，折枝荷花或兰花纹9件，多枚小花瓣组成的碎花纹52件，折枝花卉纹9件，团花状花卉纹11件，缠枝花卉纹1件，蕉叶纹1件，枝叶鹿纹1件；盒盖，折枝牡丹纹563件，多枚小花瓣组成的碎花纹247件，折枝荷花或兰花纹91件，枝叶纹51件，团花状花卉纹29件，团花菊瓣纹2件，团花莲瓣纹1件，蕉叶纹4件，花果纹6件，枝叶鹿纹2件。

W1：95，盖、身粘连。盖顶微下凹，盒底内凹。釉色青白泛灰，釉面开冰裂纹。盖面模印折枝牡丹纹，线条纤细。盖口径6.8、底径6.0、通高3.6厘米（图4-34；彩版4-156）。

W1：93，盖、身可扣合。盖面弧隆。釉色青白，釉面光洁莹润。盖面凹纹内模印折枝牡丹纹，纹样清晰。盖口径6.6、盖高1.6、盒身口径5.9、底径5.7、盒身高2.3、通高3.7厘米（彩版4-157）。

W1：94，盖、身可扣合。釉色青白，局部开片。盖面模印折枝牡丹纹。盖口径6.7、盖高1.8、盒身口径6.1、底径6.0、盒身高1.9、通高3.5厘米（彩版4-158）。

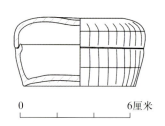

0　　　　　　6厘米

图4-34　A型青白瓷小盒W1：95

彩版4-156　A型青白瓷小盒W1：95

彩版4-157　A型青白瓷小盒W1：93

彩版4-158　A型青白瓷小盒W1：94

W1：96，盖、身可扣合。盖面微隆。釉色泛白，开细纹片。盖面模印折枝牡丹纹。盖口径6.8、盖高2.1、盒身口径6.2、底径5.8、盒身高2.2、通高4厘米（彩版4-159）。

W1：97，盖、身粘连。釉色泛灰白，釉面光润。釉面模印折枝花卉纹，纹样浅淡。底径6.6、通高3.7厘米（彩版4-160）。

W1：98，盖、身粘连。釉色青白，釉面开纹片。盖面模印折枝牡丹纹。底部有两字墨书痕迹，字迹不清。底径5.9、通高3.6厘米（彩版4-161）。

彩版4-159　　A型青白瓷小盒W1：96

彩版4-160　　A型青白瓷小盒W1：97

彩版4-161　　A型青白瓷小盒W1：98

　　W1：99，盖、身粘连。釉色泛灰黄，釉面光洁莹润。盖面模印折枝牡丹纹。底径 6.2、通高 3.7 厘米（彩版 4-162）。

　　W1：100，盖、身粘连。釉色泛灰，局部开片。盖面模印折枝花卉纹。底径 6.1、通高 3.6 厘米（彩版 4-163）。

　　W1：106，盖、身粘连。盖面隆起。釉色泛灰白，局部开细纹片。盖面模印折枝牡丹纹，印纹较浅。底径 5.9、通高 3.9 厘米（彩版 4-164）。

彩版4-162　A型青白瓷小盒W1：99

彩版4-163　A型青白瓷小盒W1：100

彩版4-164　A型青白瓷小盒W1：106

W1：107，盖、身可扣合。釉色灰白，釉面光润。盖面模印折枝牡丹纹。盖口径6.8、盖高1.8、盒身口径6.2、底径6、盒身高2.3、通高3.8厘米（彩版4-165）。

W1：108，盖、身粘连。盖顶面较平。釉色青白，釉面光润。盖面模印折枝牡丹纹，印纹清晰。底径6.2、通高3.4厘米（彩版4-166）。

W1：111，盖、身可扣合。釉色泛灰，釉面开细密纹片。盖面模印折枝牡丹纹，印纹清晰。盖口径6.7、盖高1.9、盒身口径5.9、底径5.9、盒身高2.2、通高3.8厘米（彩版4-167）。

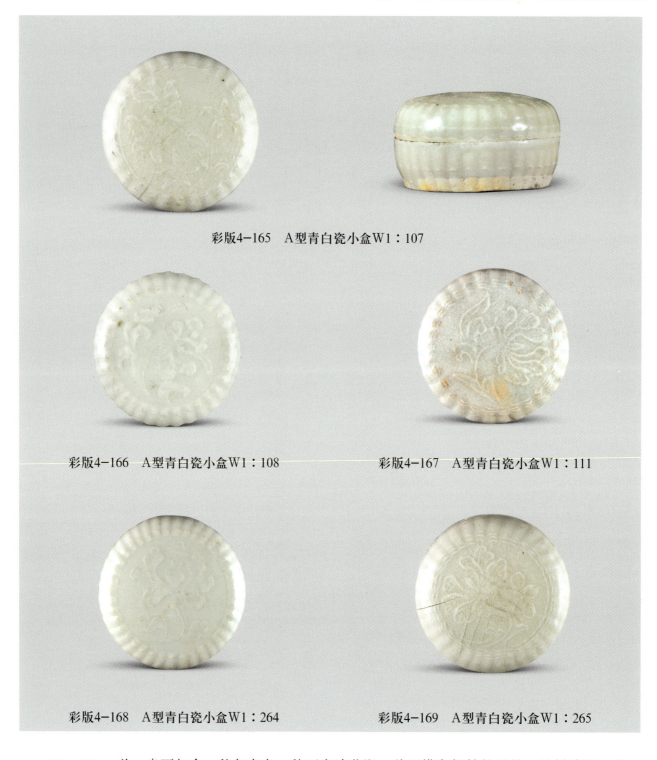

彩版4-165　A型青白瓷小盒W1：107

彩版4-166　A型青白瓷小盒W1：108

彩版4-167　A型青白瓷小盒W1：111

彩版4-168　A型青白瓷小盒W1：264

彩版4-169　A型青白瓷小盒W1：265

W1：264，盖、身可扣合。釉色青白，釉面光洁莹润。盖面模印折枝牡丹纹，纹样清晰。盖口径6.7、盖高1.7、盒身口径6.1、底径5.7、盒身高2.3、通高3.8厘米（彩版4-168）。

W1：265，盖、身可扣合。釉色泛黄，局部开细纹片。盖面模印折枝牡丹纹。盖口径6.8、盖高1.8、盒身口径6.2、底径5.9、盒身高2.2、通高3.7厘米（彩版4-169）。

W1：266，盖、盒粘连。釉色青白，盖面开稀疏纹片。盖面模印折枝牡丹纹，印纹较浅。底径5.8、通高3.7厘米（彩版4-170）。

彩版4-170　A型青白瓷小盒W1：266

彩版4-171　A型青白瓷小盒W1：267

彩版4-172　A型青白瓷小盒W1：1064

彩版4-173　A型青白瓷小盒W1：1067

彩版4-174　A型青白瓷小盒W1：1068

彩版4-175　A型青白瓷小盒W1：1090

　　W1：267，盖、身可扣合。釉色青白，釉面光洁莹润。釉面模印折枝牡丹纹。盖口径 6.8、盖高 1.8、盒身口径 6.6、底径 5.7、盒身高 2.4、通高 3.8 厘米（彩版 4-171）。

　　W1：1064，盖、身粘连。釉色泛白，釉面光洁莹润。盖面模印折枝牡丹纹。底径 6.6、通高 3.6 厘米（彩版 4-172）。

　　W1：1067，盖、身粘连。顶面微弧，盒底内凹。釉色泛白，釉面光洁莹润，局部开细纹片。盖面模印折枝花卉纹。底径 6.0、通高 3.7 厘米（彩版 4-173）。

　　W1：1068，盖、身粘连。釉色泛灰，釉面开片。盖面模印折枝花卉纹。底径 6.0、通高 3.9 厘米（彩版 4-174）。

W1：1090，盖、身粘连。盖面模印折枝牡丹花卉纹。底径6.0、通高3.5厘米（彩版4-175）。

W1：1029，盒盖。釉色泛白，釉面光润。盖顶模印折枝牡丹纹，纹饰清晰。口径6.9、高1.9厘米（图4-35，1；彩版4-176）。

W1：1079，盒盖。釉色泛白，釉面光洁莹润，局部开片。盖面模印折枝花卉纹。盖口径7.0、盖高1.8厘米（彩版4-177）。

W1：1083，盒盖。盖面菊瓣边内侧略下凹。釉色泛白，釉面光洁莹润，局部开片。盖面模印折枝花卉纹。盖口径7.0、盖高1.9厘米（彩版4-178）。

W1：1051，盒盖。釉色泛白，釉面光洁莹润。盖面模印折枝花卉纹。盖口径6.8、盖高1.8厘米（彩版4-179）。

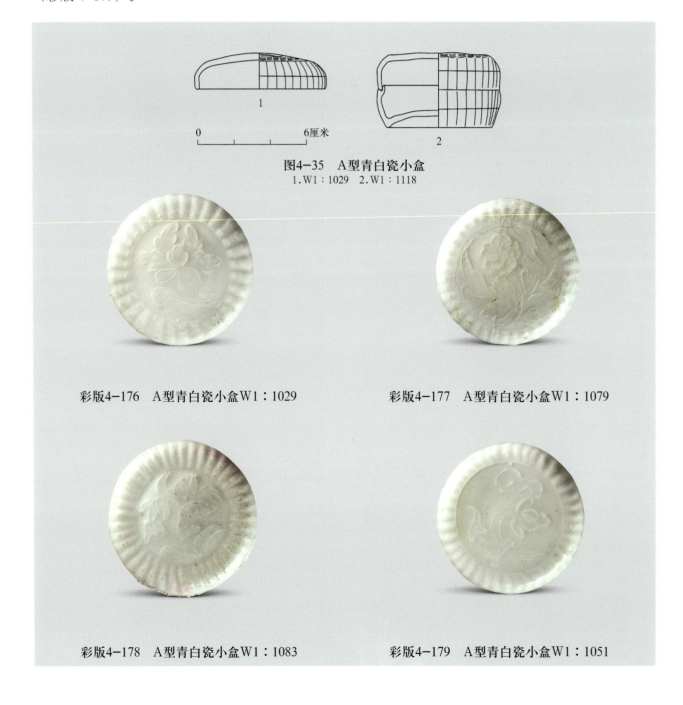

图4-35　A型青白瓷小盒
1.W1：1029　2.W1：1118

彩版4-176　A型青白瓷小盒W1：1029

彩版4-177　A型青白瓷小盒W1：1079

彩版4-178　A型青白瓷小盒W1：1083

彩版4-179　A型青白瓷小盒W1：1051

W1：1118，盖、身粘连。盖顶较平。釉色泛白，釉面光洁莹润，局部开片。盖面模印折枝莲花纹，纹饰清晰。盖口径 6.6、底径 5.9、通高 3.9 厘米（图 4-35，2；彩版 4-180）。

W1：1071，盒盖。盖顶弧。釉色灰白，局部开片。盖面模印两朵折枝莲花纹，印纹清晰。盖口径 6.8、盖高 1.9 厘米（彩版 4-181）。

W1：1043，盒盖。盖顶较平。釉色泛白，釉面光洁莹润。盖面模印两朵折枝莲花荷叶纹，印纹清晰。盖口径 6.8、盖高 1.9 厘米（彩版 4-182）。

W1：1108，盒、盖粘连。釉色泛灰，釉面开细碎纹片。盖面模印折枝莲花纹。外底部有墨书"王七"。底径 5.7、通高 3.5 厘米（彩版 4-183）。

W1：110，盒、盖粘连。釉色灰白，釉面开细碎纹片。盖面模印折枝花卉纹，印纹模糊。底径 5.7、通高 3.6 厘米（彩版 4-184）。

W1：1062，盒、盖粘连。盖顶微弧。盖面模印双折枝花卉纹，顶心印圆形花朵纹。底径 6.4、通高 3.8 厘米（彩版 4-185）。

W1：1066，盖、身粘连。盖顶微弧，盒底内凹。盖面模印双折枝花卉纹，顶心印圆形小花瓣。盖口径 7.2、底径 6.3、通高 4.0 厘米（图 4-36；彩版 4-186）。

W1：105，盖、身粘连。釉色泛白，釉面光洁莹润。盖面模印三折枝花卉纹。底径 6.0、通高 4.0 厘米（彩版 4-187）。

彩版4-180　A型青白瓷小盒W1：1118

彩版4-181　A型青白瓷小盒W1：1071

彩版4-182　A型青白瓷小盒W1：1043

彩版4-183　A型青白瓷小盒W1：1108

W1：109，盖、身粘连。釉色泛灰，釉面光润。盖面模印三朵折枝菊纹。底径5.7、通高3.4厘米（彩版4-188）。

W1：104，盖、身可扣合。盒盖变形，盖顶略下凹。釉色青白，釉面光洁莹润，开稀疏纹片。盖面模印折枝花卉纹。盒内有泥沙。盖口径6.7、盖高1.6、盒身口径5.7、底径5.9、盒身高2.2、通高3.6厘米（彩版4-189）。

W1：975，盒盖。釉色泛白，釉面光洁莹润。盖面模印三朵折枝花卉纹，花茎成束，花纹旁印有阳文"林""□"两字。口径7.0、高1.4厘米（彩版4-190）。

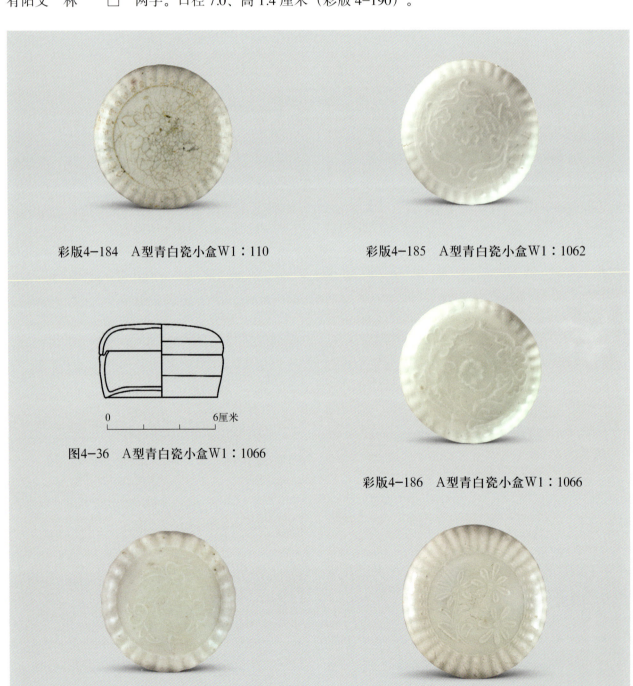

彩版4-184　A型青白瓷小盒W1：110　　　　　彩版4-185　A型青白瓷小盒W1：1062

图4-36　A型青白瓷小盒W1：1066

彩版4-186　A型青白瓷小盒W1：1066

彩版4-187　A型青白瓷小盒W1：105　　　　　彩版4-188　A型青白瓷小盒W1：109

彩版4-189　A型青白瓷小盒W1：104

彩版4-190　A型青白瓷小盒W1：975

彩版4-191　A型青白瓷小盒W1：1225

　　W1：1225，盖、身可扣合。盒底较平。釉色泛白，釉面光洁莹润。盖面模印三朵折枝花卉纹，花茎成束，花纹旁印有阳文"林""□"两字。盖口径6.8、盖高1.6、盒身口径5.9、底径6.3、盒身高2.4、通高3.7厘米（彩版4-191）。

　　W1：1074，盒盖。釉面泛白。盖面模印折枝花果纹，印纹清晰。口径7.0、高1.9厘米（彩版4-192）。

　　W1：1077，盒盖。釉面泛白。盖面模印折枝花果纹，印纹清晰。口径6.9、高1.8厘米（彩版4-193）。

　　W1：119，盒盖。釉色泛灰，釉面光润。盖面模印折枝花果纹。口径6.7、高1.9厘米（彩版4-194）。

W1：1072，盒盖。釉面泛白，釉面磨损痕迹明显。盖面模印折枝花果纹，印纹清晰。口径 6.9、高 1.8 厘米（彩版 4-195）。

W1：1040，盒盖。釉色青白，釉面开片。盖面模印折枝花果纹。口径 6.6、高 1.9 厘米（彩版 4-196）。

W1：1084，盒盖。釉色青白，釉面光洁莹润。盖面模印折枝叶纹。口径 6.9、高 1.8 厘米（彩版 4-197）。

W1：1065，盖、身可扣合。青白釉泛白，釉面光洁莹润。盖面模印团花纹。盖口径 6.8、盖高 1.9、盒身口径 6.1、底径 6、盒身高 2、通高 3.7 厘米（彩版 4-198）。

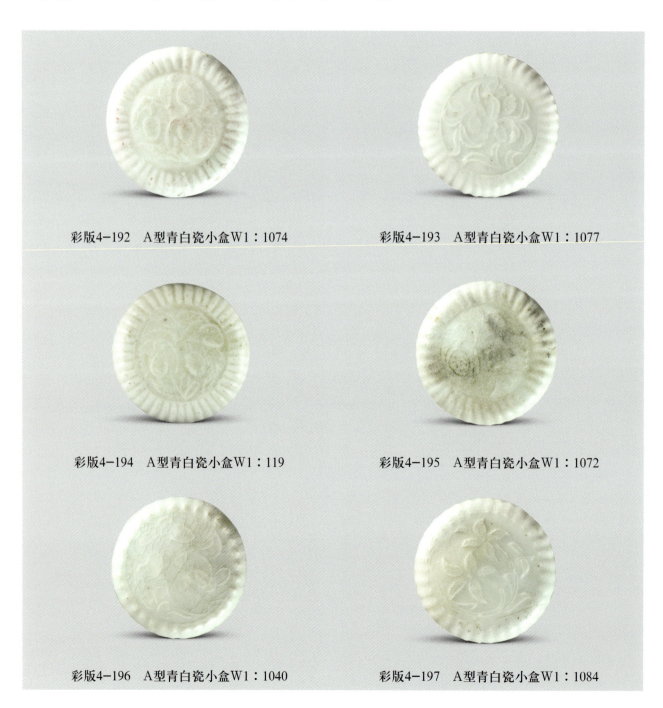

彩版4-192　A型青白瓷小盒W1：1074

彩版4-193　A型青白瓷小盒W1：1077

彩版4-194　A型青白瓷小盒W1：119

彩版4-195　A型青白瓷小盒W1：1072

彩版4-196　A型青白瓷小盒W1：1040

彩版4-197　A型青白瓷小盒W1：1084

W1∶1054，盒盖。青白釉泛白，釉面光洁莹润，局部开细碎纹片。盖面模印团花纹。口径 7.0、高 1.8 厘米（彩版 4-199）。

W1∶1112，盒盖。釉色泛白，釉面光洁莹润。盖面模印团花纹。口径 6.8、高 1.8 厘米（彩版 4-200）。

W1∶121，盒盖。釉色青白，釉面光洁莹润。盖面模印团花纹。口径 6.7、高 1.8 厘米（彩版 4-201）。

W1∶1086，盒盖。釉色青白，釉面光洁莹润，盖面开细碎纹片。盖面模印团花纹。口径 6.8、高 1.8 厘米（彩版 4-202）。

彩版4-198　A型青白瓷小盒W1∶1065

彩版4-199　A型青白瓷小盒W1∶1054

彩版4-200　A型青白瓷小盒W1∶1112

彩版4-201　A型青白瓷小盒W1∶121

彩版4-202　A型青白瓷小盒W1∶1086

彩版4-203　A型青白瓷小盒W1∶1053

W1：1053，盒盖。盖面弧隆。釉色泛灰黄，釉面开细碎纹片。盖面模印双层菊瓣状团花纹。口径 7.2、高 2 厘米（彩版 4-203）。

W1：1039，盒盖。釉色泛白，釉面光洁莹润。盖面模印双层菊瓣状团花纹。口径 6.9、高 2.0 厘米（彩版 4-204）。

W1：101，盖、身可扣合。釉色泛灰白，局部开片。盖面模印六朵小花瓣状碎花纹，其中顶心一朵，余者分布一周。盖口径 6.9、盖高 1.8、盒身口径 6.1、底径 5.9、盒身高 1.9、通高 3.9 厘米（图 4-37；彩版 4-205）。

W1：92，盖、身粘连。釉色灰白，釉面光洁。盖面模印七朵小花瓣状碎花纹。底径 5.7、通高 3.4 厘米（彩版 4-206）。

0　　　　　　6厘米

图4-37　A型青白瓷小盒W1：101

彩版4-204　A型青白瓷小盒W1：1039

彩版4-205　A型青白瓷小盒W1：101

彩版4-206　A型青白瓷小盒W1：92

W1：102，盖、身粘连。釉色泛灰，局部开片。盖面模印七朵小花瓣状碎花纹。底径6.1、通高3.5厘米（彩版4-207）。

W1：103，盖、身粘连。釉色泛灰白，开细碎纹片。盖面模印七朵小花瓣状碎花纹。底径6.2、通高3.7厘米（彩版4-208）。

W1：113，盖、身可扣合。釉色灰白。盖面模印七朵小花瓣状碎花纹，形状似雪花。盖口径6.6、盖高1.7、盒身口径6.0、底径5.7、盒身高2.2、通高3.7厘米（彩版4-209）。

W1：1063，盖、身可扣合。釉色青白，釉面光洁莹润。盖面模印多朵菊瓣状碎花纹，分布较为密集。盖口径7.0、盖高1.7、盒身口径6.4、底径6.0、盒身高2.2、通高3.7厘米（彩版4-210）。

彩版4-207　A型青白瓷小盒W1：102

彩版4-208　A型青白瓷小盒W1：103　　　　彩版4-209　A型青白瓷小盒W1：113

彩版4-210　A型青白瓷小盒W1：1063　　　　彩版4-211　A型青白瓷小盒W1：1069

W1：1069，盖、身可扣合。釉色青白，局部开细碎纹片。盖面模印七朵小花瓣状碎花纹。盖口径 6.7、盖高 1.7、盒身口径 6.2、底径 6.0、盒身高 2.3、通高 3.8 厘米（彩版 4-211）。

W1：1073，盖、身粘连。釉色泛灰白，釉面开细碎纹片。盖面模印八朵小花瓣状碎花纹，分布稀疏、均匀。口径 6.8、高 1.9 厘米（彩版 4-212）。

W1：1075，盒盖。釉色青白，釉面光洁莹润。盖面模印六朵小花瓣状碎花纹，纹样清晰。口径 6.7、高 1.7 厘米（彩版 4-213）。

W1：122，盒盖。釉色青白，釉面光洁莹润。盖面模印六朵小花瓣状碎花纹，纹样清晰。口径 6.9、高 1.7 厘米（彩版 4-214）。

W1：112，盒盖。釉色青白，釉面光洁莹润。盖面模印十朵小花瓣状碎花纹，分布较均匀。口径 6.7、高 2.0 厘米（彩版 4-215）。

W1：1050，盒盖。釉色泛白，釉面光洁莹润。盖顶模印八朵小花瓣状碎花纹，中心一朵，其余七朵均匀分布，印纹凸起明显。口径 6.7、高 2.0 厘米（图 4-38；彩版 4-216）。

W1：1085，盒盖。釉色泛白。盖顶模印七朵小花瓣状碎花纹，花瓣呈轮盘状。口径 6.5、高 1.7 厘米（彩版 4-217）。

W1：1116，盖、身粘连。釉色青白，釉面光洁莹润。盖面模印七朵菊瓣状小团花纹，中心一朵花团略大，余均匀分布于周边，花纹间印阳文"林□"两字，印纹清晰。底径 6.1、通高 3.8 厘米（彩版 4-218）。

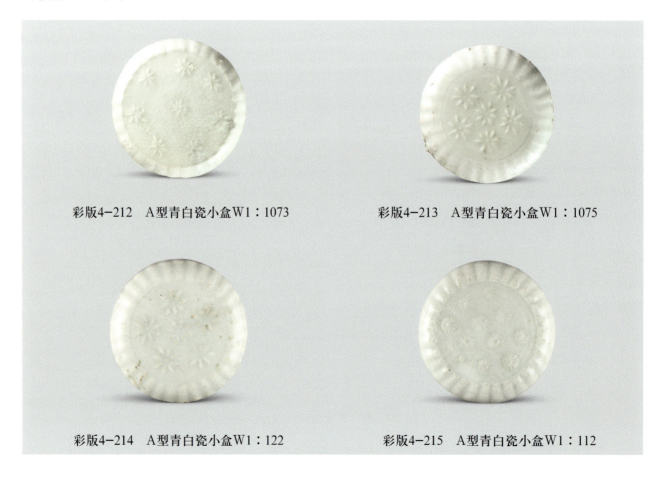

彩版4-212　A型青白瓷小盒W1：1073　　　　彩版4-213　A型青白瓷小盒W1：1075

彩版4-214　A型青白瓷小盒W1：122　　　　彩版4-215　A型青白瓷小盒W1：112

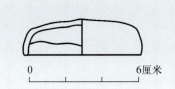

图4-38　A型青白瓷小盒W1：1050

彩版4-216　A型青白瓷小盒W1：1050

彩版4-217　A型青白瓷小盒W1：1085

彩版4-218　A型青白瓷小盒W1：1116

彩版4-219　A型青白瓷小盒W1：1119

彩版4-220　A型青白瓷小盒W1：1240

　　W1：1119，盖、身粘连。盖顶中心下凹。釉色泛白，釉面开细碎纹片。盖面模印六朵菊瓣状小团花纹，中心一朵花团略大，余均匀分布于周边，花纹间印阳文"林□"两字，印纹较浅。底径6.3、通高3.5厘米（彩版4-219）。

　　W1：1240，残，盖、身粘连，残件。釉色泛灰，釉面开细碎纹片。盖面模印数朵菊瓣状小团花纹，中心花朵略大，盖面花纹间隙处印阳文"林□"文字。底径6.1、通高3.5厘米（彩版4-220）。

　　W1：1224，盖、身粘连。釉色泛灰黄，釉面开细碎纹片。盖面模印枝叶鹿纹，盖面一侧印阳文"福""禄"两字。底径6.0、通高3.7厘米（彩版4-221）。

W1：1080，盒盖。釉色泛灰白，开细碎纹片。盖面模印枝叶鹿纹，印纹模糊。口径 6.9、高 1.8 厘米（彩版 4-222）。

W1：1227，盒盖残件。釉色泛白，釉面磨痕严重。盖面模印枝叶鹿纹，纹样清晰。口径 7.0、高 1.7 厘米（彩版 4-223）。

W1：1105，盒身。釉色灰白，开细碎冰裂纹。外底模印阳文"池"字。口径 6.2、底径 6.4、高 2.3 厘米（图 4-39，1；彩版 4-224）。

W1：1106，盒身。釉色灰白，开细碎纹片。外底模印阳文"大同镇□□□人姑"，部分文字不可辨识。口径 6.0、底径 5.9、高 2.1 厘米（图 4-39，2；彩版 4-225）。

彩版4-221　A型青白瓷小盒W1：1224　　　　彩版4-222　A型青白瓷小盒W1：1080

彩版4-223　A型青白瓷小盒W1：1227　　　　彩版4-224　A型青白瓷小盒W1：1105

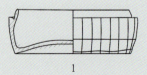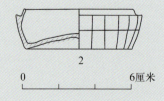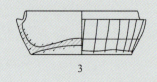

0　　　　　　6厘米

图4-39　A型青白瓷小盒
1~3.W1：1105、1106、1102

W1：1102，盒身。釉色泛白，开细碎纹片。外底模印阳文"连家□□"，部分文字不可辨识。口径6.1、底径5.7、高2.3厘米（图4-39，3；彩版4-226）。

W1：1096，盒身。釉色泛灰，局部开片。外底模印阳文"连家□□"，部分文字不可辨识。口径5.8、底径5.7、高2.1厘米（彩版4-227）。

W1：1093，盒身。釉色青白，釉面光润。外底模印有文字，不可辨识。口径6.0、底径5.8、高2.2厘米（图4-40，1；彩版4-228）。

W1：1091，盒身。釉色青白，釉面开片。外底有模印文字，不可辨识。口径6.2、底径5.8、高2.4厘米（彩版4-229）。

彩版4-225　A型青白瓷小盒W1：1106

彩版4-226　A型青白瓷小盒W1：1102　　　　彩版4-227　A型青白瓷小盒W1：1096

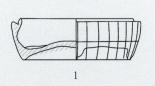
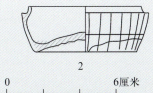

1　　　　　2　　　　　3

0　　　　　　6厘米

图4-40　A型青白瓷小盒
1~3.W1：1093、1088、1100

W1：1089，盒身。釉色泛白，釉面光润。外底有模印一文字，不可辨识。口径6.1、底径6.1、高2.2厘米（彩版4-230）。

W1：1097，盒身。釉色泛灰，釉面光润。外底因底部印模中有一道凹弦纹而形成一圈凸纹。口径6.0、底径6.0、高2.2厘米（彩版4-231）。

W1：1088，盒身。釉色灰白，釉面开细碎纹片。外底因底部印模中有一道旋修的多圈痕迹，而形成一组凸线圆圈纹。口径6.1、底径5.7、高2.4厘米（图4-40，2；彩版4-232）。

W1：1100，盒身。釉色泛白，开细碎纹片。口径5.9、底径5.7、高2.1厘米（图4-40，3；彩版4-233）。

彩版4-228　A型青白瓷小盒W1：1093

彩版4-229　A型青白瓷小盒W1：1091

彩版4-230　A型青白瓷小盒W1：1089

彩版4-231　A型青白瓷小盒W1：1097

彩版4-232　A型青白瓷小盒W1：1088

彩版4-233　A型青白瓷小盒W1：1100

W1∶1092，盒身。釉色泛灰，开细碎纹片。外底有墨书"黄□"。口径6.1、底径5.8、高2.3厘米（彩版4-234）。

W1∶1099，盒身。釉色灰白，釉面光润。外底有墨书"王七矴□"，旋读。口径5.9、底径5.7、高2.3厘米（彩版4-235）。

W1∶1226，盒身。外底有墨书"王七""矴"，字迹清晰。口径6、底径5.8、高2.2厘米（彩版4-236）。

W1∶1101，盒身。釉色青白，釉面开细碎纹片。外底有墨书"王七"两字，字迹清晰。口径5.8、底径5.5、高2.4厘米（彩版4-237）。

W1∶1107，盒身。釉色青白，釉面开细碎纹片。外底有墨书横排"王七"两字，字迹清晰。口径6.0、底径5.7、高2.2厘米（彩版4-238）。

W1∶1098，盒身。釉色灰白，釉面光润。外底有墨书"杨□"，字迹清晰。口径6.5、底径6.4、高2.2厘米（彩版4-239）。

W1∶1094，盒身。釉色青白，釉面光润。外底有墨书"杨□"。口径5.8、底径5.8、高2.2厘米（彩版4-240）。

W1∶1104，盒身。釉色泛白，釉面光润。外底部有墨书"杨□"，字迹浅淡。口径6.4、底径6.0、高2.3厘米（彩版4-241）。

彩版4-234　A型青白瓷小盒W1∶1092

彩版4-235　A型青白瓷小盒W1∶1099

彩版4-236　A型青白瓷小盒W1∶1226

彩版4-237　A型青白瓷小盒W1∶1101

彩版4-238　A型青白瓷小盒W1∶1107

彩版4-239　A型青白瓷小盒W1∶1098

彩版4-240　A型青白瓷小盒W1∶1094

彩版4-241　A型青白瓷小盒W1∶1104

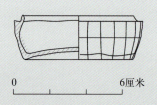

0　　　　　　　6厘米

图4-41　A型青白瓷小盒W1∶1111

彩版4-242　A型青白瓷小盒W1∶1111

　　W1∶1111，盒身。釉色泛灰，釉面光润。外底有墨书"杨□"。口径6.2、底径6.1、高2.3厘米（图4-41；彩版4-242）。

　　W1∶1114，盒身。釉色青白，釉面光润。外底有单字"□"墨书题记。口径6.0、底径5.7、高2.2厘米（彩版4-243）。

彩版4-243　A型青白瓷小盒W1∶1114

B 型

2 件，仅存盒身。八方形。子口内敛，尖唇，浅腹，上腹直，下腹略向内折收，皆作八边形，子口及内壁皆作圆形，平底微内凹。

W1：961，略生烧。釉色泛灰白，泛黄，内外施釉，子口、下腹部及外底不施釉。釉面晦涩，内壁粘有渣粒。外壁素面无纹。口径 7.1、底径 7.0、边长 3.2、高 2.7 厘米（图 4-42；彩版 4-244）。

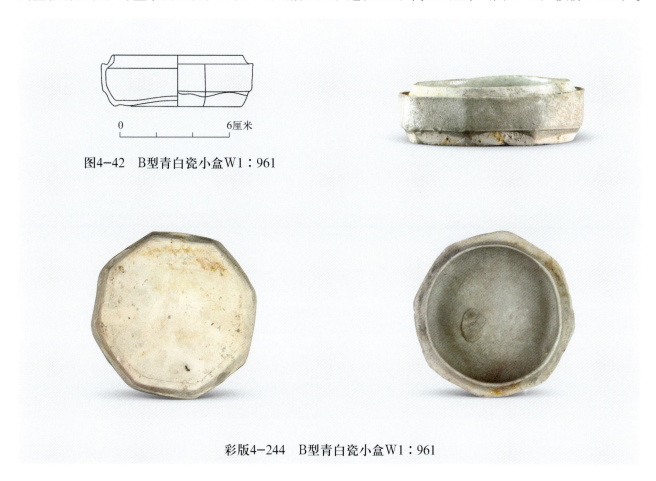

图4-42 B型青白瓷小盒W1：961

彩版4-244 B型青白瓷小盒W1：961

三 闽清义窑青白瓷

数量最多，计有 6989 件（片）。器类主要有碗、小碗、盏、盘、碟、执壶、瓶、炉等，另有一些执壶器盖，以各式碗、小碗、盘、盏所占比重最大，在这类青白瓷中可达 90% 以上。胎色一般呈灰白色，有的泛白或泛灰，质地较细密，部分小碗、盏类器物的胎质较差。青白釉，釉色多泛灰、灰白或黄，有的呈青黄色或青灰色，也有的呈淡青色，釉面一般光洁莹润。碗盏和盘碟类器物的内壁多刻划或篦划有纹饰，多见花卉纹、水波纹等。一些器物底部有墨书题记或刻划文字。这类青白瓷有精粗之别，从器物造型、胎釉特征、装饰工艺、烧成技术等方面来看，其应属闽江下游地区的闽清义窑产品[1]。

---

[1] 福建博物院：《闽清义窑考古调查发掘报告》，海峡书局，2020年；闽清县文化局、厦门大学人类学系考古专业：《闽清县义窑和青窑调查报告》，《福建文博》1993年第1、2期，第151～161页。

1.青白瓷碗

857件。器形略大，口径在 18 ～ 20 厘米。器形一般较规整，一些略有变形，外壁釉下可见轮旋修坯痕迹。敞口，尖唇，斜弧腹，圈足制作规整，足沿窄，多圆润，外底较平，有的底心有小脐突。胎较薄，胎色白或灰白，质地细腻。内外均施青白釉，多泛灰白、泛黄或灰黄色，多数口沿及腹部可见有流釉痕迹，一般施釉至足沿和足内墙，外底无釉，釉面光洁莹润，部分有少量小缩釉斑点。此类碗应为匣钵单件装烧而成，即一匣一器，外底下以垫饼支烧而无釉，有的粘有垫饼渣粒，露胎处多泛黄色。从造型、胎釉、装饰、装烧等工艺特征来看，这类碗在闽清义窑产品中制作精细、质量较好者，当属义窑内的同一处或相近窑区产品。根据口沿形态、腹部深浅、内底形态，可分为五型。

A 型

260件。圆形平口，深弧腹，腹壁略直，内底心下塌成一小圆平底，形似斗笠碗。在碗类中为最大，腹最深。内壁口沿下刻划一道弦纹，其下刻划花纹，其中，216 件内壁满刻篦划水波纹，44 件内壁刻划折枝牡丹纹。水波纹一般是以连弧纹和篦纹组成，连弧纹内划以细篦纹，多分组刻划，排列密集，有的未划篦纹；牡丹纹则均为两大朵对称的折枝牡丹花，花朵之间辅以花叶纹样，花瓣、叶片以细篦划纹为饰。

W1：130，釉色泛黄。外壁粘一小块瓷片。内壁刻划连弧纹和篦纹组成的水波纹，连弧纹内划以细篦纹，上、下分层密集排列。口径 20.4、足径 6.5、高 7.7 厘米（图 4-43；彩版 4-245）。

W1：191，内底小圆底下凹。釉色泛灰白，釉面局部开片，可见少量细小气孔。内壁水波纹排

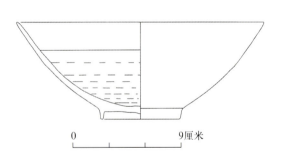

图4-43　A型青白瓷碗W1：130

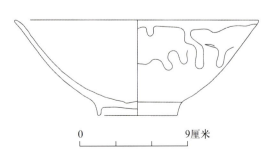

图4-44　A型青白瓷碗W1：191

彩版4-245　A型青白瓷碗W1：130

彩版4-246 A型青白瓷碗W1：191

列密集。外底附着有白色珊瑚砂。口径20.5、足径6.7、高7.6厘米（图4-44；彩版4-246）。

W1：698，口沿变形，内底小圆底下凹。釉色泛黄，外壁口沿下及下腹部流釉痕迹明显。内壁刻划连弧纹，由底向口部多组相连，弧纹内未划细篦纹。内底粘有少量落渣。口径18.6、足径6.2、高6.9厘米（图4-45，1；彩版4-247）。

W1：694，内底小圆底边缘凹痕明显。内壁刻划水波纹。口径20.9、足径6.8、高7.7厘米（图4-45，2；彩版4-248）。

W1：690，釉色泛白。内壁刻划水波纹，成组排列，分布密集，刻纹较浅。内壁落有少量渣粒。口径20.6、足径6.6、高7.8厘米（图4-46；彩版4-249）。

W1：707，内壁刻划水波纹，刻纹较深。口径20.8、足径6.9、高7.6厘米（图4-47；彩版4-250）。

W1：281，内底小圆底凹痕明显。釉面有细小气孔，粘有少量落渣。内壁刻划连弧纹和少量篦纹组成的水波纹，刻划纹样较浅，纹饰不清。口径20.6、足径6.6、高7.7厘米（图4-48；彩版4-251）。

W1：677，内壁刻划成组的连弧纹，未划细篦纹。口径20.1、足径6.6、高7.3厘米（图4-49；彩版4-252）。

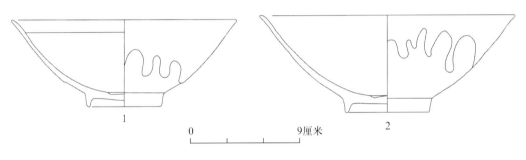

0　　　　　　　9厘米

图4-45　A型青白瓷碗
1、2.W1：698、694

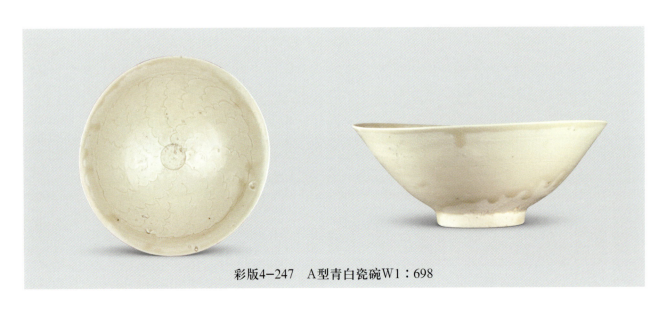

彩版4-247　A型青白瓷碗W1：698

彩版4-248 A型青白瓷碗W1：694

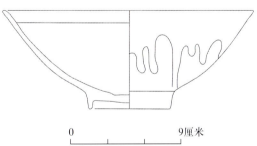

图4-46 A型青白瓷碗W1：690

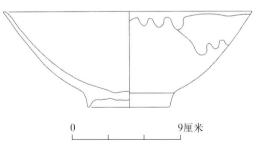

图4-47 A型青白瓷碗W1：707

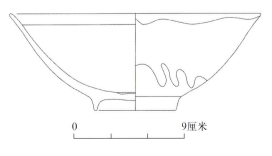

图4-48 A型青白瓷碗W1：281

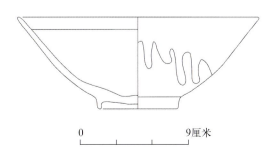

图4-49 A型青白瓷碗W1：677

彩版4-249　A型青白瓷碗W1：690

彩版4-250　A型青白瓷碗W1：707

彩版4-251　A型青白瓷碗W1：281

彩版4-252　A型青白瓷碗W1：677

W1：708，釉色泛白，釉面有细小气孔。内壁刻划水波纹，刻纹较浅。内底粘有少量落渣。口径 20.7、足径 6.7、高 7.8 厘米（图 4-50；彩版 4-253）。

W1：692，釉色泛白，口沿内外流釉严重，釉厚处呈浅淡的灰青色。内壁刻划水波纹。口径 20.3、足径 6.6、高 7.6 厘米（图 4-51；彩版 4-254）。

W1：189，釉面局部开冰裂纹，可见少量小缩釉斑点。内壁刻划折枝牡丹纹，花朵之间的花叶较为简单。口径 18.7、足径 6.3、高 6.6 厘米（图 4-52；彩版 4-255）。

W1：738，釉面可见细小缩釉斑点。内壁刻划折枝牡丹纹，纹样清晰。内底粘有少量落渣。口径 20.4、足径 6.9、高 7.4 厘米（图 4-53；彩版 4-256）。

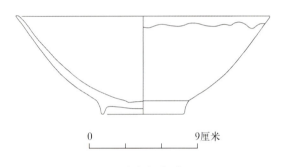

图4-50　A型青白瓷碗W1：708

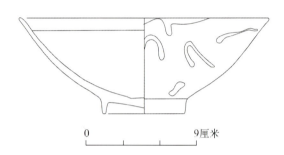

图4-51　A型青白瓷碗W1：692

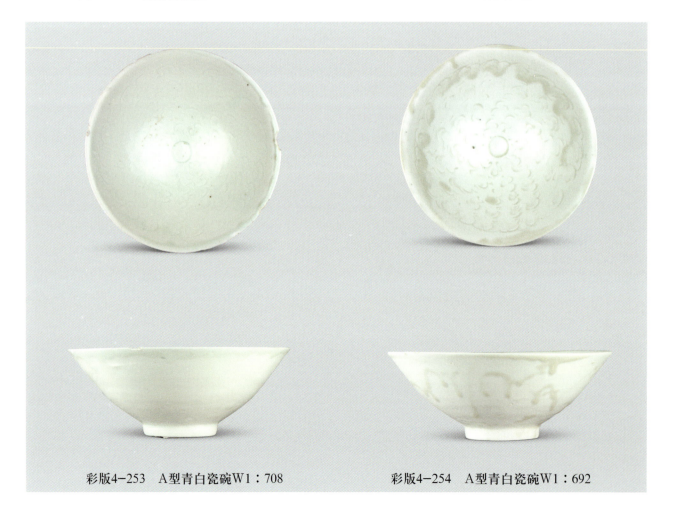

彩版4-253　A型青白瓷碗W1：708　　　　　　　彩版4-254　A型青白瓷碗W1：692

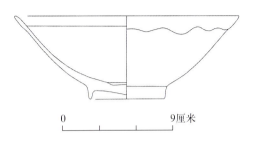

0   9厘米

图4-52 A型青白瓷碗W1：189

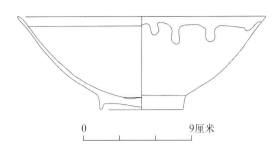

0   9厘米

图4-53 A型青白瓷碗W1：738

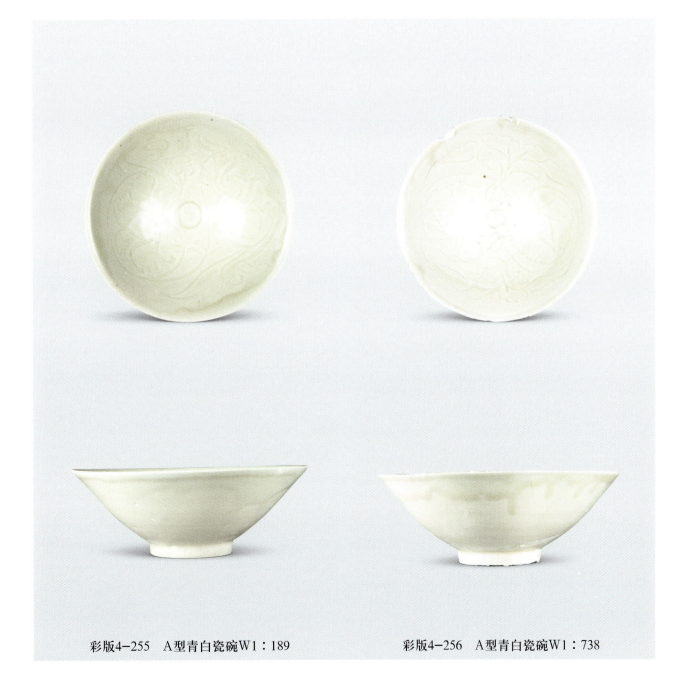

彩版4-255 A型青白瓷碗W1：189   彩版4-256 A型青白瓷碗W1：738

W1：680，内壁刻划折枝牡丹纹，刻纹清晰。外底附着有白色珊瑚砂。口径18.4、足径6.3、高7.0厘米（图4-54；彩版4-257）。

W1：721，釉色泛白，外壁釉面可见有小缩釉斑点。内壁口沿下粘有废瓷碎片。内壁刻划折枝牡丹纹。口径18.2、足径6.1、高7.1厘米（彩版4-258）。

W1：704，釉色泛白，釉面有少量小缩釉斑点。内壁刻划折枝牡丹纹，纹样较浅。内底落有少量渣粒。口径19.0、足径6.2、高7.0厘米（彩版4-259）。

W1：679，釉色泛白，釉面粘有渣粒。内壁刻划折枝牡丹纹。口径19.1、足径6.3、高7.0厘米（彩版4-260）。

W1：87，内底心小圆底边缘凹痕明显。釉色泛白。内壁刻划折枝牡丹纹。器表附着有白色珊瑚。口径18.7、足径6.3、高7.2厘米（彩版4-261）。

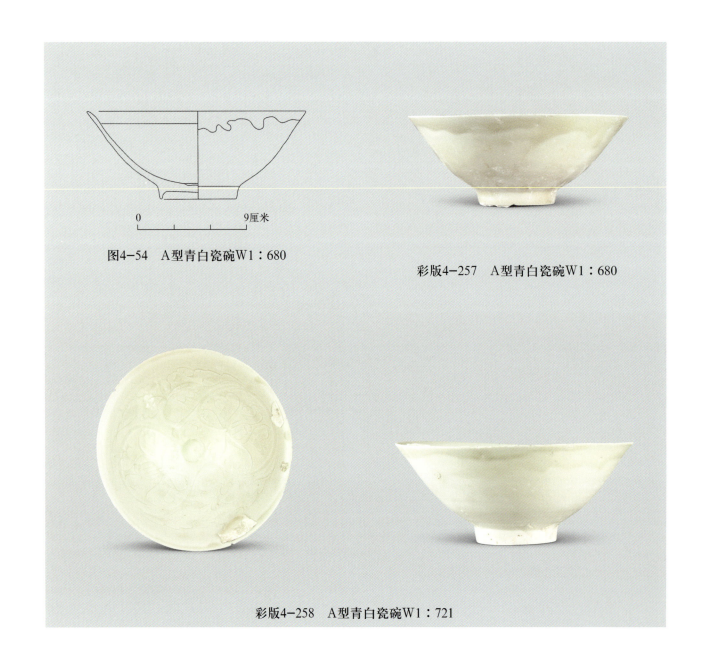

0　　　　　9厘米

图4-54　A型青白瓷碗W1：680

彩版4-257　A型青白瓷碗W1：680

彩版4-258　A型青白瓷碗W1：721

彩版4-259　A型青白瓷碗W1：704

彩版4-260　A型青白瓷碗W1：679

彩版4-261　A型青白瓷碗W1：87

B 型

77件。圆形平口，深弧腹，内底边缘下凹，圆平底较大。内壁口沿下刻划一道弦纹，其下刻划一枝穿过底心的折枝荷花，花瓣绽放，两侧各刻划一片花叶纹，花瓣、叶片均饰以细篦划纹。

W1：132，釉色不匀，局部泛灰。口径 19.0、足径 6.4、高 6.9 厘米（图 4-55；彩版 4-262）。

W1：284，外底平。釉色泛灰，口沿下内外流釉现象明显，釉面开稀疏纹片。内底落有少量渣粒。口径 19.0、足径 6.4、高 6.9 厘米（图 4-56，1；彩版 4-263）。

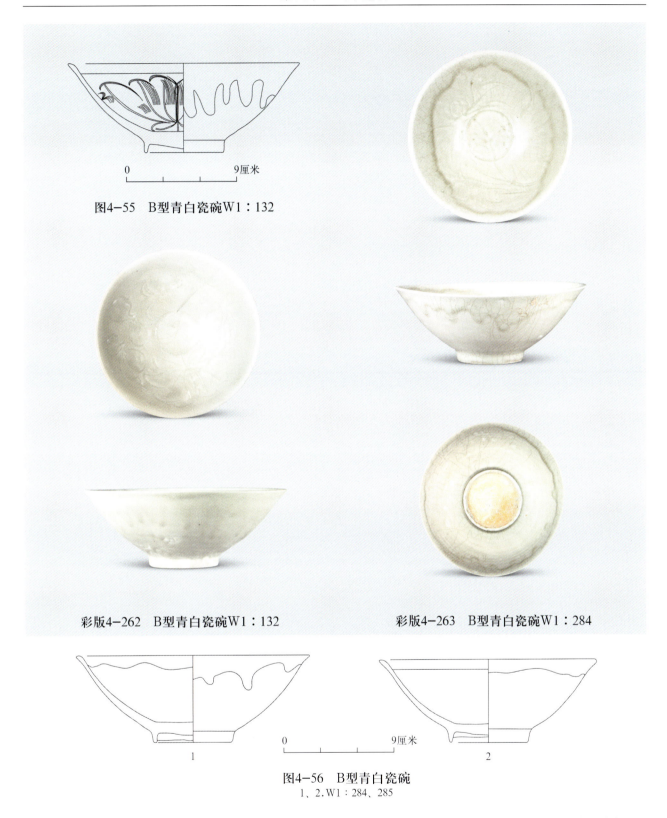

图4-55 B型青白瓷碗W1：132

彩版4-262 B型青白瓷碗W1：132

彩版4-263 B型青白瓷碗W1：284

图4-56 B型青白瓷碗
1、2. W1：284、285

W1：285，釉色青白，口沿下流釉明显，釉面局部开片，外壁可见少量小缩釉斑。内壁刻划纹较浅。内底落有渣粒。口径17.8、足径6.7、高6.6厘米（图4-56，2；彩版4-264）。

W1：190，口沿处流釉明显，釉厚处泛淡青色，外壁釉面有小缩釉斑。口径18.9、足径6.6、高6.9厘米（图4-57；彩版4-265）。

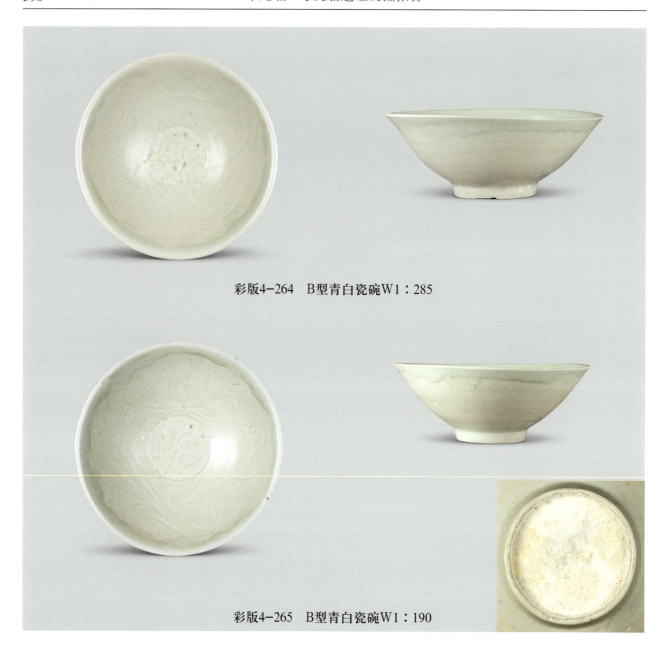

彩版4-264　B型青白瓷碗W1：285

彩版4-265　B型青白瓷碗W1：190

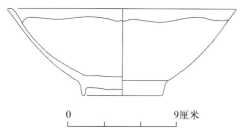

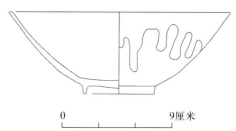

图4-57　B型青白瓷碗W1：190

图4-58　B型青白瓷碗W1：218

　　W1：218，外底平。外施釉至足端，外壁下部可见跳刀痕。口沿下流釉明显，外壁釉面可见较多小缩釉斑。内壁刻划折枝荷花纹，线条流畅简洁。口径17.9、足径5.7、高6.5厘米（图4-58；彩版4-266）。

W1：221，外底心有脐突。釉色泛黄，外施釉至足端，釉面可见较多小缩釉斑。内壁刻划一枝穿过碗心的折枝荷花，两侧各刻划一片荷叶。口径17.8、足径6.1、高6.5厘米（图4-59，1；彩版4-267）。

W1：223，器形规整，外底平。釉色泛白，外壁施釉至足端。内壁刻划折枝荷花，花瓣饰以细篦纹，纹样简洁潦草。口径18.2、足径6.1、高6.6厘米（图4-59，2；彩版4-268）。

W1：290，内底小圆底略小。釉色泛黄，釉面有小缩釉斑。内壁刻划一枝穿过碗心的折枝荷花，底心处及两侧未刻饰花叶纹。口径19.3、足径6.2、高6.9厘米（图4-60；彩版4-269）。

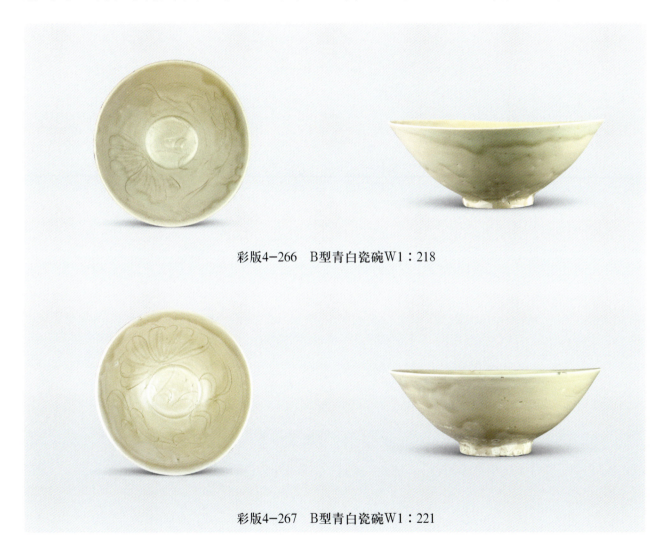

彩版4-266　B型青白瓷碗W1：218

彩版4-267　B型青白瓷碗W1：221

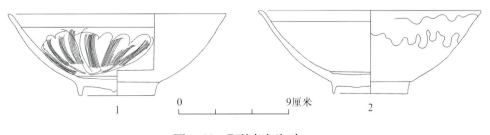

图4-59　B型青白瓷碗
1、2.W1：221、223

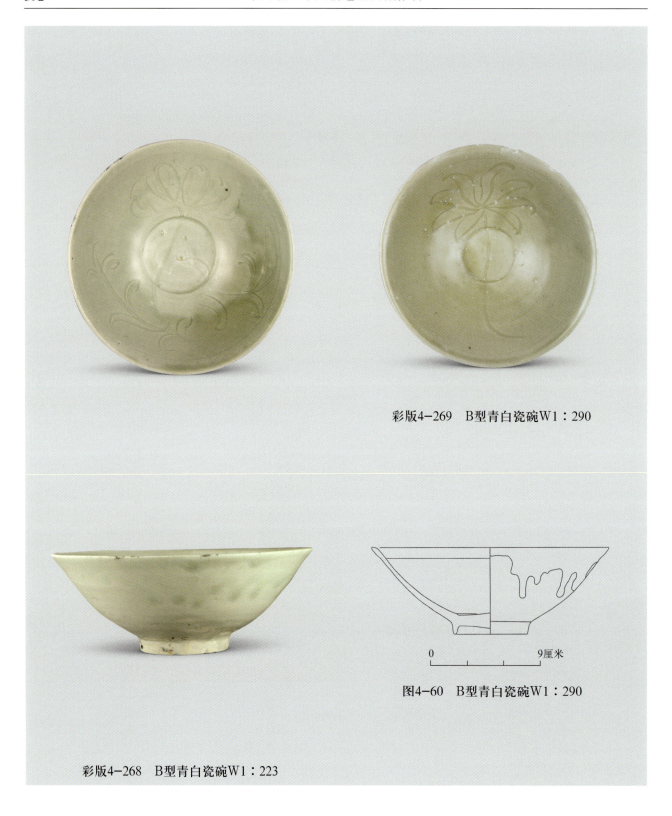

彩版4-269　B型青白瓷碗W1：290

图4-60　B型青白瓷碗W1：290

彩版4-268　B型青白瓷碗W1：223

　　W1：718，口沿变形，内底小圆底略小。釉色泛黄，釉面有小缩釉斑。内壁刻划一枝穿过碗心的折枝荷花，两侧各刻划一片荷叶。口径19.3、足径6.3、高6.9厘米（图4-61，1；彩版4-270）。

　　W1：716，釉色泛白，釉面光洁莹润。口径18.9、足径6.3、高6.7厘米（图4-61，2；彩版4-271）。

W1：719，釉色泛白，略生烧，开细小冰裂纹。口径18.8、足径6.3、高7.2厘米（图4-61，3；彩版4-272）。

W1：746，釉色泛灰，釉面泛涩。内壁刻划纹较浅。口径19.3、足径6.3、高6.5厘米（图4-62；彩版4-273）。

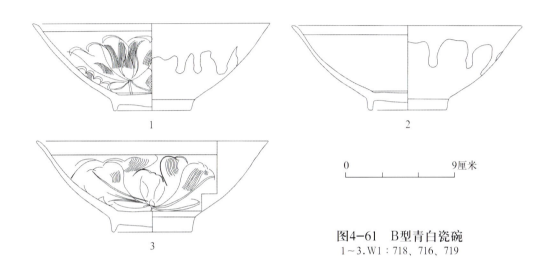

图4-61　B型青白瓷碗
1～3.W1：718、716、719

彩版4-270　B型青白瓷碗W1：718

彩版4-271　B型青白瓷碗W1：716

彩版4-272　B型青白瓷碗W1：719

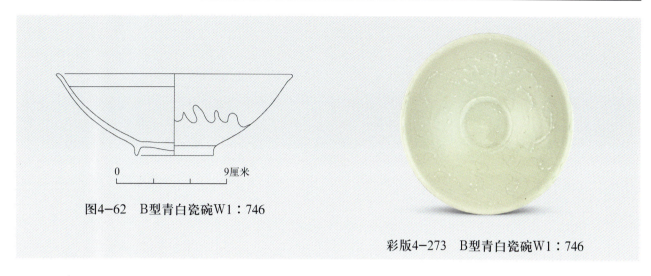

图4-62　B型青白瓷碗W1：746

彩版4-273　B型青白瓷碗W1：746

C型

423件。圆形平口，弧腹较浅，内底边缘略下凹，圆平底大。内壁口沿下刻划一道弦纹，其下一般刻划花纹，其中，256件内壁满刻篦划水波纹，162件内壁刻划折枝荷花纹或牡丹纹（两者数量未分别统计，以折枝荷花纹为多），5件内壁素面无纹。水波纹绝大多是以连弧纹和篦纹组成，口沿下刻饰一圈连弧纹，其下刻以简单潦草的连弧纹，并划以水波状细篦纹，波纹起笔处篦纹齐而略深，多留有点状痕迹，分层篦划而成，排列密集，由底部向上一般分三层纹样，底部一层、腹壁两层；少数器物仅以篦划纹为之。折枝荷花纹则刻划一枝穿过底心的折枝荷花，花瓣绽放，两侧各刻划一片花叶纹，花瓣、叶片均饰以细篦划纹；牡丹纹则均为两大朵对称的折枝牡丹花，花朵之间辅以花叶纹样，枝蔓缠连，花瓣、叶片边缘以连弧纹浅刻，其内填以细篦划纹；荷花纹、牡丹纹的纹样布局偶有交叉，折枝牡丹纹见有一枝牡丹穿过底心、两侧刻划花叶纹者，也见有花朵不清或不明者，数量很少。素面者似非有意为之，可能因刻划纹样浅而不显，或因无意遗漏刻划纹样所致。

W1：53，釉色泛黄。内壁口沿下刻一周横向连弧纹，其下三层水波纹刻划较为清晰。口径16.3、足径5.9、高4.6厘米（图4-63；彩版4-274）。

W1：231，内壁刻划水波纹，连弧纹潦草，篦划纹较为随意。口径16.3、足径5.7、高4.5厘米（图4-64，1；彩版4-275）。

W1：232，口部变形，外底心有小脐突。釉色泛白，口沿处流釉痕迹明显。内壁口沿下凹弦纹清晰，无横向连弧纹，内壁刻划三层水波纹，篦划纹较浅。口径16.4、足径6.1、高4.8厘米（图4-64，2；彩版4-276）。

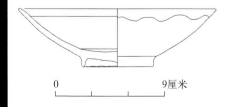

图4-63　C型青白瓷碗W1：53

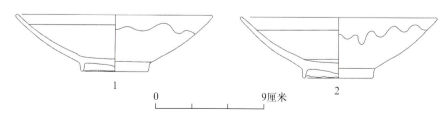

图4-64　C型青白瓷碗
1、2.W1：231、232

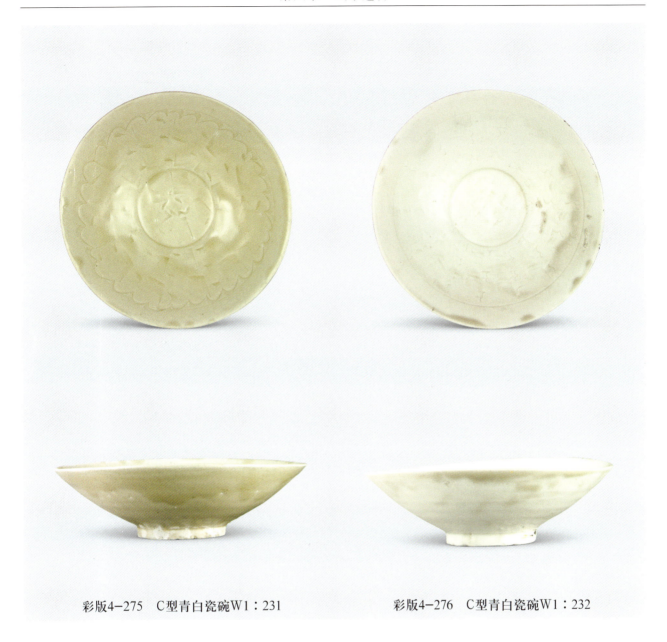

彩版4-275 C型青白瓷碗W1：231　　　　彩版4-276 C型青白瓷碗W1：232

W1：735，釉色泛白，釉面有小缩釉斑。内壁刻划水波纹，口沿下横向连弧纹一周，篦纹点痕清晰。口径 16.6、足径 5.9、高 4.7 厘米（图 4-65；彩版 4-277）。

W1：193，釉色泛白，口沿下流釉痕迹明显。内壁口沿下有一周横向连弧纹，内壁底腹刻划四层水波纹。口径 18.3、足径 6.3、高 5.3 厘米（图 4-66；彩版 4-278）。

W1：166，口沿下流釉痕迹明显，内壁及外壁口沿下釉厚处开冰裂纹片，开片处呈灰黑色。内壁刻划水波纹，刻纹较宽，篦划纹浅。口径 18.9、足径 6.5、高 5.5 厘米（图 4-67；彩版 4-279）。

W1：295，釉色不匀，泛黄或泛青，釉面开细碎冰裂纹。内壁刻划水波纹。内底落有渣粒。口径 18.8、足径 7.1、高 5.4 厘米（图 4-68；彩版 4-280）。

W1：702，釉色泛黄。内壁刻划水波纹，口沿下横向连弧纹较为明显，篦纹较浅，排列密集。口径 19.2、足径 6.1、高 5.2 厘米（图 4-69；彩版 4-281）。

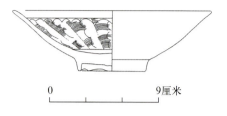

图4-65　C型青白瓷碗W1：735

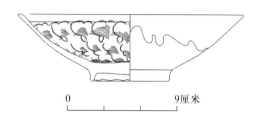

图4-66　C型青白瓷碗W1：193

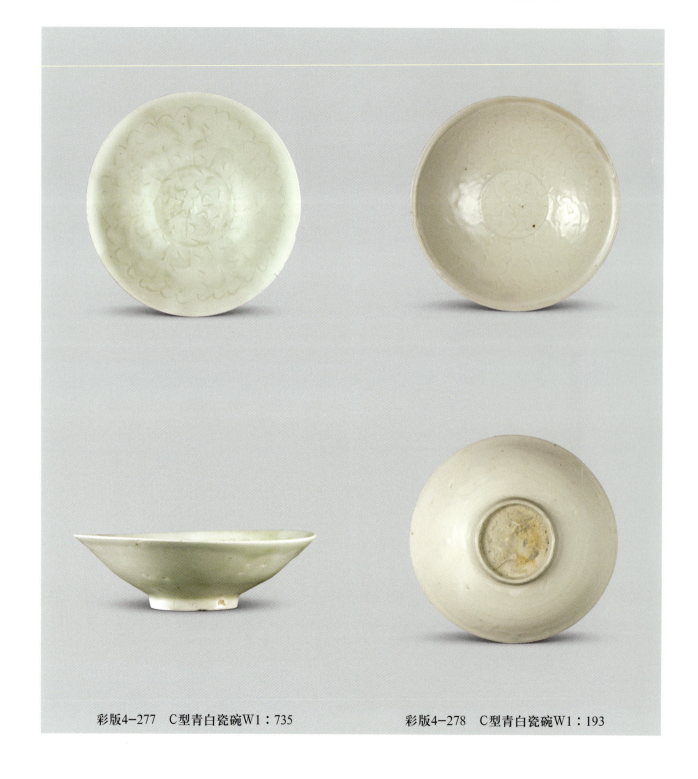

　　　　彩版4-277　C型青白瓷碗W1：735　　　　　　　　彩版4-278　C型青白瓷碗W1：193

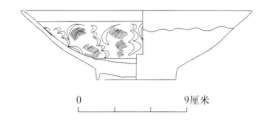

图4-67　C型青白瓷碗W1∶166

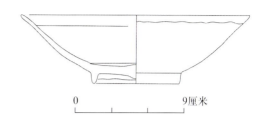

图4-68　C型青白瓷碗W1∶295

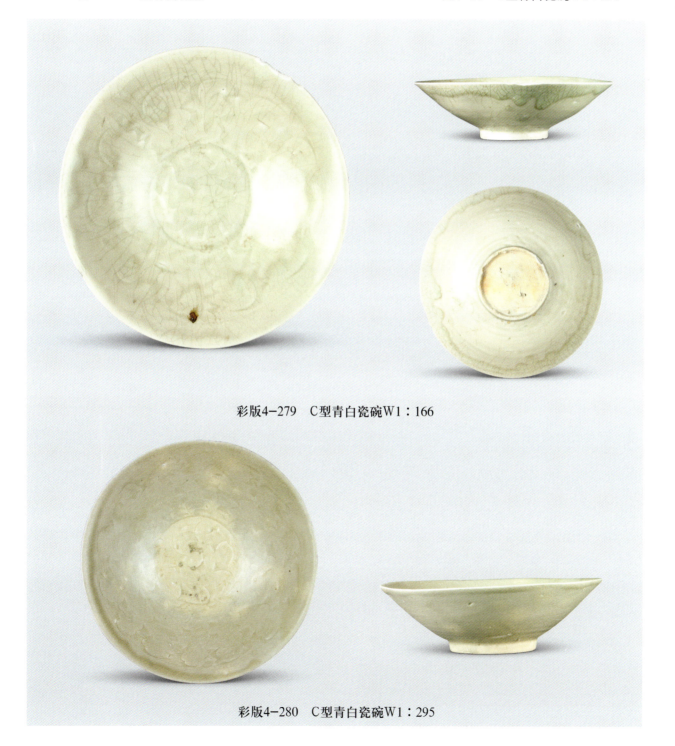

彩版4-279　C型青白瓷碗W1∶166

彩版4-280　C型青白瓷碗W1∶295

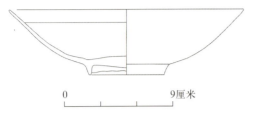

图4-69　C型青白瓷碗W1：702

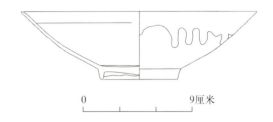

图4-70　C型青白瓷碗W1：701

彩版4-281　C型青白瓷碗W1：702　　　　　　　彩版4-282　C型青白瓷碗W1：701

　　W1：701，外底平。釉色泛白，釉面有小缩釉斑点。内壁刻划水波纹，刻纹、篦纹较浅。口径19.4、足径6.3、高5.4厘米（图4-70；彩版4-282）。

　　W1：711，釉色泛白，釉面有小褐斑。内壁刻划水波纹，连弧纹排列密集，腹部四层、底部两层，篦划纹浅。内底落有渣粒。口径19.8、足径6.4、高6.2厘米（图4-71；彩版4-283）。

　　W1：632，釉色泛白。内壁刻划水波纹，腹部和底部刻五层连弧纹，篦纹较浅，分布密集。口径20.0、足径6.5、高6.2厘米（图4-72；彩版4-284）。

　　W1：195，釉色灰白，口沿处流釉明显。内壁口沿下刻一周横向连弧纹，其下刻四层水波纹，刻纹清晰。口径19.3、足径6.4、高5.9厘米（图4-73；彩版4-285）。

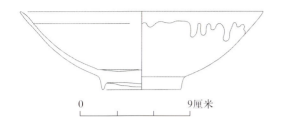

图4-71　C型青白瓷碗W1：711

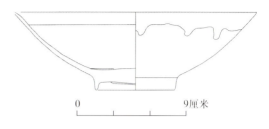

图4-72　C型青白瓷碗W1：632

彩版4-283　C型青白瓷碗W1：711

彩版4-284　C型青白瓷碗W1：632

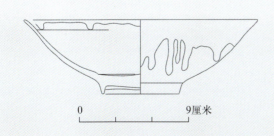

图4-73　C型青白瓷碗W1：195

彩版4-285　C型青白瓷碗W1：195

W1：737，釉色泛黄。内壁刻划三层水波纹，口沿下刻一周连弧纹，腹及底部篦划纹细而密。口径 16.6、足径 5.6、高 4.8 厘米（图 4-74，1；彩版 4-286）。

W1：744，釉色泛黄。内壁刻划五层水波纹，连弧纹排列紧密，篦纹较浅。口径 20.0、足径 6.3、高 6.1 厘米（图 4-74，2；彩版 4-287）。

W1：165，口沿变形。釉色泛黄。内壁刻划水波纹，分布密集，刻纹、篦纹较浅。口径 18.4、足径 6.5、高 5.3 厘米（图 4-75；彩版 4-288）。

W1：301，釉色泛白，釉面有小缩釉斑点。内壁刻划三层连弧纹和篦纹组成的水波纹。内底落有渣粒。口径 18.0、足径 6.1、高 5.5 厘米（图 4-76，1；彩版 4-289）。

W1：302，釉色泛白。内壁刻划水波纹，连弧纹较为连贯，篦划纹较浅。外壁坯体粘有渣粒，内底落有渣粒。口径 17.4、足径 6.1、高 5.0 厘米（图 4-76，2；彩版 4-290）。

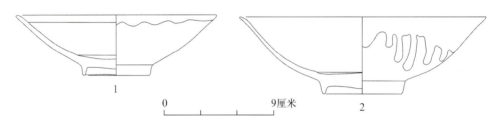

0　　　　　　9厘米

图4-74　C型青白瓷碗
1、2.W1：737、744

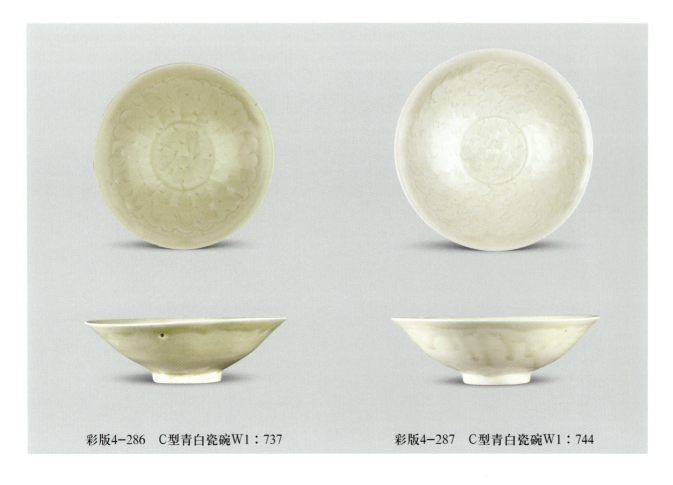

彩版4-286　C型青白瓷碗W1：737　　　　　彩版4-287　C型青白瓷碗W1：744

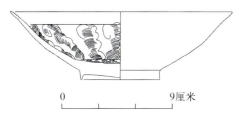

图4-75　C型青白瓷碗W1：165

彩版4-288　C型青白瓷碗W1：165

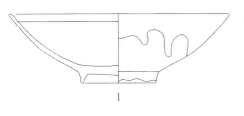

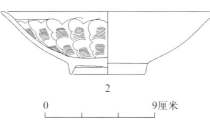

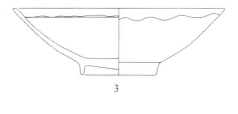

图4-76　C型青白瓷碗
1~3.W1：301、302、303

彩版4-289　C型青白瓷碗W1：301　　　　　　彩版4-290　C型青白瓷碗W1：302

W1：303，内壁刻划水波纹，连弧纹较为稀疏潦草，篦划纹较浅。口径17.6、足径6.2、高5.3厘米（图4-76，3；彩版4-291）。

W1：134，釉色泛白，釉面有小缩釉斑点。内壁刻划三层水波纹。内底落有小渣粒。口径17.9、足径6.1、高5.5厘米（图4-77；彩版4-292）。

W1：714，釉色青白，釉面莹润，口沿下流釉明显。内壁饰水波纹，腹部及底部未刻连弧纹，直接划以细篦纹，排列较为密集。口径19.4、足径6.4、高6厘米（图4-78；彩版4-293）。

W1：305，釉色泛青黄，口沿处流釉痕迹明显。内壁刻划一折枝荷花，花瓣、叶片内为篦划纹，刻纹、篦纹较浅。口径17.4、足径5.9、高5.2厘米（图4-79；彩版4-294）。

W1：731，釉色青白，口沿下流釉明显。内壁刻划一折枝荷花。口径18.1、足径6.0、高5.1厘米（图4-80，1；彩版4-295）。

W1：729，器物略变形。釉色泛白，内底有一黑色窑斑。内壁刻划一折枝荷花，篦划纹较浅。口径17.6、足径6.1、高5.0厘米（图4-80，2；彩版4-296）。

W1：730，釉色泛白。内壁刻划一折枝荷花，刻纹清晰，篦纹细浅。口径18.0、足径6.1、高5.2厘米（图4-80，3；彩版4-297）。

W1：732，釉色泛白。内壁刻划一折枝荷花，刻纹、篦纹较浅。内底落有渣粒。口径17.5、足径6.3、高5.1厘米（图4-80，4；彩版4-298）。

W1：728，釉色泛黄，口沿下流釉痕迹明显。内壁刻划一折枝荷花，篦划纹较浅。内底落有渣粒。口径17.5、足径6.4、高5.0厘米（图4-81；彩版4-299）。

W1：733，釉色泛白，内壁开稀疏大纹片。内壁刻划一折枝荷花，篦划纹细浅。口径17.9、

彩版4-291　C型青白瓷碗W1：303

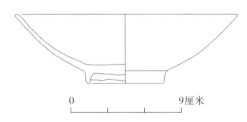

图4-77　C型青白瓷碗W1：134

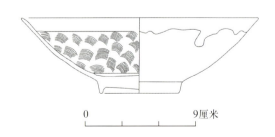

图4-78　C型青白瓷碗W1：714

彩版4-292　C型青白瓷碗W1：134

彩版4-293　C型青白瓷碗W1：714

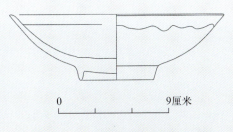

0　　　　　　　9厘米

图4-79　C型青白瓷碗W1：305

彩版4-294　C型青白瓷碗W1：305

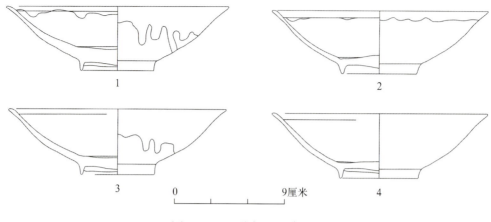

图4-80　C型青白瓷碗
1~4.W1：731、729、730、732

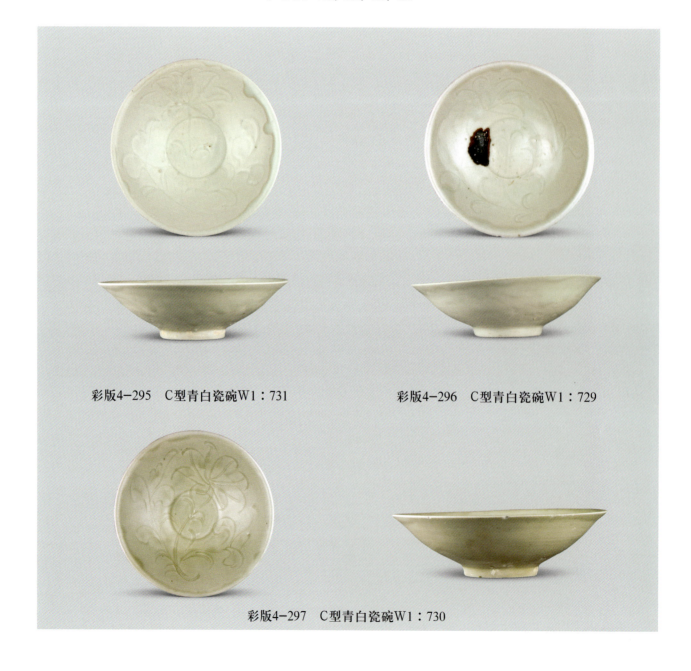

彩版4-295　C型青白瓷碗W1：731　　　　　彩版4-296　C型青白瓷碗W1：729

彩版4-297　C型青白瓷碗W1：730

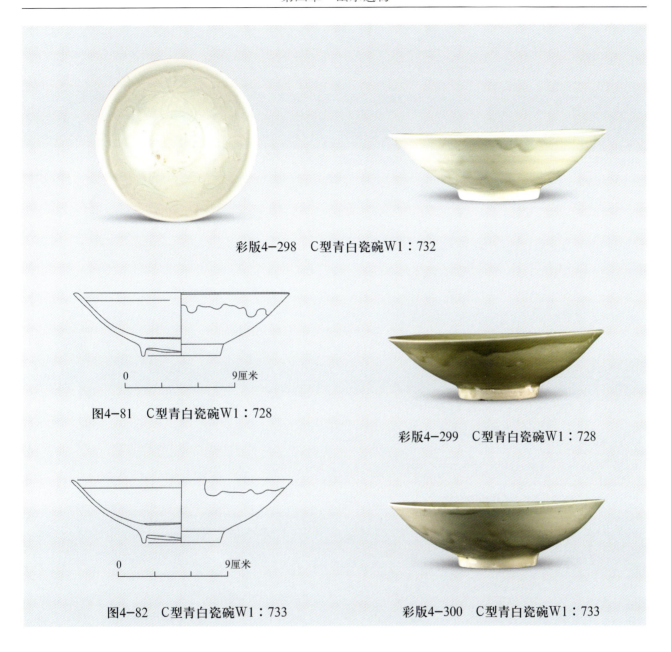

彩版4-298　C型青白瓷碗W1：732

图4-81　C型青白瓷碗W1：728

彩版4-299　C型青白瓷碗W1：728

图4-82　C型青白瓷碗W1：733

彩版4-300　C型青白瓷碗W1：733

足径6.3、高5.0厘米（图4-82；彩版4-300）。

W1：229，釉色泛青黄，釉面有小缩釉斑点。内壁刻划一折枝荷花，刻纹清晰。内壁粘零星窑砂。口径17.9、足径6.4、高5.1厘米（图4-83；彩版4-301）。

W1：198，釉色泛青黄。内壁刻划一折枝荷花，线条简洁，刻纹清晰。口径17.4、足径6.2、高4.9厘米（图4-84；彩版4-302）。

W1：296，釉色泛黄，口沿下流釉明显，釉面开细碎纹片。内壁刻划三片荷叶状纹，一枝花茎穿过底心，线条潦草。口径18.8、足径6.6、高5.7厘米（图4-85；彩版4-303）。

W1：304，釉色泛白，外壁釉面有小缩釉斑点。内壁刻划一枝穿过碗心的折枝牡丹，两侧各刻划一片花叶，花瓣、叶片边缘以连弧纹浅刻成，其内填以篦划纹。口径18.1、足径5.9、高5.5厘米（图4-86；彩版4-304）。

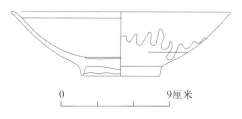

图4-83　C型青白瓷碗W1：229

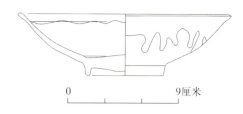

图4-84　C型青白瓷碗W1：198

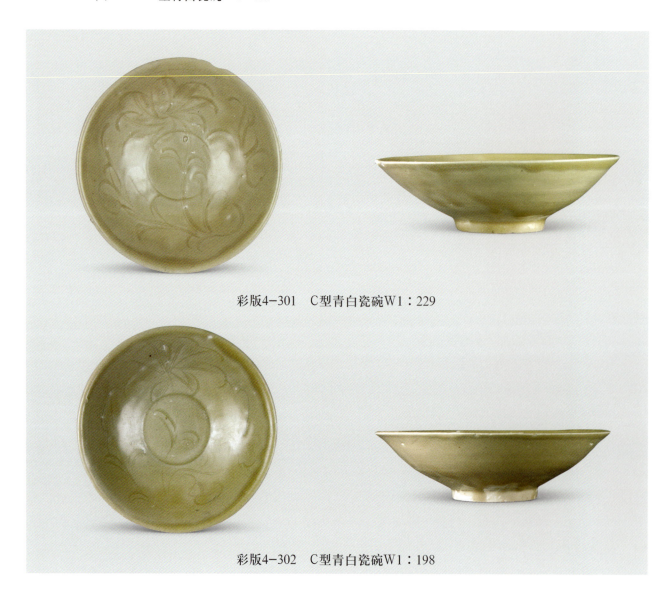

彩版4-301　C型青白瓷碗W1：229

彩版4-302　C型青白瓷碗W1：198

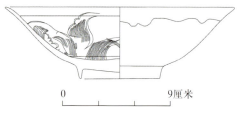

图4-85　C型青白瓷碗W1：296

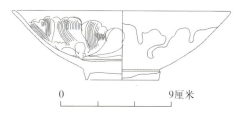

图4-86　C型青白瓷碗W1：304

彩版4-303　C型青白瓷碗W1：296

彩版4-304　C型青白瓷碗W1：304

W1：136，器物变形较大。釉色泛白，釉面有小缩釉斑点。内壁刻划两大朵对称的折枝牡丹花，花朵之间辅以花叶，枝蔓缠连，花瓣、叶片轮廓以连弧纹浅刻而成，其内填以细篦划纹。口径18.3、足径5.8、高5.5厘米（图4-87；彩版4-305）。

W1：168，釉色泛白，釉面光润，口沿处有流釉痕。内壁刻划两朵对称的折枝牡丹花，花叶枝蔓缠连，花瓣、叶片内浅划篦纹。口径17.2、足径6.0、高5.1厘米（图4-88）。

W1：169，釉色泛白，口沿下流釉明显。内壁刻划两朵对称的折枝牡丹花，花叶枝蔓缠连，花瓣、叶片内浅划篦纹。口径17.2、足径6.0、高5.0厘米（图4-89）。

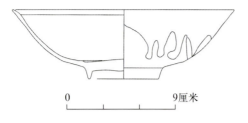

图4-87　C型青白瓷碗W1：136

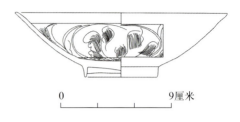

图4-88　C型青白瓷碗W1：168

彩版4-305　C型青白瓷碗W1：136

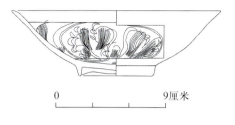

图4-89　C型青白瓷碗W1：169

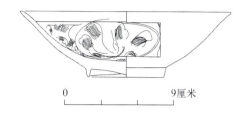

图4-90　C型青白瓷碗W1：170

W1：170，釉色泛白，口沿下流釉明显。内壁刻划两朵对称的折枝牡丹花，花叶枝蔓缠连，花瓣、叶片内浅划篦纹。口径17.1、足径6.2、高5.1厘米（图4-90；彩版4-306）。

W1：199，釉色泛黄，釉面光润。内壁刻划两朵折枝牡丹纹，纹样清晰。口径17.1、足径6.0、高4.9厘米（图4-91；彩版4-307）。

W1：715，釉色泛白，内壁刻划两大朵对称的折枝牡丹花，茎叶缠连，花瓣、叶片以篦划纹为饰，纹样清晰。内底落有渣粒。口径19.3、足径6.3、高5.6厘米（图4-92；彩版4-308）。

W1：249，釉色泛白，口沿下及足部流釉痕迹明显，略显生烧，釉面具乳浊质感，开冰裂纹，疏密不同。素面。口径17.0、足径6.2、高5.2厘米（图4-93；彩版4-309）。

彩版4-306　C型青白瓷碗W1：170

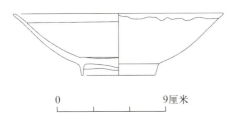

图4-91　C型青白瓷碗W1：199

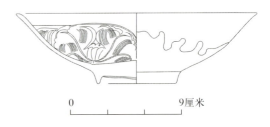

图4-92　C型青白瓷碗W1：715

彩版4-307　C型青白瓷碗W1：199　　　　　　　　彩版4-308　C型青白瓷碗W1：715

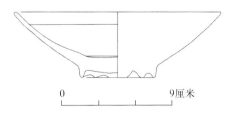

图4-93　C型青白瓷碗W1：249

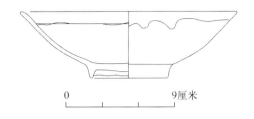

图4-94　C型青白瓷碗W1：734

彩版4-309　C型青白瓷碗W1：249　　　　　彩版4-310　C型青白瓷碗W1：734

W1：734，釉色泛黄。内底心略凸，外底较平。素面。口径17.9、足径6.3、高5.3厘米（图4-94；彩版4-310）。

W1：741，釉色泛黄，釉面开细碎冰裂纹。素面。内底落有渣粒。口径19.7、足径6.9、高5.8厘米（图4-95；彩版4-311）。

W1：926，口沿微外撇，口部略变形。釉色泛灰，略显生烧，釉面具乳浊质感，局部开细碎纹片。素面。内底粘少量窑渣。口径18.2、足径6.2、高5.5厘米（图4-96；彩版4-312）。

D型

50件。六瓣葵口，深弧腹，内底边缘下凹，圆平底较大。葵口为削缺而成。根据腹壁弧直程度和内壁装饰情况可分两亚型。

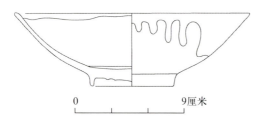

图4-95　C型青白瓷碗W1：741

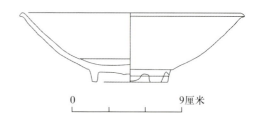

图4-96　C型青白瓷碗W1：926

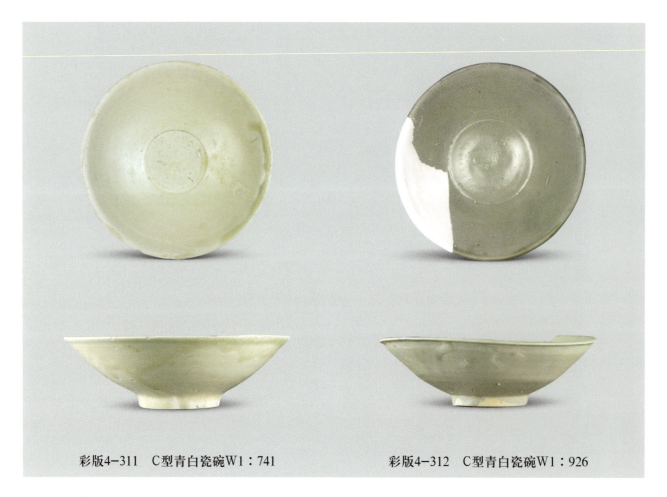

彩版4-311　　C型青白瓷碗W1：741　　　　　彩版4-312　　C型青白瓷碗W1：926

Da 型

35 件。深腹略弧，内壁刻划一朵折枝牡丹纹。内壁口沿下浅刻一道弦纹，其下刻划一枝穿过底心的折枝牡丹花，花朵绽放，以连弧纹勾勒花瓣轮廓，两侧各刻划一片花叶纹，花瓣、叶片均饰以细篦划纹，线条流畅。

W1：292，釉色泛灰黄，口沿处流釉痕迹明显。内壁刻划折枝牡丹纹，纹样清晰。口径 18.0、足径 6.3、高 6.3 厘米（图 4-97；彩版 4-313）。

W1：222，釉色泛灰白。口径 18.2、足径 6.3、高 6.6 厘米（图 4-98；彩版 4-314）。

W1：192，釉色泛灰白，口沿下流釉痕迹明显，外壁釉面有小缩釉斑点。内底粘少量窑渣，外底附着有白色珊瑚石。口径 18.3、足径 6.3、高 6.8 厘米（图 4-99；彩版 4-315）。

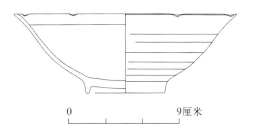

图4-97　Da型青白瓷碗W1：292

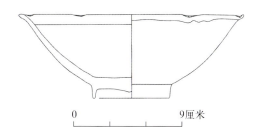

图4-98　Da型青白瓷碗W1：222

彩版4-313　Da型青白瓷碗W1：292　　　　　　彩版4-314　Da型青白瓷碗W1：222

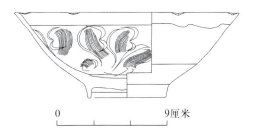

图4-99　Da型青白瓷碗W1：192

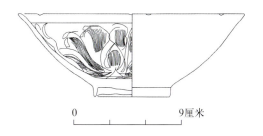

图4-100　Da型青白瓷碗W1：167

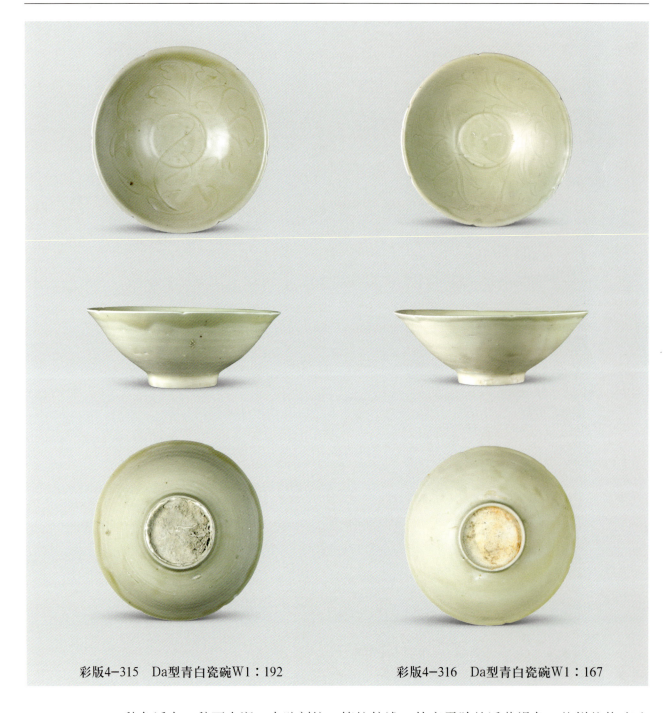

彩版4-315　　Da型青白瓷碗W1：192　　　　　　　彩版4-316　　Da型青白瓷碗W1：167

　　W1：167，釉色泛白，釉面光润。内壁刻纹、篦纹较浅。外底露胎处泛黄褐色，垫饼垫烧痕迹明显。口径18.6、足径6.3、高6.6厘米（图4-100；彩版4-316）。

　　Db型

　　15件。深腹略直，六缺葵口沿下内壁饰有六道出筋纹，延伸至近底部，少数纹饰不明显。内底边缘凹痕明显，有的圆底略小。

　　W1：277，釉色泛黄，釉面开细碎冰裂纹，有少量小缩釉斑点。口径20.8、足径6.9、高7.9厘米（图4-101；彩版4-317）。

　　W1：628，釉色泛白，内壁口沿下流釉明显，釉厚处局部开片。内底落有渣粒。口径18.7、足

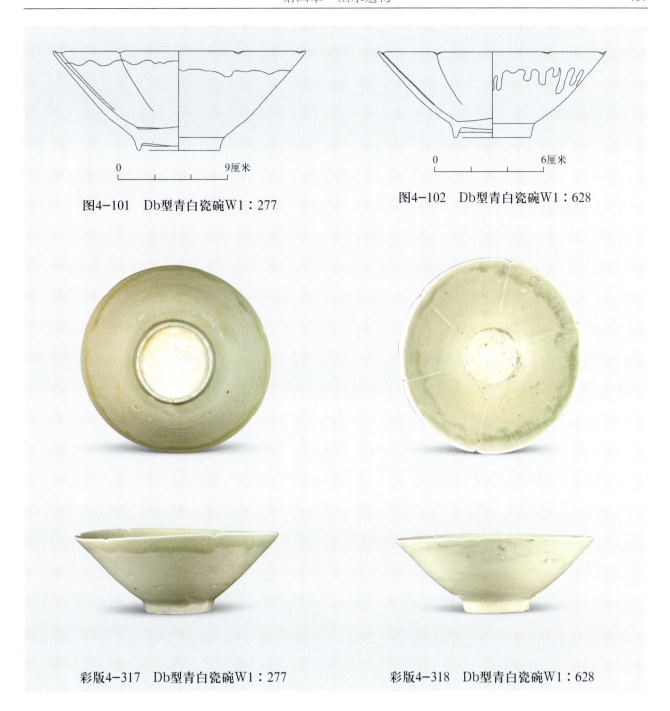

图4-101　Db型青白瓷碗W1：277

图4-102　Db型青白瓷碗W1：628

彩版4-317　Db型青白瓷碗W1：277

彩版4-318　Db型青白瓷碗W1：628

径6.2、高6.8厘米（图4-102；彩版4-318）。

W1：685，釉色泛灰白，口沿下流釉痕迹明显。口径18.7、足径6.3、高6.7厘米（图4-103；彩版4-319）。

W1：630，釉色泛灰，口沿下流釉痕迹明显，釉面可见小缩釉斑点。内壁出筋痕迹较浅。内底粘有少量窑砂。素面。口径18.8、足径6.3、高6.7厘米（图4-104；彩版4-320）。

W1：682，内底平，圆底略小。釉色泛黄，釉面开细碎冰裂纹，有少量小缩釉斑点。内壁六道出筋不明显。内底落有渣粒。口径19.8、足径6.0、高7.1厘米（图4-105；彩版4-321）。

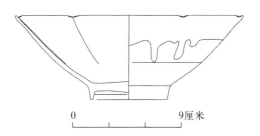

图4-103　Db型青白瓷碗W1：685

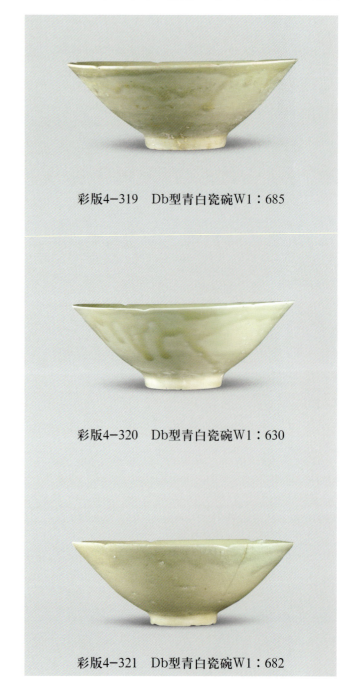

彩版4-319　Db型青白瓷碗W1：685

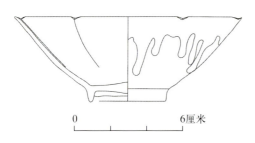

图4-104　Db型青白瓷碗W1：630

彩版4-320　Db型青白瓷碗W1：630

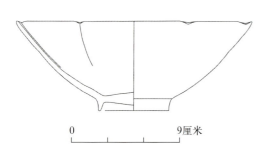

图4-105　Db型青白瓷碗W1：682

彩版4-321　Db型青白瓷碗W1：682

E 型

47 件。六瓣葵口，弧腹较浅，内底边缘略下凹，圆平底大。葵口为削缺而成。内壁口沿下浅刻一道弦纹，其下刻划一枝穿过底心的折枝牡丹纹，也有的似折枝荷花纹，花朵绽放，两侧各刻划一片花叶纹，花瓣、叶片均饰以细篦划纹。

W1：197，釉色泛黄，釉面光润。内壁浅刻一枝折枝牡丹纹，刻纹、篦纹较浅。外底露胎处泛黄褐。口径17.3、足径6.0、高4.9厘米（彩版4-322）。

W1：228，釉色青白，釉面开细碎冰裂纹。口径17.7、足径6.3、高5.2厘米（彩版4-323）。

W1：225，釉色泛白，釉面光润。口径17.9、足径6.4、高5.3厘米（彩版4-324）。

彩版4-322　E型青白瓷碗W1：197

彩版4-323　E型青白瓷碗W1：228　　　　　彩版4-324　E型青白瓷碗W1：225

W1：224，釉面开稀疏大纹片。内壁刻纹较宽，纹样清晰。口径 17.8、足径 6.4、高 5.1 厘米（图4-106，1；彩版 4-325）。

W1：230，釉色泛白，口沿处流釉痕迹明显，釉面局部开细碎纹片。口径 17.8、足径 6.5、高 5.0厘米（图 4-106，2；彩版 4-326）。

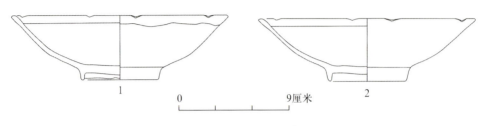

图4-106　E型青白瓷碗
1、2. W1：224、230

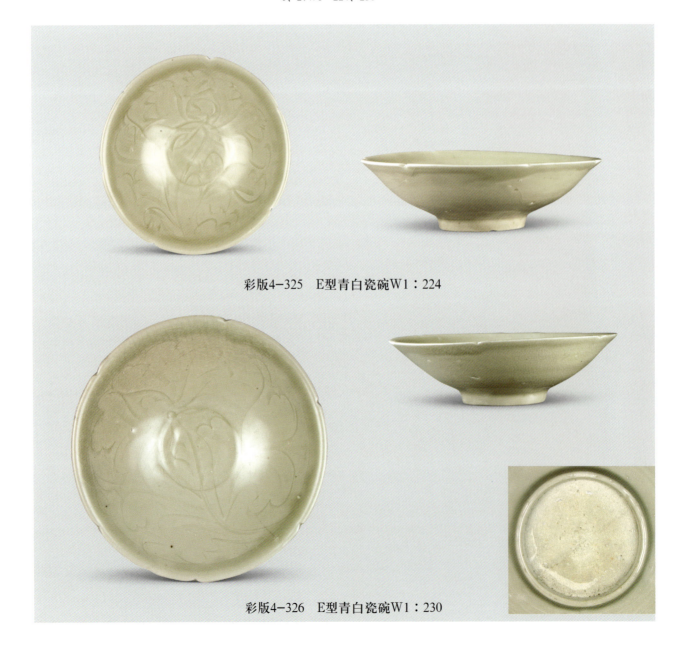

彩版4-325　E型青白瓷碗W1：224

彩版4-326　E型青白瓷碗W1：230

2.青白瓷小碗

数量最多，计有 5165 件。器形略小于碗，在碗盏类器物中大小属中等，口径一般在 15～17 厘米之间，大多为 16 厘米左右。敞口或口微撇，少量侈口，尖唇、尖圆唇或圆唇，弧腹或斜弧腹，内壁弧，内底略下凹，底心多见刮削而成的小圈凹纹或大圈凹纹。圈足大多制作较规整，足墙厚薄不匀，向外略斜，足端则较平或略向内下斜，足根有一窄平台，外底大多数微下凸，有的有脐突，并可见挖足形成的小台面。器物轮制成型，制作较粗糙，多有变形，口沿外侧有一道旋削成的凸棱，外壁轮旋修坯痕迹明显，少量腹外壁中部或底部可见跳刀痕，修坯相对较为随意，故口沿、腹部多有差异，但其制作工艺却较为一致。胎色灰白，质较粗，坯体见有较多砂眼。釉色多泛灰或青，或泛青灰、青黄，釉面可见小缩釉斑点；外壁施釉多不及底，蘸釉施釉痕迹清晰，有的内底刮削一涩圈，少量内底局部无釉。内壁口沿下多饰一道细弦纹，其下素面无纹者居多，有装饰者多为篦划纹，少量为花卉纹，刻划潦草，线条流畅。根据底部形态的差异，可分四型。

A 型

3357 件。内底心刮削出一略凸出的圆形小平台，少数凹圈痕不明显。器内壁均满釉，外施至腹下部，部分流至足外壁。内壁上部刻划一圈细凹弦纹，极个别凹纹不显。其中，2097 件素面，1257件内壁饰草率篦划纹，3 件内壁刻划花卉纹。

W1：767，敞口，尖圆唇，外壁下部可见跳刀痕。釉色青白，外壁釉面有小缩釉斑点。内壁凹弦纹下刻三折枝花卉纹，刻纹清晰。口径 15.8、足径 5.8、高 5.3 厘米（图 4-107；彩版 4-327）。

W1：863，口微撇，圆唇。釉色泛灰，釉面开细碎纹片，外壁可见大量小缩釉斑点。内壁凹弦纹下刻花卉纹，三枝缠连。口径 16.8、足径 6.7、高 6.0 厘米（图 4-108；彩版 4-328）。

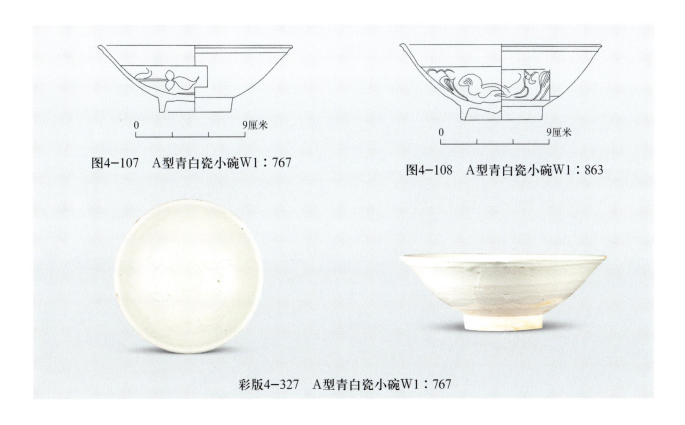

图4-107 A型青白瓷小碗W1：767　　图4-108 A型青白瓷小碗W1：863

彩版4-327 A型青白瓷小碗W1：767

　　W1：66，敞口，圆唇。釉色泛青。内壁凹弦纹和内底凹纹之间饰上、下两层篦划纹。内壁篦划纹之间刻"壬午载潘三郎造"铭记，刻纹清晰。口径15.7、足径6.4、高5.4厘米（图4-109；彩版4-329）。

　　W1：67，敞口，尖圆唇。釉色青白，釉面开稀疏纹片，可见小缩釉斑点。内壁刻划三组篦纹，浅篦划纹与弧线纹搭配而成。口径15.6、足径5.4、高5.1厘米（图4-110，1；彩版4-330）。

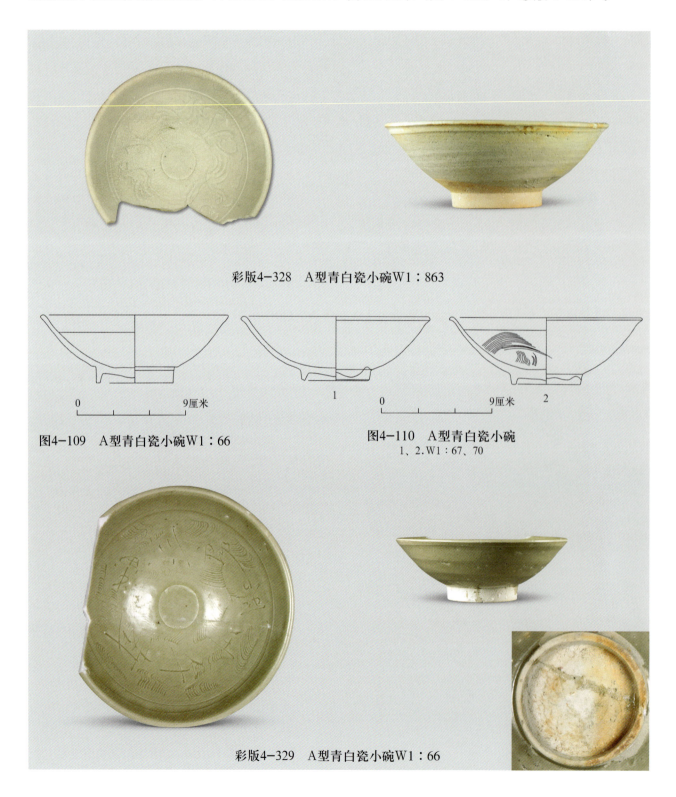

彩版4-328　A型青白瓷小碗W1：863

图4-109　A型青白瓷小碗W1：66

图4-110　A型青白瓷小碗
1、2.W1：67、70

彩版4-329　A型青白瓷小碗W1：66

彩版4-330 A型青白瓷小碗W1：67

彩版4-331 A型青白瓷小碗W1：70

彩版4-332 A型青白瓷小碗W1：316

　　W1：70，敞口，圆唇。釉色泛黄，外壁可见较多小缩釉斑点。内壁刻划三组篦划纹，浅篦划纹与弧线纹搭配而成。口径15.7、足径5.4、高5.3厘米（图4-110，2；彩版4-331）。

　　W1：316，敞口，圆唇，外底下凸，中心有脐突。釉色泛黄，内底落有渣粒。内壁划三组篦纹。口径15.8、足径6.6、高5.3厘米（图4-111；彩版4-332）。

　　W1：473，口微撇。釉色泛白，口沿附近流釉，釉面可见较多小缩釉斑点。内壁划三组篦纹。口径15.2、足径5.6、高5.3厘米（图4-112；彩版4-333）。

　　W1：642，侈口，圆唇，内底小圆台不明显。釉色泛灰，釉面开稀疏纹片。内壁刻划三组篦纹，以篦纹与弧形纹组成。口径15.3、足径5.4、高5.1厘米（图4-113；彩版4-334）。

　　W1：646，口微撇，圆唇。釉色泛黄，釉面可见少量小缩釉斑。内壁刻划三组弧形纹，未划篦纹。口径15.6、足径5.8、高4.8厘米（彩版4-335）。

图4-111　A型青白瓷小碗W1∶316

图4-112　A型青白瓷小碗W1∶473

彩版4-333　A型青白瓷小碗W1∶473

图4-113　A型青白瓷小碗W1∶642

彩版4-334　A型青白瓷小碗W1∶642

　　W1∶754，敞口，圆唇，外底微下凸，中心有脐突。釉色泛黄，外壁可见较多小缩釉斑点。内壁划三组篦纹。口径15.7、足径6.4、高5.5厘米（图4-114，1；彩版4-336）。

　　W1∶755，口微撇，圆唇。釉色泛黄，局部开片，内底落有渣粒。内壁划三组篦纹。口径16.3、足径6.4、高5.5厘米（图4-114，2；彩版4-337）。

　　W1∶769，敞口，方唇。釉色泛青白，外壁可见较多小缩釉斑点，内壁划三组篦划纹。口径16.3、足径6.2、高6.1厘米（图4-115；彩版4-338）。

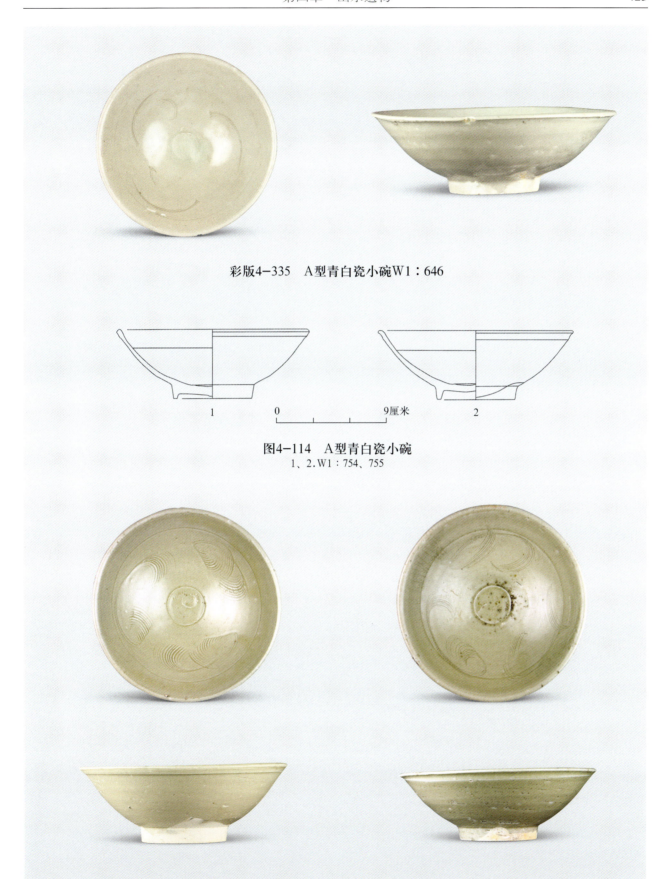

彩版4-335 A型青白瓷小碗W1∶646

图4-114 A型青白瓷小碗
1、2.W1∶754、755

0　　　　　　9厘米

1　　　　　　　　　　2

彩版4-336 A型青白瓷小碗W1∶754　　　　　　彩版4-337 A型青白瓷小碗W1∶755

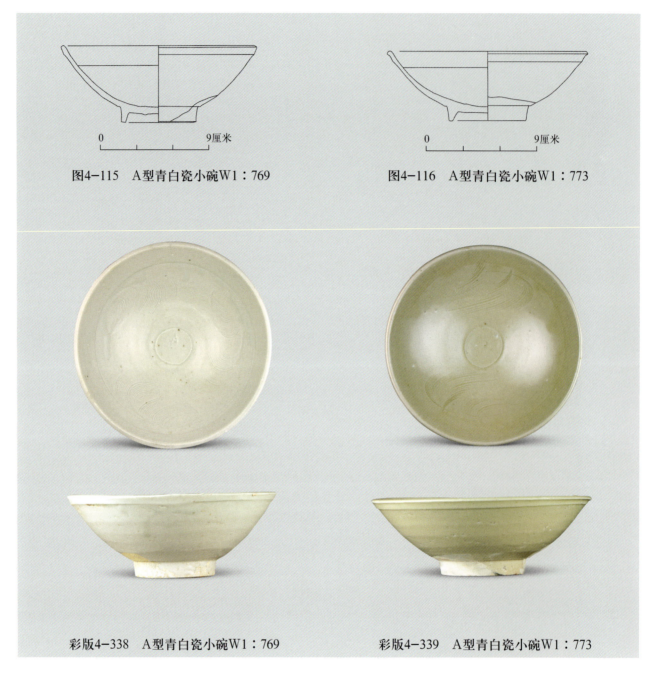

图4-115　A型青白瓷小碗W1∶769　　　　　图4-116　A型青白瓷小碗W1∶773

彩版4-338　A型青白瓷小碗W1∶769　　　彩版4-339　A型青白瓷小碗W1∶773

　　W1∶773，口微撇，尖圆唇。釉色青黄，口沿附近流釉。内壁划两组篦纹。口径16.2、足径6.1、高5.5厘米（图4-116；彩版4-339）。

　　W1∶774，口微外撇，尖圆唇，外壁下部可见跳刀痕。釉色泛青，口沿附近流釉，外壁可见少量小缩釉斑点。内壁划三组篦纹，分布不匀。口径15.6、足径6.3、高5.5厘米（图4-117；彩版4-340）。

　　W1∶775，口微撇，尖唇。釉色泛黄，内底粘少量窑渣。内壁划三组篦纹。口径15.9、足径6.1、高5.5厘米（图4-118，1；彩版4-341）。

　　W1∶776，敞口，圆唇，外底心有脐突。釉色泛青，外壁可见大量小缩釉斑点。内壁划三组篦纹。口径15.9、足径6.5、高5.6厘米（图4-118，2；彩版4-342）。

图4-117 A型青白瓷小碗W1：774

图4-118 A型青白瓷小碗
1、2.W1：775、776

彩版4-340 A型青白瓷小碗W1：774

彩版4-341 A型青白瓷小碗W1：775

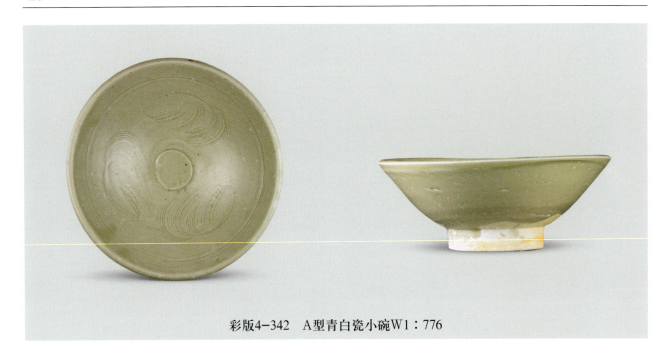

彩版4-342　A型青白瓷小碗W1：776

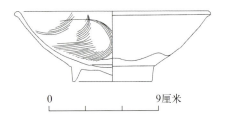

图4-119　A型青白瓷小碗W1：777

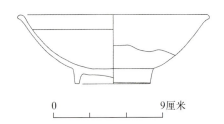

图4-120　A型青白瓷小碗W1：786

W1：777，口微撇，圆唇。釉色泛黄，釉面开细碎纹片。内壁划两组篦纹。口径16.0、足径6.5、高5.6厘米（图4-119；彩版4-343）。

W1：786，口微撇，圆唇。釉色泛青，外施釉至腹中部。内壁划三组篦纹。口径15.7、足径6.1、高5.5厘米（图4-120；彩版4-344）。

W1：787，敞口，圆唇。釉色青灰，口沿附近流釉。内壁划三组篦纹。口径15.6、足径6.4、高5.7厘米（图4-121；彩版4-345）。

W1：789，敞口，圆唇。釉色青白，内壁有少量黑褐色铁锈斑。内壁划三组篦纹。口径15.7、足径6.5、高5.6厘米（图4-122；彩版4-346）。

彩版4-343　A型青白瓷小碗W1：777

彩版4-344　A型青白瓷小碗W1：786

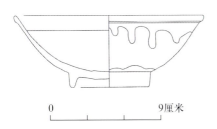

0　　　　　9厘米

图4-121　A型青白瓷小碗W1：787

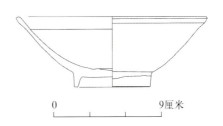

0　　　　　9厘米

图4-122　A型青白瓷小碗W1：789

彩版4-345　A型青白瓷小碗W1：787　　　彩版4-346　A型青白瓷小碗W1：789

W1：842，敞口略敛，尖唇，弧腹，内底边缘凹痕明显，底心略大，圈足制作较规整。釉色泛青黄，开稀疏纹片。内壁划成组的篦纹。内底落有渣粒。口径15.7、足径6.3、高6.3厘米（图4-123；彩版4-347）。

W1：761，敞口，圆唇。釉色泛青，釉面开细纹片，外壁有小缩釉斑点。内壁底腹刻有竖读"十四"两字铭记。口径16.2、足径6.3、高5.9厘米（图4-124；彩版4-348）。

W1：313，敞口微撇，圆唇，圈足略高。釉色泛黄，釉面光润。外底露胎处附着有白色珊瑚石。内壁口沿下刻一道凹弦纹，底心边缘的凹痕清晰，小圆台明显。口径16.0、足径6.2、高6.1厘米（图4-125；彩版4-349）。

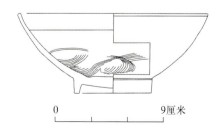

图4-123　A型青白瓷小碗W1：842

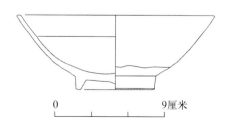

图4-124　A型青白瓷小碗W1：761

彩版4-347　A型青白瓷小碗W1：842　　　　彩版4-348　A型青白瓷小碗W1：761

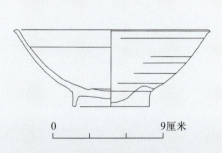

0　　　　　9厘米

图4-125　A型青白瓷小碗W1：313

彩版4-349　A型青白瓷小碗W1：313

W1：349，敞口，圆唇。釉色不匀，泛灰或青白，开稀疏纹片，内壁有少量黑褐色铁锈斑。口径15.4、足径6.5、高5.3厘米（图4-126；彩版4-350）。

W1：763，釉色泛青，釉面开细纹片，施釉不匀，内壁弦纹处有流釉斑。口径16.4、足径6.4、高5.6厘米（图4-127；彩版4-351）。

W1：764，口微撇，圆唇。釉色青白，釉面光润，开少许细纹片，内底有深褐色铁锈斑。口径15.7、足径6.3、高5.3厘米（图4-128，1；彩版4-352）。

W1：765，口微撇，尖圆唇。釉色泛青，釉面开细碎纹片，内壁有流釉痕。口径15.8、足径6.1、高5.8厘米（图4-128，2；彩版4-353）。

W1：768，敞口微撇，尖唇。釉色青白，口沿内侧局部开片，内底有少量黑褐色铁锈斑。口径16.1、足径6、高5.6厘米（图4-129；彩版4-354）。

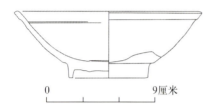

图4-126　A型青白瓷小碗W1：349

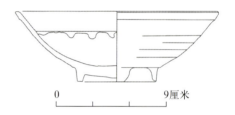

图4-127　A型青白瓷小碗W1：763

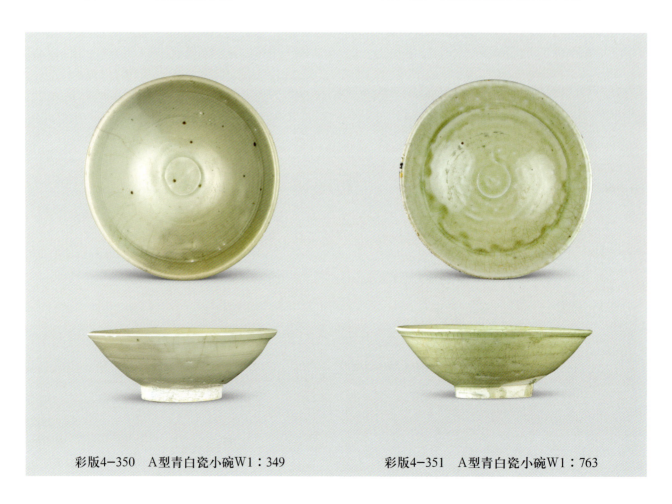

彩版4-350　A型青白瓷小碗W1：349　　　　　　　彩版4-351　A型青白瓷小碗W1：763

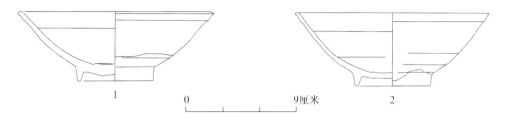

图4-128 A型青白瓷小碗
1、2.W1：764、765

彩版4-352 A型青白瓷小碗W1：764

彩版4-353 A型青白瓷小碗W1：765

图4-129 A型青白瓷小碗W1：768

彩版4-354 A型青白瓷小碗W1：768

W1：772，敞口，尖唇。釉色泛灰，釉面可见大量小缩釉斑点，并有大小不一的深褐色铁锈斑。口径 16.4、足径 6.5、高 5.3 厘米（图 4-130；彩版 4-355）。

W1：778，口微撇，圆唇。釉色泛黄，内壁流釉，釉面开细碎纹片。口沿粘少量窑渣。口径 15.5、足径 6.3、高 5.7 厘米（图 4-131；彩版 4-356）。

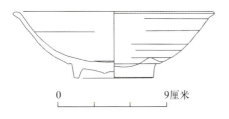

0   9厘米

图4-130　A型青白瓷小碗W1：772

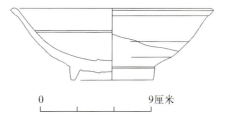

0   9厘米

图4-131　A型青白瓷小碗W1：778

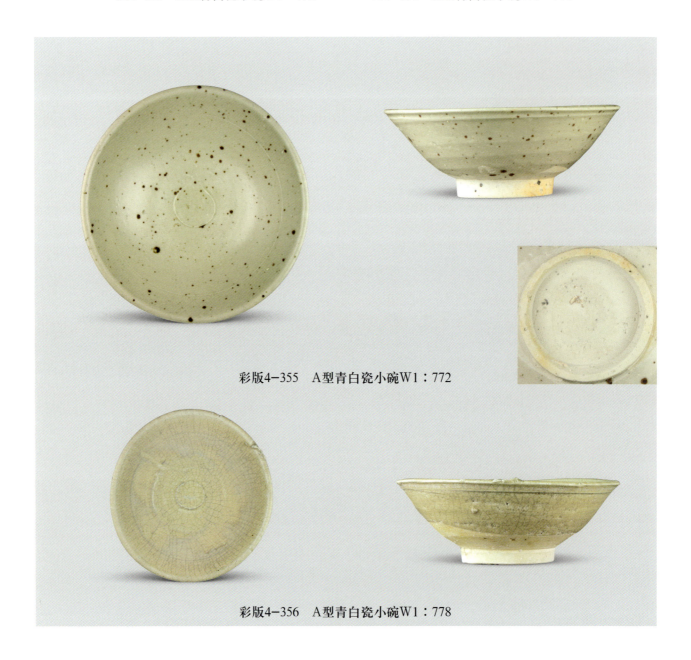

彩版4-355　A型青白瓷小碗W1：772

彩版4-356　A型青白瓷小碗W1：778

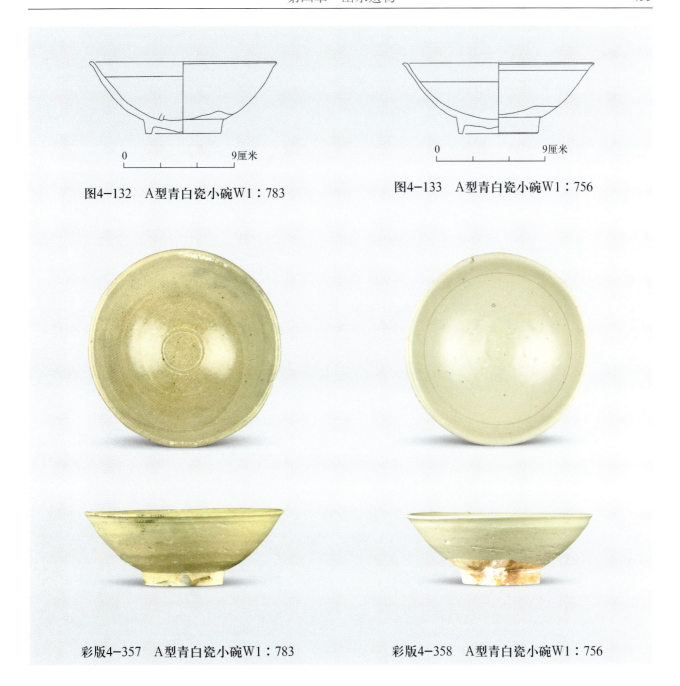

图4-132　A型青白瓷小碗W1：783　　　图4-133　A型青白瓷小碗W1：756

彩版4-357　A型青白瓷小碗W1：783　　　彩版4-358　A型青白瓷小碗W1：756

W1：783，口微撇，圆唇。釉色灰青，内壁流釉，釉面开片，可见较多小缩釉斑点。口径15.2、足径6.1、高5.7厘米（图4-132；彩版4-357）。

W1：756，敞口，尖圆唇，内底心凹痕不明显。釉色泛灰，釉面光润。内底粘有少量窑渣，外壁露胎处有红褐斑。口径15.7、足径6.6、高5.6厘米（图4-133；彩版4-358）。

B型

1422件。内圜底，底心边缘刻一道凹弦纹，呈大圆圈状，少量内底凹痕不明显。敞口或口撇，尖圆唇，小平沿，内壁圆弧。釉面粘有零星窑渣，并可见少量砂眼和小气孔。内壁口沿下浅划一道凹弦纹，其下与底心凹弦纹之间素面者略多，有811件，划有篦划纹者有611件。依据底心施釉情况，可分两亚型。

Ba 型

1376件。内底满釉。釉面多粘有零星窑渣，并有少量砂眼和小缩釉斑点。其中，772件内壁素面，604件内壁饰草率篦划纹。

W1：171，口微撇，圈足较高，挖足较深，外底有脐突。外壁下部有一周明显的跳刀痕，露胎处有红褐色窑斑和黑色碳痕。釉色泛灰，釉面光润。口径16.5、足径5.4、高5.7厘米（图4-134；彩版4-359）。

W1：204，敞口，腹斜弧。釉色泛黄，口沿内外及内壁流釉现象明显，内底粘有少量落渣。口径15.7、足径5.9、高5.5厘米（图4-135；彩版4-360）。

W1：233，口微撇。釉色灰白，釉面光润。口径16.4、足径5.6、高5.8厘米（彩版4-361）。

W1：237，敞口，尖唇。釉色泛白，釉面光润，具乳浊质感。内底落有渣粒。口径16.3、足径5.8、高5.9厘米（图4-136；彩版4-362）。

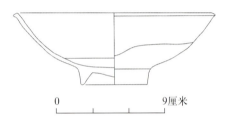

图4-134　Ba型青白瓷小碗W1：171

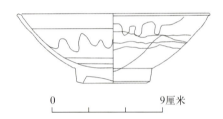

图4-135　Ba型青白瓷小碗W1：204

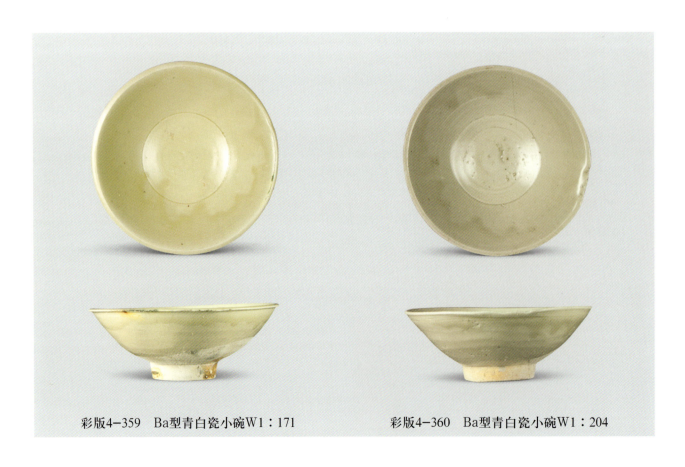

彩版4-359　Ba型青白瓷小碗W1：171　　　　彩版4-360　Ba型青白瓷小碗W1：204

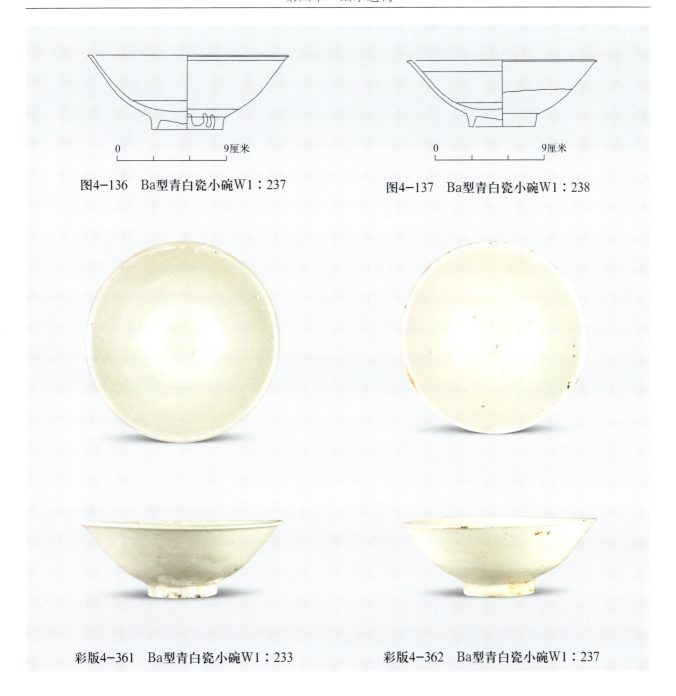

图4-136　Ba型青白瓷小碗W1：237

图4-137　Ba型青白瓷小碗W1：238

彩版4-361　Ba型青白瓷小碗W1：233

彩版4-362　Ba型青白瓷小碗W1：237

W1：238，敞口，尖唇。釉色泛白，釉面光润，具乳浊质感。口径15.4、足径5.6、高5.2厘米（图4-137；彩版4-363）。

W1：239，敞口微撇。釉色泛灰，内外壁流釉痕迹明显。内底落有渣粒。口径16.0、足径5.7、高5.7厘米（图4-138；彩版4-364）。

W1：781，敞口微撇，腹略直。釉色灰青，釉面光润。内底心留有拉坯形成的漩涡痕。口径15.7、足径6.0、高6.0厘米（图4-139；彩版4-365）。

W1：782，敞口，尖唇，小平沿明显。釉色泛黄，内底落有小渣粒。口径15.5、足径5.7、高5.1厘米（图4-140；彩版4-366）。

彩版4-363　Ba型青白瓷小碗W1：238

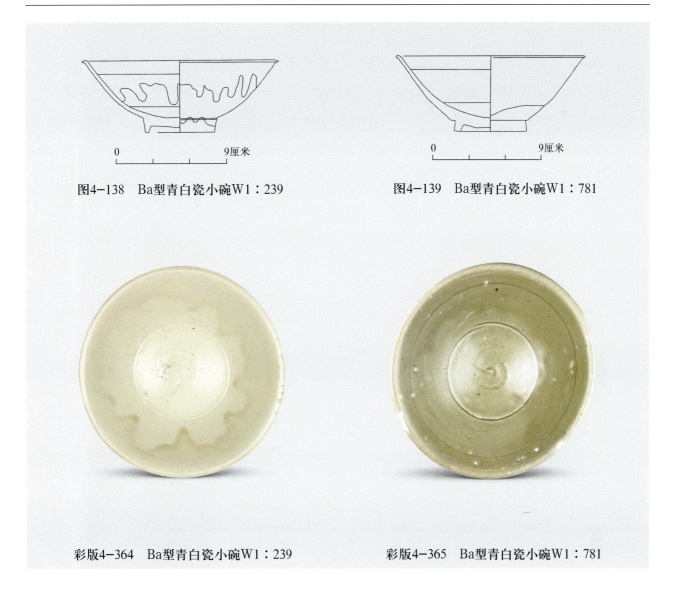

图4-138　Ba型青白瓷小碗W1：239　　　图4-139　Ba型青白瓷小碗W1：781

彩版4-364　Ba型青白瓷小碗W1：239　　　彩版4-365　Ba型青白瓷小碗W1：781

W1：852，敞口微撇，尖圆唇，内底边缘圈痕浅，外底微突。釉色泛青白，釉面有较多小缩釉斑点。口径15.8、足径6.5、高5.7厘米（图4-141）。

W1：140，敞口微撇，圆唇，内侧小平沿明显，外底心有脐突。釉色灰白，口沿内外流釉明显，外壁有较多小缩釉斑点。内壁上、下刻两道凹弦纹，其间划以成组篦纹，底心也篦划四组排列不规则的篦纹，似组成花卉纹。口径14.7、足径5.6、高5.2厘米（图4-142；彩版4-367）。

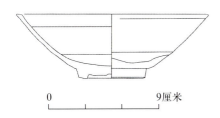

图4-140　Ba型青白瓷小碗W1：782

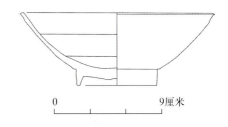

图4-141　Ba型青白瓷小碗W1：852

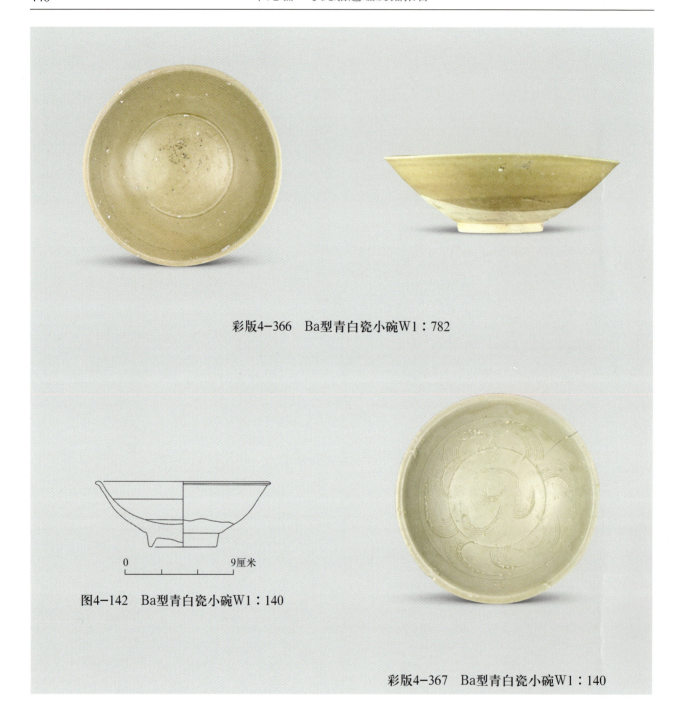

彩版4-366　Ba型青白瓷小碗W1：782

图4-142　Ba型青白瓷小碗W1：140

彩版4-367　Ba型青白瓷小碗W1：140

　　W1：141，口微撇，圆唇。内壁腹部划成组篦纹，底心划四组呈涡状排列的篦纹。口径15.6、足径5.9、高5.6厘米（图4-143，1；彩版4-368）。

　　W1：143，口微撇，尖圆唇。釉色泛黄，釉面有较多缩釉斑点，口沿处粘有渣粒。内壁腹部划成组篦纹，底心划四组呈涡状排列的篦纹，划纹处多见小缩釉斑。口径15.8、足径6.1、高5.8厘米（图4-143，2；彩版4-369）。

　　W1：147，口微撇，尖唇。釉色灰白，外壁施釉不及底，口沿下内外均可见明显的流釉现象，釉面有落渣和小缩釉斑。内壁腹部划成组篦纹，底心划四组呈涡状排列的篦纹，划纹处多见小缩釉斑点。器物口沿有一块制坯时形成的残缺，圈足及外壁露胎处可见铁红色窑斑。口径16.0、足径5.8、高5.9厘米（图4-144）。

W1：172，口微撇，尖圆唇，外底心有脐突。釉色泛灰。内壁腹部划成组篦纹，底心划四组呈涡状排列的篦纹。口径15.9、足径6、高5.8厘米（图4-145；彩版4-370）。

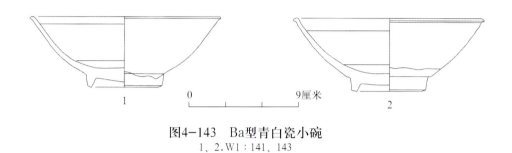

图4-143　Ba型青白瓷小碗
1、2.W1：141、143

彩版4-368　Ba型青白瓷小碗W1：141

彩版4-369　Ba型青白瓷小碗W1：143

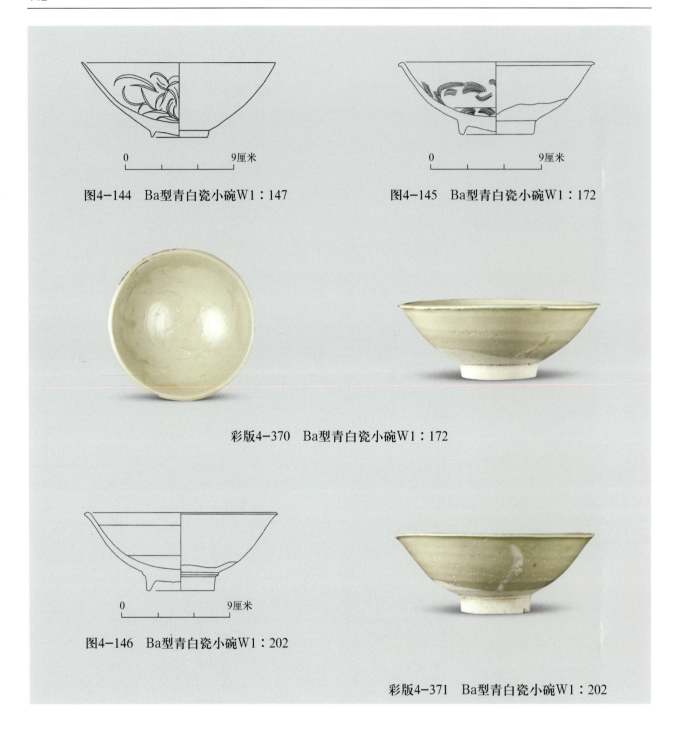

图4-144　Ba型青白瓷小碗W1：147

图4-145　Ba型青白瓷小碗W1：172

彩版4-370　Ba型青白瓷小碗W1：172

图4-146　Ba型青白瓷小碗W1：202

彩版4-371　Ba型青白瓷小碗W1：202

W1：202，口微撇。釉色泛灰，口沿内外流釉明显，内底落有渣粒。内壁腹部划潦草篦纹，碗心为五组呈涡状排列的篦纹。口径16.2、足径5.6、高6.2厘米（图4-146；彩版4-371）。

W1：206，口微撇，口沿内侧略折。内壁流釉痕明显。釉色泛白，外壁有较多小缩釉斑。内壁腹部划成组篦纹，底心划四组呈涡状排列的篦纹。口径15.0、足径5.5、高5.1厘米（图4-147）。

W1：207，口微撇。外壁流釉明显。釉色泛白，釉面有落渣和小缩釉斑。内壁腹部划成组篦纹，

图4-147　Ba型青白瓷小碗W1：206

图4-148　Ba型青白瓷小碗W1：207

图4-149　Ba型青白瓷小碗W1：210

图4-150　Ba型青白瓷小碗W1：236

彩版4-372　Ba型青白瓷小碗W1：210

略作花叶状，底心划四道潦草篦纹。口径 15.9、足径 5.7、高 5.6 厘米（图 4-148）。

W1：210，敞口微撇，弧腹略深，外底较平。釉色泛灰，口沿下流釉痕迹明显。内壁腹部划成组篦纹，底心划三组呈涡状排列的篦纹。口径 15.7、足径 5.5、高 5.5 厘米（图 4-149；彩版4-372）。

彩版4-373　Ba型青白瓷小碗W1：236

图4-151　Ba型青白瓷小碗W1：243

0　　　　　　9厘米

彩版4-374　Ba型青白瓷小碗W1：243

图4-152　Ba型青白瓷小碗

1、2.W1：350、351

0　　　　　　9厘米

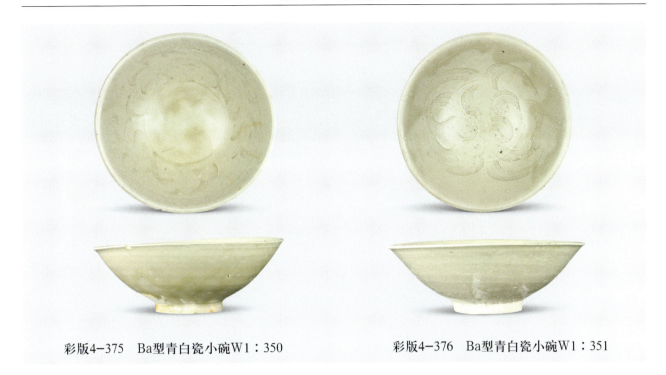

彩版4-375　Ba型青白瓷小碗W1：350　　　　彩版4-376　Ba型青白瓷小碗W1：351

W1：236，口微撇。外壁流釉明显。釉色泛白，釉面光润。内壁腹部划成组篦纹，底心划四组呈涡状排列的篦纹。口径16.9、足径6.1、高5.8厘米（图4-150；彩版4-373）。

W1：243，敞口，外底心有脐突。釉色泛白，口沿内侧流釉明显，外壁底足露胎处呈黄褐色。内壁腹部划成组篦纹，底心划四组呈涡状排列的篦纹。外壁附着有白色珊瑚砂石。口径15.3、足径5.9、高5.9厘米（图4-151；彩版4-374）。

W1：350，口微撇，尖唇。釉色泛灰或泛黄，釉面光润。内壁腹部划成组篦纹，底心划四组呈涡状排列的篦纹。口径16.7、足径5.9、高5.8厘米（图4-152，1；彩版4-375）。

W1：351，口微撇，外底心有脐突。釉色泛灰白，口沿内外流釉明显，内底落有渣粒。内壁腹部划成组篦纹，底心划四组呈涡状排列的篦纹，划纹较深。口径15.5、足径5.6、高5.5厘米（图4-152，2；彩版4-376）。

W1：353，敞口，圆唇。釉色泛白，釉面开细小冰裂纹，口沿内外流釉明显。内壁腹部划成组篦纹，底心划四组呈涡状排列的篦纹。口径14.8、足径5.5、高5.8厘米（图4-153；彩版4-377）。

W1：354，敞口，圆唇，外底心有脐突，外壁跳刀痕明显。釉色泛灰，口沿下流釉痕迹明显，釉面落有渣粒，外壁可见较多小缩釉斑点。内壁腹部划成组篦纹，底心划四组呈涡状排列的篦纹。口径15.6、足径5.8、高5.5厘米（图4-154；彩版4-378）。

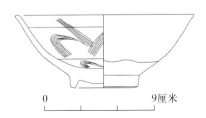

图4-153　Ba型青白瓷小碗W1：353

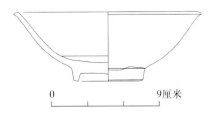

图4-154　Ba型青白瓷小碗W1：354

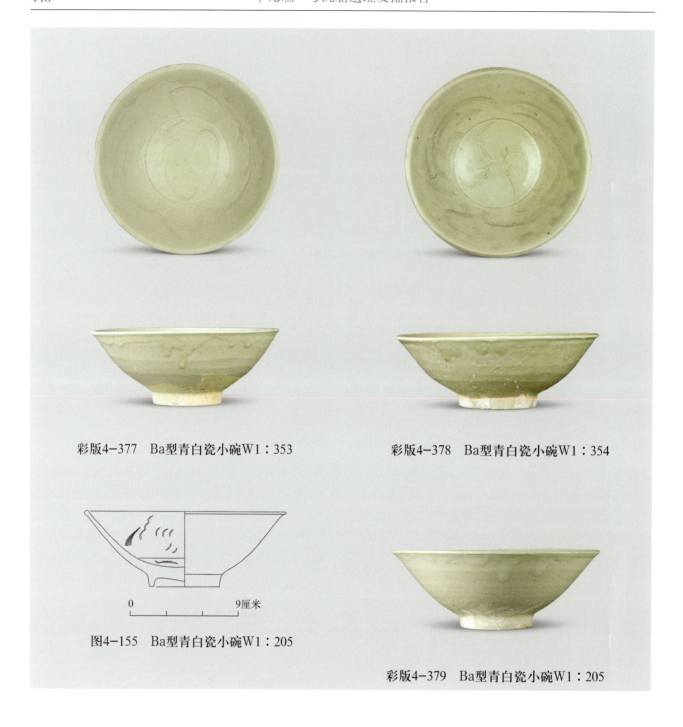

彩版4-377　Ba型青白瓷小碗W1：353　　　　　彩版4-378　Ba型青白瓷小碗W1：354

　　　　　0　　　　　9厘米

图4-155　Ba型青白瓷小碗W1：205

彩版4-379　Ba型青白瓷小碗W1：205

　　W1：205，敞口，圆唇，外底心有脐突。釉色泛灰，口沿下流釉痕明显。内壁腹部刻划草叶纹，间饰篦纹，底心刻划四花瓣状纹。口径16.7、足径5.8、高6.1厘米（图4-155；彩版4-379）。

　　Bb 型

　　46件。内底心局部无釉，其余工艺特征均与Ba型相同。这应非施釉时有意为之，当为蘸釉时未能满釉。其中，39件内壁素面，7件内壁饰有草率篦划纹。

　　W1：213，口微撇，尖唇。釉色泛灰，口沿下流釉痕迹明显，内底心露胎较多，内壁、外壁、底足露胎处局部泛黄褐色。内壁上、下凹弦纹之间素面无纹。口径16.2、足径5.5、高5.5厘米（图

图4-156　Bb型青白瓷小碗W1：213　　　　图4-157　Bb型青白瓷小碗W1：214

彩版4-380　Bb型青白瓷小碗W1：213　　　彩版4-381　Bb型青白瓷小碗W1：214

4-156；彩版4-380）。

W1：214，口微撇。釉色泛白，内底无釉，内底及外壁露胎处泛火石黄色。内壁仅底部边缘刻一道凹弦纹。口径15.8、足径6.1、高5.3厘米（图4-157；彩版4-381）。

W1：240，敞口。釉色泛灰，内底露胎较少。内壁上、下凹弦纹之间素面无纹。口径15.3、足径5.7、高5.6厘米（图4-158；彩版4-382）。

W1：241，敞口，圆唇。釉色泛灰，内底无釉处较小，泛黄褐色。内壁落有渣粒。内壁仅底部边缘刻一道凹弦纹。口径16.3、足径5.8、高5.7厘米（图4-159；彩版4-383）。

W1：358，口微撇，圆唇。釉色泛灰，内底心无釉，釉面有灰褐色斑点。内壁上、下凹弦纹之间素面无纹。口径15.0、足径6.4、高5.0厘米（图4-160；彩版4-384）。

W1：211，敞口微撇，尖圆唇，小平沿。釉色泛灰，口沿下流釉痕迹明显，外壁釉面可见较多小缩釉斑点，内壁腹部有一小块不规则形状未施釉，内壁、外壁及底足露胎处可见火石黄色。内壁腹部两道凹弦纹之间划成组的篦纹，底心划四组呈涡状排列的篦纹。口径15.5、足径5.9、高5.5厘米（图4-161，1；彩版4-385）。

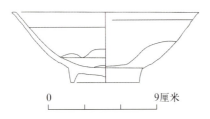

图4-158 Bb型青白瓷小碗W1:240

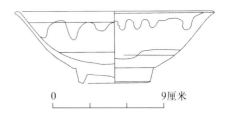

图4-159 Bb型青白瓷小碗W1:241

彩版4-382 Bb型青白瓷小碗W1:240　　　　彩版4-383 Bb型青白瓷小碗W1:241

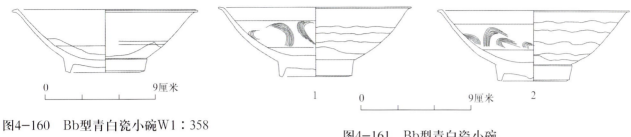

图4-160　Bb型青白瓷小碗W1：358

图4-161　Bb型青白瓷小碗
1、2.W1：211、212

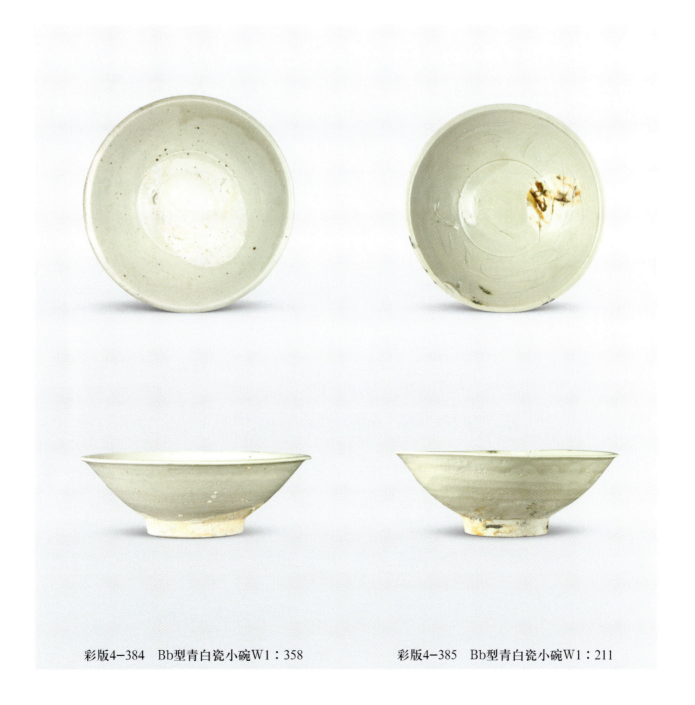

彩版4-384　Bb型青白瓷小碗W1：358　　　　　彩版4-385　Bb型青白瓷小碗W1：211

彩版4-386　　Bb型青白瓷小碗W1：212

　　W1：212，口微撇，圈足较规整。釉色泛灰，口沿下流釉痕迹明显，外壁釉面可见较多小缩釉斑点，内底落有渣粒，内壁腹部有一小块无釉，内壁、外壁及底足露胎处可见火石黄色。内壁腹部两道凹弦纹之间划成组篦纹，底心划四组呈涡状排列的篦纹。口径15.6、足径5.9、高5.6厘米（图4-161，2；彩版4-386）。

　　C型

　　311件。内底较平，有一涩圈。敞口或略外撇，腹斜弧，圈足制作较规整，略外撇。釉色多泛灰或灰白，口沿内外多有流釉痕迹，釉面可见小缩釉斑点。内壁上、下部一般各刻划一道凹弦纹，有的底心边缘的凹弦纹与涩圈重叠。

　　W1：73，敞口，圆唇，弧腹，外底心略下凸。釉色灰白，内底涩圈刮削规整，外壁施釉不及底，露胎处局部泛黄褐色。口径15.5、足径6.2、高5.4厘米（图4-162；彩版4-387）。

　　W1：173，侈口，圆唇，小平沿，弧腹，外底心有脐突。釉色泛白，内底涩圈较规整。内底边缘凹弦纹清晰。口径16.5、足径6.9、高5.3厘米（图4-163；彩版4-388）。

　　W1：208，侈口，圆唇，小平沿，弧腹，外底较平。釉色泛白，口沿处有流釉痕，内底涩圈较规整，留有叠烧粘连痕迹。内底边缘凹弦纹清晰。外壁及内底涩圈露胎处色泛黄。口径15.4、足径6.4、高5.3厘米（图4-164）。

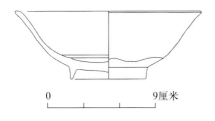

0　　　　　　　9厘米

图4-162　C型青白瓷小碗W1：73

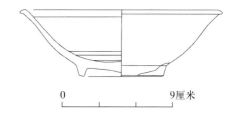

0　　　　　　　9厘米

图4-163　C型青白瓷小碗W1：173

彩版4-387　C型青白瓷小碗W1：73

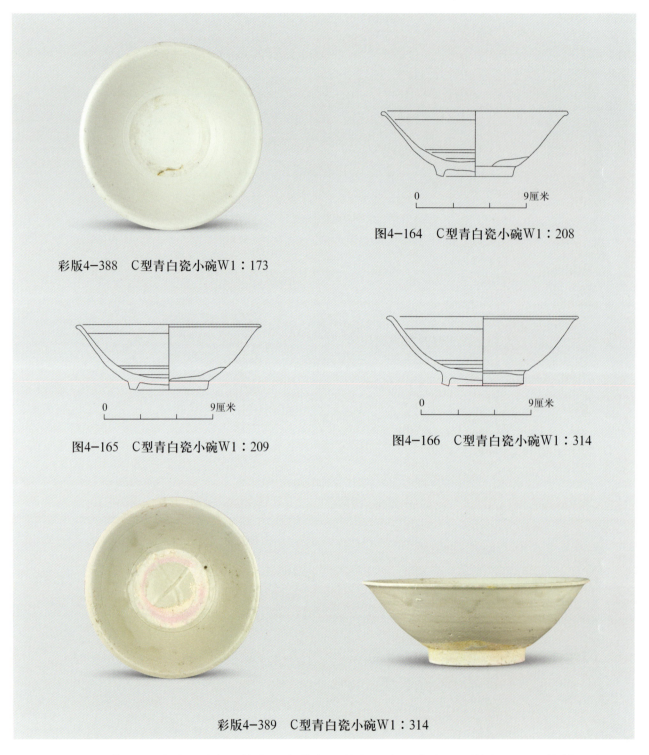

彩版4-388　C型青白瓷小碗W1：173

图4-164　C型青白瓷小碗W1：208

图4-165　C型青白瓷小碗W1：209

图4-166　C型青白瓷小碗W1：314

彩版4-389　C型青白瓷小碗W1：314

W1：209，侈口，圆唇，弧腹，外底心有乳突。釉色泛白，内底涩圈较规整，叠烧粘连痕迹明显。内底边缘凹弦纹清晰。外壁及内底涩圈露胎处色泛黄。口径15.2、足径6.4、高5.4厘米（图4-165）。

W1：314，口微撇，小平沿，外壁下部可见跳刀痕。釉色泛灰，内底涩圈较规整，边缘粘有细渣粒。内底刻划一交叉符号，似工匠刻意所为。口径15.6、足径6.6、高5.5厘米（图4-166；彩版4-389）。

　　W1：356，口微撇。釉色泛灰，内底涩圈略大，涩圈及内底粘有细渣粒，露胎处局部泛褐色。口径15.9、足径6.5、高5.5厘米（图4-167，1；彩版4-390）。

　　W1：357，口微撇，小平沿，外底下塌，中心有脐突。釉色泛灰，涩圈略小，内底粘有较多细渣粒。底足露胎处泛火石黄色。口径15.4、足径6.7、高5.4厘米（图4-167，2；彩版4-391）。

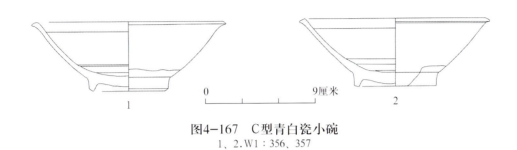

图4-167　C型青白瓷小碗
1、2.W1：356、357

彩版4-390　C型青白瓷小碗W1：356

彩版4-391　C型青白瓷小碗W1：357

W1：359，口微撇，腹斜弧，圈足较宽，挖足较浅，外底心有脐突。釉色泛白，涩圈粘有渣粒，涩圈及圈足露胎处局部呈黄褐色。口径14.8、足径6.3、高5.3厘米（图4-168；彩版4-392）。

W1：877，口微撇，弧腹略深，圈足较规整，外底心有脐突。釉色灰青，釉面开细纹片，有小缩釉斑点，涩圈粘有渣粒，内底心有稻壳状痕迹，露胎处局部呈黄褐色。口径16.5、足径6.2、高6.7厘米（图4-169）。

D 型

75 件。侈口，圆唇，深弧腹，内底较平滑，无凹痕或凹痕不明显。器形略大，腹壁轮旋修坯痕迹明显，圈足制作较规整，外底微突。胎色灰白，胎质较粗。釉色多泛青、青黄或青灰，口沿内外多有流釉痕迹，釉面可见小缩釉斑点。内壁上、下部一般各浅刻一道凹弦纹，有的不明显或无凹弦纹。

W1：507，釉色青灰，施釉不匀，口沿下内外有流釉痕，口沿内侧部分釉脱落，内外壁有少量棕色窑斑，内底粘少量窑渣。内壁上部刻一道凹弦纹，内底心浅刻凹纹一道，小圆台不明显。口径16.6、足径5.7、高6.6厘米（图4-170；彩版4-393）。

W1：793，内底心凹弦纹较浅，小圆台不明显。釉色泛黄，釉面开细碎纹片，外壁可见较多小缩釉斑点。内底粘少量窑渣。口径16.7、足径6.3、高6.8厘米（图4-171；彩版4-394）。

W1：973，内底心凹纹较浅，小圆台不明显。釉色泛黄，口沿内侧流釉，釉面开细碎纹片，外壁可见大量小缩釉斑点。器表附着有白色珊瑚石。口径16.2、足径6.2、高6.5厘米（彩版4-395）。

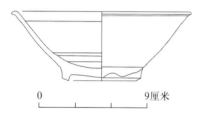

图4-168　C型青白瓷小碗W1：359

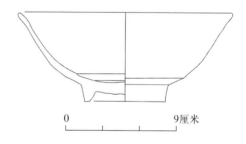

图4-169　C型青白瓷小碗W1：877

彩版4-392　C型青白瓷小碗W1：359

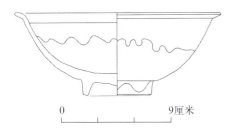

图4-170　D型青白瓷小碗W1：507

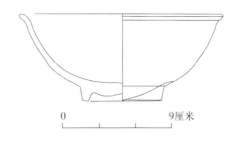

图4-171　D型青白瓷小碗W1：793

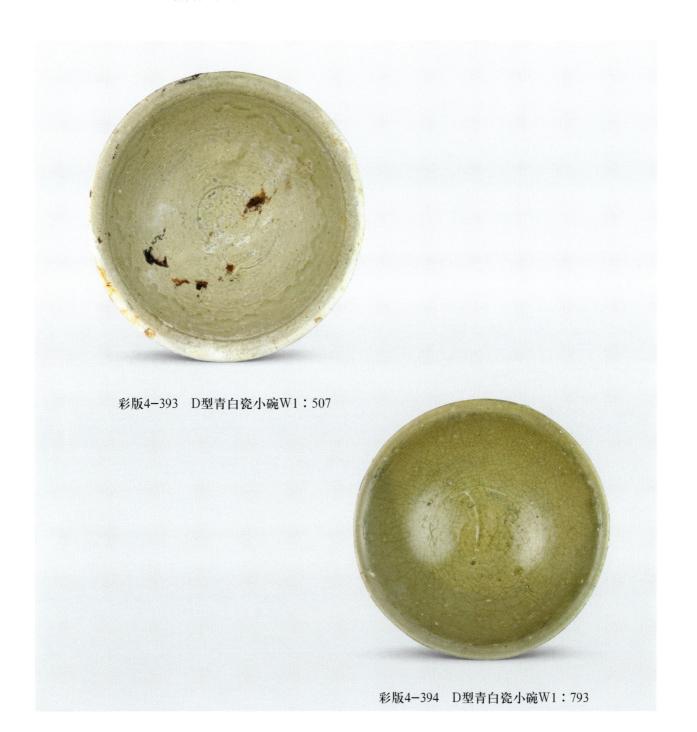

彩版4-393　D型青白瓷小碗W1：507

彩版4-394　D型青白瓷小碗W1：793

彩版4-395　D型青白瓷小碗W1：973

W1：138，内壁平滑，底心有凹弦纹，小圆台不明显，外底刮修不平，微突。胎色灰。釉色泛灰青，口沿内侧流釉，釉面开细碎纹片，外壁有大量小缩釉斑点。底足露胎处局部呈黄褐色。口径16.1、足径6.3、高6.5厘米（图4-172；彩版4-396）。

W1：749，尖圆唇，内壁平滑，凹弦纹不明显。釉色泛灰，釉面局部开片，内壁粘少量窑渣。外底足露胎处呈黄褐色。口径16.9、足径6.4、高6.2厘米（图4-173；彩版4-397）。

W1：150，尖圆唇，内壁平滑，凹弦纹不明显。釉色泛白，釉面开细碎纹片，可见大量小缩釉斑点。外壁及底部附着有白色珊瑚石。口径17.1、足径6.5、高6.7厘米（图4-174；彩版4-398）。

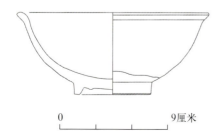

0　　　　　9厘米

图4-172　D型青白瓷小碗W1：138

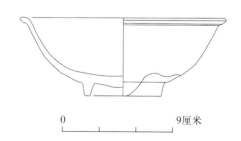

0　　　　　9厘米

图4-173　D型青白瓷小碗W1：749

彩版4-396　D型青白瓷小碗W1：138

彩版4-397　D型青白瓷小碗W1：749

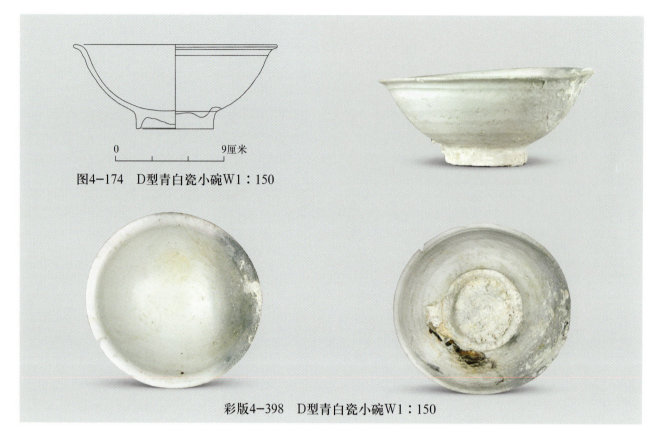

图4-174　D型青白瓷小碗W1∶150

彩版4-398　D型青白瓷小碗W1∶150

3.青白瓷盏

321件。器形较小，口径在12厘米左右，大小略有差异，大多略有变形。敞口或侈口，多为圆形平口，部分为五缺葵口，斜直腹或弧腹，圈足。从胎釉特征、制作工艺和装烧方法来看，大致可分两类，有精、粗之别：前者胎质较细、修坯较规整，釉色泛灰白或泛黄、釉面莹润，施釉至足端或足内壁，内壁刻划折纸花卉纹，外底垫饼垫烧痕迹明显，应为一匣一器装烧；后者胎质较粗、修坯草率，釉色泛黄、灰、灰白、灰青或青，以灰青者居多，外壁多施釉不及底，近底处多见手握圈足向左右两侧蘸釉的施釉痕迹，一般无花纹装饰，有的五瓣葵口者内壁作出五出筋纹样，制作较粗糙，见有少量为涩圈叠烧法。这两类盏分别与义窑青白釉碗和小碗相似，其具体产区应可基本对应。根据盏口沿、腹部形制差异，可分三型。

A型

10件。数量很少。器形呈斗笠状。敞口，尖唇，斜直腹，小圈足，内底心有小乳突，不太明显，外底略下凸。胎体较薄，色灰白，质细腻。内外均施青白釉，釉色略泛黄或灰，口沿下及腹部流釉明显，外施至足端，釉面可见零星小缩釉斑点。内壁中部浅刻一道凹弦纹，其下刻划一朵穿过底心的折枝荷花纹，花瓣内多划以篦划纹。外底露胎处泛黄或灰色，有的粘有渣粒，垫饼垫烧痕迹明显。从胎釉特征、装饰工艺、装烧方法等方面来看，这类盏与刻划花纹碗相似，应属同一风格产品，而与小碗则有明显区别。

W1∶251，釉色泛黄。刻纹简洁，未划篦纹。口径12.3、足径4.0、高4.1厘米（图4-175；彩版4-399）。

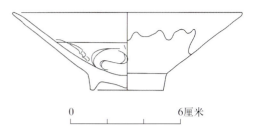

图4-175　A型青白瓷盏W1：251

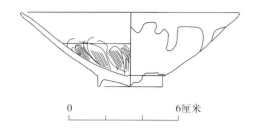

图4-176　A型青白瓷盏W1：603

彩版4-399　A型青白瓷盏W1：251

彩版4-400　　A型青白瓷盏W1：603

W1：603，釉色泛灰。内底心落有渣粒。口径11.8、足径3.5、高3.9厘米（图4-176；彩版4-400）。

W1：954，釉色灰白，釉面有小缩釉斑点。内底粘少量落渣，外底露胎处泛黄褐色。器表附着有黑褐色遗物。口径12.5、足径3.9、高4.3厘米（图4-177；彩版4-401）。

W1：959，釉色泛白，釉面光润，有少量小缩釉斑点，内外各有一处褐色斑点。口径12.2、足径3.7、高4.2厘米（图4-178；彩版4-402）。

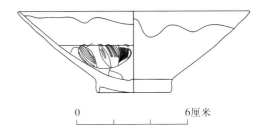

图4-177　A型青白瓷盏W1：954

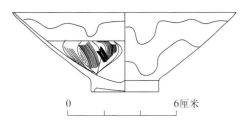

图4-178　A型青白瓷盏W1：959

彩版4-401　A型青白瓷盏W1：954　　　　　　　彩版4-402　A型青白瓷盏W1：959

B 型

242 件。圆形平口。侈口，圆唇，弧腹略浅，内底边缘一般见有凹弦纹一道，内底较平，圈足，足沿及内外斜削，外底心多有小脐突。口、腹部位有较多细微变化，外壁腹部多见轮旋修坯痕迹，轮制成型、修坯相对较为随意。大多数素面无纹，极少数内壁划花，部分盏内壁口沿下饰以五道出筋纹，大多突起不明显。根据内壁形态差异，可分三亚型。

Ba 型

207 件。内壁平滑，无出筋，内底较平，边缘凹弦纹明显。绝大多数素面无纹，极少数划花。

W1：72，足根有一窄平台，内底微下凹。釉色泛灰黄，釉面光润，局部开片，内壁有流釉痕。外底足露胎处有黄褐色窑斑，外壁近底处可见跳刀痕。口径 12.2、足径 4.7、高 3.8 厘米（图 4-179；彩版 4-403）。

W1：78，内底微下凹。釉色灰青，釉面开冰裂纹。外壁近底处可见跳刀痕。口径 11.9、足径 4.9、高 3.8 厘米（图 4-180；彩版 4-404）。

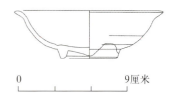

0　　　　　　9厘米

图4-179　Ba型青白瓷盏W1：72

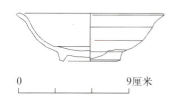

0　　　　　　9厘米

图4-180　Ba型青白瓷盏W1：78

彩版4-403　Ba型青白瓷盏W1：72

图4-181 Ba型青白瓷盏
1、2.W1：151、152

彩版4-404 Ba型青白瓷盏W1：78

彩版4-405 Ba型青白瓷盏W1：151

彩版4-406 Ba型青白瓷盏W1：152

W1：151，圆唇，内底较平，足根有一窄平台。釉色泛黄，釉面开冰裂纹，外壁可见较多小缩釉斑点。施釉痕迹明显，手握圈足左右向下蘸釉，而使得底足局部无釉。内壁落有少量窑渣。口径12.2、足径5.2、高4.3厘米（图4-181，1；彩版4-405）。

W1：152，圆唇，内侧略折沿，内底较平。釉色灰青。外壁粘少量窑渣。口径12.2、足径4.8、高3.7厘米（图4-181，2；彩版4-406）。

　　W1：175，圆唇，内底较平。釉色青黄，外壁有小缩釉斑点。内壁口沿下粘少量窑渣。口径12.1、足径4.9、高3.6厘米（图4-182）。

　　W1：373，圆唇，内底较平。釉色灰青，外壁可见小缩釉斑点。内壁粘少量窑渣，外壁修坯痕迹清晰。口径12.3、足径5.3、高3.8厘米（图4-183；彩版4-407）。

　　W1：498，圆唇，内底微下凹。釉色泛灰白，通体开冰裂纹，釉面可见少量小缩釉斑点，露胎处局部呈黄褐色。口径12.0、足径4.8、高4.1厘米（图4-184；彩版4-408）。

　　W1：364，圆唇，足根有一窄平台，内底微下凹。釉色泛黄，通体开冰裂纹。蘸釉施釉痕迹明显，底足露胎处呈黄褐色。内壁中部浅划一道凹弦纹，有划花纹饰痕迹。口径12.0、足径4.8、高4.1厘米（图4-185；彩版4-409）。

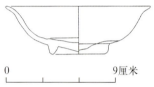

图4-182　Ba型青白瓷盏W1：175

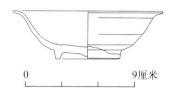

图4-183　Ba型青白瓷盏W1：373

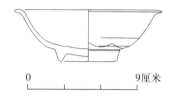

图4-184　Ba型青白瓷盏W1：498

彩版4-407　Ba型青白瓷盏W1：373　　　　　　彩版4-408　Ba型青白瓷盏W1：498

图4-185　Ba型青白瓷盏W1：364　　　　图4-186　Ba型青白瓷盏W1：952

彩版4-409　Ba型青白瓷盏W1：364　　　彩版4-410　Ba型青白瓷盏W1：952

　　W1：952，口沿下略收束，弧腹略深，内底心边缘凹痕较深，内底较平。釉色泛青，釉面开细碎纹片。内壁凹圈上端以篦纹划出一周仰莲瓣纹。口径12.7、足径4.3、高5.2厘米（图4-186；彩版4-410）。

　　Bb型

　　11件。内壁无出筋，内底心有涩圈。涩圈较大，刮釉草率随意，素面无纹。

　　W1：950，外底下凸，中心呈乳突状。釉色灰青，外壁施釉不及底，略生烧，开细碎纹片。口径12.5、足径5.1、高4.8厘米（图4-187；彩版4-411）。

　　W1：650，足根有一窄平台。外施釉至腹中部，通体开细碎纹片。口径12.3、足径5.1、高4.6厘米（彩版4-412）。

图4-187　Bb型青白瓷盏W1∶950

彩版4-411　Bb型青白瓷盏W1∶950

0　　　　　6厘米

彩版4-412　Bb型青白瓷盏W1∶650

Bc 型

24 件。口沿下出筋五道，将内壁分成五等分，有的不均匀，有的浅而不显。圆唇，腹深浅略有差异，内底微下凹，边缘凹弦纹明显。

W1：153，足根有一窄平台。釉色泛灰，通体冰裂纹，外壁有较多小缩釉斑点。外壁轮旋修坯痕迹明显。口径 12.5、足径 5.7、高 4.1 厘米（彩版 4-413）。

W1：252，釉色泛黄，釉面开冰裂纹片，外壁施釉部分至外底，有小灰斑。外底粘有垫饼渣粒。口径 12.9、足径 5.4、高 4.7 厘米（图 4-188；彩版 4-414）。

W1：361，略生烧，釉色泛灰白，釉面开细碎纹片，粘少量窑渣。内壁有四道出筋纹凹痕清晰。口径 12.3、足径 5.4、高 4.7 厘米（彩版 4-415）。

W1：499，釉色灰黄，外壁施釉部分至外底，有少许开片。口径 12.5、足径 5.4、高 4.2 厘米（彩版 4-416）。

W1：502，釉色泛灰，口沿下流釉明显，外壁施釉至足根。口径 12.5、足径 5.4、高 4.5 厘米（图 4-189；彩版 4-417）。

彩版4-413　Bc型青白瓷盏W1：153

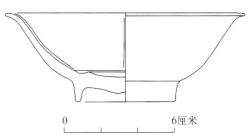

图4-188　Bc型青白瓷盏W1：252

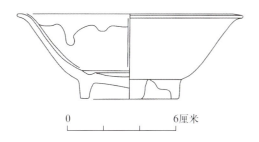

图4-189　Bc型青白瓷盏W1：502

彩版4-414 Bc型青白瓷盏W1：252

彩版4-415　Bc型青白瓷盏W1：361

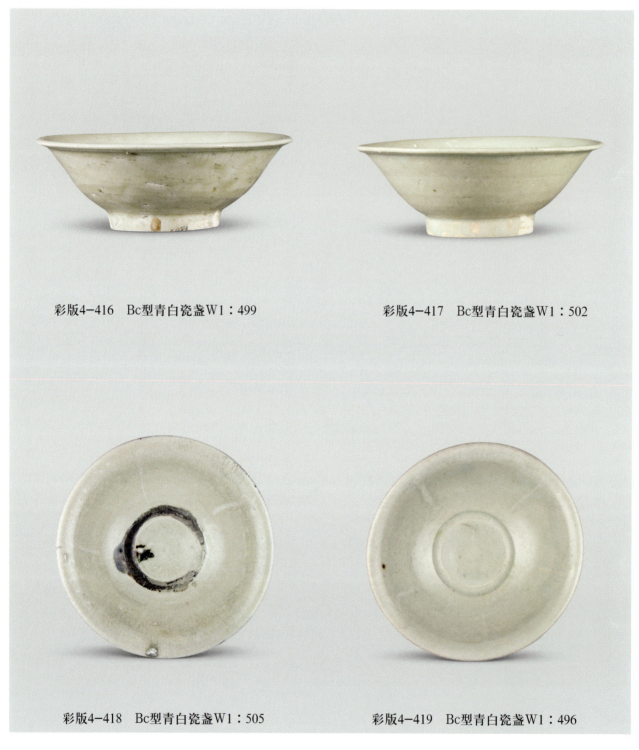

彩版4-416　Bc型青白瓷盏W1：499　　　　　　　　彩版4-417　Bc型青白瓷盏W1：502

彩版4-418　Bc型青白瓷盏W1：505　　　　　　　　彩版4-419　Bc型青白瓷盏W1：496

　　W1：505，釉色泛灰青，内底边缘凹痕处积釉较厚，呈酱黑色，釉面开细碎纹片。口径12.2、足径5.2、高4.3厘米（彩版4-418）。

　　W1：496，釉色泛灰，釉面光润，外壁有小缩釉斑点。口径12.4、足径5.5、高4.6厘米（彩版4-419）。

　　W1：821，口沿内略折，内底较平。釉色泛灰，釉面开细碎纹片，腹部局部流釉，可见较多小缩釉斑。五道出筋纹延伸至口沿处。口径12.8、足径5.0、高4.7厘米（图4-190；彩版4-420）。

图4-190　Bc型青白瓷盏W1∶821

彩版4-420　Bc型青白瓷盏W1∶821

C 型

69 件。五瓣葵口。侈口，口沿削修成五缺葵口状，圆唇，弧腹较浅，内底边缘有凹弦纹一道，内底较平，圈足，足沿及内外斜削，外底心多有小脐突。盏多有变形，口、腹部位有较多细微变化，外壁腹部多见轮旋修坯痕迹，轮制成型、修坯相对较为随意。一部分素面无纹，多数盏内壁口沿下饰以五道出筋纹，大多突起不明显。根据内壁形态差异，可分两亚型。

Ca 型

20 件。内壁平滑，无出筋，内底较平，边缘凹弦纹明显。

W1：370，圈足沿较宽，外底较平，露胎处泛黄褐色。釉色泛灰，釉面开细碎纹片，可见较多小缩釉斑点。口径 12.0、足径 5.4、高 4.3 厘米（彩版 4-421）。

W1：371，口微敞，内底心略下凹，腹外壁修坯痕迹明显。釉色泛黄，釉面开细碎纹片，外壁可见少量小缩釉斑点，施釉不及底，露胎处泛黄褐色。口径 12.0、足径 5.0、高 4.1 厘米（彩版 4-422）。

彩版4-421　Ca型青白瓷盏W1：370

彩版4-422　Ca型青白瓷盏W1：371

Cb 型

49 件。口沿下出筋五道，将内壁分成五等分，有的不均匀，有的浅而不显。腹深浅略有差异，内底微下凹，边缘凹弦纹明显。

W1：602，五缺葵口较小。釉色灰白，釉面光润，外壁施釉至足部。出筋纹较浅。内底粘少量窑渣。口径 12.4、足径 5.1、高 4.6 厘米（图 4-191；彩版 4-423）。

W1：824，尖圆唇，内底略下凹，挖足较规整，足墙较窄。釉色青白，釉面光润，开稀疏纹片。口径 12.1、足径 5.4、高 4.4 厘米（图 4-192；彩版 4-424）。

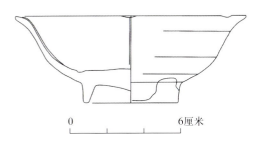

图4-191　Cb型青白瓷盏W1：602

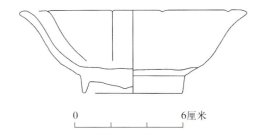

图4-192　Cb型青白瓷盏W1：824

彩版4-423　Cb型青白瓷盏W1：602　　　　　彩版4-424　Cb型青白瓷盏W1：824

W1∶157，釉色泛灰，外壁釉面可见大量小缩釉斑点。口沿内侧粘少量窑渣。口径 12.8、足径 5.0、高 4.4 厘米（图 4-193；彩版 4-425）。

W1∶366，釉色泛黄，釉面开细纹片，外壁有较多小缩釉斑点。外底附着有白色珊瑚石。口径 12.1、足径 5.3、高 4.2 厘米（彩版 4-426）。

W1∶367，釉色青白，釉面光润，开细纹片，外壁可见较多小缩釉斑点。内壁出筋纹明显。口径 12.1、足径 5.1、高 4.1 厘米（彩版 4-427）。

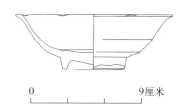

0　　　　　　9厘米

图4-193　Cb型青白瓷盏W1∶157

彩版4-425　Cb型青白瓷盏W1∶157

彩版4-426 Cb型青白瓷盏W1：366

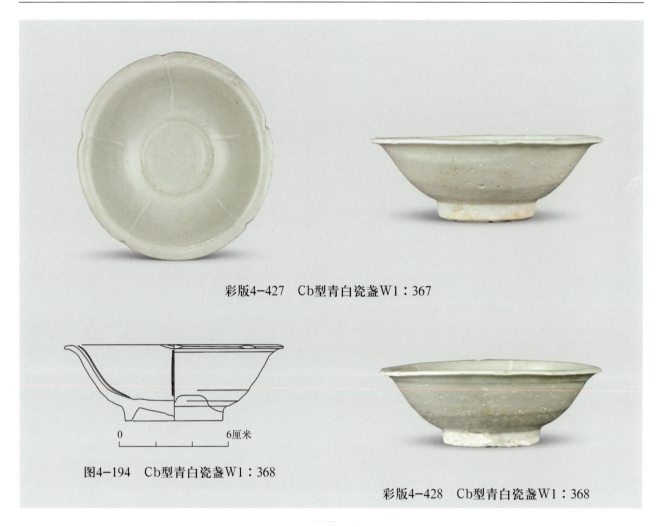

彩版4-427　Cb型青白瓷盏W1∶367

图4-194　Cb型青白瓷盏W1∶368

彩版4-428　Cb型青白瓷盏W1∶368

W1∶368，釉色泛灰，釉面开稀疏纹片，外壁可见较多小缩釉斑点。内壁出筋纹明显。内底落有少量渣粒。口径12.0、足径5.3、高3.9厘米（图4-194；彩版4-428）。

4.青白瓷盘

42件。六瓣葵口，敞口，尖唇，斜折腹，内壁腹底端向内平折，内底平阔，外底心微突，圈足规整，足墙薄，足沿圆滑。葵口为削缺而成，内壁葵口下出筋。胎较薄，色灰白，质细腻。通体施青白釉，泛青或泛灰、泛黄色，外施至足端或足内壁，口沿内外有流釉现象，釉面光洁莹润。外底有垫饼垫烧痕迹，釉色露胎处泛火石黄色。

W1∶60，釉色泛黄。内底微下凹，粘少量窑渣。出筋纹样较浅。口沿处附着有白色珊瑚砂。口径17.2、足径6.1、高4.6厘米（图4-195；彩版4-429）。

W1∶200，釉色泛灰。内底心微突，内底粘较多窑渣。六道出筋纹样较突出。口径17.4、足径6.5、高4.7厘米（图4-196；彩版4-430）。

W1∶309，釉色泛黄，外施至足内壁。六道出筋纹样较浅。口径17.5、足径6.2、高4.8厘米（图4-197；彩版4-431）。

W1∶750，内底心微下凹。釉色灰白，流釉痕迹明显。出筋纹样较浅。口径17.3、足径6.1、高4.3厘米（图4-198；彩版4-432）。

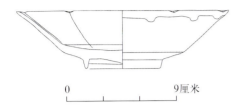

图4-195　青白瓷盘W1∶60

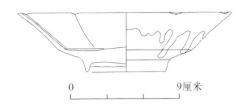

图4-196　青白瓷盘W1∶200

彩版4-429　青白瓷盘W1∶60

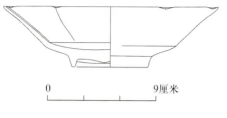

图4-197　青白瓷盘W1：309

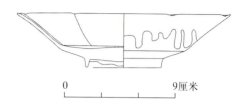

图4-198　青白瓷盘W1：750

彩版4-430　青白瓷盘W1：200

彩版4-431　青白瓷盘W1：309

彩版4-432　青白瓷盘W1：750

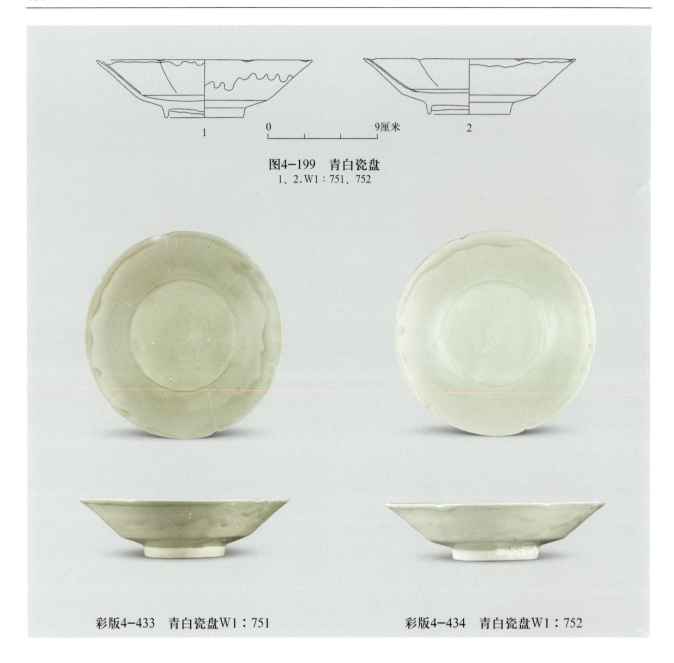

图4-199　青白瓷盘
1、2.W1：751、752

彩版4-433　青白瓷盘W1：751　　　　　彩版4-434　青白瓷盘W1：752

　　W1：751，内底心微下凹，粘少量窑渣。釉色泛黄，内壁口沿下及外壁流釉痕迹明显。口径17.6、足径6.5、高4.6厘米（图4-199，1；彩版4-433）。

　　W1：752，釉色泛青，口沿处流釉明显。六道出筋纹样较浅。口径17.1、足径6.5、高4.4厘米（图4-199，2；彩版4-434）。

　　5.青白瓷碟

　　3件。器形较小。敞口，尖唇，浅弧腹，内折腹，底平阔，外底小而平。胎色灰白，胎质细腻。内外均施青白釉，色泛黄，外底无釉，釉面光洁莹润。内底刻划一折枝荷花纹。

　　W1：495，内底粘有少量落渣。口径10.5、底径4.0、高2.6厘米（图4-200；彩版4-435）。

　　W1：1205，内底心微突。釉色泛白，口沿处釉层薄，釉面光洁莹润。内底刻花线条流畅，刻纹较浅。外底粘有窑渣。口径10.3、底径4.0、高2.8厘米（彩版4-436）。

图4-200　青白瓷碟W1：495

图4-201　青白瓷碟W1：965

彩版4-435　青白瓷碟W1：495

彩版4-436　青白瓷碟W1：1205

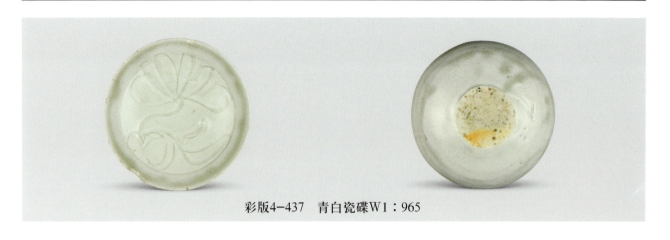

彩版4-437　青白瓷碟W1：965

W1：965，釉色泛灰，口沿内外流釉现象明显。外底粘有窑渣，垫烧痕迹明显。口径10.8、底径4.4、高2.6厘米（图4-201；彩版4-437）。

6.青白瓷执壶

394件（片），其中，执壶323件，另有断裂的执壶柄21件、流50件[1]。

这批执壶制作工艺相似，可归为一大类。盘口、直口或喇叭形口，长直颈或束颈，鼓腹或垂腹，鼓腹者又分瓜棱形和圆形两大类，圈足，外底微突。颈肩部置宽带状曲柄，柄上饰三长凹槽；肩部相对一侧置弯管状流，流口削平，高几与壶口齐平或略低于壶口，柄、流均为分制粘接而成。胎色灰白，胎质较细。通体施青白釉，泛灰或泛灰白，釉层较厚，有的具乳浊质感，部分呈失透或半失透状，施釉至足根部或足内壁，外底无釉处泛黄褐色。瓜棱腹者，腹部素面；圆形腹者，肩、腹部刻划花卉纹或花草纹。

执壶形制虽有差异，绝大多数的胎质胎色、釉及施釉特征等制作工艺均较为一致，应为同一处窑场烧制；根据其胎釉特征和成分分析来看，其产地与景德镇窑、德化窑均有一定差别，而与闽清义窑青白瓷更为接近，初步判断其应为闽清义窑产品[2]，故将其暂列于此处进行介绍。

根据口、颈和腹部的差异，可分四型。

A 型

145件。口部呈盘口状，大喇叭状长颈，圆肩，深弧腹压印成六瓣瓜棱形。口外撇，尖唇，垂沿，由口部向下弧收，颈下部略直，肩、腹衔接处略折，腹较深，下腹弧收，圈足较高，制作规整，足沿较宽，足沿内外圆滑，外墙较直，内墙斜削，外底心微突，略呈脐突状。釉色多青白，内满釉，外底有垫烧痕迹，露胎处泛黄褐色。颈下部、肩腹衔接处一般刻一道或两道凹弦纹。曲柄、弯流上部高度略低于壶口，位于盘口沿下。颈、腹分段拉坯成型，内壁旋痕明显，然后胎接而成。

---

[1]　执壶柄和流特征明确，均为这类执壶的断裂构件，故将其归于此；但其无法明确与沉船出水的321件执壶拼合，因此在计数时单列，统计沉船出水遗物总数时一并加入。执壶一般配有盖，其特征可与执壶相对应，除少数粘连或扣合壶口外，大多散落，为方便叙述，则单列一类介绍，实际上并非一类单独器类，特此说明。

[2]　从目前窑址考古资料来看，这批执壶的胎釉特征和制作工艺与江西的景德镇窑、闽南地区的德化窑出土执壶存在着较大区域，从整体工艺特征来看，其胎釉特征与闽清义窑产品较为相似，但由于闽清义窑分布较广，窑场众多，已开展的考古发掘中并未出土相似器类，又限于考古调查无法获知窑场全貌的局限性，故在义窑考古工作中并未大量发现执壶类产品。但是，通过与这艘沉船同出的景德镇窑、德化窑、闽清义窑青白瓷和三处窑场出土瓷器的胎釉成分测试分析，判断其闽清义窑产品（详见本书第五章）。综合目前已知考古资料和科技分析信息，我们初步判断这批执壶可能为闽清义窑产品，但其确切产地仍尚待进一步研究。

彩版4-438　A型青白瓷执壶W1：12

W1：12，釉色青白，釉色不匀，局部泛灰黄色，釉面光洁莹润。颈下部、肩部各饰两道细弦纹。口径 11.3、足径 7.8、高 18.8 厘米（彩版 4-438）。

W1：13，器物变形。釉色青白，局部泛灰，釉面开细密碎纹片，附着有白色珊瑚石。颈下部饰一道宽凹弦纹，肩部饰两道细弦纹。口径 11.0、足径 8.0、高 19.3 厘米（彩版 4-439）。

W1：14，釉色青白，釉面开细碎纹片，附着有白色珊瑚石。颈、肩部接痕明显。颈下部、肩部各饰两道细弦纹。口径 11.5、足径 8.2、高 19.8 厘米（彩版 4-440）。

W1：15，釉色青白，釉面局部开稀疏纹片。颈下部饰一道宽凹弦纹，肩部饰两道宽弦纹。外壁及口部附着有大量白色珊瑚石。口径 11.2、足径 8.1、高 20.3 厘米（彩版 4-441）。

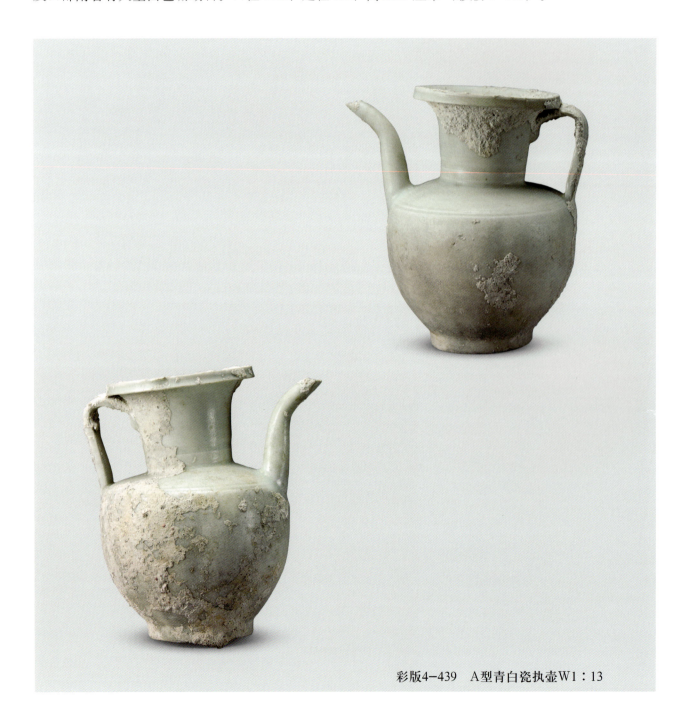

彩版 4-439　A 型青白瓷执壶 W1：13

彩版4-440　A型青白瓷执壶W1：14

彩版4-441　A型青白瓷执壶W1：15

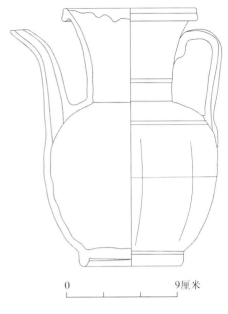

图4-202 A型青白瓷执壶W1：16

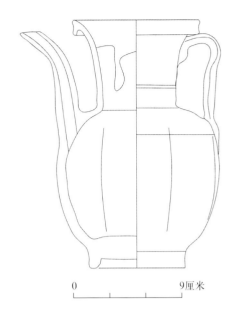

图4-203 A型青白瓷执壶W1：553

W1：16，釉色泛灰，釉面开细碎纹片，口沿内侧流釉。颈下部、肩腹衔接处刻两道凹弦纹，腹部饰数道细凹弦纹。外底墨书一"吉"字。口径10.7、足径8.2、高20.5厘米（图4-202；彩版4-442）。

W1：515，釉色灰白，釉面磨痕明显。颈下部、肩部饰一道宽凹弦纹。口径11.1、足径8.0、高20.5厘米（彩版4-443）。

W1：552，釉色白，釉面磨痕明显，附着有白色珊瑚砂。颈下部饰三道细弦纹，肩部饰一道宽凹弦纹。口径11.2、足径8.0、高19.6厘米（彩版4-444）。

W1：553，尖圆唇，垂沿外侧有一道凹弦纹。釉色泛白，口沿附近流釉，局部开冰裂纹。颈下部、肩部饰一道宽凹弦纹。外壁附着有白色珊瑚砂。口径10.3、足径8.0、高19.4厘米（图4-203；彩版4-445）。

W1：554，釉色泛黄，釉面光润。垂沿外侧有一道凹弦纹。颈下部饰两道细弦纹，肩部饰一道宽凹弦纹。口径11.5、足径8.4、高19.8厘米（彩版4-446）。

W1：555，釉色泛黄，釉面光润。颈下部饰一道宽凹弦纹，肩部饰一道细弦纹。口径11.1、足径8.5、高20.1厘米（彩版4-447）。

W1：556，釉色泛白，釉面开细碎纹片。颈下部饰一道宽凹弦纹，肩部饰两道细凹弦纹。外壁附着有较多白色珊瑚砂。口径11.2、足径8.1、高20.1厘米（彩版4-448）。

W1：557，釉色青白，釉面开稀疏纹片，附着有白色珊瑚石。颈下部、肩部各饰一道细弦纹。口径11.2、足径8.7、高20.5厘米（彩版4-449）。

W1：558，釉色泛白，釉面光洁莹润，腹部开冰裂纹。颈下部饰一道宽凹弦纹，肩部饰两道细弦纹。口径11.1、足径7.7、高20.2厘米（图4-204；彩版4-450）。

彩版4-442　A型青白瓷执壶W1：16

彩版4-443　A型青白瓷执壶W1：515

彩版4-444　A型青白瓷执壶W1：552

彩版4-445　A型青白瓷执壶W1：553

彩版4-446　A型青白瓷执壶W1∶554

彩版4-447 A型青白瓷执壶W1：555

彩版4-448　A型青白瓷执壶W1：556

彩版4-449　A型青白瓷执壶W1：557

0 ⎯⎯⎯⎯⎯ 9厘米

图4-204　A型青白瓷执壶W1：558

彩版4-450　A型青白瓷执壶W1：558

彩版4-451　A型青白瓷执壶W1：560

彩版4-452　A型青白瓷执壶W1：564

　　W1：560，壶柄、流口略高于口沿下端。釉色泛灰，釉面光润。颈下部、肩部各饰一道宽弦纹和细弦纹。口径 11.5、足径 8.2、高 20.2 厘米（彩版 4-451）。

　　W1：564，釉色泛白，釉面光润，口、颈、肩部开细纹片。颈下部、肩部分别饰一道和两道细弦纹。口径 11.4、足径 8.1、高 20.4 厘米（彩版 4-452）。

　　W1：566，釉色泛灰，釉面开冰裂纹。颈部饰一道宽凹弦纹，肩部饰两道细凹弦纹。口径 11.6、足径 8.0、高 20.1 厘米（彩版 4-453）。

　　W1：567，釉色泛白，口、颈、肩部开细纹片。颈下部饰一道宽凹弦纹，肩部饰两道细弦纹。口径 11.1、足径 8.2、高 20.3 厘米（彩版 4-454）。

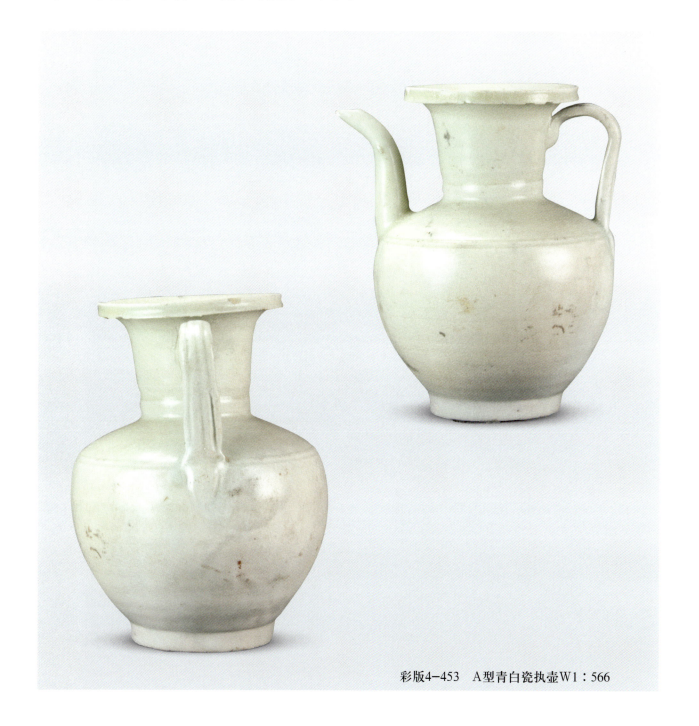

彩版4-453　A型青白瓷执壶W1：566

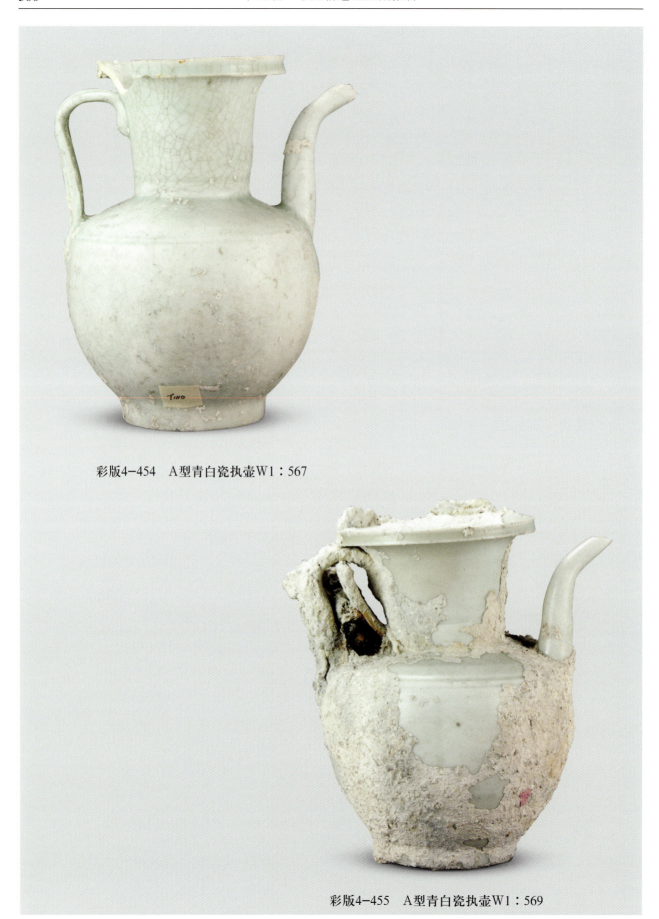

彩版4-454　A型青白瓷执壶W1：567

彩版4-455　A型青白瓷执壶W1：569

W1：569，釉色泛白，釉面光洁莹润。颈下部饰一道宽凹弦纹，肩部饰两道细凹弦纹。器表附着有较多珊瑚砂石。口径 11.4、足径 8.0、高 19.5 厘米（彩版 4-455）。

W1：571，釉色泛白，局部开细碎纹片。颈下部饰一道宽凹弦纹，肩部饰两道细凹弦纹。口径 11.0、足径 7.8、高 19.7 厘米（彩版 4-456）。

W1：572，釉色泛灰，釉面开细碎纹片。颈下部饰一道宽凹弦纹，肩部饰两道细凹弦纹。口径 10.8、足径 7.9、高 19.2 厘米（彩版 4-457）。

W1：577，釉色泛灰，釉面开细纹片。颈下部、肩部分别饰一道和两道细凹弦纹。外底露胎处泛黄褐色，底心墨书单字"□"款押题记，字迹褪色。口径 11.7、足径 8.2、高 20.2 厘米（彩版 4-458）。

W1：580，釉色青白，釉面光润，腹下部开冰裂纹。颈下部饰一道宽凹弦纹，肩部饰两道细凹弦纹。外壁附着有白色珊瑚砂。口径 11.1、足径 8.0、高 20.1 厘米（彩版 4-459，1）。

W1：1020，圈足残件。外底平。釉色泛灰，足沿局部有釉。外底有"徐"字墨书题记，字迹清晰。足径 8.6、残高 2.3 厘米（彩版 4-459，2）。

W1：591，釉色青白，局部泛灰，釉面光润，局部开稀疏纹片。颈下部饰一道宽凹弦纹，肩部饰两道细凹弦纹。圈足内墙斜削，露胎处色泛黄，外底似有两字墨书题记，字迹不清。外壁附着有白色珊瑚砂。口径 10.9、足径 8.5、高 19.8 厘米（彩版 4-460、461）。

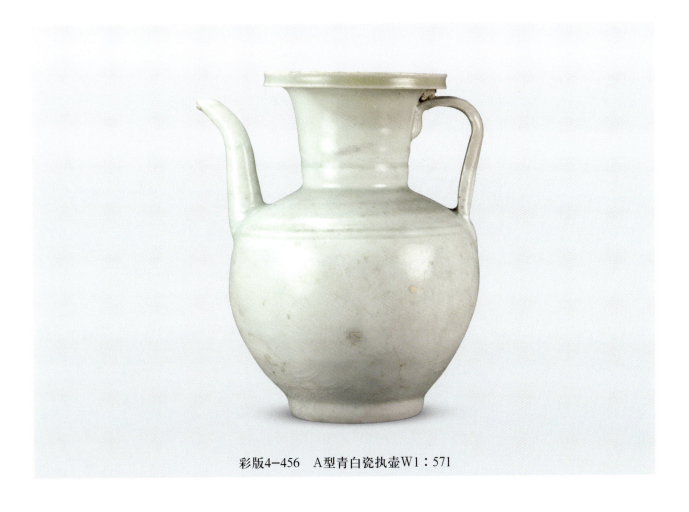

彩版4-456 A型青白瓷执壶W1：571

彩版4-457　　A型青白瓷执壶W1：572

彩版4-458 A型青白瓷执壶W1：577

1．W1：580　　　　　　　　　　　2．W1：1020

彩版4-459　A型青白瓷执壶

彩版4-460　A型青白瓷执壶W1：591

彩版4-461　A型青白瓷执壶W1：591

W1：1218，底腹残件。内底心微突，足沿修削，足墙内侧边缘出台，外底平。内壁轮旋痕迹清晰。釉色泛灰，足沿局部有釉。外底有"利"字墨书题记，字迹清晰。足径 8.0、残高 6.2 厘米。

B 型

34 件。器形略小，直口，直颈，圆肩，鼓腹。口微撇，方唇，颈下部微束，腹部多压印成多瓣瓜棱形，有的无瓜棱而刻划莲瓣纹，瓜棱腹执壶的圈足多浅矮，足沿较宽而圆，内墙斜削，外底较平，微下凸。壶柄、流与其他执壶特征相近。颈、肩衔接处较明显。釉色多泛灰，部分呈乳浊失透状，内满釉，外壁施釉至足内壁，外底无釉。肩部一般刻两道凹弦纹。曲柄、弯流上部高度与执壶口基本持平，有的略高于口。颈、腹分段拉坯成型，内壁旋痕明显，然后胎接而成。口沿处刮釉，应为盖、身扣合同烧，外底和足部有垫烧痕迹，露胎处泛黄褐色。有的外底有墨书题记。根据腹部形态的差异，可分两亚型。

Ba 型

30 件。深腹压印成多瓣瓜棱形，有七、八、九、十瓣不等，圈足多浅矮，有的略作隐圈足状。

W1：516，肩部刻划一道宽凹弦纹，七瓣瓜棱形腹，圈足外墙不明显。釉色泛灰，釉面开细碎纹片。外壁附着较多白色珊瑚砂石。口径 6.5、足径 6.9、高 16.4 厘米（彩版 4-462、463）。

W1：517，肩部刻划两道弦纹，十瓣瓜棱形腹，圈足外墙不明显。釉色泛白，釉面开细碎纹片。外壁附着较多白色珊瑚砂石。口径 6.3、足径 6.9、高 14.7 厘米（彩版 4-464）。

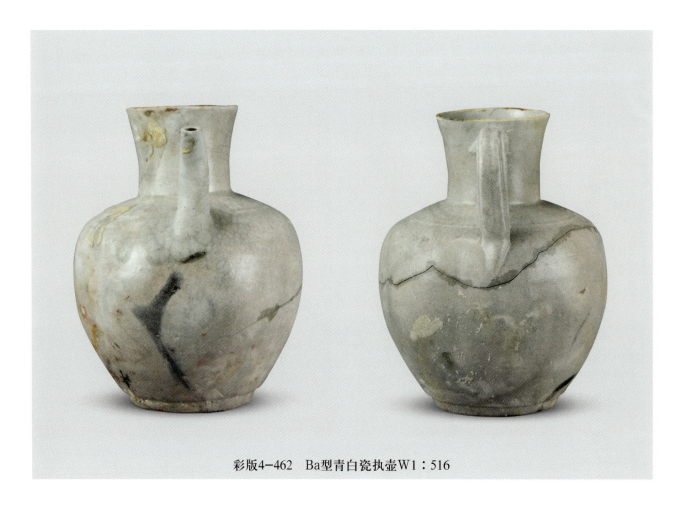

彩版4-462　Ba型青白瓷执壶W1：516

彩版4-463　Ba型青白瓷执壶W1：516

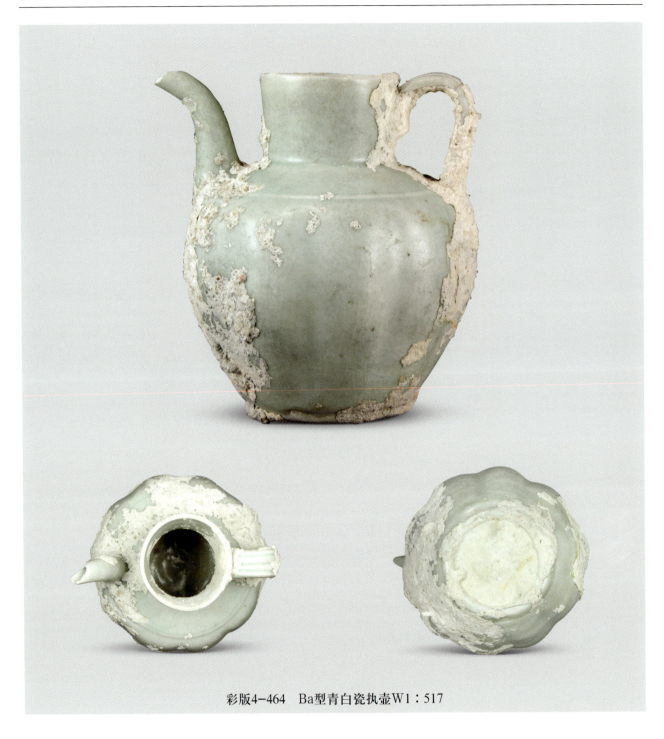

彩版4-464　Ba型青白瓷执壶W1：517

　　W1：531，肩部刻划两道弦纹，十瓣瓜棱形腹。釉色泛白，釉面开细碎纹片。外底露胎处泛黄褐色，足内边缘粘有少量窑渣，底心有两字墨书题记，字迹褪色。颈部内壁轮旋痕迹明显。口径6.0、足径7.3、高14.9厘米（图4-205；彩版4-465）。

　　W1：533，肩部刻两道凹弦纹，圆鼓腹作八瓣瓜棱形。釉色泛灰白，釉层较厚，呈乳浊失透状，釉面开细碎纹片。外底露胎处泛黄褐色，足沿及底部粘连有渣粒。口径6.1、足径7.1、高15.0厘米（彩版4-466）。

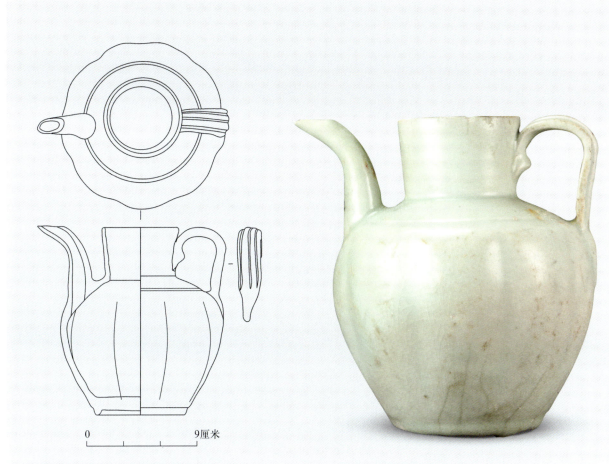

图4-205 Ba型青白瓷执壶W1：531

彩版4-465 Ba型青白瓷执壶W1：531

彩版4-466　Ba型青白瓷执壶W1∶533

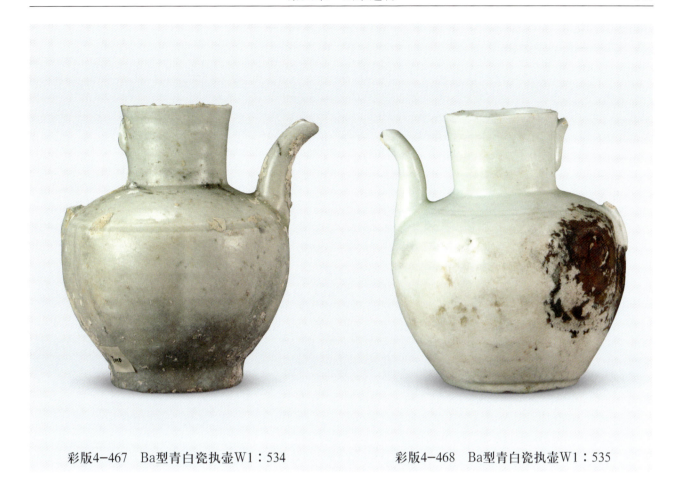

彩版4-467　Ba型青白瓷执壶W1∶534　　　　彩版4-468　Ba型青白瓷执壶W1∶535

W1∶534，肩部刻一道宽凹弦纹，圆鼓腹作七瓣瓜棱形，外腹壁内收成较高圈足。釉色泛灰白，釉层较厚，呈乳浊失透状，釉面开细碎纹片。内壁旋坯痕明显，外壁及外底粘连有白色珊瑚砂。口径6.2、足径7.6、高15.8厘米（彩版4-467）。

W1∶535，肩部刻两道细凹弦纹，圆鼓腹作八瓣瓜棱形，圈足浅矮。釉色灰白，呈乳浊失透状，釉面开细碎纹片。器身及底粘有铁锈痕迹。口径6.3、足径7.2、高14.4厘米（彩版4-468）。

W1∶590，肩部刻一道宽凹弦纹，弧腹较深，作九瓣瓜棱形腹，圈足不明显，挖足浅。釉色泛白，略呈乳浊失透状，釉面开细碎纹片。内壁轮旋痕迹明显。器身布满白色珊瑚砂。口径6.4、足径7.7、高15.4厘米（彩版4-469）。

Bb型

4件。鼓腹，略作球形。肩部以下的外腹壁以交叉斜线刻数层尖窄莲瓣纹。圈足较高，外墙直。有的外底有墨书题记。

W1∶518，腹圆鼓，肩部刻一道细凹弦纹。釉色泛灰，呈乳浊失透状，釉面开细纹片。外壁布满白色珊瑚砂石。口径6.4、足径7.8、高16.0厘米（彩版4-470）。

W1∶532，鼓腹较深，圈足宽沿，挖足浅，外底平。肩部刻两道细凹弦纹。釉色泛灰，呈乳浊失透状，釉面开细碎纹片。外底有一墨书题记。外壁附着有白色珊瑚砂石。口径6.3、足径7.8、高16.8厘米（图4-206；彩版4-471）。

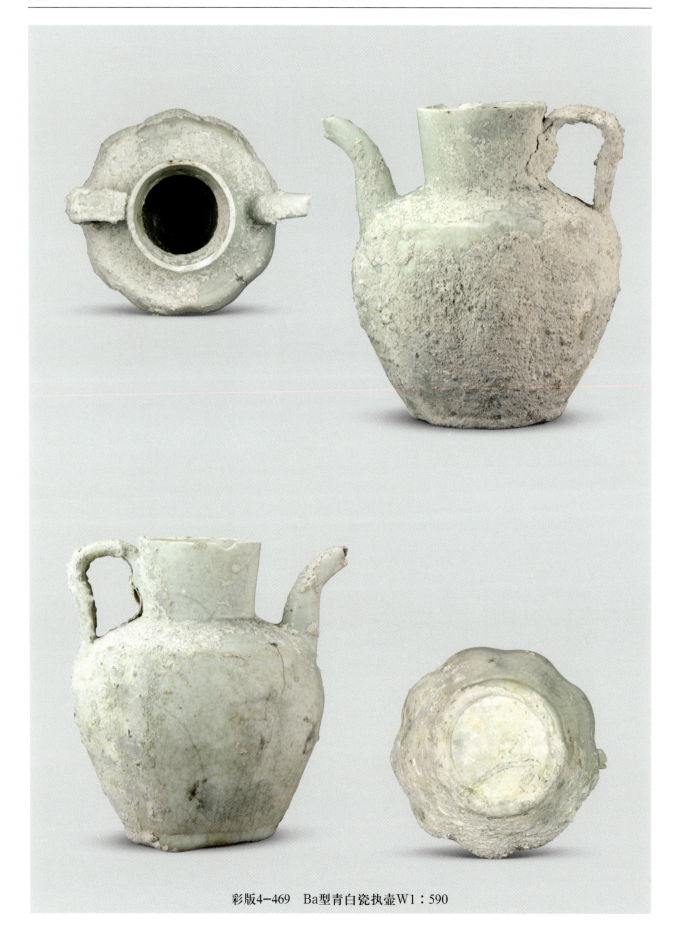

彩版4-469　Ba型青白瓷执壶W1：590

彩版4-470　Bb型青白瓷执壶W1：518

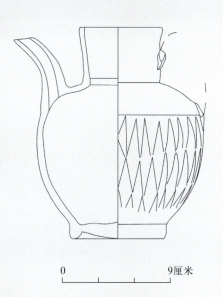

0　　　　　　　9厘米

图4-206　Bb型青白瓷执壶W1：532

彩版4-471　　Bb型青白瓷执壶W1：532

彩版4-472　Bb型青白瓷执壶W1：543　　　　　彩版4-473　Bb型青白瓷执壶W1：544

W1：543，腹圆鼓，肩部刻一道凹弦纹。釉色泛灰，呈乳浊失透状，釉面开细纹片。外壁及外底附着大量白色珊瑚砂石。口径6.3、足径8.1、高16.4厘米（彩版4-472）。

W1：544，腹圆鼓，肩、腹连接处刻宽、窄两道凹弦纹，其下刻交叉尖莲瓣纹，纹样清晰。釉色不匀，泛灰青色，颈、上腹部可见多道流釉痕。颈、肩接痕明显，内壁可见多道旋坯痕。足径7.8、残高13.8厘米（彩版4-473）。

C型

102件。直口，略外敞，口沿一般刮削成方唇，长颈，颈中部略束，折肩，肩部斜弧，肩、腹衔接处向下折收，深弧腹，圆腹下部弧收，近足端略收，圈足，有的略呈隐圈足状，足沿较圆，宽沿向内斜削，挖足一般较浅。外底较平，底心微突或有脐突。颈、肩接痕明显，壶柄、流与壶口高度基本持平。釉色多泛灰或灰白，部分呈乳浊失透状，内满釉，外施至足内壁，口沿处刮釉，足沿处多有流釉痕迹，有的粘有窑渣粒，外底露胎处多泛黄褐色，垫烧痕迹明显。颈上部一般刻三道凹弦纹，少量为两道凹弦纹，颈下部多刻一道凹弦纹；肩部刻划卷草或斜弧状菊瓣纹，腹部一般刻划7～11朵折枝花叶纹。不少执壶的外底有墨书题记。

W1：6，颈、肩衔接处有裂纹。釉色青白，釉面光洁莹润，具乳浊质感，开细纹片。颈上、下部分饰三道细凹弦纹、一道宽弦纹，肩中、下部分饰一、二道凹弦纹，中间刻划一周卷草纹，腹部刻划折枝花叶纹，刻纹较浅。外底有一字墨书题记，字迹褪色。口径6.7、足径7.2、高18.1厘米（彩版4-474）。

彩版4-474　C型青白瓷执壶W1∶6

W1：7，釉色青白，呈乳浊失透状，釉面开细碎纹片。颈上、下部分饰两道、一道宽凹弦纹，肩中、下部各饰两道凹弦纹，中间刻划一周卷草纹，腹部刻划折枝花叶纹，刻纹较浅。口径 7.3、足径 7.3、高 17.8 厘米（彩版 4-475）。

W1：8，釉色泛白，釉面光洁莹润，开细碎纹片。颈上、下部分饰两、一道宽凹弦纹，肩中、下部各饰两道细凹弦纹，中间刻划一周卷草纹，腹部刻划八朵折枝花叶纹。外底有一墨书"徐"字，字迹较浅。口径 6.3、足径 7.0、高 18.3 厘米（彩版 4-476）。

彩版4-475　C型青白瓷执壶W1：7

彩版4-476　C型青白瓷执壶W1：8

W1：9，釉色青白，釉面光洁莹润，釉面开细碎纹片。颈上、下部分饰两道细凹弦纹、一道宽弦纹，肩中、下部各饰两道凹弦纹，中间刻划一周卷草纹，腹部刻划八朵折枝花叶纹。外底有一墨书"徐"字，字迹清晰。口径6.8、足径7.4、高18.6厘米（图4-207；彩版4-477）。

W1：10，釉色泛灰白，釉面磨痕清晰。颈下部饰一道宽弦纹，肩上、下部各饰一道凹弦纹，中间刻划一周弧线状菊瓣纹，腹部刻划折枝花叶纹，刻纹较浅。口径6.8、足径7.0、高17.3厘米（彩版4-478）。

W1：11，釉色泛白，具乳浊质感，釉面开细碎纹片。颈上、下部分饰三道细凹弦纹、一道宽弦纹，肩部上、下凹弦纹之间刻划一周弧线状菊瓣纹，腹部刻划折枝花叶纹，刻纹较浅。外壁附着较多白色珊瑚砂石。口径6.8、足径8.1、高18.4厘米（彩版4-479）。

W1：522，釉色灰白，具乳浊质感，釉面磨痕明显。颈下部饰一道宽凹弦纹，肩中、下部分饰两道、一道细凹弦纹，中间刻划一周菊瓣纹，腹部刻划折枝花叶纹。口径6.9、足径7.6、高20.1厘米（彩版4-480）。

W1：523，釉色灰白，具乳浊质感，釉面磨痕明显。颈上、下部分饰三道、一道细凹弦纹，肩中、下部各饰一道凹弦纹，中间刻划一周菊瓣纹，腹部刻划折枝花叶纹，刻纹较浅。口径6.8、足径8.3、高18.6厘米（彩版4-481）。

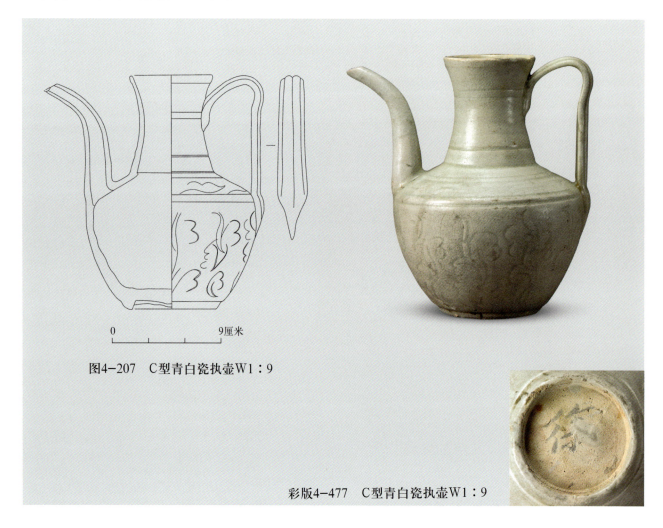

0 ⎯⎯⎯ 9厘米

图4-207　C型青白瓷执壶W1：9

彩版4-477　C型青白瓷执壶W1：9

彩版4-478　C型青白瓷执壶W1：10

彩版4-479　C型青白瓷执壶W1：11

彩版4-480　C型青白瓷执壶W1：522

彩版4-481　C型青白瓷执壶W1：523

W1：524，釉色泛白，釉面开细碎纹片。颈上、下部分饰三道、一道凹弦纹，肩中、下部各饰一道凹弦纹，中间刻划一周菊瓣纹，腹部刻划折枝花叶纹，刻纹浅。口径 6.6、足径 7.8、高 19.1 厘米。

W1：525，釉色青白，釉面开细纹片。颈上、下部分饰两、一道宽凹弦纹，肩上、下部各饰两道凹弦纹，中间刻划一周菊瓣纹，腹部刻划八朵折枝花叶纹，刻纹清晰。口径 6.7、足径 7.7、高 18.3 厘米（彩版 4-482）。

W1：526，釉色泛灰，釉面光洁莹润，局部开细纹片。颈上、下部分饰三道细凹弦纹、一道宽弦纹，肩中、下部各饰两道凹弦纹，中间刻划一周卷草纹，腹部刻划八朵折枝花叶纹，刻纹清晰。口径 6.8、足径 7.6、高 17.9 厘米（彩版 4-483、484）。

W1：527，釉色泛灰白，釉面开细碎纹片。颈上、下部分饰两道、一道凹弦纹，肩中、下部分饰一道、两道凹弦纹，中间刻划一周菊瓣纹，腹部刻划折枝花叶纹，刻纹较浅。外壁附着有珊瑚砂石。口径 6.7、足径 7.6、高 18.2 厘米（彩版 4-485）。

W1：528，釉色泛白，乳浊质感较强，釉面磨痕明显。颈上、下部分饰三道细凹弦纹、一道宽弦纹，肩中、下部各饰一道凹弦纹，中间刻划一周卷草纹，腹部刻划折枝花叶纹，刻纹浅。外壁附着较多白色珊瑚砂石。口径 6.6、足径 6.9、高 17.1 厘米（彩版 4-486）。

W1：529，釉色泛灰白，通体开稀疏纹片。颈上、下部分饰两道、一道宽凹弦纹，肩上、下部分饰一道、两道凹弦纹，中间刻划一周卷草纹，腹部刻划七片折枝花叶纹，刻纹清晰。外壁附着较多白色珊瑚砂石，清理后釉面光润。口径 6.8、足径 7.0、高 17.3 厘米（图 4-208；彩版 4-487）。

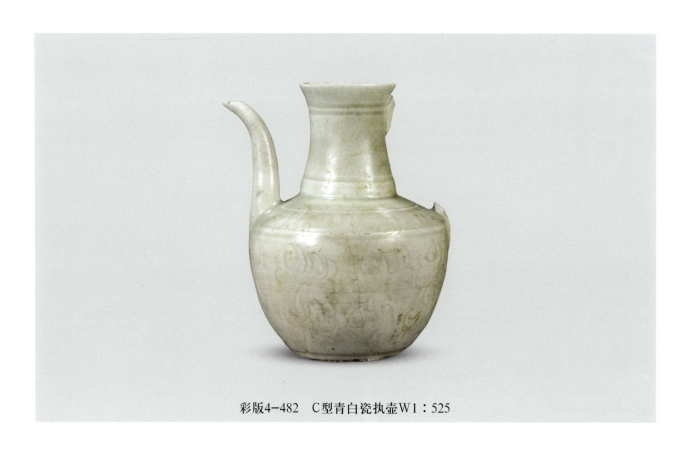

彩版4-482　C型青白瓷执壶W1：525

彩版4-483　C型青白瓷执壶W1：526

彩版4-484　C型青白瓷执壶W1：526

彩版4-485　C型青白瓷执壶W1：527

彩版4-486 C型青白瓷执壶W1：528

图4-208 C型青白瓷执壶W1：529

0　　　　　　9厘米

彩版4-487 C型青白瓷执壶W1：529

W1：530，釉色泛灰，釉面光润，开细纹片。颈上、下部分饰两道、一道凹弦纹，肩中、下部各饰两道凹弦纹，中间刻划一周卷草纹，腹部刻划九朵折枝花叶纹。口径 6.8、足径 7.4、高 17.8 厘米（彩版 4-488）。

W1：536，釉色泛白，具乳浊质感，呈半失透状，釉面受海生物侵蚀有沁痕。颈上、下部分饰三道、一道凹弦纹，肩中、下部分饰一道、两道细弦纹，中间刻划一周菊瓣纹，腹部刻划折枝花叶纹。口径 7.1、足径 7.0、高 18.2 厘米（彩版 4-489）。

W1：537，釉色灰白，具乳浊质感。颈上、下部分饰两道、一道宽凹弦纹，肩中、下部分饰一道、两道凹弦纹，中间刻划一周卷草纹，腹部刻划折枝花叶纹，刻纹清晰。外壁及底部附着较多白色珊瑚砂石。口径 6.9、足径 7.4、高 18.9 厘米（彩版 4-490）。

W1：538，釉色不匀，泛青白或灰白色，呈乳浊失透状。颈上、下部分饰三、一道凹弦纹，肩上、下部各饰一道细凹弦纹，中间刻划一周细密弧线状菊瓣纹，腹部刻划折枝花叶纹，刻纹浅。外壁附着白色珊瑚砂石。口径 7.0、足径 7.8、高 17.8 厘米（图 4-209；彩版 4-491）。

W1：539，釉色灰白，釉层较厚，乳浊质感较强，呈失透状，刻纹处可见小缩釉斑点。颈上、下部分饰三道、一道宽凹弦纹，肩上、下部各饰一道细凹弦纹，中间刻划一周复线莲瓣纹，腹部刻划六组双层倒垂状的折枝花叶纹，刻纹清晰。外底有墨书题记，不可辨识。口径 6.7、足径 7.9、高 18.5 厘米（彩版 4-492）。

W1：540，釉色泛灰，釉面开细纹片。颈上、下部分饰三道、一道凹弦纹，肩中、下部各饰一道凹弦纹，中间刻划一周菊瓣纹，腹部刻划折枝花叶纹。器表附着有白色珊瑚砂。口径 6.5、足径 8.4、高 18.2 厘米（彩版 4-493）。

彩版4-488　C型青白瓷执壶W1：530

彩版4-489　C型青白瓷执壶W1：536

彩版4-490　C型青白瓷执壶W1：537

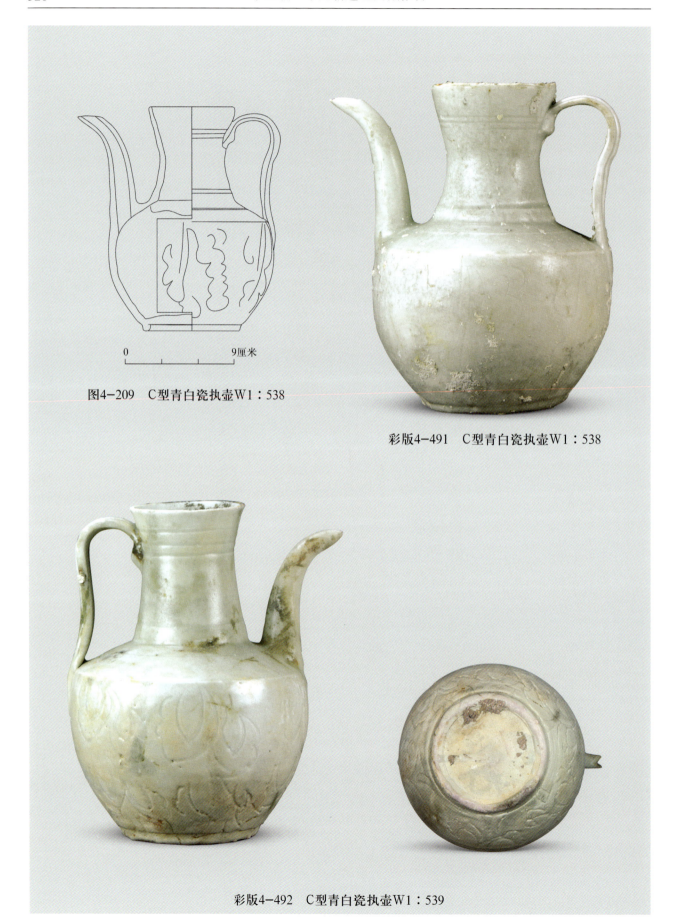

图4-209　C型青白瓷执壶W1：538

彩版4-491　C型青白瓷执壶W1：538

彩版4-492　C型青白瓷执壶W1：539

彩版4-493　C型青白瓷执壶W1∶540

W1∶541，釉色泛灰，呈乳浊失透状，釉面光润。颈上、下部分饰两道、一道凹弦纹，肩中、下部分饰一道、两道凹弦纹，中间刻划一周卷草纹，局部还刻划竖条纹，腹部刻划九片折枝花叶纹。外底墨书一"徐"字，字迹清晰。口径7.0、足径7.3、高17.5厘米（彩版4-494）。

W1∶542，釉色泛白，釉层较厚，釉面开冰裂纹，足沿流釉明显。颈上、下部分饰三道、一道凹弦纹，肩上、下部分饰一道、两道凹弦纹，中间刻划一周卷草纹，腹部刻划十朵折枝花叶纹，刻纹清晰。外底粘有少量渣粒。口径7.0、足径7.0、高17.2厘米（图4-210；彩版4-495）。

W1∶592，釉色灰青，呈乳浊失透状，开冰裂纹。颈上、下部分饰两道、一道宽凹弦纹，肩上、下部分饰一道、两道细凹弦纹，中间刻划一周弧线状菊瓣纹，腹部刻划六朵折枝花叶纹，刻纹清晰。口径6.1、足径7.6、高18.9厘米（图4-211；彩版4-496）。

W1∶593，釉色不匀，局部泛青，呈乳浊失透状，口沿内侧流釉。颈上、下部分饰两道、一道宽凹弦纹，肩上、下部各饰一道、两道凹弦纹，中间刻划一周卷草纹，腹部刻划折枝花叶纹。外底有一墨书"内"字，字迹清晰。口径7.3、足径7.4、高18.5厘米（彩版4-497）。

W1∶594，釉色灰白，具乳浊质感，釉面开细纹片，足沿流釉严重，积釉较厚。颈上、下部分饰两道、一道细凹弦纹，肩中、下部分饰一道、两道凹弦纹，中间刻划一周菊瓣纹，腹部刻划折枝花叶纹，刻纹较浅。外底有一墨书题记，字迹褪色。口径7.1、足径7.4、高17.1厘米（彩版4-498）。

彩版4-494　C型青白瓷执壶W1∶541　　　　　　彩版4-495　C型青白瓷执壶W1∶542

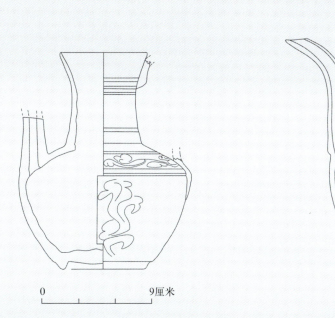

0 ———————————— 9厘米

图4-210　C型青白瓷执壶W1：542

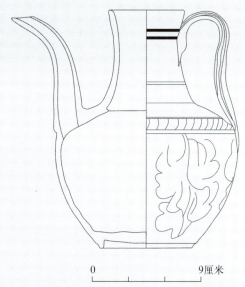

0 ———————————— 9厘米

图4-211　C型青白瓷执壶W1：592

彩版4-496　C型青白瓷执壶W1：592

彩版4-497　C型青白瓷执壶W1：593

彩版4-498　C型青白瓷执壶W1∶594

W1∶595，釉色泛白，釉面光润，局部开细碎纹片，足沿流釉严重。颈上、下部分饰三道细凹弦纹、一道宽弦纹，肩中、下部各饰一道凹弦纹，中间刻划一周弧线状菊瓣纹，腹部刻划折枝花叶纹。外底有一墨书题记。口径6.9、足径8.1、高19.1厘米（彩版4-499）。

W1∶1022，底腹残件。釉色泛白，釉面光润，足沿流釉严重。腹部刻划折枝花叶纹。外底有一墨书题记。足径7.6、残高8.0厘米（彩版4-500）。

D型

42件。壶身作玉壶春瓶式，喇叭形口，长束颈，垂腹。撇口，圆唇或尖圆唇，溜肩，圈足较规整，足沿内外斜削圆滑，有的外底心有脐突。青白釉，大多泛灰或黄色，釉层较厚，有的呈乳浊失透状，内满釉，外施至足内壁，口沿刮釉。颈中部一般刻三道凹弦纹，外壁刻划缠枝花卉纹或草叶纹。外底露胎处泛褐色。

W1∶1，釉色青白，色调淡雅，釉厚处呈淡青色，釉面光洁莹润。外壁满刻以三片花叶组成的缠枝花卉纹，纹饰清晰。腹、底部局部附着白色珊瑚砂。口径7.8、足径8.5、高23.7厘米（图4-212；彩版4-501）。

W1∶2，青白釉，局部泛灰和淡青色，釉面开细碎纹片。外壁满刻以三片花叶组成的缠枝花卉纹，纹饰清晰。外腹壁粘有少量铁锈痕迹。口径7.2、足径8.5、高23.4厘米（彩版4-502）。

W1∶3，圈足宽沿，向内斜修，挖足浅。釉色不匀，泛青白或泛灰，开细纹片。颈部刻两道弦纹，外壁满刻以三片花叶组成的缠枝花卉纹，纹样清晰。足沿边缘流釉，粘有渣粒。外底有一墨书题记。口径7.9、足径8.8、高22.7厘米（彩版4-503）。

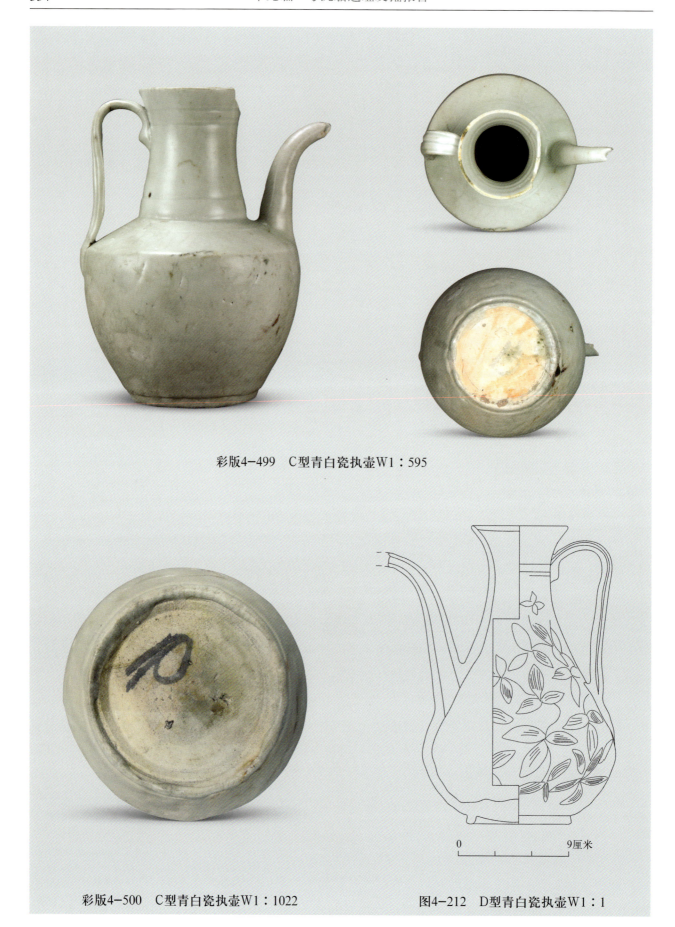

彩版4-499　C型青白瓷执壶W1：595

彩版4-500　C型青白瓷执壶W1：1022

图4-212　D型青白瓷执壶W1：1

0　　　　　　　　9厘米

彩版4-501 D型青白瓷执壶W1：1

彩版4-502　D型青白瓷执壶W1：2

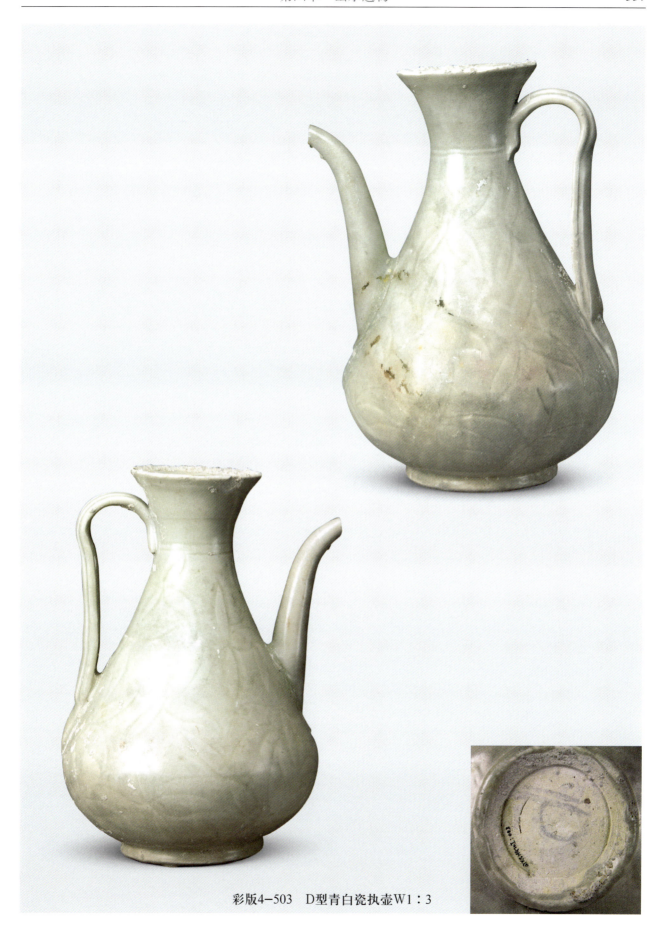

彩版4-503 D型青白瓷执壶W1∶3

W1：4，尖圆唇，圈足宽沿，足沿较圆，足墙外直内斜。釉色泛灰、泛青。颈部刻两道弦纹，外壁满刻以三片花叶组成的缠枝花卉纹。外壁附着较多白色珊瑚砂。口径 7.4、足径 9.4、高 24.4 厘米（彩版 4-504）。

W1：5，壶身与盖粘连。圆唇，圈足宽沿，足沿较圆，足墙外直内斜。釉色泛白，具乳浊质感，局部开细纹片。颈部刻两道宽凹弦纹，外壁满刻缠枝花叶纹。盖宽平沿，中部圆形下凹，下凹处横装一小管状纽；盖面满釉。口径 6.8、足径 8.6、通高 23.9 厘米（彩版 4-505）。

W1：268，带盖。圈足宽沿，足沿较圆，足墙外直内斜，挖足浅。釉色泛灰白，开细纹片。颈部刻两道宽凹弦纹，外壁满刻缠枝花叶纹，纹样清晰。足沿边缘流釉，粘有渣粒。外底有墨书"吴□"题记，字迹清晰。盖宽平沿，中部圆形下凹，下凹处横装一小管状纽；盖面满釉，盖内不施釉。口径 7.8、足径 8.7、通高 25.5 厘米（彩版 4-506）。

W1：269，带盖。圈足宽沿，足沿较圆，挖足浅。釉色泛白，具乳浊质感，开稀疏纹片。颈部刻两道宽凹弦纹，外壁满刻缠枝花叶纹，纹样清晰。足沿边缘流釉，粘有渣粒。外底有墨书"吴□"题记，字迹清晰。盖宽平沿，中部圆形下凹，下凹处横装一小管状纽；盖面满釉，盖内不施釉。口径 7.1、足径 9.1、高 24.6 厘米（彩版 4-507）。

彩版4-504　D型青白瓷执壶W1：4

彩版4-505　D型青白瓷执壶W1：5　　　　　　　彩版4-506　D型青白瓷执壶W1：268

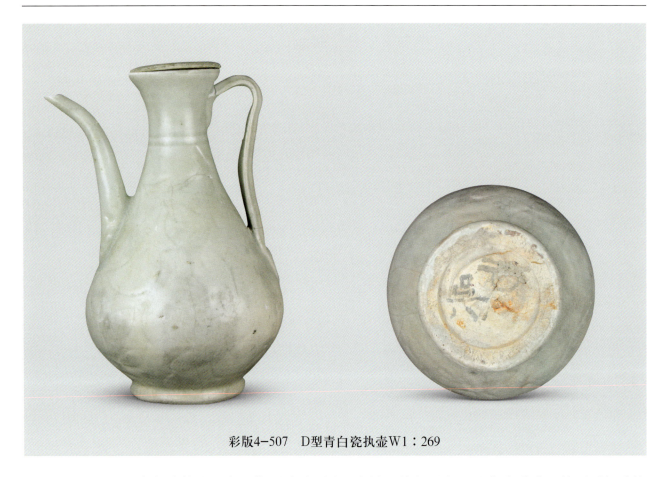

彩版4-507　D型青白瓷执壶W1：269

　　W1：270，壶身与盖粘连，略生烧。圆唇，圈足宽沿。釉色泛白，具乳浊质感，釉面开细碎纹片。颈部刻两周宽凹弦纹，外壁满刻花叶纹饰。外底有墨书楷体"玖"大字，"玖"字起笔处其下还压一小字"潘"。盖宽平沿，中部圆形下凹，下凹处横装一小管状纽；盖面满釉。口径7.8、足径9.0、盖沿径7.6、通高26.3厘米（彩版4-508）。

　　W1：545，颈部略短，圈足沿略窄，沿边较圆。釉色泛灰白，釉面光洁莹润。颈部刻三周凹弦纹，外壁满刻缠枝花卉纹，刻纹较深。外底有一墨书题记，不可辨识。口径7.2、足径8.7、高22.7厘米（彩版4-509）。

　　W1：546，方唇，圈足宽沿，向内斜修，挖足浅。釉色泛灰白，开细碎纹片。颈部刻两道凹弦纹，外壁满刻以三片花叶组成的缠枝花卉纹，纹样清晰。口沿内侧粘有渣粒，为盖、身扣合烧造所致；足沿边缘流釉，粘有渣粒。外壁粘有铁锈斑痕。口径7.8、足径8.4、高23.2厘米（彩版4-510）。

　　W1：547，圆唇，宽圈足，足沿较圆。釉色泛灰，具乳浊质感，釉面开细碎纹片。颈部刻两道凹弦纹，外壁满刻以三片花叶组成的缠枝花卉纹。口径7.5、足径9.2、高22.9厘米（彩版4-511）。

　　W1：548，尖唇，圈足宽沿。釉色灰白，具乳浊质感，釉面光洁莹润。颈部刻三周凹弦纹，外壁满刻以三片花叶组成的缠枝花卉纹。口径7.5、足径8.5、高23.8厘米（图4-213，1；彩版4-512）。

　　W1：549，尖唇，圈足宽沿，足墙外撇，内墙较直，挖足较浅，外底较平。略生烧，釉色泛灰，

彩版4-508　D型青白瓷执壶W1：270　　　　　　　彩版4-509　D型青白瓷执壶W1：545

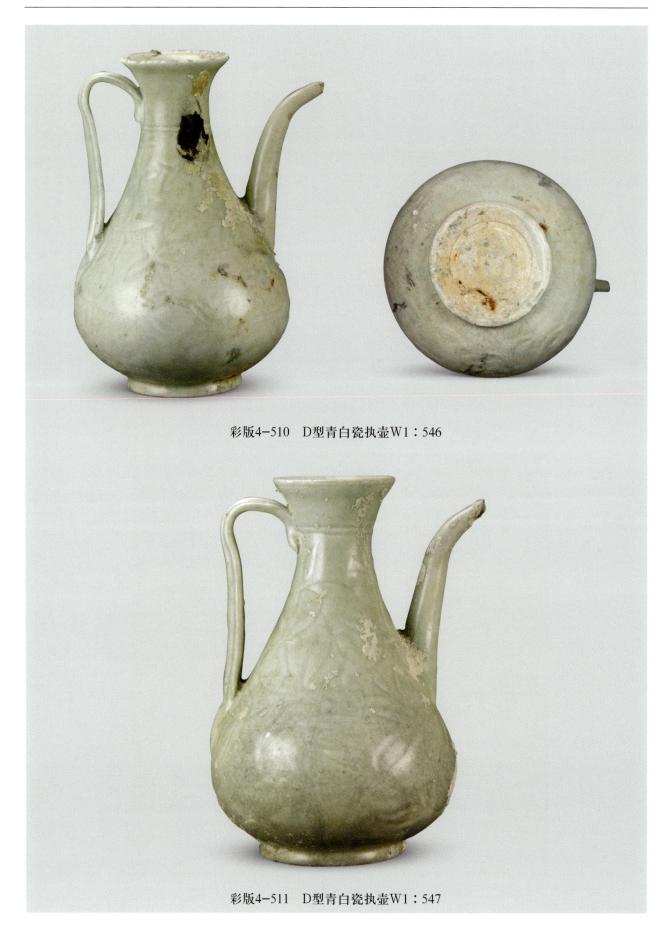

彩版4-510　D型青白瓷执壶W1∶546

彩版4-511　D型青白瓷执壶W1∶547

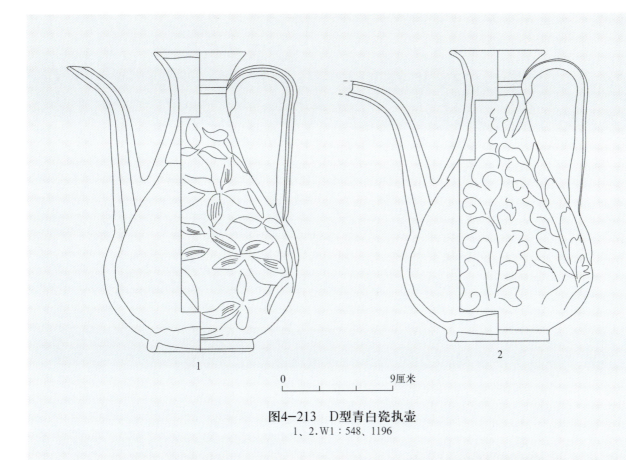

1　　　　　　　0　　　　　　　9厘米　　　　　　2

图4-213　D型青白瓷执壶
1、2.W1：548、1196

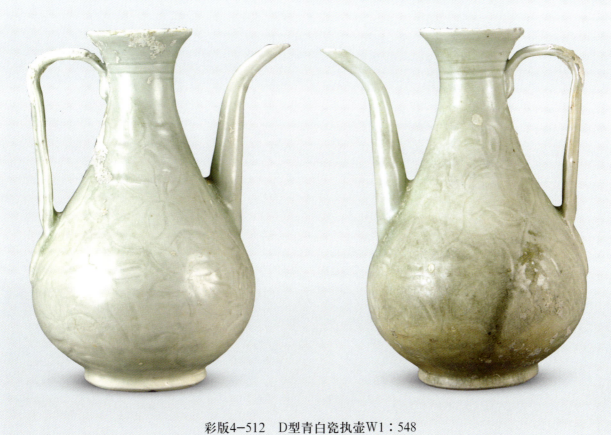

彩版4-512　D型青白瓷执壶W1：548

具乳浊质感，釉面开细碎纹片。颈部刻两道凹弦纹，外壁满刻缠枝花卉纹。足沿边缘流釉严重，粘有渣粒。外底有一"潘"字墨书题记。口径7.5、足径8.9、高25.2厘米（彩版4-513）。

　　W1：550，圈足略窄，足沿较圆，外底平。釉色青白，釉面光洁莹润，开细纹片。颈部刻三道宽凹弦纹，颈、腹部满刻以三片花叶组成的缠枝花卉纹，纹样清晰。圈足内外施釉，足沿边缘流釉，粘有少量渣粒，外底露胎处泛黄褐色。口径7.5、足径8.5、高23.0厘米（彩版4-514）。

　　W1：551，圈足宽沿，足墙外直内斜，足沿较圆。釉色泛白，釉面光洁。颈部刻两道宽凹弦纹，外壁满刻缠枝花卉纹，刻纹较浅。颈、腹交接处有一道规整的裂纹，应为颈、腹分段制作粘接处。器身及外底粘有白色珊瑚砂。口径7.9、足径9.3、高23.0厘米（彩版4-515）。

　　W1：1196，圆唇，圈足宽沿，足沿较圆，向内斜修，挖足较深，外底微突。略显生烧，釉色泛灰白，具乳浊质感，釉面磨痕明显，开细纹片。颈部刻三道弦纹，外壁满刻缠枝花卉纹，刻纹清晰。口径7.0、足径8.3、高22.8厘米（图4-213，2；彩版4-516）。

　　W1：1217，底腹残件。略生烧，釉色泛灰白，足沿内外均斜削，挖足较深，外底微突。略显生烧，釉色泛灰白，具乳浊质感，釉面刻纹处布满小缩釉斑点。外壁满刻缠枝花卉纹，刻纹清晰。外底露胎处泛黄褐色。外底心书有"□部号□部号"双竖排墨书题记，字迹清晰。足径8.9、残高6.2厘米（彩版4-517）。

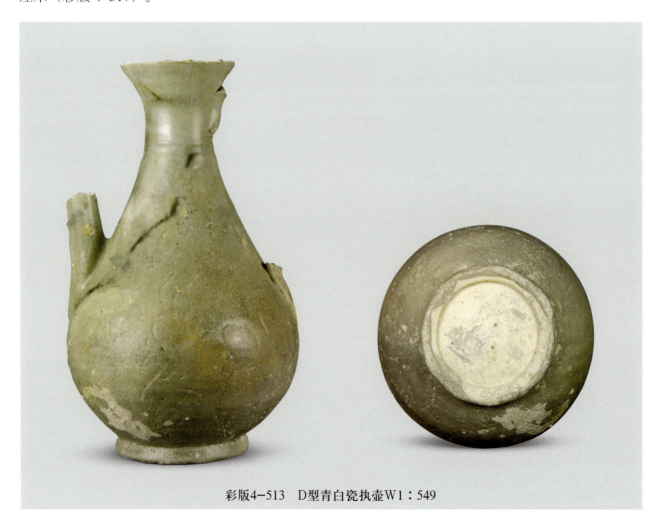

彩版4-513　D型青白瓷执壶W1：549

彩版4-514　D型青白瓷执壶W1：550

彩版4-515　D型青白瓷执壶W1：551

彩版4-516　D型青白瓷执壶W1：1196

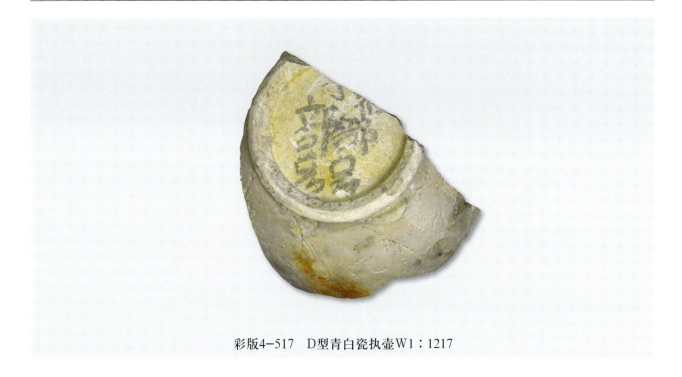

彩版4-517　D型青白瓷执壶W1：1217

7.青白瓷瓶

仅出水1件底腹残件，似为梅瓶底部残片。此瓶暂列于闽清义窑一节，但其产地尚待进一步研究。

W1：1169，深腹，下腹弧收，近底端略直，隐圈足，外底较平。内壁轮旋痕迹明显，内底落有渣粒。胎色灰白，质较细。釉色青白，釉层较薄，釉面泛涩；内壁荡釉，外施釉至足根部，外底无釉。外壁刻划花纹，腹下部见有花叶纹，底部刻划双层仰莲瓣纹。足径12.0、残高11.5厘米（彩版4-518）。

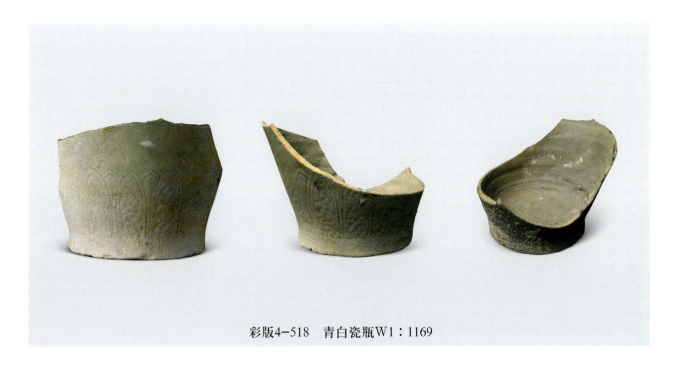

彩版4-518　青白瓷瓶W1：1169

8. 青白瓷器盖

204 件。盖面宽沿，盖顶下凹，底部凸出呈饼状、台阶状或斜台状，与执壶或瓶类器物口部扣合，大多呈浅碟形，盖顶均有一短管状系。胎色灰白，胎质较细。青白釉，多泛灰、灰白或灰青色，盖顶施釉，沿下无釉。盖与器身扣合一体烧造，有的盖仍粘连于执壶。根据盖顶及底部形态不同，可分四型。

A 型

196 件。数量较多，大小略有差异。盖沿一般平出，宽沿，圆唇，盖顶中心向下凹折。管状系长短不一，一般较短。从盖、器身粘连情况来看，此型器盖应为执壶器盖，盖面与壶口直径基本一致。根据盖纽、管状系和底部形态差异，可分三亚型[1]。

Aa 型

宽平沿，盖顶折向下凹，顶心较平，有的可见修胎痕迹；下凸部分呈饼状，其边缘略收，底部较宽，一般较平，有的制作草率，随意性较大；短管状系横置于盖面下凹的边缘，多高于盖沿。

W1：1128，盖沿微下垂，下凹较浅，顶心微突。釉色泛白。沿直径 6.2、底径 3.2、高 1.4 厘米（图 4-214，1；彩版 4-519）。

W1：1125，盖沿微上翘，下凹较深，顶心修痕明显，平底。釉色泛灰。沿径 6.8、底径 4.1、高 1.8 厘米（图 4-214，2；彩版 4-520）。

W1：1126，盖沿微上翘，顶心有修痕，平底。釉面光洁莹润，开冰裂纹。沿径 7.0、底径 3.8、高 1.6 厘米（图 4-214，3；彩版 4-521）。

W1：1121，盖沿平，下凹边缘略向内收，底微凹，管状系略宽。釉色泛白，釉面光润。沿径 7.3、底径 3.5、高 1.6 厘米（图 4-214，4；彩版 4-522）。

W1：1122，盖沿微上翘，下凹较浅，顶心有修痕，平底。釉面开细碎冰裂纹。沿径 7.3、底径 3.7、高 1.7 厘米（图 4-214，5；彩版 4-523）。

W1：1123，盖沿微下垂，下凹较深，边缘向内收，底微内凹，系与沿近于平。釉面局部开细纹片，盖面有灰褐斑。沿径 7.1、底径 3.0、高 1.9 厘米（图 4-214，6；彩版 4-524）。

W1：1124，盖沿微下垂，下凹较深，底部凹凸不平，微下凸，系低于沿面。略显生烧，釉色灰白，具乳浊质感，釉面开冰裂纹。沿径 7.4、底径 4.4、高 2.2 厘米（图 4-214，7；彩版 4-525）。

W1：1127，盖沿微下垂，底微内凹，管状系较窄。釉色泛灰，局部开细纹片。沿径 7.8、底径 3.2、高 1.7 厘米（图 4-214，8；彩版 4-526）。

W1：1133，盖沿微上翘，下凹较深，顶心有修痕，平底。釉色泛白，局部开细纹片。沿径 7.8、底径 3.2、高 1.8 厘米（图 4-215，1；彩版 4-527）。

W1：1129，盖沿微上翘，底微内凹，管状系较窄。釉面开冰裂纹。沿径 8.0、底径 4.8、高 1.4 厘米（图 4-215，2；彩版 4-528）。

---

[1] 此三亚型未能分别进行数量统计，其区别反映了制作工艺的细部差异，用法应较为接近。从其特征和使用情况来看，基本可与 B、C、D 三型执壶相扣合，胎釉及制作工艺也与这三型执壶相一致。

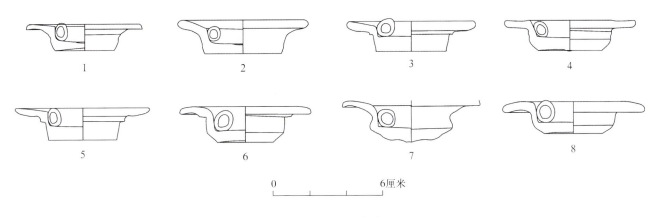

图4-214 Aa型青白瓷器盖

1~8.W1：1128、1125、1126、1121、1122、1123、1124、1127

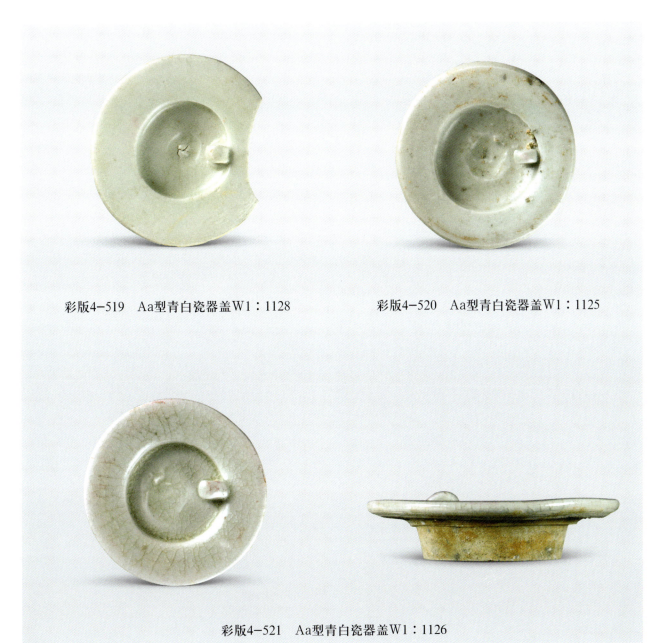

彩版4-519 Aa型青白瓷器盖W1：1128

彩版4-520 Aa型青白瓷器盖W1：1125

彩版4-521 Aa型青白瓷器盖W1：1126

彩版4-522　Aa型青白瓷器盖W1：1121

彩版4-523　Aa型青白瓷器盖W1：1122

彩版4-524　Aa型青白瓷器盖W1：1123

彩版4-525　Aa型青白瓷器盖W1：1124

彩版4-526　Aa型青白瓷器盖W1：1127

彩版4-527　Aa型青白瓷器盖W1：1133

彩版4-528　Aa型青白瓷器盖W1：1129

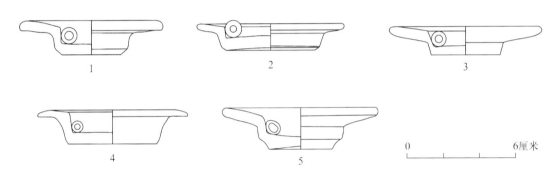

图4-215　Aa型青白瓷器盖
1~5.W1：1133、1129、1134、1135、1131

W1：1134，盖沿微上翘，下凹平台较矮，平底。釉色泛白，局部开细碎纹片，盖面粘有渣粒。沿径8.4、底径3.8、高1.5厘米（图4-215，3；彩版4-529）。

W1：1135，盖沿边缘微下垂，顶心有修痕，下凹较深，侧边内收，平底，系低于沿面。釉色灰白，局部泛黄。沿径8.2、底径4.2、高1.8厘米（图4-215，4；彩版4-530）。

W1：1131，盖沿微上翘，沿较宽，下凹侧边内收，底端边缘斜削，底微内凹。釉色灰白，釉面开细碎纹片。沿径8.5、底径3.4、高2.2厘米（图4-215，5；彩版4-531）。

彩版4-529　Aa型青白瓷器盖W1：1134

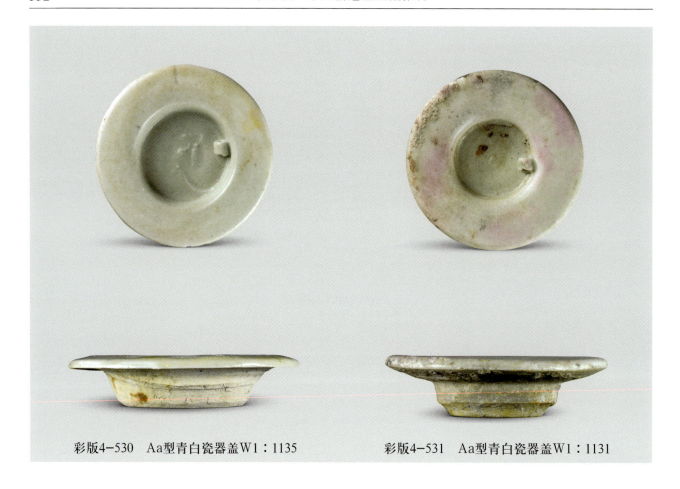

彩版4-530　Aa型青白瓷器盖W1：1135　　　　彩版4-531　Aa型青白瓷器盖W1：1131

Ab 型

宽平沿，盖顶折向下凹，顶心有小圆纽，不太规则；盖面下凸部分向内折成二层阶梯状，上层台边缘内收，小饼形底部；盖沿上面边缘附一横装管状系，系略长。

W1：1130，盖沿平出，顶心略向上鼓，小纽略扁，盖下呈二层台状，平底。釉色泛灰，开细碎纹片，釉面磨痕明显。沿径7.8、底径2.2、高1.8厘米（图4-216，1；彩版4-532）。

W1：1132，盖沿微上翘，下凹较深，边缘内收明显，平底。釉色灰白。沿径7.8、底径2.1、高2.0厘米（图4-216，2；彩版4-533）。

Ac 型

器形略小。浅碟形，弧状宽沿，盖沿边下垂，盖面由外向内弧凹，中心向内平折，顶心捏塑有花苞状小圆纽；盖面下凸部分向内折成台阶状，边缘内收，小饼形底部；盖沿上面边缘附一横装管状系，系略长。

W1：1291，釉色灰白，釉层局部剥落。沿径5.7、底径1.8、高2.6厘米（彩版4-534）。

W1：1292，釉色灰白，釉面开细碎纹片。沿径6.6、底径2.2、高2.4厘米（彩版4-535）。

B 型

6件。略呈斗笠形，盖沿略下垂，盖顶斜直下凹，小饼形底，顶上附一短管状系。此型盖为执壶盖。

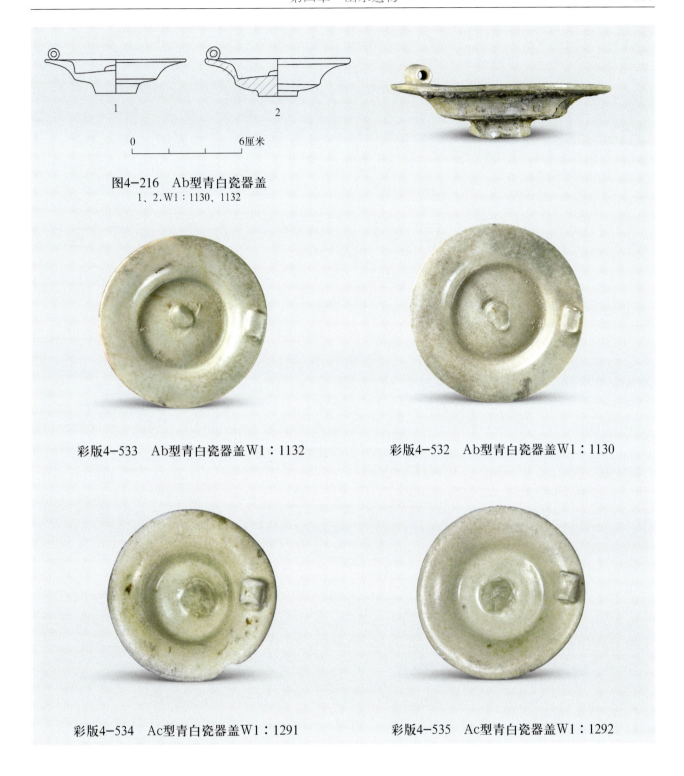

图4-216　Ab型青白瓷器盖
1、2. W1：1130、1132

彩版4-533　Ab型青白瓷器盖W1：1132

彩版4-532　Ab型青白瓷器盖W1：1130

彩版4-534　Ac型青白瓷器盖W1：1291

彩版4-535　Ac型青白瓷器盖W1：1292

　　W1：1120，底微内凹，盖顶中间有一宝珠形纽，纽上划纵横交叉各两条线以作花瓣状饰，纽旁附一短管状系。釉色泛灰，釉面光润，局部开细纹片。沿径8.1、底径2.7、高2.2厘米（图4-217，1；彩版4-536）。

　　W1：1136，盖顶中间为一管状系。釉色泛白，开稀疏细纹片。沿径9.0、底径2.0、高2.4厘米（图4-217，2；彩版4-537）。

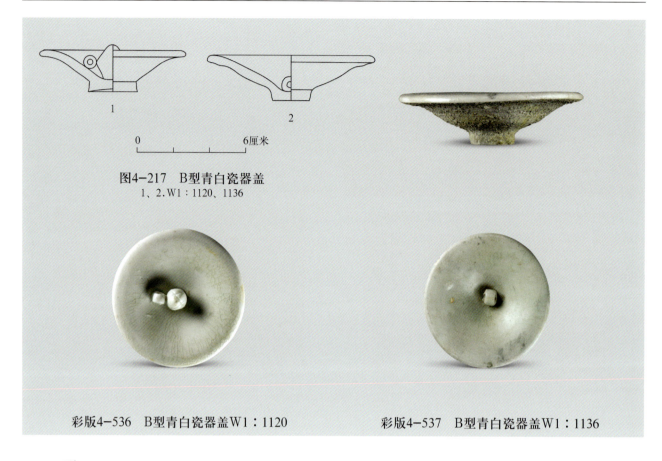

图4-217　B型青白瓷器盖
1、2.W1：1120、1136

彩版4-536　B型青白瓷器盖W1：1120　　　　　　　彩版4-537　B型青白瓷器盖W1：1136

C 型

1件。子口，直口，盖沿向外平弧，微下垂，弧形盖面呈菊瓣状，顶微内凹，中心为小圆纽。胎色灰白，质较粗。盖面施青白釉，色泛灰白，积釉处泛淡青，沿以下无釉。盖面置一短管状系。从其形制判断，其应为同类风格的瓶壶类器物的盖。

W1：1070，釉面开细碎纹片。沿径5.2、口径2.0、高2.3厘米（图4-218；彩版4-538）。

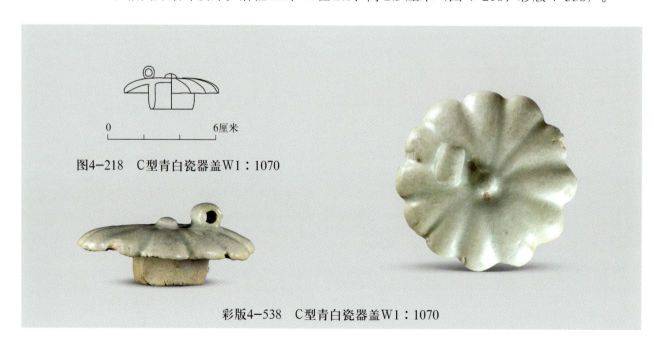

图4-218　C型青白瓷器盖W1：1070

彩版4-538　C型青白瓷器盖W1：1070

D 型

1 件。器形较小，子口，盖面平，应为小瓶类器盖。从其胎釉特征和制作工艺来看，暂将其列入闽清义窑一节，但其产地仍需进一步研究。

W1：1198，平沿，平顶，盖下中心凸出成子口，捏制而成，不规整。胎色灰白，质较细。盖面施青白釉，受海水侵蚀，釉面泛涩，开细碎纹片，釉层脱落严重。子口无釉处泛火石红色。盖面模印尖莲瓣纹。盖沿径 4.4、高 1.7 厘米（彩版 4-539）。

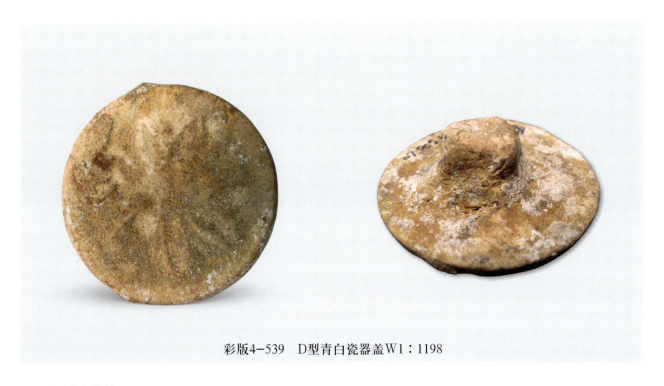

彩版4-539　D型青白瓷器盖W1：1198

9.青白瓷炉

2 件。数量极少。八边形，棱角分明，方唇、直口，腹壁较直，略内收，近底处向内折收，内底呈圆形，喇叭状圈足。炉腹和圈足分制，再粘接而成。胎色灰白，质较细密。釉色泛灰白，外壁施釉至足端，内壁施釉至口沿处，其下及外底不施釉。

W1：968，腹部刻划尖莲瓣纹，刻纹较浅；其中一边上腹部贴有泥片，似作堆贴莲瓣状纹。口径 10.4、口边长 4.7、足径 7.6、高 10.1 厘米（图 4-219；彩版4-540）。

W1：1222，釉色青白，釉面光润。腹部浅刻交叉斜线纹，组成尖莲瓣纹。圈足内一侧有两字墨书题记，字迹不清。口径 9.9、足径 7.5、高 9.1 厘米（彩版4-541）。

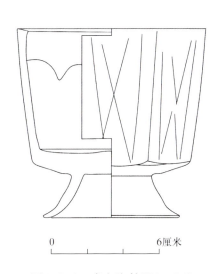

0　　　　　　6厘米

图4-219　青白瓷炉W1：968

彩版4-540　青白瓷炉W1：968

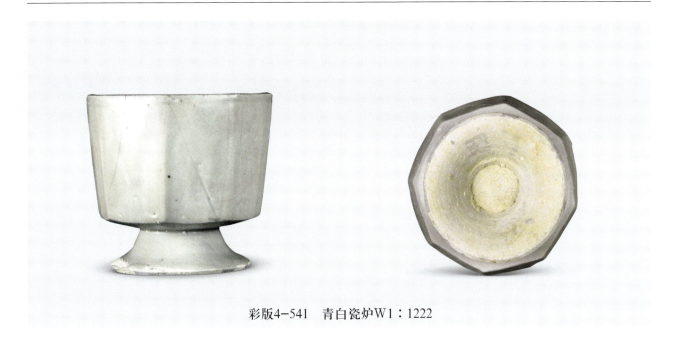

彩版4-541　青白瓷炉W1：1222

四　龙泉窑青瓷

13件。数量较少，器类有碗、盏、碟。胎色灰白，质地细腻。釉色青或泛黄，釉面开片，有的釉面受海水侵蚀严重。装饰技法均为刻划花。目前，从胎釉特征、装饰技法等来判断，这类青瓷应为龙泉窑产品，但也不排除其为临近龙泉窑产区的其他窑场产品[1]。

1.青瓷碗

10件。侈口，深弧腹，内底边缘下凹明显，底心较平，微上突，圈足制作规整，足沿内外斜削，外底较平，底心微突。通体施青釉，内满釉，外施釉至足端或足内壁，外底无釉，露胎处多泛黄褐色，垫烧痕迹明显。外壁一般刻划斜线纹（折扇纹），仅有1件外壁素面无纹；内壁多刻划花卉纹，一般为折枝莲荷纹，均辅以细篦纹。

W1：1181，胎色灰白。釉色泛黄，釉面光洁莹润，开稀疏纹片。外壁素面，内壁口沿下刻一道凹弦纹，腹壁刻一折枝把莲纹，一花两叶，连为一束，花瓣、叶片内填以细篦纹；内底心印一折枝荷花。口径19.2、足径5.8、高7.3厘米（彩版4-542）。

W1：1189，胎色灰白。釉色淡青，釉面光洁莹润。外壁刻斜线纹，分布较均匀；内壁口沿下刻一道凹弦纹，腹壁、内底均刻弧线纹组成的卷云纹，填以细篦纹。口径18.2、足径5.9、高7.4厘米（彩版4-543）。

W1：1192，胎色灰白。釉色泛灰，釉面附着有白色珊瑚砂。外壁刻斜线纹，分布较均匀；内壁口沿下刻一道凹弦纹，腹壁刻折枝莲纹，辅以细篦纹，内底心刻划花纹。口径18.0、足径6.1、高7.9厘米（彩版4-544）。

W1：1191，胎色灰白。釉面开细纹片。外壁刻斜线纹，分布不匀，较为密集；内壁口沿下刻一

[1]　紧水滩工程考古队浙江组：《山头窑与大白岸——龙泉东区窑址发掘报告之一》，《浙江省文物考古所学刊》，文物出版社，1981年；浙江省文物考古研究所：《龙泉东区窑址发掘报告》，文物出版社，2005年。

彩版4-542　青瓷碗W1∶1181

彩版4-543 青瓷碗W1∶1189

彩版4-544 青瓷碗W1∶1192

道凹弦纹，腹壁刻折枝莲纹，辅以细篦纹，内底心刻划花纹。口径 17.7、足径 5.8、高 6.9 厘米（彩版 4-545）。

W1∶1190，胎色灰白。釉色泛黄，釉面附着有白色珊瑚砂、褐色海生物等。外壁刻斜线纹，分布较密集；内壁口沿下浅刻一道凹弦纹，腹壁刻折枝莲纹，辅以细篦纹，内底心刻划花纹。口径 18.0、足径 5.9、高 7.5 厘米（彩版 4-546）。

彩版4-545　青瓷碗W1∶1191

彩版4-546　青瓷碗W1∶1190

2.青瓷盏

2件。器形较小，胎体轻薄。直口，圆唇，深弧腹，内壁平滑，底腹交接处可见数道轮旋痕迹，内底微突，圈足规整，足墙较直，底心微突。通体施青釉，釉色泛灰，釉面光润，开细纹片。内满釉，外壁施釉至腹底端。外壁口沿下刻一道凹弦纹，其下刻斜向交错的网格状纹。

W1：1178，釉面泛涩，开稀疏纹片。外壁刻纹以左、右斜向交错分布。口径 12.3、足径 5.3、高 7.4 厘米（彩版 4-547）。

W1：1221，釉色泛黄，釉层较薄。外底心有乳突，露胎处泛黄褐色。外壁刻纹以竖向、左斜向双向交错分布。口径 12.1、足径 5.2、高 7.4 厘米（彩版 4-548）。

彩版4-547　青瓷盏W1：1178

彩版4-548　青瓷盏W1：1221

3.青瓷碟

1件。器形较小，直口，尖圆唇，折腹，上腹斜直，下腹斜收，内壁折后弧收，内底渐平，外平底。

W1：1168，青釉泛灰，釉面光润，开细纹片。内满釉，外施至近底部，底端边缘流釉，外底无釉露胎。内底刻一朵折枝莲纹，一花一叶，花瓣、叶片划以细篦纹。口径12.8、底径4.9、高2.9厘米（彩版4-549）。

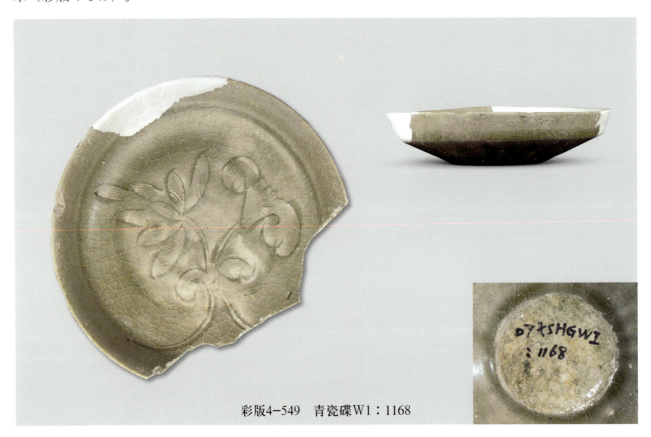

彩版4-549　青瓷碟W1：1168

五　松溪窑青瓷

22件。数量较少，器形有大碗、大盘两类。制作较规整，胎体厚重，胎质较细，一般呈灰色。通体施青釉，多泛绿，少数泛黄，釉层较厚，腹底端多有积釉，釉面开细碎纹片，有的因海水浸泡而局部脱落。内、外壁均有装饰，技法以刻划为主，多辅以细篦纹，内底心多模印花卉纹或文字"吉"或"张"，模印花纹和文字以阳文居多。外底心有的书有单字"仲"等墨书题记。这类青瓷的胎釉特征、制作工艺独具特色，与这类龙泉东区产品有些接近，但又有区别，而且和闽南地区青瓷也不同，从目前窑址考古调查发掘情况来看，其为靠近浙江龙泉东区窑场的福建地区松溪窑产品[1]。

———————————

[1] 福建省博物馆：《福建松溪县坳场北宋窑址试掘简报》，《考古学集刊》第2集，中国社会科学出版社，1982年，第167～170、202页；羊泽林、杨敬伟：《福建松溪县西门窑发掘收获》，《东方博物》第64辑，中国书店，2017年，第65～75页。

1.青瓷大碗

10件。器形较大。口略外撇，圆唇，深弧腹，内底边缘有宽凹痕一道，底心微上凸，矮圈足，挖足浅，足墙外直内斜，足沿较宽，内外修削，多向两边微斜，有的足墙内侧边缘出一小台，外底微突。内满釉，外施至腹底部，局部流至足外壁，外底无釉，釉面表层开细碎冰裂纹。外壁可见修坯痕迹，近底端一般刻有一道凹纹。内壁口沿下浅刻一道凹弦纹，内、外腹壁一般各刻划五朵荷叶纹（花叶纹），纹内饰以细篦划纹，内底心印一朵阳文折枝荷花纹。外底垫烧痕迹明显，露胎处泛黄褐色或褐色。

W1：490，深灰胎。釉色泛青绿，釉面脱落严重。内、外壁分别刻划五朵、四朵荷叶纹；内底心印一折枝荷花。外底墨书楷体"仲"字题记。口径25.3、足径7.3、高9.2厘米（彩版4-550）。

W1：493，深灰胎。青釉，外壁底部略泛青黄色。腹壁内、外均刻划五朵荷叶纹；内底印一折枝荷花，一花两叶，印纹清晰。外底墨书楷体"仲"字题记。口径24.5、足径7.0、高9.8厘米（图4-220，1；彩版4-551）。

W1：491，圈足较规整，内墙斜削。灰胎。釉色青黄。内壁刻划三朵盛开的荷花，花朵之间刻划荷叶；内底印一折枝荷花，印纹浅淡；外壁刻划六朵荷叶纹。外底墨书楷体"仲"字题记。口径25.4、足径6.9、高9.4厘米（彩版4-552）。

W1：492，圈足较规整，内墙修削不平。灰白胎，较疏松。釉色青黄。内壁刻划四朵盛开的荷花，花朵之间刻划荷叶；内底印一折枝荷花，一花两叶，印纹清晰；外壁刻划六朵荷叶纹。外底墨书楷体"仲"字题记，墨迹浓重。口径25.3、足径6.8、高9.4厘米（图4-220，2；彩版4-553）。

W1：669，灰白胎，较致密。通体施青釉，釉层较薄，外壁局部及口沿釉脱落。内壁刻划三朵盛开的荷花，花朵之间刻划荷叶；内底印一折枝荷花，外壁刻划五朵荷叶纹。口径25.3、足径7.2、高9.6厘米（彩版4-554）。

彩版4-550　青瓷大碗W1：490

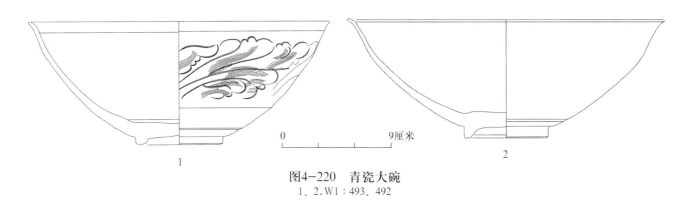

图4-220　青瓷大碗
1、2. W1：493、492

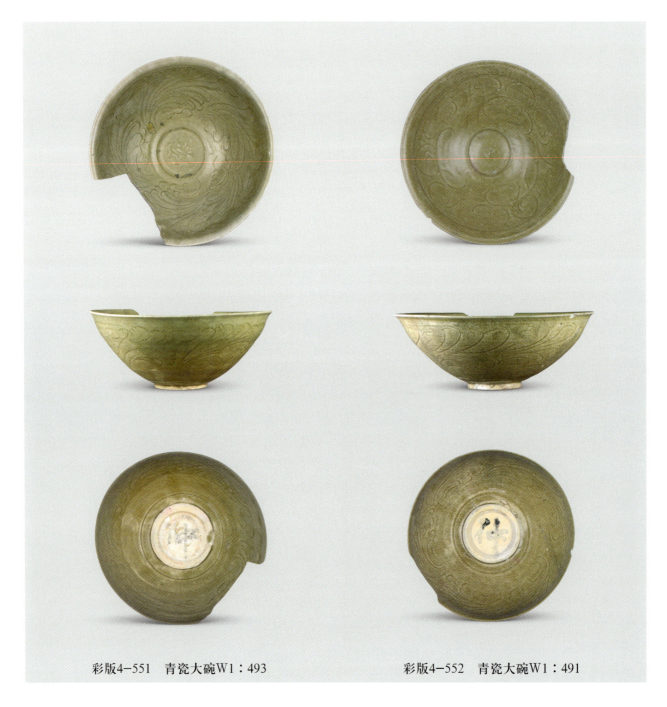

彩版4-551　青瓷大碗W1：493　　　　　　　彩版4-552　青瓷大碗W1：491

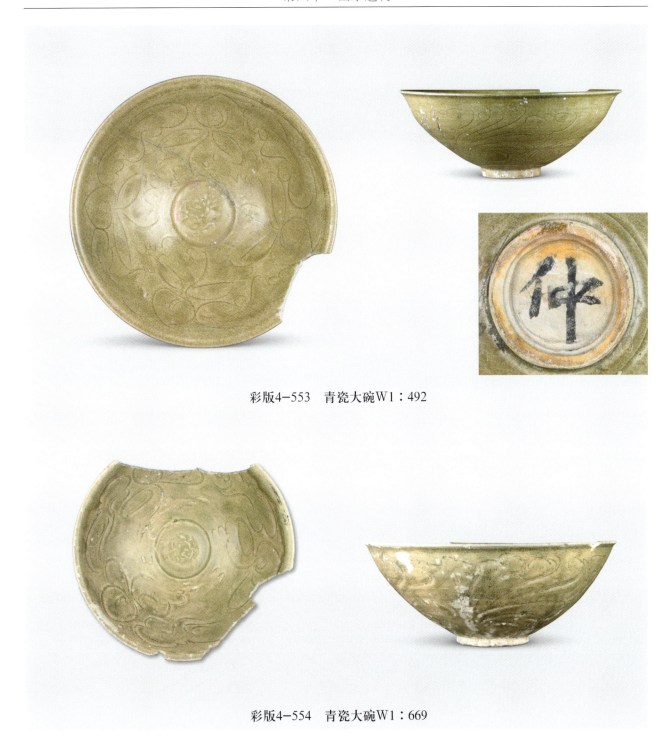

彩版4-553　青瓷大碗W1：492

彩版4-554　青瓷大碗W1：669

　　W1：1214，灰白胎，质较密。内壁刻划三朵盛开的荷花，花朵之间刻划荷叶；内底印花，印纹不清；外壁刻划五朵荷叶纹。外底露胎处泛黄褐色，粘有窑渣粒。口径25.5、足径7.5、高9.7厘米（彩版4-555）。

　　W1：1213，器形略小，内底略下凹，底心微突。灰白胎，质较松。釉色泛黄，圈足外侧积釉较厚，通体冰裂纹。内壁刻划三朵盛开的荷花，花朵之间刻划荷叶；内底刻划一片花叶纹，外壁刻划五朵荷叶纹。口径24.2、足径6.6、高9.0厘米（彩版4-556）。

彩版4-555　青瓷大碗W1：1214

彩版4-556　青瓷大碗W1：1213

2.青瓷大盘

12件。器形较大。敞口，微撇，圆唇，弧腹较深，上腹部略外撇，腹中部内折，内底边缘折痕一般较明显，内底平阔，底心中间较平，矮圈足，挖足浅，有的略呈小饼状，制作欠规整，足沿修削不平，外高内低，底心微突。青釉多泛黄或青黄，内满釉，外施至腹下端或足外壁，底端多积釉，外底无釉露胎，泛黄褐色，垫烧痕迹明显。口沿下内、外浅刻一道凹弦纹，外壁多刻划多朵荷叶或花叶纹；内底边缘折痕处凹纹明显，上、下两侧分别刻划六朵、四朵两层荷叶纹，底心中部刻一道凹弦纹，其内一般印一朵阳文折枝荷花纹，有的印有阳文"吉"或"张"字，个别划有细篦纹。

W1：183，青黄釉，釉面光洁莹润，口沿釉层有剥落。腹部刻划荷叶纹布满内、外壁，内底心印纹较模糊。口径25.5、足径6.9、高7.6厘米（图4-221；彩版4-557）。

W1：184，外底微内凹。胎色深灰。青绿釉，釉面莹润。内底心印花较模糊。口径25.3、足径7.2、高7.3厘米（彩版4-558）。

W1：673，内底边缘折痕明显。胎色浅灰。青绿釉，口沿处剥釉现象较严重。内底心压印一折枝荷花纹，纹饰较模糊。口径25.9、足径7.2、高6.4厘米（彩版4-559）。

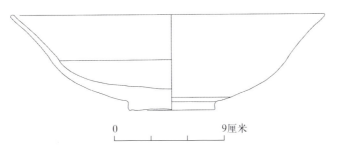

0   9厘米

图4-221 青瓷大盘W1：183

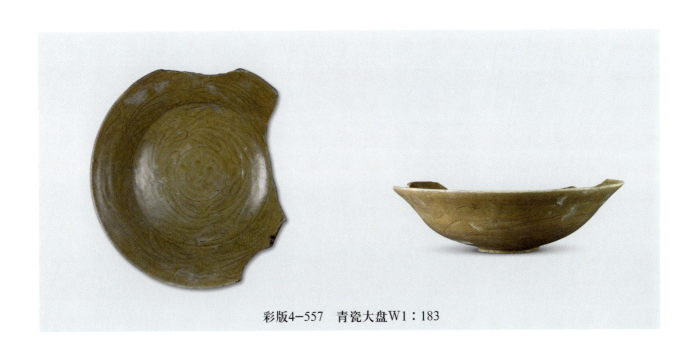

彩版4-557 青瓷大盘W1：183

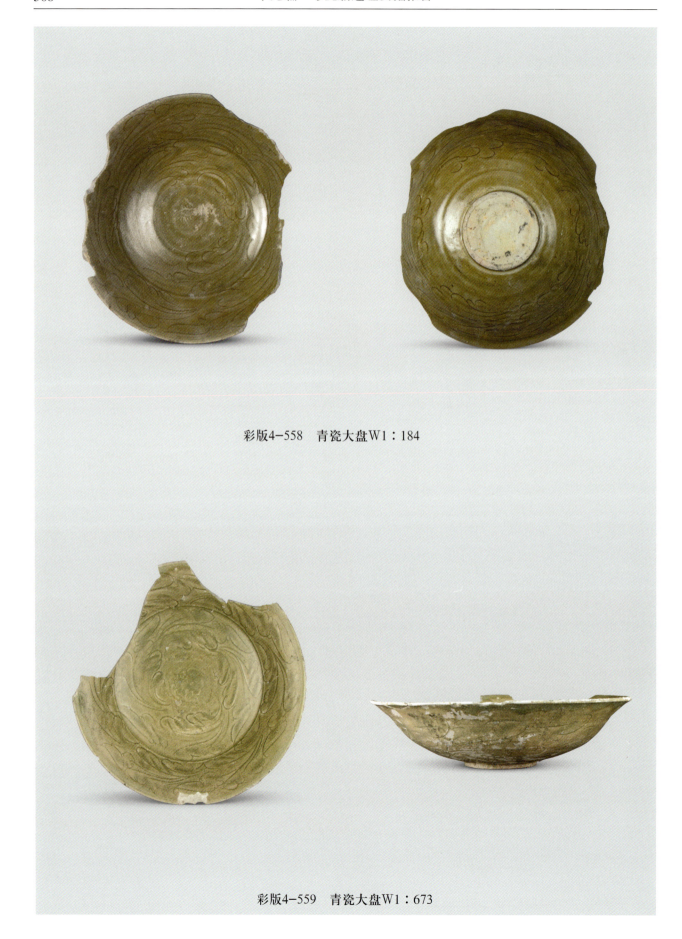

彩版4-558　青瓷大盘W1：184

彩版4-559　青瓷大盘W1：673

W1：672，胎色灰白。釉色青黄，釉面光润。内底心压印荷花纹，纹饰较模糊。口径 26.1、足径 7.3、高 7.4 厘米（彩版 4-560）。

W1：671，釉色青黄，釉面较晦涩，口沿内外有积釉现象。内壁上下分别刻划七朵、五朵荷叶纹，内底心压印莲花纹饰，纹饰较模糊。口径 26.5、足径 7.0、高 6.5 厘米（图 4-222；彩版 4-561）。

W1：660，胎色灰。釉色青黄，釉面玻璃质感强，开冰裂纹，口沿剥釉严重。内、外壁刻划花叶纹，间饰细篦纹；内底心纹饰模糊，并划以篦纹。外底露胎处呈火石红色。口径 25.2、足径 7.0、高 6.7 厘米（彩版 4-562）。

W1：652，胎色灰。青釉泛黄，釉面泛涩，口沿处釉层剥落严重。内、外壁刻划荷叶纹；内底心阳印"吉"字，印纹清晰。口径 26.2、足径 7.0、高 7.5 厘米（图 4-223；彩版 4-563）。

W1：1180，足沿不平，内外斜削。青釉泛黄色，釉面泛涩，有灰黑斑。内、外壁刻划多朵荷叶纹；内底心阳印一折枝荷花纹，中心为阳文"张"字，印纹较清晰。口径 26.6、足径 7.6、高 6.4 厘米（彩版 4-564）。

W1：670，胎色灰。青釉泛灰，釉面泛涩，局部有剥落。内壁上下分别刻划五朵、四朵荷叶纹；内底心印一折枝荷花纹，一花两叶，纹饰清晰。口径 25.7、足径 7.5、高 7.6 厘米（彩版 4-565）。

W1：668，外底内凹。胎色灰。青釉泛黄，釉面泛涩，口沿处釉层有剥落。内壁上下分别刻划五朵、四朵荷叶纹；内底心印一折枝荷花纹，一花两叶，纹饰清晰。口径 25.5、足径 7.0、高 7.5 厘米（图 4-224；彩版 4-566）。

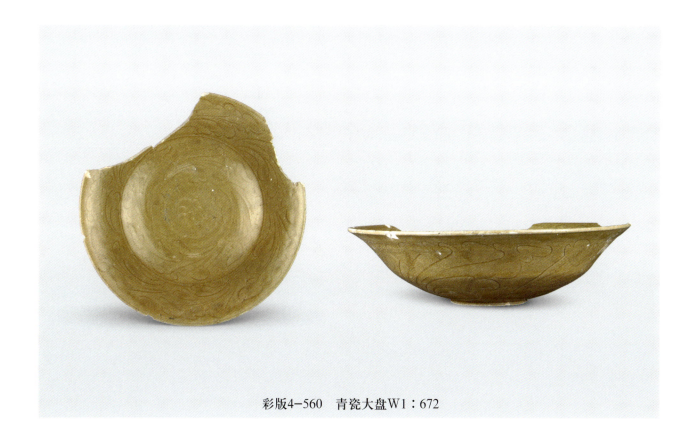

彩版4-560　青瓷大盘W1：672

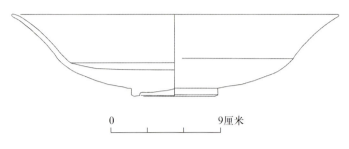

0　　　　　　　9厘米

图4-222　青瓷大盘W1：671

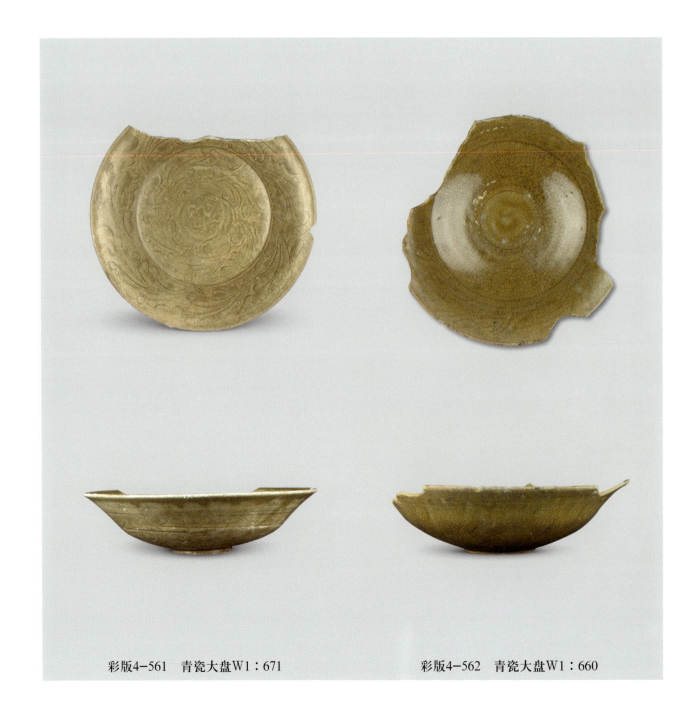

彩版4-561　青瓷大盘W1：671　　　　　　　　彩版4-562　青瓷大盘W1：660

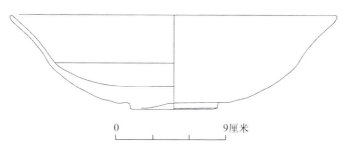

0　　　　　　9厘米

图4-223　青瓷大盘W1：652

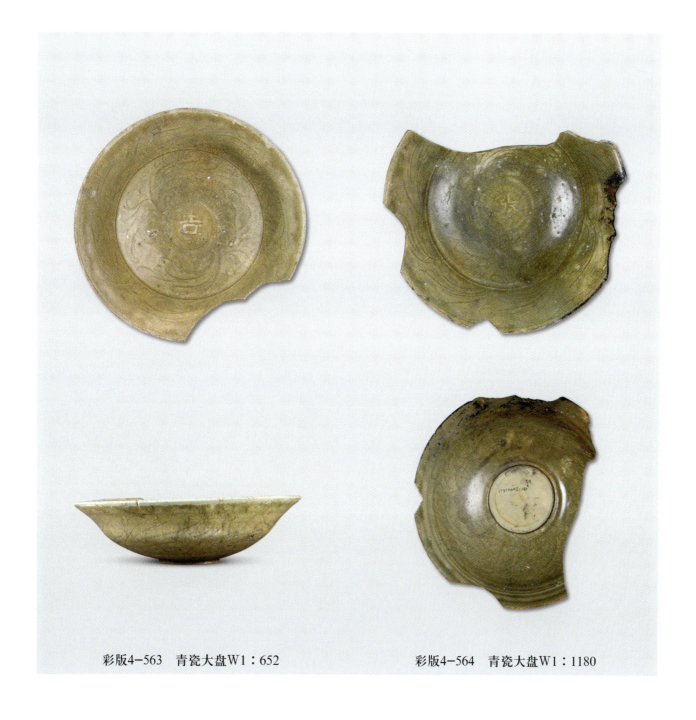

彩版4-563　青瓷大盘W1：652　　　　　　　彩版4-564　青瓷大盘W1：1180

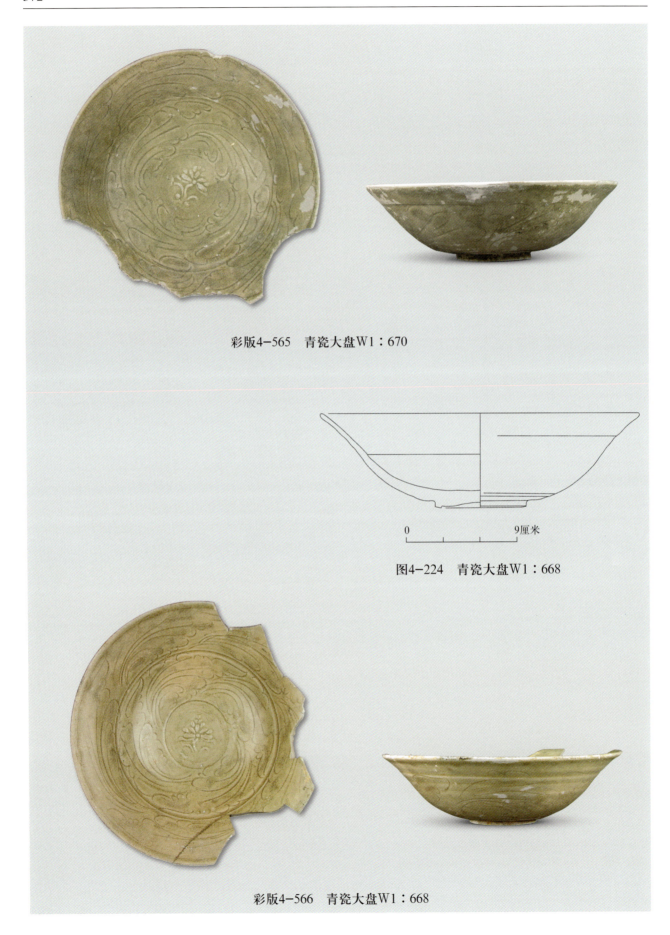

彩版4-565　青瓷大盘W1：670

0　　　　　　　　9厘米

图4-224　青瓷大盘W1：668

彩版4-566　青瓷大盘W1：668

国家文物局考古研究中心·考古报告系列 -5

华光礁一号沉船遗址发掘报告
（下）

国家文物局考古研究中心
海 南 省 文 物 局 编著
海 南 省 文 物 考 古 研 究 所

文物出版社

Archaeological Report on the Excavations of Huaguang Jiao I Shipwreck Site

（ III ）

National Centre for Archaeology

Hainan Provincial Cultural Heritage Administration

Hainan Provincial Institute of Cultural Relics and Archaeology

Cultural Relics Press

六　南安窑青瓷

540 件。器类有碗、盏、大盘等。胎体厚重，胎色灰白或灰，质地较为细密。青釉多泛黄或青黄，有的泛灰或绿色，釉层较薄，釉面光洁莹润，大多开细碎纹片；内壁满釉，外壁多施釉至腹下部，底足无釉。此类瓷器均饰以刻划花纹，外壁一般篦划成组的粗斜线纹，内壁刻划花卉纹、水波纹或花草纹等，辅以细篦纹，纹样简洁潦草，有的大盘内底心戳印有"吉""大吉"文字，有的底心则模印一朵折枝花卉或阳文"吉"字。

目前，根据其胎釉特征、制作工艺判断，这类青瓷应为南安窑产品，特别是内底心印"吉""大吉"字的刻划花大盘，特征鲜明，在南安罗东窑址发现有同类产品；而另一类内壁可见折腹的刻划花大盘，特征又略有差异，其可能为大窑场范围内的另一处青瓷窑场烧造[1]。但是，华光礁一号沉船发现的数量较少的篦划纹碗盏类器物，也不排除为闽南地区的其他青瓷窑场烧造[2]。

1. 青瓷碗

6 件。数量较少，仅在海床表面采集到少量标本，型式较为单一，均为敛口碗。尖圆唇，敛口，有的敞口微敛或微撇，斜弧腹，内底折收为小平底，略上凸，底边缘凹弦纹较深，圈足，制作略欠规整，足墙厚薄不匀，足沿内、外斜削，挖足较浅，外底微突，部分底心呈乳突状。下腹及底足部胎体较厚，外壁多见有轮旋修坯痕迹。釉色多青黄，施釉至腹下部或底端，可见手持圈足两侧蘸釉后的无釉痕迹。底足无釉露胎处，多呈黄褐色，垫烧痕迹明显。

W1：283，敞口微撇，圈足内侧斜削，足墙厚薄不匀，外底心呈乳突状。釉色青黄，釉面有泛乳白色斑点。内壁口沿下浅划一道凹弦纹，其下刻划对称的两组荷花与荷叶纹，花、叶交错分布，周围衬以较为随意的细篦划纹；底心刻花叶状纹，并辅以细篦划纹；外壁饰 11 组斜向的粗篦划纹，分布不均匀。口径 18.7、足径 5.6、高 7.5 厘米（彩版 4-567）。

W1：935，敞口微敛，圈足不太规整，足沿较宽，厚薄不匀，外底心呈乳突状。釉面开细碎冰裂纹片。内壁口沿下浅刻两道凹弦纹，其下刻两枝对称分布的折枝莲荷纹，并衬以呈"之"字形排列的篦点划花纹；底心刻团菊纹，外壁饰 10 组斜向篦划纹。口径 18.2、足径 5.5、高 8.2 厘米（彩版 4-568）。

W1：936，敞口微敛，圈足不太规整，足沿较宽，厚薄不匀，外底心呈乳突状。釉色青绿，釉面开细碎纹片。内壁口沿下浅刻一道凹弦纹，其下刻两枝对称分布的折枝莲荷纹，并衬以呈"之"字形排列的篦点划花纹；底心刻团菊纹，外壁饰 12 组斜向篦划纹。口径 18.3、足径 5.3、高 8.2 厘米（图 4-225；彩版 4-569）。

[1]　杨小川：《南安市篦点划花青瓷介述》，《福建文博》1996年第2期，第169～172页；曾凡：《福建陶瓷考古概论》，福建省地图出版社，2001年。

[2]　叶文程、丁炯淳、芮国耀：《福建南部的几处青瓷窑址》，《中国考古学会第三次年会论文集》（1981），文物出版社，1984年，第165～169页；庄为玑：《浙江龙泉与福建的土龙泉》，《中国考古学会第三次年会论文集》（1981），第177～181页；林忠干、张文崟：《同安窑系青瓷的初步研究》，《东南文化》1990年第5期，第391～397、390页；栗建安：《福建古窑址考古五十年》，《陈昌蔚纪念论文集·陶瓷》，台北财团法人陈昌蔚文教基金会，2001年，第9～38页。

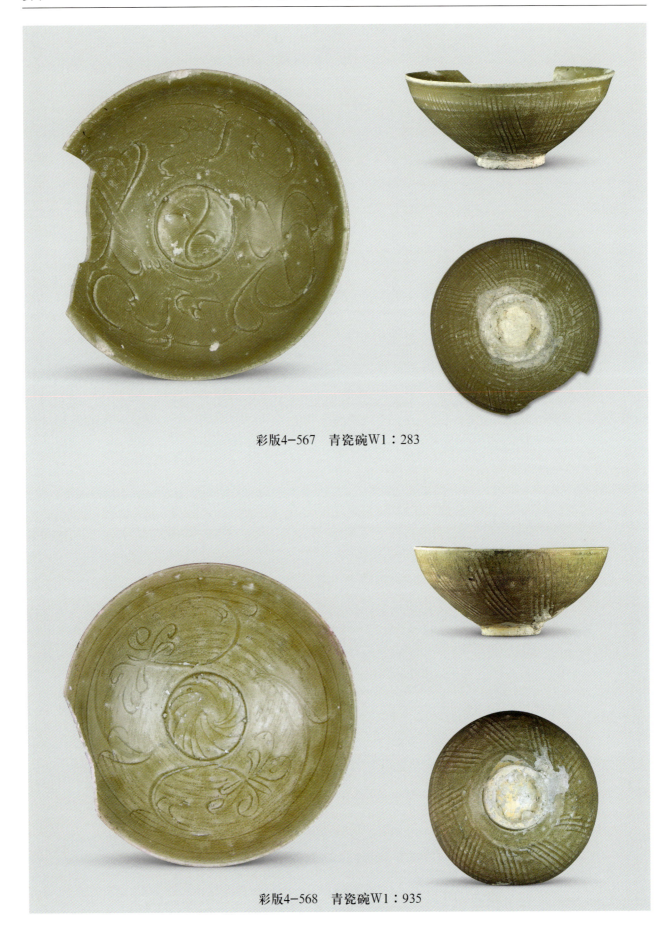

彩版4-567　青瓷碗W1:283

彩版4-568　青瓷碗W1:935

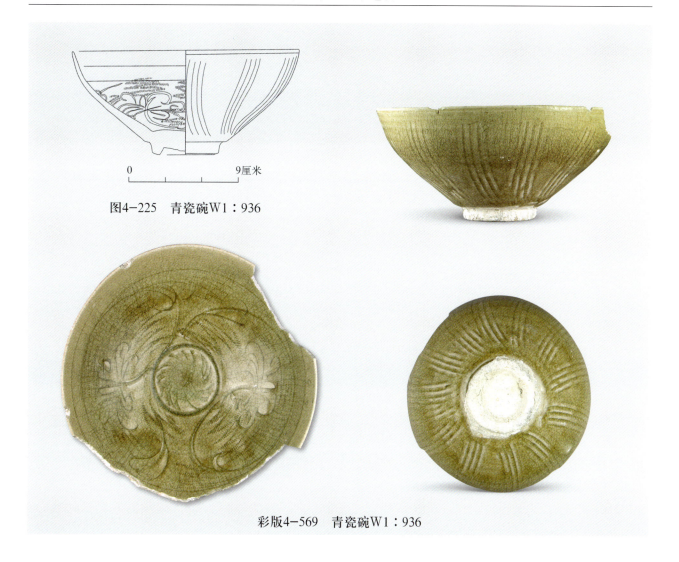

图4-225　青瓷碗W1：936

彩版4-569　青瓷碗W1：936

　　W1：862，圈足内墙斜削明显，外底心呈乳突状。釉面泛涩，附着有白色珊瑚砂。内壁口沿下浅刻两道凹弦纹，其下刻两枝对称分布的折枝莲荷纹，并衬以呈"之"字形排列的篦点划花纹；底心刻团菊纹，外壁饰12组斜向篦划纹。口径18.1、足径5.4、高8.0厘米（图4-226；彩版4-570）。

　　W1：886，器形略小。口微敛，弧腹略浅，圈足不规整，挖足不平整。釉面开细小冰裂纹。内壁口沿下刻一道凹弦纹，其下饰以由四组细篦纹组成的花瓣状纹样；外壁饰9组斜向篦划纹。口径16.9、足径6.3、高6.5厘米（图4-227；彩版4-571）。

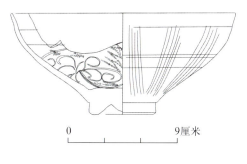

图4-226　青瓷碗W1：862

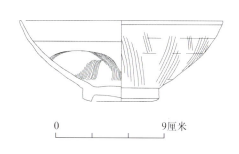

图4-227　青瓷碗W1：886

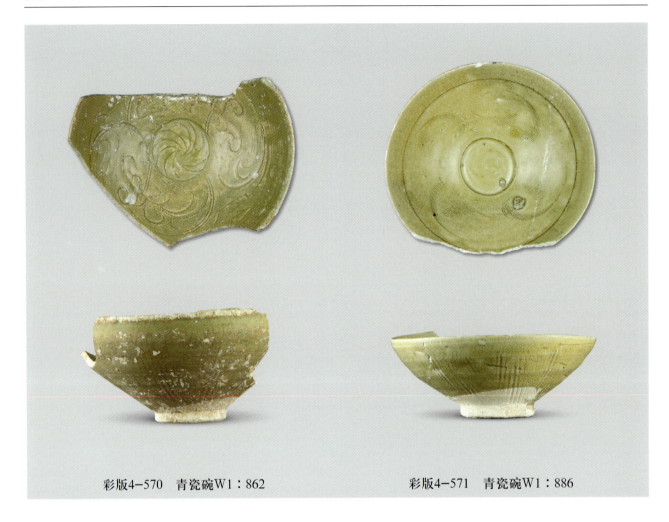

彩版4-570 青瓷碗W1：862　　　　　彩版4-571 青瓷碗W1：886

2.青瓷盏

5件。数量少，形制不同，口沿有侈口、敞口之分，腹有深浅之别，根据口沿、腹部形态差异，可分两型。

A型

4件。侈口，尖圆唇，弧腹，内底边缘刻一道深凹弦纹，底略下凹，圈足，足墙外直内斜，足沿较宽，内侧斜削，外底微突。釉色青黄，施釉至腹下部，可见手持圈足两侧蘸釉后的施釉痕迹，底足无釉露胎处泛黄色。外壁饰以成组的粗篦划纹，内壁腹部划以篦纹组成的莲瓣状纹。

W1：320，弧腹较深。内壁以5道篦纹划出五片花瓣组成的莲瓣纹，每片花瓣均由底部凹弦纹处向上分左、右两侧篦划而成；外壁饰以9组斜向篦划纹。口径12.4、足径4.8、高5.7厘米（彩版4-572）。

W1：962，弧腹略浅，内底较平，圈足的足墙厚薄不匀，内外均斜，足沿较平，外底微突，底心可见挖足形成的扇形台面。胎色灰，质较粗，外壁可见旋坯痕。釉色泛绿，开细碎纹片，腹部局部流釉。内壁以三道篦纹划出四片花瓣组成的莲瓣纹，每片花瓣均由底部凹弦纹处向上分左、右两侧篦划而成；外壁饰以6组斜向的粗篦划纹，每组由11道篦纹组成。口径12.5、足径4.5、高4.7厘米（彩版4-573）。

彩版4-572 A型青瓷盏W1：320

彩版4-573 A型青瓷盏W1：962

彩版4-574　B型青瓷盏W1：1177

B 型

1 件。敞口，尖圆唇，弧腹，内底边缘刻一道深凹弦纹，底较平，圈足略高，足墙外直内斜，内侧斜削，外底微突。

W1：1177，釉色泛黄，施釉至腹下部，可见手持圈足两侧蘸釉后的施釉痕迹，釉面开细纹片。外壁刻划 12 瓣花卉纹，其内划以成组的篦划纹；内壁以弧线纹刻划出四瓣花卉纹，并辅以分布较为密集的细篦纹。口径 12.6、足径 4.3、高 6.5 厘米（彩版 4-574）。

3.青瓷大盘

529 件。器形较大，大多变形。敞口，微撇，圆唇，斜弧腹较深，圈足较矮，足墙外直内斜，足沿较宽，大多数内侧略高，少数较平，足内墙斜削，挖足不平整，外底心微突，有的有脐突。灰胎或灰白胎，较致密，胎体厚重，外壁可见明显轮旋修坯痕迹。青釉多泛黄色，有的釉泛褐色、泛灰或泛绿色，内满釉，外施至腹底端，部分流至圈足外壁，足沿及外底无釉，露胎处泛黄褐色，可见垫烧痕迹。釉层较薄，一般釉面开细纹片，有的可见小缩釉斑点，口沿内外有流釉痕迹，部分流至腹部。外壁一般刻划多组纵向分布的粗篦纹，少数素面；内壁一般刻划花卉纹或花叶纹、蕉叶纹，并辅以篦划纹；内底心有的戳印阴文"吉""大吉"文字，有的模印阳文"吉"字，有的模印一折枝花卉纹，也有的底心无纹饰。根据腹部内壁形态，可分两型。

A 型

281 件。腹内壁平滑，弧收至底心，边缘刻一道深凹弦纹，中心较平，呈小平底状。口沿下内、外两侧各刻一道凹弦纹，其下刻划花纹；内壁以弧线刻花卉状或花叶状纹饰，并填以细篦纹，应为两朵花卉、两片花叶的简化而成，刻划潦草随意，线条简洁流畅；外壁饰以多道篦纹组成的篦划纹，排列较为密集。内底心大多戳印阴文"吉"或"大吉"字，字体较粗；其中，"大吉"两字上下排列紧密，"吉"字上部置于"大"字空隙内；有的"吉"字上下部分不正或错位，似是使用两个印模戳印而成，且较草率；少量模印阳文"吉"字，也有少量底心圆圈内无纹样者。此型大盘的装饰程式相对较为固定，内壁刻划花卉纹，外壁刻划成组篦划纹，内底心模印阴文"吉""大吉"或阳文"吉"字，但在实际制作过程中，外壁篦划纹和内底心印文均有遗漏者，数量不多。

W1：62，敞口，足沿外侧修削。釉色泛黄，釉面开细碎纹片。内壁刻划花卉纹和篦划纹；外壁刻划由九道篦纹组成的13组斜篦划纹，疏密不一。内底戳印阴文"吉"字。口径23.8、足径7.5、高6.3厘米（彩版4-575）。

W1：63，圈足微外撇。釉色青黄，釉面开细纹片。内壁刻划花卉纹和篦划纹；外壁刻划由十道篦纹组成的11组斜篦划纹，划纹较浅。内底戳印阴文"吉"字。口径24.6、足径7.5、高7.0厘米（彩版4-576）。

W1：64，口沿变形严重。胎色灰。釉色泛黄，釉面局部开细碎纹片。内壁刻划花卉纹和篦划纹；外壁刻划由九道篦纹组成的12组斜篦划纹。内底戳印阴文"大吉"两字。口径25.0、足径8.1、高7.1厘米（彩版4-577）。

W1：65，釉色青黄，釉面开细纹片。内壁刻划花卉纹和篦划纹；外壁刻划由十二道篦纹组成的11组斜篦划纹，疏密不一。内底戳印阴文"大吉"字。口径23.8、足径7.6、高6.4厘米（彩版4-578）。

W1：158，釉色泛黄，局部泛青褐色，釉面开细纹片，釉面可见较多小缩釉斑点。内壁刻划花卉纹和篦划纹；外壁刻划由九或十道篦纹组成的13组斜篦划纹，疏密不一。内底印阴文"吉"字。口径23.9、足径7.8、高7.1厘米（彩版4-579）。

彩版4-575　A型青瓷大盘W1：62

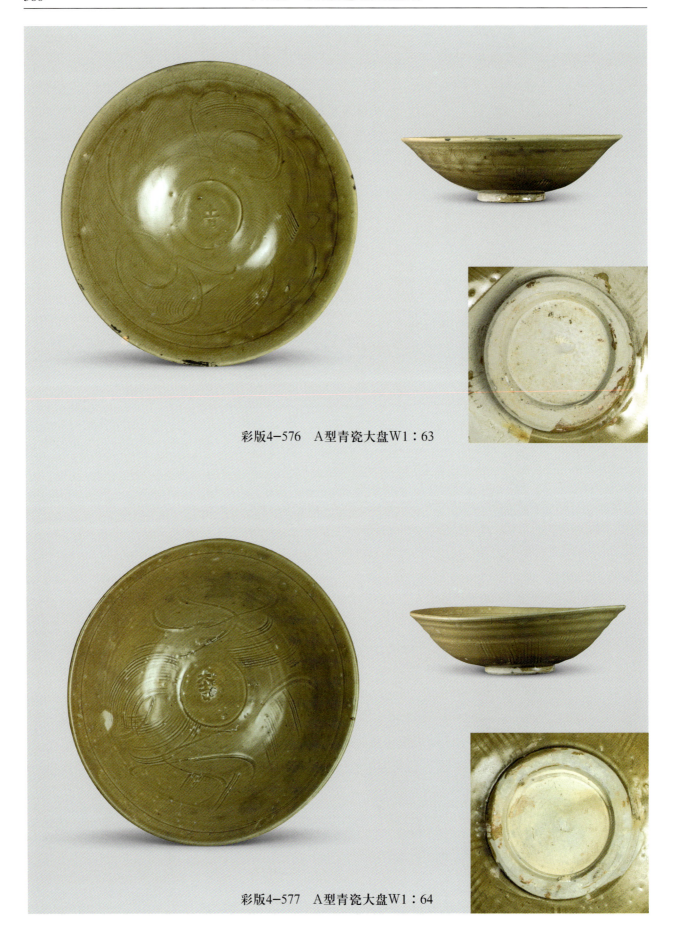

彩版4-576　A型青瓷大盘W1：63

彩版4-577　A型青瓷大盘W1：64

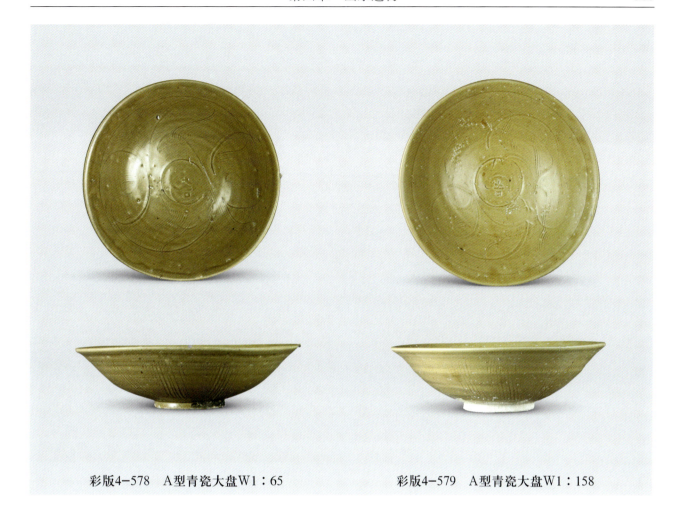

彩版4-578　A型青瓷大盘W1：65　　　　　彩版4-579　A型青瓷大盘W1：158

　　W1：159，敞口，微撇。釉色青黄，局部泛青灰色，釉面可见较多小缩釉斑点，内底粘较多窑渣。内壁刻划花卉纹和篦划纹，刻纹较浅，篦划纹较为随意；外壁刻划由十道篦纹组成的9组斜篦划纹，疏密不一。内底印阴文"吉"字。口径24.4、足径8.0、高7.3厘米（图4-228；彩版4-580）。

　　W1：164，釉色泛黄，釉面开细碎纹片，可见较多小缩釉斑点。内壁刻划花卉纹和篦划纹；外壁刻划成组篦划纹，纹饰较模糊。内底印阴文"大吉"两字，"吉"字下面印两个"口"，在"吉"旁垂直方向也印一"吉"字，一半较模糊。口径23.7、足径7.5、高6.8厘米（图4-229；彩版4-581）。

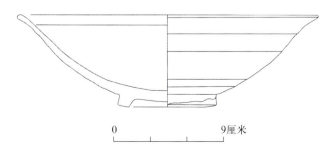

图4-228　A型青瓷大盘W1：159

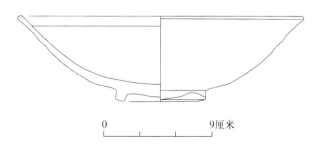

图4-229　A型青瓷大盘W1：164

彩版4-580　A型青瓷大盘W1：159

彩版4-581　A型青瓷大盘W1：164

W1：181，口沿变形，敞口微撇，足沿两侧刮削。釉色泛黄，釉面可见较多小缩釉斑点。内壁刻划花卉纹和篦划纹；外壁刻划由八至十道篦纹组成的 11 组斜篦划纹。口径 24.7、足径 7.3、高 6.9 厘米（图 4-230；彩版 4-582）。

W1：334，敞口，内底心略下凹。略生烧，釉色泛黄，施釉不匀，外壁流釉，釉面开细碎冰裂纹。内壁刻划花卉纹和篦划纹；外壁素面无纹。内底心印纹不显。口径 23.3、足径 7.2、高 7.4 厘米（彩版 4-583）。

W1：326，略显生烧，釉色泛灰白，具乳浊质感，施釉不匀，口沿处流釉，开细碎冰裂纹，釉面泛涩，可见较多小斑点。内壁刻划花卉纹和篦划纹；外壁刻划由六道篦纹组成的 13 组斜篦划纹，划纹较浅。内底心模印阳文“吉”字。口径 24.9、足径 7.0、高 7.8 厘米（彩版 4-584）。

W1：335，釉色青灰，施釉不匀，口沿处流釉，开细碎冰裂纹，釉面泛涩，可见较多小渣粒和小缩釉斑点。内壁刻划花卉纹和篦划纹；外壁刻划由七道篦纹组成的 12 组斜篦划纹，分布不匀。内底心模印阳文“吉”字。口径 23.3、足径 6.7、高 7.0 厘米（彩版 4-585）。

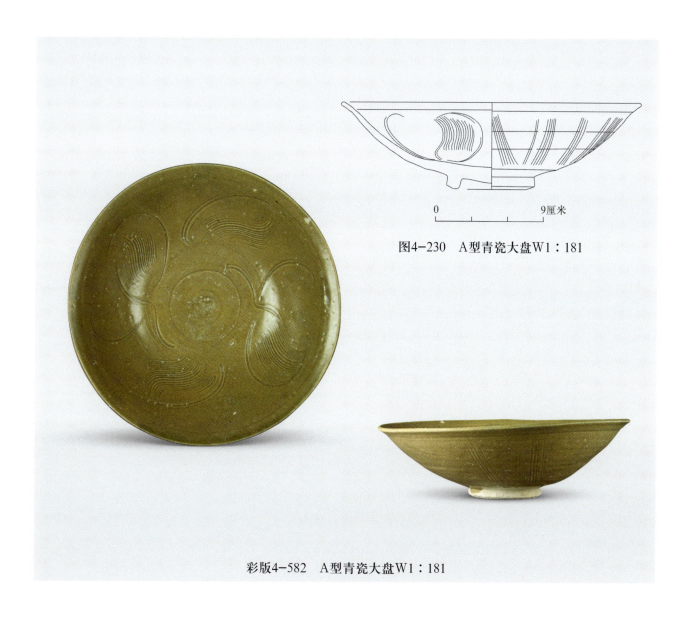

0　　　　　　9厘米

图4-230　A型青瓷大盘W1：181

彩版4-582　A型青瓷大盘W1：181

彩版4-583　A型青瓷大盘W1：334　　　　　　彩版4-584　A型青瓷大盘W1：326

W1：479，足墙外直内斜，足端较平，足根有一窄平台。大部分开片，釉面可见少量气孔。内壁上部刻划一道弦纹，下面刻划草叶纹和篦划纹；外壁素面。内底阴印"大吉"。口径24.8、足径7.3、高6.7厘米（彩版4-586）。

W1：476，敞口，圈足沿较平。釉色泛黄，局部泛灰白色，釉面光润，局部开片。内壁刻划花卉纹和篦划纹；外壁刻划由十道篦纹组成的17组斜篦划纹，划纹较浅。内底心印阴文"吉"字。口径23.8、足径7.4、高6.9厘米（彩版4-587）。

彩版4-585　A型青瓷大盘W1：335

　　W1：480，釉色灰褐，口沿内外流釉明显，流釉处泛灰白色。内壁刻划花卉纹和篦划纹；外壁素面无纹。内底心无印纹。口径22.3、足径7.0、高6.5厘米（彩版4-588）。

　　W1：484，圈足规整，足沿宽平，外底心微突，呈乳突状。釉色泛黄，施釉不匀，口沿处流釉，釉面可见较多小缩釉斑点。内壁刻划花卉纹和篦划纹；外壁刻划由十二道篦纹组成的12组斜篦划纹。口径23.7、足径7.5、高6.9厘米（图4-231；彩版4-589）。

　　W1∶486，釉色泛灰青，施釉不匀，口沿处流釉，釉面开细冰裂纹，釉面泛涩，可见较多小缩釉斑点。内壁刻划花卉纹和篦划纹；外壁刻划由十一道篦纹组成的多组斜篦划纹，分布较密集。内底心模印阳文"吉"字，字体清晰。口径24.4、足径7.3、高7.8厘米（彩版4-590）。

　　W1∶487，釉色泛黄，局部泛灰青色，釉面光洁莹润，开细纹片，内壁可见较多小缩釉斑点。内壁仅口沿下刻一道凹弦纹，腹部纹饰应为漏刻；外壁刻划由12道篦纹组成的10组斜篦划纹，篦划纹长短、深浅不一。内底心印阴文"大吉"两字，排列紧密。口径24.9、足径7.8、高7.4厘米（彩版4-591）。

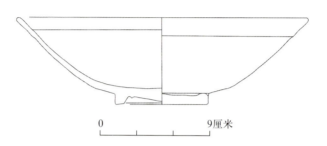

0　　　　　　　　　9厘米

图4-231　A型青瓷大盘W1∶484

彩版4-586　A型青瓷大盘W1∶479

彩版4-587 A型青瓷大盘W1：476

彩版4-588 A型青瓷大盘W1：480

彩版4-589　A型青瓷大盘W1：484

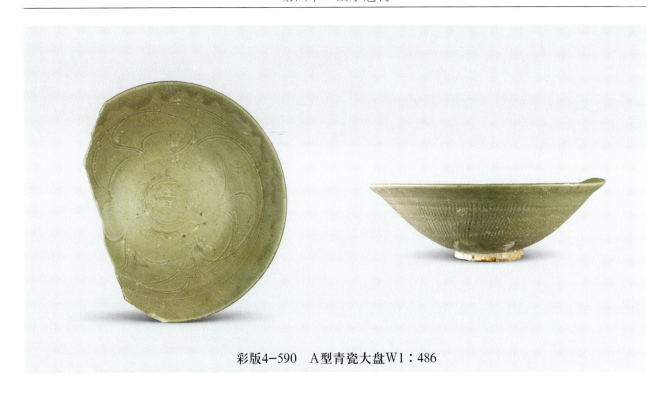

彩版4-590　A型青瓷大盘W1：486

　　W1：488，釉色泛黄，釉面开细碎纹片，可见较多小缩釉斑点。内壁刻划花卉纹和篦划纹；外壁刻划由十二道篦纹组成的13组篦划纹，分布不匀。内底心印阴文"大吉"两字，字体清晰。口径25.0、足径8.0、高6.8厘米（图4-232；彩版4-592）。

　　W1：619，釉色泛黄，釉面光润，开细碎纹片。内壁刻划花叶纹和细篦划纹；外壁刻划由十道篦纹组成的12组篦划纹，分布不匀。内底心无纹饰。口径23.5、足径7.4、高7.2厘米（彩版4-593）。

彩版4-591　A型青瓷大盘W1：487

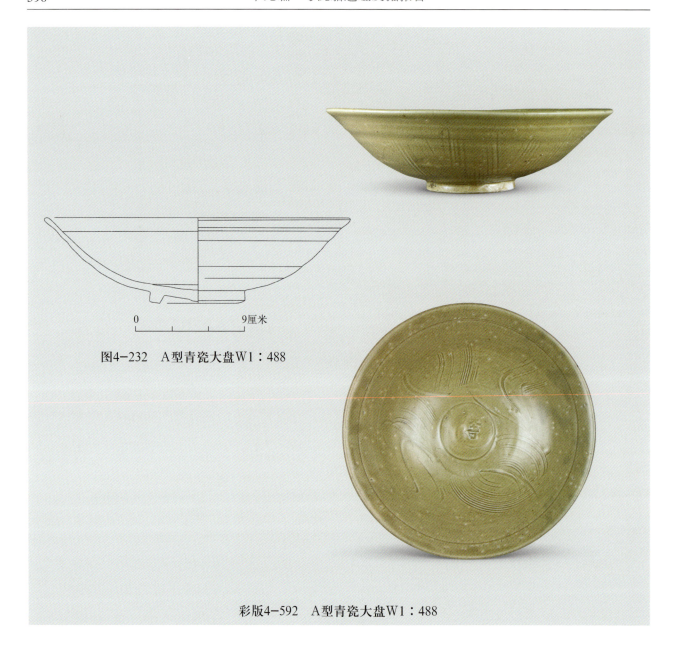

图4-232　A型青瓷大盘W1：488

彩版4-592　A型青瓷大盘W1：488

　　W1：622，敞口，浅斜弧腹。釉色泛黄，釉面开细纹片，并有大量小缩釉斑点。内壁刻划花卉纹和篦划纹；外壁刻划由六道篦纹组成的14组斜篦划纹，疏密不一。内底心印阴文"吉"字。口径24.0、足径7.6、高6.5厘米（彩版4-594）。

　　W1：618，敞口微撇，圈足较规整。釉色青褐，口腹流釉痕迹明显，流釉泛灰白色，具乳浊质感，釉面局部开细纹片，可见少量小缩釉斑点。内壁刻划花卉纹和篦划纹；外壁刻划由五道篦纹组成的数组斜篦划纹，疏密不一，刻划较浅。内底心印阴文"吉"字。口径23.8、足径7.6、高6.6厘米（彩版4-595）。

　　W1：624，釉色青灰，口沿内外流釉痕迹明显，流釉处泛灰白色，具乳浊质感。内壁刻划花叶纹和细篦划纹，内底心无纹饰，外壁素面无纹。口径22.9、足径7.3、高6.5厘米（彩版4-596）。

彩版4-593　A型青瓷大盘W1：619

彩版4-594　A型青瓷大盘W1：622

W1：623，敞口外撇，圈足较规整。釉色泛黄，口沿处流釉痕迹明显，流釉处泛灰白色，具乳浊质感；釉面开细纹片，可见较多小缩釉斑点。内壁刻划花卉纹和篦划纹；外壁素面无纹。内底心印阴文"吉"字，偏于底心一侧。口径24.4、足径7.5、高6.9厘米（彩版4-597）。

W1：621，敞口微撇，足墙内外斜削，足沿较圆。釉色泛黄，釉面开细纹片，有少量小缩釉斑点。内壁刻划花卉纹和篦划纹；外壁刻划由八道篦纹组成的13组篦划纹。内底心印阴文"大吉"两字，排列紧密。口径24.0、足径7.5、高7.1厘米（彩版4-598）。

W1：653，釉色泛黄，釉面光润，开细碎纹片，可见少量小缩釉斑点。内壁刻划花卉纹和篦划纹，部分篦划纹作篦点划花状；外壁刻划由七道和十道篦纹组成的12组斜篦划纹。内底心印阴文"吉"字，印迹较深。口径23.8、足径7.9、高6.5厘米（图4-233；彩版4-599）。

彩版4-595　　A型青瓷大盘W1：618　　　　　　　　彩版4-596　　A型青瓷大盘W1：624

彩版4-597　A型青瓷大盘W1：623

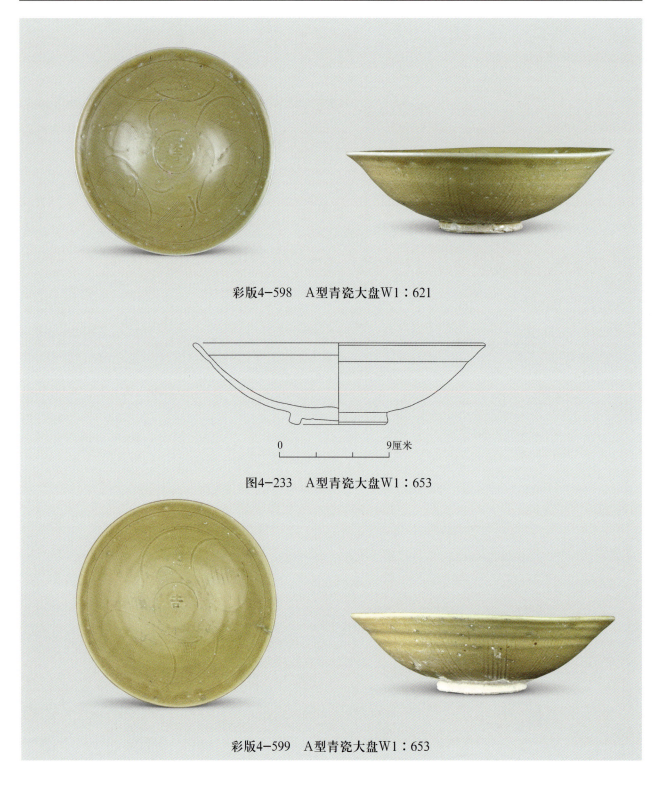

彩版4-598　A型青瓷大盘W1：621

0   9厘米

图4-233　A型青瓷大盘W1：653

彩版4-599　A型青瓷大盘W1：653

　　W1：657，釉色泛黄，釉面局部开细纹片，可见部分小缩釉斑点。口沿处附着有白色珊瑚石。内壁刻划花卉纹和篦划纹；外壁刻划15组斜篦划纹，每组分别以七齿和两齿的篦梳交错刻划而成。内底心印阴文"吉"字，印迹清晰。口径23.9、足径7.4、高6.8厘米（彩版4-600）。

　　W1：659，敞口，腹较浅，圈足较规整。釉色泛灰白，具乳浊质感，口沿处流釉痕迹明显，釉面光润，局部开细纹片，可见少量小缩釉斑点。内壁刻划花卉纹和篦划纹；外壁刻划13组斜篦划纹，

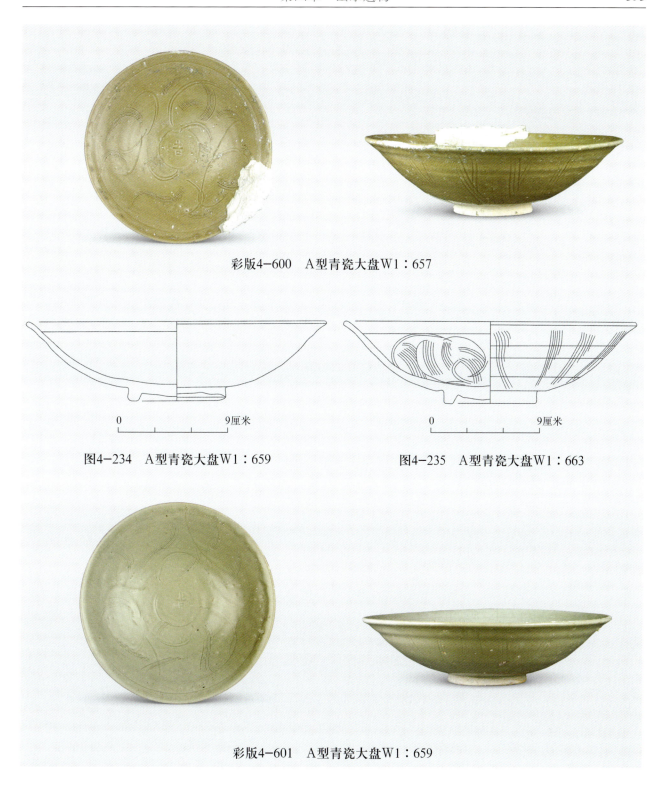

彩版4-600　　A型青瓷大盘W1：657

图4-234　　A型青瓷大盘W1：659

图4-235　　A型青瓷大盘W1：663

彩版4-601　　A型青瓷大盘W1：659

系用两种篦梳，划纹深浅、长短不一。内底心印阴文"吉"字。口径24.3、足径7.7、高6.3厘米（图4-234；彩版4-601）。

W1：663，敞口微撇，浅弧腹，圈足规整。釉色青黄，釉面光洁莹润，开细长纹片。内壁刻划花卉纹和篦划纹；外壁刻划由八道篦纹组成的15组篦划纹，划纹较浅。内底心印阴文"大吉"两字，排列密集。口径23.9、足径7.6、高6.5厘米（图4-235；彩版4-602）。

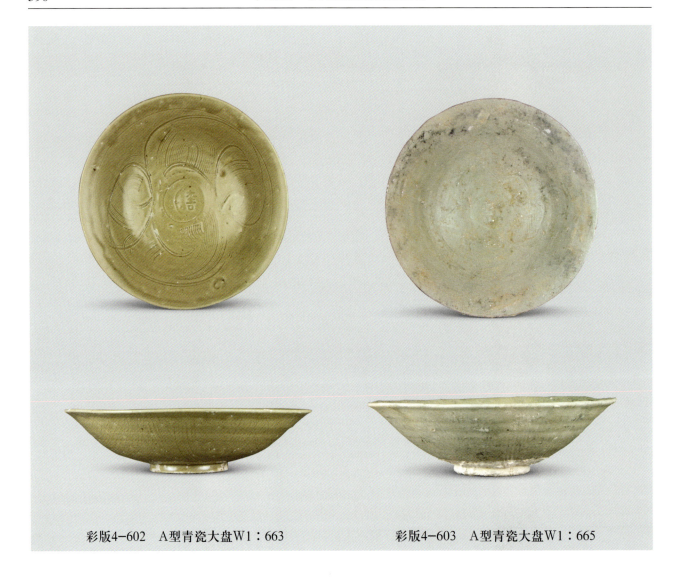

彩版4-602　A型青瓷大盘W1：663　　　　　彩版4-603　A型青瓷大盘W1：665

W1：665，敞口微撇，弧腹略深。略生烧，釉色泛灰白，乳浊质感强，釉面泛涩，受海生物和海水侵蚀严重，开细碎纹片。内壁刻划花卉纹和篦划纹；外壁刻划由十二道篦纹组成的11组篦划纹。内底心印阴文"大吉"两字。口径24.0、足径7.2、高7.0厘米（彩版4-603）。

W1：1215，敞口，尖圆唇，弧腹略深，足沿斜削。釉色泛黄，局部开片，内底落有较多小窑渣粒。内壁刻划花卉纹和篦划纹；外壁有三道细凹弦纹。内壁刻划花卉纹和篦划纹；外壁刻划多组斜篦划纹。内底心印阴文"吉"字。外底有墨书题记，字迹清晰。口径24.2、足径7.6、高7.4厘米（彩版4-604）。

W1：666，敞口，弧腹略深，圈足规整，足沿较平。釉色青黄，口沿处部分流釉，釉面光润，开细碎纹片，可见较多小缩釉斑点。内壁刻划花卉纹和篦划纹；外壁刻划由八道篦纹组成的9组斜篦划纹，分布不匀。内底心无纹。口径23.9、足径7.7、高7.0厘米（图4-236；彩版4-605）。

W1：667，敞口，尖圆唇，弧腹略深，足沿斜削。釉色泛黄，釉面开细碎纹片，可见较多小缩釉斑点，内底落有较多小窑渣粒。内壁刻划花卉纹和篦划纹；外壁有三道细凹弦纹。内底心无纹。口径22.9、足径7.5、高6.8厘米（彩版4-606）。

彩版4-604　A型青瓷大盘W1：1215

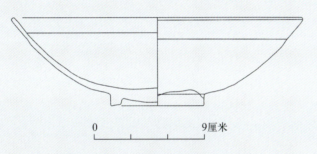

图4-236　A型青瓷大盘W1：666

彩版4-605　A型青瓷大盘W1：666

彩版4-606　A型青瓷大盘W1：667

B型

248件。上腹略外撇，下腹略阔，腹内壁下部内折，内底边缘刻一道凹弦纹，折痕较明显，内底平阔，底心中间较平。圈足略矮，挖足较草率，外底大部分留有挖足痕。外壁口沿下多见一周不太规则的旋坯痕。此型盘多数略显生烧，釉色泛灰、灰白或褐色，釉面多泛涩，一般附着有较多珊瑚砂或海生物。外壁口沿下多刻一道凹弦纹，其下均饰以多道篦纹组成的数组粗篦划纹；内壁以腹、底折痕处为界，刻划上、下两层纹饰，腹壁有的刻划蕉叶纹或花叶纹（荷叶纹），底部刻划花叶纹（荷叶纹），花叶纹应为变体荷叶纹，一般为四片，环绕一周，叶片、花瓣内均填饰细篦纹；内底中心大多阳印一折枝花卉纹（荷花纹），有的模印阳文"吉"字。

W1：123，略生烧，挖足很浅。青灰釉，具乳浊质感。内壁上、下两层刻划花叶纹，内底心压印单枝荷花纹。口径24.7、足径7.7、高6.9厘米（图4-237；彩版4-607）。

W1：125，釉色青黄，釉面泛涩，附着有白色珊瑚砂石。内壁上、下两层刻划花叶纹，内底心压印一折枝荷花纹。口径25.5、足径7.4、高7.0厘米（彩版4-608）。

W1：126，内壁下腹折痕处，外壁略突；外壁腹部可见多道轮旋修坯痕迹。釉色青黄，口沿处流釉明显。内壁上、下两层刻划花叶纹，内底心压印单枝荷花纹。口径24.8、足径7.4、高7.3厘米（彩版4-609）。

W1：127，釉色青黄，口沿下流釉痕迹明显，附着有白色珊瑚砂。内壁上、下两层刻划花叶纹，内底心压印单枝荷花纹，印纹较浅。口径24.6、足径7.3、高7.1厘米（彩版4-610）。

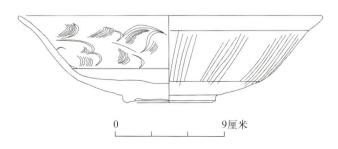

0　　　　　　　9厘米

图4-237　B型青瓷大盘W1：123

彩版4-607 B型青瓷大盘W1：123

彩版4-608 B型青瓷大盘W1：125

彩版4-609 B型青瓷大盘W1：126

W1：128，弧腹略浅。釉色青黄，局部泛灰色，附着有较多白色珊瑚砂。内壁上、下两层刻划花叶纹，内底心压印单枝荷花纹。口径24.9、足径7.0、高6.8厘米（彩版4-611）。

W1：324，釉色青黄，釉面较润泽，口沿处流釉明显。内壁上、下两层刻划花叶纹，内底心压印单枝荷花纹。口径25.1、足径7.2、高7.3厘米（彩版4-612）。

W1：325，外底心有凹凸不平螺旋痕。釉色青黄，釉面光润，口沿处有流釉现象。内壁上、下两层刻划花叶纹，内底心压印单枝荷花纹。口径25.2、足径6.9、高7.3厘米（图4-238，1；彩版4-613）。

W1：327，内壁折痕处，外壁略突。略生烧，釉色泛灰白，具乳浊质感，口沿内外有流釉现象。内壁上、下两层刻划花叶纹；内底心压印单枝荷花纹，印纹较浅。口径25.0、足径6.8、高7.6厘米（彩版4-614）。

W1：329，器物变形较大。略生烧，青釉泛灰，釉面泛涩，口沿内外有流釉现象。内壁上、下两层刻划花叶纹；内底心压印单枝荷花纹，其上再印阳文"吉"字。口径24.7、足径7.5、高7.3厘米（彩版4-615）。

彩版4-610　B型青瓷大盘W1：127　　　　　　彩版4-611　B型青瓷大盘W1：128

彩版4-612　B型青瓷大盘W1：324

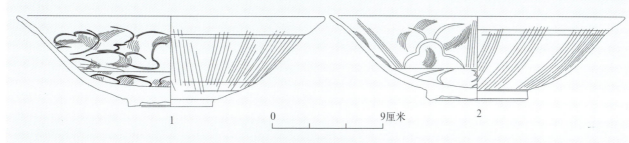

0　　　　9厘米

图4-238　B型青瓷大盘
1、2.W1：325、328

彩版4-613　B型青瓷大盘W1：325

彩版4-614　B型青瓷大盘W1∶327　　　　　　　彩版4-615　B型青瓷大盘W1∶329

　　W1∶330，下腹略阔。略生烧，釉色泛灰白，具乳浊质感，附着有珊瑚砂石。内壁上、下两层刻划花叶纹；内底心压印单枝荷花纹，印纹不清；外壁粗篦划纹，划纹较浅。口径25.0、足径7.2、高7.3厘米（彩版4-616）。

　　W1∶333，釉色青黄，局部泛褐色，较润泽，附着有珊瑚砂石。内壁上、下两层刻划花叶纹，内底心压印单枝荷花纹；外壁宽篦划纹每组七道篦纹，篦划由足至口，划纹清晰。口径24.6、足径7.3、高8.3厘米（彩版4-617）。

　　W1∶664，釉色青黄，局部泛褐色，釉面光润。内壁上、下两层刻划花叶纹；内底心压印单枝荷花纹，印纹清晰；外壁粗篦划纹分布较密。口径25.7、足径7.5、高7.6厘米（彩版4-618）。

　　W1∶328，略显生烧，釉色青灰，具乳浊质感，釉面泛涩。内壁上部刻划交叉蕉叶纹，蕉叶中部以纵向篦纹分隔两侧叶片；折痕凹弦纹下刻划花叶纹；内底心压印阳文"吉"字。口径24.4、足径8.4、高6.7厘米（图4-238，2；彩版4-619）。

　　W1∶331，口沿变形较大。釉色青黄，局部泛绿色，口沿处流釉痕明显。内壁上层刻划交叉蕉叶纹，六片蕉叶中部以纵向篦纹分隔两侧叶片，下层刻划荷叶纹；内底心压印单枝荷花纹。口径24.5、足径7.2、高7.5厘米（图4-239，1；彩版4-620）。

　　W1∶332，釉色青黄，局部泛绿色，口沿处流釉痕明显。内壁上层刻划交叉蕉叶纹，六片蕉叶中部以纵向篦纹分隔两侧叶片，蕉叶边缘轮廓清晰，相邻之间交错分布；下层刻划荷叶纹；内底心压印单枝荷花纹。口径24.7、足径7.1、高7.5厘米（图4-239，2；彩版4-621）。

彩版4-616　B型青瓷大盘W1：330　　　　　　彩版4-617　B型青瓷大盘W1：333

彩版4-618　B型青瓷大盘W1：664　　　　　　彩版4-619　B型青瓷大盘W1：328

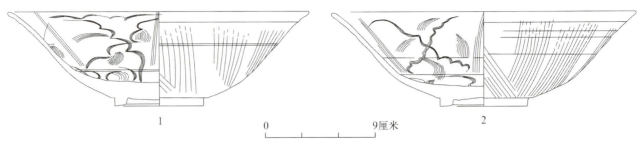

图4-239 B型青瓷大盘
1、2.W1：331、332

彩版4-620 B型青瓷大盘W1：331

彩版4-621 B型青瓷大盘W1：332

七　武夷山遇林亭窑黑瓷

7件。数量少。器类单一，均为盏，形制相似。束口，圆唇，斜弧腹，较深，内底心边缘向内折平，小平底，底心微突，矮圈足，足墙外直内斜，足沿外高内低略倾斜，外缘斜削，挖足较浅，外底微突。胎色灰白，质较细密，夹少量细砂。通体施黑釉，口沿处釉层薄呈深褐色或泛黄褐色，釉层较厚，釉面有小棕眼，内壁满釉，外施至腹下部，釉线不齐，有的流釉。有的内壁绘有金彩花卉纹或文字，仅残存图案痕迹，福建武夷山遇林亭窑址中出土有类似黑釉金彩盏[1]。

黑釉盏

W1：75，足沿较宽。口沿处釉呈酱褐色。口径 12.8、足径 4.2、高 6.1 厘米（图 4-240；彩版4-622）。

W1：85，胎色灰，质细密。口沿处泛褐色，釉面有小缩釉斑点。口径 12.8、足径 4.0、高 6.2 厘米（彩版 4-623）。

W1：86，胎色灰白。口沿处釉呈酱褐色，露胎处泛黄褐色。口径 13.1、足径 4.1、高 6.4 厘米（彩版 4-624）。

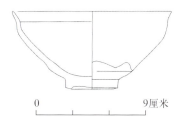

0　　　　9厘米

图4-240　黑釉盏W1：75

彩版4-622　黑釉盏W1：75

---

[1]　中国国家博物馆水下考古研究中心等：《武夷山古窑址》，科学出版社，2015年；福建省博物馆：《武夷山遇林亭窑址发掘报告》，《福建文博》2000年第2期，第20～49页。

彩版4-623　黑釉盏W1：85　　　　　　彩版4-624　黑釉盏W1：86

彩版4-625　黑釉盏W1：436

W1：436，口沿处釉呈深褐色。表面附着有白色珊瑚砂。口径12.8、足径4.4、高6.1厘米（彩版4-625）。

W1：1335，口沿处釉呈深褐色，内壁有类似于兔毫状的褐色小条纹，外壁可见小缩釉斑点。口径12.7、足径4.2、高6.2厘米（彩版4-626）。

W1：84，口沿处釉呈褐色，口沿下内外可见褐色兔毫纹。内壁、底心绘有金彩花卉图案，彩已脱落，仅留部分痕迹，纹样处呈银色。口径12.8、足径4.4、高6.1厘米（图4-241；彩版4-627）。

W1：1336，口沿处釉呈深褐色，口沿下内外均有褐色兔毫纹。内壁绘金彩图案，腹部残存可见一"富"字，内底心有金彩图案，纹样模糊。口径12.4、足径4.0、高6.3厘米（彩版4-628）。

彩版4-626　黑釉盏W1：1335

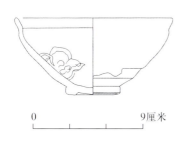

0　　　　　9厘米

图4-241　黑釉盏W1：84

彩版4-627　黑釉盏W1：84

彩版4-628 黑釉盏W1：1336

八　磁灶窑青釉器

108 件。数量不多，器类有注壶、长颈瓶和小罐，与磁灶窑酱黑釉器在器物造型、胎质胎色等方面较为相似，应属同一窑场的不同釉色品种产品[1]。胎色灰或灰白，质较粗，一般夹杂有细砂粒。轮旋制坯修坯痕迹大多较明显。青釉，釉色不匀，有的泛褐或泛黄色，釉层较薄，釉面多开细碎纹片，有的胎釉结合较差受海水浸泡釉层有脱落。内壁施釉至口沿下方，外壁施釉多至腹中下部，一般不及底。长颈瓶、小罐大多绘有褐彩装饰，常见花草纹，多呈黑褐色、青褐色、青黄色或酱色，应是以铁为着色剂的彩料绘制而成，属铁锈花图案。从褐彩器的胎釉结合处来判断，褐彩图案应为施釉后所绘，入窑一次烧造而成。有的器物底部书有朱书题记。

1.青釉注壶

仅出水 1 件。

W1：414，口沿部分残失，溜肩、圆弧腹，下腹部弧收，大平底，底心略内凹。柄、流分置于肩部对应两侧，柄残缺，肩部衔接处可见柄应为扁带状，管状小流，流口略残；肩部另两侧装有双系，残存一系，呈桥形。胎体轻薄。釉色青黄，色泽浓淡不一，外壁施釉至腹中部。外壁可见多道轮旋痕，肩部划有一道凹弦纹。足径 9.2、残高 9.8 厘米（图 4-242；彩版 4-629）。

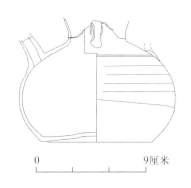

0 ⊢————————————⊣ 9厘米

图4-242　青釉注壶W1：414

彩版4-629　青釉注壶W1：414

---

[1]　福建博物院、晋江博物馆：《磁灶窑址：福建晋江磁灶窑址考古调查发掘报告》，科学出版社，2011年。

2. 青釉长颈瓶

7件。数量不多，形制相同，酱黑釉器有同类器物。直口，微敛，口沿外卷，圆唇，细长颈，颈下部略宽，圆肩，圆鼓腹，下腹弧收，平底微内凹。腹壁可见旋坯痕。青釉泛褐，有的呈酱褐色，内施釉至口沿下、颈上部，外施至腹下部，部分至外底，腹下部可见抹釉痕，施釉不匀，釉薄处呈青褐色，有的釉层大部剥落，釉面开细碎冰裂纹。颈部、肩部彩绘褐彩花草图案，纹样简洁潦草，部分釉、彩剥落严重。

W1：48，釉呈酱褐色，釉面密布白色小斑点。颈、肩和上腹部绘褐彩花纹，釉、彩剥落严重。外底露胎处呈火石红色。外壁附着白色珊瑚砂。口径5.5、底径10.0、高25.2厘米（图4-243；彩版4-630）。

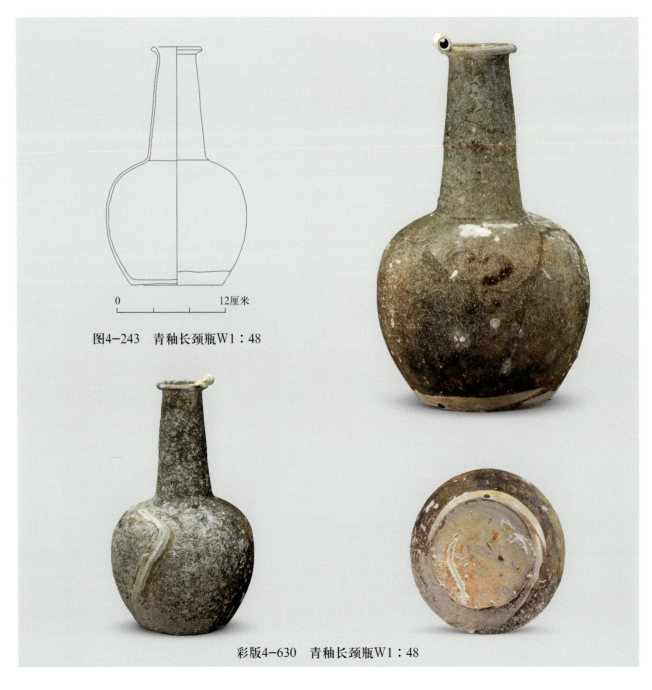

图4-243　青釉长颈瓶W1：48

彩版4-630　青釉长颈瓶W1：48

W1：513，釉色青褐，胎釉结合差，釉、彩剥落严重。口径 5.4、底径 11.0、高 24.8 厘米（彩版 4-631）。

W1：1340，口、颈、肩部残件。釉色青黄，颈、肩部点绘褐彩花草纹样，彩泛青褐色。口径 5.2、残高 14.9 厘米（彩版 4-632）。

W1：1341，口、颈、肩部残件。釉色青黄，颈、肩部点绘褐彩花草纹样，彩泛青褐色。口径 5.4、残高 16.3 厘米（彩版 4-633）。

彩版4-631　青釉长颈瓶W1：513

彩版4-632　青釉长颈瓶W1：1340

彩版4-633　青釉长颈瓶W1：1341

3.青釉小罐

100件。器形小巧。根据口、腹形态差异，可分三型。

A 型

97件。数量较多。小口，撇口，略外翻，圆唇，短束颈，肩部圆弧，有的溜肩，有的斜弧，圆鼓腹，近球形，下腹弧收，平底，底微内凹，外底可见明显的线割痕。灰色胎，一般青釉泛黄色，釉面开细碎冰裂纹，内施釉至口沿下部，外壁一般施釉至腹下部。肩部和上腹部多绘以褐彩花草纹，泛酱、青褐或黄褐色，具晕染效果。有的外底心有朱书单字"□"款押题记。

W1：36，釉面开片细密，肩部绘酱色花纹。底足露胎处呈火石红色。口径1.8、足径3.9、高6.3厘米（彩版4-634）。

W1：37，青釉局部流釉至腹底端。肩部褐彩色泽较浅，呈青褐色。口径2.3、足径3.5、高6.4厘米（图4-244；彩版4-635）。

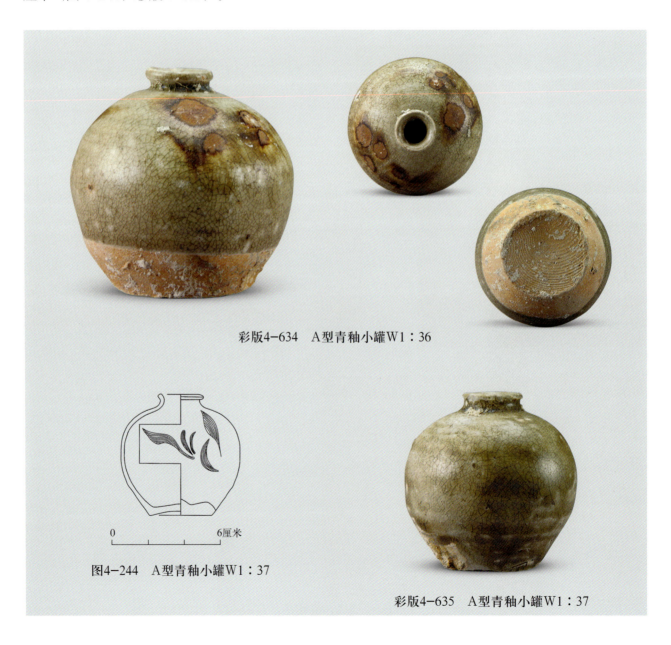

彩版4-634　A型青釉小罐W1：36

0　　　　　　6厘米

图4-244　A型青釉小罐W1：37

彩版4-635　A型青釉小罐W1：37

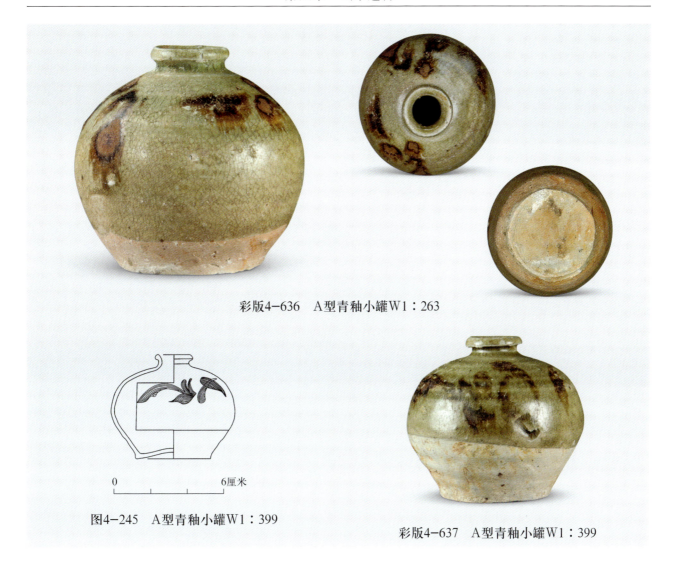

彩版4-636　A型青釉小罐W1：263

图4-245　A型青釉小罐W1：399

0　　　　　　6厘米

彩版4-637　A型青釉小罐W1：399

W1：263，肩、上腹部褐彩呈酱色、青褐色。口径2.0、足径4.0、高5.8厘米（彩版4-636）。

W1：399，釉面光亮，肩、腹部绘褐彩花草纹，呈青褐色。口径2.0、足径4.1、高5.5厘米（图4-245；彩版4-637）。

W1：403，肩部轮旋痕明显，略不平。肩、上腹部饰釉下褐彩花草纹饰。口径1.9、足径3.7、高6.3厘米（彩版4-638）。

W1：404，釉面泛涩，受海水浸泡影响较大，附着有珊瑚石和海生物。肩部饰褐彩花纹局部脱落。口径2.0、足径4.2、高5.7厘米（彩版4-639）。

W1：405，外壁粘连铁质凝结物，锈蚀严重，并附着有珊瑚石。口径1.9、足径4.1、高5.5厘米（彩版4-640）。

W1：426，釉色青褐，釉面开片细密。肩部绘褐彩花草纹。口径1.9、足径3.4、高6.1厘米（彩版4-641）。

W1：428，釉色青褐，釉面光润。肩部褐彩花纹呈酱褐色，色泽不匀。外底有朱书单字款押题记。口径2.0、足径3.8、高5.7厘米（彩版4-642）。

彩版4-638　A型青釉小罐W1：403

彩版4-639　A型青釉小罐W1：404

彩版4-640　A型青釉小罐W1：405

彩版4-641　A型青釉小罐W1：426

W1：429，口外撇，腹部略高，不太规整。口径2.1、足径3.8、高6.2厘米（彩版4-643）。

W1：430，釉面受浸泡泛涩，色泛灰白。外底有朱书单字款押题记，字迹清晰。口径2.0、足径4.1、高5.5厘米（彩版4-644）。

W1：431，釉面受浸泡泛涩，色泛灰。釉、彩剥落严重。外底有朱书单字款押题记。口径1.8、足径4.3、高5.4厘米（彩版4-645）。

W1：464，肩部略斜。肩部花草纹泛褐色。外底有朱书单字款押题记。口径1.9、足径4.1、高5.7厘米（图4-246；彩版4-646）。

W1：466，腹部略高，肩部可见四道轮旋痕迹。青釉，下腹部有流釉痕。肩部绘褐彩花草纹，呈青褐色。口径1.9、足径4.1、高6.1厘米（彩版4-647）。

W1：613，肩部绘饰一周褐彩放射线状纹饰。口径1.9、足径3.7、高5.3厘米（彩版4-648）。

W1：1157，肩部有不规则弦纹。釉色泛黄，釉面泛涩。肩部绘两片褐彩花叶纹。外底有朱书单字款押题记。口径2.0、足径3.2、高5.7厘米（彩版4-649）。

W1：1160，釉面受海水浸泡严重，泛涩，开片密集细碎。肩部绘饰褐彩花叶纹，有剥落现象。外底有朱书单字款押题记。口径1.9、足径3.6、高5.7厘米（彩版4-650）。

彩版4-642　A型青釉小罐W1：428

彩版4-643　A型青釉小罐W1：429

彩版4-644　A型青釉小罐W1：430

彩版4-645　A型青釉小罐W1：431

0　　　　　　6厘米

图4-246　A型青釉小罐W1：464

彩版4-646　A型青釉小罐W1：464

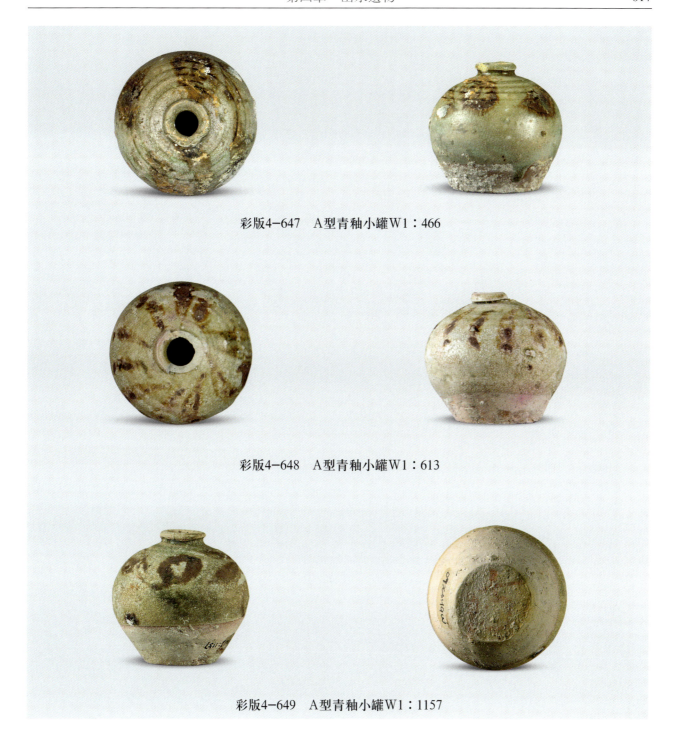

彩版4-647　A型青釉小罐W1：466

彩版4-648　A型青釉小罐W1：613

彩版4-649　A型青釉小罐W1：1157

W1：1161，口部矮扁，卷沿，底略内凹。青釉浅淡，釉厚处泛青灰，釉面开细碎纹片，腹部附着有铁质凝结物。肩部绘褐彩两片花叶纹，釉、彩有剥落现象。外底有朱书单字款押题记。口径1.8、足径4.0、高5.5厘米（彩版4-651）。

W1：1163，口沿矮卷，腹中部鼓。釉色青黄，釉面光润，开细碎纹片。肩部绘饰花叶纹泛深褐色。外底有朱书单字款押题记。口径2.0、足径3.7、高5.4厘米（彩版4-652）。

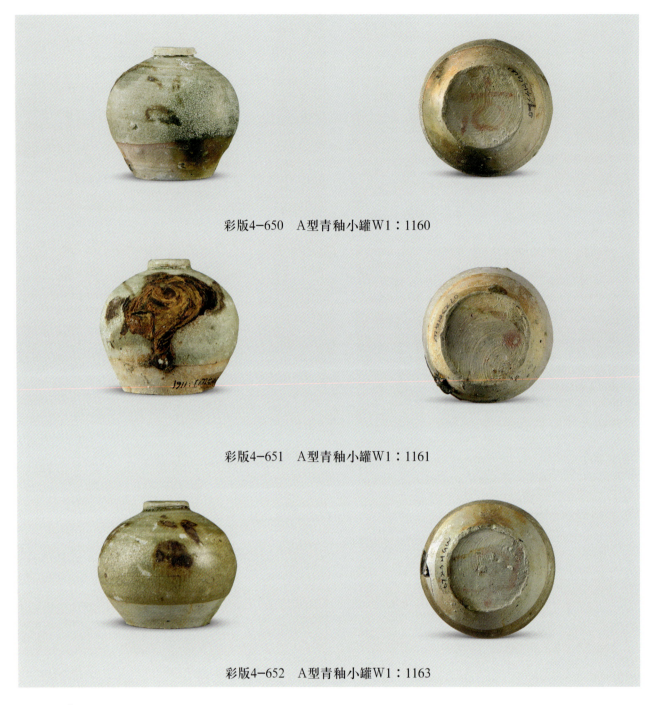

彩版4-650　A型青釉小罐W1：1160

彩版4-651　A型青釉小罐W1：1161

彩版4-652　A型青釉小罐W1：1163

B 型

2件。大口，尖唇，直口，高领，弧肩，上腹弧鼓，下腹弧收，平底。胎色灰。釉色青褐或青黄，内施釉至口沿下，外施至肩部，局部脱落。外壁露胎处泛黄褐色。器底有明显线切割痕，腹部手纹痕迹清晰。

W1：432，釉色泛黄，釉层薄，可见胎中细砂粒，局部脱落。腹部露胎处书有竖排墨书"□药"两字。口径4.9、底径3.0、高6.2厘米（图4-247；彩版4-653）。

W1：400，釉色不匀，泛黄或泛酱褐色，釉脱落严重。外壁及底部露胎处局部呈黄褐色。口径4.3、底径3.3、高6.1厘米（图4-248；彩版4-654）。

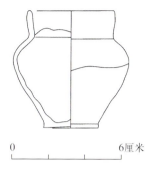

图4-247 B型青釉小罐W1∶432

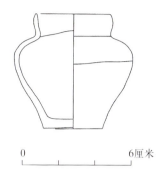

图4-248 B型青釉小罐W1∶400

彩版4-653 B型青釉小罐W1∶432

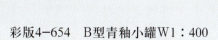

彩版4-654 B型青釉小罐W1∶400

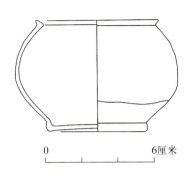

图4-249　C型青釉小罐W1：434

C型

1件。大阔口，口沿略外折，尖唇，圆鼓腹，饼状足，足外侧圆，大平底。胎体薄，质较粗。

W1：434，青黄釉，釉面开细碎纹片，内壁施釉至口沿，有一薄层荡釉痕迹，外壁施釉至下腹部，口沿下刮釉一圈露胎，泛褐色。内壁泛黄褐色。腹部绘饰褐彩花草纹，局部脱落。口径6.7、底径5.5、高5.9厘米（图4-249；彩版4-655）。

彩版4-655　C型青釉小罐W1：434

九　磁灶窑黑釉器

390件。数量较多，器类有盏、碟、注壶、军持、长颈瓶、梅瓶、小瓶、四系罐、扁腹罐、小罐、器盖、腰鼓等，有些器形与磁灶窑青釉器相同。胎色灰，有的呈灰白或深灰色，质较粗，一般夹杂有细砂粒。黑釉，施釉不匀，色泽不一，有黑褐色、酱黑色、酱褐色或青褐色等，釉厚处呈黑色，釉薄处泛青褐色。釉面多泛涩，部分脱落严重，大部分开细碎冰裂纹。外壁多见有旋坯痕迹，露胎处有的泛黄褐色。

1. 黑釉盏

仅出水2件。形制不同，胎釉特征相同。胎色灰白，质较细。黑釉泛青褐色，釉色不匀，内满釉，外施至腹下部，釉面泛涩。

W1：1166，直口，方唇，深弧腹，内底边缘有一道凹痕，略下凹，底较平，圈足较规整，外底较平，底心微突。口径10.3、足径4.4、高5.7厘米（彩版4-656）。

另外一件盏为残片，侈口，葵口，口沿削缺而成，弧腹，底心微突，圈足。此标本进行了成分测试，参见本书第五章。

彩版4-656　黑釉盏W1：1166

2.黑釉碟

7件。数量较少。敞口，圆唇或方唇，浅斜弧腹，内壁腹底端刻划一周凹弦纹，底边缘处略突，内底平阔，微下凹，外壁弧收，小平底，微内凹。灰白胎，质较细。黑釉，局部泛褐色，口沿处釉层薄，泛黄或褐色，釉面开细碎纹片；内满釉，外施至腹中部，釉线呈垂幔状。

W1：76，圆唇。口沿处泛黄色。口径10.6、底径3.5、高2.0厘米（图4-250；彩版4-657）。

W1：435，圆唇。釉色局部泛褐。口径10.6、底径3.1、高1.8厘米（图4-251；彩版4-658）。

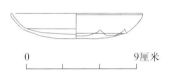

0　　　　　　9厘米

图4-250　黑釉碟W1：76

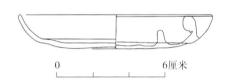

0　　　　　　6厘米

图4-251　黑釉碟W1：435

彩版4-657　黑釉碟W1：76

彩版4-658　黑釉碟W1：435

W1：468，方唇。口沿、内底边缘釉层薄处泛黄褐色。口径10.4、底径3.2、高1.8厘米（彩版4-659）。

W1：1137，方唇。口沿处釉色泛黄，内底釉面有较多砂粒。口径10.7、底径3.1、高1.9厘米（彩版4-660）。

W1：1138，方唇。釉色酱褐，口沿边缘釉层薄处泛黄色。口径10.4、底径3.2、高1.8厘米（彩版4-661）。

彩版4-659　黑釉碟W1：468

彩版4-660　黑釉碟W1：1137

彩版4-661　黑釉碟W1∶1138

3.黑釉注壶

2件。小口，矮扁腹，平底，肩部相对位置附有柄和流。依据腹部形态，可分两型。

A 型

1件。圆腹。注壶器身造型与同出的扁腹罐相同。口外撇，沿略外翻，圆唇，短束颈，弧肩，鼓腹，矮扁，腹下部弧收，平底。肩部附宽带状小弯柄，柄上刻饰四凹槽；短管状流，口部略细，流口平齐。胎较薄，质较粗。附着有白色珊瑚砂。

W1∶412，肩部可见数道轮旋痕。酱釉，肩部泛褐，下腹部泛青；内施釉至颈部，外施至腹下部，釉线较齐。釉面泛涩，开细碎纹片，部分脱落。口径4.0、底径10.7、高10.2厘米（图4-252；彩版4-662）。

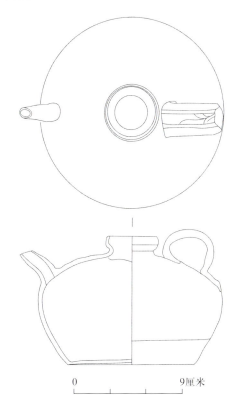

图4-252　A型黑釉注壶W1∶412

彩版4-662　A型黑釉注壶W1∶412

B型

1件。瓜棱腹。口部略残，口外撇，折沿，短束颈，弧肩，九瓣瓜棱形腹，矮扁，腹中部略鼓，下腹弧收，至足端略外撇，宽饼状足，足面微内凹。肩部附宽带柄，残失；短弯管状流。灰白胎，胎较薄，质较细。附着有白色珊瑚砂。

W1：451，釉色黑，局部泛青褐色。内施釉至颈部，外施至腹下部，釉线较齐，釉面开细碎纹片，釉层剥落较严重。肩下部刻饰一道凹弦纹。足径10.4、残高5.8厘米（图4-253；彩版4-663）。

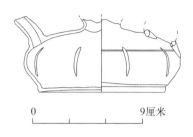

图4-253　B型黑釉注壶W1：451

彩版4-663　B型黑釉注壶W1：451

4. 黑釉军持

2件。其中，1件完整，1件为口颈残片。

W1：43，敛口，方唇，垂沿，沿面呈二层台式，由口向外、向下延伸，短粗直颈，颈中部一道凸弦纹，溜肩，鼓腹作八瓣瓜棱形，腹下部弧收，至足端略外突，修削痕迹明显，宽饼状足，足面微内凹。上腹部附有短管状流，根部较粗，口部较细，流口平齐，近流口处有一道凸棱，略呈竹节状。胎色灰，质较粗。施酱黑釉，釉色不匀，釉厚处呈黑色，薄处泛黑褐色或褐色，釉面泛涩；内壁施釉至颈下部，外施至腹下部，釉线较齐；颈外壁上部局部刮釉，呈褐色。腹部可见旋坯痕。口径6.3、足径6.7、高10.0厘米（图4-254；彩版4-664）。

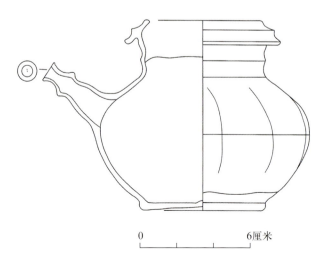

图4-254　黑釉军持W1：43

彩版4-664 黑釉军持W1：43

5.黑釉长颈瓶

4件。仅一种，形制与同出的磁灶窑青釉褐彩长颈瓶相同。直口，微敛，口沿外卷，圆唇，细长颈，颈下部略宽，圆肩，圆鼓腹，下腹弧收，平底微内凹。腹壁可见旋坯痕。内施釉至口沿下、颈上部，外施至腹下部，部分至外底边缘，腹下部可见抹釉痕，施釉不匀，釉薄处呈青褐色，釉面开细碎纹片，有的釉层剥落严重。有的外底有墨书题记。

W1：49，釉色黑，色泽不匀，釉面可见青褐色小斑点。外底书有楷体墨书"黄"字，字迹浅淡。口径5.6、底径10.4、高25.0厘米（图4-255；彩版4-665）。

W1：512，釉色酱褐，部分泛黄色，釉面泛涩，釉层局部脱落。附着有白色珊瑚砂。口径5.7、底径10.1、高25.2厘米（图4-256；彩版4-666）。

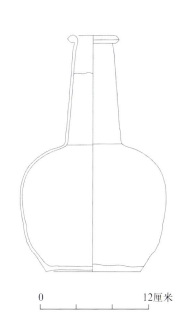

图4-255 黑釉长颈瓶W1：49

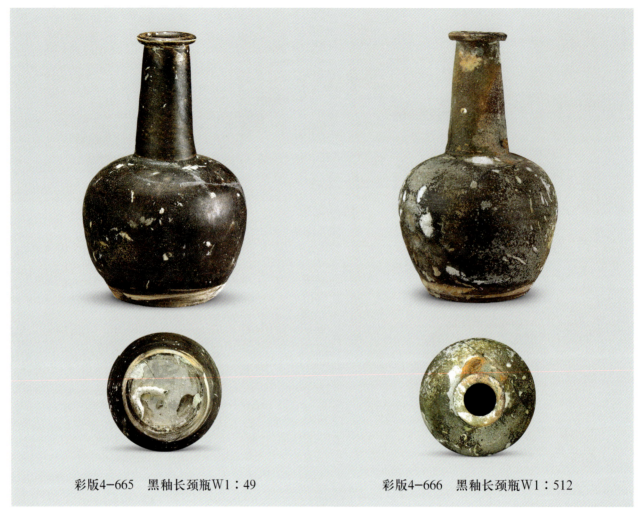

彩版4-665　黑釉长颈瓶W1：49　　　　　　　彩版4-666　黑釉长颈瓶W1：512

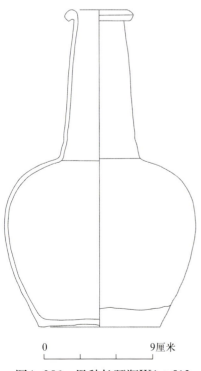

0 ————— 9厘米

图4-256　黑釉长颈瓶W1：512

6.黑釉梅瓶

63件。小口，微外撇，卷沿，圆唇或方唇，短束颈，溜肩，深直斜腹，略弧，下腹弧收，平底微内凹。胎色灰，质较粗，夹杂较多细砂粒。釉多泛褐色，釉层薄，釉厚处略呈酱色；一般外施釉仅至肩部，个别施至腹下部，内施釉至口沿下。瓶内外壁的拉坯痕明显。根据器形大小差异，分两型。

A 型

6件。数量较少。器形较大，高于30厘米。

W1：47，圆唇，唇上有一道凹槽。釉色泛褐，腹部露胎处局部呈火石红色，下腹略有变形。口径3.3、底径8.1、高33.5厘米（彩版4-667）。

W1：1149，口腹残件。口沿外撇，圆唇。胎色灰白，质较细。酱釉泛褐色，内壁施釉至口沿和肩部，外壁残存均施釉。器内壁可见明显的拉坯弦纹。外壁附着有白色珊瑚砂。口径4.2、残高27.6厘米（彩版4-668）。

彩版4-667 A型黑釉梅瓶W1：47

彩版4-668 A型黑釉梅瓶W1：1149

B 型

57 件。数量较多。器形较小，一般低于 20 厘米。

W1：50，圆唇，肩部以下斜直。略生烧，釉色青黑，釉面泛涩。肩部点绘有黑褐斑点，似为褐彩花纹装饰。肩部残存有一枚支钉垫烧痕迹。外壁露胎处呈砖红色。口径 2.9、底径 6.0、高 18.8 厘米（彩版 4-669）。

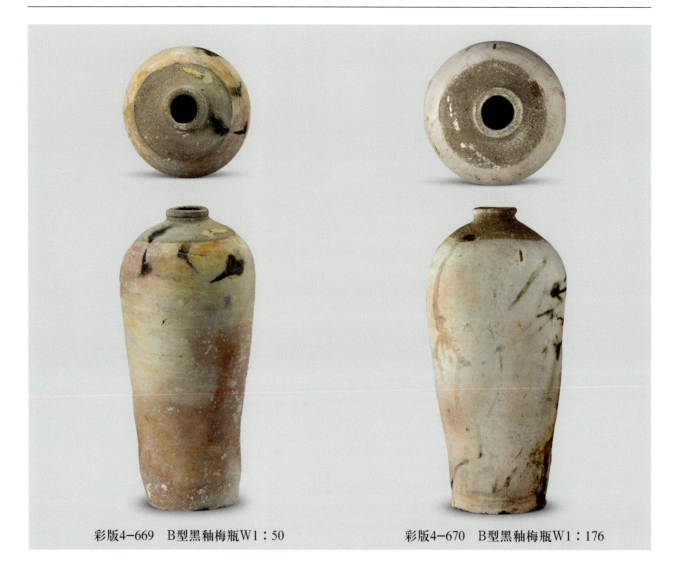

彩版4-669　B型黑釉梅瓶W1：50　　　　彩版4-670　B型黑釉梅瓶W1：176

　　W1：176，圆唇，肩部以下斜直。略生烧，釉色青褐，釉面泛涩。外壁腹部有点绘褐彩痕迹；底部有墨书痕迹，不清。口径2.8、底径6.1、高19.2厘米（彩版4-670）。

　　W1：322，口上沿平，肩部以下斜直。口沿内外及肩部施青褐釉。外壁腹部有点绘褐彩痕迹。口径3.0、底径6.8、高18.4厘米（彩版4-671）。

　　W1：323，口上沿平，腹部变形。青褐釉，有流釉现象。外壁腹部有粘连金属遗物斑痕，泛黄、泛黑。外底心有墨书痕迹。口径2.7、底径5.8、高19.3厘米（彩版4-672）。

　　W1：380，口上沿平，下腹略有变形。酱褐釉，局部流釉。腹部无釉处部分泛黄褐色，似有青褐色斑点痕迹。口径2.8、底径5.9、高19.2厘米（图4-257；彩版4-673）。

　　W1：510，口上沿平，腹略有变形。青褐釉，局部流釉。胎

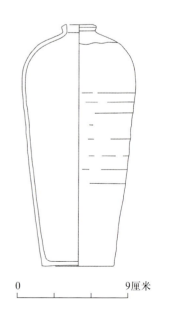

0　　　　　　　9厘米

图4-257　B型黑釉梅瓶W1：380

彩版4-671　B型黑釉梅瓶W1∶322

彩版4-672　B型黑釉梅瓶W1∶323

体略有凹凸不平，露胎处附着有珊瑚。口径2.8、底径5.9、高18.8厘米（彩版4-674）。

W1∶511，圆唇，腹略有变形。青褐釉。腹部无釉处部分泛黄褐色，似有青褐色点彩痕迹。口径2.8、底径5.8、高19.0厘米（彩版4-675）。

W1∶971，圆唇，下腹部不规整，略有变形，器表凹凸不平。青褐釉，腹部露胎处局部泛黄褐色。口径2.8、底径6.3、高18.1厘米（彩版4-676）。

W1∶972，圆唇，坯体不规整，变形严重，小口偏向一边。略生烧，青褐釉，露胎处局部呈黄褐色。口径3.0、底径6.0、高18.9厘米（彩版4-677）。

彩版4-673　B型黑釉梅瓶W1∶380

彩版4-674　B型黑釉梅瓶W1：510

彩版4-675　B型黑釉梅瓶W1：511

彩版4-676　B型黑釉梅瓶W1：971

彩版4-677　B型黑釉梅瓶W1：972

7.黑釉小瓶

3件。器形小巧，根据口腹形状，可分两型。

A 型

2件。小胆瓶。撇口，圆唇，细长颈，颈下渐外弧，垂腹，下端弧收，至足端折直，假圈足，呈宽饼状。灰胎，胎较薄。

W1：797，酱釉，釉色不匀，局部泛青黄色。内施釉至口沿下，外施釉至腹下部，釉面开细碎纹片，釉层剥落严重。腹部划有一道凹弦纹。露胎处局部泛黄褐色。口径3.2、足径5.4、高13.0厘米（图4-258；彩版4-678）。

B 型

1件。广口，口外撇，尖唇，深弧腹，下腹弧收，平底。灰胎。

W1：445，器身略变形。素胎，外壁局部泛黄。口径4.8、底径4.8、高13.7厘米（图4-259；彩版4-679）。

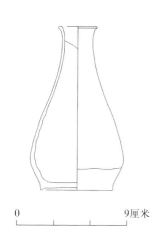

0　　　　　　9厘米

图4-258　A型黑釉小瓶W1：797

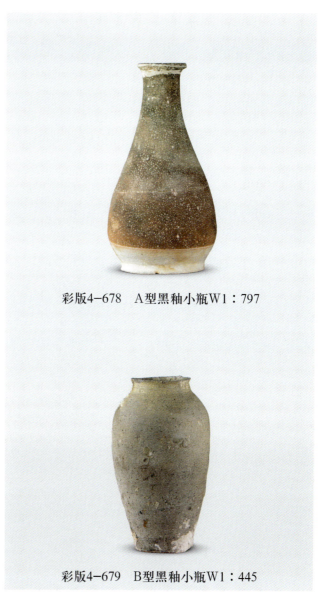

彩版4-678　A型黑釉小瓶W1：797

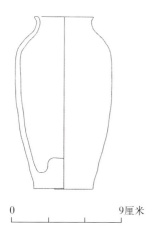

0　　　　　　9厘米

图4-259　B型黑釉小瓶W1：445

彩版4-679　B型黑釉小瓶W1：445

8.黑釉四系罐

54件。口微外撇，卷沿，圆唇，束颈，溜肩，深弧腹，下腹渐收，平底，略内凹。颈、肩交接处一般有一道细凸棱，腹部修坯痕迹明显。肩部附四扁条状横系，大罐则为宽带状竖系，中部弧隆，分布较均匀。胎色灰或灰白，有的泛褐色，质较粗，杂有较多细砂粒。釉色大多青褐，色泽不匀，可见灰白斑点，内施至颈部，外施至腹下部，釉面一般开细纹片，口沿及颈部可见断续刮釉痕，无釉处多泛黄褐或红褐色。有的外底书墨书题记。依据器物大小和口部、腹部形态，可分四型。

A 型

18件。器形较大，高23～25厘米；口较大，深腹，中部鼓腹明显。

W1：46，釉色泛黄，釉层薄，剥落严重，外壁附着较多白色珊瑚砂。肩部可见三道细弦纹。口径9.5、底径10.2、高25.0厘米（图4-260；彩版4-680）。

W1：449，釉色青褐，釉面泛涩，开细碎纹片。肩部有一道细弦纹。口径10.4、底径9.9、高24.4厘米（图4-261；彩版4-681）。

W1：1375，釉色青褐，色泽不匀，釉面可见细砂粒。颈下部有一道细凸棱，肩部、腹部可见多道轮旋痕。外壁附着有白色珊瑚砂。口径9.7、底径9.6、高25.2厘米（彩版4-682）。

W1：1148，酱釉泛深褐色，色泽不匀，釉面开细碎纹片。颈下部有一道凸棱，肩部有一道细弦纹，腹部可见多道轮旋痕。外底露胎处呈火石红色，内外壁附着有白色珊瑚砂。外底有"刘□"墨书题记。口径9.8、底径9.6、高22.4厘米（彩版4-683）。

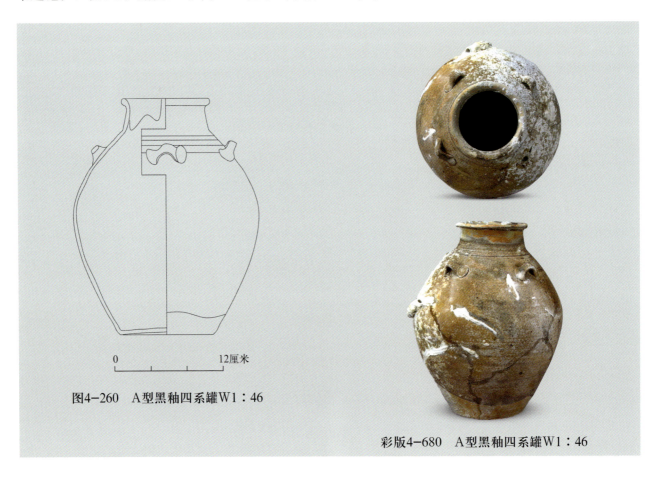

0　　　　　12厘米

图4-260　　A型黑釉四系罐W1：46

彩版4-680　　A型黑釉四系罐W1：46

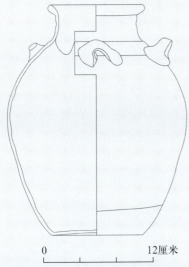

图4-261　A型黑釉四系罐W1：449

彩版4-681　A型黑釉四系罐W1：449

彩版4-682　A型黑釉四系罐W1：1375

彩版4-683　A型黑釉四系罐W1：1148

B 型

11 件。器形略小，高 17 ～ 18 厘米；口较大，腹较深，中部弧腹，颈部略高。

W1：379，胎色深灰。釉色青褐，色泽不匀；外壁半釉，施釉至腹中部。肩部有多道轮旋凸棱。露胎处局部呈火石红色。口径 9.2、底径 7.8、高 17.7 厘米（图 4-262；彩版 4-684）。

W1：448，腹部不规则，下腹略变形。四系中部上弯弧度较大。釉色青褐，内外附着较多白色珊瑚砂。口径 8.5、底径 8.4、高 17.8 厘米（图 4-263；彩版 4-685）。

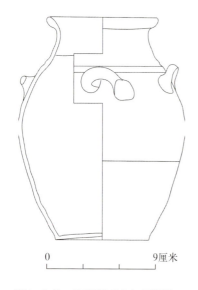

0　　　　　　　　9厘米

图4-262　B型黑釉四系罐W1：379

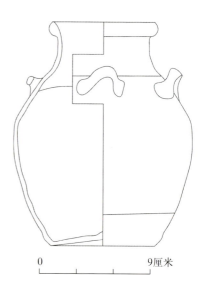

0　　　　　　　　9厘米

图4-263　B型黑釉四系罐W1：448

彩版4-684　B型黑釉四系罐W1：379

彩版4-685　B型黑釉四系罐W1：448

C 型

15 件。器形较小，高 13 ～ 14 厘米；广口，腹略浅，颈部占比略显高。

W1：44，釉色青褐，腹下部流釉痕明显，釉厚处呈酱褐色，釉面开细纹片。外底有墨书"张号"两字。口径 7.9、底径 8.2、高 12.7 厘米（图 4-264；彩版 4-686）。

W1：376，略生烧，釉色褐，釉面泛涩，开细碎纹片，有剥落现象。外壁粘有珊瑚。口径 7.8、底径 7.5、高 13.7 厘米（彩版4-687）。

W1：377，四系略靠下，有的靠近腹中部，位置高低略有不同。略生烧，釉色褐，局部泛黄色，釉面泛涩，开细碎纹片，有剥落现象。口径 7.8、底径 7.9、高 13.3 厘米（彩版 4-688）。

彩版4-686　C型黑釉四系罐W1：44

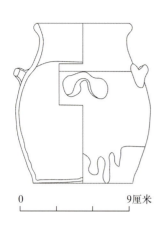

图4-264　C型黑釉四系罐W1∶44

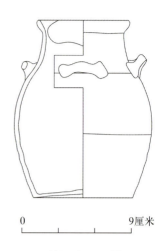

图4-265　C型黑釉四系罐W1∶447

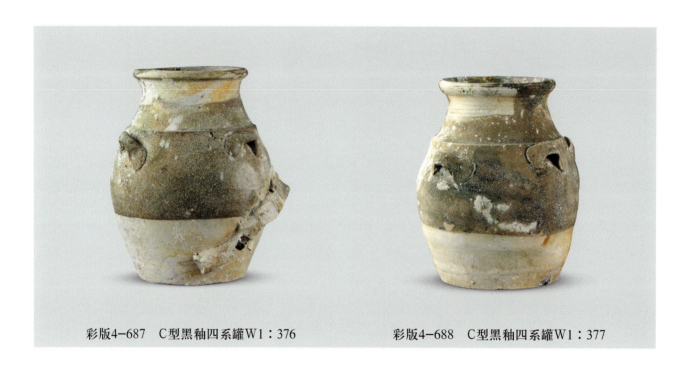

彩版4-687　C型黑釉四系罐W1∶376　　　　　彩版4-688　C型黑釉四系罐W1∶377

　　W1∶378，釉色泛褐，局部泛灰色，釉面泛涩。器表粘满白色珊瑚。口径7.5、底径7.5、高13.1厘米（彩版4-689）。

　　W1∶447，釉色青褐，釉面泛涩，剥落严重。露胎处局部呈火石红色。外底有一字墨书题记，字迹模糊不清。口径7.6、底径8.1、高14.1厘米（图4-265；彩版4-690）。

　　W1∶446，酱釉，泛深褐色，色泽不匀，釉中密布深色小斑点，颈部有流釉痕。露胎处局部呈火石红色。口径5.0、底径5.3、高12.9厘米（图4-266；彩版4-691）。

　　W1∶970，四系位置略靠下。釉色青褐，色不匀。露胎处局部呈火石红色。口径7.4、底径7.5、高13.3厘米（图4-267；彩版4-692）。

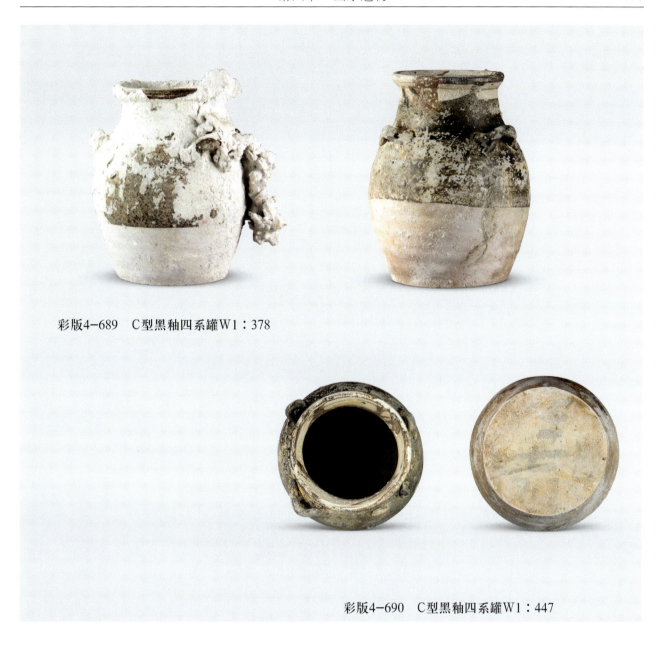

彩版4-689　C型黑釉四系罐W1：378

彩版4-690　C型黑釉四系罐W1：447

0　　　　　　　9厘米

图4-266　C型黑釉四系罐W1：446

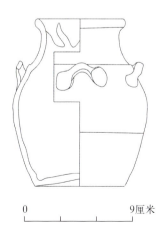

0　　　　　　　9厘米

图4-267　C型黑釉四系罐W1：970

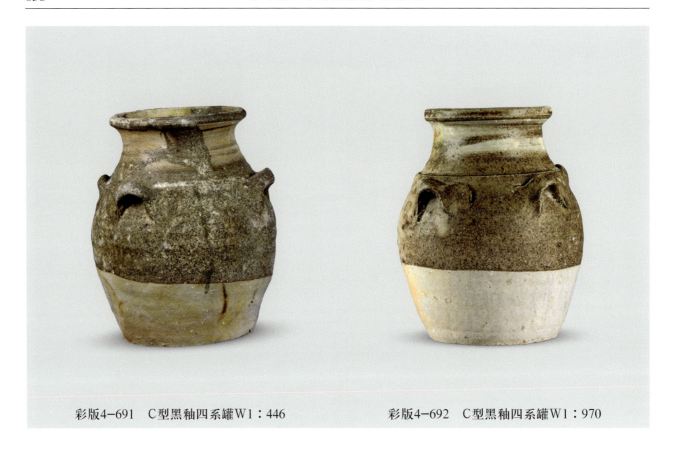

彩版4-691　C型黑釉四系罐W1：446　　　　　彩版4-692　C型黑釉四系罐W1：970

D 型

10 件。器形大，高度一般应超过 30 厘米。此型罐受损严重，未发现完整器形，均为口沿、底部或腹部残片，2 件口沿残片、1 件腹部残片、7 件底腹残片，另有若干小块腹部碎片[1]。此类罐可能为船上储物用器。

W1：1320，口肩残片。高领直颈。肩部装竖宽带状系，系上刻多道凹弦纹。酱褐釉，釉面斑驳，外壁附着白色珊瑚砂。口径 20.0、残高 9.8 厘米（彩版 4-693）。

W1：1326，口肩残片。矮束颈。肩部装竖宽带状系，系上划多道细凹弦纹。灰褐色胎，质较粗，夹杂较多细砂粒。青褐釉，釉色不匀，泛黄褐色，釉面布满小缩釉斑点，釉层局部剥落。外壁附着较多白色珊瑚砂。外壁颈下刻两道凹弦纹，腹部刻划双线花纹，因残存较少，纹样不详。残高 19.0 厘米（彩版 4-694）。

W1：1314，底腹残片。内壁可见多道旋坯痕。青褐釉泛黄色，外壁施釉至腹下部。内外露胎处泛黄褐色。外底有墨书题记。底径 14.2、残高 9.3 厘米（彩版 4-695）。

W1：1315，底腹残片。内壁可见多道旋坯痕。青褐釉泛黄色，外壁施釉至腹下部。外底有墨书题记。底径 14.8、残高 9.5 厘米（彩版 4-696）。

W1：1564，底腹残片。酱釉，外壁施釉至下腹部。外底有墨书题记，字迹不清。底径 25.5、残高 23.7 厘米（彩版 4-697）。

---

[1]　由于器物残损严重，无法确知器物全貌，个别标本暂无法明确其产地，从其特征来看，初步判断其为磁灶窑产品，故暂列入此节，不过仍有待进一步研究。

彩版4-693　D型黑釉四系罐W1：1320

彩版4-694　D型黑釉四系罐W1：1326

彩版4-695　D型黑釉四系罐W1：1314

彩版4-696　D型黑釉四系罐W1：1315

彩版4-697　D型黑釉四系罐W1：1564

W1：1329，底腹残片。灰褐色胎，质较粗。釉色泛黄，外壁附着较多白色珊瑚砂。底径 24.5、残高 22.7 厘米（彩版 4-698）。

W1：1331，底腹残片。灰色胎，质较粗。酱釉泛褐色，釉色不匀，外壁施釉至腹下部。底径 26.0、残高 17.4 厘米（彩版 4-699）。

W1：1311，肩腹残片。肩部装竖宽带状系，系上刻四道凹弦纹。青褐色釉，釉色不匀，釉面斑驳。系下腹部刻划细线花纹。厚 0.6 ～ 1.1 厘米（彩版 4-700）。

彩版4-698　D型黑釉四系罐W1：1329

彩版4-699　D型黑釉四系罐W1：1331

彩版4-700　D型黑釉四系罐W1：1311

9.黑釉扁腹罐

140件。小口，撇口，卷沿，圆唇，短束颈，弧肩或斜弧肩，扁鼓腹，腹高矮有异，下腹弧收，大平底，或微内凹。胎色灰或灰白，质较粗，胎较薄。一般酱黑釉，有的呈酱褐或青褐色，釉面多泛涩，胎釉结合不好，受海水浸泡侵蚀影响较大，部分釉脱落。内施釉至口沿下部，外施釉至腹下部，釉线较齐。腹部可见明显的旋坯痕。有的器物肩部绘饰褐彩花草纹图案。根据器物大小和腹部形态差异，可分两型。

A 型

12件。器形略大，扁腹略高，腹中部鼓。高 10 ～ 12 厘米。

W1：1210，釉色青褐，附着有较多白色珊瑚砂，釉层剥落严重，釉下露出灰白色胎，腹下部及底部露胎处局部呈黄褐色。外底心书有"王七矴□"四字墨书题记，"王七矴"三字居中纵向排列，款押题记"□"写于其右下侧，字迹褪色。口径 4.3、底径 10.2、高 12.0 厘米（彩版 4-701）。

W1：45，青褐釉略泛黄色，釉面有深褐斑。口径 4.4、底径 10.5、高 10.7 厘米（图 4-268；彩版 4-702）。

W1：454，颈、肩衔接处明显。釉色泛褐。口径 4.4、底径 11.1、高 11.7 厘米（图 4-269；彩版 4-703）。

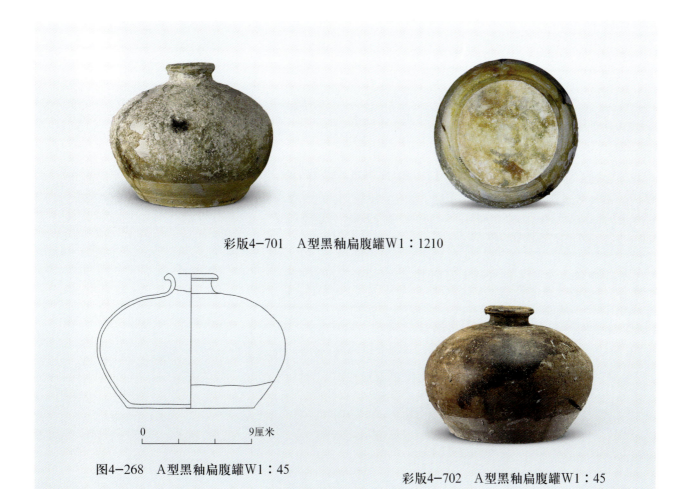

彩版4-701　A型黑釉扁腹罐W1：1210

0　　　　　9厘米

图4-268　A型黑釉扁腹罐W1：45

彩版4-702　A型黑釉扁腹罐W1：45

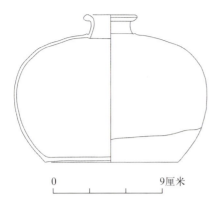

0　　　　　　9厘米

图4-269　A型黑釉扁腹罐W1∶454

彩版4-703　A型黑釉扁腹罐W1∶454

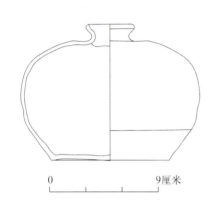

0　　　　　　9厘米

图4-270　A型黑釉扁腹罐W1∶260

彩版4-704　A型黑釉扁腹罐W1∶260

　　W1∶260，青褐釉，轮旋痕处釉厚呈黑褐色，釉面开细碎纹片，釉脱落较严重。露胎处局部呈黄褐色。口径4.0、底径9.8、高10.8厘米（图4-270；彩版4-704）。

　　W1∶387，底微内凹。酱釉，釉色不匀，釉薄处呈青褐色，口沿局部刮釉。肩部因胎中有气泡而局部隆起。口径4.0、底径10.7、高10.1厘米（图4-271；彩版4-705）。

　　W1∶416，腹略矮，颈肩处略向下塌，底微凹。黑褐釉。口径3.8、底径10.2、高9.2厘米（图4-272；彩版4-706）。

　　W1∶411，酱釉泛褐，口沿及颈部有刮釉，肩部釉有剥落。露胎处局部有黄褐色斑。口径3.8、底径10.3、高11.3厘米（彩版4-707）。

　　W1∶413，酱釉，施釉不匀，釉面可见青褐色斑点，局部流釉，有小缩釉斑点。口径3.9、底径10.3、高11.3厘米（图4-273；彩版4-708）。

　　W1∶450，酱釉，开细碎纹片，釉层剥落严重。口径4.1、底径10.8、高10.6厘米（彩版4-709）。

　　W1∶453，釉色青褐，轮旋痕处釉厚呈黑褐色，局部流釉。釉面表层开细碎纹片，并有较多细

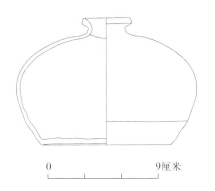

图4-271　A型黑釉扁腹罐W1：387

彩版4-705　A型黑釉扁腹罐W1：387

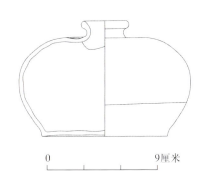

图4-272　A型黑釉扁腹罐W1：416

彩版4-706　A型黑釉扁腹罐W1：416

小砂粒。口径4.3、底径9.8、高10.8厘米（图4-274；彩版4-710）。

W1：1216，底腹残片。釉色青褐，局部脱落。外底心书有"吴八部□"四字墨书题记，"吴八部"三字纵书居中，"□"款押标记居其右侧。底径10.6、残高3.2厘米（彩版4-711）。

B型

128件。数量较多，器形较小，腹部矮扁，腹中上部鼓。依腹部高矮不同和形态差异，可分两亚型。

Ba型

51件。扁腹略高。高7～8厘米。

W1：419，底内凹。釉色青褐。下腹部及外底露胎处局部呈砖红色。口径2.8、足径7.5、高6.9厘米（彩版4-712）。

彩版4-707　　A型黑釉扁腹罐W1：411

图4-273　　A型黑釉扁腹罐W1：413

彩版4-708　　A型黑釉扁腹罐W1：413

彩版4-709　　A型黑釉扁腹罐W1：450

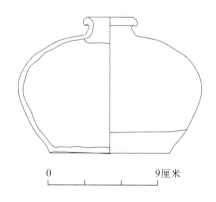

图4-274　　A型黑釉扁腹罐W1：453

彩版4-710　A型黑釉扁腹罐W1：453

彩版4-711　A型黑釉扁腹罐W1：1216

彩版4-712　Ba型黑釉扁腹罐W1：419

W1：389，釉色灰褐，口沿及腹部因海水侵蚀有剥落。外底有墨书"□"款押题记。口径3.5、底径8.6、高7.4厘米（图4-275；彩版4-713）。

W1：394，腹部轮旋痕明显。青褐釉，釉层有剥落。外底有墨书"□"款押题记。口径3.4、底径8.0、高6.9厘米（彩版4-714）。

W1：457，腹部轮旋痕明显。青褐釉，釉有剥落。外底有"吴□"两字墨书题记，字迹模糊不清。口径3.5、底径8.5、高7.2厘米（图4-276；彩版4-715）。

W1：458，腹部轮旋痕明显。青褐釉，釉有剥落。外底有"吴□"两字墨书题记。口径3.2、底径8.3、高6.6厘米（彩版4-716）。

W1：456，短颈略高，平底。釉层脱落严重。肩、上腹部绘饰褐彩花草纹，局部脱落。下腹部及外底露胎处局部呈黄褐色。外底有"吴□"两字墨书题记。口径3.4、底径8.1、高7.6厘米（彩版4-717）。

W1：255，平底。釉层脱落严重。肩、上腹部绘饰褐彩花草纹，局部脱落。下腹部及外底露胎处局部呈黑色，外底粘有少量炭化的木板残片。口径3.2、底径8.1、高6.9厘米（图4-277；彩版4-718）。

图4-275　Ba型黑釉扁腹罐W1：389　　　　图4-276　Ba型黑釉扁腹罐W1：457

彩版4-713　Ba型黑釉扁腹罐W1：389

彩版4-714　Ba型黑釉扁腹罐W1：394

彩版4-715　Ba型黑釉扁腹罐W1：457

彩版4-716　Ba型黑釉扁腹罐W1：458

彩版4-717　Ba型黑釉扁腹罐W1：456

0　　　　　　6厘米

图4-277　Ba型黑釉扁腹罐W1：255

彩版4-718　Ba型黑釉扁腹罐W1：255

　　W1：256，腹部轮旋痕明显。略生烧，釉色泛褐，不匀，有脱落。外底有墨书"□"款押题记。口径 3.2、底径 8.3、高 6.4 厘米（彩版 4-719）。

　　W1：258，釉泛青黑，釉色不匀。外底有行书"吴□"两字墨书题记。口径 3.1、底径 7.8、高 6.8 厘米（彩版 4-720）。

　　W1：259，釉色黑褐，局部泛灰色。外底有行书"吴□"墨书题记。口径 3.0、底径 8.0、高 6.6 厘米（彩版 4-721）。

　　W1：407，釉色青褐。外底有墨书"□"款押题记。口径 3.2、底径 8.3、高 7.0 厘米（彩版 4-722）。

　　W1：409，釉色青褐。外底有"吴□"墨书题记。口径 3.1、底径 7.8、高 6.4 厘米（彩版 4-723）。

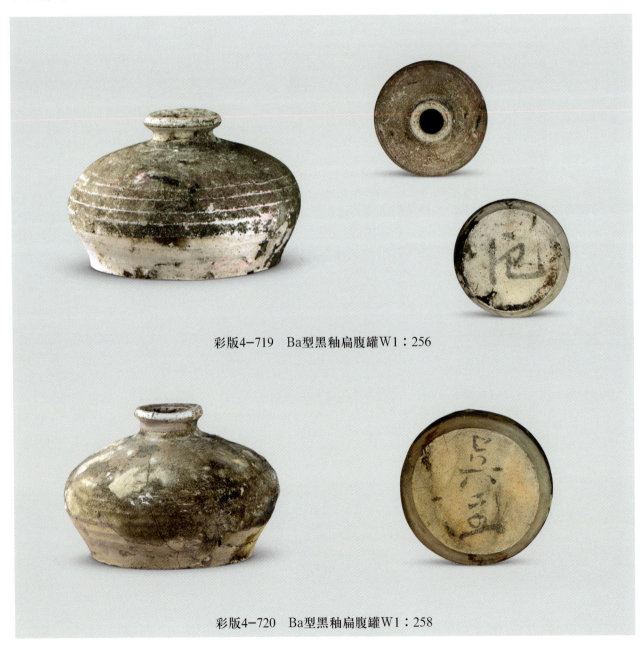

彩版4-719　Ba型黑釉扁腹罐W1：256

彩版4-720　Ba型黑釉扁腹罐W1：258

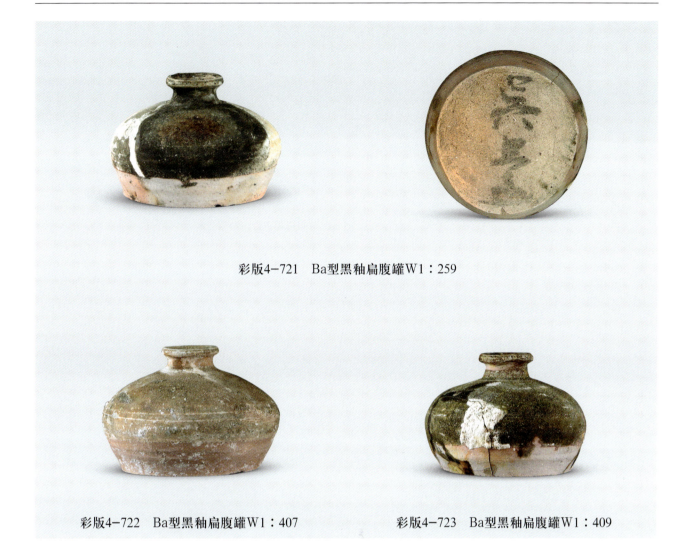

彩版4-721　Ba型黑釉扁腹罐W1：259

彩版4-722　Ba型黑釉扁腹罐W1：407　　　　彩版4-723　Ba型黑釉扁腹罐W1：409

　　W1：459，腹部轮旋痕清晰。青褐釉，肩部绘饰褐彩花草纹图案，釉、彩脱落严重。外底有"吴□"墨书题记。口径3.4、底径8.1、高7.4厘米（彩版4-724）。

　　W1：460，青褐釉，釉层脱落严重。肩部绘饰褐彩花草纹图案。外底有墨书"吴□"墨书题记。口径3.2、底径7.8、高6.6厘米（彩版4-725）。

　　W1：461，口沿不规整。青褐釉，釉层脱落严重。肩部绘饰褐彩花草纹。外底有"吴□"墨书题记。口径3.4、底径8.1、高7.6厘米（彩版4-726）。

　　W1：1000，釉色泛青，釉层泛涩，局部脱落。肩部绘饰褐彩花草纹。外底有"吴□"墨书题记。口径3.2、底径8.3、高7.8厘米（彩版4-727）。

　　W1：1211，釉色青褐，有剥落。外底有"吴□"墨书题记。口径3.2、底径8.2、高6.9厘米（彩版4-728）。

　　W1：1212，釉色青褐，釉面斑驳，多见小砂粒，釉层局部剥落。外底有"□部"墨书题记。口径3.0、底径8.0、高7.1厘米（彩版4-729）。

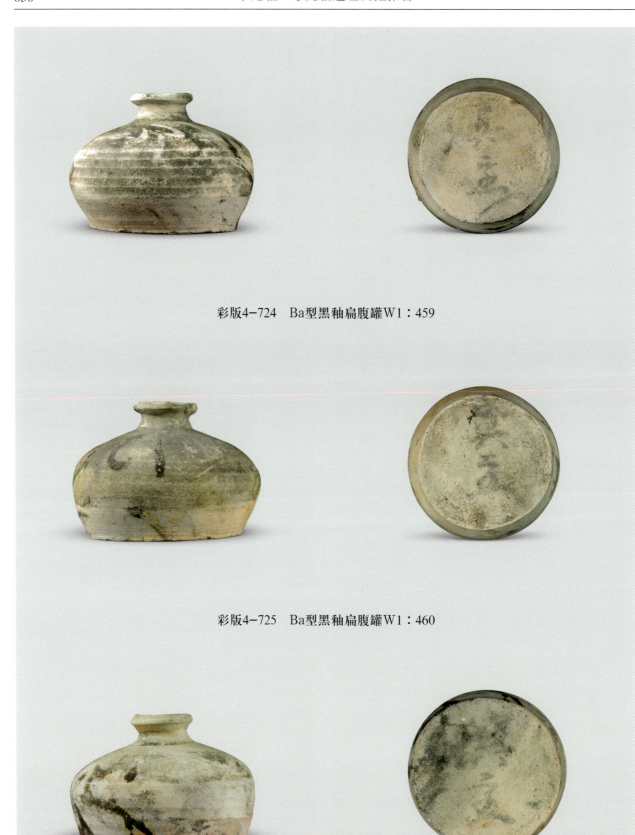

彩版4-724　Ba型黑釉扁腹罐W1：459

彩版4-725　Ba型黑釉扁腹罐W1：460

彩版4-726　Ba型黑釉扁腹罐W1：461

彩版4-727　Ba型黑釉扁腹罐W1：1000

彩版4-728　Ba型黑釉扁腹罐W1：1211

彩版4-729　Ba型黑釉扁腹罐W1：1212

Bb 型

77 件。扁腹较矮。高 5 ～ 6 厘米。

W1：40，略生烧。酱褐釉，肩部有深色褐斑痕。外底似有墨书题记，字迹不清。口径 2.8、底径 7.4、高 5.1 厘米（彩版 4-730）。

W1：41，略生烧。酱褐釉，釉面粘少量砂粒。口径 3.0、底径 7.5、高 5.8 厘米（彩版 4-731）。

W1：42，略生烧。酱褐釉，局部流釉。口径 3.1、底径 6.8、高 6.0 厘米（彩版 4-732）。

W1：257，酱黑釉，釉色不匀，局部流釉，釉面斑驳，局部脱落。外底有楷体"玖"字墨书题记。口径 3.3、底径 7.7、高 5.8 厘米（彩版 4-733）。

W1：388，底微凹。釉色酱褐，色不匀，釉层薄处泛青褐，釉面开细碎纹片，可见许多小缩釉斑点。口径 3.5、底径 9.0、高 6.5 厘米（图 4-278，1；彩版 4-734）。

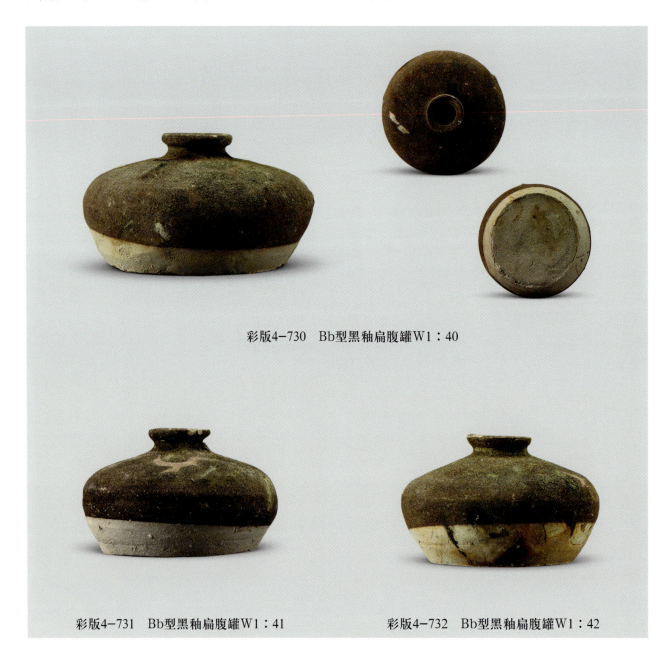

彩版4-730　Bb型黑釉扁腹罐W1：40

彩版4-731　Bb型黑釉扁腹罐W1：41　　　　彩版4-732　Bb型黑釉扁腹罐W1：42

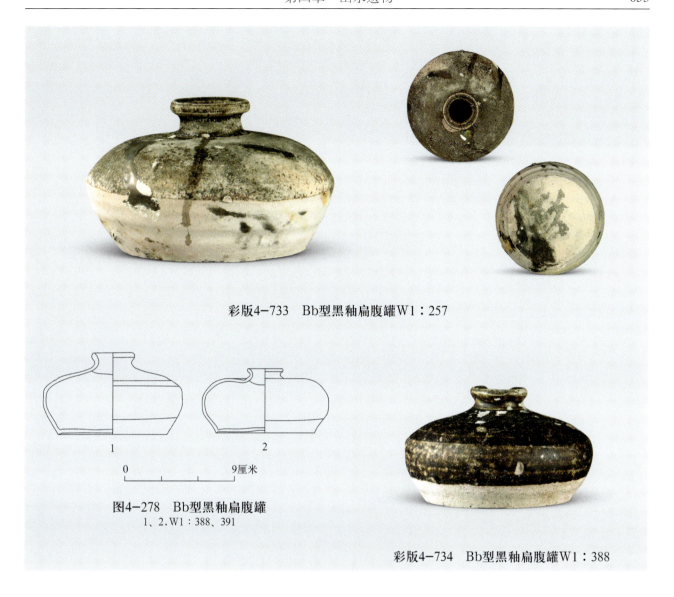

彩版4-733　Bb型黑釉扁腹罐W1∶257

图4-278　Bb型黑釉扁腹罐
1、2.W1∶388、391

彩版4-734　Bb型黑釉扁腹罐W1∶388

W1∶391，颈部及颈肩衔接处略下塌，底微凹。酱黑釉，局部流釉。口径2.8、底径8.0、高5.1厘米（图4-278，2；彩版4-735）。

W1∶390，酱褐釉，釉层薄处泛褐色。腹部可见数道轮旋突起棱线。口径3.0、底径8.3、高5.9厘米（彩版4-736）。

W1∶392，酱褐釉。外壁粘有含铁凝结物。口径2.9、底径7.0、高6.1厘米（彩版4-737）。

W1∶393，颈部略下塌，器身下腹部变形，平底。青褐釉，局部釉色较深。外底可见两字墨书题记，字迹不清。口径3.0、底径7.9、高4.9厘米（彩版4-738）。

W1∶406，酱黑釉，釉层薄处呈青褐色，局部流釉，釉面呈斑驳状。口径3.2、底径8.5、高5.8厘米（图4-279；彩版4-739）。

W1∶408，酱黑釉，釉色不匀，釉面斑驳。口径3.3、底径7.6、高5.5厘米（彩版4-740）。

W1∶415，底微凹。酱黑釉，色不匀，局部流釉，釉面可见较多小缩釉斑点。外底部因坯体中有气泡而高低不平。口径2.9、底径8.8、高6.2厘米（彩版4-741）。

彩版4-735　Bb型黑釉扁腹罐W1：391　　　　　　　彩版4-736　Bb型黑釉扁腹罐W1：390

彩版4-737　Bb型黑釉扁腹罐W1：392

彩版4-738　Bb型黑釉扁腹罐W1：393

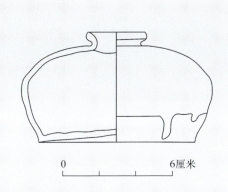

图4-279　Bb型黑釉扁腹罐W1：406

彩版4-739　Bb型黑釉扁腹罐W1：406

彩版4-740　Bb型黑釉扁腹罐W1：408

彩版4-741　Bb型黑釉扁腹罐W1：415

　　W1：417，底微凹。酱黑釉，腹部轮旋痕棱线处釉层薄而呈红褐色。口径2.7、底径7.6、高5.3厘米（图4-280，1；彩版4-742）。

　　W1：418，釉色酱褐，釉面泛涩，开细碎纹片。下腹部及外底露胎处有铁锈斑，局部呈火石红色。外底有楷体"谢字"两字墨书题记。口径3.1、底径8.1、高5.4厘米（图4-280，2；彩版4-743）。

　　W1：433，略生烧。酱褐釉，部分脱落，釉面斑驳。口径2.6、底径7.6、高5.7厘米（彩版4-744）。

　　W1：452，底内凹。酱褐釉，色不匀，釉面开细碎纹片，局部脱落。口径3.1、底径7.9、高5.5厘米（彩版4-745）。

　　W1：455，釉色褐，釉面泛涩，釉层有剥落。肩部有一道凹弦纹。下腹部及外底露胎处有铁锈斑，局部呈火石红色。口径3.2、底径8.3、高6.4厘米（图4-281；彩版4-746）。

　　W1：1002，平底。釉色青褐，色不匀，釉面开细碎纹片，局部剥落。外底有楷体"谢字"两字墨书题记。口径3.2、底径7.7、高5.7厘米（彩版4-747）。

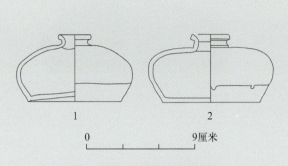

图4-280　Bb型黑釉扁腹罐
1、2.W1：417、418

彩版4-742　Bb型黑釉扁腹罐W1：417

彩版4-743　Bb型黑釉扁腹罐W1：418

彩版4-744　Bb型黑釉扁腹罐W1：433

彩版4-745　Bb型黑釉扁腹罐W1：452

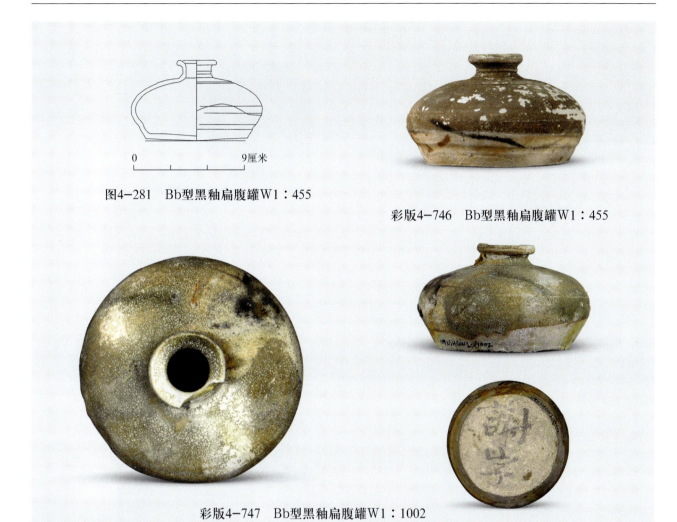

图4-281　Bb型黑釉扁腹罐W1∶455

彩版4-746　Bb型黑釉扁腹罐W1∶455

彩版4-747　Bb型黑釉扁腹罐W1∶1002

10.黑釉小罐

101件。数量较多，造型与同出的青釉褐彩小罐相同。小口，撇口，略外翻，圆唇，短束颈，肩部圆弧，有的溜肩，有的斜弧，圆鼓腹，近球形，下腹弧收，平底，底微内凹，外底可见明显的线割痕。胎色灰白，质较粗。黑釉，有的泛酱褐色或青褐色，釉面多泛涩，一般开细纹片，内施釉至口沿下部，外壁一般施釉至腹下部，釉线多较齐，有的流釉痕明显。有的外底心有朱书单字"□"款押题记。

W1∶261，釉色酱褐，可见小缩釉斑点，呈黄褐色。外底有朱书单字"□"款押题记。口径2.1、底径4.0、高5.8厘米（彩版4-748）。

W1∶262，腹作球形，略高。釉色酱褐。口径2.2、底径3.7、高6.1厘米（彩版4-749）。

W1∶395，釉色褐，腹下有流釉痕。外底有朱书单字"□"款押题记。口径1.9、底径3.9、高5.5厘米（图4-282，1；彩版4-750）。

W1∶396，釉面开细纹片，外壁粘一小片窑渣。口径1.9、底径3.7、高5.4厘米（图4-282，2；彩版4-751）。

彩版4-748　黑釉小罐W1：261

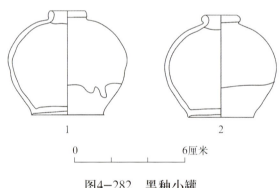

图4-282　黑釉小罐
1、2.W1：395、396

彩版4-749　黑釉小罐W1：262

彩版4-750　黑釉小罐W1：395

彩版4-751　黑釉小罐W1：396

彩版4-752　黑釉小罐W1：397

彩版4-753　黑釉小罐W1：398

彩版4-754　黑釉小罐W1：410

彩版4-755　黑釉小罐W1：420

W1：397，釉色青褐。口径 2.0、底径 3.8、高 5.7 厘米（彩版 4-752）。

W1：398，釉色泛褐。口径 1.8、底径 3.4、高 5.5 厘米（彩版 4-753）。

W1：410，釉色青褐。口径 2.0、底径 3.8、高 6.0 厘米（彩版 4-754）。

W1：420，釉色黑褐，釉面有气泡。口径 1.9、底径 3.9、高 5.2 厘米（彩版 4-755）。

W1：421，釉色黑褐。外底有朱书单字"□"款押题记。口径 2.0、底径 4.0、高 5.4 厘米（彩版 4-756）。

W1：422，腹略作球形。釉色酱褐，釉面见有较多小缩釉斑点。口径 2.1、底径 3.6、高 6.0 厘米（彩版 4-757）。

W1：423，釉色酱褐，釉面光润。口径 1.9、底径 3.8、高 5.7 厘米（图 4-283；彩版 4-758）。

W1：424，腹略作球形。釉色酱褐，外壁粘零星窑渣。口径 2.1、底径 4.2、高 6.0 厘米（彩版 4-759）。

彩版4-756　黑釉小罐W1：421

彩版4-757　黑釉小罐W1：422

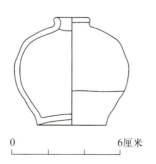

图4-283　黑釉小罐W1：423

彩版4-758　黑釉小罐W1：423

W1：425，釉色黑褐，局部呈酱色。口径 1.8、底径 3.7、高 5.3 厘米（彩版 4-760）。

W1：462，釉色青褐，肩部轮旋痕处釉色较深。外底有朱书单字"□"款押题记，字迹褪色。口径 1.9、底径 4.0、高 5.5 厘米（彩版 4-761）。

W1：463，釉色黑褐，釉里可见少量小砂粒。外底有朱书单字"□"款押题记，字迹褪色。口径 1.9、底径 3.5、高 5.6 厘米（彩版 4-762）。

W1：467，腹略高。釉色黑褐，局部泛褐色。露胎处局部呈黄褐色。口径 2.2、底径 3.8、高 6.4 厘米（图 4-284；彩版 4-763）。

W1：1150，釉色黑，釉面有小缩釉斑点，泛黄色。口径 2.1、底径 3.7、高 6.1 厘米（彩版 4-764）。

W1：1151，釉色酱褐。外底有朱书单字"□"款押题记，字迹褪色。口径 1.9、底径 3.5、高 5.5 厘米（彩版 4-765）。

W1：1152，釉色酱褐。底部切割痕迹明显。外底有朱书单字"□"款押题记。口径 1.9、底径 4.1、高 5.3 厘米（彩版 4-766）。

W1：1153，釉色酱褐，釉面有黄褐色缩釉斑点。外底有朱书单字"□"款押题记。口径 2.0、底径 4.3、高 5.4 厘米（彩版 4-767）。

彩版4-760　黑釉小罐W1：425

彩版4-759　黑釉小罐W1：424

彩版4-761　黑釉小罐W1：462

彩版4-762　黑釉小罐W1：463

0　　　　　　　6厘米

图4-284　黑釉小罐W1：467

彩版4-763　黑釉小罐W1：467

彩版4-764　黑釉小罐W1：1150

彩版4-765　黑釉小罐W1：1151

彩版4-766　黑釉小罐W1：1152

彩版4-767　黑釉小罐W1：1153

彩版4-768　黑釉小罐W1：1154

彩版4-769　黑釉器盖W1：1223

　　W1：1154，釉色不匀，釉面有较多褐斑。外底有朱书单字"□"款押题记，字迹清晰。口径1.9、底径3.8、高5.5厘米（彩版4-768）。

　　11.黑釉器盖

　　仅出水1件。器形较小，子口，盖面平，应为罐类器盖。

　　W1：1223，子口较直，方唇，平沿，平顶，中心贴以泥条捏成的山形纽，中心留孔。胎色灰白，质较细。盖面施青褐色釉，釉面泛涩，开细纹片。子口无釉处泛火石红色。盖沿径5.1、口径4.4、高2.2厘米（彩版4-769）。

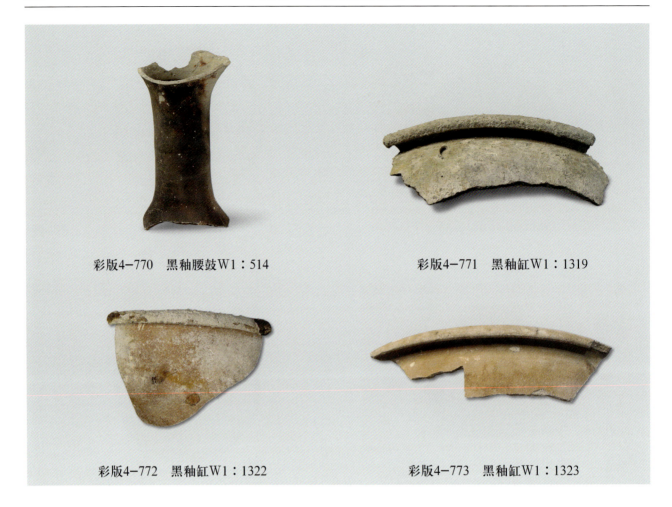

彩版4-770　黑釉腰鼓W1∶514　　　　　　彩版4-771　黑釉缸W1∶1319

彩版4-772　黑釉缸W1∶1322　　　　　　彩版4-773　黑釉缸W1∶1323

12.黑釉腰鼓

仅出水1件残件。圆形，细长筒状，两端较大，中间略细，两端可见接痕。灰白胎，质较细。

W1∶514，残存中部，两侧鼓面位置缺失，推测其应为腰鼓。表面呈深褐色，内壁可见旋坯痕。残长23.0厘米（彩版4-770）。

13.黑釉缸

6件，均为残件，3件口沿、3件底部残片[1]。器形较大，直口，内敛，折沿，下翻，腹部弧收，阔平底。胎色灰，质较粗，夹杂砂粒。外壁无釉，内壁施青褐釉，泛灰或灰白色，开细纹片，釉层剥落严重。有的内壁可见褐彩花纹装饰。此类器可能为船上生活用器。

W1∶1319，口部残片。外壁无釉呈灰白色，内壁釉色灰白，粘连较多珊瑚砂。残高12.1厘米（彩版4-771）。

W1∶1322，口部残片。外壁无釉，泛红褐色，内壁釉色泛灰白，开细碎纹片，粘连较多珊瑚砂。残高17.0厘米（彩版4-772）。

W1∶1323，口部残片。外壁无釉，泛红褐色，内壁青褐釉，泛灰。残高8.3厘米（彩版4-773）。

---

[1]　由于残片较小，无法拼对，但也不排除6件标本残片中存在同属一个器物的情况。

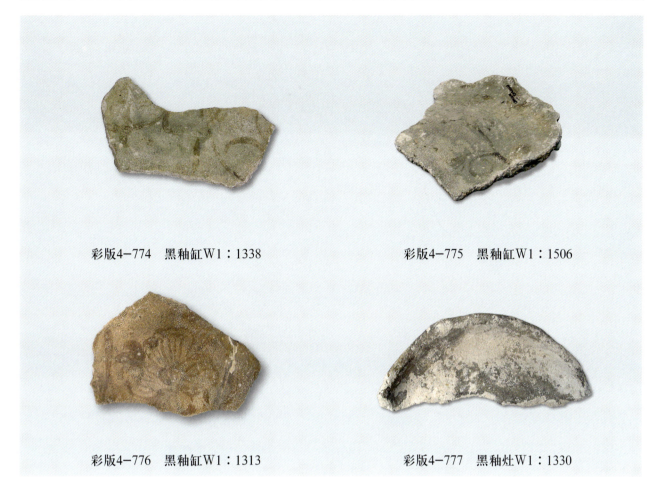

彩版4-774　黑釉缸W1：1338　　　　　　彩版4-775　黑釉缸W1：1506

彩版4-776　黑釉缸W1：1313　　　　　　彩版4-777　黑釉灶W1：1330

W1：1338，底腹残片。外壁灰白胎，夹杂砂粒较多。内壁青褐釉，绘褐彩纹饰，釉面开细碎纹片，釉、彩脱落严重。残高9.7厘米（彩版4-774）。

W1：1506，底部残片。外壁无釉，下部泛黄褐色，底部呈灰褐色，胎较粗。内壁施青褐釉，泛灰白，开细碎纹片。底部及腹壁以褐彩绘花卉纹，彩脱落严重。残高6.8厘米（彩版4-775）。

W1：1313，底部残片。底较平。内底施釉青褐色，釉面开细碎纹片，以褐彩绘花卉纹图案，局部脱落。厚0.9～1.1厘米（彩版4-776）。

14.黑釉灶

4件，均为残件。形状不太规则，有圆形，有不规则长方形，均可见有灶口，残损严重，均不可复原[1]。陶胎，质较粗，夹杂砂粒，器表多泛褐色，无釉。表层附着较多白色珊瑚砂石。此类器应为船上生活用器。

W1：1330，圆形，底较平。底径40.0、高8.8、厚1.7～3.2厘米（彩版4-777）。

W1：1332，不规则长方形。残长31.5～39.0、残宽6.0～23.4、厚0.6～3.2厘米（彩版4-778）。

W1：1333，不规则长方形。残长30.0、残宽15.5～16.5、厚1.3～4.1厘米（彩版4-779）。

W1：1310，不规则，一边有口。残长14.5、残宽7.0～14.0、厚1.4～3.5厘米（彩版4-780）。

---

[1]　由于残片较小，无法拼对，但也不排除其中残片同属一个器物的情况。

彩版4-778　黑釉灶W1：1332　　　彩版4-779　黑釉灶W1：1333　　　彩版4-780　黑釉灶W1：1310

一〇　磁灶窑酱釉器

6件。数量较少。器类仅见大罐，器形较大，其中1件较完整，4件口沿残片、1件底部残片，另有零星器物残片，不可复原[1]。卷沿、圆唇、矮束颈或颈略直、丰圆肩、鼓腹、较深，下腹弧收，平底。肩部有横装四系，系作宽带状，系上刻饰三道凹纹。胎色灰，质较粗，夹杂砂粒。酱釉，略泛青褐色，外壁施釉至腹下部，内壁无釉。此类大罐及残片在晋江磁灶窑址也有发现，近些年在泉州东南的石狮石湖码头遗址[2]、泉州南外宗正司遗址[3]和市舶司遗址[4]考古发掘中也出土有类似陶罐残片。另外，根据最新考古发现，此类大罐也有学者认为是广东佛山南海奇石窑和文山岭窑烧造[5]，同类器物在广州南越国宫署遗址[6]、南海一号沉船[7]、东亚海域沉船及海外地区均有发现[8]，或其产地有不同来源，故备此一说。本报告将此类器物暂单独列出，以备进一步研究探讨。

W1：1165，釉泛青褐，口沿处釉层薄，釉色不匀，釉面可见较多大小斑点痕迹，颈部外侧无釉处泛黄褐色。罐内、外附着有较多白色珊瑚砂石。肩部两系之间印饰折枝花卉纹，纹样清晰。口径14.7、底径14.7、高40.0厘米（图4-285；彩版4-781）。

W1：1316，口肩残片。矮直颈，圆肩。胎色灰白。釉泛青褐色，釉色不匀，釉面斑驳。口径15.1、残高5.3厘米（彩版4-782）。

[1] 器物残件者，由于无法确知器物全貌，个别暂无法明确其产地，但是从其特征来看，初步判断其为福建晋江磁灶窑烧造，故暂列入此节，不过仍有待进一步研究。

[2] 福建博物院、石狮市博物馆：《石狮市石湖码头考古发掘报告》，《福建文博》2020年第1期，第46~52页。

[3] 中国社会科学院考古研究所、福建博物院、泉州市海上丝绸之路申遗中心编著：《泉州南外宗正司遗址——2019年度考古发掘报告》，科学出版社，2020年。

[4] 中国社会科学院考古研究所、福建博物院、泉州市文化广电和旅游局：《福建泉州市"市舶司"遗址2019~2020年发掘简报》，《考古》2021年第11期，第32~47页。

[5] 广东省文物考古研究院：《佛山市南海区窑址考古取得重大成果——明确"南海一号"沉船部分陶瓷器的广东产地》，肖达顺执笔，《中国文物报》2022年7月1日第7版。

[6] 南越王宫博物馆筹建处、广州市文物考古研究所：《南越宫苑遗址：1995、1997年考古发掘报告》，文物出版社，2008年。

[7] 国家文物局水下文化遗产保护中心等：《南海Ⅰ号沉船考古报告之二——2014~2015年发掘》，文物出版社，2018年。

[8] 秦大树：《海上贸易的关键性器具——储物罐研究的重大推进》，《中国文物报》2022年7月1日第6版；吴寒筠、李灶新、肖达顺、崔剑锋：《广州南越国宫署遗址和"南海Ⅰ号"沉船出土酱釉器产地分析》，《文博学刊》2022年第2期，第30~39页。

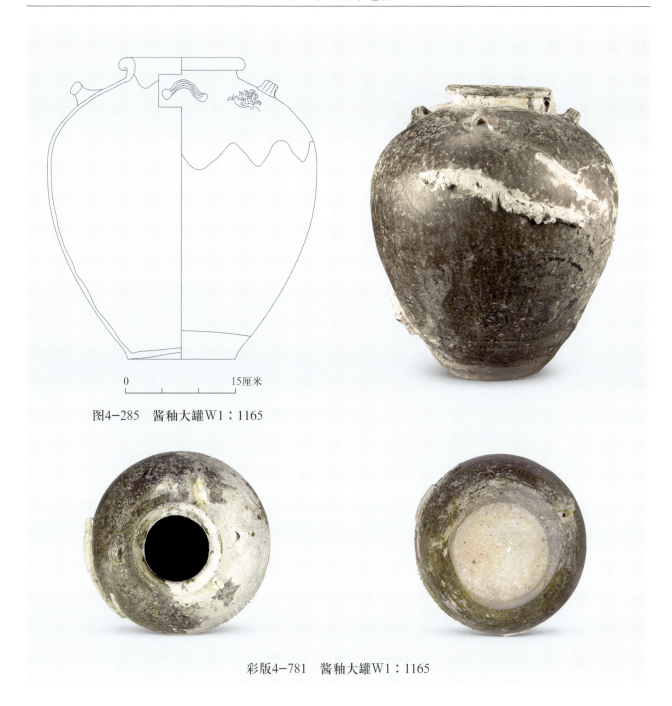

图4-285 酱釉大罐W1∶1165

彩版4-781 酱釉大罐W1∶1165

W1∶1317，口肩残片。矮束颈，圆肩。肩部装横宽带状系，系上刻两道深凹弦纹。胎色灰。釉泛青褐色，釉层脱落严重，内壁施釉至口沿下，无釉处泛黄褐色。肩部有印花纹痕，残缺不详。口径12.4、残高6.0厘米（彩版4-783）。

W1∶1321，口肩残片。直颈略高，圆肩。肩部装横宽带状系，系上刻两道凹弦纹。胎色灰，夹较多砂粒。酱褐釉，釉层脱落。肩部双系之间戳印折枝花卉纹。口径15.1、残高5.3厘米（彩版4-784）。

W1∶1337，底腹残片。下腹斜收，平底。胎色灰白。釉泛青褐色，釉色不匀，外壁施釉至腹下部，釉面粘连白色珊瑚砂和海生物。底径17.0、残高14.6厘米（彩版4-785）。

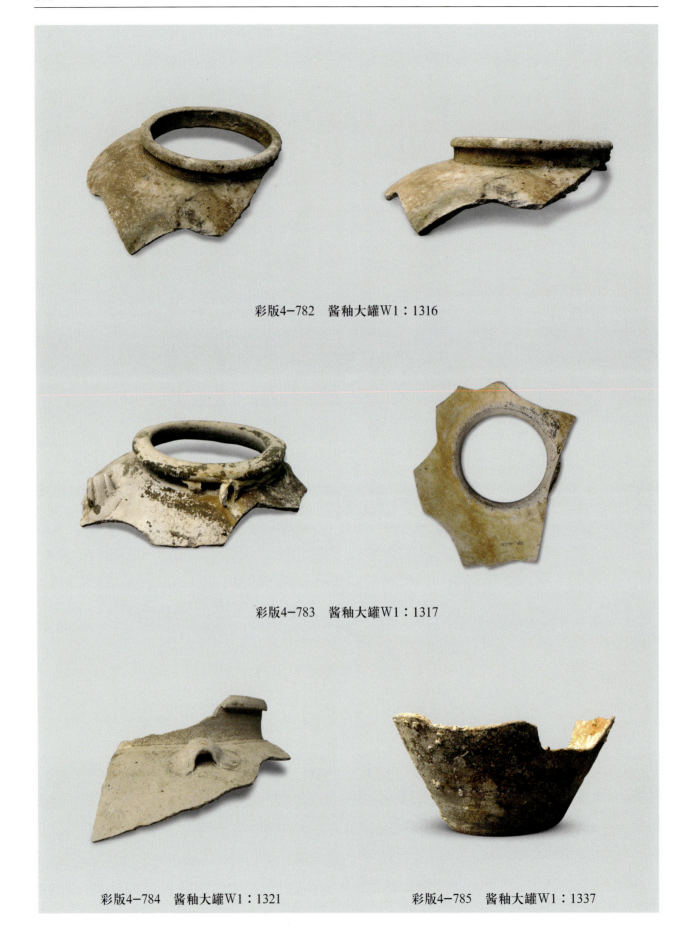

彩版4-782　酱釉大罐W1：1316

彩版4-783　酱釉大罐W1：1317

彩版4-784　酱釉大罐W1：1321　　　　　　　彩版4-785　酱釉大罐W1：1337

第二节　金属器

华光礁一号沉船遗址出水金属器数量不多，有铁器9件、铜镜18件、铜钱1枚，共计28件。金属器皆锈蚀严重，表面大多附着有锈蚀过程中粘接的珊瑚砂和贝壳，保存状况不佳，除少数比较完整外，大多为碎片和碎块。下文对其分类介绍。

一　铁器

9件。器形相同，应为铁条材，均呈窄长条形扁平状，一端较宽，另一端较窄。皆残，其中，1件中部已断开，有的2件锈蚀一体，另有2件为多件铁条材锈蚀在一起形成的凝结物。锈蚀严重，表面粘接有一层较薄的珊瑚砂，器表多呈现出白色，大多已经看不出器形和功用。这类铁制品应为船货，装运时多件捆扎在一起，应为成捆包装。从其特征来看，可能为铁质半成品，这在同一时期的广东南海一号沉船[1]、印度尼西亚爪哇海沉船[2]，以及日本遗址中均有类似遗物发现[3]。

W1：1553，残。器身略呈圆弧形，附着有一薄层珊瑚砂，呈灰白色。残长17.7、宽边残宽3.4、短边残宽2.3厘米，厚度不等，宽边厚0.8、中部厚1.2、窄边厚1.1厘米（图4-286，1；彩版4-786）。

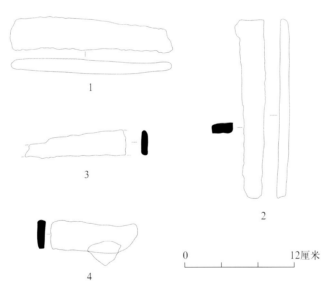

0　　　　　　　　　12厘米

图4-286　铁器
1~4. W1：1553、1554、1555、1556

[1]　"南海Ⅰ号"考古队：《"南海Ⅰ号"宋代沉船2014年的发掘》，《考古》2016年第12期，第56~83页；国家文物局水下文化遗产保护中心等：《南海Ⅰ号沉船考古报告之二——2014~2015年发掘》，文物出版社，2018年。

[2]　William M. Mathers and Michael Flecker: Archaeological Report: Archaeological Recovery of the Java Sea Wreck, Pacific Sea Resources, 1997, pp. 1-94; Michael Flecker, "The Thirteenth-Century Java Sea Wreck: A Chinese Cargo in an Indonesian Ship", The Mariner's Mirror, Vol.89 No.4, November 2003, pp. 388-404；童歆：《9~14世纪南海及周边海域沉船的发现与研究》，《水下考古学研究》第2卷，科学出版社，2016年，第45~101页。

[3]　桃崎祐辅：《中世の棒状鉄素材に関する基礎的研究》，《七隈史学》2008年第10号，中世学の構築特集号，第1~53页。

彩版4-786　铁器W1：1553

彩版4-787　铁器W1：1554

彩版4-788　铁器W1：1555

彩版4-789　铁器W1：1556

W1：1554，残，断为两段。从断面观察，器身内部有一道长1.4、宽0.2厘米的空腔，器表附着有一薄层珊瑚砂，呈灰白色。残长18.9、宽边残宽3.1、短边残宽2.0厘米，厚度不等，宽边厚0.6、中部厚1.0、窄边厚0.8厘米（图4-286，2；彩版4-787）。

W1：1555，残。从断面观察，器身内部有一道长2.0、宽0.3厘米的空腔，器表附着有一薄层珊瑚砂，呈灰白色。残长10.9、宽边残宽2.7、短边残宽1.4、厚0.75厘米（图4-286，3；彩版4-788）。

W1：1556，残。从断面观察，器身内部有一道长2.3、宽0.3厘米的空腔，器表附着有一薄层珊瑚砂和一小块珊瑚，呈灰黄色。残长9.4、宽边残宽3.0、短边残宽2.0、厚0.9厘米（图4-286，4；彩版4-789）。

W1：1525，残。器表附着有一薄层珊瑚砂，呈灰白色。残长16.0、宽2.8～3.6、厚1.2厘米（彩版4-790）。

W1：1539，残。2件铁条材锈蚀一体，锈迹明显。器表附着有一薄层珊瑚砂，呈灰白色。残长19.0、宽2.0～3.6、厚2.3厘米（彩版4-791）。

W1：1540，残。多件粘连，锈蚀严重。器表附着有一薄层珊瑚砂，泛黄褐色。残长17.5、宽3.5～5.0、厚1.1～2.5厘米（彩版4-792）。

W1：1305，残。多件粘连，残存部分长短不一，断面可见每件铁条材的内部有一道扁细的空腔，锈蚀严重。器表附着有一层珊瑚砂和一小块瓷片，呈灰白色，局部泛褐。残长28.0、宽4.0～10.5、厚1.3～3.7厘米（彩版4-793）。

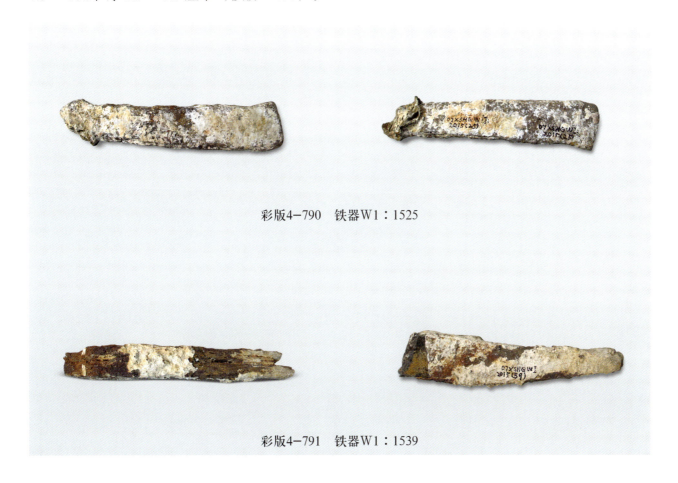

彩版4-790　铁器W1：1525

彩版4-791　铁器W1：1539

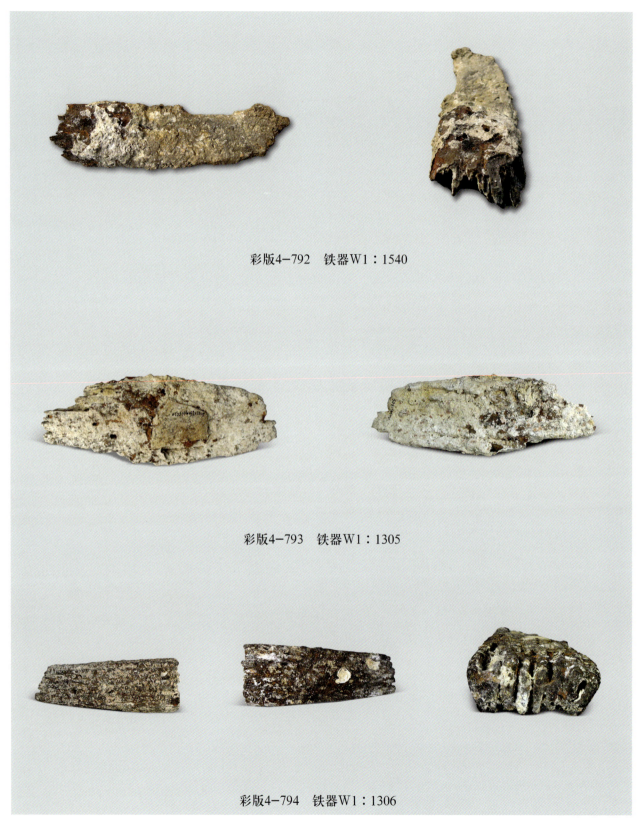

彩版4-792　铁器W1：1540

彩版4-793　铁器W1：1305

彩版4-794　铁器W1：1306

　　W1：1306，残。多件粘连，断面和侧面可见8件条状铁相叠连为一体，锈蚀严重，表面泛黄褐色。器表附着少量珊瑚砂。残长25.5、宽7.0～9.8、厚1.4～3.2厘米，每件铁条材残长25.5、宽1.4～3.2、厚0.8～1.2厘米（彩版4-794）。

二　铜器

1. 铜镜

18 件，计有 19 面铜镜。其中，8 件（面）较完整，另有 1 件为由 2 面铜镜和铁、竹木等锈蚀物组成的凝结物，其余残缺严重，多为碎片，锈蚀严重。从其出水情况和铜镜凝结物标本来看，铜镜应是叠摞在一起，再置于竹木制箱盒内装载。铜镜形制基本相同，仅 1 件略有差别。六瓣葵花形，镜背中心有纽痕迹，略呈长方形或圆形，纽大部分已残失，壁薄，体轻，素面无纹。

W1：1209，较完整，锈蚀较轻，镜背中心镜纽痕迹明显。器表多泛褐色，局部泛黑，有绿色锈斑。直径 9.8、厚 0.15 厘米（彩版 4-795）。

W1：1309，较完整，锈蚀较严重。器表颜色斑驳不纯，以灰色和绿色为主，素面无纹，两面边缘皆附着有一小块锈蚀物。直径 10.2、厚 0.1 厘米（图 4-287；彩版 4-796）。

W1：1558，较完整，锈蚀严重。器表颜色斑驳不纯，大部呈黑色，其余呈绿色。直径 10.2、厚 0.1 厘米（图 4-288，1；彩版 4-797）。

彩版 4-795　铜镜 W1：1209

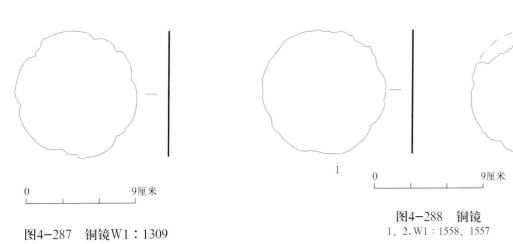

图 4-287　铜镜 W1：1309

图 4-288　铜镜

1、2. W1：1558、1557

彩版4-796　铜镜W1：1309

彩版4-797　铜镜W1：1558

W1：1557，略残，锈蚀严重，器表颜色斑驳不纯，以灰色和绿色为主，素面无纹，部分镜面被浸染成黄色，铜镜背部附着有较多的小块锈蚀物，没有发现镜纽。直径10、厚0.1厘米（图4-288，2；彩版4-798）。

W1：1541，略残，锈蚀严重。器表颜色斑驳，多泛灰色和绿色，局部泛黄褐色。直径10.0、厚0.1厘米（彩版4-799）。

W1：1542，略残，锈蚀严重。器表颜色斑驳，多泛灰色和绿色，局部泛黄褐色。直径9.8、厚

彩版4-798　铜镜W1：1557

彩版4-799　铜镜W1：1541

0.1厘米（彩版4-800）。

　　W1：1543，略残，锈蚀严重。镜背中心似有长方形镜纽痕迹。器表颜色斑驳，多泛灰色和绿色，镜背多泛黄褐色。直径9.7、厚0.1厘米（彩版4-801）。

　　W1：1544，略残，锈蚀严重。镜背中心似有长方形镜纽痕迹。器表颜色斑驳，多泛灰色、灰褐色和绿色。直径9.7、厚0.1厘米（彩版4-802）。

彩版4-800　铜镜W1：1542

彩版4-801　铜镜W1：1543

彩版4-802　铜镜W1：1544

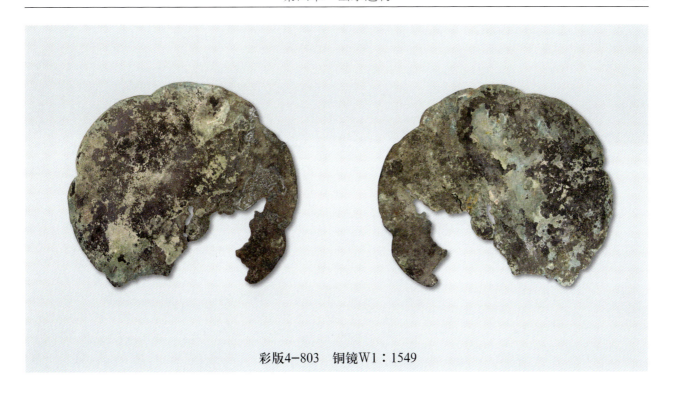

彩版4-803　铜镜W1：1549

W1：1549，略残，锈蚀严重。器表颜色斑驳，多泛灰色和绿色。直径9.7、厚0.1厘米（彩版4-803）。

W1：1307，铜镜凝结物，锈蚀严重。形状不规则，由两面完整的葵花形铜镜和锈蚀物凝结而成，两镜之间残存有少量竹、木片，似有织物痕迹。铜镜呈绿色，锈蚀物呈现黄褐色，应含有铁质物，夹杂有珊瑚砂等物。凝结物长13.2、宽10.4、高3.0厘米，铜镜直径10.0、厚0.1厘米（图4-289；彩版4-804）。

W1：1559，镜体残缺较多，仅存小半块，边缘可见葵花形状，残存部分近似于圆形，锈蚀严重。镜壁厚重，镜背边缘凸起一周突棱，厚于镜身。从此镜现存情况来看，形制与其他同出铜镜略有差异，可能为不同类型铜镜。背面附着较多锈蚀物，镜面粘连有较多珊瑚砂，颜色均斑驳不纯，大部分呈灰色和绿色。直径9.0、镜缘厚0.5、镜身厚0.3厘米（图4-290；彩版4-805）。

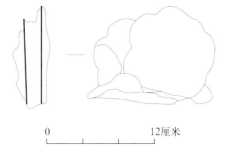

0 ———————— 12厘米

图4-289　铜镜W1：1307

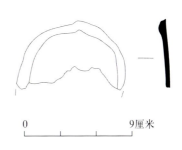

0 ———————— 9厘米

图4-290　铜镜W1：1559

彩版4-804　铜镜W1：1307

彩版4-805　铜镜W1：1559

2.铜钱

仅出水 1 枚。

W1：1560，残存一半，锈蚀严重。方孔圆钱，钱文散漫，不可识。器表呈绿色，直径 2.4、穿径 0.5、缘宽 0.2、缘厚 0.1、身厚 0.05 厘米（图 4-291；彩版 4-806）。

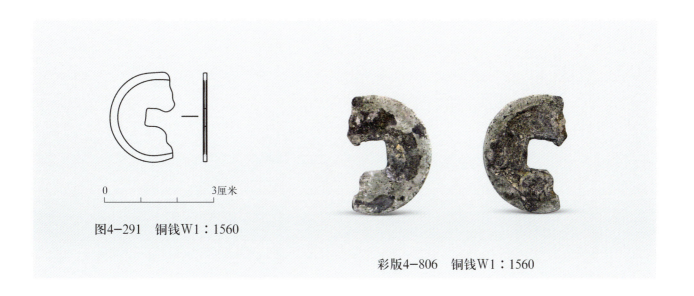

图4-291　铜钱W1：1560

彩版4-806　铜钱W1：1560

第三节　其他遗物

出水遗物还有少量凝结物，一般是陶瓷器和含铁遗物或珊瑚等海生物，经长期自然堆积、浸泡侵蚀、珊瑚生长等过程而凝结在一起的混合类遗物，有些遗物经文物保护处理，陶瓷器等已得以清理、修复，这里仅介绍采集出水的作为标本的凝结物，计有 3 件。

W1：1301，陶瓷器和铁器凝结物。这是沉船凝结物中最为常见的一类。因其中含有成捆的铁条材等铁器而凝结在一起，有磁灶窑小口扁腹罐、酱釉罐、德化窑青白瓷盒等陶瓷器，以及有机质包装物等，并夹杂有较多白色珊瑚砂等海生物堆积。陶瓷器、铁条材等均有断裂损坏，瓷器釉面受侵蚀严重，铁条材断面可见小长方形的空腔。长 23.5、宽 16.0 厘米（彩版 4-807）。

W1：1302，瓷器和含铁凝结物。成摞摆放的闽清义窑青白瓷刻划纹小碗因受附近铁器锈蚀的影响而凝结在一起，凝结物中也可见有机质捆扎物等，并有较多珊瑚砂等海生物堆积，铁器侵蚀程度不同，锈蚀处多泛黑、红褐、黄褐色，瓷器釉面泛涩、泛灰，有断裂损坏现象。凝结物长 22.5、宽 20.0 厘米，小碗足径 5.8、高 5.9 厘米（彩版 4-808）。

W1：1527，瓷器和珊瑚凝结物。这是另一类常见的沉船凝结物。因海中珊瑚生长逐渐附着凝结在一起，但其往往容易清理，且对瓷器的破坏相对较小。此标本由 5 件成摞的闽清义窑青白瓷刻划花碗组成，碗已有移位，附着白色珊瑚较多。瓷器保存较好，釉色青白，略泛黄，内壁刻划纹饰。凝结物长 29.0、高 31.2 厘米，碗足径 6.4、高 8.6 厘米（彩版 4-809）。

彩版4-807　陶瓷器和铁器凝结物W1：1301

彩版4-808　瓷器和含铁凝结物W1：1302

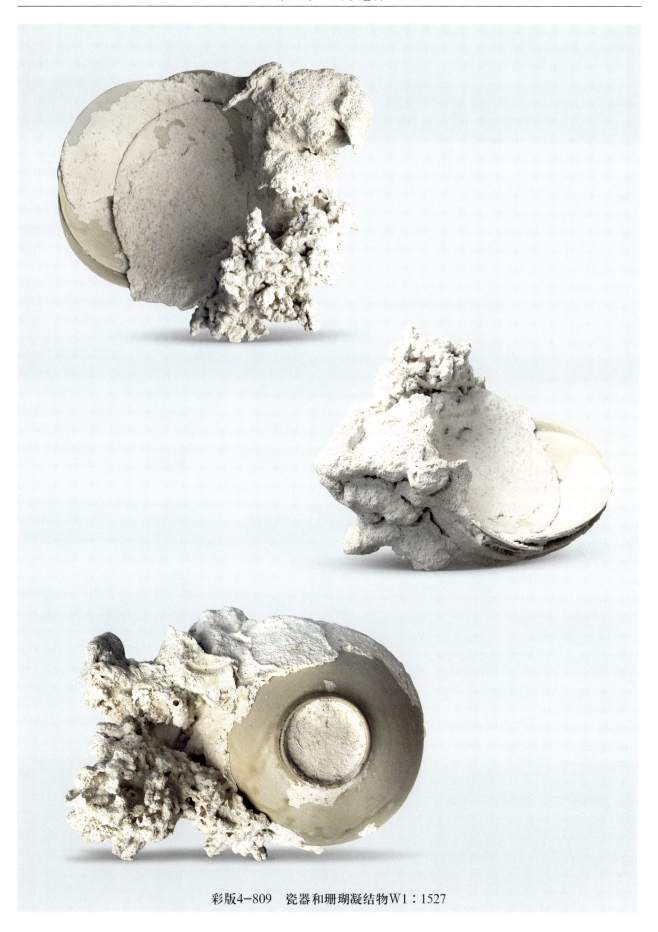

彩版4-809　瓷器和珊瑚凝结物W1：1527

第五章 科技分析与研究

华光礁一号沉船最为突出的两类遗物是船体和陶瓷器，一是船舶和造船技术研究的重要资料，一是宋元时代最为重要的贸易商品，因此，这是海外贸易中最为核心的两类遗存。为进一步分析和研究其结构和产地，探索宋元时代海外贸易诸问题，对沉船出水陶瓷器进行了成分测试和科技分析，并对船体不同部位的构件进行了船材树种鉴定和研究，对探讨其烧造地和制瓷工艺来源等提供了科学依据，为分析造船技术和工艺特征提供了重要参考。

第一节 出水陶瓷器的便携式XRF分析

本节对华光礁一号沉船出水陶瓷器使用便携式 X 射线荧光分析仪（XRF）进行产地与工艺分析。

一 分析方法

便携式 XRF 技术是原位、无损的化学分析技术，这种仪器体积小，重量轻，便于携带，同时 XRF 技术本身是无损分析，因此特别适合于考古现场分析。这一优点对于珍贵文物成分分析来说，是其他分析方法无法媲美的。特别是像华光礁一号沉船中出水的瓷器，数量庞大且基本都是完整器物，要取样拿回实验室全部进行分析是不可行的，只能通过类似的便携仪器在现场进行分析检测。

通常来说，瓷器胎的化学成分更具有产地代表性。这是由于古代瓷器的胎通常为一元配方的，微量元素特征只是指证了制胎用黏土的来源。但是对于完整瓷器特别是满釉的完整器物来说，分析胎的化学成分便携式 XRF 就意味着必须通过取样获得少量的胎的样品，通常来说是无法接受的，因此很多博物馆所珍藏的完整的瓷器通常只能通过考古学类型学方法来进行判源。而瓷釉则至少有两种配方：黏土和助熔剂（中国古瓷通常为灰料）。因此通过成分分析可能会引起不确定性，即不能知道所分析的元素哪些代表黏土的来源，哪些又代表助熔剂的来源。但是由于釉其实是覆盖在陶瓷表面的一层玻璃，玻璃与瓷釉一样，其配方通常有 2～3 种矿物，目前古代玻璃的产地研究则主要依靠成分分析来进行，类似的研究都比较成功，所以认为用瓷釉的成分来研究瓷器的来源应该更加可行。

如之前曾经分析了定窑白瓷釉的化学组成，结果发现瓷釉的化学组成可以用来作为定窑的时代特征[1]。如果同一窑口的时代特征都可以用瓷釉化学成分表征，理论上说不同窑口瓷釉的化学成分应

---

[1] Cui J.F., Wood N., Qin D.S., Zhou L.J., Ko M.K., Li X. ,Chemical analysis of white porcelains from the Ding kiln site, Hebei Province, China, *Journal of archaeological Science*, 2012，39(4):818～827.

该差异更大。因此，于2012年尝试结合考古学观察结果，使用便携式XRF对肯尼亚耶稣堡出土的克拉克瓷的产地进行了探索性的分析[1]，结果比较理想。之后，也使用相同方法对柬埔寨吴哥窟茶胶寺出土瓷器[2]、吉林塔虎城遗址[3]、陕西蓝田吕氏家族墓地[4]等数处遗址出土瓷器的产地，对这些瓷器的来源进行了科学判断，积累了大批数据和相当的经验。这些分析表明，便携式XRF对于施釉陶瓷特别是高温釉瓷器的窑口判断作用明显，可以完全无损且原位的对瓷器窑口进行快速判断。

基于以上的经验，使用便携式XRF对华光礁一号沉船出水的陶瓷器进行了无损分析，并结合考古类型学观察的结果，对其窑口进行了重新整理。

使用仪器为美国赛默费舍尔公司生产的NITON XL3t型便携式XRF，使用内建于该设备的土壤模式，对所有瓷片的釉进行了分析。所分析的元素包括Zr、Rb、Sr、Th、Fe、Mn、Ti、Ca、K。

二 样品和分析结果

共分析测试陶瓷器135件，釉色包括青白釉、青釉、酱釉和黑釉。以下按照釉色分别介绍分析结果。

1.青白瓷

根据考古学观察，华光礁一号沉船出水瓷器中青白瓷可能来自三个窑口，分别是：江西景德镇窑、福建闽清义窑和德化窑（图5-1～4）。另外有部分瓷器的来源窑口存在疑问，通过类型学观察不容易判断。分析结果参见表5-1。

表5-1 青白瓷便携式XRF分析结果

测试编号	出水编号	釉色	器物	可能窑口	Zr	Sr	Rb	Th	Fe	Mn	Ti	Ca	K
166	W1：20	青白釉	小瓶	德化	129	157	831	24	2223	410	50	5.06	3.14
167	W1：22	青白釉	小瓶	德化	110	247	726	29	2255	571	58	9.21	3.29
168	W1：24	青白釉	小瓶	德化	127	163	844	22	2040	615	50	6.92	3.31
169	W1：1359	青白釉	小瓶	德化	129	148	865	19	2637	423	41	5.16	3.45
170	W1：1347	青白釉	小瓶	存疑	125	258	314	13	6276	557	191	9.30	1.46
171	W1：35	青白釉	小瓶	存疑	125	294	247	11	4529	458	157	11.18	1.33
172	W1：1173	青白釉	小瓶	存疑	128	274	307	10	6012	446	197	9.36	1.99
173	W1：385	青白釉	小瓶	存疑	126	179	246	9	5759	452	152	6.97	1.43

[1] 崔剑锋、徐华烽、秦大树、丁雨：《肯尼亚蒙巴萨耶稣堡出土克拉克瓷的便携式XRF产地研究》，国家文物局水下文化遗产保护中心：《水下考古学研究》第二卷，文物出版社，2015年，第138～149页。

[2] 崔剑锋、王元林、余建立：《茶胶寺出土陶瓷器与土壤样品科技检测》，中国文化遗产研究院等：《柬埔寨吴哥古迹茶胶寺考古报告》第六章，文物出版社，2015年，第395～406页。

[3] 崔剑锋、彭善国：《塔虎城遗址出土部分瓷器的成分分析与产地推测》，《边疆考古研究》第18辑，科学出版社，2015年，第389～396页。

[4] 崔剑锋：《陕西蓝田北宋吕氏家族墓地出土青釉瓷的产地研究》，齐东方、沈睿文：《两个世界的徘徊——中古时期丧葬的观念风俗与礼仪制度学术研讨会论文集》，科学出版社，2016年，第451～457页。

测试编号	出水编号	釉色	器物	可能窑口	Zr	Sr	Rb	Th	Fe	Mn	Ti	Ca	K
174	W1：32	青白釉	葫芦瓶	德化	121	134	657	20	3407	906	57	7.51	3.56
175	W1：30	青白釉	葫芦瓶	德化	117	157	646	21	3209	992	54	6.90	3.27
176	W1：33	青白釉	葫芦瓶	德化	122	144	612	14	2962	729	49	6.51	3.16
177	W1：519	青白釉	盒	德化	126	181	636	28	4094	944	62	7.79	3.26
178	W1：1010	青白釉	盒	德化	126	181	521	26	2612	229	48	6.62	2.81
179	W1：987	青白釉	盒	德化	115	161	461	35	3846	607	57	6.86	3.04
182	W1：979	青白釉	盒	德化	125	160	609	20	2434	650	53	6.79	4.21
183	W1：88	青白釉	盒	德化	116	192	544	22	2735	929	59	8.17	3.48
184	W1：1202	青白釉	大盘	景德镇	118	200	208	17	5040	442	137	8.25	1.06
185	W1：995	青白釉	小碗	景德镇	129	185	252	12	5736	646	126	5.77	0.94
186	W1：609	青白釉	钵	景德镇	128	204	278	11	4344	780	105	8.03	1.43
187	W1：596	青白釉	碗	景德镇	123	199	232	9	5824	577	163	9.99	1.17
189	W1：939	青白釉	碗	景德镇	132	207	206	11	4028	653	160	10.01	1.30
190	W1：597	青白釉	碗	景德镇	121	202	211	9	4622	594	202	9.79	1.34
191	W1：598	青白釉	碗	景德镇	118	219	234	16	5856	629	156	10.66	1.25
199	W1：1133	青白釉	执壶	存疑	232	197	168	53	5312	991	218	2.64	1.39
200	W1：1134	青白釉	执壶	存疑	224	251	176	44	4831	1020	337	4.40	2.41
201	W1：268	青白釉	执壶	存疑	229	210	191	52	5841	2196	518	4.72	2.58
222	W1：517	青白釉	执壶	义窑	201	385	228	37	3251	1131	304	6.58	3.41
223	W1：8	青白釉	执壶	义窑	202	347	165	41	4807	1632	266	7.42	2.37
224	W1：538	青白釉	执壶	义窑	203	335	229	46	2986	1060	293	7.25	3.15
225	W1：108	青白釉	粉盒	存疑	127	174	578	20	3759	471	55	7.88	2.85
226	W1：106	青白釉	粉盒	存疑	128	127	683	29	2428	1256	59	7.89	3.45
227	W1：1118	青白釉	粉盒	存疑	136	135	653	28	3421	597	53	6.00	3.63
228	W1：1117	青白釉	粉盒	存疑	127	151	718	16	2660	846	50	4.72	3.68
229	W1：556	青白釉	执壶	义窑	202	417	220	44	4317	1794	217	6.92	2.65
230	W1：16	青白釉	执壶	义窑	221	289	189	48	3858	3669	286	5.36	2.97
231	W1：558	青白釉	执壶	义窑	189	478	225	42	3184	1846	225	7.21	2.69
232	W1：17	青白釉	花口瓶	存疑	125	179	211	11	6020	667	188	9.14	1.25
233	W1：19	青白釉	花口瓶	存疑	116	198	201	11	6140	391	164	8.14	1.13
234	W1：1361	青白釉	花口瓶	存疑	112	177	198	12	6270	569	163	10.08	1.13
236	W1：6	青白釉	执壶	义窑	211	353	168	43	3519	919	266	6.68	3.22
239	W1：1296	青白釉	龙首柄执壶	景德镇	126	151	245	19	4415	415	248	8.97	1.45
240	W1：7	青白釉	执壶	义窑	204	359	173	34	3523	775	219	5.90	2.14
241	W1：270	青白釉	执壶	义窑	229	305	186	44	4604	2175	422	5.11	2.68
242	W1：1300	青白釉	执壶	景德镇	119	177	248	15	4572	557	150	11.73	1.32

测试编号	出水编号	釉色	器物	可能窑口	Zr	Sr	Rb	Th	Fe	Mn	Ti	Ca	K
243	W1：1346	青白釉	执壶	义窑	198	391	191	43	3377	2314	215	5.10	2.53
244	W1：542	青白釉	执壶	义窑	216	290	176	46	3990	1163	188	4.43	2.13
245	W1：239	青白釉	碗	义窑	169	121	163	53	5261	896	471	1.22	2.57
246	W1：359	青白釉	碗	义窑	177	118	138	46	4300	1023	351	0.98	1.63
247	W1：351	青白釉	碗	义窑	178	202	182	55	3889	826	386	0.86	1.68
248	W1：1514	青白釉	钵	景德镇	149	182	259	28	4700	657	180	7.76	1.05
249	W1：1297	青白釉	杯	景德镇	123	196	274	12	3595	480	111	8.66	1.37
250	W1：66	青白釉	碗	义窑	191	312	190	32	6777	2486	618	2.60	2.42
251	W1：777	青白釉	碗	义窑	189	273	182	43	4605	2727	529	3.85	3.03
252	W1：356	青白釉	碗	义窑	155	175	173	51	2907	1516	383	1.57	1.87
256	W1：750	青白釉	盘	义窑	137	316	201	35	4138	1362	627	1.98	3.42
257	W1：821	青白釉	碗	义窑	255	332	191	59	6471	2507	448	4.97	2.77
258	W1：965	青白釉	碟	义窑	163	317	184	49	5043	1865	449	1.69	2.09
259	W1：495	青白釉	碟	义窑	177	313	181	45	3512	1540	304	1.06	1.37
260	W1：778	青白釉	碗	义窑	164	602	174	40	5549	5375	400	4.07	1.81
261	W1：783	青白釉	盏	义窑	219	309	199	50	5424	3082	262	1.60	1.37
262	W1：277	青白釉	碗	义窑	154	417	210	50	4162	2632	469	3.79	2.81
263	W1：642	青白釉	盏	义窑	168	402	197	48	2934	1267	227	1.04	1.43
264	W1：924	青白釉	碗	义窑	164	212	213	66	3688	1750	592	2.22	3.04
265	W1：852	青白釉	盏	义窑	238	275	182	37	4507	1198	197	1.59	0.90
282	W1：384	青白釉	砚滴	景德镇	140	142	312	19	5125	879	118	9.49	1.77
283	W1：1355	青白釉	砚滴	景德镇	140	153	302	15	5188	845	70	8.57	1.74
3320	XSH-04	青白釉	碗	义窑	87	560	216	39	3990	1670	562	5.10	5.38
3321	XSH-09	青白釉	碗	义窑	184	181	169	41	6562	1665	207	3.54	4.60
3322	XSH-07	青白釉	碗	义窑	90	279	188	42	5726	1774	591	3.52	4.60
3323	XSH-12	青白釉	执壶	义窑	156	246	178	36	4863	2786	240	7.29	2.82
3327	XSH-08	青白釉	碗	义窑	87	376	234	41	6360	1766	526	4.43	6.00
3328	XSH-10	青白釉	盏	义窑	109	222	178	44	5712	1526	681	3.28	4.80
3329	XSH-05	青白釉	碗	义窑	85	366	194	34	4282	1462	542	4.01	4.56
3333	XSH-01	青白釉	执壶	义窑	157	340	180	30	3419	1669	253	7.74	3.64
3338	XSH-18	青白釉	器盖	义窑	183	171	189	44	6516	1211	325	5.69	3.98
3749	XSH-16	青白釉	盒	德化	51	133	550	18	4232	588	48	13.45	4.70
3751	XSH-17	青白釉	盒	德化	51	86	584	19	4139	638	39	8.27	4.63

使用社会统计学软件 SPSS（软件版本 24.0）对以上数据进行了因子分析（factor analysis），共获得 2 个主因子。用 OriginPro（2020b 教育版）对这两个主因子绘制了样品散点图，参见图 5-5。

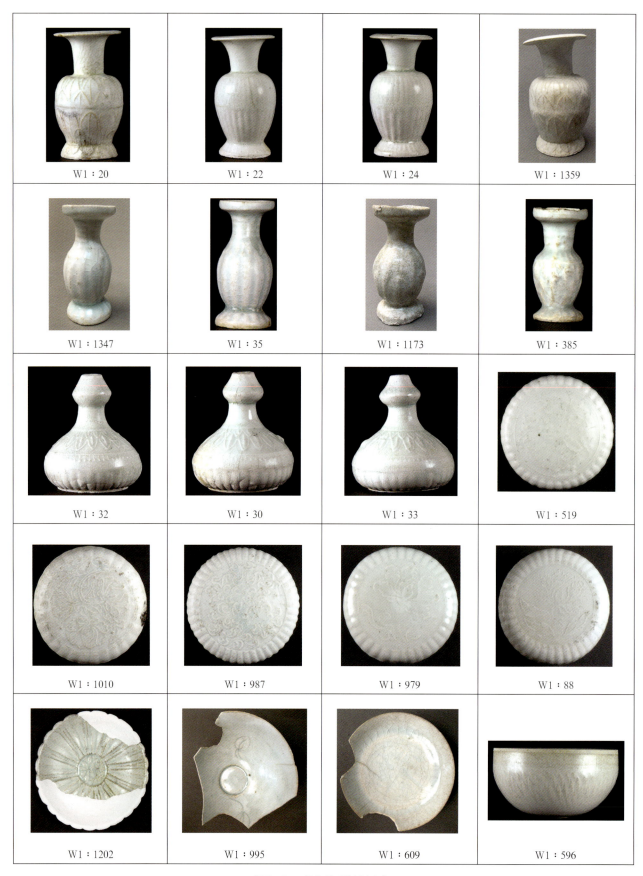

W1：20	W1：22	W1：24	W1：1359
W1：1347	W1：35	W1：1173	W1：385
W1：32	W1：30	W1：33	W1：519
W1：1010	W1：987	W1：979	W1：88
W1：1202	W1：995	W1：609	W1：596

图5-1　青白瓷测试标本

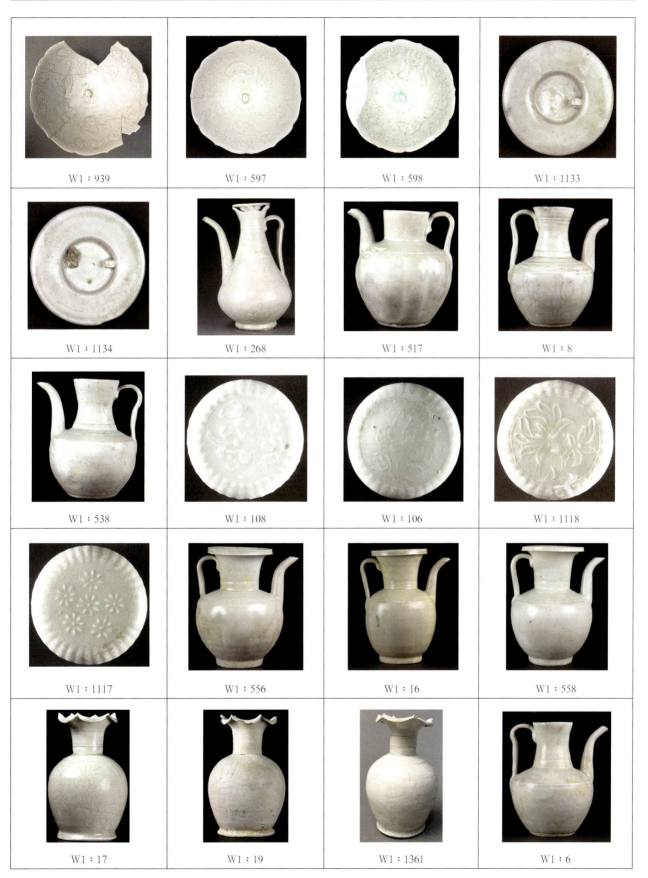

图5-2　青白瓷测试标本

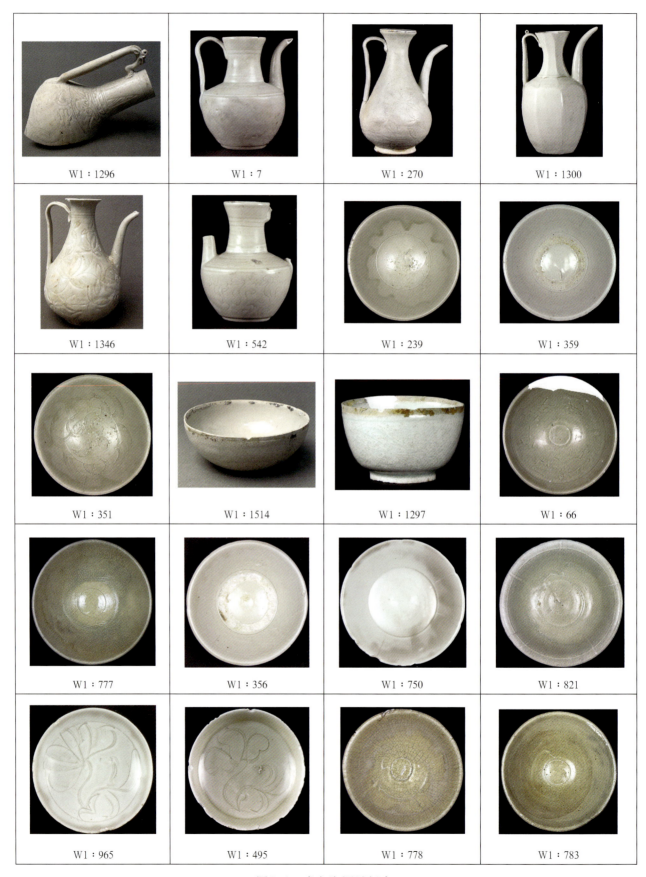

<table>
<tr><td>W1 : 1296</td><td>W1 : 7</td><td>W1 : 270</td><td>W1 : 1300</td></tr>
<tr><td>W1 : 1346</td><td>W1 : 542</td><td>W1 : 239</td><td>W1 : 359</td></tr>
<tr><td>W1 : 351</td><td>W1 : 1514</td><td>W1 : 1297</td><td>W1 : 66</td></tr>
<tr><td>W1 : 777</td><td>W1 : 356</td><td>W1 : 750</td><td>W1 : 821</td></tr>
<tr><td>W1 : 965</td><td>W1 : 495</td><td>W1 : 778</td><td>W1 : 783</td></tr>
</table>

图5-3　青白瓷测试标本

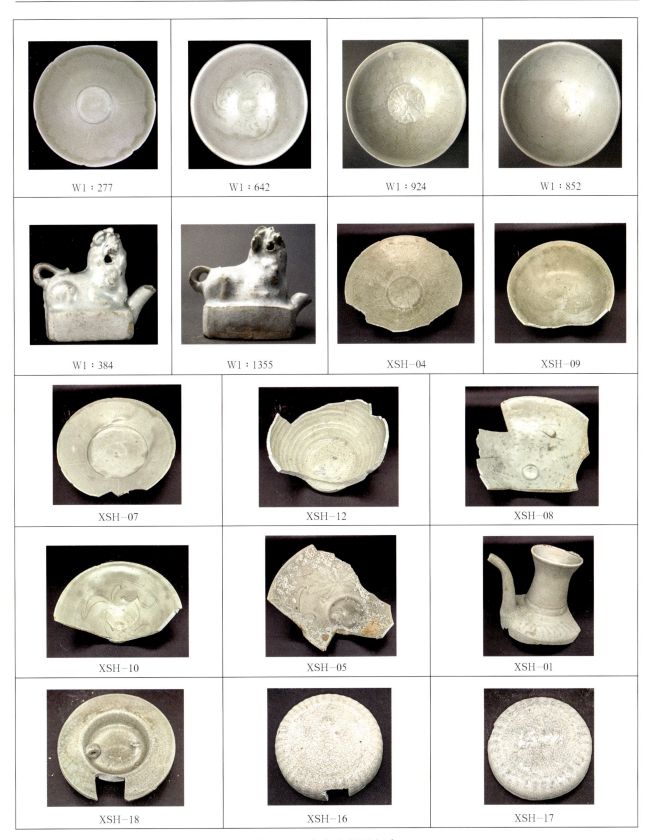

W1：277　　W1：642　　W1：924　　W1：852

W1：384　　W1：1355　　XSH—04　　XSH—09

XSH—07　　XSH—12　　XSH—08

XSH—10　　XSH—05　　XSH—01

XSH—18　　XSH—16　　XSH—17

图5-4　青白瓷测试标本

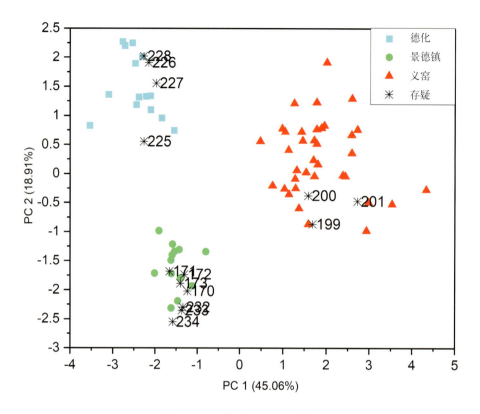

图5-5　青白瓷因子分析散点图

青白瓷的成分分析结果表明，考古类型学的观察结果准确率比较高，所判断的三个窑口的器物分别聚类，且不同窑口之间的差别非常明显。

窑口不易判断的存疑样品部分来自德化窑、部分来自景德镇窑、部分来自闽清义窑。

其中测试编号为 225 号（W1：108 盒）、226 号（W1：106 盒）、227 号（W1：1118 盒）、228 号（W1：1117 盒）样品统计后落入了德化窑的范围，因此这五件应为德化窑的产品。

测试编号为 199 号（W1：1133 执壶）、200 号（W1：1134 执壶）、201 号（W1：268 执壶）样品统计后落入了义窑的范围，因此这三件应为义窑的产品。

测试编号为 170 号（W1：1347 小瓶）、171 号（W1：35 小瓶）、172 号（W1：1173 小瓶）、173 号（W1：385 小瓶）、232 号（W1：17 花口瓶）、233 号（W1：19 花口瓶）、234 号（W1：1361 花口瓶）样品统计后落入了景德镇窑的范围，因此这七件应为景德镇窑的产品。

使用不同元素绘制了二元散点图（详见图 5-6 ～ 9）。

虽然尼通 XL3t 便携式 XRF 无法分析 Na、Mg、Al、Si 等元素，但是其对古陶瓷釉中最主要的助熔剂元素钙和钾的分析却毫无问题。因此可以借助助熔剂元素的含量讨论一下这些窑口釉配方的差别。

从 Ca-K 关系图上可以看到，这三个窑口最为特殊的窑是义窑，Ca 含量换算为 CaO 的含量平均值大部分低于 8%。而且 K 的含量比较高，部分达到了 4% 以上。大部分样品的 Ca 含量大于 K 含量，

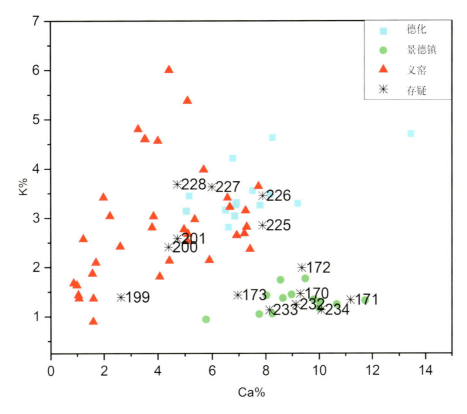

图5-6　青白瓷Ca-K元素二元散点图

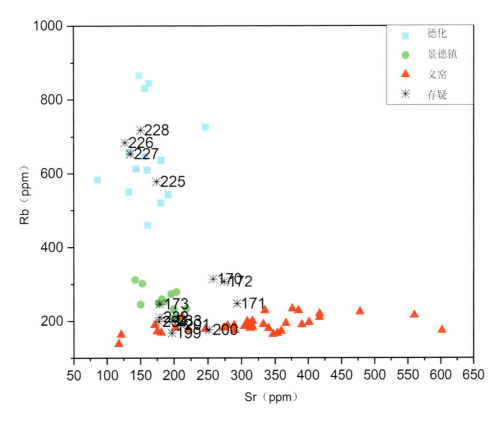

图5-7　青白瓷Sr-Rb元素分析二元散点图

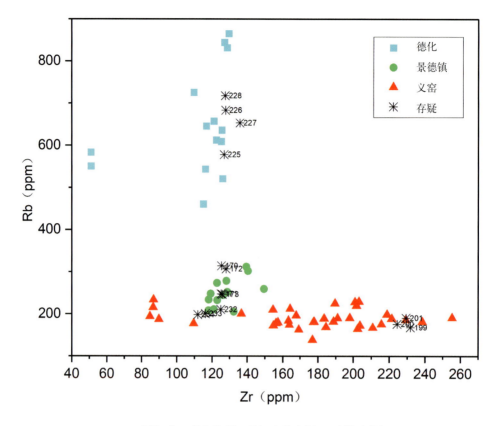

图5-8　青白瓷Zr-Rb元素分析二元散点图

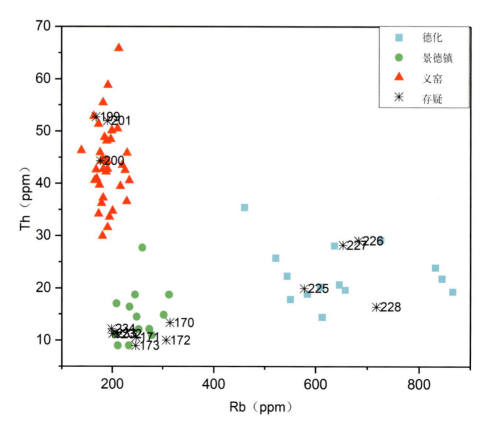

图5-9　青白瓷Rb-Th元素分析二元散点图

其余部分样品的 K 含量大于 Ca 含量，釉属于钙碱釉甚至碱钙釉的范围。也有少数样品 CaO 的含量平均值超过 10%，属于高钙釉。此次闽清义窑青白瓷的分析印证了之前对南海一号出水闽清义窑青白瓷的认识，即闽清义窑在配釉工艺上受到了北方的影响[1]。不过具体的情况可能还需要对窑址样品进行有损分析才能够得到更明确的结论。

景德镇窑和德化窑则都是较为典型的高钙釉，这是南方窑场最主要的釉的组成类型。两窑的主要差别在于景德镇窑的 K 含量比德化窑的低，这种情况和福建、江西配釉瓷石的化学组成特点紧密相关[2]，根据之前的研究，福建地区包括德化、漳州等的瓷胎和瓷釉中 K 含量普遍偏高。

另外，结合统计分析结果和散点图对比，可以发现义窑的数据相对分散，这说明华光礁一号沉船出水的义窑青白瓷可能不止来自一处窑场，有可能是义窑的几个窑场共同生产的。

从以上的散点图中也可以看到，不同窑口之间的差别特别是微量元素的差别比较显著。表明使用便携式 XRF 分析瓷釉以判断瓷器的来源是可行的。其中存疑部分落在德化窑区域、部分落在景德镇窑区域、部分落在义窑区域，这和因子分析结果一致。

2.青瓷

考古学研究表明，华光礁一号沉船出水的青瓷主要来自南安窑、龙泉窑、闽清义窑[3]、松溪窑，还有一些仿龙泉窑产品（图 5-10、11）。但有些青釉瓷器存在疑问，不能够确定其窑口。基于以上原因，将这几类青瓷样品共分析了 38 件，结果参见表 5-2。

使用社会统计学软件 SPSS（软件版本 24.0）对以上数据进行了因子分析（factor analysis），共获得 3 个主因子。用 OriginPro（2020b 教育版）分别对 PC1 与 PC2、PC1 与 PC3 对这两个主因子绘制了样品二维散点图，参见图 5-12、13。

结合两个图可以看出，所有样品分为五组，这和类型学总体判断一致。其中南安窑的数据相对分散，这说明华光礁一号出水的南安窑青瓷可能不止来自一处窑场，有可能是南安窑的几个窑场分别生产的。根据 PC1 与 PC2 散点图，类型学判断为龙泉窑样品与仿龙泉样品聚集在一起，但根据 PC3 两者能显著区分。这说明两者从成分上来说来源接近，可能是某个龙泉大窑产区中不同的小窑场生产的产品。由于出水时破损及锈蚀较为严重，从外观上不易分辨其具体来源，才把其中一类定为仿龙泉。

测试编号为 216 号（W1∶320 碗）样品离南安窑区域范围较为接近，可能为南安窑产。测试编号为 215 号（W1∶283 碗）样品在龙泉窑范围内。212 号（W1∶502 碗）样品、214 号（W1∶1177 碗）样品以及类型学判断错误的 277 号（W1∶1192 碗）样品，均在仿龙泉窑的范围之中，即为另一个龙泉窑小窑场的产品。

使用不同元素绘制了二元散点图（详见图 5-14 ～ 17）。

从图 5-14 ～ 16 三图可以看出，不同窑口之间的差别可以通过 Zr、Sr、Th、Ti 含量体现。前述

[1]　国家文物局水下文化遗产保护中心等：《南海Ⅰ号沉船考古报告之一——1989～2004年调查》，文物出版社，2017年，第608～620页。

[2]　张福康：《中国古陶瓷的科学》，上海人民美术出版社，2000年，第167～168页。

[3]　义窑瓷器釉色差异较大，有的泛黄，有的泛灰，有的泛白，有的泛青，本报告出水遗物中均将其称为青白釉，本节此处指釉色泛青者。

表5-2 青瓷便携式XRF分析结果

（Zr-Ti 单位为 ppm，Ca 和 K 为质量百分比 wt.%）

测试编号	出水编号	釉色	器物	可能窑口	Zr	Sr	Rb	Th	Fe	Mn	Ti	Ca	K
163	W1∶653	青釉	大盘	南安	219	405	285	57	5178	7512	489	3.25	2.54
164	W1∶1215	青釉	大盘	南安	220	367	249	59	4494	7951	374	2.92	2.15
196	W1∶661	青釉	大碗	南安	233	259	188	35	13903	6249	345	2.80	1.36
197	W1∶1368	青釉	大碗	南安	235	307	185	55	10469	6866	489	2.86	2.27
198	W1∶486	青釉	大碗	南安	284	238	264	58	8418	3129	469	1.97	1.48
203	W1∶225	青釉	碗	义窑	173	396	204	42	4626	1880	491	2.52	2.21
204	W1∶195	青釉	碗	义窑	170	194	187	63	5323	1612	707	2.15	3.33
205	W1∶744	青釉	碗	义窑	160	352	217	46	3936	1930	758	2.96	3.84
206	W1∶741	青釉	碗	义窑	166	248	182	44	4496	2048	678	3.34	2.89
207	W1∶498	青釉	碗	义窑	235	330	195	48	3508	1345	142	0.99	0.80
208	W1∶199	青釉	碗	义窑	170	223	188	54	3404	1550	503	1.94	2.53
209	W1∶228	青釉	碗	义窑	155	430	183	42	4109	1801	393	2.36	1.87
210	W1∶1365	青釉	碗	义窑	259	207	190	50	3739	1641	141	0.72	0.74
211	W1∶1221	青釉	碗	龙泉窑	236	550	136	31	7049	2912	1232	9.25	2.06
212	W1∶502	青釉	碗	存疑	278	568	161	39	8129	1250	231	3.84	1.28
213	W1∶368	青釉	碗	义窑	247	208	194	49	4272	995	191	1.22	1.13
214	W1∶1177	青釉	碗	存疑	196	437	160	27	6894	3544	496	1.70	1.27
215	W1∶283	青釉	碗	存疑	236	453	138	35	6407	2353	1133	9.83	1.89
216	W1∶320	青釉	碗	存疑	198	356	208	35	6297	5292	229	4.90	3.45
266	W1∶621	青釉	碗	南安	239	317	255	68	4280	7890	83	2.32	1.54
267	W1∶663	青釉	碗	南安	237	290	248	69	10893	9321	226	2.71	2.44
268	W1∶184	青釉	碗	松溪窑	382	491	147	22	16197	2835	1035	9.15	1.26
269	W1∶670	青釉	碗	松溪窑	390	597	131	29	7191	1723	804	5.64	1.05
270	W1∶672	青釉	碗	松溪窑	418	337	140	31	8677	3216	1270	7.09	1.51
271	W1∶669	青釉	碗	松溪窑	438	387	151	28	11209	3587	1088	9.48	1.57
272	W1∶189	青釉	斗笠碗	义窑	163	263	183	48	3054	2016	296	1.19	1.62
273	W1∶679	青釉	斗笠碗	义窑	190	360	201	34	2886	1610	453	1.34	1.73
274	W1∶954	青釉	斗笠碗	义窑	172	279	174	44	4371	1593	348	1.28	1.67
275	W1∶1189	青釉	碗	龙泉窑	259	637	146	42	5467	2939	783	7.79	1.58
276	W1∶1181	青釉	碗	龙泉窑	205	525	184	42	5368	2062	697	8.00	2.75
277	W1∶1192	青釉	碗	龙泉窑	296	565	125	32	7091	4250	290	3.97	0.83
278	W1∶936	青釉	碗	仿龙泉	226	502	98	44	9147	3405	539	5.01	0.78
279	W1∶935	青釉	碗	仿龙泉	237	506	95	32	6397	2863	374	5.78	0.85
280	W1∶1182	青釉	碗	仿龙泉	256	418	130	38	7970	3076	357	5.37	1.09
281	W1∶862	青釉	碗	仿龙泉	268	310	130	25	6323	2926	277	2.53	0.68
3326	XSH—06	青釉	碗	龙泉窑	196	549	164	25	6732	1342	437	8.35	3.26
3324	XSH—02	青釉	大碗	南安	185	260	249	61	8298	6666	113	3.78	3.70
3325	XSH—03	青釉	碗	龙泉窑	196	406	133	23	6013	3048	1083	11.94	2.40

W1：653

W1：1215

W1：661

W1：1368

W1：486

W1：225

W1：195

W1：744

W1：741

W1：498

W1：199

W1：228

W1：1365

W1：1221

W1：502

W1：368

W1：1177

W1：283

W1：320

W1：621

图5-10 青瓷测试标本

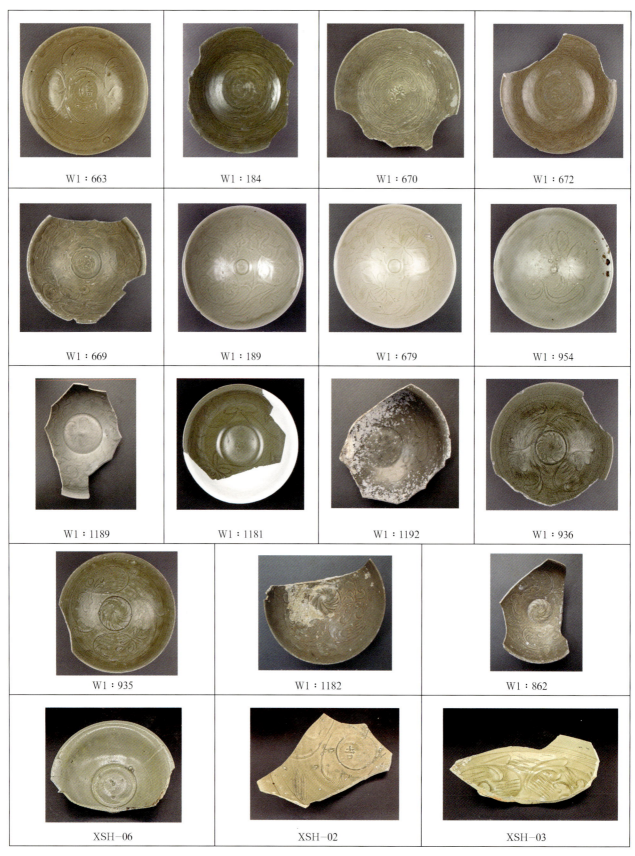

W1：663

W1：184

W1：670

W1：672

W1：669

W1：189

W1：679

W1：954

W1：1189

W1：1181

W1：1192

W1：936

W1：935

W1：1182

W1：862

XSH-06

XSH-02

XSH-03

图5-11　青瓷测试标本

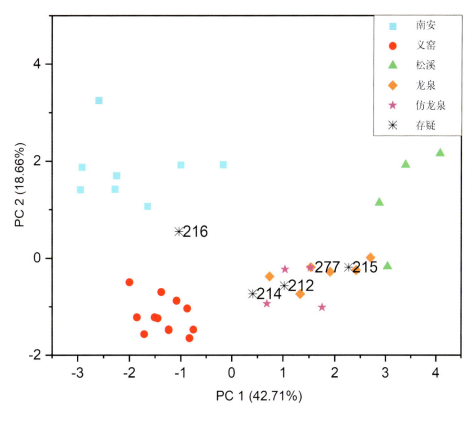

图5-12　青瓷因子分析散点图

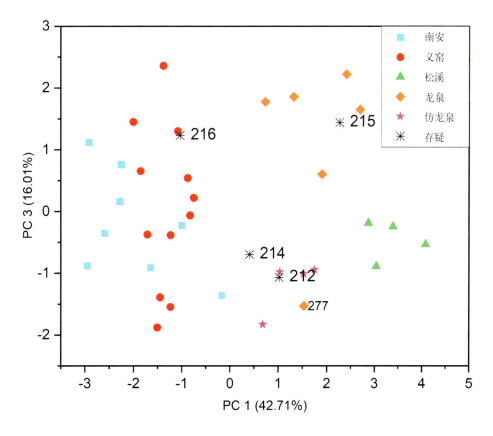

图5-13　青瓷因子分析散点图

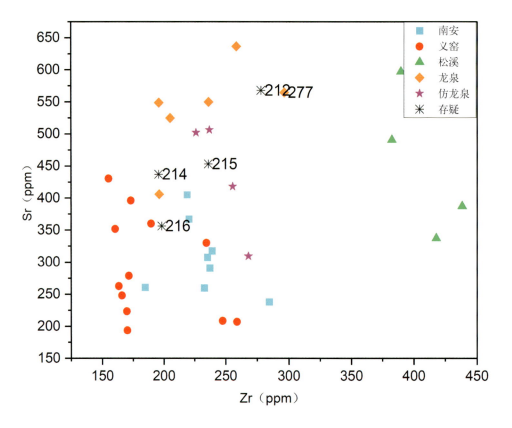

图5-14　青瓷Zr-Sr元素分析二元散点图

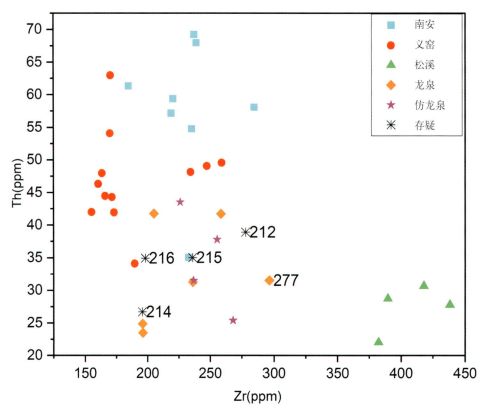

图5-15　青瓷Zr-Th元素分析二元散点图

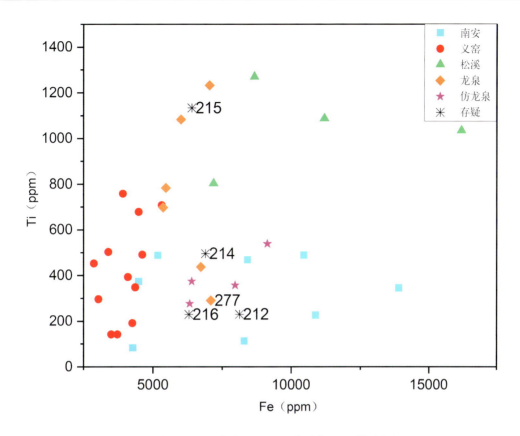

图5-16 青瓷Fe-Ti元素分析二元散点图

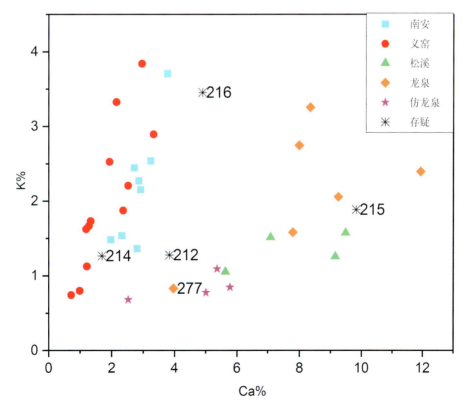

图5-17 青瓷Ca-K元素分析二元散点图

五件样品所处区域与主成分分析基本一致。龙泉窑和仿龙泉所处区域在 Zr-Sr 散点图上彼此分开，而在 Zr-Th 散点图上彼此重合，这也证明两者距离接近，可能为一个龙泉大窑区中两个小窑场所产。

从 Fe-Ti 散点图还可以看出松溪窑与南安窑 Fe 含量总体来说范围接近，但松溪窑略高于南安窑。其次为龙泉窑，义窑铁含量最低。

从 Ca-K 散点图可以看到，这三个窑口最为特殊的窑是义窑，义窑青白瓷的 Ca 含量非常低，基本都低于 2.5%，这表明义窑配釉所用灰的量非常低。而其 K 的含量比较高，部分达到了 3% 以上，情况与部分青白釉接近，都是一种钙碱釉或者碱钙釉，配釉工艺上也可能是受到了北方的影响。南安窑的 Ca、K 含量接近，但 Ca 含量略大于 K 含量，属于钙碱釉，也可能受到北方制釉技术影响。义窑与南安窑都位于福建沿海地区，两者均生产大量外销瓷，助溶剂含量状况类似。松溪窑与龙泉窑相似，Ca 的平均含量在 8% 左右，松溪窑所处县与龙泉县交界，宋元窑业很大程度受到龙泉窑的影响[1]。但龙泉窑的 Ca 含量普遍较高，换算为 CaO 的含量平均值超过 10%，这符合元代之前南方青釉的特点，龙泉窑是南宋时期最重要青瓷窑址，经过分析的釉都属于这类高钙釉。

3. 酱黑釉器

黑釉和酱釉器同为高铁釉瓷，只是两者烧成气氛有所差异，黑釉在偏还原气氛下烧成，而酱釉则在偏氧化气氛下烧成。

本次共分析了 20 件黑釉及酱釉器，数据参见表 5-3。其中 17 件，经过类型学判断，认为是福建晋江磁灶窑的产品，而其他 3 件则并未确定窑口（图 5-18）。根据表 5-3，测试编号为 195 号（W1：432 酱釉小罐）样品微量元素含量较其他样品显著偏高，认为该样品与其他样品来源差异显著，为避免干扰，不计入多元统计。

对其余 19 件酱黑釉器以及磁灶窑酱黑釉器进行了多元统计分析，结果参见图 5-19。其中，图中标示的"磁灶"为类型学判断为磁灶窑的出水瓷器，"磁灶窑"为磁灶窑产品。

从图 5-19 可以看出，这批出水酱黑釉器的来源大致分为三个，编号为 1、2、3 类。其中 221 号（W1：446 酱釉四系罐）、3330 号（XSH-11 酱釉四系罐）、3335（XSH-13 黑釉盏）、3337（XSH-14 酱釉小口罐）样品位于磁灶窑范围内，应当是磁灶窑产品。其他 15 件样品另有两个来源，其中的存疑样品 253 号（W1：1336）、254 号（W1：1335）、255 号（W1：84）黑釉盏来源相同，但均不在磁灶窑范围内。

酱黑釉器的来源较为复杂或许和其功用有关，除了外销货物以外，这些酱黑釉瓷更有可能是被用作船上日常使用的器物，如一些大罐有可能作为储存淡水的储水器。因此，这些日常用具来源复杂是可以理解的。

图 5-20 为酱黑釉器的 Ca-K 散点图，按照上文主成分分析出的三个产地以及 195 号（W1：432酱釉小罐）单独一个产地分为 1、2、3、4 类，第 3 类为磁灶窑产品。

从图 5-20 可以看到，1、2 类产品大部分属于高钙釉，小部分属于钙碱釉或者碱钙釉，表明这两类产品所属窑址可能为南方窑址，但制釉技术受到北方的影响。第 3 类磁灶窑产品均为高钙釉。第类是 195 号（W1：432 酱釉小罐）样品，也属于高钙釉，应当是某个南方窑址所产，具体产地还需

---

[1] 中国国家博物馆水下考古研究中心等：《西沙水下考古（1998～1999）》，科学出版社，2006年，第254页。

表5-3　酱黑釉器便携式XRF分析结果

（Zr-Ti 单位为 ppm，Ca 和 K 为质量百分比 wt.%）

测试编号	出水编号	釉色	器物	可能窑口	Zr	Sr	Rb	Th	Fe	Mn	Ti	Ca	K
253	W1：1336	黑釉	盏	存疑	307	430	185	17	31461	4895	3475	2.89	3.20
254	W1：1335	黑釉	盏	存疑	254	434	178	23	31274	5349	2866	2.70	2.22
255	W1：84	黑釉	扁腹罐	存疑	269	513	206	20	27248	5218	1658	1.74	1.78
180	W1：388	酱釉	扁腹罐	磁灶	207	411	168	33	34672	8753	1485	4.81	1.37
181	W1：406	酱釉	扁腹罐	磁灶	235	425	150	27	39825	7177	2583	7.01	2.27
192	W1：424	酱釉	小罐	磁灶	250	345	162	32	41151	6116	1832	4.48	1.83
193	W1：467	酱釉	小罐	磁灶	269	388	171	41	40592	6167	2411	4.98	2.05
194	W1：423	酱釉	小罐	磁灶	251	410	154	33	45243	6531	2682	6.62	2.12
195	W1：432	酱釉	小罐	磁灶	562	632	403	67	46404	1832	6387	6.27	0.59
202	W1：47	酱釉	梅瓶	磁灶	313	187	175	46	24111	4119	3027	4.38	1.66
217	W1：380	酱釉	梅瓶	磁灶	289	148	172	37	26118	3776	3560	2.21	2.40
218	W1：322	酱釉	梅瓶	磁灶	292	204	172	44	24013	7262	2850	2.56	1.92
219	W1：323	酱釉	梅瓶	磁灶	285	139	170	46	24369	3470	3240	2.46	1.95
220	W1：970	酱釉	四系罐	磁灶	279	188	213	38	21412	2839	3579	4.68	2.87
221	W1：446	酱釉	四系罐	磁灶	236	187	161	47	18354	2010	4977	7.02	1.79
237	W1：1375	酱釉	四系罐	磁灶	273	255	170	33	26816	4551	2884	6.12	1.85
238	W1：46	酱釉	四系罐	磁灶	277	170	180	41	36864	986	3780	2.37	0.47
3330	XSH-11	酱釉	四系罐	磁灶	153	247	162	27	23889	4738	2885	11.80	3.53
3335	XSH-13	黑釉	盏	磁灶	159	331	140	30	36052	4194	1904	5.46	3.10
3337	XSH-14	酱釉	小罐	磁灶	233	279	175	34	34834	4861	3224	9.82	3.62

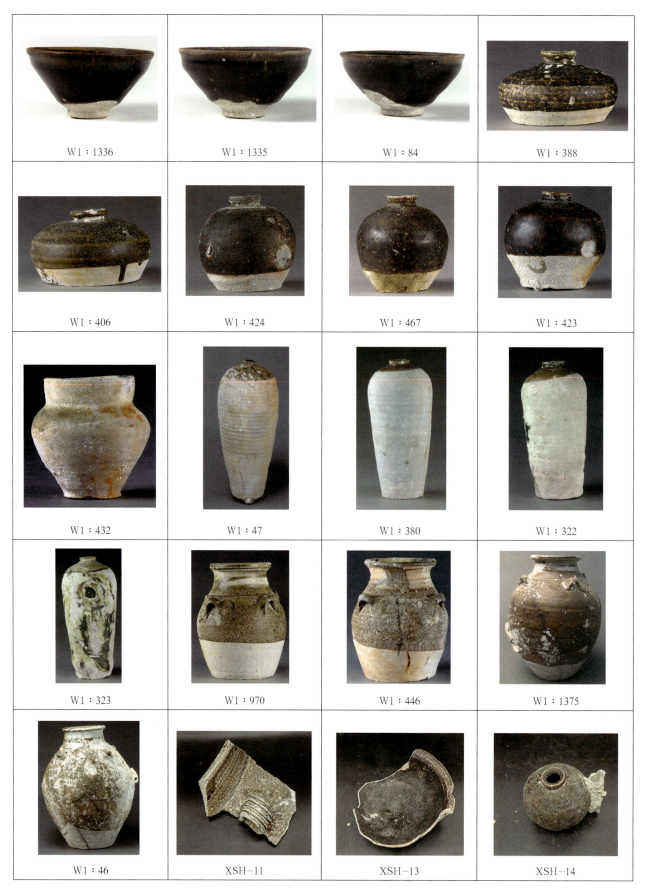

W1：1336	W1：1335	W1：84	W1：388
W1：406	W1：424	W1：467	W1：423
W1：432	W1：47	W1：380	W1：322
W1：323	W1：970	W1：446	W1：1375
W1：46	XSH-11	XSH-13	XSH-14

图5-18　酱黑釉器测试标本

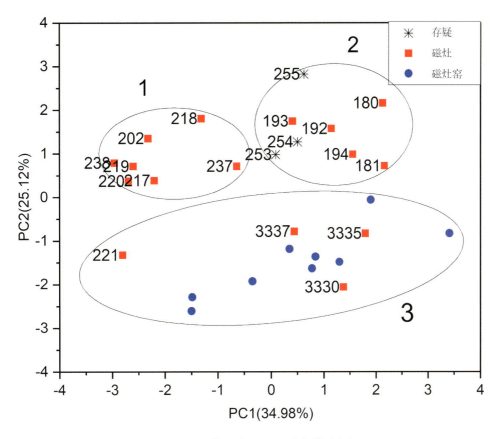

图5-19　酱黑釉器因子分析散点图

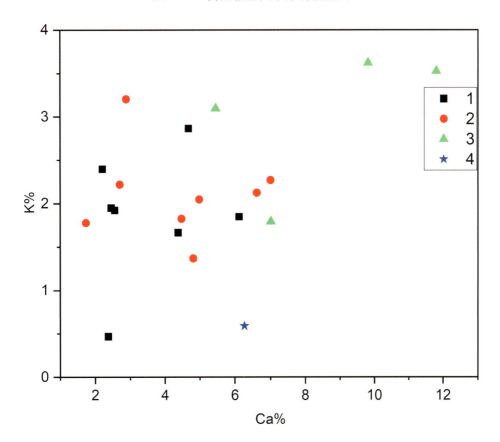

图5-20　酱黑釉器Ca-K元素二元散点图

要结合其他南方窑址进行对比分析。

三　结论

根据便携式 XRF 的分析，结合考古学者的类型学研究，对华光礁一号沉船出水的青白瓷、青瓷以及酱黑釉器的产地进行了初步判断。

青白瓷的分析结果表明，窑口不易判断的存疑样品部分来自德化窑、部分来自景德镇窑、部分来自闽清义窑。

青瓷的分析结果显示，类型学判断较为准确。但龙泉窑与仿龙泉产品，应当是来自龙泉窑某个大窑区内两个不同的窑场。216 号（W1∶320 碗）样品为南安窑产品，215 号（W1∶283 碗）样品为龙泉窑产品，212 号（W1∶502 碗）、214 号（W1∶1177 碗）以及类型学判断有误的 277 号（W1∶1192 碗）样品，均为仿龙泉窑产品，即龙泉窑的另一处小窑场产品。

酱黑釉瓷的分析表明酱黑釉器的来源较为复杂，可能来自 4 个窑口。这种情况应与酱黑釉器的用途有关，由于酱黑釉器的发现不如作为外销的主要品种青瓷和青白釉瓷多，因此，它们中的一部分很可能作为船上日常用品而被带到船上，这增加了其来源的复杂性。酱黑釉器的分析表明，除了 221 号（W1∶446 酱釉四系罐）、3330 号（XSH-11 酱釉四系罐）、3335 号（XSH-13 黑釉盏）、3337 号（XSH-14 酱釉小罐）样品外，其他样品均不是磁灶窑产品，可能是南方其他窑场所产，其中 195 号（W1∶432 酱釉小罐）样品则为单独来源。

此外，还利用一些主量元素对瓷器的配釉工艺进行了分析。从青白瓷和青瓷的助熔剂 Ca 和 K 元素含量的比较可以看出，闽清义窑釉的配方比较特殊，部分青白釉与青釉属于碱钙釉或是钙碱釉，这和北方地区白瓷的配釉工艺非常接近，显示出闽清义窑的制瓷工艺和北方瓷器生产有着密切联系。南安窑情况与此类似。而景德镇窑和德化窑则都是典型的南方地区配釉技术。酱黑釉瓷的 Ca 和 K 的分析结果表明，磁灶窑产品是高钙型釉，而另外两类产品有部分是钙碱釉或碱钙釉，所属窑址可能受到北方制瓷工艺影响。

本次分析研究再次证实便携式 XRF 无损分析可以非常有效的应用于瓷器产地和工艺研究。其无损原位的优点使得分析所有古代瓷器的产地研究成为可能，尤其是对于华光礁一号沉船这样大批量出水外销瓷以及博物馆收藏的精美瓷器。

总之，通过对华光礁一号沉船出水陶瓷器的便携式 XRF 分析可知，青白瓷来自德化窑、景德镇窑、闽清义窑；青瓷来自南安窑、松溪窑、义窑、龙泉窑；酱黑釉瓷部分来自磁灶窑，部分来源不明确。一些闽清义窑、南安窑产品，以及部分酱黑釉瓷属于碱钙釉或钙碱釉，都显示出所属窑场与北方地区制瓷工艺存在一定的联系。

附注：本节内容曾以《“华光礁一号”沉船出水瓷器的便携式 XRF 分析》为题发表于北京大学考古文博学院、北京大学中国考古学研究中心编《考古学研究（十四）》（第 335～349 页），科学出版社，2022 年。

第二节 船体构件树种鉴定与用材研究

华光礁一号沉船发现有 6 层船壳板,是目前发现的第一艘建造有 6 层外板的古船,展现了中国古代造船工匠的精湛技艺,是中国宋元时期海船采用多层外板造船技术的实物证据[1]。造船受造船材料、通航环境等诸多条件的限制,其中木材资源是重要的条件[2]。古代造船所用木材蕴含着丰富的信息,本节对华光礁一号沉船的船体木材进行树种鉴定及用材分析,进而系统分析沉船的用材特点,这对研究中国古代造船技术、航海技术及海上贸易等相关问题也具有重要意义。

一 材料与方法

华光礁一号沉船船体结构破损较严重,仅存船底剩余部分,底层船体保存良好,船体龙骨、隔舱壁、部分肋骨及侧板还可辨识;船体水平残长 18.4、残宽 9 米,舱深 3 ~ 4 米,残存 10 道隔舱板,船舱进深多在 1.1 ~ 1.5 米;龙骨东侧受损较严重,仅余 4 层船板,西侧相对尚好,5 层板清晰可见;船板除侧板局部有 6 层板外,其他均为 5 层板,外侧较薄。多数船板长度均在 5 米以上,最长达 14.4、宽度多在 0.3 米以上,最宽处超过 0.45 米[3]。

1.实验材料

为了系统开展船体木材树种鉴定及用材分析,对船体不同部位进行了取样,样品采集范围包括不同层位船板、隔舱板、压缝板、龙骨等典型部位,共选取 24 个木材样品进行树种鉴定,取样位置参见前文沉船平面图,木材样品信息与鉴定结果合并列于表 5-4。

2.分析方法

采用聚乙二醇 2000 浸泡小块木材样品(80℃ /4 天),随后取出木材样品放置于 - 20℃冰箱冷冻处理。利用平推式滑走切片机(型号:Leica SM2010R)切取厚度约 20μm 的木材横切面、弦切面和径切面切片,再经 1% 番红乙醇试剂染色、逐级梯度脱水、透明试剂透明处理、加拿大树胶封片制备成永久光学显微切片。将切片置于光学显微镜(型号:Olympus BX50)对木材样品的横切面、弦切面和径切面切片的显微构造特征进行观察、分析和拍照,最后将木材样品及其切片显微构造特征与木材标本显微数据库(中国林业科学研究院木材标本馆馆藏标本数据库)及木材图谱进行综合比对,最后确定木材种属[4]。

---

[1] 袁晓春:《南海"华光礁 1 号"沉船造船技术研究》,《南海学刊》2018年第2期,第61~62页。

[2] 黄纯艳:《造船业视域下的宋代社会》,上海人民出版社,2017年,第14页。

[3] 孟原召:《华光礁一号沉船与宋代南海贸易》,《博物院》2018年第2期,第13页。

[4] 本节中的树种鉴定委托中国林业科学研究院木材工业研究所进行,依据国家标准《木材鉴别方法通则》(GB/T 29894-2013)、《中国主要木材名称》(GB/T 16734-1997)、《中国主要进口木材名称》(GB/T 18153-2001)检测,检测人:郭娟、姜笑梅。

二　结果与讨论

1. 结果

经鉴定，24 个木材样品分别属于 3 科 3 属（未定种），包括硬木松属（*Pinus sp.*）、杉木属（*Cunninghamia sp.*）和香樟属（*Cinnamomum sp.*），其中 20 个木材样品为硬木松（三切面显微组织见图 5-21 ～ 40），1 个木材样品为杉木（图 5-41），3 个木材样品为香樟（图 5-42 ～ 44），具体鉴定结果见表 5-4。宋代造船使用最普遍的两种木材是松木和杉木，华光礁一号船体主要木材为硬木松，包括沉船各层船壳板和一块隔舱板，仅有一块船板为杉木，龙骨作为船体最重要的承重结构使用了香樟，其中一块作为船体骨架结构的隔舱板也使用了香樟，华光礁一号船体用材与宋代造船用材基本一致。

2. 讨论

目前，中国考古明确发现宋代沉船 19 艘，分别是 1960 年江苏省扬州市施桥镇木船（两艘）；1973 年福建泉州湾宋代海船；1976 年福建泉州法石沉船；1978 年天津静海元蒙口黄河故道宋船、上海南汇大治河古船、上海嘉定封滨杨湾吴淞江故道宋船和浙江宁波东门口海运码头沉船；1987 年广东南海一号沉船；1989 年福建连江定海白礁一号沉船；1996 年西沙群岛华光礁一号沉船；1998 年河北东光县码头村南运河故道宋船；2003 年浙江宁波和义门瓷城基址南侧沉船；2007 年安徽宿州埇上嘉院运河宋船；2008 年福建莆田兴化湾北土龟礁一号沉船；2010 年福建龙海半洋礁一号沉船；2011 年河南滑县新区沉船；2013 年安徽淮北柳孜运河遗址沉船[1]。泉州湾宋代海船、南海一号沉船和华光礁一号沉船最为重要，三艘沉船全部发掘出土或出水，是目前发现的最具代表的宋代远洋贸易沉船，对研究我国海外交通史、造船史、航海史等具有重要的学术价值。

泉州湾宋代海船是我国最早发现的一艘体量较大的南宋时期远洋贸易木船，船体残长 24.20、残宽 9.15 米，船体扁阔，平面近椭圆形，尖底，船体结构除龙骨外，弦侧板用三重木板，船壳板用两重木板。船体用材主要是杉木、松木和樟木三种，其中龙骨为松木；船底板、弦侧板和舱底板等船壳板为杉木；隔舱板多数为杉木，少数为香樟；桅底座、舱底座、艄柱和肋骨为香樟[2]。

南海一号沉船是我国整体打捞的一艘满载货物的远洋贸易福船，船体残长 22.15、最大船宽约 9.9 米，有 14 道横向隔舱壁板。南海一号船体的主要木材为马尾松，包括绝大部分的船舷板、舱壁板、补强材、货舱内方形铺板等；主要的受力结构包括桅夹、夹板梁、舵承座及其补强材和与舵承座相接的船尾壁均为香樟，而 C2 舱壁板的抱梁肋骨以及船体左侧中部显露的肋骨（疑似）均为檫木，个别船舷板为杉木，个别补强材为杉木或檫木[3]。

[1] 路昊：《中国境内宋代沉船的发现与研究》，国家文物局水下文化遗产保护中心：《水下考古（第一辑）》，上海古籍出版社，2018 年，第 128 ～ 129 页。

[2] 泉州湾宋代海船发掘报告编写组：《泉州湾宋代海船发掘报告》，《文物》1975 年第 10 期，第 2 ～ 4 页；陈振端：《泉州湾出土宋代海船木材鉴定》，《海交史研究》1982 年总第 7 期，第 52 ～ 55 页。

[3] 周逸航、王恺、孙键等：《南海 I 号的船体木材树种鉴定》，北京大学考古文博学院等：《考古学研究（第十二卷）》，科学出版社，2020 年，第 1 ～ 11 页；张治国、孙键、席光兰等：《南海 I 号船体木材树种鉴定与用材分析》，国家文物局水下文化遗产保护中心：《水下考古（第一辑）》，上海古籍出版社，2018 年，第 197 ～ 206 页。

表5-4　船体木材样品信息与树种鉴定结果

科	属	样品编号	构件类型	取样部位（遗址描述）	构件位置
杉科（Taxodiaceae）	杉木（Cunninghamia sp.）	CB63	船壳板	位于船体遗迹的中部，大宽板	第一层板
松科（Pinacese）	硬木松（Pinus sp.）	CB151	隔舱板	位于船体的东部偏南，为第一层隔舱板	
樟科（Lauraceae）	香樟（Cinnamomum sp.）	CB162	隔舱板	位于船体的南部，从南数第三道隔舱板位置	
松科（Pinacese）	硬木松（Pinus sp.）	CB239	压缝板	位于船体遗迹的南部中间位置	第二层板
	硬木松（Pinus sp.）	CB29	船壳板	位于船体遗址的东北部，龙骨东侧船板	
	硬木松（Pinus sp.）	CB104	船壳板	位于船体遗址的东部	
	硬木松（Pinus sp.）	CB118	船壳板	位于船体遗址东部	
	硬木松（Pinus sp.）	CB62	船壳板	位于船体遗址的北部	
	硬木松（Pinus sp.）	CB156	船壳板	位于船体遗址东部，西临155	
樟科（Lauraceae）	香樟（Cinnamomum sp.）	CB502	龙骨	位于船体遗址的东北，属于龙骨北端部分	
松科（Pinacese）	硬木松（Pinus sp.）	CB331	船壳板	位于船体遗址南部，大宽板	第三层板
	硬木松（Pinus sp.）	CB224	船壳板	船板位于A区（遗址的西半部分）的中段	
	硬木松（Pinus sp.）	CB95	船壳板	船板位于A区（遗址的西半部分）的北段	
松科（Pinacese）	硬木松（Pinus sp.）	CB373	船壳板	位于船体遗址西南	第四层板
	硬木松（Pinus sp.）	CB376	船壳板	位于船体遗址中部，大宽板	
	硬木松（Pinus sp.）	CB187	船壳板	位于船体遗址中部，大宽板	
	硬木松（Pinus sp.）	CB372	船壳板	位于船体遗址中部	
松科（Pinacese）	硬木松（Pinus sp.）	CB219	船壳板	船板位于A区（遗址的西半部分）的南段	第五层板
	硬木松（Pinus sp.）	CB380	船壳板	船板位于A区（遗址的西半部分）的中段	
	硬木松（Pinus sp.）	CB435	船壳板	船板位于A区（遗址的西半部分）的中段	
	硬木松（Pinus sp.）	CB475	船壳板	位于船体遗址的东北部，龙骨西侧船板	
松科（Pinacese）	硬木松（Pinus sp.）	采集1	未知		
樟科（Lauraceae）	香樟（Cinnamomum sp.）	采集2	艏龙骨		
松科（Pinacese）	硬木松（Pinus sp.）	采集3	艏龙骨接口处		

（注：样品编号、取样位置详参前文第二章和书后附录一）

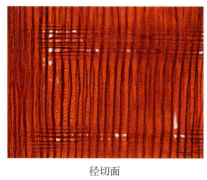
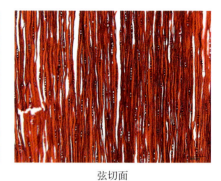

横切面　　　　　　　　　　　径切面　　　　　　　　　　　弦切面

图5-21　样品CG29硬木松

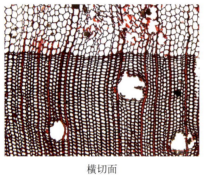
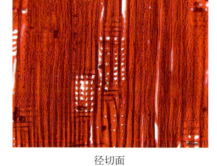
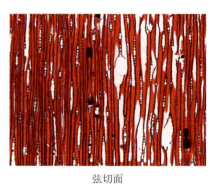

横切面　　　　　　　　　　　径切面　　　　　　　　　　　弦切面

图5-22　样品CG62硬木松

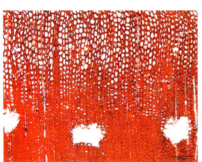

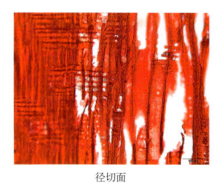

横切面　　　　　　　　　　　径切面　　　　　　　　　　　弦切面

图5-23　样品CG95硬木松

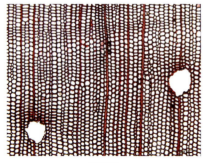

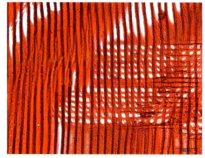
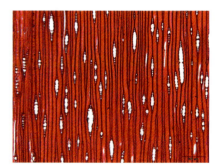

横切面　　　　　　　　　　　径切面　　　　　　　　　　　弦切面

图5-24　样品CG104硬木松

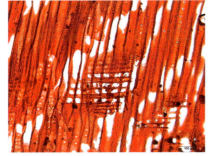

横切面　　　　　　　　　　　　　径切面　　　　　　　　　　　　　弦切面

图5-25　样品CG118硬木松

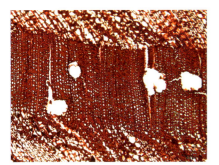

横切面　　　　　　　　　　　　　径切面　　　　　　　　　　　　　弦切面

图5-26　样品CG151硬木松

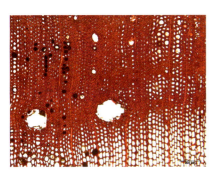

横切面　　　　　　　　　　　　　径切面　　　　　　　　　　　　　弦切面

图5-27　样品CG156硬木松

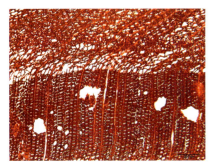
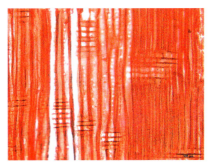

横切面　　　　　　　　　　　　　径切面　　　　　　　　　　　　　弦切面

图5-28　样品CG187硬木松

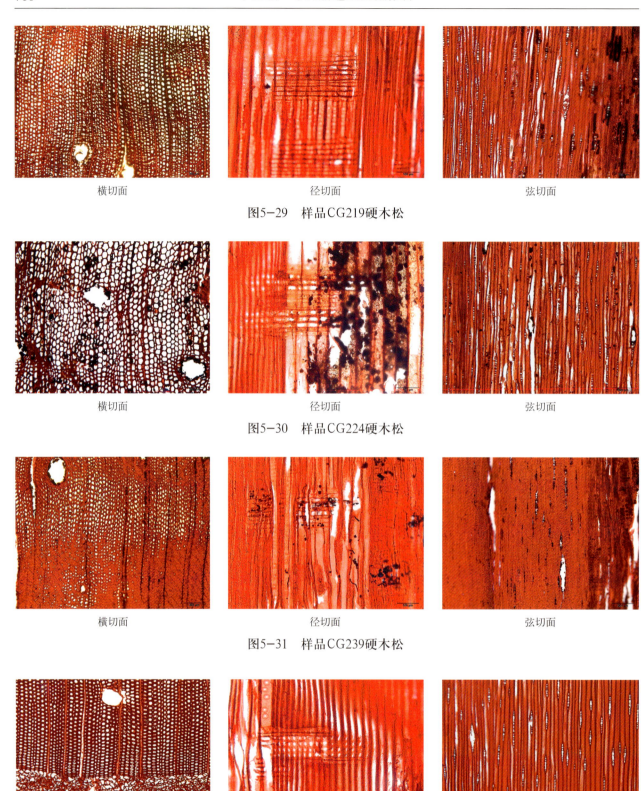

横切面　　　　　　　　　　径切面　　　　　　　　　　弦切面

图5-29　样品CG219硬木松

横切面　　　　　　　　　　径切面　　　　　　　　　　弦切面

图5-30　样品CG224硬木松

横切面　　　　　　　　　　径切面　　　　　　　　　　弦切面

图5-31　样品CG239硬木松

横切面　　　　　　　　　　径切面　　　　　　　　　　弦切面

图5-32　样品CG331硬木松

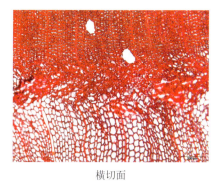

横切面 径切面 弦切面

图5-33 样品CG372硬木松

横切面 径切面 弦切面

图5-34 样品CG373硬木松

横切面 径切面 弦切面

图5-35 样品CG376硬木松

横切面 径切面 弦切面

图5-36 样品CG380硬木松

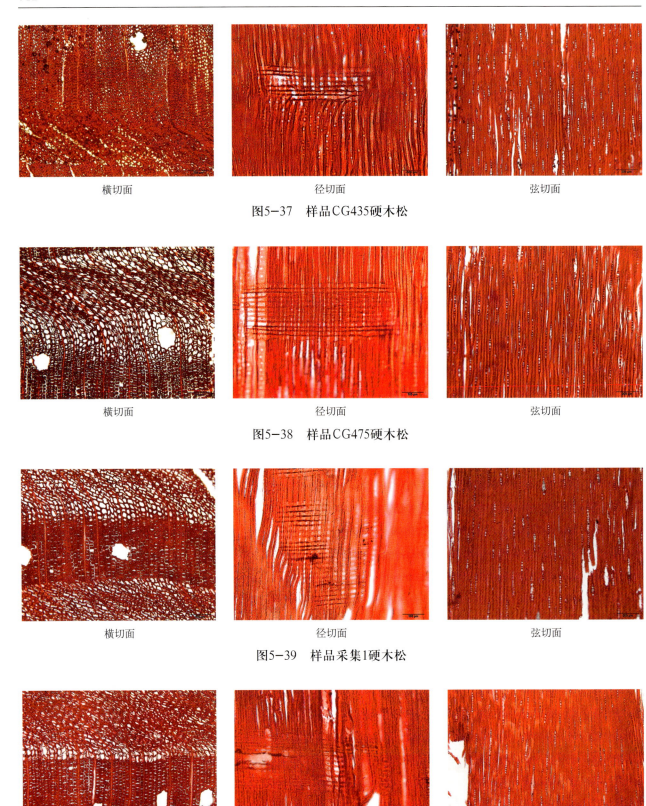

横切面　　　　　　　　　径切面　　　　　　　　　弦切面

图5-37　样品CG435硬木松

横切面　　　　　　　　　径切面　　　　　　　　　弦切面

图5-38　样品CG475硬木松

横切面　　　　　　　　　径切面　　　　　　　　　弦切面

图5-39　样品采集1硬木松

横切面　　　　　　　　　径切面　　　　　　　　　弦切面

图5-40　样品采集3硬木松

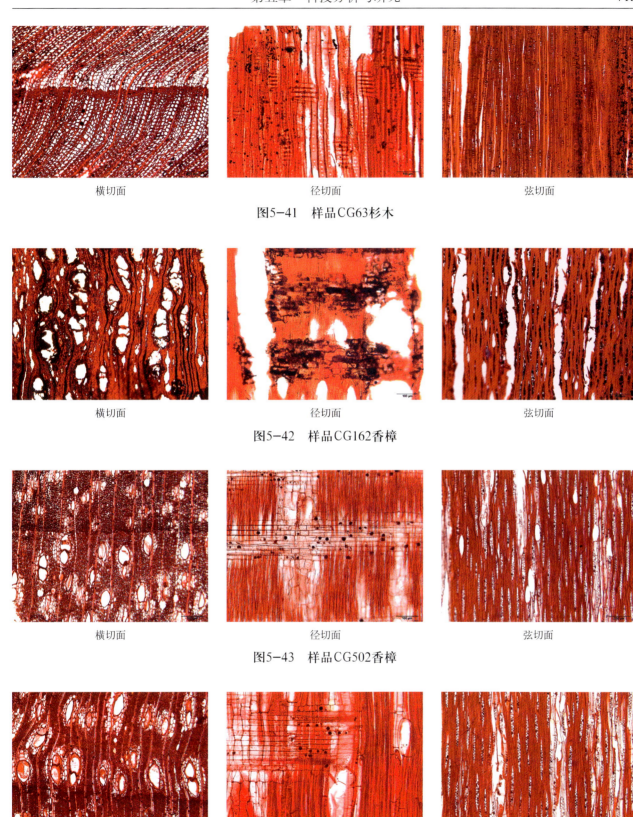

横切面　　　　　　　　　径切面　　　　　　　　　弦切面

图5-41　样品CG63杉木

横切面　　　　　　　　　径切面　　　　　　　　　弦切面

图5-42　样品CG162香樟

横切面　　　　　　　　　径切面　　　　　　　　　弦切面

图5-43　样品CG502香樟

横切面　　　　　　　　　径切面　　　　　　　　　弦切面

图5-44　样品采集2香樟

　　包春磊对华光礁一号沉船船体木材进行了树种鉴定，取样范围主要包含第 1 ～ 6 层外板、龙骨、立柱等位置的 31 个样品，与本文重叠鉴定的样品有三个，分别为样品 CG63、样品 CG162 和样品 CG502。鉴定结果可知船体主要用材为松属，未确定具体种属，本文鉴定为硬木松；其中，船壳板样品 CG63 为杉木，隔舱板样品 CG162 和龙骨样品 CG502 为香樟，与本文鉴定结果一致；其对龙骨样品 CG374 的鉴定结果为润楠，对船板 CG59 的鉴定结果为柏木 [1]。尽管其多数取样位置与本文的取样位置不同，但是整体鉴定结果与本文结果一致，二者可以互为补充，并可知华光礁一号沉船船体木材主要为硬木松。

　　据《中国木材志》可知，造船要求木材抗弯强度高，既强韧，又富有弹性，有适当硬度，能耐久，无腐朽。松木分布范围广，几乎均系高大乔木，绝大多数都是森林树种及用材树种，松木含松脂油不忌水，硬木松抗弯强度相对较高，有适当硬度，耐久性强，易加工，是理想的造船材料，适合用于船体各个部位。杉木主要分布在我国南方地区，生长快，木材加工性能好，少受白蚁危害，能耐腐，也是理想的造船材料。樟科分布于我国长江流域以南气候温暖的地区，尤以西南及华南种类最为丰富，为南方重要用材树种，香樟和润楠属于樟科；香樟气味浓厚，经久不衰，木材具有耐腐、抗虫蛀的特点，在我国作为造船用材有着悠久的历史 [2]。

　　从史籍记载和发掘实物分析，宋代造船使用最普遍的木材是松木和杉木，主要的造船基地都是盛产或容易获得松木和杉木的地区；楠木和香樟等名贵木材一般仅作为宋代造船的辅材。江西作为最主要的内河船只制造地，是以赣江流域丰富的木材资源为基础，而本地也盛产松木和杉木；浙东台州出产有金松、松、杉、樟、檀、楠等，温州、明州等地也出产松、杉、楠等木材；浙西路也多产松木、杉木等造船材料；福建是最重要的海船制造地，出产松、杉、楠、樟。广东和广西也出产松木和杉木，广州一带出产樟、楠、松、杉等可以造船的木材 [3]。

　　宋代商品经济发达，市场繁荣开放，海上贸易空前繁荣，尤其南宋政权南迁，经济重心南移和江南经济空前发展。在古代有限的交通运输条件下，宋代不论是国内贸易、官府纲运、官私旅行，还是海上贸易，船只都是主要的运输工具，也是大宗和经济的方式，造船规模和技术在宋代都获得了巨大发展 [4]。造船所用木材量大，尤其是远洋贸易大船，造船成本较大。宋代北方虽有松木，但由于战争破坏和过度砍伐，木材普遍匮乏，南方地区木材资源丰富的江西、湖南、湖北、浙东、福建等地区就成为宋代最主要的造船地。为了控制成本，宋代造船主要用材就选择了松木和杉木，这两类木材整体性能较好、耐久性强，尤其是木材资源丰富，生长快，相对采伐容易，是理想的造船用材；而香樟和楠木等木材相对稀缺，价格昂贵，可以作为造船辅材主要用于船体的主要受力结构部位，或者用于制造高档船只。在长期实践中，宋人对这些造船树种的性能和用途已经有充分了解和掌握，能够根据船舶形制和料例，在满足船体各个部位的结构性能的条件下，合理选择所用木材，选择松木和杉木作为主要用材，香樟和楠木等贵重木材则作为辅材，主要用于船体的主要受力结构

[1]　包春磊：《“华光礁 I 号”南宋沉船船体构件的用材分析》，《文物保护与考古科学》2020年第4期，第58～65页。
[2]　成俊卿、杨家驹、刘鹏：《中国木材志》，中国林业出版社，1992年，第705、20、83、352、361、374页。
[3]　黄纯艳：《造船业视域下的宋代社会》，上海人民出版社，2017年，第15～25页。
[4]　黄纯艳：《造船业视域下的宋代社会》，上海人民出版社，2017年，第1页。

部位。

综合分析结果可知，华光礁一号沉船船体木材主要为硬木松，仅在船体最重要的承重结构（龙骨等位置）和船体骨架结构（隔舱板）使用了稀缺贵重和综合性能更加优良的香樟或润楠；其中仅有一块船板样品为杉木，推测可能为后期修船时更换所致。泉州湾宋代海船、南海一号沉船和华光礁一号沉船属于同一时期建造的船只，木材鉴定对比分析可知，南海一号沉船船体的主要木材为松木（马尾松），同样在主要的受力结构包括桅夹、夹板梁、舵承座及其补强材和与舵承座相接的船尾壁使用了香樟。泉州湾宋代海船船体用材主要是杉木、松木和樟木三种，船板主要为杉木，龙骨为松木，主要受力结构包括桅底座、舱底座、艏柱和肋骨等使用了香樟。宋代造船最常用的主要木材是松木和杉木，主要出产于南方大部分地区的香樟和楠木等贵重木材只能作为造船的辅材，主要用于船体的主要受力结构部位，且这些部位在船舶使用维修期间不宜更换，适合使用一些性能更加优良和耐久性强的木材；另外楠木也多用于制造座船等高档船只。华光礁一号沉船船体用材完全与宋代造船所用木材一致，泉州湾宋代海船和南海一号沉船用材情况也完全符合宋代造船用材特点。

三　结论

华光礁一号沉船船体结构破损较严重，仅存船底剩余部分，木材保存状况较差，部分炭化严重呈黑色，底层板腐蚀严重。由24个木材样品的树种鉴定结果分析可知：

（1）24个木材样品分别属于3科3属（未定种），包括硬木松属、杉木属和香樟属；其中20个木材样品为硬木松，包括沉船各层船壳板和一块隔舱板；1个船板木材样品为杉木；3个木材样品为香樟，分别为船体最重要承重结构的龙骨和船体骨架结构的隔舱板。

（2）宋代造船使用最普遍的两种木材是松木和杉木，华光礁一号船体主要木材为硬木松，与宋代造船用材基本一致。

（3）宋代造船能够根据船舶形制和料例，在满足船体各个部位的结构性能的条件下，合理选择所用木材，同时为了控制造船成本，选择松木和杉木作为造船主要用材，香樟和楠木等贵重木材只能作为造船的辅材，主要用于船体的主要受力结构部位。

第六章 结语

华光礁一号沉船遗址地处宋元时期南海贸易的重要航线上，从其船体结构特征和出水遗物来看，是一艘颇具代表性的宋代海外贸易商船，也是古代海上丝绸之路发展繁荣阶段的典型实物遗存。这一点可从西沙群岛海域的特殊地理位置和宋代海外贸易的宏观视野下进行分析。

一 历史背景与西沙文物

晚唐五代时期，海外贸易得以迅速发展。入宋以后，开宝四年（971 年）"置市舶司于广州，后又于杭、明州置司。凡大食、古逻、阇婆、占城、勃泥、麻逸、三佛齐诸蕃并通货易，以金银、缗钱、铅锡、杂色帛、瓷器，市香药、犀象、珊瑚、琥珀、珠琲、镔铁、鼍皮、瑇瑁、玛瑙、车渠、水精、蕃布、乌樠、苏木等物。"[1] 于是，由宋及至元代，海外贸易达到了繁盛阶段，大批中国丝绸、陶瓷器等商品输往亚洲、非洲地区，"博易"而来了海外地区的奇珍异宝、香料木材等物[2]。由此可知，东南亚的阇婆、占城、勃泥、麻逸、三佛齐等南海诸国是宋代交通贸易的重要地区，西沙群岛正位于通往南海的贸易航线要冲，其海上往来频繁，贸易十分发达[3]。

从目前水下考古发现的资料来看，至迟在晚唐五代时期，我国通往南海诸国的海上贸易航线已经经由西沙群岛海域[4]。该地岛礁林立，海况复杂，是古代航海事故多发地带。因而，遗留于此的水下文化遗存十分丰富。20 世纪以来，西沙群岛岛礁及水下陆续发现大量古代文物，渔民捕鱼作业时也时有发现。1974 年 3～5 月、1975 年 3～5 月，文物工作者先后开展了两次文物调查，在部分岛礁发现了一批唐五代至清代遗物[5]。1996 年 4～5 月，西沙群岛文物普查工作调查了 10 余处岛礁和

---

[1] （元）脱脱等撰：《宋史》卷一百八十六《食货》下八，中华书局，1977年，第4558～4559页。

[2] 陈高华、吴泰：《宋元时期的海外贸易》，天津人民出版社，1981年；黄纯艳：《宋代海外贸易》，社会科学文献出版社，2003年；高荣盛：《元代海外贸易研究》，四川人民出版社，1998年。

[3] 冯承钧：《中国南洋交通史》，谢方导读本，上海古籍出版社，2005年。

[4] 根据20世纪70年代的考古调查资料，发现有少量南朝至唐代陶瓷遗物，但其数量甚少，多属唐代晚期，再结合2007～2014年西沙群岛水下考古调查最新成果，可知目前可以确认的数量较为丰富的水下文化遗存当为五代时期。这应与晚唐至五代、宋元时期的海上贸易航线变化有关。

[5] 广东省博物馆：《西沙文物——中国南海诸岛之一西沙群岛文物调查》，文物出版社，1975年；广东省博物馆：《广东省西沙群岛文物调查简报》，《文物》1974年第10期，第1～29页；广东省博物馆、广东省海南行政区文化局：《广东省西沙群岛第二次文物调查简报》，《文物》1976年第9期，第9～27页；广东省博物馆、广东省海南行政区文化局：《广东省西沙群岛北礁发现的古代陶瓷器——第二次文物调查简报续编》，《文物资料丛刊》第6辑，文物出版社，1982年，第151～168页；何纪生：《遗留在西沙群岛的古代外销陶瓷器》，《古陶瓷研究》第一辑，1982年，第132～136页。此二次调查发现的资料，后再经整理另刊，参看蔡奕芝：《1974～1975年西沙群岛文物调查综述》，范伊然：《南海考古资料整理与述评》附录，科学出版社，2013年，第159～198页。

沙洲，水下调查发现了 8 处沉船和水下遗物点，共采集到了 1800 多件以陶瓷器为主的文物[1]。1998年 12 月～ 1999 年 1 月，水下考古工作者对西沙群岛北礁、银屿、石屿、华光礁 14 处水下文化遗存做了调查与试掘，出水 1500 余件瓷器、铁器、象牙等文物[2]；2007 ～ 2015 年对西沙群岛进行了水下文物普查和系统调查，并对华光礁一号沉船和珊瑚岛一号沉船遗址做了发掘，发现了五代至清代的 100 余处水下文化遗存，主要分布于北礁、永乐环礁、华光礁、盘石屿、玉琢礁、七连屿、浪花礁一带，出水遗物中数量最多、类别最丰富则是不同时代的外销陶瓷器[3]。在这些众多的水下文化遗存中，华光礁一号沉船是一艘颇具代表性的宋代海外贸易商船，为探讨宋代南海海上丝绸之路提供了重要实物资料。下文即从华光礁一号沉船及其出水遗物出发，探讨该船的年代、贸易航线等问题，并结合窑址考古发现和海内外沉船新发现，论述这一时期海外贸易商品的产地、港口、市场等问题，进一步探索宋代南海贸易的阶段性特征。

二　船体结构与沉船年代

华光礁一号沉船遗址位于华光礁北部礁盘内侧，地处西沙群岛西侧的永乐群岛。遗址于 1996 年发现，后曾遭到渔民非法盗掘而破坏严重。经 1998 ～ 1999 年度的水下考古调查和抢救性试掘，出水遗物 849 件，以陶瓷器为主，遗址上还发现有大块含铁质遗物的凝结物，并确认这是一处南宋时期的沉船遗址[4]。后经本次 2007、2008 年两个年度大规模的水下考古发掘，对沉船做了全面揭露、清理和遗物提取，发掘出水了 1 万余件陶瓷器、铜镜、铁器等文物，清理、提取出水 511 块残存的船体构件，取得了重要成果。

沉船船体保存较差，2007 年发掘测得水平残长 18.4、残宽 9.0、舷深 3 ～ 4 米，船艏方向 320°，整个船体略向西倾斜。残存 10 道隔舱板，船舱进深多在 1.1 ～ 1.5 米之间。底层船体保存良好，船板除侧板局部有 6 层板外，其他均为 5 层板，外侧较薄（船体结构详见本书第三章）。多数船板长度均在 5 米以上，最长达 14.4，宽度多在 0.3 米以上，最宽处超过 0.45 米。大部分船板表面呈浅褐色（图 6-1），较坚硬，部分炭化较严重，而呈黑色，底层板腐蚀严重。船体的搭接方法主要有榫口搭接、滑肩搭接等，船板接缝及船板间以舱料填充，船板之间还采用大量的铁钉固定船板。这也符合宋元时期我国传统海船的主要特征[5]。

[1]　海南省博物馆、海南省文物考古研究所：《1996 年西沙文物普查》，科学出版社，2020 年；蒋迎春：《西沙群岛文物普查获丰硕成果》，《中国文物报》1996 年 7 月 14 日第 1 版；郝思德：《'96 西沙群岛文物普查的新收获》，广东炎黄文化研究会：《岭峤春秋——海洋文化论集》，广大人民出版社，1997 年，第 300 ～ 306 页；郝思德、王大新：《'96 西沙群岛文物普查》，《中国考古学年鉴·1997》，文物出版社，1999 年，第 216 ～ 217 页；郝思德：《南海文物》，《海南历史文化大系·文博卷》，南方出版社、海南出版社，2008 年；郝思德：《南海考古》，广西师范大学出版社，2011 年，第 10 ～ 12 页。

[2]　中国国家博物馆水下考古研究中心、海南省文物保护管理办公室：《西沙水下考古（1998 ～ 1999）》，科学出版社，2006 年。

[3]　孟原召、符洪洪：《2010 年西沙群岛水下考古调查再获丰硕成果》，《中国文物报》2010 年 6 月 4 日第 4 版；赵嘉斌：《2009 ～ 2010 年西沙群岛水下考古调查主要收获》，吴春明：《海洋遗产与考古》，科学出版社，2012 年，第 178 ～ 190 页；赵嘉斌：《南海海域水下考古工作概况——以西沙群岛水下考古调查与文物巡查为重点》，《南海水下文化遗产》第一辑，江苏人民出版社，2015 年，第 47 ～ 58 页；孟原召：《西沙群岛海域古代沉船》，宋建忠：《中国沉船考古发现与研究》，第十一章，科学出版社，2021 年，第 167 ～ 212 页。

[4]　中国国家博物馆水下考古研究中心等：《西沙水下考古（1998 ～ 1999）》，科学出版社，2006 年。

[5]　席龙飞：《中国造船史》，第六章，湖北教育出版社，2000 年，第 132 ～ 182 页；席龙飞：《中国造船通史》，第七章，海洋出版社，2013 年；席龙飞：《中国古代造船史》，第九章，武汉大学出版社，2015 年。

图6-1　华光礁一号沉船船板局部

由于华光礁一号沉船位于礁盘这一特殊地理环境，其很有可能是受恶劣天气影响而触礁沉没的，而且因底质为硬质珊瑚和生物沙组成，故无法被淤积覆盖或埋藏于泥下。因常年出露和受海浪侵蚀，沉船船体受破坏严重，不仅残缺较多，而且船底板在很大程度上船板已摊散严重，船体复原难度较大，但可结合这一时期同类沉船的结构特征对其进行大致复原，明显具有"尖底、圆舷、小方形系数"等宋代"福船"的一般特点，具有良好的抗倾覆能力和横风作用下的抗漂能力[1]。从船型、结构和工艺特征来看，其与已发现的泉州湾宋代海船[2]、法石古船[3]较为相似，推断其应为福建沿海一带建造的宋代远洋海船。不过，华光礁一号沉船的船壳板有5～6层之多，尚属首例考古发现[4]。这类多层船板的结构较为特殊，应是船舶修理过程中加固时所用之法，在宋代沉船中已有发现，泉州湾南宋沉船有2～3层船板[5]。这一结构在元代仍有使用，马可·波罗在其东方游历中"往来印度诸岛之船舶"有相关记载："此种船舶，每年修理一次，加厚板一层，其板刨光涂油，结合于原有船板之上，其单独行动张帆之二小船，修理之法亦同。应知此每年或必要时增加之板，只能在数年间为之，至船壁有六板厚时遂止。盖逾此限度以外，不复加板，业已厚有六板之船，不复航行大海，仅

[1]　龚昌奇：《华光礁一号宋代古船技术复原初探》，《国家航海》第二十辑，上海古籍出版社，2018年，第71～88页。

[2]　福建省泉州海外交通史博物馆：《泉州湾宋代海船发掘与研究》，海洋出版社，1987年。

[3]　中国科学院自然科学史研究所等：《泉州法石古船试掘简报和初步探讨》，《自然科学史研究》1983年第2期，第164～172页。南海Ⅰ号沉船国家文物局水下文化遗产保护中心等：《南海Ⅰ号沉船考古报告之二——2014～2015年发掘》，文物出版社，2017年。

[4]　袁晓春：《南海"华光礁Ⅰ号"沉船造船技术研究》，《南海学刊》2018年第2期，第61～69页。

[5]　福建省泉州海外交通史博物馆：《泉州湾宋代海船发掘与研究》，海洋出版社，1987年，第19页。

图6-2 华光礁一号沉船原生瓷器堆积

供沿岸航行之用，至其不能航行之时，然后卸之"[1]，所记颇详，而且还记有"船用好铁钉结合，有二厚板叠加于上，不用松香，盖不知有其物也，然用麻及树油搀合涂壁，使之绝不透水"[2]，此当为中国之船舶。以此观之，华光礁一号沉船的 6 层船板，已接近无法涉海远航了。根据这些考古实物资料可知，这一工艺在宋代已颇为成熟[3]。

华光礁一号沉船出水遗物 1 万余件，有陶瓷器、铁器、铜镜、铜钱等，尤以瓷器数量为最多。不过，沉船遗址因受破坏较为严重，仅局部位置保存着成摞摆放的原生瓷器堆积（图6-2）。出水陶瓷器有青白瓷、青瓷、酱黑釉器等，器类主要有碗、盏、盘、碟、盒、执壶、瓶、罐等，分别产自江西、浙江、福建等地，以福建窑场的产品数量最多（详细分类和数量，参见本书第四章）。从陶瓷器的总体特征来看，其年代属南宋时期。此外，金属遗物数量也不少，以捆绑成束的铁条材为最多，因其易受水侵蚀氧化，不少已粘结锈蚀成为大块的凝结物[4]，知其也应是当时的重要船载商品

[1] 〔法〕沙海昂注，冯承钧译：《马可波罗行纪》第三卷第一五七章，中华书局，2004年新1版，第620页。

[2] 〔法〕沙海昂注，冯承钧译：《马可波罗行纪》第三卷第一五七章，中华书局，2004年新1版，第619页。

[3] 袁晓春：《"华光礁Ⅰ号"宋朝沉船与马可·波罗》，《船史研究》2018年刊（总第24期），武汉理工大学出版社，2018年，第139～145页；袁晓春：《马可波罗对海上丝绸之路中国造船技术的记载与传播》，《南海学刊》2016年第1期，第108～112页。

[4] 中国国家博物馆水下考古研究中心等：《西沙水下考古（1998～1999）》，第四章，科学出版社，2006年。

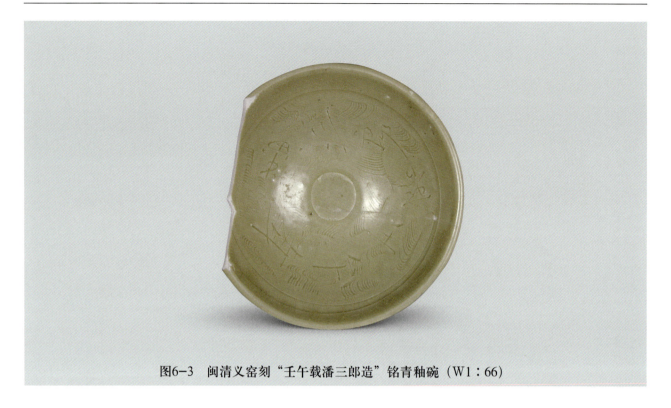

图6-3　闽清义窑刻"壬午载潘三郎造"铭青釉碗（W1：66）

之一。遗憾的是，与南海一号沉船等载有大量铜钱不同，华光礁一号沉船虽有个别铜钱发现，而且后期保护研究时，在船体龙骨末端榫卯处还发现了堆积在一起的 7 枚铜钱，其中 1 枚仅剩锈蚀物痕迹，其余 6 枚经清理后有"开元通宝"钱文，这应是造船时"保寿孔"放置的压胜铜钱[1]，以求平安祈福，但并未见其他具有明确年代信息的铜钱。值得注意的是，在出水的闽清义窑瓷器中，有一件青白釉碗的内壁刻有"壬午载潘三郎造"（图 6-3），综合分析判断，"壬午载"应为南宋高宗绍兴三十二年，即公元 1162 年，沉船当在此后不久。因而，华光礁一号沉船年代应为南宋早期。

不过，由于华光礁一号沉船位于珊瑚礁盘内，遗址水深 1～3 米，埋藏浅，沉没后即受到自然外力破坏，导致船体损毁严重，仅存船底局部；后来又经渔民作业破坏，使得现今已无法完全复原该船的原貌，也已无法得知船载货物的全部。但通过历年调查和发掘，结合其他文物考古资料和器物组合情况，仍可对其货物来源、贸易航线、海外市场等问题进行探讨，并以此窥知宋代南海贸易之概貌。

三　船货组合与产地分析

华光礁一号沉船出水遗物以陶瓷器为大宗，其产地即烧造窑场的断定将有助于探讨港口和贸易航线等问题，下面即以此为主要出发点进行分析。

20 世纪 70 年代以来，南方地区宋元时期的瓷窑遗址考古取得了一系列新进展，除了江西景德镇

---

[1]　包春磊：《华光礁 I 号海船出水"开元通宝"铜钱刍议》，《中国钱币》2021年第1期，第54～58页。

窑[1]、浙江龙泉窑[2]，华南沿海地区尤以福建地区的窑址考古成果最为丰富[3]，如德化窑[4]、晋江磁灶窑[5]、武夷山遇林亭窑[6]、南安窑[7]、松溪窑[8]、闽清义窑[9]等均做了系统调查和考古发掘，广东地区则有潮州窑[10]、广州西村窑[11]等窑址的调查和发掘[12]。通过这些瓷窑遗址发掘，揭露出一大批制瓷手工业遗迹，出土了大量的陶瓷器和窑具等遗物标本，为重新认识华南地区制瓷手工业面貌、判断沉船与海外地区发现的宋元时期外销瓷的产地等问题提供了重要参考[13]。

结合上述窑址考古资料，可以初步判断华光礁一号沉船出水陶瓷器主要包括江西景德镇窑青白瓷，浙江龙泉窑青瓷，福建松溪窑青瓷、南安窑青瓷、闽清义窑青白瓷、德化窑青白瓷、武夷山遇林亭窑黑釉瓷、晋江磁灶窑青瓷和酱黑釉器等，以闽清义窑、德化窑、晋江磁灶窑产品数量最多，尤以闽清义窑瓷器所占比例最大，约占出水陶瓷器总数的65%。这一产品组合在南宋时期沉船中颇为常见。而与之相邻海域的全富岛一号沉船遗址[14]，船体已不存，采集出水有龙泉窑、松溪窑、南安窑的青瓷（图6-4），景德镇窑、闽清义窑和德化窑的青白瓷（图6-5），晋江磁灶窑的酱黑釉器等。尚未远航而沉没于广东台山海域的南海一号沉船[15]，保存较好，出水、出土遗物十分丰富，仍以陶瓷器

[1] 刘新园、白焜：《景德镇湖田窑考察纪要》，《文物》1980年第11期，第39～49页；江建新：《景德镇窑业遗存考察述要》，《江西文物》1991年第3期，第44～50、79页；江西省文物考古研究所等：《景德镇湖田窑址——1988～1999年考古发掘报告》，文物出版社，2007年；江西省文物考古研究所等：《江西湖田窑址H区发掘简报》，《考古》2000年第12期，第73～88页；江西省文物考古研究所等：《景德镇湖田窑H区附属主干道发掘简报》，《文物》2001年第2期，第42～62页。

[2] 浙江省轻工业厅：《龙泉青瓷研究》，文物出版社，1989年；李知宴：《浙江龙泉青瓷山头窑发掘的主要收获》，《文物》1981年第10期，第36～42页；上海博物馆考古部：《浙江龙泉安仁口古瓷窑址发掘报告》，《上海博物馆集刊》第三期，上海古籍出版社，1986年，第102～132页；紧水滩工程考古队浙江组：《山头窑与大白岸——龙泉东区窑址发掘报告之一》，《浙江省文物考古所学刊》，文物出版社，1981年；浙江省文物考古研究所：《龙泉东区窑址发掘报告》，文物出版社，2005年。

[3] 曾凡：《福建陶瓷考古概论》，福建省地图出版社，2001年；栗建安：《福建古窑址考古五十年》，《陈昌蔚纪念论文集·陶瓷》，财团法人陈昌蔚文教基金会，2001年，第9～38页。

[4] 福建省博物馆：《德化窑》，文物出版社，1990年。

[5] 陈鹏、黄天柱、黄宝玲：《福建晋江磁灶古窑址》，《考古》1982年第5期，第490～498、489页；福建省泉州海外交通史博物馆调查组：《晋江县磁灶陶瓷史调查记》，《海交史研究》1980年总第2期，第29～34页；叶文程、苏垂昌、黄世春：《晋江磁灶窑的发展及其外销》，《中国古代陶瓷的外销——1987年晋江年会论文集》，紫禁城出版社，1988年，第61～65页；福建博物院、晋江博物馆：《磁灶窑址：福建晋江磁灶窑址考古调查发掘报告》，科学出版社，2011年。

[6] 福建省博物馆：《武夷山遇林亭窑址发掘报告》，《福建文博》2000年第2期，第20～49页；武夷山市博物馆：《福建武夷山遇林亭窑址再考察》，《福建文博》1996年第2期，第53～55页；中国国家博物馆水下考古研究中心等：《武夷山古窑址》，科学出版社，2015年。

[7] 福建博物院等：《南安寮仔窑发掘简报》，《福建文博》2008年第4期，第1～11页；杨小川：《南安市篦点划花青瓷介述》，《福建文博》1996年第2期，第169～172页；林忠干、张文崟：《同安窑系青瓷的初步研究》，《东南文化》1990年第5期，第391～397、390页。

[8] 福建省博物馆：《福建松溪县垌场北宋窑址试掘简报》，《考古学集刊》第2集，中国社会科学出版社，1982年，第167～170、202页；羊泽林等：《福建松溪县西门窑发掘收获》，《东方博物》第64辑，中国书店，2017年，第65～75页。

[9] 闽清县文化局、厦门大学人类学系考古专业：《闽清县义窑和青窑调查报告》，《福建文博》1993年第1、2期，第151～161页；叶文程：《福建闽清义窑青窑的调查与外销瓷问题》，Ho Chuimei ed. *Ancient Ceramic Kiln Technology in Asia*, Hong Kong: The Centre of Asian Studies, the University of Hong Kong, 1990, pp.60～73. 此外，福建博物院于2015年对闽清义窑做了系统调查，并对义窑下窑岗窑址进行了一次大规模考古发掘，报告待刊，此资料承蒙羊泽林先生相告，谨此致谢。

[10] 广东省博物馆：《潮州笔架山宋代窑址发掘报告》，文物出版社，1981年。

[11] 广州市文物管理委员会、香港中文大学文物馆：《广州西村窑》，香港中文大学中国考古艺术研究中心，1987年。

[12] 曾广亿：《广东瓷窑遗址考古概要》，《江西文物》1991年第4期，第105～108、84页。

[13] 笔者在闽南地区宋至清代制瓷手工业遗存的研究中，尝试将窑址考古资料、海域沉船及海外遗址发现结合起来，进一步探讨了古外销陶瓷的生产与贸易情况，可参考孟原召：《闽南地区宋至清代制瓷手工业遗存研究》，文物出版社，2017年。

[14] 孟原召：《西沙群岛海域古代沉船》，宋建忠：《中国沉船考古发现与研究》，第十一章，科学出版社，2021年，第167～212页。

[15] 张威：《南海沉船的发现与预备调查》，《福建文博》1997年第2期，第28～31页；广东省文物考古研究所：《2011年"南海Ⅰ号"的考古试掘》，科学出版社，2011年；"南海Ⅰ号"考古队：《"南海Ⅰ号"宋代沉船2014年的发掘》，《考古》2016年第12期，第56～83页；国家文物局水下文化遗产保护中心：《南海Ⅰ号沉船考古报告之一——1989～2004年调查》，文物出版社，2017年；国家文物局水下文化遗产保护中心等：《南海Ⅰ号沉船考古报告之二——2014～2015年发掘》，文物出版社，2018年。

图6-4　全富岛一号沉船遗址出水青瓷
1、2.龙泉窑青瓷碗2011XSQFW1：1　3、4.松溪窑青瓷大碗2011XSQFW1：30　5、6.南安窑青瓷大盘2011XSQFW1：16

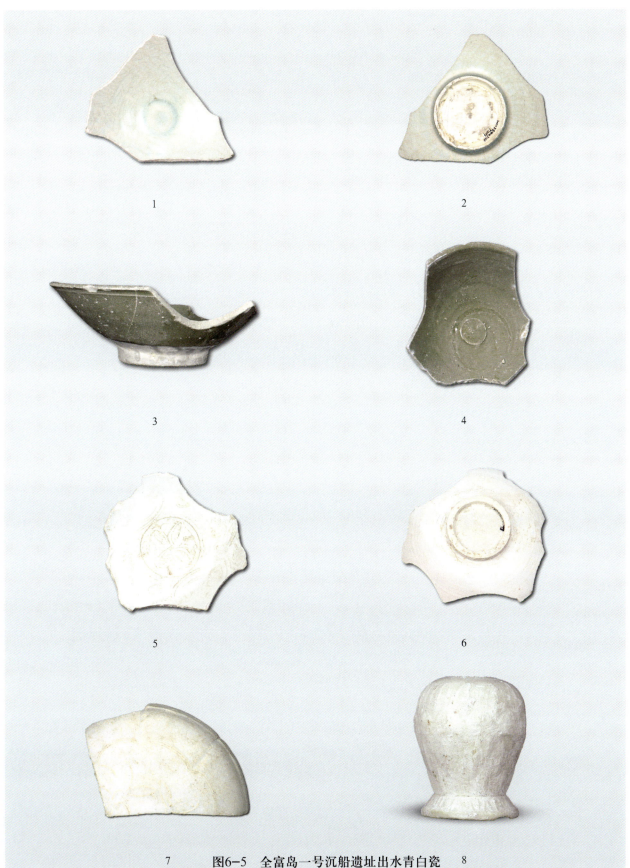

1

2

3

4

5

6

7 **图6-5 全富岛一号沉船遗址出水青白瓷** 8

1、2.景德镇窑青白瓷碗2011XSQFW1：11 3、4.闽清义窑青白瓷碗2011XSQFW1：60 5、6.德化窑青白瓷大碗2011XSQFW1：38
7.德化窑青白瓷盒盖2011XSQFW1：46 8.德化窑青白瓷小瓶2011XSQFW1：47

图6-6　南海一号沉船舱内船货局部

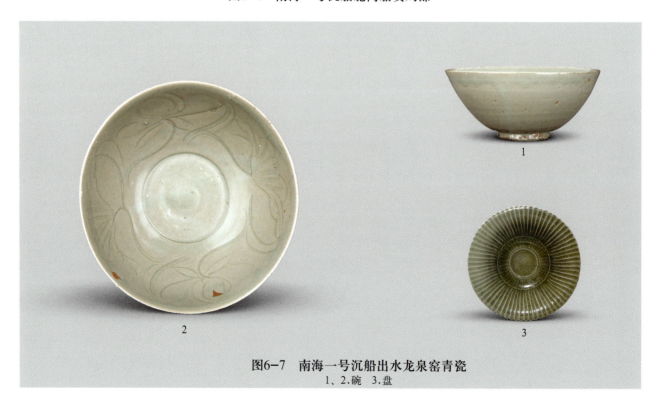

图6-7　南海一号沉船出水龙泉窑青瓷
1、2.碗　3.盘

为主（图6-6），有龙泉窑青瓷（图6-7）、福建窑场青瓷、景德镇窑青白瓷（图6-8）、闽清义窑青白瓷（图6-9）、德化窑青白瓷（图6-10）、福清东张窑黑釉瓷、晋江磁灶窑酱黑釉器（图6-11）和低温绿釉器（图6-12）、佛山南海窑酱釉器等，还有少量北方地区瓷器产品，有些瓷器的产地尚无法确认，其产地与华光礁一号沉船相比略有增加，器类也有一定差异，并出土一件"癸卯"（1183

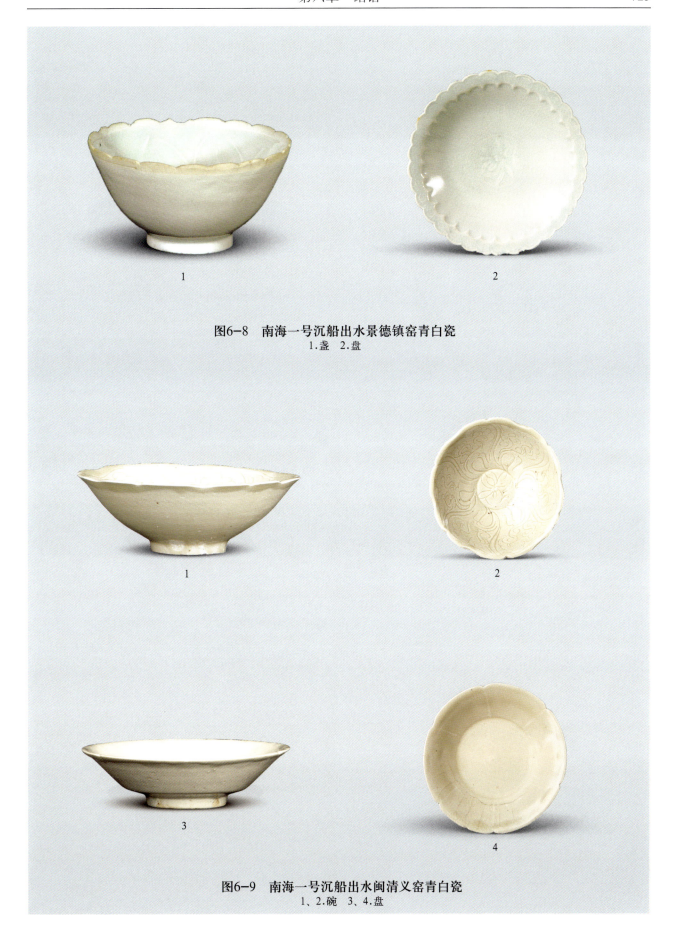

图6-8 南海一号沉船出水景德镇窑青白瓷
1.盏 2.盘

图6-9 南海一号沉船出水闽清义窑青白瓷
1、2.碗 3、4.盘

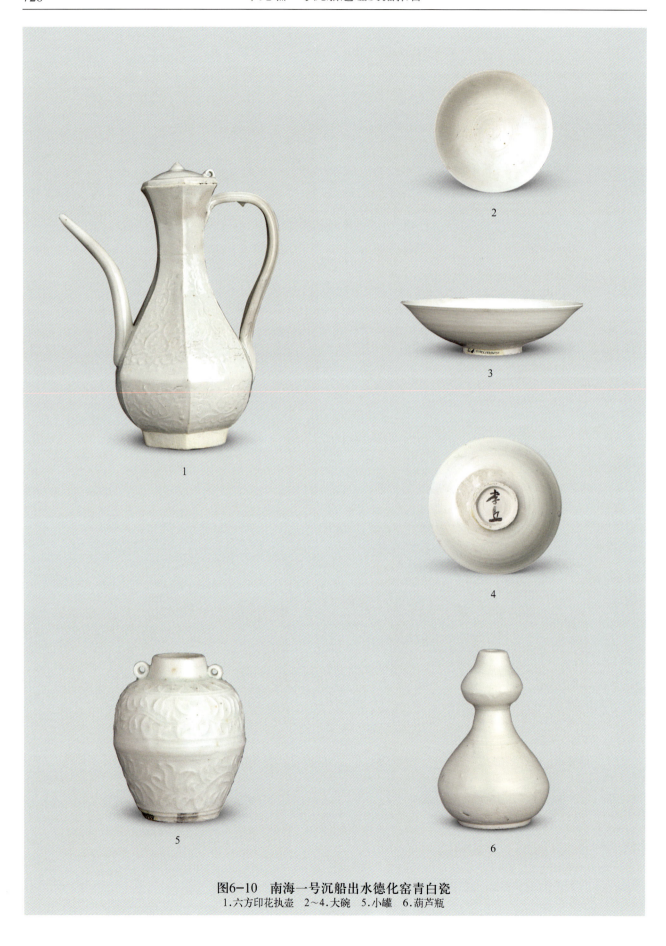

图6-10　南海一号沉船出水德化窑青白瓷
1.六方印花执壶　2～4.大碗　5.小罐　6.葫芦瓶

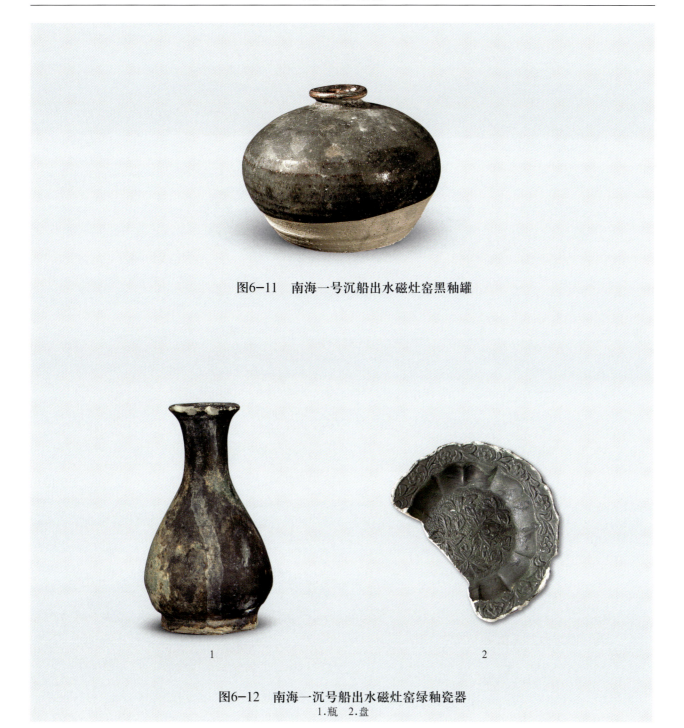

图6-11 南海一号沉船出水磁灶窑黑釉罐

图6-12 南海一沉号船出水磁灶窑绿釉瓷器
1.瓶 2.盘

年）干支墨书题记德化窑青白瓷罐，判断其年代应略晚，这在一定程度上也反映了时代的前后差异。
沉没于印度尼西亚海域的爪哇海沉船[1]，也应是一艘南宋早期沉船，出水陶瓷器有龙泉窑青瓷（图
6-13），松溪窑和福清窑、南安窑青瓷，景德镇窑青白瓷（图6-14），闽清义窑青白瓷（图6-15），
德化窑青白瓷（图6-16），晋江磁灶窑酱黑釉器，福建窑场黑釉瓷，还有一些福建地区烧造的白釉

[1] William M. Mathers and Michael Flecker, *Archaeological Report: Archaeological Recovery of the Java Sea Wreck*, Pacific Sea Resources, 1997, pp. 1−94; Michael Flecker, The Thirteenth−Century Java Sea Wreck: A Chinese Cargo in an Indonesian Ship, *The Mariner's Mirror*, Vol.89 No.4, November 2003, pp. 388−404.

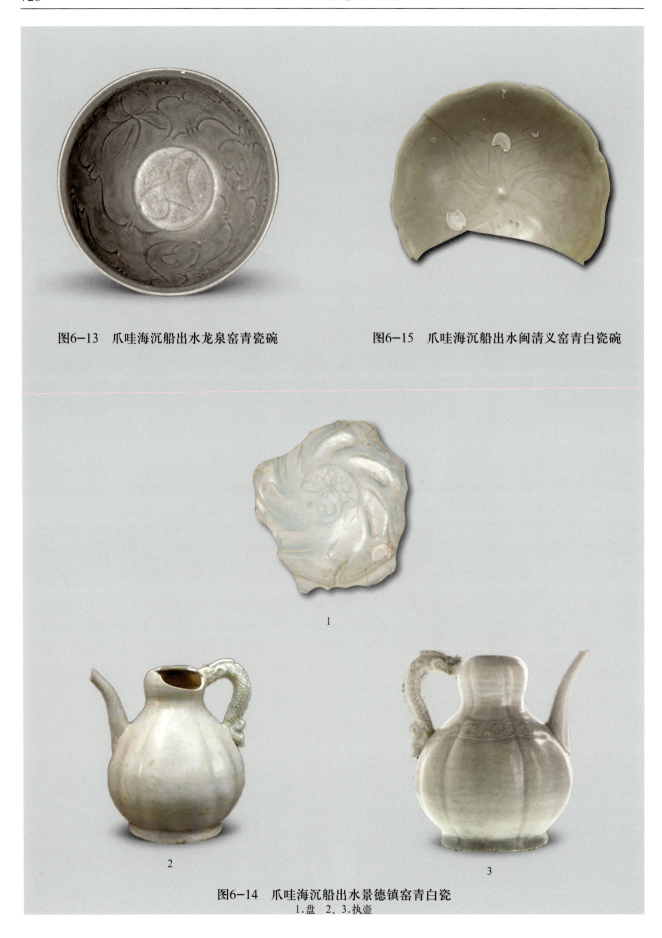

图6-13 爪哇海沉船出水龙泉窑青瓷碗　　　　　图6-15 爪哇海沉船出水闽清义窑青白瓷碗

1

2

3

图6-14 爪哇海沉船出水景德镇窑青白瓷
1.盘　2、3.执壶

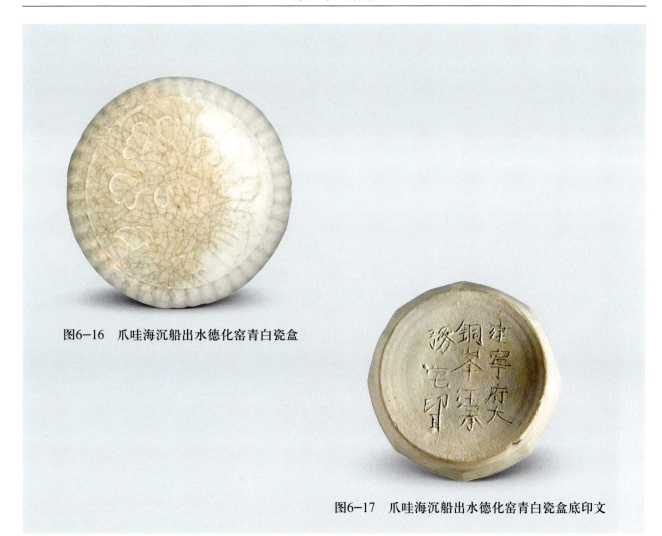

图6-16 爪哇海沉船出水德化窑青白瓷盒

图6-17 爪哇海沉船出水德化窑青白瓷盒底印文

褐彩和白釉划花器等，其中一件德化窑青白瓷盒底印有"建宁府大铜峰汪承务宅印□（押）"（图6-17），考"建宁府"本建州，于绍兴三十二年（1162年）升府[1]，盒制作应不早于此，沉船年代当在此后。兹举上述数例，略作说明（表6-1）。

这在时人文献中亦有记载，宋朱彧《萍洲可谈》卷二记有"舶船深阔各数十丈，商人分占贮货，人得数尺许，下以贮物，夜卧其上。货多陶器，大小相套，无少隙地"[2]，这些在华光礁一号、南海一号沉船舱内大小相套、密集排列的陶瓷器即明证。这种陶瓷器的组合相对比较固定，同类遗物在东南亚等海外遗址中也颇为多见，可知这一时期对外输出的陶瓷器类别，其是当时南海贸易船货的重要组成部分，满足了海外地区的市场需求。曾任福建路市舶提举的赵汝适在《诸蕃志》中则多次提到"番商兴贩"用"瓷器""青白瓷器""青瓷器"等博易[3]，有占城、真腊、三佛齐、单马令、凌牙斯加、佛啰安、细兰、阇婆、南毗、故临、层拔、渤泥、麻逸、三屿、蒲哩噜等国及附属一些地区，其使用之广可见一斑。

[1] （元）脱脱等：《宋史》卷八十九《地理五》，中华书局，1977年，第2208页。

[2] （宋）朱彧撰：《萍洲可谈》卷二，李伟国点校本，中华书局，2007年，第133页。

[3] （宋）赵汝适撰：《诸蕃志》，杨博文校释本，中华书局，2000年。

表6-1 南宋时期三艘沉船出水遗物类别对照表

类别	华光礁一号沉船	南海一号沉船	爪哇海沉船
陶瓷器	景德镇窑青白瓷	景德镇窑青白瓷	景德镇窑青白瓷
	龙泉窑青瓷（少）	龙泉窑青瓷（较多）	龙泉窑青瓷
	松溪窑青瓷	松溪窑青瓷	松溪窑青瓷
	闽清义窑青白瓷和青瓷（最多）	闽清义窑青白瓷和青瓷（最多）	闽清义窑青白瓷和青瓷
	德化窑青白瓷（多）	德化窑青白瓷（多）	德化窑青白瓷
	南安窑青瓷（较多）	南安窑青瓷（较多）	南安窑青瓷
	晋江磁灶窑青瓷和酱黑釉器（较多）	晋江磁灶窑酱黑釉器和低温绿釉器（多）	晋江磁灶窑酱黑釉器
	武夷山遇林亭窑黑釉瓷（很少）	福清东张窑黑釉瓷	福建窑场黑釉瓷
		北方窑口青瓷和白瓷（很少）	福清窑青瓷
			福建窑场白釉褐彩和白釉划花器
			东南亚陶器
金属器	铁条材	铁条材（多）	铁条材（多）
		铁锅	铁锅（多）
	铜镜、铜钱等	金器、金页、银器、铜器、锡器、铅器、银锭、铜环、铜镜、铜钱等	铜锣、铜锭、铜镜、青铜像、锡块等
其他		漆木器、石器、串饰、朱砂等	玻璃、乳香、砾石、象牙等

在海外市场的刺激和影响下，宋代的陶瓷器外销达到了一个新的高峰。不仅江西景德镇窑、浙江龙泉窑等名窑产品行销海外，而且在华南沿海地区，特别是明州、泉州、福州、广州等沿海贸易港口附近区域，出现了一大批以外销为主要目的的窑场，如广州附近的西村窑，福州附近的闽清义窑，泉州附近的泉州窑、磁灶窑、南安窑、德化窑等。这些窑场一般多是仿烧名窑瓷器，以景德镇窑青白瓷器、龙泉窑青瓷器为主[1]，而其消费市场则多为海外地区，从而形成了一个特色鲜明的外向型瓷业生产体系[2]。这在一定程度上也反映了海外市场对作为商品的瓷器生产的影响。根据华光

---

[1] 孟原召：《宋元时期泉州沿海地区瓷器的外销》，《边疆考古研究》第5辑，科学出版社，2006年，第137~156页；孟原召：《宋元时期泉州沿海地区制瓷业的兴盛与技术来源试探》，《海交史研究》2007年第2期，第75~89页。

[2] 苏基朗：《两宋闽南广东外贸瓷产业的空间：一个比较分析》，张炎宪《中国海洋发展史论文集》第六辑，1997年，第125~172页。苏基朗：《两宋闽南、广东、浙东外贸瓷产业空间模式的一个比较分析》，李伯重等：《江南城市工业化与地方文化（960~1850）》，清华大学出版社，2004年，第141~192页。孟原召：《闽南地区宋至清代制瓷手工业遗存研究》，文物出版社，2017年。

礁一号沉船及其他同时期沉船器物组合和比例可知，福建沿海地区是这一瓷业生产体系中最为突出的区域，逐渐兴起了以福州、泉州为依托的一批窑场，如闽清义窑、德化窑、南安窑、晋江磁灶窑等，尤以南宋时期发展为快，并向其腹地区域迅速发展，即闽江流域、晋江流域，分布广而密，从而形成了新的瓷业生产格局。

华光礁一号沉船出水陶瓷器产地的确定，为研究从窑场出发的起点、河流与沿海港口之间的水路运输问题提供了重要线索。闽清义窑位于闽江下游地区，窑场濒临江畔，其由产地经由闽江顺流而下，可先抵达福州，或扬帆远航，或再次转运他港。磁灶窑、德化窑、南安窑等产品则可通过晋江、顺流而下先至泉州，或直接装船远航，或再次转易港口后出洋。此外，龙泉窑、景德镇窑产品亦可沿江而下，或抵福州，或抵泉州，或经沿海转运，再行出航。根据沉船装载陶瓷器类别来看，同一时期内虽有着相对集中的产地范围，但同一沉船往往有多处窑场的产品，据此也可以推断，同一艘船的货物不一定是在同一港口装运的，或为多个港口分别装载。在这条贸易线路上，港口至关重要，它不仅是连接产地与市场的衔接点，而且也影响着与之相连的腹地经济的发展。南宋时期的泉州、福州二港十分繁荣[1]，通过沉船资料来看，其在南海贸易航线上地位突出，北可至明州，南可达广州，二港之间亦是往来便捷，在一定程度上促进了海外贸易的发展。

此外，通过南海海域沉船资料还可知，宋代的铁制品也是一类重要的对外输出商品，这类物品在日本遗址也有发现[2]。华光礁一号沉船载运的大量铁条材即一类重要商品（图6-18），多与陶瓷器、船体等锈蚀凝结在一起（图6-19）；南海一号沉船则有大量的铁锅、铁条材等物，重可达100多吨[3]；爪哇海沉船的船货主要为铁器（图6-20），大部分已粘结锈蚀成凝结物，估计重达190吨，包括铁锅和铁条材[4]。南宋时期，"南渡，三路舶司岁入固不少，然金银铜铁，海波飞运，所失良多，而铜铁之泄尤甚"[5]，结合这一时期的沉船考古资料可知，金银铜铁类器物虽有较为严格的限禁，但仍有大量贩运。宋代的铁矿开采和冶铁业颇为发达[6]，南方地区的福建路、江南东西路、广南东西路等地较为集中[7]，福建路泉州即有永春县倚洋铁场、安溪县青阳铁场、德化县赤水铁场[8]，但其铁矿矿坑也"废兴不常"，至绍兴三十二年（1162年），"淮西、襄州、成都、利州、广东、福建、浙东、广西、江东西铁冶六百三十八，废者二百五十一"，乾道二年（1166年）"岁入八十八万三百斤有奇"[9]。因此，铁制品作为商品，或为半成品，不仅成为宋代社会生产生活的必需品和军需品，而且颇受海外地区使用者欢迎。

由上述华光礁一号沉船遗物来看，陶瓷器、铁器等均是南宋时期重要的海外贸易商品[10]，其陶

[1]　廖大珂：《福建海外交通史》，福建人民出版社，2002年。

[2]　桃崎祐辅：《中世の棒状鉄素材に関する基礎的研究》，《七隈史学》2008年第10号，中世学の構築特集号，第1～53页。

[3]　"南海Ⅰ号"考古队：《"南海Ⅰ号"宋代沉船2014年的发掘》，《考古》2016年第12期，第56～83页；国家文物局水下文化遗产保护中心等：《南海Ⅰ号沉船考古报告之二——2014～2015发掘》，文物出版社，2018年，第51～107页。铁制品数量甚多，虽然目前尚未完全计重。

[4]　童歆：《9～14世纪南海及周边海域沉船的发现与研究》，《水下考古学研究》第2卷，科学出版社，2016年，第45～101页。

[5]　（元）脱脱等撰：《宋史》卷一百八十六《食货》下八，中华书局，1977年，第4566页。

[6]　漆侠：《中国经济通史·宋代经济卷》，经济日报出版社，1999年。

[7]　王菱菱：《宋代矿冶业研究》，河北大学出版社，2005年。

[8]　（元）脱脱等撰：《宋史》卷八十九《地理五》，中华书局，1977年，第2208页。

[9]　（元）脱脱等撰：《宋史》卷一百八十五《食货》下七，中华书局，1977年，第4531～4532页。

[10]　黄纯艳：《宋代海外贸易》，社会科学文献出版社，2003年。

1

2

图6-18　华光礁一号沉船出水铁条材
1.铁条材堆积　2.铁条材（99XSHGW1∶0235）

图6-19　华光礁一号沉船水下凝结物与铁条材遗存

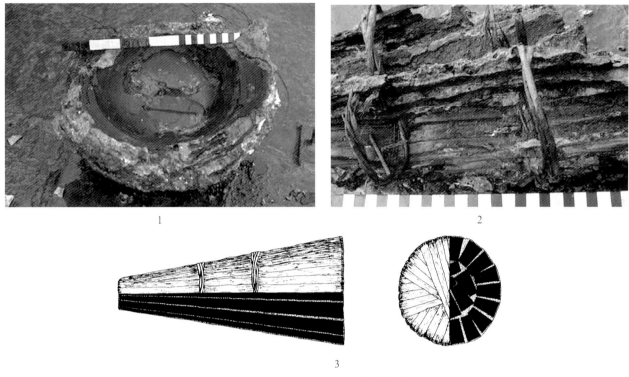

图6-20 爪哇海沉船出水铁器
1.铁锅 2.铁条材 3.铁条材

瓷器产地及其组合情况与南海海域沉船和海外地区的考古发现也是颇为一致的。

四 宋代沉船与南海贸易

晚唐以后，海外贸易得到迅速发展，到了宋代进入了繁盛阶段。在众多对外输出商品中，陶瓷器不仅数量众多，使用范围广，而且有着明显的阶段性变化。一定程度上来说，这也反映了宋代海外贸易的变迁。这在中国东南沿海和东南亚海域发现的沉船[1]，以及东南亚、南亚、西亚、非洲东海岸等海外地区的出土情况中均可得到反映[2]。下面着重以不同阶段的沉船资料为基础略作论述。

五代晚期至北宋初期，根据目前考古资料，在福建平潭海域分流尾屿附近发现一处五代沉船遗址[3]，所装载仍为晚唐以来常见的越窑青瓷产品；西沙群岛海域则发现有石屿四号沉船、银屿五号

[1] 吴春明：《环中国海沉船——古代帆船、船技与船货》，江西高校出版社，2003年；刘未：《中国东南沿海及东南亚地区沉船所见宋元贸易陶瓷》，《考古与文物》2016年第6期，第65～75页。

[2] 〔日〕三上次男著，李锡经、高喜美译：《陶瓷之路》，文物出版社，1984年；〔日〕三上次男：《陶磁贸易の研究》，中央公论美术出版社，1987年。

[3] 中国国家博物馆水下考古研究中心、福建博物院文物考古研究所：《福建平潭分流尾屿五代沉船遗址调查》，《中国国家博物馆馆刊》2011年第11期，第18～25页；国家文物局水下文化遗产保护中心等：《福建沿海水下考古调查报告（1989～2010）》，文物出版社，2017年，第7～19页。

图6-21 井里汶沉船出水青瓷
1.碗 2.盘 3.执壶 4.盒

沉船遗址等[1]，出水遗物多为越窑青瓷和南方地区烧造的白瓷；印度尼西亚海域的印坦沉船[2]、爪哇海域的井里汶沉船[3]和加拉璜沉船[4]也打捞出水了一大批产自中国、东南亚等地的各类遗物，中国瓷器所占比例甚大，特别是在井里汶沉船中[5]，以越窑青瓷为主（图6-21），数量可达30万件，还有一些北方和南方地区的白瓷器。结合海外遗址考古发现，这一阶段仍沿袭晚唐五代时期的外销

[1] 孟原召、符洪洪：《2010年西沙群岛水下考古调查再获丰硕成果》，《中国文物报》2010年6月4日第4版；赵嘉斌：《2009～2010年西沙群岛水下考古调查主要收获》，吴春明：《海洋遗产与考古》，科学出版社，2012年，第178～190页。

[2] Michael Flecker, *The Archaeological Excavation of the Tenth Century Intan Shipwreck, Java Sea, Indonesia*, Oxford: BAR International Series 1047, 2002.

[3] 〔印度尼西亚〕Adi Agung Tirtamarta著，辛光灿译：《井里汶海底十世纪沉船打捞纪实》，《故宫博物院院刊》2007年第6期，第151～154页；秦大树：《拾遗南海 补阙中土——谈井里汶沉船的出水瓷器》，《故宫博物院院刊》2007年第6期，第91～101页。

[4] Horst Liebner. The *"Karawang" Wreck: A Cargo of 10th Century Trade Ceramics*, Jakarta: PT Putera Paradigma Sejahtera～PT Nautik Recovery Asia, 2009; Horst Liebner. Cargoes for Java: Interpreting Two 10th Century Shipwrecks. *Paper for 13th International Conference of the European Association of Southeast Asian Archaeologists (EurASEAA13)*, Berlin, 2010, pp. 9-16.

[5] 井里汶沉船打捞于2004～2005年，出水完整器155685件，可修复器约76987件，瓷片尚有约262999片，其中以越窑青瓷为主，可达30万件，还有一些北方和南方地区的白瓷器等，另有玻璃器和玻璃料、东南亚陶器、宝石、象牙等物品。根据所发现器物，可初步推断井里汶沉船年代为公元10世纪，五代至北宋早期。

图6-22　西村廖内沉船出水青釉褐彩瓷
1、2.青釉褐彩瓷碗

瓷组合，以越窑青瓷为主，兼有一些南北方地区的白瓷，据此推断装运港口也应在江浙一带。

　　北宋晚期，西沙群岛北礁五号沉船、北礁四号沉船、银屿八号沉船遗址等[1]，多见器物组合为闽粤桂沿海地区青白瓷、广东佛山奇石窑酱釉器等，北礁四号沉船还出有龙泉窑或松溪窑青瓷。印度尼西亚海域的西村廖内沉船[2]，出水主要为广州西村窑青白瓷、青釉褐彩瓷和酱釉器等（图6-22）；西村勿里洞沉船出水也多为广州西村窑青釉瓷、南方地区白瓷和福建地区青白瓷等[3]；廖内林加群岛西北部鳄鱼岛沉船则出水有广州西村窑青瓷和酱釉器、龙泉窑或松溪窑青瓷、佛山奇石窑酱釉器、潮州窑青白瓷，以及景德镇、广西北流河流域和闽南地区青白瓷、磁灶窑酱釉器等[4]；斯里兰卡阿

　　[1]　孟原召、符洪洪：《2010年西沙群岛水下考古调查再获丰硕成果》，《中国文物报》2010年6月4日第4版；赵嘉斌：《2009～2010年西沙群岛水下考古调查主要收获》，吴春明：《海洋遗产与考古》，科学出版社，2012年，第178～190页。

　　[2]　Roberto Gardellin. Shipwrecks around Indonesia. *The Oriental Ceramic Society Newsletter*, No.21, 2013, pp. 17-18. 童歆编译：《海外陶瓷考古新发现》，《陶瓷考古通讯》2013年第2期，第69页。

　　[3]　童歆编译：《海外陶瓷考古新发现》，《陶瓷考古通讯》2013年第2期，第18、19、69、70页。

　　[4]　Abu Ridho and E. Edwards McKinnon, edited by Sumarah Adhyatman. *The Pulau Buaya Wreck: Finds from the Song Period*, The Ceramic Society of Indonesia, 1998, pp. 1-98. 胡舒扬：《宋代中国与东南亚的陶瓷贸易——以鳄鱼岛（Pulau Buaya Wreck）资料为中心》，中国航海博物馆：《人海相依：中国人的海洋世界》，上海古籍出版社，2014年，第48～67页。

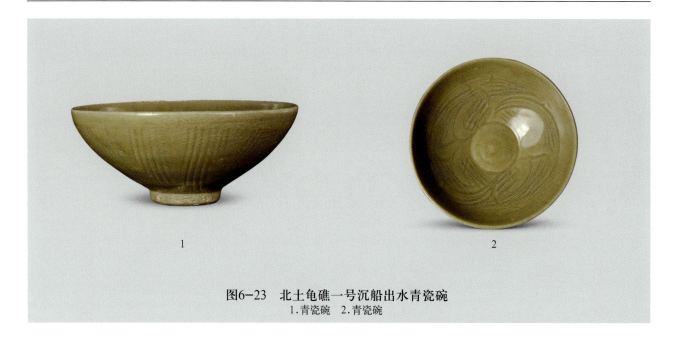

图6-23　北土龟礁一号沉船出水青瓷碗
1.青瓷碗　2.青瓷碗

莱皮蒂海岸文物点[1]，出土有广州西村窑青瓷、青白瓷、酱釉器，潮州窑、闽南地区窑场和景德镇窑青白瓷，以及耀州窑印花青瓷等。这些沉船中均可见不少广东沿海地区陶瓷器，可知其应与这一阶段广州港的海外贸易有很大关系，故有崇宁初（1102～1106年）广南、福建、两浙三路市舶司中"唯广最盛"和"三方亦迭盛衰"之说[2]。

　　南宋早期，西沙群岛海域除了前述华光礁一号沉船外，还有银屿七号沉船，出水有龙泉窑、松溪窑和南安窑青瓷，闽清义窑青白瓷和青瓷，景德镇窑、德化窑青白瓷，磁灶窑酱釉器等。福建沿海地区则有莆田北土龟礁一号沉船[3]、平潭大练岛西南屿水下文物点[4]，前者所出主要为龙泉窑或松溪窑青瓷（图6-23），后者多见龙泉窑青瓷（图6-24），器类均多为篦点纹双面划花碗。东南亚海域除了前述爪哇海沉船外，还有南沙群岛海域的碎浪暗沙沉船[5]，出有景德镇窑、德化窑青白瓷、闽清义窑青白瓷和青瓷、南安窑青瓷、磁灶窑酱黑釉器，以及福建地区的黑釉瓷和白地褐彩瓷等，其组合也与华光礁一号沉船一致。由此可知，这一阶段龙泉窑青瓷、景德镇窑青白瓷和福建窑场烧造的青瓷、青白瓷、酱黑釉器等成为主要外销瓷品种，尤以福建地区产品数量最多，而广东窑场的产品急剧减少或不见，而同类产品在福州、泉州城市遗址、港口码头或沿海地区沉船中均有发现，这

　　[1]　John Carswell, China and Islam: A Survey of the Coast of India and Ceylon, *Transactions of the Oriental Ceramic Society*, 1977-1978, vol.22, pp.24-68; John Carswell, Chinese Ceramics from Allaippidy in Sri Lanka, A Ceramic Legacy of Asia's Maritime Trade: Song Dynasty Guangdong Wares and other 11th to 19th Century Trade Ceramics Found on Tioman Island, Malaysia, The Southeast Asian Ceramic Society, West Malaysia Chapter, 1985, pp.31-47. 刘未：《中国东南沿海及东南亚地区沉船所见宋元贸易陶瓷》，《考古与文物》2016年第6期，第66页。

　　[2]　（宋）朱彧：《萍洲可谈》卷二，李伟国校点本，中华书局，2007年，第132页。

　　[3]　国家文物局水下文化遗产保护中心等：《福建沿海水下考古调查报告（1989～2010）》，文物出版社，2017年，第163～186页；福建沿海水下考古调查队：《2008年莆田沿海水下考古调查简报》，《福建文博》2009年第2期，第4～6页。

　　[4]　国家文物局水下文化遗产保护中心等：《福建沿海水下考古调查报告（1989～2010）》，文物出版社，2017年，第19～26页；福建沿海水下考古调查队：《福建沿海水下考古调查》，《文物》2014年第2期，第29～40页。

　　[5]　Marie-France Dupoizat. The Ceramic Cargo of a Song Dynasty Junk Found in the Philippines and its Significance in the China-South East Asia Trade. *South East Asia and China: Art, Interaction and Commerce*, eds. Rosemary Scott and John Guy, Percival David Foundation of Chinese Art, 1995; Frank Goddio et al. *Weisses Gold*, pp. 47-68.

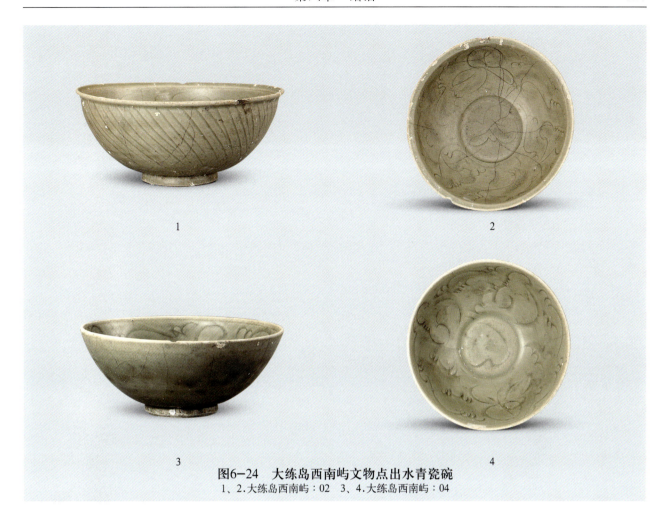

图6-24　大练岛西南屿文物点出水青瓷碗
1、2.大练岛西南屿：02　3、4.大练岛西南屿：04

应与这一时期围绕福州港和泉州港的海外贸易的迅速发展有很大关系,逐渐带动了福建沿海地区外向型瓷业生产的扩大与繁荣。"哲宗元祐二年十月六日,诏泉州增置市舶"[1],泉州港开始发展,至南宋早期开始繁荣;福州港则直至元代仍很繁荣[2]。

南宋中期,除了前述南海一号沉船外,东南亚海域则有马来西亚丹戎新邦沉船[3],出有300多件可复原中国瓷器,包括德化窑青白瓷、闽清义窑瓷器、南安窑青瓷、磁灶窑酱釉器等(图6-25),还有61件铜锣(图6-26)、76件圆形或椭圆形的铜锭(图6-27)和铁锅(图6-28),有的瓷器和铜锣底部还有"郭□(押)"墨书题记(图6-29),这类含有姓氏的墨书题记在这一时期沉船的同类遗物中也有较多发现[4],可知陶瓷器与金属器同为重要的贸易商品;南沙群岛榆亚暗沙东北部海域的调查员沉船[5],出有景德镇窑青白瓷、龙泉窑青瓷,以及福建德化窑青白瓷、闽清义窑青灰瓷、磁灶窑酱釉器等,还有金属铜环和铁质凝结物。上述这几艘沉船的器物组合相对较一致,年代大体相

[1]　(清)徐松辑:《宋会要辑稿》职官四四之八,用前北平图书馆影印本复制复印,中华书局,1957年。

[2]　陈高华、吴泰:《宋元时期的海外贸易》,天津人民出版社,1981年。

[3]　Michael Flecker. The China-Borneo Ceramics Trade Around the 13th Century: The Story of Two Wrecks. 秦大树、袁健:《古丝绸之路:2011亚洲跨文化交流与文化遗产国际学术研讨会论文集》,新加坡世纪科技出版公司,2013年,第177～184页。

[4]　陈波:《南海 I 号墨书问题研究——兼论宋元海上贸易船的人员组织关系》,《东南文化》2013年第3期,第97～105页。

[5]　Frank Goddio et al. *Weisses Gold*, Göttingen: Steidl Verlag, 1997, pp. 69-78; Marie-France Dupoizat. The Ceramics of the Investigator Shipwreck. *Paper presented at the Symposium on Chinese Export Ceramics Trade in Southeast Asia*, organized by Asian Research Institute, National University of Singapore, 12th-14th, March, 2007.

图6-25　丹戎新邦沉船出水瓷器
1.青白瓷执壶　2.青白瓷盒　3.青瓷碗　4.酱釉军持　5.酱釉瓶

1   2

图6-26 丹戎新邦沉船出水铜锣
1.铜锣 2.铜锣

图6-28 丹戎新邦沉船出水铁锅

图6-27 丹戎新邦沉船出水铜锭

图6-29 丹戎新邦沉船出水铜锣及瓷器底部墨书

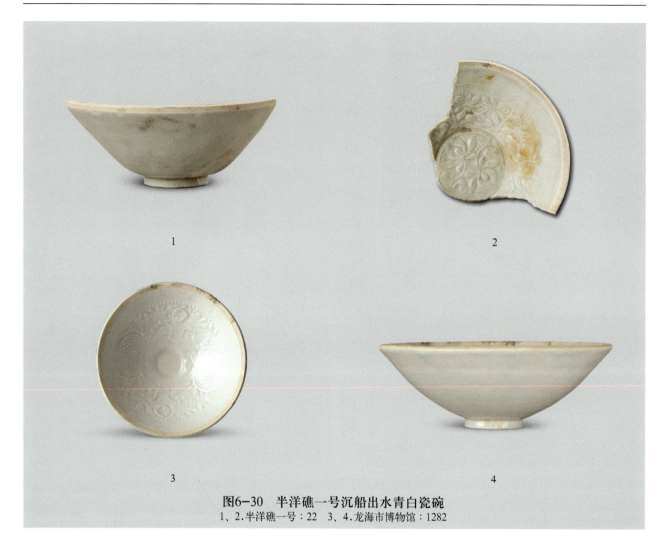

图6-30　半洋礁一号沉船出水青白瓷碗
1、2.半洋礁一号：22　3、4.龙海市博物馆：1282

相当。印度尼西亚爪哇海域的哲帕拉沉船[1]，出水有德化窑青白瓷、闽清义窑、连江浦口窑、莆田庄边窑青白或青灰釉瓷，龙泉窑和闽南窑场青瓷，磁灶窑酱釉器等，此船较之南海一号沉船陶瓷器组合中多了浦口窑和庄边窑青灰釉瓷，年代或可略晚。

　　南宋晚期或末期略晚的则有菲律宾海域的圣安东尼奥沉船[2]，出有南安窑青瓷、福建窑场青瓷、磁灶窑酱釉器等。福建沿海地区则有泉州湾后渚港沉船[3]，出有德化窑青白瓷、福建窑场青灰釉瓷、龙泉窑和闽南窑场青瓷、晋江磁灶窑酱釉器和江浙窑场酱釉四系罐等，同出的铸造时间最晚铜钱为一枚背文为"七"的"咸淳元宝"，即咸淳七年（1271年），年代约为南宋末，与之接近的还有法

[1]　Atma Djuana and Edmund Edwards McKinnon. The Jepara Wreck. *Proceedings of the International Conference: Chinese Export Ceramics and Maritime Trade, 12th-15th Centuries*, ed. Cheng Pei-Kai, Hong Kong: Chungwa Publishing, 2005, pp. 126-134.

[2]　Paul Clark, Eduardo Conese & Norman Nicolas, Jeremy Green, Philippines Archaeological Site Survey, February 1988, *The International Journal of Nautical Archaeology and Underwater Exploration*, 1989, vol.18 (3), pp.255-262.

[3]　泉州湾宋代海船发掘报告编写组：《泉州湾宋代海船发掘简报》，《文物》1975年第10期，第1~18页；福建省泉州海外交通史博物馆：《泉州湾宋代海船发掘与研究》，海洋出版社，1987年。

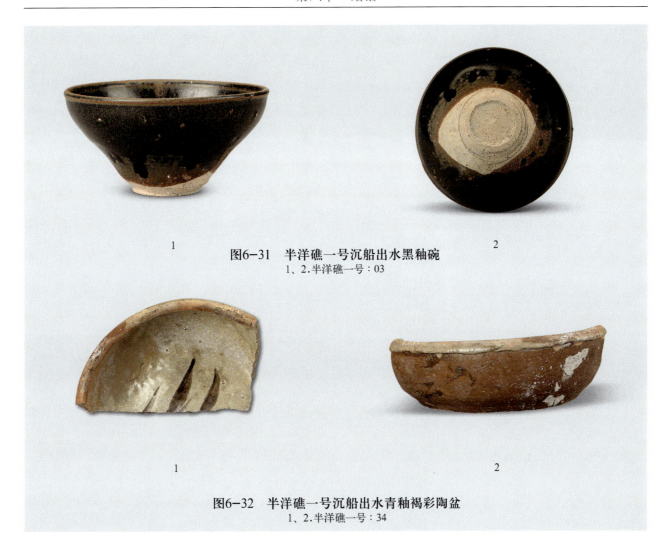

图6-31　半洋礁一号沉船出水黑釉碗
1、2.半洋礁一号：03

图6-32　半洋礁一号沉船出水青釉褐彩陶盆
1、2.半洋礁一号：34

石沉船[1]，出有闽南窑场青瓷和晋江磁灶窑酱釉器等。漳州海域半洋礁一号沉船[2]，出水有莆田灵川窑和庄边窑青白釉瓷、将乐南口窑青白瓷（图6-30）、福清东张窑黑釉瓷（图6-31）和福建窑场青釉褐彩瓷等（图6-32），还有漆器等物；与此船接近的还有莆田北日岩一号水下文物点[3]、平潭小练岛东礁水下[4]、连江定海白礁一号沉船[5]等，福建地区的青白瓷、黑釉瓷、青灰釉瓷及江浙地区酱釉四系罐等较为常见。

南宋中晚期是宋代海外贸易发展的繁盛阶段，与之关系密切的福州、泉州二港地位更为重要。因此，围绕泉州湾、福州海坛海峡一带海域均发现了多处沉船遗址，而且在一些港口码头遗址中同

[1]　中国科学院自然科学研究所、福建省泉州海外交通史博物馆联合试掘组：《泉州法石古船试掘简报和初步探讨》，《自然科学史研究》1983年第2期，第164～172页。

[2]　国家文物局水下文化遗产保护中心等：《福建沿海水下考古调查报告（1989～2010）》，文物出版社，2017年，第277～304、382～386页。

[3]　国家文物局水下文化遗产保护中心等：《福建沿海水下考古调查报告（1989～2010）》，文物出版社，2017年，第186～191页。

[4]　国家文物局水下文化遗产保护中心等：《福建沿海水下考古调查报告（1989～2010）》，文物出版社，2017年，第26～62、365～370页。

[5]　中国国家博物馆水下考古研究中心等：《福建连江定海湾沉船考古》，科学出版社，2011年。

时期行销海外的外销陶瓷品种也均有发现，如泉州法石古渡口遗址[1]、文兴、美山古码头[2]，出土了大量外销瓷残片，包括龙泉窑青瓷、景德镇窑青白瓷、福建窑场青瓷、青白瓷、酱黑釉器等。此外，这一现象在福州、泉州城市遗址及临近区域的香港居址[3]、九龙圣山遗址[4]和东南亚等地陆地遗址发现中也有体现。由此可知，这一时期泉州港的海外贸易地位得到进一步加强，内、外海商多沿此出海，既有福建、两浙甚至内地海商[5]，又有大食、波斯、三佛齐、占城、高丽等地商船[6]，海外贸易繁荣[7]。

现将各时期具代表性沉船出水陶瓷器的组合情况，略作整理，如下表所示（表6-2）。

表6-2　宋代各时期沉船出水陶瓷器组合对照表

时期	代表沉船	陶瓷器
五代晚期至北宋初期	福建平潭分流尾屿沉船； 西沙群岛石屿四号、银屿五号沉船； 印尼海域印坦、井里汶、加拉璜沉船	越窑青瓷为主，还有南方和北方地区白瓷等
北宋晚期	西沙群岛北礁五号、北礁四号、银屿八号沉船； 印尼海域西村廖内、西村勿里洞、鳄鱼岛沉船； 斯里兰卡阿莱皮蒂海岸文物点	常见广州西村窑、潮州窑瓷器、佛山奇石窑酱釉器，以及两广福建沿海青白瓷，偏晚出现龙泉窑或松溪窑青瓷等
南宋早期	福建莆田北土龟礁一号沉船、平潭大练岛西南屿水下文物点； 西沙群岛华光礁一号、全富岛一号沉船； 东南亚海域碎浪暗沙、爪哇海沉船	闽清义窑青白瓷和青瓷最多，德化窑青白瓷、磁灶窑酱黑釉瓷也较多，还有龙泉窑、松溪窑和南安窑青瓷，景德镇青白瓷，福建地区黑釉瓷等
南宋中期	广东南海一号； 东南亚海域丹戎新邦、调查员、哲帕拉沉船	闽清义窑青白瓷和青瓷最多，德化窑青白瓷、晋江磁灶窑酱黑釉和低温绿釉器也较多，龙泉窑青瓷、景德镇窑青白瓷，偏晚出现连江浦口窑、莆田庄边窑青白或青灰釉瓷
南宋晚期或末期	福建泉州湾后渚、法石、半洋礁一号、定海白礁一号沉船； 菲律宾海域圣安东尼奥沉船	德化窑青白瓷，龙泉窑和闽南窑场青瓷，晋江磁灶窑酱釉器，闽清义窑青灰釉瓷，莆田庄边窑青白瓷，福建地区青灰釉瓷，江浙地区酱釉四系罐等

通过前述各个阶段贸易商品组合，特别是外销陶瓷品种和产地的变化，充分说明了宋代海外贸易港口及南海贸易发展的阶段性特征，这在一定程度上也促进了东南沿海地区制瓷手工业的发展和繁荣。

---

[1]　泉州市文管办、泉州市博物馆：《泉州法石古渡口遗址清理》，《福建文博》2003年第1期，第58～60页。

[2]　福建省文物管理委员会考古队、泉州市丰泽区文化发展中心：《泉州文兴、美山古码头发掘报告》，《福建文博》2003年第2期，第41～59页。

[3]　郑培凯：《陶瓷下西洋：十二至十五世纪中国外销瓷》，香港城市大学中国文化中心，2003年。

[4]　吴震霖、金志伟、刘文锁：《香港九龙圣山遗址考古发掘简报》，《考古与文物》2016年第6期，第3～25页。

[5]　（宋）吴自牧：《梦粱录》卷十二，"江海船舰"条，《东京梦华录》（外四种），上海古典文学出版社，1956年，第235页。

[6]　（宋）赵彦卫撰：《云麓漫钞》，傅根清点校本，中华书局，1996年。卷五："福建市舶司，常到诸国舶船。"以下叙及所来诸国以及物产，并有"舶船候南风则回，惟高丽北风方回"之记，第88～89页。

[7]　李东华：《泉州与我国中古的海上交通（九世纪末～十五世纪初）》，台湾学生书局，1986年。

五 结论

华光礁一号沉船是南宋时期海外贸易的重要遗存之一，其船载货物类别是宋代海外贸易商品的一个缩影，尤以外销陶瓷器最为突出。通过前面对这批陶瓷器的产地和市场的探讨，从中可以看出，南宋时期以泉州、福州为港口依托，依靠广大的海外市场，大大促进了晋江流域、闽江流域制瓷手工业的发展与繁荣，其所出产的瓷器成为当时对外输出数量最多的商品之一。结合从五代晚期至南宋晚期海域沉船及海外遗址发现的外销陶瓷器组合的变化，还可以看到海外贸易港口由江浙、广州至福建路福州、泉州转移的过程，终致南宋至元代泉州港的空前繁荣，进而影响到了与之关系密切的腹地经济的发展。换句话说，在政府支持和鼓励下，海外市场的需求和便利的对外贸易港口，是南海贸易发展的前提条件，也是东南沿海地区外向型瓷业生产兴起和繁荣的基础。这也是本节以华光礁一号沉船为基础探讨宋代外销瓷生产贸易网络的出发点。

总之，西沙群岛地处于南海贸易航线，晚唐五代时已成为海上丝绸之路的重要航段，宋元时期得以兴盛繁荣。华光礁一号沉船作为连接产地与市场的重要纽带，是探讨宋代瓷器外销与南海海上贸易航线的珍贵资料，其与国内外海域沉船和其他遗址考古发现的同类遗物，连同其他类别的输出和输入贸易商品，共同构成了宋代海上丝绸之路上的生产、贸易和消费网络，这也是一条中国陶瓷器行销海外、沟通东西的海上大通道。

附注：本章主要内容曾以《华光礁一号沉船与宋代南海贸易》为题刊于《博物院》2018年第2期（第11～26页）。

附录一　出水船体构件一览表

注：2008 年发掘时船体构件编号使用"XHⅠ：+编号"，本报告统一编为"08XSHGW1CG+编号"，为简化记录字符，表中船体构件编号使用简称，略去"08XSHGW1"，即写作"CG+编号"；遗址表层采集的散落船体构件，则直接标注"采+编号"。因船体构件数量较大，报告正文中无法逐一介绍，但为方便学者研究、复原和重建，现作为附录全部刊布相关信息，以明确其出水位置、尺寸和特征等信息。

编号	位置	尺寸	描述	备注
CG1	位于船体的东北部，其右上侧为CG2船板，右侧为CG3船板，左侧为CG4船板	长167、宽34、厚8厘米	南北两端残。正面平整，呈黑色，多处虫蛀痕，其北端一榫口，长方形，长23、宽9厘米。东西两端残留舱料。榫口南侧残留钉头，平顶。正面西端企口，宽2、深3厘米，企口南端留有1钉头。南端一榫口，内残留木榫。	出水时间：2008年11月30日上午
CG2	位于船体的东北部，其下侧为CG1和CG3船板	长78、宽14、厚4厘米	船板表面呈黑色，平面近似长方形，两端残断。船板现断为3段，整体腐蚀严重。外侧为弧形板面，较光滑。内侧板面较平，多有黏合料及虫蛀坑。内侧留有2个方形小钉孔，间距18、孔径0.5厘米。钉孔处残留有防水舱料。	出水时间：2008年11月29日下午
CG3	位于船体的东北部，其右侧为CG14船板，左上侧为CG2船板所压，左侧为CG1船板	长131、宽21、厚8厘米	南北两端残，从中间断为2段。正面平整，呈灰褐色，有方形小钉孔14个，边长1厘米，大钉孔1个，边长8厘米。正面西端企口，宽2、深3厘米，企口北端残留少量舱料。背面较平整。东端也有企口，宽2、深4厘米。南端虫蛀严重，并附着大量舱料。	出水时间：2008年11月30日上午
CG4	位于船体的东北部，其右侧为CG1船板	长73、宽19、厚9厘米	船板表面呈黑色，平面近似长方形，两端残断。西北端粘附有珊瑚及瓷片等凝结物。背面及东、西两端修整较平，残留黏合材料。正面呈弧形，留有5个小方形钉孔和1个长方形钉孔，小方孔大致分3排，每排内孔距23厘米左右，间距6厘米。上部一企口，直角，宽2.5、深4厘米，留有黏合料和1个方形钉孔。方孔径0.5、长方孔径0.5～1厘米。企口处的钉孔已穿透，其他未透穿。	出水时间：2008年11月29日下午

编号	位置	尺寸	描述	备注
CG5	位于船体的东北部，其下压着CG6和CG13船板	长70、宽17、厚6.5厘米	南北端残，船板断为2段。正面修整成弧形，中间略高，残留少量舱料，有多处虫蛀痕，其北端斜向钉孔，北端水平钉孔各1个。背面留有大量舱料，修理呈中间高，东西两端低的斜坡形，其西端1排钉孔。	出水时间：2008年11月30日上午
CG6	位于船体的东北部，其左下部为CG5船板所压	长156、宽23、厚10厘米	南北端残，正面呈褐色，修整平整，其西端企口，宽4、深3厘米。企口内1排钉孔，并留有舱料。背面留有大量珊瑚，并粘有少量瓷片。	出水时间：2008年11月30日上午
CG7	位于船体的东北部，其南侧与CG8相连，其下压着CG11、CG9和CG13船板	长150、宽8、厚10厘米	南端完整，北端残。断为4段。正面平整，呈褐色，西端斜弧形，东端锐折内收，南端有企口，宽4、高2厘米。背面圆弧形，中部起棱，腐蚀严重，其北端有少量黏合料。背面有2排17个钉孔，西端1排6个，东端1排11个，背面东端一南北向企口，宽8、深1厘米。	出水时间：2008年11月30日上午
CG8	位于船体的东北部，其北与CG7相连，下压着CG9、CG10和CG12船板	长75、宽21、厚8厘米	正面修整成弧形，呈黑色，有多道裂痕，残留少量舱料，西端1排3个钉孔，北端1钉头。背面修理平整，留有大量舱料，其北端一企口，宽3、深5厘米，南北两端各1小方形钉孔，东端1排钉孔。	出水时间：2008年11月30日上午
CG9	位于船体的东北部，其右侧为CG10和CG11船板，上为CG7和CG8船板所压	长218、宽25、厚7厘米	南北两端残，断为2段。正面平整，呈褐色，有钉头16个，钉孔3个。背面较平整，呈褐色，有虫蛀痕。东端侧面保存较好，呈斜坡状，有钉孔18个。	出水时间：2008年11月30日上午
CG10	位于船体的东北部，其左侧为CG9船板，右侧为CG12船板，北侧与CG11相连，上为CG8船板所压	长80、宽16、厚5厘米	南北两端残，断为2段，表面呈灰褐色。正面修整较光滑，残留舱料，中间圆鼓，有5个小方钉孔。背面圆弧略平，有钉头4个，钉孔2个。钉头间距20厘米左右。	出水时间：2008年11月30日上午
CG11	位于船体的东北部，其右侧为CG12和CG13船板，左侧为CG9船板，南侧与CG10相连，上为CG7和CG8船板所压	长13.5、宽9、厚10厘米	船板表面呈黑色，长条形，两端残断。船板自中部断为2段。外侧板面自中部起脊，内侧板面弧形。东、西两端残留黏合材料。外侧板面腐蚀较重，留有1排6个小方孔，孔距6～48厘米，个别钉孔处残留有防水舱料。内侧板面留有2排10个钉头，每排5个钉头，残留有黏合料及小块碎木片。每排间距8厘米左右，孔距4～9厘米不等。均为方孔，孔径约0.5厘米。	出水时间：2008年11月29日下午
CG12	位于船体的东北部，其北与CG13船板相连，上为CG8船板所压	长98、宽18、厚8厘米	断为3段。正面顶部较平整，呈褐色，有方形钉孔3个，钉头1个。东端斜弧形，西端有一南北向企口，宽1.5、深2.5厘米。背面平整，有2排钉孔，西端1排有8个，边长0.8厘米×1厘米，东端1排有8个，边长0.5厘米。	出水时间：2008年11月30日上午

编号	位置	尺寸	描述	备注
CG13	位于船体的东北部，其南侧与CG12船板相连，右侧临CG6船板，左侧临CG11船板，其上为CG7和CG5船板所压	长206、宽28、厚8厘米	南北两端残，东西两端完整。船板断为2段。正面平整，呈褐色，北端东侧残留少量舱料，有方形钉孔21个，边长0.5厘米。背面呈褐色，有方形钉孔24个，孔径0.5厘米，在其南端西侧一企口，宽2、深4厘米，背面西侧南部修成斜直形。南端平整，北端虫蛀严重，坑洼不平。北端西侧一企口，宽6、深3厘米。	出水时间：2008年11月30日上午
CG14	位于船体的东北部，其左侧临CG3船板	长87、宽25、厚5厘米	南北两端残，表面呈褐色。正面修平，有虫蛀痕迹，有3排方形钉孔，大的4个，边长8厘米，小的8个，边长2厘米。西端平整，东端斜坡。背面平整，黑色，残留大量白色舱料。	出水时间：2008年11月30日上午
CG15	位于船体的东北角	长70、宽30、厚5厘米	南北端残，正、背面修理成平面，呈褐色，正面北端和西端各1排钉孔。	出水时间：2008年11月30日上午
CG16	位于船体的东北角	长79、宽29、厚5厘米	南北端残，正、背面修理成平面，虫蛀严重，呈褐色，零散2个小方形钉孔。背面凝结珊瑚和少量瓷片。	出水时间：2008年11月30日上午
CG17	位于船体的东北部，其左侧临船板CG21和CG25，右侧临船板CG18，下压着船板CG27，其上为船板CG12所压	长230、宽33、厚8.5厘米	南北端残，船板断为4段。正面平整，褐色，残留少量舱料，其东侧1排4个小方孔，中间1排3个小方孔。孔径0.5~1、孔距13~30厘米。正面西端一南北向企口，宽4、深4厘米，残留大量舱料，并粘有相邻船板木屑。	出水时间：2008年12月1日上午
CG18	位于船体的东北部，其左侧临船板CG17，下压着船板CG26，其上为船板CG24所压	长140、宽32、厚4厘米	南北端残，东西端完整。正面较平整，残留大量舱料。东端斜坡状，西端向背面斜收，截面呈细长菱形，有4排27个钉孔。背面虫蚀严重，坑洼不平，残留大量舱料。	出水时间：2008年12月1日下午
CG19	位于船体的东北部，其左侧临船板CG24，北与船板CG6相临，上为船板CG20所压	长55、宽2.8、厚3厘米	残损严重，形状不规则。正面充实严重，坑洼不平，有4个小方孔，1个钉头。背面较平，残留舱料。	出水时间：2008年12月1日下午
CG20	位于船体的东北部，其下压船板CG19	长148、宽10、厚3厘米	南北两端残，船板断为5段。正面略弧，黑色，有2排15个钉孔，西侧7个钉孔，孔距16~20、孔径0.5厘米，东侧8个钉孔，孔径0.5厘米。背面弧形，残留大量舱料。	出水时间：2008年12月1日下午
CG21	位于船体的东北部，其右侧临船板CG17，左侧临船板CG22，下压着船板CG25	长161、宽8.5、厚21厘米	南端残，北端完整平齐，船板断为2段。正面南端较平，向北部逐渐隆起，有5个钉头，3个小方孔。背面南端较平，北部向正面斜折，其东部一南北向企口，还搭有另一块船板，宽2、深5厘米。西侧面有2排16个钉孔。	出水时间：2008年12月1日下午

编号	位置	尺寸	描述	备注
CG22	位于船体的东北部，其右侧临船板CG21、CG25，左侧临船板CG23，上为船板CG10所压，下压着船板CG30	长206、宽16、厚6厘米	南北两端残，船板两端窄，中间宽，断为2段。正面平整，黄褐色，有7个钉头，3个小方孔，其西侧5个钉头，6个小方孔。背面平整，残留大量舱料。东侧面残破，西侧面平整。	出水时间：2008年12月1日上午
CG23	位于船体的东北部，其右侧临船板CG28	长224、宽23、厚8厘米	南北两端残，船板断为四节。背面较平整，呈黄褐色，其北端变薄，形成残长38厘米的搭口。背面西侧有11个小方孔，孔径0.5厘米，钉孔皆对穿至背面东侧面，东侧面共12个钉孔，其对应的西侧面残破。背面表面有虫蛀痕，11个小方孔，孔径0.5厘米。东、西两端完整，斜坡形，船板横截面呈梯形。	出水时间：2008年12月1日上午
CG24	位于船体的东北部，其右侧临船板CG19，下压着船板CG18	长90、宽9、厚4厘米	南北两端残，船板断为3段。正面黑色，中间隆起，东西两端斜弧，东侧1排6个钉孔，孔径1、孔距2～16厘米。背面中间隆起，东西两端斜弧，残留大量舱料。	出水时间：2008年12月1日下午
CG25	位于船体的东北部，其右侧临船板CG17，上为船板CG21所压	长187、宽6.5、厚30厘米	南北两端残，东西两端完整。正面西低东高，呈斜坡状，有7个小方孔，其东面平整，西面圆弧形，虫蚀严重，有3排21个钉孔。南端一企口，宽2、深2厘米。背面黑色，中间起棱，残留大量黏合料。	出水时间：2008年12月1日下午
CG26	位于船体的东北部，其左侧临船板CG27，上为船板CG18所压	长125、宽22、厚6厘米	南北端及东端残，西端完整。正面较平整，褐色，有2排16个钉孔。背面虫蚀严重，坑洼不平。	出水时间：2008年12月1日下午
CG27	位于船体遗址的东北部，龙骨东侧竖船板，南接CG102，北接无，属于第二层船板（核对CAD图认为是第二层）	长437、宽34、厚6.5厘米	船板断为数段。北端尖状，南端窄。正面黄色、平整。东端残。钉孔孔径1、孔距12～23厘米，每排间距6～7厘米。	出水时间：2008年12月19日
CG28	位于船体的东北部，其左侧为沟，下压着船板CG9和CG22	长70、宽10、厚6厘米	船板保存完整，表面均修理平整，剖面呈方形。正面褐色，残留少量舱料，东端1排3个钉孔。背面也有3个钉孔。	出水时间：2008年12月1日下午
CG29	位于船体遗址的东北部，龙骨东侧船板，其上被CG472所压，属于第二层船板（核对CAD图认为是第二层）	长305、宽27、厚9厘米	南北两端残。正面黑色、平整，东西两端近直，北端尖状，长59厘米。钉孔孔径1、孔距16～17、每排间距10厘米。	出水时间：2008年12月19日
CG30	位于船体遗址的东北，大宽板，东临CG29，西临CG109、CG104，属于第二层船板	长215、宽30、厚18厘米	南北两端完整，平直。薄板中间厚。南北两端上翘，底部向正面斜平。正面黑色，中部略凹，残留大量舱料。钉孔孔径1、孔距20～35厘米。	出水时间：2008年12月14日

编号	位置	尺寸	描述	备注
CG31	位于船体的东北部，下压着船板CG32	长140、宽11、厚3.5厘米	南北两端残，船板断为7段。正面褐色，残留少量舱料，多处虫蛀痕迹。	出水时间：2008年12月1日下午
CG32	位于船体的东北部，上为船板CG31所压	长125、宽19、厚5厘米	南北两端残，船板断为4段。正面平整，黑色，北侧舱料，东西两端2排各2个小方孔，孔径0.5、孔距约18厘米。背面平整，残留少量舱料。	出水时间：2008年12月1日下午
CG33	位于船体的中部偏东，为第一层压缝板，其南与CG123相接，下压着CG104和CG52	长166、宽16、厚7厘米	中部隆起，东西两端薄，1排6个钉孔。	出水时间：2008年12月7日。完整
CG34	位于船体的北端中部，其右侧临船板CG38，左侧临船板CG39和CG50，下压着船板CG51、CG52和CG53	长173、宽32、厚5厘米	船板保存完整，正面黑色，间隔20厘米左右一排。东西向钉孔，共9排，其中北端残留2个钉头，平顶。东西两端斜弧。背面残留舱料。	出水时间：2008年12月1日下午
CG35	位于船体的北端中部，其右侧临船板CG39和CG50，左侧临船板CG40和CG46，北与隔舱板CG49相临，下压着船板CG55	长161、宽28、厚5厘米	船板保存完整，长方形，断为2段。正面平整，褐色，多处虫蛀孔洞，其南端5个钉孔，并残留少量舱料，中部2个小方孔。正面东西两端斜坡状。南北两端也留有少量舱料。	出水时间：2008年12月1日下午
CG36	位于船体的东北部，其右侧临船板CG40和CG46，左侧临船板CG41和CG45，北与船板CG37相接，下压着船板CG43	长131、宽26、厚6厘米	南北两端残，船板断为2段。正面受虫蚀坑洼不平，其南端东侧一长方形榫口，南北长10、东西宽7厘米。正面有4排19个小方孔。西侧面斜坡状，东侧锐折内收至背面，截面呈菱形。背面虫蚀坑洼不平，残留大量舱料。	出水时间：2008年12月1日下午（登记表编号为37，经核对仍应为36）
CG37	位于船体的北端中部，其右侧临船板CG40和CG46，左侧临船板CG45，下压着船板CG47和CG43。	长113、宽23、厚6厘米	北端残，南端和东、西两侧基本完整。正面南部顶面较平，北部受虫蛀，坑洼不平。正面3排18个小方钉孔，孔径0.5厘米。南端呈坡状，顶部略平，两端斜弧。背面平整，残留大量舱料。	出水时间：2008年12月1日上午
CG38	位于船体的北端中部，其右侧临船板CG57，左侧临船板CG34，下压着船板CG56和CG6	长177、宽23、厚5厘米	北端残，南端平直。正面黄褐色，中间1排9个南北向钉孔，残留大量舱料。东端修理平整，西端变薄。	出水时间：2008年12月2日上午
CG39	位于船体的北端中部，其右侧临船板CG34，左侧临船板CG35，其北与船板CG50相连，南与CG67相连	长173、宽19、厚4.5厘米	正面中间隆起，东西两端斜直，褐色，表面残留大量舱料，1排7个钉孔。	出水时间：2008年12月2日上午
CG40	位于船体的北端中部，其右侧临船板CG35，左侧临CG36，北与船板CG46相连，下压船板CG55和CG43	长167、宽15、厚5厘米	南北端残，船板中间断为2段。正面黑色，中部隆起，东西两端变薄，表面多道裂痕，2排15个钉孔。东西两端少量舱料。南端变薄。	出水时间：2008年12月2日上午

编号	位置	尺寸	描述	备注
CG41	位于船体的北端中部，其右侧临船板CG36，左侧为船板CG42，北与CG45相连，下压船板CG43与CG59	长146、宽18、厚6厘米	四端完整，船板断为2段。正面褐色，中间隆起，向东西两端变薄，多处虫蛀痕，残留少量舱料。中部隆起处1排12个钉孔。	出水时间：2008年12月2日上午
CG42	位于船体的北端中部，其右侧临船板CG45，左侧临船板CG58和CG65，北与CG44相连，下压CG59	长168、宽30、厚5.5厘米	完整。正面修理平整，多道东西向凿痕，距南端35厘米处开一榫槽，长12、宽9厘米，南北向3排8个钉头。东西两端变薄。	出水时间：2008年12月2日上午
CG43	位于船体遗址中部，东临CG55、CG141，西临CG59，南接CG135，北接CG47，其上被CG36所压，其下压CG309。可归入二层船板	长695、宽45、厚7厘米	南、北端完整。船板断为4段。正面黄褐色，距南端201厘米，有一榫口，长11、宽7.5厘米，数道碗压痕迹。东端榫口。北端方形榫口，北端突榫，5厘米。	出水时间：2008年12月9日
CG44	位于船体的北端中部，其右侧临船板CG45，左侧临船板CG58，南与CG42相连，下压CG59	长73、宽26、厚5.5厘米	北端残，南端完整。正面平整，黑色，南北向3排10个钉孔。东西两端变薄。	出水时间：2008年12月2日上午
CG45	位于船体的北端中部，其右侧临船板CG37和CG36，左侧临船板CG44和CG42，南与CG41相连，下压CG59和CG43	长129、宽18、厚5.5厘米	北端残，南端完整。正面黑色，中部隆起，东西两端变薄，表面残留大量舱料。背面中部隆起，东西两端薄。	出水时间：2008年12月2日上午
CG46	位于船体的北端中部，其右侧临船板CG49和CG35，左侧临船板CG37，北与CG48相连，南与船板CG40相接，下压船板CG47、CG43和CG55	长97、宽16、厚3.5厘米	北端残，船板断为5段。正面黑色，南端平整，中间1排6个钉头，西端斜平。	出水时间：2008年12月2日上午
CG47	位于船体的北端中部，其右侧临船板CG48和CG55，南与船板CG43相接，上为船板CG37所压	长172、宽35、厚7.5厘米	北端残，南端平直。正面褐色，其南端一企口，宽5、深3.5厘米，东西向6排18个钉孔，锈蚀严重，铁钉样式不详。距南端74厘米处开一榫口，长7.5、宽4.5厘米。正面东端一南北向企口，宽2、深3厘米，企口内1排9个水平钉孔。西端斜平。正面残留大量舱料，和虫蛀痕。背面平整。	出水时间：2008年12月2日上午
CG48	位于船体的北端中部，其左侧临船板CG47，南与船板CG55相接	长122、宽20、厚9厘米	南北两端残。正面黄褐色，弧形，残留少量舱料，4排8个钉孔。正面东端一南北向企口，宽3.5、深3.5厘米。背面较平，残留大量舱料。	出水时间：2008年12月2日上午
CG49	位于船体的北端中部，为隔舱板上一条小横木，其右侧临船板CG50，左临船板CG35，南临船板CG35，下压船板CG55	长18.5、宽11、厚6厘米	小方料，背面西侧斜向削平。正面和背面残留大量舱料。	出水时间：2008年12月2日上午

编号	位置	尺寸	描述	备注
CG50	位于船体的北端中部，其右侧临船板CG34，左侧临船板CG49与CG35，南与船板CG39相接，下压船板CG53和CG55	长155、宽16、厚5厘米	北端残，南端平直且很多舱料。正面黄褐色，中间隆起，东西端变薄，隆起部位南北向1排10个钉头，锈蚀严重。	出水时间：2008年12月2日上午
CG51	位于船体的北端中部，其右侧与船板CG53和CG52相接，左侧临船板CG55，上为船板CG34所压	长117、宽17、厚7厘米	南北两端残，船板断为3段。正面平整，黄褐色，残留大量舱料。东端企口，宽1.5、深4厘米。东端平齐，西端斜平。正面南北向2排5个钉孔。	出水时间：2008年12月2日上午
CG52	位于船体遗址的东北，东临CG104，南接CG177，其上被CG99所压，其下西侧压CG318，东侧压CG316。属于第二层船板	长991、宽38、厚8厘米	船板断为5段，南北两端完整。正面黑色，平整略凹。东端企口，宽4、深4厘米，企口处钉1排铁钉，残留少量舱料。背面平整，有一凸榫，深6.5、宽9厘米。北端呈尖状。	出水时间：2008年12月10日
CG53	位于船体遗址的东北，东临CG61，西临CG55，南接CG51。其上被CG34、CG50所压，属于第二层船板	长282、宽39、厚11厘米	南北两端完整。正面黄色，平整，残留少量舱料。西端向背面斜平。东端企口，宽3、深4厘米。南端尖状，长33厘米，正面东侧开一企口，背面东侧开一企口。	出水时间：2008年12月10日
CG54	位于船体的中部，其右侧临船板CG97，南与船板CG96相连，下压船板CG63和CG98	长104、宽36、厚5.5厘米	东西南北四端保存完整。正面平整，残留少量舱料。正面西侧向背面斜平，背面西侧向正面斜平。正面南北两端向背面斜平。距北端39厘米处一榫口，长11、宽7厘米，残留榫头高5厘米。正面南北向3排钉孔，锈蚀严重。背面较平整。	出水时间：2008年12月3日上午
CG55	位于船体遗址的东北，东临CG51、CG52、CG53，西临CG43、CG47，南接CG313、CG141，其上被CG35所压，下压CG314。属于第二层船板	长557、宽41、厚7.5厘米	船板断为3段。正面黄色，平整，正面东端企口，宽3、深2.5厘米。中部两个方形榫口，中部榫口长9、宽6厘米，内插立柱，残高35厘米，榫口内还发现木楔。北部榫口残，长8、宽5.5厘米，内插立柱，残高10厘米。南端凸榫，长5.5、深2厘米。北端尖状，长100、凹缺宽8厘米。	出水时间：2008年12月10日
CG56	位于船体的北端中部，其右侧临船板CG57，左侧临船板CG52，北与CG61相连，南与船板CG108相连，上为CG38和CG34所压，下压着船板CG104	长109、宽16、厚6.5厘米	北端残，南端完整、平直。正面黄褐色，虫蚀严重，中部起棱，棱两侧2排11个南北向钉孔。东西两端变薄，残留大量舱料。背面中部隆起，向西端斜平。	出水时间：2008年12月3日上午
CG57	位于船体的北端中部，其右侧临船板CG103，左侧临船板CG56、CG61和CG108，上为CG38和CG23所压，下压着船板CG104	残长305、宽29、厚7厘米	南北两端残，船板断为2段，分别长182、123厘米，无法拼接。正面黄褐色，西侧向背面斜平残留大量舱料，3排27个钉孔。东端平直。背面较平。	出水时间：2008年12月3日上午

编号	位置	尺寸	描述	备注
CG58	位于船体的北端中部，其右侧临船板CG42和CG44，左侧临船板CG60，南与船板CG65相接，下压船板CG63和CG59	长191、宽16.5、厚4.5厘米	四端完整，船板断为2段。正面褐色，中部隆起，东西端弧形，残留大量舱料。南北两端平直。正面中间1排4个钉孔，锈蚀严重。	出水时间：2008年12月2日上午
CG59	位于船体遗址的东北，东临CG43，西临CG63，南接CG301，北接CG323，其上被CG42所压，其下压CG328、CG308。属于第二层船板	长672、宽40、厚9厘米	船板断为3段，北端残。正面黄色，平整，正面东端企口，宽2、深2.5厘米。中部两个方形榫口，中部榫口长10、宽10厘米。北部榫口残，长11、宽8厘米。西端弧形。	出水时间：2008年12月10日
CG60	位于船体的北端中部，其右侧临船板CG58，左侧临船板CG64，下压船板CG62和CG63	长81、宽31、厚4厘米	东西南北四端完整。正面平整，褐色，北端少量舱料，3排14个钉孔，北端变薄，南端平直。东西两端变薄。	出水时间：2008年12月2日上午
CG61	位于船体的北端中部，其右侧临船板CG57，左侧临船板CG34，南与船板CG56相连，上为CG38所压，下压着船板CG109	长74、宽12、厚7厘米	南北两端残。正面褐色，中间隆起，东西两端薄，残留大量舱料，东西两端2排9个钉孔。	出水时间：2008年12月3日上午
CG62	位于船体遗址的北部，东临CG59、CG323，西临CG68，南接CG63，其上被CG60所压，其下压CG339，属于第二层船板	长134、宽40、厚5厘米	船板断为2段。北端残，南端完整。正面黑色，残留大量舱料。正面东端企口，宽4、深3.5厘米。正面南端企口，宽6、深4厘米。西端较平。	出水时间：2008年12月11日
CG63	位于船体遗迹的中部，大宽板，东临CG59，西临CG68，南接CG272，北接CG62。其上被CG54、CG96所压，其下压CG327。属于第二层船板	长861、宽48、厚10厘米	船板断为4段。南端残。正面黄色、平整，其东端企口，宽3、深3厘米，企口内钉孔径1、孔距约15厘米。正面南端榫口残，宽7厘米，此榫口北50厘米开另一榫口，斜向，长10、宽8厘米，内插立柱，残高8厘米，立柱底面残留舱料，长10、宽7厘米。正面南北向钉孔1排，孔径1、孔距10～40厘米。	出水时间：2008年12月11日
CG64	位于船体的北端中部，其右侧临船板CG60，下压船板CG63和CG68	长165、宽14、厚4厘米	完整，正面黄褐色，残留少量舱料，中部隆起，隆起处1排6个钉孔。东西两端薄。	出水时间：2008年12月2日下午
CG65	位于船体的北端中部，其北与CG58相连，下压船板CG59和CG63	长105、宽18、厚4.5厘米	南北两端残，船板断为2段。正面褐色，中部隆起，东西两端薄。隆起处1排6个钉孔。	出水时间：2008年12月2日下午
CG66	位于船体的北端中部，其北与CG51相连，下压船板CG52，上为船板CG67所压	长104、宽32、厚6厘米	南端残，船板断为2段。正面较平，东西两端薄。北端平直。正面南北向3排15个钉孔，有的残留钉头，锈蚀严重。	出水时间：2008年12月2日下午

编号	位置	尺寸	描述	备注
CG67	位于船体的北端中部，其北与CG39相连，下压船板CG66	长107、宽14、厚6厘米	保存完整。正面褐色，中部隆起，东西两端薄，残留少量舱料，隆起处1排7个钉孔。背面略平。	出水时间：2008年12月2日下午
CG68	位于船体遗址的中部，南接CG272，北接CG62。属于第二层船板	长1068、宽51、厚9厘米	船板断为5段，正面黄色，平整。正面东端企口，宽3、深2厘米，中间部分宽4.5、深3.5厘米。中部一方形榫口，长11、宽9厘米。背面平整，其东端企口，宽3、深3厘米。北部榫口，长9、宽9厘米。南侧榫口，长8、宽5.5厘米。北端背面企口，宽3、深6厘米。北端榫口，长9、宽7.5厘米，内插立柱6厘米。	出水时间：2008年12月10日（10日两块，11日3块板）
CG69	位于船体的北端中部，其北与CG70相连，下压船板CG68和CG71	长45、宽15、厚6厘米	保存完整。正面褐色，中部隆起，东西两端薄，残留大量舱料，隆起处1排3个钉孔。	出水时间：2008年12月2日下午
CG70	位于船体的北端中部，其北与CG87相连，南与船板CG69相接，下压船板CG68和CG71	长170、宽15、厚5厘米	正面黄褐色，中部隆起，东西薄，有多道凿痕，隆起处1排14个钉孔。	出水时间：2008年12月2日下午
CG71	位于船体遗迹的中部，大宽板，东临CG68，西临CG75，南接CG239，北接无，其上被CG273、CG276所压，其下压CG347。属于第二层船板	长568、宽45、厚9.5厘米	船板断为3段。南端残，北端腐蚀严重。正面黄色，平整，中部有碗压痕迹。两个榫口，距南端275厘米处榫口，长9、宽7厘米，此榫口向北142厘米开另一榫口，长10、宽8厘米。正面东侧企口，宽3.4、深4厘米，企口内1排铁钉，孔径1、孔距约15厘米。西端弧形。	出水时间：2008年12月11日
CG72	位于船体的北端中部，其北与CG73相连，下压船板CG71和CG75	长64、宽15、厚6厘米	保存完整。正面黑色，中部隆起，残留少量舱料。隆起处1排6个钉孔。	出水时间：2008年12月2日下午
CG73	位于船体的北端中部，其南与船板CG72相接，下压船板CG71和CG75	长100、宽15、厚7厘米	北端残，南端平直。正面黑色，残留大量舱料，中部隆起，东西两端薄，正面2排6个钉孔。	出水时间：2008年12月2日下午
CG74	位于船体的西北部，其北与CG84和CG82相临，下压船板CG93、CG94和CG76	长50、宽28、厚8厘米	保存完整，四边平直。正面平整，留有多道凿痕，近中部一凹榫槽，深9、宽11厘米，4个钉孔。	出水时间：2008年12月2日下午
CG75	位于船体遗址中部偏西，东临CG71，南接CG198，其上被CG72、CG73、CG273、CG257所压，其下压CG349、CG350，属于二层船板	长670、宽44、厚7厘米	船板断为4段。南北两端完整。南端平直，其正面凸榫，宽6、深2厘米。北端背面凸榫，残宽4厘米。正面东端企口，宽4、深3厘米，企口内打斜钉，孔距1、孔距约14厘米。西端弧形。正面黄色，平整。开两个榫口，距离南端230厘米处开一榫口，口较直，长8、宽7.5厘米。另一榫口距此榫口254厘米，长8、宽7厘米，内插楔形立柱，残高10厘米。正面钉孔孔径1～1.2、孔距9～19厘米。	出水时间：2008年12月12日

编号	位置	尺寸	描述	备注
CG76	船板位于A区（遗址的西半部分）的北段。东接沙沟边，南接CG278，西接CG94、CG280，北接无，上面被CG269、CG263压，下面压着CG95。可归入第二层板	长402、宽34、厚7厘米	正面黄褐色，平整略凹，长方形榫口，长12、宽8厘米。东端榫口宽3、深3厘米。南端榫口宽4、深4.5厘米。	出水时间：2008年12月9日
CG77	位于船体的西北部，其下压船板CG78	长34、宽19、厚6厘米	保存完整。东西南北四面平整。正面黑色，东西向3排9个钉孔。	出水时间：2008年12月2日下午
CG78	船板位于A区（遗址的西半部分）的北段。东南靠CG264，南接CG265，西接CG79，北接无，下面压着CG90、CG91。可归入第二层板	长255、宽35、厚5.5厘米	船板断为7段。正面黑色，平整，东西两端斜平，多道碗压痕迹。距北端77厘米处一榫口，宽10、长10厘米，榫口内残留楔形榫头，残高29厘米，榫头北侧隔舱板痕宽26厘米，板痕两侧有下凹卡口。	出水时间：2008年12月8日上午
CG79	船板位于A区（遗址的西半部分）的北段。东接CG78、CG265，南接CG261、CG260，西接CG80，下面压着CG89、CG88。可归入第二层板	长299、宽44、厚9厘米	保存完整。正面平整，东西两端变薄，数道碗压痕迹。距南端101厘米处有一隔舱板痕，推测隔舱板宽14厘米，距南端264厘米处也有一隔舱板痕，板痕宽21厘米。	出水时间：2008年12月8日上午
CG80	船板位于A区（遗址的西半部分）的北段。东接CG79，南接CG225，西接CG267，北接无，下面压着CG282、CG283、CG89，可归入第二层板	长227、宽36、厚5.5厘米	南北两端残。正面黄褐色，平整，东西两端薄，大量虫蛀痕，几个圆形碗底压痕。	出水时间：2008年12月8日上午
CG81	位于船体的西北部，其下压船板CG88、CG89和CG78	长52、宽30、厚4.5厘米	北端残，南端平直，东西两端薄。正面平整，中部略凹，黑色，有多道凿痕。正面东西向3排6个钉孔。	出水时间：2008年12月2日下午
CG82	位于船体的西北部，其右侧临船板CG84，南临船板CG93	长183、宽14、厚6厘米	南北两端残，船板断为2段。正面黑色，较平整，北侧少量舱料，中间1排8个钉孔。南端厚，北端薄。	出水时间：2008年12月2日下午
CG83	位于船体的西北部，其右侧为沟，不见船板，左侧临船板CG91和CG92，南与船板CG76相连	长190、宽26、厚7厘米	北端残，南端完整、平直。正面较平，黑色，多处虫蛀痕，东西向2排8个钉孔。正面东端一南北向企口，宽3、深3厘米。正面南端企口宽4、深3厘米。	出水时间：2008年12月2日下午
CG84	位于船体的西北部，左侧临船板CG82，南与船板CG93	长183、宽14、厚6厘米	正面黑色，中部隆起，中间薄，多处虫蛀痕，残留少量舱料，隆起处1排12个钉孔。	出水时间：2008年12月2日下午

编号	位置	尺寸	描述	备注
CG85	位于船体的西北部，其北临船板CG86	长65、宽27、厚4.5厘米	保存完整。正面平整，中部略凹，褐色，留有多道凿痕，东西两端薄。正面东西向3排9个钉孔。	出水时间：2008年12月2日下午
CG86	位于船体的西北部，其南临船板CG85	长80、宽13、厚4.5厘米	北端残，南端平直。正面黑色，中部隆起，东西两端薄，多道凿痕，虫蛀洞较多。	出水时间：2008年12月2日下午
CG87	位于船体的北端中部，其南与船板CG70相接，下压船板CG68与CG71	长55、宽14、厚5厘米	北端残，南端平直。正面褐色，中部隆起，东西两端薄，残留少量舱料。隆起处1排3个钉孔。	出水时间：2008年12月2日下午
CG88	船板位于A区（遗址的西半部分）的北段。东接CG357，南接CG208，西接CG89，北接边界，上面被CG78压，下面压着CG396、CG389。可归入第三层板	长568、宽43、厚9厘米	船板断为3段。正面黄色，平整。正面西端企口，宽3.5、深3厘米。背面东端企口，宽3、深3.5厘米。距北端245厘米开一榫口，长8.5、宽6厘米。南端凸榫，榫壁较直，长6、深3厘米。距南端53厘米处另开一榫，长9、宽8厘米。正面钉孔孔径1、孔距22厘米，每排间距10~14厘米。	出水时间：2008年12月13日
CG89	船板位于A区（遗址的西半部分）的北段。东接CG88，南接CG217，西接CG284、CG283，北接边界，上面CG80压，可归入第三层板	长235、宽44、厚12厘米	正面黑色，平整，其东端企口，宽3、深4.5厘米。背面南端企口，长8、深4厘米，企口内1排铁钉，钉孔径1厘米。背面南端呈尖状，长76厘米，凹进去8厘米，其企口宽1.4、深4厘米。	出水时间：2008年12月12日
CG90	船板位于A区（遗址的西半部分）的北段。东接CG91，南接CG286，西接CG88，北接无，上面被CG78压，下面压CG357。可归入第三层板面。该板南与CG286为同块板	长154、宽19、厚8厘米	南端完整，北端残。正面黑色，平整。西端企口，宽2、深3厘米。正面南端榫口，长3、宽3厘米。	出水时间：2008年12月10日
CG91	船板位于A区（遗址的西半部分）的北段。南接CG287，西接CG90，上面被CG94、CG78、CG264压，下面压着CG357。可归入第三层板面。该板南与CG287为同块板	长216、宽27、厚7厘米	正面黄色，平整。正面东端企口，宽3、深3厘米。北端变窄。	出水时间：2008年12月10日
CG92	位于船体的西北部，其右侧与船板CG83相临，左侧与船板CG90相临，南与船板CG91相连	长44、宽14、厚6厘米	北端残，南端完整、平直。正面残留少量舱料，3个钉孔。正面南端一企口，宽4、深4厘米。	出水时间：2008年12月2日下午
CG93	位于船体的西北部，北与船板CG82和CG84相临	长45、宽17、厚8厘米	正面黄褐色，中部隆起处1排2个钉孔。正面距北端12厘米处一方形榫口，长10、宽7厘米。	出水时间：2008年12月2日下午

编号	位置	尺寸	描述	备注
CG94	船板位于A区（遗址的西半部分）的北段。东接CG76，南接CG280，下面压着CG91。可归入第二层板	长55、宽10.5、厚5.5厘米	南北端残。正面黄褐色，中部隆起，东西两端薄，残留少量舱料。	出水时间：2008年12月9日
CG95	船板位于A区（遗址的西半部分）的北段。东接沙沟，南接CG300，西接CG357，北接无，上面被CG76压，下面压着CG387。可归入第三层板	长549、宽26、厚3.5厘米	船板断为5段。正面黑色、平整、虫蚀严重，东端向背面斜平。西端弧面。钉孔孔径0.5、1、孔距15～20厘米。距南端306厘米处开一凹榫，长13、宽7厘米。	出水时间：2008年12月13日
CG96	位于船体的中部，其右侧临船板CG97，北与CG54相连，下压着船板CG63，上为船板CG98所压	长62、宽35、厚5厘米	南端残，北端完整。正面黄褐色，平整，东西两端变薄，南北向4排11个钉孔，残留少量舱料。	出水时间：2008年12月3日上午
CG97	位于船体的中部，其左侧临船板CG96，下压着船板CG100、CG59和CG98	长93、宽24、厚5.5厘米	南北两端残，船板断为2段。正面黑色，平整，东西两端变薄。背面较平整。	出水时间：2008年12月3日上午
CG98	位于船体的中部，下压着船板CG63和CG59，上为船板CG97和CG54所压	长156、宽17、厚8厘米	北端残，南端完整、平直。正面黑色，中部起棱，棱两侧2排6个钉孔。东西两端变薄，残留少量舱料。背面中部起棱。	出水时间：2008年12月3日上午
CG99	位于船体中部偏东，为第一层板，其右为CG33，左临CG126和CG127，其下压着CG52	长122、宽26、厚4厘米	完整，船板断为2段。正面黑色，平整略凹，东西两端薄，南北向5排15个钉孔，多道碗压痕迹。	出水时间：2008年12月7日。完整
CG100	位于船体的中部，其左侧临船板CG98，下压着船板CG59，上为船板CG97所压	长85、宽19、厚5厘米	南北两端残。正面褐色，中部隆起，东西两端变薄，北侧少量舱料，隆起处1排钉孔，锈蚀严重。	出水时间：2008年12月3日上午
CG101	位于船体的东部，其左侧临船板CG103，北与船板CG30相临，下压着船板CG106	长121、宽18、厚7厘米	保存完整，南北端平直。正面黑色，中部隆起，隆起处1排9个钉孔，东西两端变薄，残留少量舱料。背面中部隆起，残留大量舱料。	出水时间：2008年12月3日上午
CG102	位于船体遗址的东部，龙骨东侧竖船板，北靠近CG27，属于第二层船板（一览表登记为第三层、卡片为第二层、CAD图显示为第四层）	长130、宽10、厚4.5厘米	南端残。正面黑色，其东端向背面斜平。	出水时间：2008年12月20日
CG103	位于船体的东部，其左侧临船板CG57，右侧临船板CG101，北与船板CG30相临，南与CG105相临，下压着船板CG104	残长91、宽17、厚7厘米	南北两端完整。正面黑色，中部起棱，东西两端变薄，残留少量舱料，棱两侧2排10个钉孔。背面中部起棱。	出水时间：2008年12月3日上午

编号	位置	尺寸	描述	备注
CG104	位于船体遗址的东部，东临CG105、CG103、CG111、CG122、CG133，西临CG177，南接CG143，北接CG57、CG108，其上被CG33、CG123、CG124、CG125、CG130所压，其下压CG404，属于第二层船板	长1096、宽45、厚9.5厘米	北端尖状，上翘，上仰角度17度。尖端部分长320厘米，尖头宽7厘米，中部粗，宽45厘米，南端略窄，宽30厘米。东西两端弧面。南端平直，背面企口，宽6、深5厘米。正面钉孔孔径1、孔距15~20厘米，每排间距6~10厘米。	出水时间：2008年12月14日（其东端嵌入109）
CG105	位于船体的东部，其北侧临船板CG103，右侧临船板CG101，下压着船板CG104	长72、宽15、厚6.5厘米	南端残，北端完整、平直。正面黑色，平整，东西两侧2排3个钉孔。东西两端修理平直。	出水时间：2008年12月3日上午
CG106	位于船体遗址的东部偏北，东临CG506，西临CG503，南接CG511，北接CG502，其上被CG101所压，属于龙骨部分	长493、宽41、厚24厘米	龙骨断为2段。龙首部分长186、宽24、厚18厘米。另一块长307、宽41、厚24厘米。正面较平，未翻转拍照。背面黑色，弧面。东西两端修平，上有钉孔3排，孔径1.5、孔距31~36厘米，每排间约5厘米。正面东西两端企口，宽4.5、深4厘米。与龙首以企口连接，正面宽4、深8厘米。	出水时间：2008年12月20日。龙骨（2段）
CG107	位于船体遗址的东部，龙骨东侧船板，东临CG27，其下压CG490、CG476，属于第三层船板	长98、宽8、厚5.5厘米	船板断为数段，未拼接完整，北端残。正面黑色、平整。	出水时间：2008年12月19日
CG108	位于船体的北端中部，其左侧临船板CG52，右侧临船板CG57，北与船板CG56相连，下压着船板CG104，上为船板CG66所压。	长174、宽9、厚9厘米	南端残，北端完整、平直。正面黑色，中部隆起，东西两端变薄，残留大量舱料，隆起处2排15个钉孔。背面中部隆起。	出水时间：2008年12月3日上午
CG109	位于船体遗址的北部，西临CG53，南接CG57，其下压CG407，属于第二层船板	长126、宽18、厚9.5厘米	嵌入104东端，企口搭接。形状不规则。	出水时间：2008年12月14日（嵌入104东端）
CG110	位于船体的中部，为第一层压缝板，其下压CG63、CG68	长130、宽15、厚6厘米	正面黑色，中部隆起，1排4个钉孔。背面中部隆起。	出水时间：2008年12月7日。完整
CG111	位于船体遗址的东部，东临CG112，西临CG104，属于第二层船板	长62、宽14、厚7.5厘米	南北两端残。正面黄色，平整。背面东侧向正面斜平。	出水时间：2008年12月14日
CG112	位于船体遗址东部，不规则板，东临CG119，西临CG111，属于第二层船板	长43、宽9.5、厚6厘米	残。北端窄。正面黑色。	出水时间：2008年12月13日

编号	位置	尺寸	描述	备注
CG113	位于船体遗址东部，大宽板，南接CG114，属于第二层船板	长77、宽24.5、厚5厘米	北端残，南端完整、平直。正面黄色，平整。东西两端斜平。钉孔孔径1、1.5、孔距17～22厘米。	出水时间：2008年12月13日
CG114	位于船体遗址东部，大宽板，北接CG113，属于第二层船板	长65、宽22、厚5.5厘米	北端残，南端完整。正面黄色，平整。东西两端残。钉孔孔径1、1.5、孔距10～15厘米。	出水时间：2008年12月13日
CG115	位于船体遗址东部，西临CG118，其下压CG363、CG364、CG369，可归入二层船板	长288、宽38、厚9厘米	南北两端残。正面黑色，平整，其西端企口，宽3、深2.5厘米，表面残留舱料，虫蚀严重。东端不完整。背面平整。正面钉孔孔径1厘米，锈蚀。企口内铁钉锈蚀。	出水时间：2008年12月12日
CG116	位于遗址的东边中部，东临CG118，西临CG119，南接CG117，属第二层船板	长77、宽16.5、厚7.5厘米	南北两端保存完整。正面黑色，中部隆起，东西两端薄。南北端平直。	出水时间：2008年12月8日上午
CG117	位于遗址的东边中部，东临CG118，西临CG119，北接CG116，属第二层船板	长29、宽14、厚5.5厘米	南端完整，北端残。正面黄褐色，中部隆起，东西两端薄。	出水时间：2008年12月9日
CG118	位于船体遗址东部，东临CG115，西临CG116、CG117，可归入二层船板	长443、宽35、厚10厘米	正面黄色、平整。正面西端企口，宽4、深3厘米。正面1排钉孔，孔径1、孔距11～15厘米。企口内铁钉由背面打入，贯穿企口和119背面一部分，因此铁钉长度在10厘米以上。东端弧形。背面北端企口，宽6、深4厘米，凸榫厚4厘米，此企口与118正面西端企口之间留有空隙，还可搭接另一块板。	出水时间：2008年12月12日（119东端与118正面西端企口搭接）
CG119	位于船体遗址东部，东临CG116、CG117、CG118，南接CG144，其下压CG397，可归入二层船板	长443、宽32、厚14.5厘米	南端完整、平直，此端背面企口，宽4、深4厘米。西端腐蚀严重，形状不明。正面黄色、平整。东端1排钉孔，背面对应位置置留有钉孔，下面还应连接1块船板板孔径1、孔距16～20厘米。	出水时间：2008年12月12日（119东端与118正面西端企口搭接）
CG120	位于船体遗址的中部偏东，东临CG119，西临CG133，北接CG121，南接CG155。属于第二层船板	长75、宽16、厚7.5厘米	南北两端完整。正面黄色，平整，东西两端弧形。	出水时间：2008年12月12日
CG121	位于遗址的东边中部，东临CG119，西临CG122，北靠近CG112，南接CG120，属第二层船板	长186、宽14、厚7厘米	南北端完整，船板断为2段。正面黄褐色，中部隆起，东西两端薄。	出水时间：2008年12月8日上午
CG122	位于船体遗址东部，东临CG121，西临CG104，南接CG133，北接CG351，可归入二层船板	长174、宽16、厚8厘米	南北两端完整。正面黑色，中部隆起，东西两端略薄。隆起处钉孔孔径1.5厘米。	出水时间：2008年12月12日

编号	位置	尺寸	描述	备注
CG123	位于船体的中部偏东，为第一层压缝板，其南与CG124相接，北连CG33，下压着CG104和CG52	长60、宽14、厚6厘米	完整。正面黑色，中部隆起，东西两端薄。	出水时间：2008年12月7日。完整
CG124	位于船体的中部偏东，为第一层压缝板，其南与CG125相接，北连CG123，下压着CG104和CG177	长76、宽13、厚7厘米	船板断为2段。正面黑色，中部隆起，东西两端薄。	出水时间：2008年12月7日。完整
CG125	位于船体的中部偏东，为第一层压缝板，其南与CG130相接，北连CG124，下压着CG104和CG177	长41、宽14、厚6厘米	南端残，北端完整。正面黑色，中部隆起，东西两端薄，残留大量舱料。	出水时间：2008年12月7日
CG126	位于船体的中部偏东，为第一层压缝板，其南与CG127相接，下压着CG99、CG52和CG141。	长152、宽16、厚5厘米	南北两端残。正面黑色，中部隆起，东西两端薄，残留大量舱料。	出水时间：2008年12月7日
CG127	位于船体的中部偏东，为第一层压缝板，其南与CG128相接，北连CG126，下压着CG141和CG52	长64、宽35、厚12厘米	南北两端残，中部隆起，东西两端薄，1排4个钉孔。	出水时间：2008年12月7日
CG128	位于船体的中部偏东，为第一层压缝板，其南与CG129相接，北连CG127，下压着CG141和CG52	长74、宽125.57厘米	北端残，南端完整平直。正面黑色，中部隆起，东西两端薄，1排4个钉孔。	出水时间：2008年12月7日
CG129	位于船体的中部偏东，为第一层压缝板，其南与CG302相接，北连CG128，下压着CG141和CG52	长45、宽14、厚6厘米	完整。正面黄褐色，中部隆起，东西两端薄，13排2个钉孔。	出水时间：2008年12月7日。完整
CG130	位于船体的中部偏东，为第一层压缝板，其南与CG303相接，北连CG125，板身中段有三个小方孔，下压着CG104和CG177	长208、宽15、厚5厘米	船板断为2段。正面黑色，中部隆起，东西两端薄，2个榫口，长5.5、宽4厘米。	出水时间：2008年12月7日。完整

编号	位置	尺寸	描述	备注
CG131	位于遗址的东边中部，西临CG303、CG130，其下压CG104，属第一层船板	长113、宽21.5、厚5.5厘米	正面黄褐色，平整，中部隆起，东西两端薄。	出水时间：2008年12月8日上午
CG132	位于船体的南部偏东，为南部两道隔舱板中的一块，下压着CG157和CG303	长90、宽28、厚5.5厘米	正面黑色，平整，东西两端薄，南北端向背面斜平。	出水时间：2008年12月7日。完整
CG133	位于船体遗址的中部偏东，东临CG120，西临CG104，南接CG153，北接CG122。属于第二层船板	长87、宽18、厚8.5厘米	南北两端完整。正面黄色，平整，东西两端弧形。	出水时间：2008年12月12日
CG134	位于船体的中部，为第一层压缝板，其南临隔舱板CG159，南接CG138，上为CG169所压，下压着CG141	长143、宽15、厚5厘米	南北端完整，船板断为2段。正面黑色，平整，中部隆起，东西两端薄，残留大量舱料，隆起处1排4个钉孔，锈蚀严重。	出水时间：2008年12月7日。完整
CG135	位于船体的南部，为第一层板，其北侧为隔舱板CG43，右侧为CG141，左侧为CG301	长110、宽31、厚7厘米	完整。正面黑色，平整。北端向背面斜平。钉头锈蚀。	出水时间：2008年12月7日。完整
CG136	位于船体的南部，为第一层板，其北侧与CG175相接，其下压着CG43和CG301	长42、宽12、厚5厘米	完整，中部隆起，东西两端薄，钉孔锈蚀。	出水时间：2008年12月7日。完整
CG137	位于遗址的东边中部，西临CG301，东临CG141，北接CG43，被CG175叠压，属第二层船板	长497、宽41、厚9厘米	北端完整，南端残。西端向背面斜平，东端一侧三角形榫口，宽4、高6厘米。北端梯形凸榫，宽6.5、厚5厘米。距北端80、东端6厘米位置一长方形榫口，长10、宽10厘米。背面平整。	出水时间：2008年12月8日上午
CG138	位于遗址的东边中部，南接CG139，下面叠压CG135、CG141，属第一层船板	长51、宽13.5、厚4.5厘米	保存完整。正面黑色，中部隆起。北端残。	出水时间：2008年12月8日上午
CG139	位于船体的南部，为第一层压缝板，其北连CG138，下压着CG141	长72、宽11、厚5厘米	南端残，北端完整。正面黑色，中部隆起，东西两端薄，残留大量舱料。	出水时间：2008年12月7日
CG140	位于遗址的东南部，其下东压CG177，西压CG141，属第一层船板	长54、宽13、厚5.5厘米	保存完整。正面黄褐色，中部隆起，东西两端薄。	出水时间：2008年12月8日上午

编号	位置	尺寸	描述	备注
CG141	位于遗址的南部，其东临CG177，西临CG43、CG135，北接CG55、CG313，其上被CG127～129、CG302、CG134所压，其下CG310、CG314，属于第二层船板	长10.4、宽48、厚8.5厘米	船板断为4段。正面黄色，平整，残留少量舱料。东端榫口，宽3、深3厘米。	出水时间：2008年12月9日（登记卡为东临43，应为笔误）
CG142	位于遗址的西南边，东临CG161，西临CG230，南接CG162，属第一层船板	长23、宽14、厚9.5厘米	完整。三角形料，正面黑色，边线平直。	出水时间：2008年12月8日上午
CG143	位于船体遗址东南，东临CG148、CG146，西临CG177，南接无，北接CG104，其上被CG150所压，其下压CG465、CG469，属于第二层船板	长431、宽31、厚9厘米	船板断为3段。南北两端完整，北宽南窄。正面黑色、平整。正面北端凸榫，长8、深4厘米。正面东侧向背面斜平，背面西侧向正面斜平。钉孔孔径1、孔径12～14厘米，每排间距10厘米。	出水时间：2008年12月18日
CG144	位于船体遗址的东南部，龙骨东侧船板，西临CG156、CG149、CG147、CG145，南接无，北接CG119、CG117。其下压CG485、CG487，属于第二层船板	长438、宽27、厚10厘米	南北两端完整，南窄北宽。北端正面凸榫，长6、深5厘米。正面黄色、平整。东西两端弧面。钉孔孔径1、孔距15厘米，每排间距5厘米。	出水时间：2008年12月18日
CG145	位于船体遗址东南部，搭缝板，东临CG144，北接CG147，其下压CG374，可归入二层船板	长18、宽3.5、厚2.5厘米	正面黑色，中部隆起，东西两端薄。南北两端平直。	出水时间：2008年12月12日
CG146	位于船体遗址东部，东临CG147，西临CG143，北接CG148，其下压CG374，东边沟内船板，可归入二层船板	长204、宽10、厚6厘米	船板断为2段。南端残，北宽南窄。正面黑色，中部隆起，东西两端薄。残留大量舱料。	出水时间：2008年12月12日
CG147	位于船体遗址东部，东临CG144，西临CG146，南接CG145，北接CG149，其下压CG374，东边沟内船板，可归入二层船板	长180、宽7.5、厚6厘米	南北两端完整、平直。北宽南窄。正面黑色，中部隆起，东西两端薄。隆起处1排钉孔，孔径1厘米。	出水时间：2008年12月12日
CG148	位于船体遗址东部，东临CG149，西临CG143，南接CG146，北接CG153，其下压CG374，东边沟内船板，可归入二层船板	长90、宽11、厚7.5厘米	南北两端完整。方料，各面平整。正面黑色，平整，未见钉孔。	出水时间：2008年12月12日

编号	位置	尺寸	描述	备注
CG149	位于船体遗址东部，东临CG144，西临CG148，南接CG147，北接CG156，其下压CG374，东边沟内船板，可归入二层船板	长77、宽9.5、厚7厘米	南北两端完整。方料，各面平整。正面黑色，平整，未见钉孔。	出水时间：2008年12月12日
CG150	位于遗址的东边中部，东临CG152，北接CG151，下面叠压CG177、CG143，属第一层船板	长102、宽13、厚4.5厘米	船板断为2段。正面黄褐色，中部隆起，东西两端薄，残留大量舱料。	出水时间：2008年12月8日上午
CG151	位于船体的东部偏南，为第一层隔舱板，下压着CG143和CG148	长50、宽42、厚5.5厘米	正面黄褐色，平整，东西两端薄。	出水时间：2008年12月7日。完整
CG152	位于船体的东部偏南，为第一层板，其北为隔舱板CG151，下压着CG149和CG148，上为CG150所压	长64、宽32、厚10厘米	南端完整。正面黑色，平整，中部隆起；东西两端弧形，北端残。	出水时间：2008年12月7日。隔舱板
CG153	位于船体遗址东部，东临CG155，西临CG104、CG143，南接CG148，北接CG133，其上被CG131所压，其下压CG326，东边沟内船板，可归入二层船板	长144、宽15、厚8厘米	船板断为2段。方料，各面平整。北宽南窄。正面黄色，中部隆起，东西两端薄，孔径1厘米。	出水时间：2008年12月12日
CG154	位于船体东部，南临CG151，下压CG303和CG143	长27、宽6、厚4.5厘米	正面黑色，平整。南端残。	出水时间：2008年12月7日
CG155	位于船体遗址东部，东临CG156，西临CG153，南接CG149，北接CG120，东边沟内船板，可归入二层船板	长146、宽16、厚7.5厘米	保存完整。方料，各面平整。北宽南窄。正面黄色。未见钉孔。东端侧面向背面斜平，此面3个钉孔，锈蚀。	出水时间：2008年12月12日
CG156	位于船体遗址东南部，西临CG155，东临CG144，南接CG149，北接无，东边沟内船板，可归入二层船板	长37.5、宽6、厚5厘米	无卡片，采集样本。	出水时间：2008年12月7日
CG157	位于船体的南部，隔舱板CG162的南侧，为第一层板，上被CG132所压，下压CG141和CG177，北接CG302	长126、宽11、厚6厘米	北端残。正面黑色，中部隆起，东西两端薄，残留大量舱料，隆起处1排7个钉孔。	出水时间：2008年12月7日

编号	位置	尺寸	描述	备注
CG158	位于船体的南部，从南数第三道隔舱板位置，南临隔舱板CG162，西临CG159，为第一层板，下压CG302和CG141	长26、宽11、厚12厘米	正面黑色，平整。南端平整。	出水时间：2008年12月7日
CG159	位于从南数第三道隔舱板中的一条，为第一层板，其北侧为方木CG195，右侧为CG158，左侧为CG160，南侧为CG162，其下压着CG43、CG138和CG173	长62、宽25、厚11厘米	形状不规则，虫蛀严重。	出水时间：2008年12月7日
CG160	位于船体的南部，从南数第三道隔舱板位置，南临隔舱板CG162，西临CG161，东临CG159，为第一层板	长70、宽11、厚10厘米	正面黑色，平整。东西两端平整。南北端残，1个钉孔。	出水时间：2008年12月7日
CG161	位于从南数第三道隔舱板中的一条，为第一层板，其右侧为CG160，左侧为CG142，南侧为CG162，其下压着CG68、CG188和CG63	长92、宽22、厚11厘米	正面黑色，平整，南端向背面斜平。	出水时间：2008年12月7日
CG162	位于船体的南部，从南数第三道隔舱板位置，北临隔舱板CG161，为第一层板	长205、宽27、厚13厘米	断为数段。正面黑色，弧形。	出水时间：2008年12月7日。隔舱板
CG163	位于船体中部，下压CG110、CG275、CG68，为第一层板	长100、宽39、厚4厘米	正面黄褐色，平整，残留少量舱料。	出水时间：2008年12月7日
CG164	位于船体的中部，南临CG166，上为CG165所压，下压CG59和CG43，为第一层板	长46、宽21、厚7厘米	北端完整，南端完整、平直。正面黄褐色，中部隆起，东西两端薄。虫蛀严重。	出水时间：2008年12月7日
CG165	位于船体的中部，北临CG97，下压CG164、CG245和CG301，为第一层板	长62、宽29、厚5厘米	南北两端残。正面黑色、平整，3个钉孔。	出水时间：2008年12月7日
CG166	位于船体的中部，北接CG164，南连CG167，下压CG43和CG301，为第一层板	长50、宽14、厚5厘米	完整。正面黑色，中部隆起，东西两端薄，1个钉孔。	出水时间：2008年12月7日

编号	位置	尺寸	描述	备注
CG167	位于船体的中部，北接CG166，南连CG274，上为CG168所压，下压CG43和CG301，为第一层板	长51.5、宽12、厚5厘米	保存完整。正面黄褐色，中部隆起，东西两端薄，残留大量舱料，隆起处3个钉头，锈蚀严重。	出水时间：2008年12月7日
CG168	位于船体的中部，下压CG167、CG274、CG234、CG301，为第一层板	长90、宽29、厚7厘米	完整。正面黑色，平整，中部隆起，东西两端薄，南北向3排12个钉孔。正面西端向背面斜平，背面东端向正面斜平。	出水时间：2008年12月7日
CG169	位于船体的中部，上为CG159所压，下压CG173、CG274、CG43、CG134，南临隔舱板CG135，为第一层板	长147、宽36、厚7厘米	完整，船板断为2段。正面黄褐色，东西两端薄，24个钉孔。南北端斜平。	出水时间：2008年12月7日
CG170	位于船体的中部，北接CG234，南连CG171，下压CG301，为第一层板	长114、宽14、厚6厘米	北端残，船板断为2段。正面黑色，中部隆起，东西两端薄，7个钉孔。	出水时间：2008年12月7日
CG171	位于遗址的东南部，东临CG173，西临CG188，南接CG161，北接CG170，其下压CG301，属第一层船板	长43、宽12、厚7厘米	保存完整。正面黄褐色，中部隆起，南北端斜直。	出水时间：2008年12月8日上午
CG172	位于船体的南部，北接CG171，上为CG193所压，下压CG272、CG63和CG301，为第一层板	长56、宽14、厚5.5厘米	南北端完整，船板断为2段。正面黑色，中部隆起，东西两端薄，有碗压痕迹。	出水时间：2008年12月7日
CG173	位于遗址的东边中部，东临CG138，西临CG171，南接CG160，北接CG274，下面叠压CG301、CG137，属第一层船板	长61.5、宽13、厚4.5厘米	南北端完整。正面黄褐色，中部隆起，东西两端薄。	出水时间：2008年12月8日上午
CG174	位于遗址的西南部，北靠近CG172，南接CG192，东临CG175，其下压CG272、CG301，属于第一层船板	长27、宽12、厚6厘米	南端残，北端完整。正面黑色，中部隆起，东西两端薄。	出水时间：2008年12月9日
CG175	位于遗址的东边中部，东临CG135，南接CG136，下面叠压CG301，属第一层船板	长143、宽18、厚5.5厘米	船板断为3段。南端完整，北端残。正面黄褐色，中部隆起，东西两端薄。	出水时间：2008年12月8日上午
		长162、宽8、厚7厘米	另记为CG175a。南端完整、平整。船板断为3段。正面黄褐色，南侧粘留碗底。	出水时间：2008年12月9日

编号	位置	尺寸	描述	备注
CG176	位于遗址的西边南部，东临CG241，西临CG247，南接CG240，北接CG246，属第一层船板	长51.5、宽11、厚5.5厘米	完整。正面黑色，中部隆起，东西两端薄，残留少量舱料。	出水时间：2008年12月8日上午
CG177	位于船体遗址的东南，东临CG143，西临CG141，南临CG179，北接CG52，其下压CG317、CG315。属于第二层船板	长363、宽34、厚9.5厘米	船板断为5段，南北两端完整。正面黄褐色，平整略凹。东端企口，宽4、深2厘米。西端弧形。背面平整，北端凸榫，长6、宽3厘米。	出水时间：2008年12月10日
CG178	位于船体遗址的东南部，东临CG310，西临CG183，北接CG309，其上被CG137所压，其下压CG182，属于第三层船板	长849、宽36、厚5.5厘米	南端残，北端完整、平直。北端略窄。正面黄色、平整。正面西端向背面斜平，正面东端略向背面斜平。共3个榫口，距南端152厘米处开一榫口，长9、宽7厘米。距南端467厘米处开另一榫口，残，宽10厘米。距北端81厘米处榫口长9、宽7厘米。正面钉孔孔径1.1、孔距约20厘米，每排间距10～13厘米。钉头锈蚀。楔形立柱残高7.5厘米。	出水时间：2008年12月14日
CG179	位于船体遗址的东南，北接CG177、CG141，其下西侧压CG181，东侧压CG180。属于第二层船板	长48、宽9、厚6.5厘米	残甚。正面黑色，不平整，表面残留大量舱料。	出水时间：2008年12月10日
CG180	位于船体遗址东南，宽板，东临CG375，西临CG181，北接CG317，其上被CG179所压，其下压CG462，属于第三层船板	长135、宽17.5、厚2厘米	南北两端残。正面黑色。钉孔孔径1、孔距16～18厘米，每排间距约12厘米。	出水时间：2008年12月16日
CG181	位于船体遗址的东南，方板，东临CG180，北接CG310，其上被CG179所压，其下压CG402，属于第三层船板	长69、宽20、厚5厘米	薄板南端残，北端完整、斜平。正面黑色、平整。钉孔孔径1、孔距17厘米，每排间距6～9厘米。	出水时间：2008年12月14日
CG182	位于船体遗址中部，大宽板，东临CG378，西临CG376，北接CG377，其上被CG178所压，其下压CG416、CG417，属于第四层船板	长1293（还有一小块长64厘米未包括）、宽38、厚4.5厘米	船板断为数段。南端残，北端完整、平直。正面黄色、平整，残留大量舱料。东西两端弧面。钉孔孔径1、1.5、孔距约20厘米，每排间距8～9厘米。	出水时间：2008年12月15日
CG183	位于船体遗址的南部，东临CG178，西临CG186，北接CG308，其上被CG185、CG301所压，其下压CG184，属于第三层船板	长534、宽33、厚4厘米	船板断为5段。南端残，北端完整、平直。正面黄色、平整。正面西端向背面斜平，正面东端略向背面斜平。距北端194厘米处开一榫口，长10、宽8.5厘米。正面钉孔孔径1、孔距15～25厘米，每排间距约10厘米。	出水时间：2008年12月14日

编号	位置	尺寸	描述	备注
CG184	位于船体遗址南，大宽板，东临CG182，西临CG187，北接CG376，其上被CG183所压，其下压CG413，属于第四层船板	长289、宽32、厚5厘米	船板断为3段。南端残，北端完整。正面黄色、平整。正面西侧向背面斜平，背面东侧向正面斜平。钉孔孔径1.5、孔距约25厘米，每排间距约10厘米。	出水时间：2008年12月15日
CG185	位于船体遗迹的南部中间位置，搭缝板，北接CG307，其上被CG272，其下压CG183，属于第三层船板	长316、宽10、厚3.5厘米	正面黑色，中部隆起，东西两端薄。隆起处2排钉孔，孔径1厘米。	出水时间：2008年12月11日
CG186	位于船体遗址南部，大宽板，东临CG183、CG308，西临CG189、CG331，北接CG327，其上被CG272压，其下压CG187。属于第三层船板	长644、宽33、厚3.5厘米	船板断为10段。南北两端残。正面黄色、平整，3排钉孔，孔径1、孔距10～15厘米。正面西端向背面斜平，背面东端向正面斜平。北端榫口残，宽9厘米。另一榫口距南端80厘米，长10、宽8厘米。	出水时间：2008年12月13日
CG187	位于船体遗址中，大宽板，东临CG376，西临CG190、CG370，北接CG410，其上被CG186所压，其下压CG411、CG412，属于第四层船板	长1343、宽40、厚5厘米	船板断为6段。正面黄色、平整。正面西侧向背面斜平，背面东侧向正面斜平。钉孔孔径1、孔距18～40厘米，每排间距约15厘米。	出水时间：2008年12月15日
CG188	位于遗址的东边中部，东临CG171，北接CG231，南接CG191，属第一层船板	长108、宽14.5、厚5厘米	南端残，北端完整、斜直。正面中部隆起，残留大量舱料。	出水时间：2008年12月8日上午
CG189	位于船体遗址南部，大宽板，东临CG186、北接CG331，属于第三层船板	长58、宽43、厚6厘米	方形。北端完整、平直。南端残。正面黑色、平整。东端弧面。西端残。孔径1、孔距约20厘米。	出水时间：2008年12月13日
CG190	位于遗址的西南部，东临CG193，北接CG188，其下东压CG272，西压CG305，属于第四层船板	长457、宽31、厚5厘米	船板断为3段。北端完整，南端残。正面黄色、平整。正面西端向背面斜平，背面东端向正面斜平。钉孔孔径1、孔距30～35厘米，每排间距8～10厘米。	出水时间：2008年12月15日
CG191	位于遗址的西南部，东临CG193，西临CG194，北接CG188，其下东压CG272，西压CG305，属于第一层船板	长191、宽18、厚5.5厘米	南端残，北端完整、平直。正面黄褐色，中部隆起，东西两端薄，粘留大量碗底。	出水时间：2008年12月9日
CG192	位于遗址的西南部，其东压CG301，西压CG272，北接CG174，属于第一层船板	长64、宽20、厚7厘米	南端完整。正面黑色，中部隆起，东西两端薄，粘留大量碗底。	出水时间：2008年12月9日

编号	位置	尺寸	描述	备注
CG193	位于船体的南部，北临隔舱板CG162，下压CG172和CG191，为第一层板	长58、宽25、厚5厘米	正面黑色，平整，有数道碗压痕。南端残。	出水时间：2008年12月7日
CG194	位于遗址的东边中部，东临CG191、西临CG230、CG197，其下压CG305，属第一层船板	长114、宽27、厚6.5厘米	保存完整。正面黄褐色，平整，东西两端薄，数道碗压痕迹，残留少量舱料。	出水时间：2008年12月8日上午
CG195	位于从南数第三道隔舱板北侧的一条方木，为第一层板，其南侧临隔舱板CG159、CG160，其下压着CG43	长15、宽9、厚8厘米	小方料，北端残。	出水时间：2008年12月7日
CG196	位于船体遗址的南部，东临CG412，西临CG445，南接无，北接CG409，属于第五层	长660、宽40、厚6厘米	船板腐蚀严重。南端残，北端完整、平直。正面黄色，平整。钉孔孔径1、孔距约25厘米，每排间距约10厘米。	出水时间：2008年12月17日
CG197	位于遗址的中部，东临CG194，西临CG239，北接CG230，属第一层船板	长191、宽12、厚6厘米	南北端完整，船板断为4段。正面黑色，中部隆起，东西两端薄。	出水时间：2008年12月8日上午
CG198	位于船体遗迹的南部，大宽板，东临CG239，西临沟、CG211，北接CG75，其上被CG200所压，其下压CG337。属于第二层船板	长592、宽34、厚10厘米	船板断为3段。南北两端残。正面黄色，平整，其东端企口，宽4、深3.5厘米。距南端292厘米处开一较大榫口，长10、宽8厘米。另一大榫口近北端，两榫口相距286厘米。北端大榫口南侧45厘米处为一小榫口，长7、宽5厘米。正面钉孔孔径1厘米。	出水时间：2008年12月12日
CG199	位于遗址的中部，西临CG200，北接CG229，其下压CG198，属第一层船板	长141、宽12、厚4厘米	北端残，南端完整。正面黑色，中部隆起，东西两端薄。	出水时间：2008年12月8日上午
CG200	位于遗址的中部，东临CG229、CG199，北接CG228，南下面叠压CG198，属第一层船板	长220、宽16.5、厚6.5厘米	完整。正面黄褐色，平整，东西两端薄，距北端70厘米处，在船板东端开一榫口，长10、宽9厘米。	出水时间：2008年12月8日上午
CG201	船板位于A区（遗址的西半部分）的南段。东接沙沟及CG211，南接CG202、CG203，西接CG209，北接CG278，上面被（北至南）CG214压，下面压着（北至南）CG296。可归入第三层板	长357、宽27、厚7厘米	船板断为2段，南北两端完整。正面黄色，平整略凹，北端有一榫口，长10、宽8厘米，榫口内立柱残高16厘米。正面北端企口，宽4、深3厘米。背面南端企口，宽4、深3厘米。东端企口宽2.5、深3厘米。表面残留少量舱料。	出水时间：2008年12月10日

编号	位置	尺寸	描述	备注
CG202	船板位于A区（遗址的西半部分）的南段。东接沙沟，南接凝结块到边，西接CG203，北接CG201。可归入第三层板	长49、宽16、厚7厘米	船板断为数段。正面黄色，有一榫口，宽6.5厘米。	出水时间：2008年12月10日
CG203	船板位于A区（遗址的西半部分）的南段。东接CG202，南接凝结块到边，西接CG205，北接CG201，可归入第三层板	长168、宽19、厚9厘米	北端残。正面黄色，一矩形榫口，长80、深10厘米。西端弧面。南端残。东端企口，宽2、深4.5厘米。	出水时间：2008年12月10日
CG204	船板位于A区（遗址的西半部分）的南段。东接无，南接凝结块到边，西接无，北接无，下面压着（北至南）CG205。可归入第一层板	长79、宽10、厚6厘米	船板断为数段，形状不规整。正面黄色。	出水时间：2008年12月10日
CG205	船板位于A区（遗址的西半部分）的南段。东接CG201、CG203，南接凝结块到边，西接无，北接CG209，上面被压CG204（北至南），下面压着（北至南）CG294。可归入第三层板	长161、宽39、厚7厘米	北端残。正面黄色，平整，残留少量黏合物。正面东端企口，宽2.5、深4厘米，背面东端企口，宽4、深2.5厘米。	出水时间：2008年12月10日
CG206	船板位于A区（遗址的西半部分）的南段。东接CG384，南接边，西接CG389，北接CG393，上面被CG208压（北至南），下面压着（北至南）CG380。可归入第四层板	长537、宽23、厚4厘米	船板断为数段。南北两端残。残蚀严重。薄板正面黑色、平整。西端较平。钉孔孔径1、孔距22厘米，每排间距约26厘米。	出水时间：2008年12月15日
CG207	船板位于A区（遗址的西半部分）的南段。南接边，西接CG223，北接CG389，上被CG217压（北至南），下面压着（北至南）CG380、CG433。可归入第四层板	长272、宽30、厚7厘米	南北两端残。正面黑色、平整，中部略凹。正面西侧较平，东端残。钉孔孔径1、1.5、孔距26厘米，每排间距19厘米。	出水时间：2008年12月15日
CG208	船板位于A区（遗址的西半部分）的中段。东接CG353，南接无，西接CG218，北接CG88，上面被CG260、CG227、CG222、CG216压（北至南），下面压着CG206、CG389。可归入第三层板	长454、宽39、厚8厘米	船板断为2段。正面黄色，平整，钉孔孔径1.5、孔距约20厘米。正面东端企口，宽3、深2厘米。距南端157厘米处开一榫口，长8、宽6.5厘米，内插立柱，残高5厘米。	出水时间：2008年12月13日

编号	位置	尺寸	描述	备注
CG209	船板位于A区（遗址的西半部分）的中段。东接CG201、南接CG205、西接CG208、北接CG281、上面被压（北至南）CG251、CG215、下面压着（北至南）CG294。可归入第三层板	长392、宽33、厚8厘米	船板断为2段，南北两端完整。正面黄色，平整，正面东端企口，宽2.5、深2.5厘米。正面北端企口，宽4.5、深2.5厘米。背面平整，东端企口，宽3、深3厘米。表面虫蛀严重。	出水时间：2008年12月10日
CG210	船板位于A区（遗址的西半部分）的南段。东接CG212、南接无、西接CG214、北接CG232、上面被CG212压（北至南）、下面压着（北至南）CG201。可归入第二层板	长90、宽12、厚5厘米	南北两端残，船板断为2段。正面黑色，中部隆起，残留大量舱料，隆起处6个钉孔。背部中部隆起，东西两端薄。	出水时间：2008年12月7日
CG211	船板位于A区（遗址的西半部分）的南段。东接沙沟、南接无、西接CG201、上面被CG212、CG213、CG210、CG249压（北至南）、下面压着（北至南）CG298。可归入第三层板	长642、宽18、厚12厘米	船板断为4段。正面黑色，东端企口，宽3、深3.5厘米。北端完整，正面北端凸榫，长5、深4厘米。	出水时间：2008年12月10日
CG212	船板位于A区（遗址的西半部分）的南段。上面被压（北至南）无、下面压着（西至东）CG211、CG210、CG213。可归入第一层板面。	长90、宽13、厚4.5厘米	南端残，北端完整。正面黑色，中部隆起处1排7个钉孔。背面中部隆起，东西两端薄。	出水时间：2008年12月7日
CG213	船板位于A区（遗址的西半部分）的南段。东接沙沟、南接无、西接CG210、北接无、上面被CG212压（北至南）、下面压着（北至南）CG211。可归入第一层板	长102、宽9、厚5.5厘米	南北两端残，东端残。正面黑色，中部隆起处1排3个钉孔。	出水时间：2008年12月7日
CG214	船板位于A区（遗址的西半部分）的南段。东接CG232、南接无、西接CG279、北接无、下面压着（北至南）CG278、CG201。可归入第二层板	长213、宽21、厚7厘米	保存完整，船板断为2段。正面黑色，平整，表面残留器物压痕，有2排14个钉孔。正面西端向背面斜平，背面东端向正面斜平。	出水时间：2008年12月7日
CG215	船板位于A区（遗址的西半部分）的南段。东接CG279、南接无、西接CG216、北接CG251、上面被CG250压（北至南）、下面压着（北至南）CG209。可归入第二层板	长257、宽17、厚4.5厘米	完整，船板断为2段。正面黄褐色，平整，多道碗压痕，残留大量舱料，2排26个钉孔。背面弧形。	出水时间：2008年12月7日

编号	位置	尺寸	描述	备注
CG216	船板位于A区（遗址的西半部分）的南段。东接CG215，南接无，西接CG222，北接CG268，上面被压（北至南）无，下面压着（北至南）CG208。可归入第二层板	长211、宽24、厚6.5厘米	正面黄褐色，平整，东西两端薄，残留少量舱料，2排18个钉孔。背面平整。	出水时间：2008年12月7日
CG217	船板位于A区（遗址的西半部分）的中段。东接CG218，南接无，西接CG283、CG224，北接CG89，上面被CG225压（北至南），下面压着（北至南）CG394、CG390。可归入第三层板	长685、宽44、厚9.5厘米	正面黄色，平整。正面东端企口，宽3、深4厘米。正面北端凸榫，宽8、深4厘米。正面钉孔孔径1、孔距22厘米，每排钉孔间距10～15厘米。北端西侧凹缺6厘米。西端平直，钉孔孔径1.5、孔距约20厘米。南端榫口残，宽10厘米。	出水时间：2008年12月13日
CG218	船板位于A区（遗址的西半部分）的南段。东接CG208，南接无，西接CG217，上面被CG221压（北至南），下面压着（北至南）CG207。可归入第三层板	长237、宽16、厚11厘米	船板断为2段。南北两端残。正面黄色，平整，2排钉孔，孔径1、孔距13～23厘米。背面西端企口，宽3.5、深4厘米。	出水时间：2008年12月13日
CG219	船板位于A区（遗址的西半部分）的南段。东接CG429，南接无，西接CG380，上面被CG206压（北至南），下面为珊瑚沙底。可归入第五层板	长251、宽22、厚3.5厘米	船板断为数段，残损严重，未能拼接完整。正面黑色、平整。正面西侧向背面斜平，背面东侧向正面斜平。东端残。钉孔孔径1.5厘米。	出水时间：2008年12月18日
CG220	船板位于A区（遗址的西半部分）的中段。东接CG221，南接无，北接CG225，上面被压（北至南）无，可归入第二层板	长132、宽36、厚6厘米	南端残，北端完整、平直。正面黑色，平整，虫蛀严重。东西两端平直。	出水时间：2008年12月9日
CG221	船板位于A区（遗址的西半部分）的中段。东接CG222，南接无，西接CG220，北接CG290，上面被压（北至南）无，可归入第二层板	长139、宽20、厚7厘米	残，分成数段。正面黄色，东西两端薄，残留少量舱料。	出水时间：2008年12月9日
CG222	船板位于A区（遗址的西半部分）的南段。东接CG216，南接无，西接CG221，北接CG227，上面被压（北至南）无，下面压着（西至东）CG218、CG208。可归入第二层板	长140、宽17、厚5.5厘米	南端残，北端完整。正面黄褐色，平整，2排12个钉孔。	出水时间：2008年12月7日

编号	位置	尺寸	描述	备注
CG223	船板位于A区（遗址的西半部分）的中段。东接CG390，南接边界，西接无，北接XCG394，上面被CG226压（北至南），下面压着（北至南）CG434、CG391。可归入第四层板	长549、宽45厘米	船板断为5段。北端完整，南端残。正面黑色，平整。东西两端平整。南端正面铁锈。距北端132厘米处开一榫口，长13厘米。钉孔孔径1、1.5、孔距16~20厘米，每排间距10厘米。	出水时间：2008年12月15日
CG224	船板位于A区（遗址的西半部分）的中段。东接CG217，南接无，西接CG226，北接CG283，上面被CG225压（北至南），下面压着（北至南）CG223。可归入第三层板面。北与CG283可拼成一块板	长388、宽10、厚9.5厘米	船板断为3段。南北两端残。各面平直，方料，正面黑色，钉孔锈蚀。	出水时间：2008年12月11日（与CG283一块板）
CG225	船板位于A区（遗址的西半部分）的中段。东接CG290，南接CG220，西接无，北接CG289，上面被压（北至南）无，下面压着（北至南）CG226、CG224、CG217。可归入第二层板面。北与CG289可拼合一块	长233、宽75、厚7厘米	船板断为2段，南北端完整。正面黄褐色，平整略凹，残留大量舱料和瓷器底片。	出水时间：2008年12月10日
CG226	船板位于A区（遗址的西半部分）的中段。东接CG224，南接无，西接边界，北接CG359，上面被压（北至南）CG225，下面压着（北至南）CG223。可归入第三层板	长330、宽21、厚18厘米	船板断为3段。南端铁锈痕。腐蚀严重。	出水时间：2008年12月11日
CG227	船板位于A区（遗址的西半部分）的中段。东接CG268，南接CG222，西接CG221，北接无，上面被压（北至南）无，下面压着（北至南）CG208。可归入第二层板	长207、宽17、厚4.5厘米	南北端残。正面黄褐色，平整，东西端薄。	出水时间：2008年12月8日上午
CG228	位于遗址的中部，东临CG233，北接CG247，南接CG200，其下压CG198，属第一层船板	长131、宽19、厚6.5厘米	南端残，北端完整。正面黑色，平整，残留大量舱料。	出水时间：2008年12月8日上午

编号	位置	尺寸	描述	备注
CG229	位于遗址的中部，西临CG200、CG228，北接CG233，南接CG199，其下压CG198、CG239，属第一层船板	长53、宽13、厚6厘米	完整。正面黄褐色，中部隆起，东西两端薄，残留大量舱料。	出水时间：2008年12月8日上午
CG230	位于遗址的中部，东临CG142，南接CG197，其下压CG239，属第一层船板	长57、宽13、厚5.5厘米	正面黑色，中部隆起，东西两端薄。	出水时间：2008年12月8日上午
CG231	位于船体的中部，北接CG235，南连CG188，下压CG305，为第一层板	长129、宽14、厚5厘米	完整。正面黑色，中部隆起，东西两端薄，1排5个钉孔。	出水时间：2008年12月7日
CG232	船板位于A区（遗址的西半部分）的南段。东接沙沟，南接CG210，西接CG214，北接CG266，上面被压（北至南）无，下面压着（北至南）CG201。可归入第二层板	长191、宽11、厚5厘米	南端残，北端完整，船板断为3段。正面黄褐色，中部隆起，东西两端薄，隆起处7个钉孔，残留大量舱料。背面中部隆起，东西两端薄。	出水时间：2008年12月7日
CG233	位于遗址的中部，东临CG238，西临CG228，北接CG240，南接CG229，其下压CG198，属第一层船板	长190、宽14、厚5.5厘米	完整，船板断为3段。正面黄褐色，中部隆起，南北两端平直，东西两端薄。	出水时间：2008年12月8日上午
CG234	位于船体的中部，北接CG245，南连CG170，上为CG168所压，下压CG301，为第一层板	长165、宽16、厚6厘米	完整，船板断为2段。正面黄褐色，中部隆起，东西两端薄，残留大量舱料，4个钉孔。	出水时间：2008年12月7日
CG235	位于船体的中部，南连CG231，上为CG236所压，下压CG63、CG68和CG305，为第一层板	长146、宽17、厚7厘米	南北两端完整，船板断为5段。正面黄褐色，中部隆起，东西两端薄，1排8个钉孔。	出水时间：2008年12月7日
CG236	位于船体的中部，上为隔舱板CG249所压，下压CG235、CG68和CG305，为第一层板	长150、宽28、厚6厘米	正面黄褐色，平整，略凹，有数道碗压痕迹。正面西侧向背面斜平，背面东侧向正面斜平。正面南北向3排15个钉孔。	出水时间：2008年12月7日
CG237	位于船体的中部，北连CG238，上为隔舱板CG249所压，下压CG239，为第一层板	长63、宽14、厚5.5厘米	北端残，南端完整。正面黑色，中部隆起，1排4个钉孔。	出水时间：2008年12月7日
CG238	位于船体的中部，南连CG237，北接CG241，下压CG239，为第一层板	长48、宽12、厚6厘米	南端残，正面黑色，平整，中部隆起，东西两端薄，1排2个钉孔，残留大量舱料。	出水时间：2008年12月7日

编号	位置	尺寸	描述	备注
CG239	位于船体遗迹的南部中间位置，搭缝板，东临CG305，西临CG198，北接CG71，其上被CG258、CG241、CG238、CG237所压，其下压CG348，属于第二层船板	长807、宽38、厚8厘米	船板断为4段。南端虫蚀严重。正面黄色，平整，其南侧有碗压痕迹和少量碗底。中部两个榫口，长10、宽10厘米。正面中部虫蚀严重。东端企口，宽3、深3厘米。	出水时间：2008年12月11日
CG240	位于船体中部偏西，其下压着CG176、CG233和CG248，西临CG247，为第一层板	长68、宽16、厚6厘米	完整。正面黑色，中部隆起，东西两端薄，残留少量舱料。	出水时间：2008年12月7日
CG241	位于船体的中部，南连CG238，北接CG258，下压CG239，为第一层板	长46、宽16、厚6厘米	北端残，南端完整。	出水时间：2008年12月7日
CG242	位于船体的中部，下压CG243和CG68，为第一层板	长70、宽29、厚4厘米	北端残，南端完整、平整。正面黑色，东西两端薄，南北向3排12个钉孔，锈蚀。	出水时间：2008年12月7日
CG243	位于船体的中部，上为CG244和CG242所压，下压CG68，为第一层板	长80、宽15、厚7厘米	南北端残。正面黄褐色，中部隆起处1排3个钉孔，锈蚀严重，残留大量舱料。背面中部隆起，东西两端薄。	出水时间：2008年12月7日
CG244	位于船体的中部，北接CG96，下压CG243、CG63和CG245，为第一层板	长65、宽31、厚4厘米	北端残，南端完整、平直。正面黄褐色，中部平整，略凹，数道器物压痕，东西两端薄，南北向3排9个钉孔。	出水时间：2008年12月7日
CG245	位于船体的中部，南接CG234，上为CG244和CG165所压，下压CG63和CG301，为第一层板	长63、宽16、厚5.5厘米	南端完整，北端残，船板断为2段。正面褐色，中部隆起，东西两端薄，隆起处2排4个钉孔。背面中部隆起，东西两端薄。	出水时间：2008年12月7日
CG246	位于遗址的中部，西临CG248，北接CG257，南接CG176、CG247，其下压CG75、CG198，属第一层船板	长49、宽36、厚7.5厘米	保存完整。正面黄褐色，平整，有一矩形榫口，长14、宽27厘米。北端斜直。	出水时间：2008年12月8日上午
CG247	位于船体的中部偏西，其下压着CG248，东临CG240，为第一层板	长55、宽29、厚5厘米	北端残，南端完整。船板断为2段。正面黑色，平整，东西两端薄。	出水时间：2008年12月7日
CG248	位于遗址的中部，东临CG246，北接CG246，南接CG247，属第一层船板	长92、宽32、厚6厘米	完整。正面黑色，平整，东西两端薄，背面弧形，变薄。北端完整、平直，有一矩形榫口，长11、宽7厘米。	出水时间：2008年12月8日上午

编号	位置	尺寸	描述	备注
CG249	船板位于A区（遗址的西半部分）的中段。东接无，南接无，西接CG250，北接无，上面被压（西至东）无，下面压着（西至东）CG211、CG228。可归入第一层板	长152、宽19、厚8厘米	南端斜平，虫蛀严重。	出水时间：2008年12月7日
CG250	船板位于A区（遗址的西半部分）的中段。东接CG278，南接CG215，西接CG268，北接CG256，上面被压（北至南）无，下面压着（北至南）CG209。可归入第二层板	长41、宽22、厚12厘米	南北端残。正面黑色，东西两端薄，北面斜平，表面残留瓷片。	出水时间：2008年12月7日
CG251	船板位于A区（遗址的西半部分）的中段。东接CG278，南接CG215，西接CG268，北接CG256，上面被压（北至南）无，下面压着（北至南）CG209。可归入第二层板	长124、宽21、厚5.5厘米	南北端完整。正面黑色，平整略凹，东西两端薄。	出水时间：2008年12月8日上午
CG252	A2区：船板位于A区（遗址的西半部分）的中段。东接CG225，南接无，西接CG262，北接无，上面被压（北至南）无，下面压着（北至南）CG226。可归入第二层板面	长76、宽15、厚9厘米	南端完整、平直。北端残。正面黑色，平整，腐蚀严重。	出水时间：2008年12月8日上午
CG253	船板位于A区（遗址的西半部分）的中段。东接CG254，南接无，西接无，北接CG260，上面被压（北至南）无，下面压着（北至南）CG208。可归入第二层板	长16、宽30、厚5厘米	两端残。正面黄褐色，平整，东西两端薄。	出水时间：2008年12月7日
CG254	船板位于A区（遗址的西半部分）的中段。东接无，南接无，西接CG253，北接CG260、CG259，上面被压（北至南）无，可归入第二层板	长17、宽23、厚6厘米	北端残，南端完整、平直。正面黑色，平整，东西两端斜平，东西向2排4个钉孔。	出水时间：2008年12月7日
CG255	船板位于A区（遗址的西半部分）的中段。东接CG256、CG288，南接无，西接CG259，北接CG264，上面被压（北至南）无，下面压着（北至南）CG281。可归入第二层板	长192、宽28、厚6厘米	保存完整。正面黄褐色，平整略凹，东西两端薄，2排南北向碗压痕迹。正面西端向背面斜平，背面东端向正面斜平，残留大量舱料。	出水时间：2008年12月9日

编号	位置	尺寸	描述	备注
CG256	船板位于A区（遗址的西半部分）的中段。东接CG278，南接CG251，西接CG255，北接CG288，上面被压（北至南）无，下面压着（北至南）CG281。可归入第二层板	长87、宽12、厚5厘米	南端完整，北端残。正面黑色，中部隆起，东西两端薄，残留少量舱料。	出水时间：2008年12月9日
CG257	位于遗址的中部偏西，其下压CG75，南接CG246，属于第一层船板	长81、宽26.5、厚5.5厘米	北端残，南端完整、平直。正面黄褐色，数道碗压痕迹。	出水时间：2008年12月8日上午
CG258	位于船体的中部，南连CG241，下压CG239，为第一层板	长65、宽13、厚5厘米	南北两端残。正面黑色，1排3个钉孔。	出水时间：2008年12月7日
CG259	船板位于A区（遗址的西半部分）的中段。东接CG255，南接CG254，西接CG260，北接CG265，上面被压（北至南）无，下面压着（北至南）CG208。可归入第二层板	长172、宽15、厚6厘米	保存完整，南北端平直。正面黄褐色，中部隆起，东西两端薄，残留大量舱料。	出水时间：2008年12月9日
CG260	船板位于A区（遗址的西半部分）的中段。东接CG259，南接CG253，西接CG261，北接CG79、CG265，上面被压（北至南）无，可归入第二层板	长167、宽31、厚5厘米	保存完整。正面黄褐色，平整略凹，东西两端薄。	出水时间：2008年12月9日
CG261	船板位于A区（遗址的西半部分）的中段。东接CG260，南接CG253，西接CG289，北接CG79，上面被压（北至南）无，可归入第二层板面	长170、宽28、厚4厘米	正面黑色，平整略凹，东西两端薄，2排南北向碗压痕迹。东西两端斜平。背面平整。	出水时间：2008年12月9日
CG262	船板位于A区（遗址的西半部分）的中段。东接CG252，南接无，西接边界，北接无，上面被压（北至南）无，下面压着（北至南）CG226。可归入第二层板	长37、宽20、厚2.5厘米	残损严重，形状不明。正面黑色。	出水时间：2008年12月8日上午
CG263	船板位于A区（遗址的西半部分）的北段。东接CG270，南接无，北接CG269，上面被压（北至南）无，下面压着（北至南）CG264、CG280、CG76。可归入第一层板	长59、宽24、厚5.5厘米	船板断为4段。正面黑色，平整，东西两端薄。	出水时间：2008年12月7日

编号	位置	尺寸	描述	备注
CG264	船板位于A区（遗址的西半部分）的北段。东接CG280，南接CG255，西接CG265，北接CG78，上面被CG269压（北至南），下面压着CG91、CG287。可归入第二层板	长229、宽20、厚5厘米	南北端完整，船板断为3端。正面黑色、平整，东西两端薄，向背面斜平。	出水时间：2008年12月8日上午
CG265	船板位于A区（遗址的西半部分）的北段。东接CG264，南接CG260、CG259，西接CG79，北接CG78，上面被压（北至南）无，下面压着（北至南）CG88、CG286。可归入第二层板	长212、宽34、厚6.5厘米	正面黄褐色，平整，东西两端薄，残留大量舱料。	出水时间：2008年12月8日上午
CG266	船板位于A区（遗址的西半部分）的中段。东接无，南接CG249，西接无，北接无，上面被压（北至南）无，下面压着（北至南）CG278。可归入第一层板	长126、宽10、厚5厘米	北端残，南端完整。正面黑色，平整，四端平直，近东端1排9个钉孔，残留大量舱料。	出水时间：2008年12月7日
CG267	船板位于A区（遗址的西半部分）的北段。东接CG80，南接CG289，西接边界，北接无，上面被压（北至南）无，下面压着（北至南）CG282，可归入第二层板	长215、宽35、厚5.5厘米	南北端残。正面黑色，平整，东西端薄，数道碗压痕迹。	出水时间：2008年12月8日上午
CG268	船板位于A区（遗址的西半部分）的中段。东接CG251，南接CG216，西接CG227，北接无，上面被压（北至南）无，下面压着（北至南）CG208。可归入第二层板	长169、宽25.5、厚7.5厘米	完整。正面黄褐色，南北端平直。	出水时间：2008年12月8日上午
CG269	船板位于A区（遗址的西半部分）的北段。东接CG271，南接CG263，西接无，北接无，上面被压（北至南）无，下面压着（北至南）CG264、CG280、CG76。可归入第一层板	长163、宽31、厚4.5厘米	正面黑色，平整略凹，东西两端薄。正面钉孔锈蚀。	出水时间：2008年12月7日

编号	位置	尺寸	描述	备注
CG270	船板位于A区（遗址的西半部分）的北段。东接沙沟，南接无，西接CG269，北接CG271，上面被压（北至南）无，下面压着（北至南）CG76。可归入第一层板	长138、宽13、厚5.5厘米	南端完整、平直，北端残。正面黑色，中部隆起，东西两端薄，残留大量舱料，隆起处1排5个钉孔。背面中部隆起，东西两端薄。	出水时间：2008年12月7日
CG271	船板位于A区（遗址的西半部分）的北段。东接沙沟，南接CG270，北接无，上面被压（北至南）无，下面压着（北至南）CG76。可归入第一层板	长70、宽11、厚5厘米	南端残，北端完整、平直，船板断2段。正面黄褐色，中部隆起，东西两端薄，残留大量舱料，隆起处2个钉头。背面中部隆起，东西两端薄。	出水时间：2008年12月7日
CG272	位于船体遗址的西南，东临CG301，西临CG305，北接CG63。其上被CG193、CG192、CG174所压，其下西侧压CG185，东侧压CG186。属于第二层船板	长173、宽44、厚7.5厘米	船板断为3段。正面黄色，平整。正面东端企口，宽3、深3厘米。西端弧面。北端平直。南端凸榫，宽5、深4厘米。正面粘结粉盒底和碗底。	出水时间：2008年12月10日
CG273	位于遗址的中部偏西，东靠近CG276、CG275，其下东压CG71，西压CG75，属于第一层船板	长85、宽13.5、厚7厘米	北端残。正面黑色，中部隆起，东西两端薄。	出水时间：2008年12月9日
CG274	位于船体的中部，南接CG173，北接CG167，上为CG169和CG168所压，下压CG301和CG135，为第一层板	长202、宽13、厚5厘米	正面黄褐色，中部隆起，东西两端薄，残留大量舱料，隆起处1排12个钉孔。	出水时间：2008年12月7日
CG275	位于船体的中部，北接CG276，下压CG68、CG71和CG239，为第一层板	长196、宽15、厚5.5厘米	船板断为4段。正面黑色，中部隆起，隆起处1排9个钉孔。	出水时间：2008年12月7日
CG276	位于船体的中部，南接CG275，下压CG68和CG71，为第一层板	长67、宽12、厚5厘米	南北两端残。正面黄褐色，中部隆起处1排4个钉孔，东西两端薄，残留大量舱料。	出水时间：2008年12月7日
CG277	位于遗址的西南部，北接CG306，属于第三层船板	长305、宽12、厚3.5厘米	船板断为4段。南端完整，北端残。正面黄褐色，中部隆起，东西两端薄，残留大量舱料。	出水时间：2008年12月9日

编号	位置	尺寸	描述	备注
CG278	船板位于A区（遗址的西半部分）的中段。东接无，南接CG201，西接CG209、CG281、CG251、北接CG76，上面被CG266压（北至南）、CG214，下面压着（北至南）CG300。可归入第三层板	长402、宽32、厚7.5厘米	船板断为2段。正面黄色，平整，东端企口，宽3、深3厘米，中部榫口，长12、宽8厘米。北端凸榫，宽3、深3厘米。	出水时间：2008年12月10日
CG279	船板位于A区（遗址的西半部分）的南段。东接CG214，南接无，西接CG215，北接CG251与CG278的间缝，上面被压（北至南）无，下面压着（北至南）CG201。可归入第二层板	长297、宽11、厚5厘米	船板断为5段。正面黑色，平整，1排15个钉孔。	出水时间：2008年12月7日
CG280	船板位于A区（遗址的西半部分）的北段。东接CG76，南接CG288，西接CG264，北接CG94，上面被CG263压（北至南），可归入第二层板	长219、宽12、厚6.5厘米	正面黑色，中部隆起，东西两端薄，纵截面菱形。隆起处1排12个钉孔。	出水时间：2008年12月9日
CG281	船板位于A区（遗址的西半部分）的中段。东接CG278，南接CG209，北接CG286、CG287，上面被压（北至南）CG265、CG264，下面压着（北至南）CG353。可归入第三层板	长397、宽36、厚9厘米	船板断为2段。北端残。南端完整、平直。	出水时间：2008年12月10日
CG282	船板位于A区（遗址的西半部分）的北段。东接CG283，南接CG360，上面被CG267压（北至南），可归入第三层板	长126、宽37、厚9厘米	正面黑色、平整。正面南端矩形凸榫，长12、宽18厘米。东端平直。背面西端企口，宽3、深4厘米。钉孔孔径1厘米。	出水时间：2008年12月11日
CG283	船板位于A区（遗址的西半部分）的北段。东接CG89、CG217，南接CG224，西接CG282，上面被CG289压（北至南），下面压着（北至南）CG223。可归入第三层板面。南与CG224可拼成一块板	长383、宽10.5、厚9厘米	船板断为3段。南北两端残。各面平直，方料，正面黑色，1排13个钉孔，孔径1、孔距10～40厘米。东端残留舱料。	出水时间：2008年12月11日（与CG224一块板）
CG284	船板位于A区（遗址的西半部分）的北段。东接CG89，可归入第三层板	长104、宽9、厚7.5厘米	正面西端企口，宽4、深2厘米。南、北两端向背面斜平。正、背、东、西面平直。正面1排6个钉孔，孔径1、孔距15～20厘米。西端较东端窄。	出水时间：2008年12月11日

编号	位置	尺寸	描述	备注
CG285	船板位于A区（遗址的西半部分）的中段。东接CG283，南接CG359，北接CG291，上面被CG252压（北至南），下面压着（北至南）CG223。可归入第三层板	长86、宽24、厚9厘米	南北两端残。东端平直。正面黑色、平整略凹。	出水时间：2008年12月11日
CG286	船板位于A区（遗址的西半部分）的北段。东接CG287，南接CG281，北接CG90，上面被CG265压（北至南），下面压着（北至南）CG353。可归入第三层板面。该板北与CG90为同块板	长271、宽14、厚8厘米	北端残。正面黑色，平整。东端企口，宽3、深2厘米。西端弧形。背面南端榫口，宽4、深3厘米。	出水时间：2008年12月10日
CG287	船板位于A区（遗址的西半部分）的北段。东接CG356，南接CG281，西接CG286，北接CG91，上面被CG264、CG280压（北至南），下面压着（北至南）CG353。可归入第三层板面。该板北与CG91为同块板	长204、宽27、厚7厘米	正面黄色，平整。正面东端企口，宽3、深3厘米。距南端184厘米处开一榫口，长10、宽7厘米。背面平整，其东端企口，宽4、深2厘米。正面南端凸榫，宽4、深3厘米。	出水时间：2008年12月10日（与CG91一块板）
CG288	船板位于A区（遗址的西半部分）的中段。南接CG256，西接CG255，北接CG280，可归入第二层板	长153、宽9.5、厚4.5厘米	残，数段。正面黑色。	出水时间：2008年12月9日
CG289	船板位于A区（遗址的西半部分）的中段。东接CG261，南接CG225，西接CG252，北接CG80、CG267，上面被压（北至南）无，下面压着（北至南）CG284。可归入第二层板	长232、宽36、厚4.5厘米	南端残，北端完整。船板断为数段。正面黄褐色，平整，略凹，数道碗压痕，虫蛀严重。	出水时间：2008年12月9日
CG290	船板位于A区（遗址的西半部分）的中段。东接CG227，南接CG221，西接CG225，北接无，上面被压（北至南）无，下面压着（北至南）CG208。可归入第二层板	长203、宽23、厚6厘米	南北两端完整，船板断为4段。正面黄色，平整。北端凹形榫口，宽2.5、长9厘米。南端平直。	出水时间：2008年12月9日
CG291	船板位于A区（遗址的西半部分）的北段。东接CG283，南接CG285，北接CG360，可归入第三层板	长150、宽29、厚9厘米	船板断为2段南北两端完整。正、背、东、西面平直。正面黑色，孔径1厘米。	出水时间：2008年12月11日

编号	位置	尺寸	描述	备注
CG292	船板位于A区（遗址的西半部分）的中段。东接CG281，南接CG209，下面压着（北至南）CG353。可归入第三层板面。为CG281西南角裂开的一块小板	长38.5、宽13、厚3.5厘米	残甚。正面黄色，南端完整、平直。	出水时间：2008年12月10日
CG293	位于船体遗址的西北角，东临CG90，南接CG88，其上被CG78所压，属于第三层板	长154、宽26、厚4厘米	北端残。正面黑色，平整。南端背面凸榫，宽6、深2.5厘米。正面东端榫口，宽4、深2厘米。表面虫蛀严重。	出水时间：2008年12月10日
CG294	船板位于A区（遗址的西半部分）的南段。东接CG296，南接凝结块，西接无，北接CG353，上面被压（北至南）CG209、CG205，下面压着（北至南）CG384。可归入第三层板	长364、宽31、厚4.5厘米	船板断为2段。薄板南北两端残。正面黑色，平整、虫蚀严重。背面东侧向正面斜平。正面钉孔孔径1、孔距8～16厘米，每排钉孔间距4～10厘米。西端弧面。	出水时间：2008年12月13日
CG295	船板位于A区（遗址的西半部分）的南段。东接CG296，南接无，西接CG209，北接CG299，上面被CG201压（北至南），下面压着（北至南）CG294。可归入第三层板	长361、宽8.5、厚3.5厘米	船板断为4段。北端完整，南端残。正面黄色，中部隆起，东西两端薄，隆起处2排钉孔。	出水时间：2008年12月11日
CG296	船板位于A区（遗址的西半部分）的南段。西接CG294，北接CG381、CG382，上面被（北至南）CG201压，下面压着（北至南）CG387、CG386、CG383。可归入第三层板	长467、宽26、厚4厘米	船板断为4段，北端完整，近平，南端残。正面黑色，平整，南北向钉孔4排，孔径1厘米。正面西端向背面斜平。东端薄。	出水时间：2008年12月11日
		长227、宽28、厚4厘米	船板断为3段。南北两端残。正面黄色，平整。正面西端向背面斜平。东端平，残留少量舱料。正面钉孔孔径1、孔距33厘米。	出水时间：2008年12月13日
CG297	船板位于A区（遗址的西半部分）的南段。东接CG298，南接无，西接CG201，北接CG352，上面被CG201压（北至南），下面压着（北至南）CG296。可归入第三层板	长358、宽7、厚5.5厘米	北端完整，近平，南端残。正面黑色，中部隆起，东西两端薄，隆起2排钉孔，孔径1厘米。	出水时间：2008年12月11日

编号	位置	尺寸	描述	备注
CG298	船板位于A区（遗址的西半部分）的南段。西接CG382，上面被CG211压（北至南），下面压着（北至南）CG388。可归入第三层板面。该板为B区一块大宽板往西南方延伸入的小裂板	长273.5、宽15、厚4.5厘米	船板断为4段。正面黑色，平整，虫蚀严重。钉孔孔径1、孔距约20厘米。	出水时间：2008年12月13日
CG299	船板位于A区（遗址的西半部分）的中段。南接CG295，西接CG209，北接CG354，下面压着（北至南）CG353。可归入第三层板	长320、宽8.5、厚4.5厘米	船板断为数段。南端完整，平直。正面黑色，中部隆起，东西两端薄，隆起2排钉孔，孔径1厘米。	出水时间：2008年12月11日
CG300	船板位于A区（遗址的西半部分）的中段。东接沙沟，北接CG95，上面被CG278压（北至南），下面压着（北至南）CG387。可归入第三层板	长304、宽26、厚4厘米	正面黄色，平整。正面西端向背面斜平，背面东端向正面斜平。距南端123厘米开一榫口，长10、宽7.5厘米。铁钉孔径1、孔距12～26厘米。	出水时间：2008年12月13日
CG301	位于遗址的西南部，其东临ＣＧ137、西临ＣＧ63、CG272，北接CG59，其上被CG168所压，其下压CG308、CG183，属于第二层船板	长689、宽40、厚8.5厘米	船板断为3段。正面黄褐色，平整。东端榫口，宽4、深3厘米。背面平整，残留大量舱料。	出水时间：2008年12月9日
CG302	位于遗址的中部，北接CG129，南接CG157，东临CG130，其下东压CG52，西压CG141，属于第一层船板	长180、宽13、厚5.5厘米	南端残，北端完整。正面黑色，中部隆起，东西两端薄，钉孔锈蚀。	出水时间：2008年12月8日上午
CG303	位于遗址的中部，北接CG130，南接CG150，东临ＣＧ131，西临ＣＧ132，被CG151、CG154打破。其下东压CG143，西压CG177，属于第一层船板	长80、宽13、厚5厘米	船板断为3段。正面黄褐色，中部隆起，东西两端薄，南北端平直。	出水时间：2008年12月8日上午
CG304	位于船体遗址的中部，立柱，立于CG301、CG308之上	长58、宽9.5、厚11厘米	北端完整，南端残。楔形立柱，顶端尖，其余各面平整，底部残留舱料。	出水时间：2008年12月14日
CG305	位于船体遗迹的南部中间位置，大宽板，东临CG63、CG272，西临CG239，北接CG68，属于第二层船板	长487、宽42、厚10厘米	船板断为2断。正面黄色，平整，南侧粘碗底。中部榫口残破，宽6.5厘米。正面东侧榫口，宽4、深4.5厘米。西端弧面。	出水时间：2008年12月11日

编号	位置	尺寸	描述	备注
CG306	位于遗址的西南部，搭缝板，南接CG277，属于第三层船板	长326、宽11、厚4厘米	南端完整、平直，北端残。正面黄色，中部隆起，东西两端薄，残留少量舱料。	出水时间：2008年12月9日
CG307	位于船体遗迹的南部中间位置，搭缝板，南接CG185，属于第三层船板	长287、宽12、厚3.5厘米	船板断为数段。南端完整、平直，北端残。正面黑色，中部隆起，东西两端薄。隆起处2排钉孔，孔径1厘米。	出水时间：2008年12月11日
CG308	位于船体遗址的中部，CG309、西临CG327、CG186、CG362，南接CG183，其上被CG301、CG59所压，其下压CG376，属于第三层船板	长1046、宽33、厚6厘米	船板断为6段。北端残。正面黄色，平整。正面东侧向背面斜平，背面西侧向正面斜平。距北端287厘米处开一榫口，残，长11、宽9厘米。距北端553厘米开另一榫口，长10、宽9厘米。钉孔孔径1、孔距20～26厘米，每排间距10～14厘米。距南端90厘米处榫口残。楔形榫残高25厘米，另一楔形榫残高11厘米。	出水时间：2008年12月14日
CG309	位于船体遗址的北部，大宽板，东临CG314、西临CG308，南接CG178、CG334，其上被CG43所压，其下压CG182、CG377，属于第三层船板	长738、宽38、厚5厘米	南北两端残，背面腐蚀严重，船板断为5段。正面黑色，平整。距南端130厘米处开一榫口，长10、宽8厘米，内插立柱残高11厘米。距南端394厘米开另一榫口，长9、宽7厘米。表面残留大量舱料。	出水时间：2008年12月14日
CG310	位于船体遗址的东南，大宽板，东临CG317、CG316，西临CG178，南接CG181，北接CG314，其上被CG141所压，其下压CG402、CG403，属于第三层船板	长573、宽40、厚5厘米	南北两端残。正面黄色，平整。正面西端向背面斜平，背面东端向正面斜平。距北端141厘米处开一榫口，长10、宽7厘米，内插楔形立柱，残高5厘米。正面钉孔孔径1、孔距14厘米，每排间距8～10厘米。钉头锈蚀。	出水时间：2008年12月14日
CG311	位于遗址的南部，搭缝板，北接CG312，属于第三层船板	长472、宽11、厚3.5厘米	船板断为数段。正面黑色，中部隆起，东西两端薄。	出水时间：2008年12月9日
CG312	位于遗址的南部，南接CG311，属于第三层船板	长251、宽12、厚4厘米	船板断为7段。南端完整，北端残。正面黄色，中部隆起，东西两端薄，残留少量舱料。	出水时间：2008年12月9日
CG313	位于遗址的南部，其下压CG314，西临CG43，北接CG55，南接CG141，属于第二层船板	长104、宽10、厚7.5厘米	船板断为2段。正面黑色，中部隆起，东端榫口，宽2、深2厘米。	出水时间：2008年12月9日

编号	位置	尺寸	描述	备注
CG314	位于船体遗址的中部偏东，东临CG322、CG316，西临CG309，南接CG310，北接CG325，其上被CG141、CG313所压，其下压CG378，属于第三层船板	长833、宽36、厚4.5厘米	南北两端完整、平直。正面黄色、平整。正面西端向背面斜平，背面东端向正面斜平。距北端186厘米处开一榫口，长11、宽7厘米。正面钉孔孔径1、孔距13～15厘米，每排间距5～7厘米。	出水时间：2008年12月14日
CG315	位于船体遗址的东南，其上被CG177所压，北接CG318。属于第三层船板	长275、宽9、厚2.5厘米	船板断为数段。正面色黄色，中部隆起，东西两端薄。	出水时间：2008年12月10日
CG316	位于船体遗址中部，西临CG310、CG314，南接CG317，北接CG322，其上被CG52所压，属于第三层船板	长658、宽27、厚5厘米	船板断为数段。正面黄色、平整，其西侧向背面斜平，背面东侧向正面斜平。钉孔孔径1.5、孔距20～30厘米，每排间距5～9厘米。	出水时间：2008年12月18日
CG317	位于船体遗址东南，东临CG465、CG404，西临CG310，南接CG180，北接CG316，其上被CG177所压，其下压CG461，属于第三层船板	长246、宽29、厚3厘米	船板断为数段。北端完整、平直，南端残。正面黄色、平整。正面东侧向背面斜平，背面西侧向正面斜平。钉孔孔径1、孔距20～23厘米，每排间距7～9厘米。	出水时间：2008年12月18日
CG318	位于船体遗址的中部偏东，搭缝板，南接CG315，其上被CG52所压，属于第三层船板	长524、宽10、厚4.5厘米	船板断为数段，南北两端完整。正面黄色，中部隆起，东西两端薄。	出水时间：2008年12月10日
CG319	位于船体遗址的中部偏东，其上被CG55、CG43所压，其下西侧压CG309，东侧压CG325、CG314。属于第三层船板	长459、宽11、厚4.5厘米	船板断为数段。正面黑色，中部隆起，东西两端薄，表面残留大量舱料。	出水时间：2008年12月10日
CG320	位于船体遗址的中部偏东，北接CG321，其上被CG55、CG52所压，其下西侧压CG314，东侧压CG322。属于第三层船板	长489、宽12、厚5厘米	船板断为数段。正面黑色，中部隆起，东西两端薄。	出水时间：2008年12月10日
CG321	位于船体遗址的东北，南接CG320，其上被CG55、CG53所压，其下西侧压CG325，属于第三层船板	长149、宽9、厚4.5厘米	正面黑色，中部隆起，东西两端薄，表面残留大量舱料。北端残，南端完整、平直。	出水时间：2008年12月10日
CG322	位于船体遗址东北，东临CG471，西临CG314，南接CG316，其上被CG52所压，其下压CG457、CG458，属于第三层船板	长655、宽31、厚6厘米	船板断为数段。南端完整、平直，北端腐蚀。南端宽28、北端宽20厘米。正端宽，黄色、平整，其西侧向背面斜平，背面东侧向正面斜平。钉孔孔径1、孔距22～23厘米，每排间距9～10厘米。	出水时间：2008年12月18日

编号	位置	尺寸	描述	备注
CG323	位于船体遗址的东北，西临CG62，南接CG59，属于第二层船板	长49、宽14、厚8厘米	北端残，南端完整、平直。正面黄色，平整。	出水时间：2008年12月10日
CG324	位于船体遗址的东北，其上被CG59所压，其下西侧压CG308，东侧压CG309。属于第三层船板	长453、宽13、厚4.5厘米	船板断为数段。正面黑色，中部隆起，东西两端薄。	出水时间：2008年12月10日
CG325	位于船体遗址北部，南接CG314，其上被CG321、CG319所压，其下压CG379，属于第三层船板	长152、宽29、厚3.5厘米	南端完整、平直，北端残。正面黑色、平整。正面西端向背面斜平，背面东端向正面斜平。钉孔孔径1、孔距约13厘米，每排间距约11厘米。	出水时间：2008年12月14日
CG326	位于船体遗址的东部，属于龙骨部分，东临CG508，西临CG504，南接CG374，北接CG511，其上被CG133、CG153所压	长429、宽44、厚20厘米	龙骨正面。北端残，南端凹榫，长28、宽11.5、深10.5厘米。正面东西两侧企口，宽4.5、深4厘米。企口内钉孔孔径1.5、孔距10～15厘米。正面钉孔孔径1、孔距16～25厘米，每排间距20厘米。	出水时间：2008年12月20日
CG327	位于船体遗址的中部偏北，东临CG308，西临CG427，南接CG186、CG362，其上被CG63所压，其下压CG187，属于第三层船板	长632、宽40、厚5.5厘米	薄板正面黄色，平整。距南端137厘米处开一榫口，长10、宽6厘米，内插立柱，残高8厘米。距南端404厘米开另一榫口，长11、宽7厘米，内插楔形立柱，残高9厘米，底部残留舱料。背面东端向正面斜平，正面西端向背面斜平。正面钉孔孔径1、孔距25～30厘米，每排间距10厘米。	出水时间：2008年12月13日
CG328	位于船体遗迹的中部，搭缝板，其上被CG59、CG63所压，其下压CG308、CG327。属于第三层船板	长606、宽12、厚4厘米	船板断为数断。正面黑色，中部隆起，东西两端薄，隆起2排钉孔，孔径1厘米。	出水时间：2008年12月11日
CG329	位于船体遗迹的南部，搭缝板，北接CG330，属于第三层船板	长359、宽11、厚4厘米	北端完整，南端残。正面黑色，中部隆起，东西两端薄。	出水时间：2008年12月11日
CG330	位于船体遗迹的中部，搭缝板，南接CG329，北接CG345，属于第三层船板	长84、宽11、厚3.5厘米	船板断为3段。北端残。正面黑色，平整，东西两端薄。西端斜平。正面钉孔孔径1.5、孔距26厘米。	出水时间：2008年12月12日
CG331	位于船体遗址南部，大宽板，东临CG186、西临CG347、CG348、南接CG189、北接CG427，其上被CG68所压，其下压CG370、CG371，属于第三层船板	长1247、宽39、厚6厘米	船板断为6段，南窄北宽。正面黄色，平整，其东西两端向背面斜平。两个榫口，一个残宽8厘米，另一个完整，长10、宽6.5厘米，内插楔形立柱，残高8厘米。正面钉孔孔径1、孔距15～30厘米，每排钉孔间距约9厘米，残留的钉头锈蚀。	出水时间：2008年12月13日

编号	位置	尺寸	描述	备注
CG332	位于船体遗迹的南部，搭缝板，北接CG333，属于第三层船板	长345、宽10、厚3.5厘米	船板断为数段。正面黑色，中部隆起，东西两端薄。	出水时间：2008年12月11日
CG333	位于船体遗址的中部，南接CG332，北接CG341，属于第三层船板	长334、宽11、厚4厘米	正面黄色，平整，东西两端薄。正面东西两侧2排钉孔，孔径1、孔距约18厘米。	出水时间：2008年12月12日
CG334	位于船体遗址的北部，拼接板，北接CG309，属于第三层船板	长125、宽14、厚3.5厘米	南北两端完整。北宽南窄。正面黑色，平整。正面东端向背面斜平，正面西端向正面斜平。	出水时间：2008年12月14日
CG335	位于船体遗址中部，搭缝板，属于第三层船板	长173、宽9、厚5厘米	南端残，北端完整。船板断为3段。正面黄色，平整。东西两端斜平。孔径1.5、孔距26～30厘米。	出水时间：2008年12月13日
CG336	位于船体遗址中部偏北，搭缝板，属于第二层船板	长101、宽11、厚8厘米	南北两端残。正面黑色，其东端企口，宽3、深2厘米。	出水时间：2008年12月12日
CG337	位于船体遗址的中部偏西，南接CG343，北接CG349，其上被CG198所压，属于第三层船板	长475、宽37、厚4.5厘米	薄板正面黄色，平整。东西两端斜平。正面黄色，平整。距南端110厘米处开一榫口，长10.5、宽8厘米，内插立柱，残高12厘米。钉孔孔径1、孔距约25厘米，每排间距10厘米。	出水时间：2008年12月13日
CG338	位于船体遗址北部，拼接板，属于第三层船板	长236、宽16、厚5厘米	南北两端残。南宽北窄，南端宽16、北端宽9厘米。正面黑色，平直。背面东端向背面斜平。正面钉孔孔径1、孔距25～30厘米。	出水时间：2008年12月13日
CG339	位于船体遗址北部，搭缝板，南接CG346，其上被CG63、CG62、CG68所压，其下压CG327、CG331，属于三层船板	长180、宽10.5、厚3厘米	正面黑色，平整，东西两端薄。1排钉孔，孔径1、孔距16～22厘米。	出水时间：2008年12月12日
CG340	位于船体遗址中部偏北，搭缝板，南接CG341，其上被CG68、CG71所压，其下压CG331、CG347，属于三层船板	长488、宽11、厚4厘米	船板断为数段。正面黄色，中部隆起，东西两端薄，隆起处两侧2排钉孔，孔径1厘米。	出水时间：2008年12月12日
CG341	位于船体遗址中部偏北，南接CG333，北接CG340，属于第三层船板	长60、宽10.5、厚3.5厘米	船板断为数段。北端残，南端完整、平直。正面黑色，平整，东西两端薄。正面钉孔孔径1厘米。	出水时间：2008年12月12日
CG342	位于船体遗址西南部，搭缝板，北接CG344，可归入三层船板	长125、宽10、厚4.5厘米	正面黑色，中部隆起，东西两端薄，残留大量舱料。	出水时间：2008年12月12日

编号	位置	尺寸	描述	备注
CG343	位于船体遗址西南，东临CG348，北接CG337，属于第三层板	长107、宽20、厚4.5厘米	南端残，北端完整。正面黑色，平整。东西两端弧面。西端残。孔径1、孔距4～7厘米。	出水时间：2008年12月13日
CG344	位于船体遗址西部，搭缝板，南接CG342，可归入第三层船板	长612、宽10、厚4.5厘米	船板断为4段。南端完整、平直，北端残。正面黑色，中部隆起，东西两端薄。两侧2排钉孔，孔径1、孔距约15厘米。两排钉孔交错分布。	出水时间：2008年12月12日
CG345	位于船体遗迹的中部，搭缝板，南接CG330，属于第三层船板	长168、宽12、厚3厘米	船板断为7段。南端完整，北端残。正面黄色，平整，东西两端较平，1排钉孔，孔径1、孔距约20厘米。	出水时间：2008年12月12日
CG346	位于船体遗址中部偏北，北接CG339，属于第三层船板	长147、宽11.5、厚4厘米	船板断为4段。正面黄色，平整，东西两端薄。2排钉孔，孔径1、孔距17～18厘米。	出水时间：2008年12月12日
CG347	位于船体遗址中部，东临CG331，西临CG349，南接CG348，其上被CG71所压，其下压CG372、CG420。属于第三层船板	长1033、宽45、厚6厘米	船板断为5段。南北两端残，北端虫蛀严重。南端呈尖状，东侧凹缺6厘米。正面黄色，正面西端向背面斜平。背面东端向正面斜平。距南端306厘米处开一榫口，长10、宽8厘米。距北端115厘米处开另一榫口长10、宽8厘米。距北端276厘米处榫口长10、宽8厘米。正面钉孔孔径1、1.5、孔距30厘米，残留的铁钉锈蚀严重。	出水时间：2008年12月13日
CG348	位于船体遗址南部，大宽板，东临CG331、西临CG343、北接CG347，其上被CG239所压，其下压CG368。属于第三层船板	长496、宽36、厚5厘米	南端残，北端呈尖状，北窄南宽。正面黑色，平整。正面西端向背面斜平，背面东端向正面斜平。距北端180厘米处开一榫口，长9、宽7厘米，内插立柱，残高14.5厘米。正面钉孔孔径1、孔距10～20厘米，每排钉孔间距10厘米左右。	出水时间：2008年12月13日
CG349	位于遗址的西部，东临CG347，南接CG337，其上被CG75、CG347所压，其下压CG420，属于第三层船板	长559、宽38、厚6厘米	船板断为5段。正面黄色，平整。背面西端向正面斜平。榫口长10、宽8厘米，内插立柱，残高10厘米。未拼完整。钉孔孔径1.5、孔距20厘米，每排间距11厘米。	出水时间：2008年12月15日
CG350	位于船体遗址西部，搭缝板，其上被CG75所压，其下压CG349、CG347，可归入第三层船板	长539、宽8.5、厚3.5厘米	船板断为4段。南北两端残。正面黄褐色，中部隆起，东西两端薄。隆起处2排钉孔，孔径1、孔距约15厘米，两排钉孔错位分布。	出水时间：2008年12月12日
CG351	位于船体遗址东部，西临CG104，南接CG122，北接CG111，可归入第二层船板	长63、宽14、厚7.5厘米	南北两端完整。正面黄色，中部隆起，东西两端薄，1排钉孔，孔径1厘米，锈蚀严重。	出水时间：2008年12月12日
CG352	船板位于A区（遗址的西半部分）的中段。东接沙沟，南接CG297，下面压着（北至南）CG300。可归入第三层板	长246、宽6、厚5厘米	船板断为数段。南端完整，北端残。正面黑色，中部隆起，东西两端薄。	出水时间：2008年12月11日

编号	位置	尺寸	描述	备注
CG353	船板位于A区（遗址的西半部分）的中段。东接CG300，南接CG294，西接CG208，北接CG357，上面被CG281、CG209压（北至南），下面压着（北至南）CG384。可归入第三层板	长625、宽38、厚4.5厘米	船板断为3段，薄板南端完整，北端残。正面黄色，平整。东西两端斜平。距北端176厘米处开一榫口，长10、宽7.5厘米。正面钉孔孔距1、孔距23～28厘米，每排间距7～8厘米。东西两端弧面。	出水时间：2008年12月13日
CG354	船板位于A区（遗址的西半部分）的中段。南接CG299，北接CG355，下面压着（北至南）CG353。可归入第三层板	长156、宽7、厚4.5厘米	船板断为数段。南北两端残。正面黑色，中部隆起，东西两端薄。隆起处2排钉孔，孔径0.8～1厘米。	出水时间：2008年12月11日
CG355	船板位于A区（遗址的西半部分）的北段。南接CG354，可归入第三层板	长296、宽5、厚4.5厘米	船板断为数段。南北两端残。正面黑色，中部起棱，东西两端向背面斜平。	出水时间：2008年12月11日
CG357	船板位于A区（遗址的西半部分）的北段。东接CG95，南接CG353，西接CG88，上面被CG91压，下面压着（北至南）CG401。可归入第三层板	长381、宽36、厚3.5厘米	南端残，北端完整。薄板正面黑色，平整，东西两端弧面。钉孔孔径1、孔距约20厘米，每排间距8～12厘米。距北端74厘米处开一榫口，长10、宽7厘米。	出水时间：2008年12月13日
CG358	船板位于A区（遗址的西半部分）的北段。下面压着（北至南）CG357。可归入第三层板	长176、宽11、厚4.5厘米	船板断为数段。残破严重。正面黑色，中部隆起。	出水时间：2008年12月11日
CG359	船板位于A区（遗址的西半部分）的中段。南接CG226，北接CG285，可归入第三层板	长25、宽15、厚11厘米	保存完整。北端厚，背面南端弧形，变薄。东西两端平直。正面1个钉孔，孔径1厘米。	出水时间：2008年12月11日
CG360	船板位于A区（遗址的西半部分）的北段。南接CG291，北接CG282，可归入第三层板面。东西向的小方木，嵌入固定上下、南北的板块	长29.5、宽13、厚13厘米	方料，南端向背面斜平，其余各面平直。	出水时间：2008年12月11日
CG361	位于船体遗址南部，拼接板，属于第三层船板	长82.5、宽8、厚4.5厘米	南端完整、平直。北端残。正面黑色，中部隆起，东西两端薄。	出水时间：2008年12月13日
CG362	位于船体遗址中部，搭缝板，东临CG308、北接CG327	长113、宽9、厚5.5厘米	南端完整，北端残，尖状。北窄南宽。正面黑色，平整。正面西端向背面斜平，背面东端向正面斜平。	出水时间：2008年12月13日
CG363	位于船体遗址东部，搭缝板，北接CG364，其上被CG115所压，其下压CG365。属于第三层船板	长53、宽10.5、厚3厘米	南北两端残。正面黑色，中部隆起，东西两端薄。虫蚀严重。	出水时间：2008年12月13日

编号	位置	尺寸	描述	备注
CG364	位于船体遗址东部，搭缝板，南接CG363，其上被CG115所压，其下压CG365。属于第三层船板	长70、宽12、厚4厘米	南端完整，北端残。正面黑色，中部隆起，东西两端薄。钉孔孔径1.5、孔距17厘米。	出水时间：2008年12月13日
CG365	位于船体遗址东部，大宽板，其上被CG363、CG364所压。属于第三层船板	长99、宽20、厚5厘米	南北两端残。船板断为3段。正面黄褐色，平整，背面西端向正面斜平。东端残。钉孔孔径1、孔距20～25厘米。	出水时间：2008年12月13日
CG366	位于船体遗址东部，搭缝板，属于第三层船板	长67、宽11、厚3.5厘米	南北两端残。正面黑色，中部隆起，东西两端薄。钉孔孔径1.5、孔距16厘米。	出水时间：2008年12月13日
CG367	位于船体遗址东部，大宽板，属于第三层船板	长59、宽7、厚4.5厘米	船板断为3段。正面黄色、平整，中部隆起，东西两端薄。钉孔孔径1厘米。	出水时间：2008年12月13日
CG368	位于船体遗址南，东临CG190，西临CG373，南接无，北接CG372，其上被CG348所压，其下压CG445，属于第四层船板	长340、宽41、厚5厘米	北端完整，南端残。正面黄色、平整。正面西侧向背面斜平，背面东侧向正面斜平。钉孔孔径1、孔距约30厘米，每排间距约10厘米。	出水时间：2008年12月16日
CG369	位于船体遗址中部，搭缝板，其上被CG115所压。其下压CG495，属于第三层船板	长148、宽10、厚3.5厘米	船板断为数段。南北两端残。正面黑色，中部隆起，东西两端薄。钉孔孔径1厘米。	出水时间：2008年12月13日
CG370	位于船体遗址中部，大宽板，东临CG187，西临CG371，南接CG190，北接CG371，其上被CG331所压，属于第四层船板	长343、宽18.5、厚6厘米	船板断为数段。正面黄色、平整。正面西侧向正面斜平，背面东侧向正面斜平。钉孔孔径1.5、孔距16厘米，每排间距14厘米。	出水时间：2008年12月15日
CG371	位于船体遗址中部，大宽板，东临CG370、CG187，西临CG372，南接CG190，其上被CG331所压，其下压CG409，属于第四层船板	长931、宽40、厚4厘米	残蚀严重。薄板南端完整平直，北端残。正面黑色，平整。未拼接完整。	出水时间：2008年12月15日
CG372	位于船体遗址中部，东临CG371，西临CG373、CG420、CG441，南接CG368，其上被CG347所压。其下压CG445，属于第四层船板	长1003、宽43、厚6厘米	南端完整、平直，北端腐蚀严重。正面黄色、平整。正面西侧向背面斜平，背面东侧向正面斜平。钉孔孔径1、孔距约30厘米，每排间距15～20厘米。	出水时间：2008年12月16日
CG373	位于船体遗址西南，东临CG372、CG368，北接CG441、CG420，其下压CG451、CG454，属于第四层船板	长565、宽33、厚6厘米	南北两端完整。正面黄色、平整。正面东侧向背面斜平，背面西侧向正面斜平。钉孔孔径1、孔距25厘米，每排间距5～10厘米。距南端141厘米处开一榫口，长9、宽8厘米。	出水时间：2008年12月16日

编号	位置	尺寸	描述	备注
CG374	位于船体遗址东南，东临CG507、CG508，西临CG505，北接CG326。上面被CG145、CG146所压	长265、宽32、厚21厘米	龙骨正面。距南端13厘米处开一凹榫，长15、宽13.5、深1.2厘米。北端凸榫，残，长17、宽13厘米（与326南端相连）。正面东西两侧企口，宽4.5、深3.5厘米，企口内钉孔孔径1.5、孔距13～15厘米。正面钉孔孔径1、1.5、孔距15～20厘米，每排间距9厘米。	出水时间：2008年12月20日。龙骨
CG375	位于船体遗址的东南部，龙骨西侧船板，西临CG180，北接CG465，属于第三层船板	长110、宽39、厚7.5厘米	南端完整、斜平。北端残，西端残。正面黑色、平整。钉孔孔径1、孔距12～16厘米，每排间距8～12厘米。	出水时间：2008年12月19日
CG376	位于船体遗址中部，大宽板，东临CG182，西临CG187，南接CG184，其上被CG308所压，其下压CG414，属于第四层船板	长1238、宽38、厚5厘米	南端完整、平直。正面黄色、平整。东西两端弧面。距南端56厘米处开一榫口，长12、宽8厘米。钉孔孔径1、孔距30～33厘米，每排间距12厘米。	出水时间：2008年12月15日
CG377	位于船体遗址中部，大宽板，东临CG378，南接CG182，其上被CG309所压，其下压CG416，属于第四层船板	长187、宽31、厚5.5厘米	南端完整，北端残。正面黑色、平整。背面东侧向正面斜平，正面西侧向背面斜平。钉孔孔径1、孔距20～22厘米，每排间距约10厘米。	出水时间：2008年12月16日
CG378	位于船体遗址东南，东临CG457，西临CG377、CG182，南接CG403，北接CG379，其上被CG314所压，其下压CG443，属于第四层船板	长1444、宽36、厚4.5厘米	船板断为数段。薄板北端略窄。正面黄色、平整。背面东西两端向正面斜平。钉孔孔径1、孔距27～30厘米，每排间距5～10厘米。	出水时间：2008年12月16日
CG379	位于船体遗址东北，西临CG377，南接CG378，其上被CG325所压，属于第四层船板	长57、宽26、厚6厘米	正面黑色，平整。	出水时间：2008年12月18日
CG380	船板位于A区（遗址的西半部分）的中段。东接CG436、CG429，西接CG391，北接CG437，上面被压（北至南）CG394、CG389、CG206，下面为珊瑚沙底。可归入第五层板	长723、宽40、厚4.5厘米	船板残损严重，南端完整、平直，北端残。未拼完整。正面黄色、平整，其东侧向背面斜平，背面西侧向正面斜平。钉孔孔径1.5、孔距18～26厘米，每排间距7～10厘米。	出水时间：2008年12月18日
CG381	船板位于A区（遗址的西半部分）的南段。东接CG382，南接CG296，西接CG294，北接CG300，上面被压（北至南）CG201，下面压着（北至南）CG387。可归入第三层板	长229、宽22、厚4.5厘米	船板断为3段。正面黄色，平整。北端锈蚀。正面钉孔，孔径1、孔距15厘米。	出水时间：2008年12月13日。（正面西端与381号正面东端搭接）

编号	位置	尺寸	描述	备注
CG382	船板位于A区（遗址的西半部分）的南段。东接CG298，南接CG296，西接CG381，上面被压（北至南）CG201，下面压着（北至南）CG387。可归入第三层板	长152、宽9、厚3厘米	窄条形。南北两端完整，北端尖状。正面黄色、平整，残留大量舱料。正面钉孔孔径1、孔距15厘米。距南端62厘米开一榫口，长10、宽8厘米。	出水时间：2008年12月13日。（正面西端与381号正面东端搭接）
CG383	船板位于A区（遗址的西半部分）的南段。西接CG384，北接CG386、CG387，上面被CG296压（北至南），可归入第四层板	长69、宽29、厚3.5厘米	北端完整，南端残。正面黑色、平整，中部略凹。正面西侧向背面斜平。钉孔孔径1.5厘米，每排间距8～10厘米。	出水时间：2008年12月16日
CG384	船板位于A区（遗址的西半部分）的南段。东接CG387、CG383，西接CG206，北接CG401，上面被CG294、CG353压（北至南），下面压着（北至南）CG429。可归入第四层板	长801、宽32、厚5.5厘米	船板断为6段。正面黑色、平整。东西两端近平。钉孔孔径1、孔距24～26厘米，每排间距8～9厘米。	出水时间：2008年12月15日
CG385	船板位于A区（遗址的西半部分）的南段。东接沙沟，南接无，西接CG386、CG387，北接沙沟，上面被压（北至南）CG388，下面压着（北至南）CG432。可归入第四层板	长269、宽11、厚5厘米	船板断为数段。南北两端残。正面黄色、平整。正面东西两端向背面斜平。钉孔孔径1厘米。	出水时间：2008年12月16日
CG386	船板位于A区（遗址的西半部分）的南段。东接CG385，南接CG383，西接CG387，上面被CG296压（北至南），下面压着（北至南）CG431。可归入第四层板	长84.5、宽12.5、厚4.5厘米	南端完整，北端残。南宽北窄。正面黄色、平整。正面西侧向背面斜平。钉孔孔径1、孔距12～22厘米。	出水时间：2008年12月16日
CG387	船板位于A区（遗址的西半部分）的南段。东接CG386，南接CG383，西接CG384，上面被压（北至南）CG381，下面压着（北至南）CG430。可归入第四层板	长1032、宽30、厚6厘米	残损严重，未拼接完整。正面黄色、平整。钉孔孔径1、孔距约20厘米，每排间距8～9厘米。	出水时间：2008年12月15日

编号	位置	尺寸	描述	备注
CG388	船板位于A区（遗址的西半部分）的南段。东接沙沟，南接沙沟，西接CG387，北接无，上面被CG298压（北至南），下面压着（北至南）CG385。可归入第四层板	长340、宽41、厚5厘米	南北两端残。正面黄色、平整，表面虫蛀严重。东西两端残。钉孔孔径1厘米。	出水时间：2008年12月16日
CG389	船板位于A区（遗址的西半部分）的中段。东接CG393，南接CG207，西接CG390，北接CG396，上面被压（北至南）CG217、CG208，可归入第四层板	长666、宽31、厚7厘米	船板断为7段。南端残，北端完整、平直。南端虫蚀严重。正面黑色、平整。钉孔孔径1、孔距15～17厘米。	出水时间：2008年12月15日
CG390	船板位于A区（遗址的西半部分）的北段。东接CG389，西接CG394、CG223，下面压着（北至南）CG380。可归入第四层板	长505、宽22、厚8厘米	南北两端完整。南端略窄，中部宽，距南端305厘米处凸出一榫，长200厘米。正面黑色、各面平整。钉孔孔径1、孔距18厘米。	出水时间：2008年12月14日
CG391	船板位于A区（遗址的西半部分）的中段。东接CG437、CG380，西接CG392，北接边界，上面被CG223压（北至南），下面为珊瑚沙底。可归入第五层板	长479、宽49、厚8.5厘米	船板断为数段，南北两端残，北端腐蚀严重。正面黑色、平整，中部略凹。东西两端近平。钉孔孔径1、孔径24～26厘米，每排间距7～10厘米。	出水时间：2008年12月18日
CG392	船板位于A区（遗址的西半部分）的中段。东接CG391，南接无，西接边界，北接无，上面被压（北至南）无，下面为珊瑚沙底。可归入第五层板	长155、宽30、厚8.5厘米	船板断为3端。正面黄色、平整，中部略凹。东西两端近平。钉孔孔径1、孔距15厘米，每排间距8～10厘米。	出水时间：2008年12月18日
CG393	船板位于A区（遗址的西半部分）的中段。东接CG401、CG384，南接CG206，西接CG396、CG389，北接边，上面被压（北至南）CG88、CG208，下面压着（北至南）CG436。可归入第四层板	长756、宽29、厚4.5厘米	南端完整、平直，北端残。正面黑色、平整。东西两端近直。距北端525厘米船板的东端开一凹榫，凹7厘米，残。距北端507厘米船板西端开一凹形榫口，长10、宽6厘米。钉孔孔径1、孔距12～25厘米，每排间距6～10厘米。	出水时间：2008年12月15日
CG394	船板位于A区（遗址的西半部分）的北段。东接CG390，南接CG223，西接CG395，北接边界，上面被压（北至南）CG383，下面压着（北至南）CG380。可归入第四层板	长265、宽18.5、厚7厘米	船板断为3段。南端完整、平直，北端残。正面黑色、平整。东西两端平直。钉孔孔径1、孔距21厘米，每排间距约10厘米。	出水时间：2008年12月15日

编号	位置	尺寸	描述	备注
CG395	船板位于A区（遗址的西半部分）的北段。东接CG394，上面被压（北至南）CG282，下面压着（北至南）CG391。可归入第四层板	长225、宽36、厚7.5厘米	南端完整，平直，北端残。正面黑色，中部凹缺形榫宽，长26、宽12厘米。钉孔孔径1、孔距12～15厘米，每排间距10～11厘米。	出水时间：2008年12月15日
CG396	船板位于A区（遗址的西半部分）的北段。东接CG393，南接CG389，上面被CG88压，下面压着（北至南）CG437。可归入第四层板	长144、宽30、厚5厘米	南端完整、平直，北端残。正面黑色、平整。背面西侧向正面斜平，东端弧平。钉孔孔径1、孔距约50厘米。	出水时间：2008年12月15日
CG397	位于船体遗址的东部，龙骨东侧船板，其上被CG119所压，属于第三层船板	长168、宽12、厚5.5厘米	船板断为数段。正面黄色，中部隆起，东西两端薄。	出水时间：2008年12月18日
CG398	位于船体遗址的东部，龙骨东侧竖船板，南接CG487，属于第三层船板	长270、宽27、厚4.5厘米	南端残，北端腐蚀。正面黄色、平整。背面西侧向正面斜平，正面东侧向背面斜平。钉孔孔径1、孔距18～23厘米，每排间距4～10厘米。	出水时间：2008年12月18日
CG399	位于船体遗址东部，搭缝板，属于第三层船板	长113、宽9、厚3厘米	南北两端残。正面黑色，中部隆起，东西两端薄。正面钉孔孔径1、孔距约20厘米。	出水时间：2008年12月13日
CG400	位于船体遗址东部，搭缝板，属于第三层船板	长61、宽9、厚6厘米	南北两端残。正面黑色，中部隆起，东西两端薄。	出水时间：2008年12月13日
CG401	船板位于A区（遗址的西半部分）的北段。南接CG384，西接CG393，上面被压（北至南）CG357、CG353，下面压着（北至南）CG435。可归入第四层板	长528、宽29、厚4.5厘米	南端完整、平直，北端残。正面黑色、平整。距南端18厘米处开一榫口，长10、宽8厘米。钉孔孔径1、孔距28～30厘米，每排间距5～17厘米。	出水时间：2008年12月15日
CG402	位于船体遗址东南，大宽板，东临CG461、CG462，西临CG182，北接CG403，其上被CG181、CG310所压，其下压CG419，属于第四层船板	长82、宽32.5、厚3.5厘米	南端残，北端完整。薄板正面黄色，平整。钉孔孔径1、孔距16～18厘米，每排间距约12厘米。	出水时间：2008年12月16日
CG403	位于船体遗址东南，宽板，东临CG461，西临CG182，南接CG402，北接CG378，其上被CG310所压，其下压CG419，属于第四层船板	长91、宽32、厚4厘米	南北两端完整。正面黑色、平整。钉孔孔径1、孔距10～25厘米。	出水时间：2008年12月16日

编号	位置	尺寸	描述	备注
CG404	位于船体遗址的东部，龙骨西侧船板，西临CG316、CG317，南接CG465，北接CG471，其上被CG104所压，其下压CG473，属于第三层船板	长669、宽23、厚4.5厘米	南北两端完整、平直。正面黄色、平整。正面西侧向背面斜平，背面东侧向正面斜平。钉孔孔径1、1.5、孔距10～11厘米，每排间距8～9厘米。	出水时间：2008年12月18日
CG405	位于船体遗址东部，搭缝板，北接CG421，属于第三层船板	长170、宽10、厚4厘米	南北两端残。正面黄色，正面东侧向背面斜平，背面西侧向正面斜平。钉孔孔径1、孔距约20厘米。	出水时间：2008年12月15日
CG406	位于船体遗址东部，搭缝板，南接CG421，北接CG407，属于第三层船板	长275、宽7、厚6厘米	正面黄色，平整，东西两端薄。钉孔孔径1、孔距15～25厘米。	出水时间：2008年12月15日
CG407	位于船体遗址东北部，搭缝板，南接CG406，其上被CG109所压，其下压CG322，属于第三层船板	长242、宽10、厚3.5厘米	南端完整，北端残。正面黑色，中部隆起，东西两端薄。钉孔孔径1.5、孔距17～20厘米。	出水时间：2008年12月15日
CG408	位于船体遗址东部，南接CG471，其下压CG460，属于第三层船板	长166、宽22、厚4厘米	南端完整，北端残。正面黑色、平整。正面西侧向正面斜平，南端正面凸榫，长52厘米。钉孔孔径1、间距17～20厘米，每排间距6～8厘米。	出水时间：2008年12月19日
CG409	位于船体遗址的北部，东临CG411，西临CG446、CG447，南接CG196，北接无，其上被CG371所压，属于第五层船板	长481、宽46、厚4厘米	南端完整、平直，北端腐蚀。正面黄色、平整。钉孔孔径1厘米。	出水时间：2008年12月17日
CG410	位于船体遗址东北，小宽板，东临CG376，南接CG187，其下压CG411，属于第四层船板	长39、宽9、厚5.5厘米	北端完整，南端残。正面黑色。钉孔孔径1.5厘米。	出水时间：2008年12月15日
CG411	位于船体遗址中部，东临CG414，西临CG409，南接CG412，其上被CG187所压，属于第五层船板	长885、宽41、厚3厘米	船板断为3段，残损严重。南端完整、平直，北端残蚀。正面黄色、平整。背面西侧向正面斜平，背面东侧向正面斜平。钉孔孔径1、孔距25～30厘米，每排间距约10厘米。	出水时间：2008年12月17日
CG412	位于船体遗址南，东临CG413，西临CG196，南接无，北接CG411，其上被CG187所压，属于第五层船板	长399、宽36、厚5厘米	船板断为数段。南端残，北端完整、平直。正面黄色、平整。钉孔孔径1厘米。	出水时间：2008年12月17日
CG413	位于船体遗址的南部，东临CG416、CG417，西临CG412，南接无，北接CG414、CG415，其上被CG376、CG184所压，属于第五层船板	长553、宽37、厚5厘米	南端腐蚀，北端完整、平直。残损严重。正面黄色、平整。东西两端薄。钉孔孔径1、孔距约20厘米，每排间距8～10厘米。	出水时间：2008年12月17日

编号	位置	尺寸	描述	备注
CG414	位于船体遗址的中部，东临CG416、CG415，西临CG411，南接CG413，其上被CG376所压，属于第五层船板	长697、宽37、厚5厘米	船板残损严重。南端完整、平直。正面黄色、平整。东西两端近平。钉孔孔径1、孔距25～30厘米，每排间距7～10厘米。	出水时间：2008年12月17日
CG415	位于船体遗址的中部，东临CG416，西临CG414，南接CG413，北接无，其上被CG376所压，属于第五层船板	长106、宽7、厚3.5厘米	南端残，北端完整。正面黄色，其东侧开一凹榫，深2.5、宽2厘米。	出水时间：2008年12月18日
CG416	位于船体遗址的中部，东临CG443，西临CG413、CG414、CG415，南接CG417，其上被CG182所压，属于第五层船板	长823、宽42、厚5厘米	正面黄色、平整，其西侧面向背面斜平。东端近平。钉孔孔径1、孔距28～30厘米，每排间距8～9厘米。	出水时间：2008年12月18日
CG417	位于船体遗址的南部，东临CG419，北接CG416，其上被CG376所压，属于第五层船板	长437、宽42、厚4厘米	船板断为2段。残损严重。南端完整、平直，北端腐蚀严重。正面黄色、平整。正面东侧向背面斜平，背面西侧向正面斜平。钉孔孔径1、孔距25厘米，每排间距9～10厘米。	出水时间：2008年12月18日
CG418	位于船体遗址东南，拼接板，属于第四层船板	长59、宽6.5、厚4厘米	南端完整，北端残。正面黑色。钉孔孔径1.5厘米。	出水时间：2008年12月16日
CG419	位于船体遗址的东南部，东临CG463，西临CG417，北接CG443，其上被CG378、CG403所压，属于第五层船板	长341、宽38、厚3.5厘米	船板残损严重。北端完整、平直，南端腐蚀严重。正面黄色、平整。正面西侧向背面斜平，背面东侧向正面斜平。东端近平。钉孔孔径1、孔距12～30厘米，每排间距5～9厘米。	出水时间：2008年12月18日
CG420	位于船体遗址西南，东临CG372，南接CG441、CG373，其上被CG347、CG349所压，其下压CG453、CG449，属于第四层船板	长533、宽39、厚4厘米	船板断为数段，残损严重。正面黄色、平整，东西两端薄。钉孔孔径1、孔距约25厘米，每排间距10厘米。	出水时间：2008年12月17日
CG421	位于船体遗址东部，搭缝板，南接CG405，北接CG406，属于第三层船板	长268、宽12、厚5.5厘米	南端完整，北端残。正面东侧向背面斜平，背面西侧向正面斜平。钉孔孔径1、孔距15～20厘米。	出水时间：2008年12月15日
CG422	立柱。第二行二列，位于A区中部，CG423之东。穿透一至五层船板	长49、宽9、厚8厘米	楔形立柱，平底，尖头。正面黑色，各面平整。	出水时间：2008年12月15日
CG423	立柱。第二行一列，位于A区中部，CG422之西。穿透一至五层船板	长13、宽9、厚5厘米	楔形立柱，残损。各面平整。	出水时间：2008年12月15日

编号	位置	尺寸	描述	备注
CG424	立柱。第一行二列，位于A区北部，CG425、CG426之间。穿透一至四层船板	长37、宽10、厚8厘米	楔形立柱，残损。各面平整。	出水时间：2008年12月15日
CG425	立柱。第一行三列，位于A区北部，CG424之东。穿透一至三层船板	长25、宽12、厚8厘米	楔形立柱，残损。各面平整。	出水时间：2008年12月15日
CG426	立柱。第一行一列，位于A区北部，CG424之西。穿透一至四层船板	长14、宽10、厚8厘米	楔形。各面平整。	出水时间：2008年12月15日
CG427	位于船体遗址北部，大宽板，东临CG327、南接CG331，属于第三层船板	长142、宽40、厚6.5厘米	正面黄色，平整。距南端31厘米处开一榫口，长9、宽7.5厘米。正面西端向背面斜平。背面东端向正面斜平。虫蚀严重。钉孔孔径1、孔距10～25厘米，残留的钉头锈蚀。	出水时间：2008年12月13日
CG428	立柱。第三行一列，位于A区南部。穿透一至五层船板	长18、宽11、厚8厘米	楔形立柱，残损。各面平整。	出水时间：2008年12月15日
CG429	船板位于A区（遗址的西半部分）的南段。东接CG430，西接CG380，上面被压（北至南）CG206，下面压着（北至南）CG467。可归入第五层板	长543、宽41、厚5.5厘米	船板残损严重。北端完整、平直，南端残。正面黑色、平整。东西两端斜平。钉孔孔径1、孔距21～25厘米，每排间距5～12厘米。	出水时间：2008年12月17日
CG430	船板位于A区（遗址的西半部分）的南段。东接CG432，西接CG429，北接CG435，上面被压（北至南）CG387、CG384，下面压着（北至南）CG466。可归入第五层板	长459、宽32、厚5厘米	船板断为2段。南端残，北端完整、平直。正面黑色、平整。正面西侧向背面斜平，背面东侧向正面斜平。钉孔孔径1、孔距约20厘米。	出水时间：2008年12月17日
CG431	船板位于A区（遗址的西半部分）的南段。北接CG432，上面被压（北至南）CG386，下面为珊瑚沙底。可归入第五层板面。	长102、宽18、厚5.5厘米	北端完整、平直，南端残。正面黑色、平整，其西侧向背面斜平。钉孔孔径1、孔距9～23厘米，每排间距9厘米。	出水时间：2008年12月18日
CG432	船板位于A区（遗址的西半部分）的南段。南接CG431，西接CG430，北接CG438，上面被压（北至南）CG387，下面为珊瑚沙底。可归入第五层板	长482、宽12、厚4厘米	船板断为数段。钉孔孔径1、孔距约20厘米。	出水时间：2008年12月17日
CG433	船板位于A区（遗址的西半部分）的中段。上面被压（北至南）CG223，下面为珊瑚沙底。可归入第五层板	长130、宽23、厚7厘米	船板残损严重。南端完整、平直，北端腐蚀。钉孔孔径1厘米。	出水时间：2008年12月18日

编号	位置	尺寸	描述	备注
CG434	船板位于A区（遗址的西半部分）的中段。上面被压（北至南）CG223，下面为珊瑚沙底。可归入第五层板	长108、宽48、厚7厘米	船板残损严重，形状不规整。正面黑色，钉头锈蚀。钉孔孔径1、孔距25～28厘米，每排间距7～9厘米。	出水时间：2008年12月18日
CG435	船板位于A区（遗址的西半部分）的中段。东接CG438，南接CG430，西接CG436，上面被压（北至南）CG401，下面压着（北至南）CG466。可归入第五层板	长499、宽33、厚4.5厘米	船板断为3段，残损严重。正面黄色、平整。正面西侧向背面斜平，背面东侧向正面斜平。钉孔孔径1、孔距4～10厘米，每排间距4～8厘米。	出水时间：2008年12月17日
CG436	船板位于A区（遗址的西半部分）的中段。东接CG435，南接CG429，西接CG380、CG437，上面被压（北至南）CG393。可归入第五层板	长503、宽40、厚5.5厘米	船板断为2段，残损严重。正面黑色、平整。正面东侧凹榫宽3厘米。钉孔孔径1、孔距约25厘米，每排间距约10厘米。	出水时间：2008年12月17日
		长216、宽45、厚5.5厘米	南北两端残。正面黄色、平整。东西两端近平。钉孔孔径1、孔距18～20厘米，每排间距约10厘米。钉头锈蚀。正面东侧凹榫宽3厘米。	出水时间：2008年12月18日
CG437	船板位于A区（遗址的西半部分）的北段。东接CG436，南接CG380，西接CG391，上面被压（北至南）CG394、CG396，下面为珊瑚沙底。可归入第五层板	长167、宽34、厚4.5厘米	船板残损严重，数段。南端完整、平直，北端腐蚀。正面黑色、平整。	出水时间：2008年12月18日
CG438	船板位于A区（遗址的西半部分）的北段。南接CG432，西接CG435，上面被压（北至南）CG387，下面为珊瑚沙底。可归入第五层板	长581、宽6、厚2.5厘米	船板断为数段。南端完整、平直，北端腐蚀。正面黑色，中部隆起，东西两端薄。钉孔孔径1、孔距15～20厘米。	出水时间：2008年12月17日
CG439	位于船体遗址的西南，东临CG451，西临CG454，北接CG455，属于第五层船板	长211、宽9、厚3厘米	船板断为数段。东端残。钉孔孔径1、孔距26厘米。	出水时间：2008年12月17日
CG440	船板位于A区（遗址的西半部分）的中段。东接无，南接CG454，西接沙沟，北接无，上面被压（北至南）CG388，下面为珊瑚沙底。可归入第五层板	长374、宽13、厚4.5厘米	南端完整、平直，北端残。正面黑色，东西两端薄。	出水时间：2008年12月18日
CG441	位于船体遗址中部，东临CG372，北接CG420，南接CG373，其下压CG452、CG455，属于第四层船板	长109、宽13、厚5.5厘米	船板断为数段。南北两端完整，北宽南窄。正面黄色、平整。正面东侧向背面斜平，背面西侧向正面斜平。钉孔孔径1、孔径10～22厘米。	出水时间：2008年12月16日

编号	位置	尺寸	描述	备注
CG442	位于船体遗址中部，东临CG445，西临CG455，南接CG451，北接CG452，其上被CG372、CG373所压，属于第五层船板	长189、宽13、厚4厘米	南北两端完整、平直。正面黄色、平整。正面西侧向背面斜平，背面东侧向正面斜平。北端西侧凹榫长42、深3厘米。钉孔孔径1、孔距10~16厘米，每排间距7厘米。	出水时间：2008年12月18日
CG443	位于船体遗址的中部，东临CG464，西临CG416，南接CG419，北接CG444，其上被CG378所压，属于第五层	长689、宽42、厚3.5厘米	船板残损严重。南北两端完整、平直，正面黄色。钉孔孔径1、孔距17~22厘米，每排间距10~20厘米。	出水时间：2008年12月18日
CG444	位于船体遗址东北，东临CG459，南接CG443，其上被CG378所压，属于第五层船板	长94、宽37、厚3.5厘米	船板残损严重。北端完整，南端残。正面黄色。	出水时间：2008年12月18日
CG445	位于船体遗址西南，东临CG196，西临CG451、CG452、CG442，南接无，北接CG446，其上被CG368、CG372所压，属于第五层船板	长585、宽33、厚5厘米	北端完整，南端残。正面黄色、平整。钉孔孔径1.5、每排间距10~12厘米。	出水时间：2008年12月18日
CG446	位于船体遗址中部偏北，东临CG450、CG447，西临CG448、CG449，南接CG445，其上被CG372所压，属于第五层船板	长275、宽37、厚4厘米	南北两端残。正面黄色、平整，东西两端薄。钉孔孔径1厘米，孔距20~22厘米，每排间距9~10厘米。	出水时间：2008年12月18日
CG447	位于船体遗址中部偏北，东临CG409，西临CG446，北接CG450，属于第五层船板	长190、宽13、厚5厘米	南端残，北端完整。正面黄色，中部隆起，东西两端薄。	出水时间：2008年12月17日
CG448	位于船体遗址中部偏北，东临CG446，南接CG449，属于第五层船板	长196、宽12.5、厚5厘米	南端完整、平直，北端残。正面黄色，中部隆起，东西两端薄。	出水时间：2008年12月18日
CG449	位于船体遗址中部偏北，东临CG446，北接CG448，其上被CG420、CG372所压，属于第五层船板	长296、宽12、厚4厘米	南端残，北端完整。正面黄色、平整，中部隆起，东西两端薄。	出水时间：2008年12月17日
CG450	位于船体遗址中部偏北，东临CG409，西临CG446，南接CG447，其上被CG372、CG371所压，属于第五层船板	长254、宽12、厚4厘米	正面黑色，中部隆起，东西两端薄。	出水时间：2008年12月17日
CG451	位于船体遗址中部偏西，东临CG445，西临CG439，北接CG442，其上被CG373所压，属于第五层船板	长108、宽22、厚4.5厘米	残损严重，形制不规整。正面黄色、平整。钉孔孔径1、孔距20厘米，每排间距约7厘米。	出水时间：2008年12月18日

编号	位置	尺寸	描述	备注
CG452	位于船体遗址中部偏西，东临CG445、CG446，西临CG455，南接CG442，北靠近CG449，其上被CG372、CG441所压，属于第五层船板	长61、宽15、厚4.5厘米	南端完整、平直，北端残。正面黑色，中部隆起，东西两端薄。	出水时间：2008年12月18日
CG453	位于船体遗址中部偏西，东临CG455，南接CG440，其上被CG420所压，属于第五层船板	长50、宽12、厚4厘米	南端残，北端完整、平直。正面黑色，中部隆起，东西两端薄。	出水时间：2008年12月18日
CG454	位于船体遗址中部偏西，东临CG439，南接无，北接CG440，其上被CG373所压，属于第五层船板	长92、宽11、厚4厘米	南北两端残，北尖南宽。正面黑色，中部隆起，东西两端薄。	出水时间：2008年12月18日
CG455	位于船体遗址中部偏西，东临CG442、CG452，西临CG440，南接CG439，其上被CG373所压，属于第五层船板	长141、宽12、厚4厘米	正面黄色，中部隆起，东西两端薄。	出水时间：2008年12月18日
CG456	位于船体遗址的东北部，东靠近CG22，西临CG109、CG57，南接CG30，北接无，其上被CG23所压，其下压CG502，属于第二层船板	长94、宽17、厚15厘米	南端完整、平直，北端残、尖状。两块船板凝结在一起。	出水时间：2008年12月18日
CG457	位于船体遗址东北，东临CG460、CG473，西临CG378，南接CG461，北接CG458，其上被CG322所压，其下压CG459、CG464，属于第四层船板	长410、宽27、厚5厘米	船板断为2段。南端完整、平直，北端残。正面黑色、平整，其东侧向背面斜平，背面西侧向正面斜平。钉孔孔径1、孔距26～28厘米，每排间距6～10厘米。	出水时间：2008年12月18日
CG458	位于船体遗址东北，东临CG460，西临CG379、CG378，南接CG457，北接无，其上被CG322所压，其下压CG459，属于第四层船板	长61、宽16、厚5.5厘米	残损严重。南端完整，北端残。正面黑色、平整。东端残。	出水时间：2008年12月18日
CG459	位于船体遗址东北，东临CG475，西临CG444，南接CG464，其上被CG457、CG458所压，属于第五层船板	长61、宽21、厚4.5厘米	形制不完整。南端完整、平直，北端残。正面黑色、平整。	出水时间：2008年12月18日
CG460	位于船体遗址的东北部，龙骨西侧船板，西临CG457、CG458，南接CG473，北接无，其上被CG408所压，其下压CG475，属于第四层船板	长195、宽25、厚4.5厘米	南端完整、平直，北端残。东西两端残。正面黑色、平整。钉孔孔径1、孔距20～22厘米，每排间距8厘米。	出水时间：2008年12月19日

编号	位置	尺寸	描述	备注
CG461	位于船体遗址东南，东临CG473、CG470，西临CG378、CG403、CG402，南接CG462，北接CG457，其上被CG317所压，其下压CG463，属于第四层船板	长944、宽29、厚5厘米	南端完整、平直，北端残。正面黄色、平整，其东侧向背面斜平，背面西侧向正面斜平。钉孔孔径1、孔距10～26厘米，每排间距6～8厘米。	出水时间：2008年12月18日
CG462	位于船体遗址东南，西临CG402，南接无，北接CG461，其上被CG180所压，其下压CG463，属于第四层船板	长69、宽30、厚7厘米	南端完整、平直。正面黄色、平整。钉孔孔径1、孔距7～8厘米，每排间距7～10厘米。	出水时间：2008年12月18日
CG463	位于船体遗址东南，东临CG468、CG474，西临CG419，南接无，北接CG464，其上被CG461所压，属于第五层船板	长402、宽27、厚4.5厘米	正面黄色、平整。背面东侧向正面斜平，正面西侧向背面斜平。钉孔孔径1、孔距18～20厘米，每排间距5～10厘米。	出水时间：2008年12月18日
CG464	位于船体遗址东南，东临CG468，西临CG443，南接CG463，北接CG459，其上被CG457所压，属于第五层船板	长316、宽25.5、厚4厘米	船板断为2段。南端完整、平直，北端腐蚀。正面黄色、平整。正面西侧向背面斜平，背面东侧向正面斜平。东端残。钉孔孔径1、孔距25～30厘米，每排间距7厘米。	出水时间：2008年12月18日
CG465	位于船体遗址的东部，龙骨西侧船板，东临CG505，西临CG317，南接CG375，北接CG404，其上被CG143所压，其下压CG470，属于第三层船板	长179、宽33、厚4厘米	南端完整、平直。正面黄色，其西侧向背面斜平，背面东侧向正面斜平。钉孔孔径1、孔距15～24厘米，每排间距9～10厘米。	出水时间：2008年12月19日
CG466	船板位于A区（遗址的西半部分）的中段。东、南皆接无，西接CG467，上面被压（北至南）CG435、CG430，下面为珊瑚沙底。可归入第六层船板	不可测量	残损严重，未拼接完整。正面黑色、平整。钉孔孔径1、孔距22厘米，每排间距10厘米。	出水时间：2008年12月18日
CG467	船板位于A区（遗址的西半部分）的中段。东接CG466，南、西、北皆接无，上面被压（北至南）CG436、CG429，下面为珊瑚沙底。可归入第六层船板	不可测量	残损严重，未拼接完整。	出水时间：2008年12月18日
CG468	位于船体遗址的东南部，龙骨西侧船板，西临CG463、CG464，南接CG474，北接CG475，其上被CG473所压，属于第五层船板	长791、宽29、厚5厘米	船板断为数段，未拼接完整。南端完整、平直，北端残。东端残。正面黄色、平整。正面西侧向正面斜平，背面东侧向正面斜平。钉孔孔径1、孔距15～20厘米，每排间距6～9厘米。	出水时间：2008年12月19日

编号	位置	尺寸	描述	备注
CG469	位于船体遗址东南，其上被CG143、CG177所压，属于第四层船板	长527、宽38、厚5厘米	南北两端完整、平直。正面黑色，中部隆起，东西两端薄。钉孔孔径1、孔距约20厘米。	出水时间：2008年12月18日
CG470	位于船体遗址的东南部，龙骨西侧船板，西临CG461，南接无，北接CG473，其上被CG465所压，其下压CG474，属于第四层船板	长54、宽5、厚2.5厘米	船板断为2段，残损严重，形状不规整。	出水时间：2008年12月19日
CG471	位于船体遗址的东部，龙骨西侧船板，东临CG503，西临CG322，南接CG404，北接CG408，其上被CG104所压，其下压CG473，属于第三层船板	长482、宽31、厚5.5厘米	船板断为数段。南端完整、平直，北端残。整体形状北端尖，南端窄、中部宽。正面黄色、平整。东西两端呈弧面。北端宽19.5、南端宽23厘米。钉孔孔径1、孔距14～25厘米，每排间距11～13厘米。	出水时间：2008年12月19日
CG472	位于船体遗址的东北部，龙骨东侧船板，其下压CG29，属于第一层船板	长47、宽7.5、厚8厘米	北端残，东端残。正面黄色、平整。南端正面凸榫，宽5.5、深3.5厘米。	出水时间：2008年12月19日
CG473	位于船体遗址的东部，龙骨西侧船板，西临CG461、CG457，南接CG470，北接CG460，其上被CG404所压，其下压CG468，属于第四层船板	长1305、宽29.5、厚5厘米	船板断为数段。南端腐蚀，北端完整、平直。正面黄色、平整。正面西侧向背面斜平，背面东侧向正面斜平。钉孔孔径1、孔距11～19厘米，每排间距9～14厘米。	出水时间：2008年12月19日
CG474	位于船体遗址的东南部，龙骨西侧船板，西临CG463，南接无，北接CG468，其上被CG470、CG473所压，属于第五层船板	长280、宽26、厚4厘米	南端完整、平直，北端残。船板残损严重。正面黄色、平整。正面西侧向背面斜平，背面东侧向正面斜平。钉孔孔径1、孔距20～24厘米，每排间距10厘米。	出水时间：2008年12月19日
CG475	位于船体遗址的东北部，龙骨西侧船板，西临CG459，南接CG468，其上被CG460所压，属于第五层船板	长165、宽20、厚3.5厘米	南端完整、平直，北端残。正面黑色、平整，东端残。	出水时间：2008年12月19日
CG476	位于船体遗址的东北部，龙骨东侧船板，属于第三层船板	长211、宽29、厚5.5厘米	南端完整、平直，北端残。正面黑色、平整。正面东西两侧向背面斜平。西端腐蚀。钉孔孔径1、孔距27～28厘米，每排间距8～13厘米。	出水时间：2008年12月19日
CG477	位于船体遗址的东南部，龙骨东侧船板，西侧靠近CG473、CG470，北端被CG489所压，其下压CG486，属于第四层船板	长451、宽23、厚5.5厘米	南北两端残。正面黄色、平整。西端残。未拼接完整。钉孔孔径1、孔距16～30厘米，每排间距10厘米。	出水时间：2008年12月19日

编号	位置	尺寸	描述	备注
CG478	位于船体遗址的东北部，龙骨东侧船板，东端靠近CG481、CG500，西端靠近CG499，属于第三层船板	长69、宽14、厚5厘米	船板残损严重，形制不完整。正面黑色。	出水时间：2008年12月20日
CG479	位于船体遗址的东北部，龙骨东侧船板，其下压CG481，属于第二层船板	长159、宽12、厚4.5厘米	船板断为数段。正面黑色、平整，中部隆起，东西两端薄。	出水时间：2008年12月20日
CG480	位于船体遗址的东北部，龙骨东侧船板，属于第四层船板	长50、宽24、厚5厘米	船板残损严重，形制不完整。正面黑色。	出水时间：2008年12月20日
CG481	位于船体遗址的东北部，龙骨东侧船板，其上被CG479所压，西端靠近CG478，南接CG501，属于第三层船板	长52、宽17、厚5厘米	船板残损严重。正面黑色、平整。钉孔孔径1厘米。	出水时间：2008年12月20日
CG482	位于船体遗址的东北角，西临CG498。	长77、宽28、厚6厘米	船板残损严重。正面黄色，东西两端近平。	出水时间：2008年12月20日
CG483	位于船体遗址的东北部，龙骨东侧船板，属于第五层船板	长56、宽17、厚8厘米	南端完整、平整，北端残。船板残损严重，形制不完整。正面黄色、平整。	出水时间：2008年12月20日
CG484	位于船体遗址的东北部，龙骨东侧船板，属于第三层船板	长112、宽95、厚5厘米	船板残损严重，形制不明。正面黑色。钉孔孔径1厘米。	出水时间：2008年12月20日
CG485	位于船体遗址的东南部，龙骨东侧竖船板，西侧被CG144所压，北接CG487，属于第三层船板	长202、宽22、厚5.5厘米	南端完整、平直，北端残。正面黑色、平整，其东端向背面斜平，背面西端向正面斜平。钉孔孔径1、孔距20～25厘米，每排间距6～8厘米。	出水时间：2008年12月19日
CG486	位于船体遗址的东部，龙骨东侧船板，西侧被CG477所压，属于第五层船板	长286、宽19、厚5厘米	南北两端残，西端残，东端弧面。正面黑色、平整。钉孔孔径1、孔距12～17厘米。	出水时间：2008年12月19日
CG487	位于船体遗址的东部，龙骨东侧竖船板，西侧被CG144所压，南接CG485，北接CG398，属于第三层船板	长247、宽25、厚5厘米	南端完整、平直，北端残。正面黑色、平整。钉孔孔径1、孔距20～25厘米，每排间距6～8厘米。	出水时间：2008年12月19日
CG488	位于船体遗址的东部，龙骨东侧船板，东临CG489，西临CG486，其上被CG494所压，属于第五层船板	长238、宽24.5、厚4.5厘米	南北两端残。正面黑色、平整，腐蚀严重。钉孔孔径1厘米，孔距12～14厘米，每排间距8厘米。	出水时间：2008年12月19日

编号	位置	尺寸	描述	备注
CG489	位于船体遗址的东部，龙骨东侧船板，西临CG488，其上被CG496所压，属于第五层船板	长101、宽13、厚4厘米	南北两端残。正面东侧向背面斜平，西端残。	出水时间：2008年12月20日
CG490	位于船体遗址的东北部，龙骨东侧船板，东临CG492，南临CG102，属于第四层船板	长87、宽28、厚5厘米	南端完整、平直，北端残。东西两端近平。	出水时间：2008年12月20日
CG491	位于船体遗址的东部，龙骨东侧船板，西临CG492，属于第四层船板	长112、宽13、厚5厘米	船板断为数段。正面黄色、平整。	出水时间：2008年12月20日
CG492	位于船体遗址的东部，龙骨东侧船板，东临CG491，西临CG490，南接CG494，属于第四层船板	长91、宽11、厚4.5厘米	船板断为数段，残损严重，形制不完整。正面黑色。	出水时间：2008年12月20日
CG493	位于船体遗址的东部，龙骨东侧船板，西临CG491，属于第四层船板	长85、宽24、厚5厘米	残损严重，形制不完整。正面黑色。	出水时间：2008年12月20日
CG494	位于船体遗址的东部，龙骨东侧船板，东临CG495，西靠近CG102，南靠近CG489，北接CG492，属于第四层船板	长105、宽14、厚6厘米	南北两端残，东端残。正面黑色。	出水时间：2008年12月20日
CG495	位于船体遗址的东部，龙骨东侧船板，东临CG496，西靠近CG494，其上被CG369所压，其下压CG489，属于第四层船板	长76、宽8.5、厚5厘米	东端平整，残损严重。正面黑色。	出水时间：2008年12月20日
CG496	位于船体遗址的东部，龙骨东侧船板，北端靠近CG493，西靠近CG495，其下压CG489，属于第四层船板	长109、宽15、厚4.5厘米	西端残。南北两端残。正面黄色，东西两端向背面斜平。	出水时间：2008年12月20日
CG497	位于船体遗址的东北部，龙骨东侧船板，属于第三层船板	长88、宽26、厚4.5厘米	南北东西各端残。正面黑色、平整。形制不全。	出水时间：2008年12月20日
CG498	位于船体遗址的东北部，龙骨东侧船板，东北靠近CG482，属于第三层船板	长252、宽26.5、厚5厘米	各端残损。正面黑色、平整。钉孔孔径1厘米。	出水时间：2008年12月20日
CG499	位于船体遗址的东北，属于龙骨最北端部分，东端靠近CG478，南接CG502。	长113、宽32、厚19.5厘米	正面黑色。龙骨残段。腐蚀严重。	出水时间：2008年12月20日。龙骨

编号	位置	尺寸	描述	备注
CG500	位于船体遗址的东北部，龙骨东侧船板，东端靠近CG501，西端靠近CG478，属于第三层船板	长75、宽15、厚4.5厘米	船板残损严重，形制不完整。正面黑色。	出水时间：2008年12月20日
CG501	位于船体遗址的东北部，龙骨东侧船板，西端靠近CG500，北临CG481，属于第三层船板	长33、宽16、厚5.5厘米	船板残损严重，形制不完整。正面黄色、平整。	出水时间：2008年12月20日
CG502	位于船体遗址的东北，属于龙骨北端部分，北接CG499，南接CG106。其上被CG456所压，属于第三层船板	长106、宽25、厚7.5厘米	南北两端残。正面黑色、平整。榫口宽3.5、深4厘米。	出水时间：2008年12月20日。龙骨
CG503	位于船体遗址的东北，窄板，龙骨西侧，东贴CG106，西临CG471，其上被CG104所压。属于第三层船板	长310、宽12、厚3厘米	船板断为数段。正面黑色、平整。钉孔孔径1厘米。	出水时间：2008年12月20日
CG504	位于船体遗址的东部，窄板，龙骨西侧，东贴CG326，南接CG505	长278、宽14、厚3.5厘米	船板断为数段。正面黄色，中部隆起，东西两端薄。	出水时间：2008年12月20日
CG505	位于船体遗址的东南，窄板，龙骨西侧，东贴CG374，西临CG465，北接CG504	长54.5、宽9、厚4厘米	船板残损严重。正面黑色。钉孔孔径1.5厘米。	出水时间：2008年12月20日
CG506	位于船体遗址的东北，窄板，龙骨东侧，西贴CG106	长204、宽12.5、厚2.5厘米	东西两端残。未拼接完整。正面黄色、平整。钉孔孔径1厘米。	出水时间：2008年12月20日
CG507	位于船体遗址的东南，窄板，龙骨东侧，西贴CG374，北接CG508	长147、宽12.5、厚5厘米	正面黄色、平整。东端近平，西端残。	出水时间：2008年12月20日
CG508	位于船体遗址的东部，窄板，龙骨东侧，西贴CG374、CG326，南接CG507	长277、宽16、厚3厘米	船板断为数段。西端近平，东端残。南北两端残。正面黄色、平整。钉孔孔径1、孔距32厘米，每排间距4厘米。	出水时间：2008年12月20日
CG509	位于船体遗址的东北，窄板，龙骨西侧，东贴CG106，西临CG471，南接CG503，其上被CG57所压	长94、宽5.5、厚3厘米	南端完整、平直。东西两端残，形制不完整。	出水时间：2008年12月20日
CG510	位于船体遗址的东北，窄板，龙骨东侧，西贴CG106。其上被CG22所压	长79、宽10、厚3.5厘米	南北两端残，西端残。形制不完整。	出水时间：2008年12月20日

编号	位置	尺寸	描述	备注
CG511	位于船体遗址的东北，属于龙骨中段部分，北接CG106，南接CG326，其上被CG112所压	长110、宽17、厚19厘米	南北两端残，形状不完整。正面黄色、平整。	出水时间：2008年12月20日
采48	遗址表面	高48、长50、宽31厘米	柱形。底面平。一端凹榫，宽5、深6.5厘米。表面黑色，有许多虫蛀孔洞。	出水时间：2008年12月20日
采20	遗址表面	—	—	出水时间：2008年12月7日
采41	遗址表面	—	—	出水时间：2008年12月2日
采42	位于船体的北端中部，其左侧临船板CG58和CG65，右侧临船板CG41和CG45，北与船板CG44相连，下压着船板CG59	长101、宽31、厚5厘米	表面褐色，修理平整，榫口长8、宽8厘米。3排9个钉孔。	出水时间：2008年12月3日
采43	位于船体的北端中部，其左侧临船板CG55，右侧临船板CG59，北与船板CG47相连，上为船板CG36、CG40、CG41和CG45	长90、宽25、厚10厘米	表面黑色，残留少量舱料，3排13个钉孔。纵截面近方形。	出水时间：2008年12月3日
采44	遗址表面	长90、宽30、厚10厘米	不规则窄条形，一侧长端完整、平直，至较完整短端斜平，此短端尖角，有一三角形凹缺，高2厘米。另一长端残。一短端残，另一短端较完整。表面褐色，修理平整，残留两道斜柱痕迹。斜柱以凹榫卡牢，并用舱料加固，凹榫高0.5厘米。	出水时间：2008年12月4日。隔舱板
采45	遗址表面	长165、宽30、厚14厘米	窄条形，一长端完整，有2个三角形凹缺，高6厘米，近端线1排4个钉孔，近一短端修理斜平。另一长端残。表面平整，黑色，有一斜棱，深约2厘米，多处虫蛀痕。另一面也较平整。两窄端残。	出水时间：2008年12月4日。隔舱板
采46	遗址表面	长102、宽19、厚15厘米	正面平整，转角圆弧。	出水时间：2008年12月7日
采47	遗址表面	长92、宽26、厚18厘米	南端完整、斜平。正面黑色，平整，3个钉头。北端残，西端修平，虫蛀严重，转角圆弧。正面3个榫口，梯形榫口宽22、底宽13厘米，中部三角形榫底宽14厘米，北端三角形榫底宽18厘米。	出水时间：2008年12月7日

（整理：路昊）

附录二　出水遗物分类统计总表

注：表中型式分类和特征参阅正文，"分型数量"为亚型（不分亚型者为型）的统计数量，"器类数量"为器形大类的统计基础，"98年型式对照"为1998年华光礁一号沉船遗址试掘出水文物标本的分类型式，参阅《西沙水下考古（1998～1999）》一书第66～138页。

类别	名称	型	型特征	亚型	亚型特征	分型数量	器类数量	98年型式对照
景德镇窑青白瓷	碗	A	口沿不详		弧腹，莲瓣纹腹	1	12	
		B	菱口		斜直腹	11		青白瓷碗E
	盏	A	菱口		敞口，斜直腹	1	31	
		B	平口，敞口，斜直腹	Ba	内壁平滑，无台	27		
			敞口，斜直腹	Bb	内底心有小圆台	3		
	盘	A	菊瓣花口		菊瓣纹腹	2	16	青白瓷盏托
		B	菱口		平底，内刻划龟鹤仙人花纹	10		青白瓷盘B
		C	器形略小，菱口		平底，内刻划花卉纹	4		
	碟	A	平口		浅腹，平底	9	12	青白瓷碟A
		B	葵口		平折沿，浅腹，平底	3		
	钵	A	直口，芒口，外壁口沿下贴饰一周乳丁纹		平底，腹深，外壁刻弧线柳斗纹或多层斜向交叉的尖莲瓣纹	4	15	青白瓷盖罐
		B	直口，芒口，外壁口沿下以褐彩点绘一周乳丁纹		外壁刻弧线柳斗纹	3		
		C	直口，芒口，外壁口沿下无乳丁纹	Ca	小矮饼状足	1		
				Cb	矮圈足状	1		
				Cc	平底或底微内凹	6		
	杯		直口，芒口，弧腹，圈足			1	1	
	执壶	A	八棱形身		喇叭形口，长束颈	2	3	青白瓷执壶D
		B	直口，细长直颈		龙首柄	1		
	器盖	A	子口，弧顶，无纽		盖面贴饰乳丁纹	3	5	青白瓷器盖A
		B	子口，盖沿向外平折，顶心弯蒂形纽			2		

类别	名称	型	型特征	亚型	亚型特征	分型数量	器类数量	98年型式对照
景德镇窑青白瓷	小瓶	A	器身略矮，腹部圆鼓，腹部模印莲瓣纹			3	19	青白瓷瓶Bd
		B	器身略矮，腹部圆鼓，腹部模印竖条状菊瓣纹			7		
		C	瓶身显修长，下腹弧收，腹部模印莲瓣纹			2		
		D	瓶身显修长，腹部较深，腹部模印竖条状菊瓣纹			7		
	砚滴		狮形，长方形台座			5	5	
合计						119	119	
德化窑青白瓷	瓶		花口		刻划花	5	5	青白瓷瓶A
	小瓶	A	器形略大，花口		腹部印莲瓣纹	不多	51	
		B	器形略小，花口		腹部印尖莲瓣纹	不多		
		C	器形略小，平口		腹部上、下一般均模印双层仰莲瓣纹，圈足外壁模印一周覆莲瓣纹	较多		青白瓷瓶Bb
		D	器形略小，平口		腹部上、下均模印竖条状菊瓣纹，足外壁模印一周覆莲瓣纹或竖条状菊瓣纹	较多		青白瓷瓶Ba、Bc
		E	器形略大		腹部模印雷地龙纹	1		
	葫芦瓶		葫芦形		束颈，扁矮腹	12	12	青白瓷瓶C
	大盒		菊瓣身	盖	折枝花卉纹	1	6	
				底	菊瓣状	5		
	盒	A	菊瓣身	套	折枝牡丹纹	9	186	青白瓷粉盒A
				盖	折枝牡丹纹或折枝荷花或其他花卉纹	74		
				底	菊瓣状	95		
		B	菊瓣身	套	菊瓣纹	1		
				盖	菊瓣纹	3		

类别	名称	型	型特征	亚型	亚型特征	分型数量	器类数量	98年型式对照
德化窑青白瓷		C	八方形	套	折枝牡丹纹	2	186	
				盖	折枝牡丹纹	1		
				底	八方形	1		
	小盒	A	菊瓣身	套	折枝牡丹纹	132	2338	青白瓷粉盒A
					折枝荷花或兰花纹	9		
					小花瓣状碎花纹	52		
					折枝花卉纹	9		
					团花状花卉纹	11		
					缠枝花卉纹	1		
					蕉叶纹	1		
					枝叶鹿纹	1		
				盖	折枝牡丹纹	563		
					折枝荷花或兰花纹	91		
					小花瓣状碎花纹	247		
					枝叶纹	51		
					团花状花卉纹	29		
					团花菊瓣纹	2		
					团花莲瓣纹	1		
					蕉叶纹	4		
					花果纹	6		
					枝叶鹿纹	2		
				底	菊瓣状	1124		
		B	八方形	底	八方形	2		青白瓷粉盒C
合计						2598	2598	

类别	名称	型	型特征	亚型	亚型特征	分型数量	器类数量	98年型式对照
闽清义窑青白瓷	碗	A	平口，深腹，内底心有小圆台		内满刻篦划水波纹	216	857	青白瓷碗Ba
					内刻划牡丹纹或荷花纹	44		青白瓷碗Ba、Bb
		B	平口，深腹，内底心大圆台		内刻划荷花纹	77		青白瓷碗Bb
		C	平口，浅腹，内底心有大圆台		内满刻篦划水波纹	256		青白瓷碗Ca、Cb
					内刻划荷花纹或牡丹纹	162		青白瓷碗Ca、Cb
					内壁素面无纹	5		
		D	葵口，深腹，内底心大圆台	Da	内刻划折枝牡丹纹	35		青白瓷碗Bc
				Db	内有六出筋，无刻划花	15		青白瓷碗Bc
		E	葵口，浅腹，内底心大圆台		内刻划折枝牡丹纹	47		青白瓷碗Cc
	小碗	A	内底心有小圆圈痕		素面（含个别内底圈痕不明显）	2097	5165	青白瓷碗Aa、Ac
					内草率篦划纹	1257		青白瓷碗Ab
					内刻划花卉纹	3		
		B	内底心有大圆圈痕	Ba	内壁满釉，素面	772		青白瓷碗Ab
					内壁满釉，内草率篦划纹	604		青白瓷Ac
				Bb	内底心有缺釉，素面	39		
					内底心有缺釉，内草率篦划纹	7		
		C	内底涩圈			311		青白瓷碗Ab
		D	器形略大，内底较平滑，无凹痕或凹痕不明显		侈口，圆唇，深弧腹，素面无纹饰	75		青瓷碗Aa

类别	名称	型	型特征	亚型	亚型特征	分型数量	器类数量	98年型式对照
闽清义窑青白瓷	盏	A	敞口，斜直腹		斗笠小盏	10	321	
		B	撇口，平口	Ba	内壁无出筋	207		青白瓷碗Da、Dc
				Bb	内壁无出筋，内底有涩圈	11		
				Bc	内壁有出筋	24		
		C	撇口，花口	Ca	内壁无出筋	20		青白瓷碗Db
				Cb	内壁有出筋	49		青白瓷碗Db
	盘		葵口，浅腹折腰		六出花口	42	42	青白瓷盘A
	碟		浅腹，平底		内刻划莲花纹	3	3	
	执壶	A	盘口		瓜棱腹	145	394	青白瓷执壶B
		B	直口，器身略矮	Ba	瓜棱腹	30		
				Bb	球形腹，刻尖莲瓣纹	4		青白瓷执壶A
		C	直口略外撇，器身略高		外壁刻划花叶纹	102		青釉执壶
		D	喇叭口		垂腹，外壁刻缠枝花卉纹或花草纹	42		青白瓷执壶C
			执壶柄			21		
			执壶流			50		
	瓶		底部残件		似为梅瓶	1	1	
	器盖	A	执壶器盖，顶面下凹成平台	Aa	宽平沿，盖顶折向下凹，顶心较平，无纽，短管状系横置于盖面下凹的边缘	196	204	青白瓷器盖B
				Ab	宽平沿，盖顶折向下凹，顶心有小圆纽，不太规则，盖沿上面边缘附一横装管状系			
				Ac	浅碟形，弧状宽沿，盖沿边下垂，盖面由外向内弧凹，中心向内平折，顶心捏塑有花苞状小圆纽，盖沿上面边缘附一横装管状系			
		B	执壶器盖，顶面斜凹		略呈斗笠形，盖顶斜直下凹，顶上附一短管状系	6		
		C	菊瓣形器盖		瓶壶类器盖	1		
		D	盖面平，无纽		小瓶类器盖	1		
	炉		八方，斜直腹			2	2	
合计						6989	6989	

类别	名称	型	型特征	亚型	亚型特征	分型数量	器类数量	98年型式对照
龙泉窑青瓷	碗		口微外撇，深弧腹		内壁刻划花卉纹，外壁刻划斜线纹	9	10	青瓷碗Ab
					内壁刻划花卉纹，外壁素面无纹	1		
	盏		直口		外壁刻划斜向交错的网格状纹	2	2	青釉钵
	碟		直口，折腹，小平底		内刻划折枝莲纹	1	1	
合计						13	13	
松溪窑青瓷	大碗		器形较大，弧腹，矮圈足		刻划花	10	10	青瓷碗C
	大盘		器形较大，内壁腹中部略折，矮圈足		刻划花	12	12	青瓷大盘Aa
合计						22	22	
南安窑青瓷	碗		敛口，深弧腹		篦点划花纹	6	6	青瓷碗B
	盏	A	撇口，弧腹		外壁刻划斜向篦划纹	4	5	
		B	敞口，弧腹		外壁刻划宽菊瓣纹	1		
	大盘	A	腹内壁平滑，弧收至底心，外壁刻篦划纹		内底心印阴文"大吉"	52	529	青瓷大盘Ab
					内底心印阴文"吉"	145		
					内底心印阳文"吉"	20		
					内底心无印纹	64		青瓷大盘B
		B	上腹略外撇，下腹略阔，腹内壁下部内折，内底折痕明显，外壁刻篦划纹		内底心印阳文"吉"	10		
					内底心印阳文"吉"，内壁刻划蕉叶状纹	3		
					内底心印花朵，内壁刻划花叶纹	229		
					内底印花朵，内壁刻划蕉叶状纹	6		
合计						540	540	
武夷山遇林亭窑黑瓷	盏		束口，弧腹，矮圈足			7	7	
合计						7	7	

类别	名称	型	型特征	亚型	亚型特征	分型数量	器类数量	98年型式对照
磁灶窑青釉器	注壶		小口，矮扁腹		相当于酱釉同类器A型	1	1	
	长颈瓶		长颈，鼓腹		与磁灶窑酱黑釉长颈瓶形制相同	7	7	青釉瓶B
	小罐	A	小口，圆鼓腹		短束颈，球形腹，平底，肩部多绘褐彩花草纹	97	100	青釉小口罐
		B	直口，高领		鼓腹，平底	2		
		C	广口，鼓腹，平底		有褐彩	1		
合计						108	108	
磁灶窑酱黑釉器	盏		弧腹，圈足		平口，直口	1	2	
					花口，侈口	1		
	碟		敞口，宽平底		浅腹	7	7	
	注壶	A	小口，扁腹			1	2	
		B	小口，矮扁腹		瓜棱形，腹矮	1		
	军持					2	2	酱褐釉军持
	长颈瓶		长颈，鼓腹		与磁灶窑青釉长颈瓶形制相同	4	4	
	梅瓶	A	器形较大		小口，深长腹	6	63	酱褐釉小口陶瓶
		B	器形略小		小口，深长腹	57		
	小瓶	A	直口，长颈		垂腹，胆瓶	2	3	青釉瓶A
		B	广口，外撇，深直腹		深腹略弧，平底	1		
	四系罐	A	器形较大，高23～25厘米		口较大，深腹，中部鼓腹明显	18	54	
		B	器形略小，高17～18厘米		口较大，腹较深，中部弧腹，颈部略高	11		
		C	器形较小，高13～14厘米		广口，腹略浅，颈部占比略显高	15		
		D	器形大，高度一般应超过30厘米，均为残片		肩部竖宽带状系，有的外壁刻划花纹	10		

类别	名称	型	型特征	亚型	亚型特征	分型数量	器类数量	98年型式对照
磁灶窑酱黑釉器	扁腹罐	A	器形略大，小口，扁腹略高，腹中部鼓			12	140	
		B	器形较小，小口，腹部矮扁，腹中上部鼓	Ba	扁腹略高	51		酱褐釉小口罐Aa
				Bb	扁腹较矮	77		酱褐釉小口罐Ab
	小罐		小口，鼓腹		短束颈，球形腹，平底，与磁灶窑青釉A型小罐形制相同	101	101	酱褐釉小口罐B
	器盖		子口，盖面平，有组		罐类器盖	1	1	
	腰鼓		中部残件		中部略细，两端较大	1	1	
	缸		器形较大，直口，折沿，阔平底		外壁无釉，内壁施青褐釉，内壁可见有褐彩花纹装饰	6	6	
	灶		形状不太规则			4	4	
	大罐					6	6	
合计						396	396	
陶瓷器合计						10792	10792	
金属器								
铁器	铁条材		锈蚀		有的多件锈蚀一起	9	9	条状铁器
铜器	铜镜		锈蚀		有的两件锈蚀一起	18	18	铜镜
	铜钱		残缺			1	1	
金属器合计						28	28	
其他遗物	凝结物					3	3	
其他遗物合计						3	3	
出水遗物总计						10823	10823	

（整理：孟原召）

附录三　出水遗物按探方分类统计表

类别	名称	型	型特征	亚型	亚型特征	T0516	T0517	T0615	T0616	T0617	T0714	T0715
景德镇窑青白瓷	碗	A	口沿不详		弧腹，莲瓣纹腹							
		B	菱口		斜直腹			8			2	
	盏	A	菱口		敞口，斜直腹							
		B	内壁平滑，无台	Ba	敞口，斜直腹		1	18			1	1
			内底心有小圆台	Bb	敞口，斜直腹			2			1	
	盘	A	菊瓣花口		菊瓣纹腹							
		B	菱口		平底，内刻划龟鹤仙人花纹							
		C	器形略小，菱口		平底，内刻划花卉纹					1		
	碟	A	平口		浅腹，平底			7		2		
		B	葵口		平折沿，浅腹，平底							
	钵	A	直口，芒口，外壁口沿下贴饰一周乳钉纹		平底，腹深，外壁刻弧线柳斗纹或多层斜向交叉的尖莲瓣纹		1	2		1		
		B	直口，芒口，外壁口沿下以褐彩点绘一周乳钉纹		外壁刻弧线柳斗纹							
		C	直口，芒口，外壁口沿下无乳钉纹	Ca	小矮饼状足			1				
				Cb	矮圈足状							
				Cc	平底或底微内凹	1	1	1				
	杯		直口，芒口，弧腹，圈足									
	执壶	A	八棱形身		喇叭形口，长束颈							
		B	直口，细长直颈		龙首柄							

注：表中型式分类和特征参阅正文，本表以2007年度水下考古发掘时的探方编号和出水遗物记录位置信息进行数量统计，基本可以反映遗物所在沉船中的具体位置。因探方是使用细PVC管布设的硬探方，部分遗物或存在相邻探方的交叉位置，遗物出水位置相对较为集中。"其他／不详"者为其他位置采集或出水位置信息不详者，"分型合计"为亚型（不分亚型者为型）的统计数量，"器类总计"为器形大类的统计数量。

T0812	T0813	T0814	T0819	T0910	T0911	T0913	T0914	T1011	T1014	T1110	T1111	T1210	其他不详	分型合计	器类总计
													1	1	12
										1				11	
										1				1	
	3													27	31
														3	
													2	2	
													10	10	16
													3	4	
														9	12
										3				3	
														4	
													3	3	15
														1	
								1						1	
					1			1		1				6	
													1	1	1
													2	2	3
													1	1	

类别	名称	型	型特征	亚型	亚型特征	T0516	T0517	T0615	T0616	T0617	T0714	T0715
景德镇窑青白瓷	器盖	A	子口，弧顶，无钮		盖面贴饰乳钉纹			1				
		B	子口，盖沿向外平折，顶心弯蒂形钮									
	小瓶	A	器身略矮，腹部圆鼓，腹部模印莲瓣纹									
		B	器身略矮，腹部圆鼓，腹部模印竖条状菊瓣纹									
		C	瓶身显修长，下腹弧收，腹部模印莲瓣纹									
		D	瓶身显修长，腹部较深，腹部模印竖条状菊瓣纹									
	砚滴		狮形，长方形台座									
合计						1	3	40		4	4	1
德化窑青白瓷	瓶		花口		刻划花	3		8	3		1	
	小瓶	A	器形略大，花口		腹部印莲瓣纹							
		B	器形略小，花口		腹部印尖莲瓣纹							
		C	器形略小，平口		腹部上、下一般均模印双层仰莲瓣纹，圈足外壁模印一周覆莲瓣纹							
		D	器形略小，平口		腹部上、下均模印竖条状菊瓣纹，足外壁模印一周覆莲瓣纹或竖条状菊瓣纹							
		E	器形略大		腹部模印雷地龙纹							
	葫芦瓶		葫芦形		束颈，扁矮腹			2			1	

T0812	T0813	T0814	T0819	T0910	T0911	T0913	T0914	T1011	T1014	T1110	T1111	T1210	其他不详	分型合计	器类总计
													2	3	
													2	2	5
								1	2					3	
								1	4	2				7	
	2													2	19
										5	2			7	
	2												3	5	5
	7			1			5			17	4		30	119	119
													5	5	5
														51	
														不多	
	14			2			7	2	1	6			3	较多	52
														较多	
														1	
							6						3	12	12

类别	名称	型	型特征	亚型	亚型特征	T0516	T0517	T0615	T0616	T0617	T0714	T0715
德化窑青白瓷	大盒		菊瓣身	盖	折枝花卉纹		1					
				底	菊瓣状							
	盒	A	菊瓣身	套	折枝牡丹纹或折枝荷花纹		1					
				盖	折枝牡丹纹或折枝荷花或其他花卉纹		4	3		1	4	
					菊瓣状	1	4	1			6	1
		B	菊瓣身	套	菊瓣纹							
				盖	菊瓣纹							
		C	八方形	套	折枝牡丹纹							
				盖	折枝牡丹纹							
				底	八方形							
	小盒	A	菊瓣身	套	折枝牡丹纹			25		1	9	10
					折枝荷花或兰花纹			4				
					小花瓣状碎花纹		2	4		1	2	2
					折枝花卉纹		4		1			
					团花状花卉纹			4				
					缠枝花卉纹							
					蕉叶纹							
					枝叶鹿纹							
				盖	折枝牡丹纹	3	9	70	3	10	28	28
					折枝荷花或兰花纹		7	5	1		5	3
					小花瓣状碎花纹		7	33	4	4	14	15
					枝叶纹		3	7	1			
					团花状花卉纹		1	4			3	

T0812	T0813	T0814	T0819	T0910	T0911	T0913	T0914	T1011	T1014	T1110	T1111	T1210	其他不详	分型合计	器类总计
														1	6
					1			2		2				5	
	6									2				9	186
	7			11	2		3	8		27	4			74	
1	13			9	3			23		30	3			95	
										1				1	
										2			1	3	
										2				2	
	1													1	
				1										1	
	22	6		2	1			10		36	6			132	2338
					1			1		3				9	
	3			3	2			8		18	7			52	
1														9	
				2	1			2		1	1			11	
				1										1	
				1										1	
													1	1	
3	67	1		22	9	1	1	75	2	156	43	15	2	563	
3	21	1		3	4			5	1	17	8	3	1	91	
3	24			6	5			21	1	74	28	2		247	
	2			4				4	1	18	5	2		51	
	9			3				1		2	5			29	

类别	名称	型	型特征	亚型	亚型特征	T0516	T0517	T0615	T0616	T0617	T0714	T0715
德化窑青白瓷	小盒	A	菊瓣身	盖	团花菊瓣纹							
					团花莲瓣纹							
					蕉叶纹		1					
					花果纹							
					枝叶鹿纹							
				底		7	25	147	12	12	54	53
		B	八方形			1				1		
合计						12	72	317	25	30	127	112
闽清义窑青白瓷	碗	A	平口，深腹，内底心有小圆台		内满刻篦划水波纹	24	23	26	61	39	5	
					内刻划牡丹纹或荷花纹	2	4	1	1		2	1
		B	平口，深腹，内底心大圆台		内刻划荷花纹	3	9	13	2	1	1	
		C	平口，浅腹，内底心有大圆台		内满刻篦划水波纹	38	18	28	55	44	8	6
					内刻划荷花纹或牡丹纹	6	4	22	14	5	14	17
					内壁素面无纹		2					
		D	葵口，深腹，内底心有大圆台	Da	内刻划折枝牡丹纹			20	1		3	2
				Db	内有六出筋，无刻划花			7				
		E	葵口，浅腹，内底心有大圆台		内刻划折枝牡丹纹			28			5	2
	小碗	A	内底心有小圆圈痕		素面		33	15	242	570	3	
					素面（内底圈痕不明显）					2		
					内草率篦划纹		9	11	190	395	2	
					内刻划花卉纹					1		

T0812	T0813	T0814	T0819	T0910	T0911	T0913	T0914	T1011	T1014	T1110	T1111	T1210	其他不详	分型合计	器类总计
										2				2	
											1			1	
	2									1				4	
	1									3	1		1	6	2338
										2				2	
12	144	4		46	17	1	4	128	4	295	98	45		1124	
														2	
23	336	12		122	45	2	21	290	10	700	209	67	18	2598	2598
3	7		1	1				10		13	1			216	
	3		4					6		12	3		4	44	
2	5		15			3	4	6		7	3			77	
2	8	1	7			2	2	7		10	3			256	
2	2		31			2	6	9		14	2			162	857
			1				1							5	
	1				5									35	
										4	2		1	15	
	1					4	3			2				47	
1	4			2	2			2			10	1		2092	
														5	
1	14	3		1				15		56	36	4		1257	5165
														3	

类别	名称	型	型特征	亚型	亚型特征	T0516	T0517	T0615	T0616	T0617	T0714	T0715
闽清义窑青白瓷	小碗	B	内底心有大圆圈痕	Ba	内壁满釉，素面	5	18	9	4	11	430	15
					内壁满釉，内草率篦划纹	3	3	2	5	9	332	10
				Bb	内底心有缺釉，素面						25	
					内底心有缺釉，内草率篦划纹						5	
		C	内底涩圈					8		5	192	2
		D	器形略大，内底较平滑，无凹痕或凹痕不明显		侈口，圆唇，深弧腹，素面无纹饰	5	15	6	13	3	5	
	盏	A	敞口，斜直腹		斗笠小盏	3	2		1			
		B	撇口，平口	Ba	内壁无出筋			1	2		1	1
					内壁无出筋（内壁有划花）							
				Bb	内壁无出筋，内底有涩圈							
				Bc	内壁有出筋	3	1	1	2			
		C	撇口，花口	Ca	内壁无出筋		3					
				Cb	内壁有出筋		7		1	1	1	
	盘		葵口，浅腹折腰		六出花口			5			2	
	碟		浅腹，平底		内刻划莲花纹							
	执壶	A	盘口		瓜棱腹		1					
		B	直口，器身略矮	Ba	瓜棱腹							
				Bb	球形腹，刻尖莲瓣纹							
		C	直口略外撇，器身略高		外壁刻划花叶纹			1				
		D	喇叭口		垂腹，外壁刻缠枝花卉纹或花草纹							
			执壶柄								1	
			执壶流								1	

T0812	T0813	T0814	T0819	T0910	T0911	T0913	T0914	T1011	T1014	T1110	T1111	T1210	其他不详	分型合计	器类总计
44	44	125		4		21	8		3	20	1			772	
25	20	141				14	8	1	7	16	2			604	
		14												39	
		2												7	
24	19	40				9				11				311	
2	1		2						16					76	
						1	1			2				10	
23	68		1	21		1		15		53	16	2	1	206	
										1				1	
										9	1	1		11	321
1			1	10		1	2						1	24	
4	9		1	3										20	
	20			12				4		3				49	
								7		19	6		2	42	42
				1						1			1	3	3
2	1		1	2	4			33		91	2	6	2	145	
				2	6			3		19				30	
								1		3				4	
1	3				4			21		60	6	6		102	394
1	1						6	17		14			3	42	
	9			2				残片若干		9				21	
		16		1	2	12		残片若干		18				50	

闽清义窑青白瓷	器盖	A	执壶器盖,顶面下凹成平台	Aa	宽平沿,盖顶折向下凹,顶心较平,无钮,短管状系横置于盖面下凹的边缘			3			2	
				Ab								
				Ac								
		B	执壶器盖,顶面斜凹					1				1
		C	菊瓣形器盖		瓶壶类器盖			1				
		D	盖面平,无钮		小瓶类器盖							
	炉		八方,斜直腹				2					
合计						92	154	209	594	1086	1040	57
	碗				内壁刻划花卉纹,外壁刻划斜线纹							
					内壁刻划花卉纹,外壁素面无纹							
	盏		直口		外壁刻划斜向交错的网格状纹							
	碟		直口,折腹,小平底		内刻划折枝莲纹							
合计												

T0812	T0813	T0814	T0819	T0910	T0911	T0913	T0914	T1011	T1014	T1110	T1111	T1210	其他不详	分型合计	器类总计
													1	1	1
	15			30	7		1	37		63	24	13		196	204
				1			1		1				1	6	
														1	
													1	1	
														2	2
138	271	326	66	64	35	63	42	195	26	531	118	33	17	6989	6989
													9	9	10
													1	1	
													2	2	2
													1	1	1
														13	13

类别	名称	型	型特征	亚型	亚型特征	T0516	T0517	T0615	T0616	T0617	T0714	T0715
松溪窑青瓷	大碗		器形较大，弧腹，矮圈足		刻划花，内底心印花		3		3			
	大盘		器形较大，内壁腹中部略折，矮圈足		刻划花，内底心印花		6				2	
合计							9		3		2	
南安窑青瓷	碗		敛口，深弧腹		篦点划花纹	1	1			2		
	盏	A	撇口，弧腹		外壁刻划斜向篦划纹	1		2			1	
		B	敞口，弧腹		外壁刻划宽菊瓣纹							
	大盘	A	腹内壁平滑，弧收至底心，外壁刻篦划纹		内底心印阴文"大吉"						1	4
					内底心印阴文"吉"	1	1	3			5	16
					内底心印阳文"吉"		1					
					内底心无印纹		4		1		5	1
		B	上腹略外撇，下腹略阔，腹内壁下部内折，内底折痕明显，外壁刻篦划纹		内底心印阳文"吉"							
					内底心印阳文"吉"，内壁刻划蕉叶状纹							
					内底心印花朵，内壁刻划花叶纹		2				3	
					内底印花朵，内壁刻划蕉叶状纹							
合计						1	10	6	1	3	15	21
武夷山遇林亭窑黑瓷	盏		束口，弧腹，矮圈足									
合计												

T0812	T0813	T0814	T0819	T0910	T0911	T0913	T0914	T1011	T1014	T1110	T1111	T1210	其他不详	分型合计	器类总计
				4										10	10
										4				12	12
				4						4				22	22
										2				6	6
														4	5
													1	1	
	2						3	12	7	13	10			52	
	2						3	8	9	75	19		3	145	
3	8								3	2	3			20	
	1							11	4	25	11	1		64	
	5								3	1	1			10	539
	3			5				2		2				12	
38	187							1						231	
	5													5	
41	213			5			6	34	26	120	44	1	4	550	550
										3			4	7	7
										3			4	7	7

类别	名称	型	型特征	亚型	亚型特征	T0516	T0517	T0615	T0616	T0617	T0714	T0715
磁灶窑青釉器	注壶		小口，矮扁腹		相当于酱釉同类器A型							
	长颈瓶		长颈，鼓腹		与磁灶窑酱黑釉长颈瓶形制相同	1			1			
	小罐	A	小口，圆鼓腹		短束颈，球形腹，平底，肩部多绘褐彩花草纹	3					5	
		B	直口，高领		鼓腹，平底							
		C	广口，鼓腹，平底		有褐彩							
合计						4			1		5	
磁灶窑酱黑釉器	盏		弧腹，圈足		平口，直口							
					花口，侈口							
	碟		敞口，宽平底		浅腹							
	注壶	A	小口，扁腹较矮									
		B	小口，矮扁腹		瓜棱形，腹矮							
	军持											
	长颈瓶		长颈，鼓腹		与磁灶窑青釉长颈瓶形制相同	1			1			
	梅瓶	A	器形较大		小口，深长腹			1	2	1		
		B	器形略小		小口，深长腹	2	6	19	5	6	6	4
	小瓶	A	直口，长颈		垂腹，胆瓶				1			
		B	广口，外撇，深直腹		深腹略弧，平底							
	四系罐	A	器形较大，高23～25厘米左右		口较大，深腹，中部鼓腹明显		3	4	2		残片若干	
		B	器形略小，高17～18厘米左右		口较大，腹较深，中部弧腹，颈部略高		3		3			
		C	器形较小，高13～14厘米左右		广口，腹略浅，颈部占比略显高		2	2		1		
		D	器形大，高度一般应超过30厘米，均为残片		肩部竖宽带状系，有的外壁刻划花纹						残片若干	

T0812	T0813	T0814	T0819	T0910	T0911	T0913	T0914	T1011	T1014	T1110	T1111	T1210	其他不详	分型合计	器类总计
										1				1	1
				1				2			2			7	7
	43	1		9	12			20		4				97	
	1									1				2	100
										1				1	
	44	1		10	12			22		3	4	2		108	108
										1				1	2
											1			1	
								2		3			2	7	7
				1										1	2
					1									1	
	1												1	2	2
								2						4	4
										2				6	63
	1			1	1			4		2				57	
														2	3
										1				1	
残片若干	3													18	
2	1									2				11	54
	4							2		4				15	
残片若干													10	10	

类别	名称	型	型特征	亚型	亚型特征	T0516	T0517	T0615	T0616	T0617	T0714	T0715
磁灶窑酱黑釉器	扁腹罐	A	器形略大，小口，扁腹略高，腹中部鼓				2					
		B	器形较小，小口，腹部矮扁，腹中上部鼓	Ba	扁腹略高			1			3	
				Bb	扁腹较矮		2	1			1	
	小罐		小口，鼓腹		短束颈，球形腹，平底，与磁灶窑青釉A型小罐形制相同			4			5	
	器盖		子口，盖面平，有钮		罐类器盖							
	腰鼓		中部残件		中部略细，两端较大							
	缸		器形较大，直口，折沿，阔平底		外壁无釉，内壁施青褐釉，内壁可见有褐彩花纹装饰							
	灶		形状不太规则									
	大罐											
合计						2	19	32	14	8	15	4
陶瓷器合计												
金属器												
铁器	铁条材		锈蚀		有的多件锈蚀一起							
铜器	铜镜		锈蚀		有的两件锈蚀一起							
	铜钱		残缺									
金属器合计												
其他遗物	凝结物											
其他遗物合计												
出水遗物总计												

T0812	T0813	T0814	T0819	T0910	T0911	T0913	T0914	T1011	T1014	T1110	T1111	T1210	其他不详	分型合计	器类总计
	1			2		1		2		3			1	12	140
	3			5		5	5	7	9	13				51	
2	8			18	4			9		27	5			77	
	17	3		3	10			10		47	2			101	101
													1	1	1
				1										1	1
													6	6	6
													4	4	4
													6	6	6
4	39	3		31	16	6	5	38	9	105	7		32	396	396
														10792	10792
				1	2				3				3	9	9
													18	18	18
													1	1	1
				1	2				3				22	28	28
													3	3	3
													3	3	3
														10823	10823

（整理：孟原召）

附录四　华光礁一号沉船考古工作纪事

1996年

4～5月，水下考古工作者开展西沙群岛文物普查，当时调查了10余处岛礁和沙洲，水下调查发现了8处沉船和水下遗物点，在岛礁和水下共采集到1800多件文物，其中水下遗物有400多件（片）。后经多方核实，本次普查曾经到达华光礁海域，但因工作时间有限，未能深入开展水下调查，这次工作并未发现华光礁一号沉船遗址。

本年，华光礁一号沉船遗址首先由海南省渔民海上作业时发现。同年年底，发生较大规模非法盗掘和哄抢活动，遗址在哄抢过程中受到爆炸破坏。经过海南省有关部门的打击和处罚，盗掘势头得到有效遏制。

1998年

3月，海南省文化广播体育厅、中国历史博物馆制定西沙群岛北礁水下文物遗存抢救发掘方案，并联合向国家文物局上报《海南省文化广播体育厅中国历史博物馆关于西沙群岛北礁水下文物遗存抢救发掘方案的请示》（琼文发〔1998〕66号）。国家文物局征得外交部、海军司令部同意后，上报文化部。

6月，发布《海南省人民政府办公厅关于立即制止盗掘倒卖西沙水下文物的紧急通知》（琼府办〔1998〕41号）。通知指出，近年来，因发生多起盗掘水下文物的违法犯罪活动，使国家重要的文物史料遭到严重破坏，社会影响恶劣。为制止此类活动，保护国家文物，要严格检查，加大工作力度，查没非法盗掘、买卖的西沙文物及其获利，严肃查处参与非法倒卖活动的人员，对触犯构成犯罪的，追究其刑事责任；责成潭门镇政府，通知所辖海上作业渔船，停止一切盗掘、破坏水下文物遗存的行为；琼海市政府要立即对参与哄抢和爆炸北礁古沉船的人员认真查处，构成犯罪的，追究其刑事责任。

10月，《文化部关于抢救发掘西沙北礁水下文物遗存的请示》（文物报〔1998〕196号）报请国务院批准后，同意开展西沙北礁水下文物抢救发掘工作。

12月18日至1999年1月25日，开展西沙群岛水下考古调查工作。其中，1998年12月23日至1999年1月4日，在华光礁一号沉船遗址进行调查和小规模的抢救性试掘工作，经过13天的连续工作，出水文物共计849件，以陶瓷器为主，还发现有木舱塞、铜镜残片、铁器等遗物，确认了华光礁一号沉船遗址及年代和性质。考虑到遗址本身的规模可能较大，未对该遗址进行全面揭露。

为防止珊瑚的坍塌和渔民盗掘，对遗址已经揭露的部分进行了回填保护，全面和深入的发掘工作留待今后进行。

1999年

5月15～17日，西沙水下考古工作队在广东省新会市召开了1998～1999西沙水下考古总结会。国家文物局、中国历史博物馆、海南省文管办、海南省文物考古研究所、广东省文化厅文物处、广东省文物考古研究所等以及西沙水下考古工作队全体成员参加了会议。张柏副局长对1998～1999年西沙水下考古工作进行全面总结。会议强调应加强海洋主权意识，切实落实对南海海域水下文物的保护，可能的话，应考虑对华光礁一号沉船遗址（宋元时期）、北礁沉船遗址（明末清初）进行全面发掘。

2004年

7月，遵照国家文物局《关于开展南海海域水下文化遗产保护与考古工作规划编制工作》（文物保函〔2004〕1012号）的批示，中国国家博物馆组建"南海海域水下文化遗产保护与考古工作规划"课题研究组，计划10月上旬完成规划草案的编写工作；年底前完成规划论证和编写工作。

12月14日，在广东阳江中国国家博物馆水下考古科研与培训基地召开南海规划编制大纲研讨会。会议对《南海水下文化遗产保护及其考古学研究发展战略规划和2020年远景目标纲要》进行讨论，并将西沙华光礁一号沉船遗址列入争取完成的主要发掘项目。

2005年

2月，为配合南海海域水下文化遗产保护规划的制定和西沙群岛水下考古工作的需要，中国国家博物馆与海南省文物保护管理办公室、海南省文物考古研究所等单位合作，共同拟定了华光礁一号沉船遗址发掘方案，计划于本年度3～5月开展华光礁一号沉船遗址发掘和北礁水下文物调查。这项工作不仅可以获得大量的实物资料和水下文物遗址的重要线索，同时也为南海水下文化遗产保护规划的制定提供重要依据。

6月，中国国家博物馆完成《南海水下文化遗产保护及其考古学研究发展战略规划和2020年远景目标纲要》（征求意见稿）的编制工作，上报国家文物局。

2006年

8月10日，经过一年多的计划和筹备，经完善后的发掘工作方案，随海南省文物保护管理办公室《关于开展西沙华光礁沉船遗址抢救性发掘工作的请示》（琼文物〔2006〕22号）上报国家文物局。水下考古发掘工作实行项目领队负责制，由张威具体负责。工作时间2个月，经费由中国国家博物馆列支。

10月17日，根据国家文物局《关于开展西沙华光礁沉船遗址抢救性发掘和北礁海域水下文物调查工作的批复》（文物保函〔2006〕1246号），原则同意海南省文物保护管理办公室与国家博物馆水下考古研究中心合作，开展华光礁一号沉船遗址的抢救性发掘及北礁周围海域的水下文物调查工作，并要求明确经费安排及文物保存等问题，在确保南海一号沉船打捞工作顺利进行的前提下，做好此次抢救性发掘和调查工作。

12月22日，遵照国家文物局批复指示，中国国家博物馆与海南省文物保护管理办公室就经费安排及文物保存等事宜签署协议并报国家文物局备案。

2007年

3月15日，西沙水下考古队搭乘由琼琼海08068（承担工作期间食品物资补给）、08098、08077等3条渔船组成的工作船队，晚7时趁潮水，从海南省琼海市潭门港出发，前往目的地华光礁，开启了我国第一次在远海海域进行的沉船遗址发掘项目。

3月16日，晚驻泊北礁海域。

3月17日，晨由北礁出发，经珊瑚岛，进全富门，出晋卿岛，下午2时抵达华光礁南面礁门，因潮水而无法进入华光礁内，晚驻泊礁门外。

3月18日，晨8时进入华光礁，抵达预定地点后抛锚。准备水下调查设备，按以前记录坐标前往华光礁一号沉船遗址，与1998年抢救性发掘时相比，地貌变化很大，又受较大人为破坏，或遭彻底破坏。考古队继续扩大搜索范围，寻找华光礁一号沉船遗址，并至华光礁二、三号地点调查，以作备选遗址。

3月19日，重新确认华光礁一号沉船遗址。遗址表面形成了一个以铁质凝结物为中心的直径约10、深约1米的大坑，形成周围散落有大量瓷器残片和零散船板，范围直径约30米的扰乱区域。在遗址布设正南北、东西方向基线各1条，并对遗址现状进行了摄影摄像。同时，在华光礁礁盘一带确认华光礁二、三号遗物点，瓷器残片散落相对集中，未发现明显中心堆积，采集少量标本。其中，二号遗物点为明末清初，以青花瓷为主；三号遗物点为北宋，以青白瓷为主。

3月20日，开始制作发掘工作平台。

3月21日，在南北向基线的东侧重新布置了一条基线，穿过凝结物。完成遗址表层现状的摄影摄像，开始摄影拼接。首先对遗址周边扰乱区域进行清理工作，采集散落在周边区域的文物标本。从遗址清理结果看，未见堆积层面，发现部分木构件和零散文物碎片，遗址现场曾遭极大破坏，沉船的有无及保存状况不容乐观。基本完成工作平台搭建。

3月23日，沿东西向基线清理出长约6、宽1、深1米的探沟，仍属扰乱层，接近凝结物底部，陆续发现零星船体构件，基本沿东西向分布。遗址靠近礁盘边沿，受海洋环境影响大，队员们在水下工作时间不断延长，劳动强度非常大。

3月25日，凝结物向北2米、距水平面2米深处发现连续船体构件，方向约320°，保存状态尚好，在礁盘区域能保存如此，超出想象。清理遗址北侧扰乱区域，采集整理发现的可复原文物标本，其余珊瑚残体和珊瑚沙，集中于遗址的南、西两侧存放。

3月26日，在北侧发现船板的范围继续扩大，船体构件继续延伸长约3米，西北方向略高，方向为 320°。船板上方存在一层厚约 1 米的珊瑚沙扰乱层，其中夹杂着大量的破碎瓷器残片。

3 月 27 日，继续沿凝结物向北、东、西侧同时抽沙作业，暴露出来船体结构南北长 5.8、东西宽 3.2 米。西北、偏西方向船体升高，接近海底珊瑚沙平面，应是结束部分。从目前情况看，凝结物应位于船舱的上方，继续抽沙作业需移开凝结物，再行布置探方。对所采集的文物，文物组按照工作日期予以登记，工作结束后再逐件编号。

3 月 28 日，确认西北方向船体结束，船体上翘明显，从结构上看应是船艏部分。从暴露出的遗迹看，船艏已残破，该部位器物早已被渔民全部盗掘。出露部分发现有两处隔舱板结构，船体结构南北长约 8、东西宽 4 米。在扰乱层发现一面铜镜，采集编号，按采集品登记。

3 月 29 日，遗址西北方向船体以上的沙层厚 1～1.5 米，以破损瓷器、珊瑚肢体和珊瑚沙组成，发现少量码放整齐瓷器，分布较分散，根据埋藏位置分析应仅保留一层。北部继续发现有连续船体构件，未能确认端点，由于接近沙层表面保存情况不好，结构松散易破损。南部区域由于受凝结物影响进展较慢，沙层以受凝结物影响的黑色珊瑚沙为主。补给船返回潭门港补给，前期出水文物随船返琼并移交海南省博物馆暂时保存。

3 月 30 日，根据沉船现状制定了探方布设方案，2 米×2 米硬探方，完成绘制探方分布图。绘制部分探方的器物分布图并摄影摄像。西北方向陆续发现连续器物，堆积由一层延伸至两层。

3 月 31 日，西北方向继续发现少量成叠器物。东北部工作基本完成，发现原生珊瑚层，船体部分结束，延船体向东南推进。提取已完成照相、测绘的探方内器物，交文物组编号处理。在提取器物之前，讨论文物的编号方式，由于大部分器物已遭盗捞，已很难了解全部遗物的分布，因此决定按探方编号提取器物，这便于掌握和记录现存器物的分布状况。

4 月 1 日，先期在北部布设了 5 个探方，完成该区探方内上层器物的绘图、照相后，提取第一层器物，第二层器物清理测绘后再作提取。从现在的情况看器物主要分布在西北向的船舱内，能看出两道隔舱板，宽度约 0.4 米。船底板较厚，系用粗大的木料做成。船板搭接方式不同，现在可见有两种以上搭接方式，有的船板外再搭接木板，类似鱼鳞搭接，有用木钉、铁钉等钉接，有用半榫卯结构错缝平接，结构较为复杂。船板保存较差，且仅剩船底板部分，取出船板复原难度较大，若不取出，则需将船板的结构等在图纸上表现清楚，这也是一项难度较大的工作。南部进展缓慢。

4 月 2 日，对昨清理出的 T0717 下层文物和 T0617 内文物照相绘图后提取，向西延伸仍有文物发现。T0717 内文物明显分属南、北两舱，南北两道隔舱板仍有保存，舱内文物摆放有序，遂对文物分别编号提取。工作船船长关注台风已在关岛附近形成，最大风力 16 级，做好避风预案，如台风靠近则起锚避风，预案前往探航岛避风，视明早天气预报而定。

4 月 3 日，阵风 7 级，船长决定在华光礁避风。为保证西北方向已揭露文物安全，在测绘、照相后，提取部分已松动器物，其余则先行用沙掩埋。傍晚，风力加大，并伴大雨。

4 月 5 日，近日，有多艘不明小艇在遗址附近生产作业，为保证文物安全，组织人员对已清理出文物进行照相、测绘后全部提取。

4 月 6 日，在 T0617、T0716 内陆续发现成摞摆放的底层器物，并有连续船体结构。在 T0617 内发现一件青白瓷钵，是几日来发现的新器形。完成照相、测绘后，两探方内集中提取完整器物 1300 余件。凝结物北侧的船体结构暴露越来越多，构件也越加清楚，船板接合、隔舱板与船底板的接合方式均已清晰可辨。尝试利用小艇及其螺旋桨清理散落的珊瑚、珊瑚沙等覆盖物。

4 月 8 日，出现一些新器形，在 T0617 内有小口瓶、黑釉罐残件等，在靠近凝结物的 T0716、T0715 内发现 5 个器形较大的陶瓷罐类器物，靠近第二隔舱板由东向西平行摆放，均已残损，无法整体取出。测绘、照相后暂不提取。

4 月 9 日，东北角发现一件残的陶尊，完成测绘、照相后提取。西北部区域继续发现遗物，布设 T0517，器类新增青白瓷粉盒、八棱炉、莲瓣纹炉和青瓷篦划纹碗，该区域在已清理的珊瑚原始堆积层下，应属未破坏区域，堆积区域变高，高于船体结构。

4 月 10 日，西北的北部发现少量器物堆积，器物间由白色珊瑚沙填充，细密紧密，少量器物与珊瑚板结，仍有破损，但应是原层面。补给船返回华光礁，张威一行到达工作现场。水下考古队汇报了近期工作情况，充分肯定发掘方法、记录方式的科学性、完整性，下一步将继续发掘直至揭露遗址全貌。

4 月 11 日，继续西北部发掘。组织绘制沉船遗址平、剖面图，先分探方进行测绘。

4 月 13 日，沿隔舱板向西清理，发现西部船体结构，船舷破坏较为严重。发现少量器物，以粉盒、小口瓶为主，多附生珊瑚，堆放混乱，分布无规律，基本确定其应是由船体内部滚落出来，船体结构应至此结束。

4 月 14 日，在西侧发现了数量较多的器物，船舷已暴露，应是到了边缘。外侧器物堆积凌乱，器物下部已不见船板。对发现的器物进行测绘、照相后及时提取。西南部的凝结物附近发现成堆器物，扰层以黑沙、瓷器残片、碎珊瑚为主。

4 月 15 日，由西沿船板向南清理，西南清理至凝结物底部，东南发现连续船板。

4 月 16 日，东南发现的船体与东北部连通，保存状态较好，在基线附近有明显断口。西部发现成叠器物，分三层堆放，器物以质地较粗的瓷器为主，珊瑚堆积厚约 1 米，确认隔舱板。从凝结物所板结的器物层位和器形分析，船上装载器物应在 8 层以上。以此推测，长期的自然冲刷，以及 1996 年以后被盗掘的数量是很惊人的。

4 月 17 日，东南方向确认一道隔舱板。西部靠近凝结物发现有成排码放器物，目前工作区域仍处于扰乱层，以珊瑚、黑沙、器物碎片为主，与 1998 年试掘区域相同。补给船返回潭门港补给，张威一行随船返回，运输部分前期采集文物移交海南省博物馆暂时保管。

4 月 18 日，南部的凝结物数量和面积明显增多，确认第二隔舱板。在大块凝结物的南部清理出 3 ～ 4 块较小的凝结物，这一区域应是装载铁器的船舱，有部分瓷器和凝结物胶结在一起，无法取出。凝结物下部的船板保存状况很差，取出全部船板很困难。

4 月 19 日，南部发现第三道隔舱板。器物不多，应是当年渔民盗捞最严重的区域，从遗址表层到最底的隔舱板和船底板基本上全为扰乱层，黑灰色土夹杂大量碎瓷片覆盖船体，基本无完整器物。

4 月 20 日，南部发现第四道隔舱板。器物堆积以青瓷大盘为主，破损严重。晚，召集各组负责人讨论，统一工作思路，决定在遗址整体保护方案未确定的情况下，本次发掘工作不涉及船体发掘，对船体完成全部测绘、照相后，进行回填保护。

4月21日，继续进行凝结物南部区域工作，已清理出9道隔舱板。南部船板明显上翘，船舱底部仅剩几件残破的青瓷大碗。从清理后的船板上能看出明显的瓷器口沿压痕。

4月22日，南部船体继续，破损愈加严重。西南部发现原始珊瑚层。

4月23日，东南发现大型凝结物及文物堆积，首次发现有完整的青白瓷执壶和青瓷大盘及大量青瓷残片，残片碎小，可能与被爆炸有关。船体出现短缺底层，南部发现原生珊瑚层。

4月24日，南部再次发现文物堆积，以执壶和粉盒为主。南部断面凝结物西侧的原始珊瑚层下部出现文物堆积层，以青瓷大盘和执壶为主，完成绘图照相和文物提取。南部珊瑚层以原始珊瑚堆积为主，高约2米，板结紧密，珊瑚沙较少只能采用人工搬运方式，清理速度每天不足1米。堆积愈显复杂，有未破坏堆积，遗物类型不断丰富。但是，水下清理工作量巨大，水下考古队员连续的高强度作业，加之长时间的海上生活和糟糕的渔船卫生条件，生理和心理都面临临界点，以致身心俱疲，工作效率有所下降。

4月26日，西南发现文物堆积，有执壶、粉盒、青瓷大碗等，从发现现场看，应是船体侧翻后滚落在船体外的器物，堆积凌乱，且大多破碎。南部珊瑚层平行清理工作结束，并确认遗址边界。西南偏西方向在向下发掘过程中发现大量文物堆积。

4月27日，工作集中在西部，西南、西侧均发现文物堆积，完成绘图、拍照，提取部分器物。

4月28日，继续西部、西南发掘工作，发现大量文物堆积，以执壶、粉盒、盘为主，堆放无规则相互叠压，可能是船只沉没过程中向西南倾斜时船内货物移动的结果。西侧船舷破坏比较严重，南部（船尾）剩余较少，中部也是断断续续，仅北部保存较好。南部的大量执壶等瓷器应是西侧船体破裂滚落堆积所致。从目前清理出的船体看，船首部分主要装载碗类瓷器，中部有大量的凝结物，应是装载铁器的主要货舱，而船尾部分则主要装载执壶、青瓷大碗等瓷器。

4月29日，西南侧继续清理出大量文物，西部发现成排的青瓷盘。

4月30日，继续清理西侧堆积，确认至遗址西部边界，将器物测绘、照相后全部提取。至此，船体的清理工作基本结束。

5月1日，现场发掘工作全部结束，清理遗址表面，全面暴露船体结构。

5月2日，完成船体纵剖面和每道隔舱板的横剖面绘图，进行船体摄影拼接。

5月3日，选择船体的前、中、后三处绘制横剖面图，完成船体摄影拼接。提取船体木材标本做树种鉴定和分析实验，为制定船体保护方案做准备。下午，对沉船船体进行保护性回填。

5月4日，继续遗址回填，覆盖遗址主要区域，完成回填工作。上午，部分队员乘2艘工作船先行前往甘泉岛海域，协助海南省文物保护管理办公室，在岛上树立国家重点文保单位标志。下午，其余水下考古队员离开华光礁，乘船前往甘泉岛海域与另两船汇合。本年度华光礁一号沉船遗址现场工作全部结束。

5月5日，是夜，工作船队拔锚奔赴北礁。

5月6日，晨7时，抵达北礁，开始北礁水下遗址考古调查工作。北礁沉船遗址是2001年国务院公布的第五批全国重点文物保护单位中唯一的水下遗址，礁盘内遗址众多。上午，完成三处遗迹调查、记录，发现有较多的青花和青瓷、铜钱等遗物。其中，铜钱地点分布范围较广，呈长约52、宽约22米的条状分布，铜钱包含有宋代至明永乐时期的十余个年号。下午，协助海南省文物保护管理办公室树立全国重点文物保护单位标志碑。

5月7日，根据渔民提供的线索，对北礁3个地点进行了调查，提取石磨、条石等遗物，确认三处遗迹和三条碇石。通过调查可知，由于渔民不断盗捞，现场已不见多少瓷片，而且珊瑚礁破坏严重，与1998年相比已是天壤之别，南海水下文化遗产保护形势颇为严峻。下午3时，工作船队集体起锚，奔回潭门港。将近两个月的漫长海上生活和紧张有序的水下考古发掘工作圆满结束。

5月8日，上午10时，安全到达潭门港。国家文物局文物保护与考古司关强副司长、考古处闫亚林处长，海南省文化广电出版体育厅朱寒松副厅长，中国国家博物馆水下考古研究中心张威主任，以及海南省相关部门、单位，琼海市相关部门、单位领导，前来码头欢迎西沙水下考古队归来。

本年度华光礁一号沉船遗址水下考古发掘工作前后历时55天，是我国第一次在远海海域开展的沉船遗址发掘项目，也是迄今为止规模、工作量和收获最大的一次远海考古发掘工作，标志着中国水下考古从近海走向远海，也标志着南海水下文化遗产保护项目正式启动。通过本年度发掘工作，全面揭露了华光礁一号沉船，船体残长18.4、残宽9米，船体方向320°，呈东南至西北走向，整个船体向西倾斜，残存9个舱。船体上保存有5块凝结物。船载遗物集中在船体的西北、西、西南、南方向，出水遗物有1万余件，有陶瓷器、铜镜、铁器等，以陶瓷器为主，有青白瓷、青瓷、青褐釉器、酱黑釉器等，来自江西、福建等地窑场。本次工作在全面掌握华光礁一号沉船船体情况的基础上，发掘结束后对船体进行了保护性回填，计划今年秋或明年再次对船体开展整体发掘。由于受时间和气候的影响，北礁的调查工作开展不多，留待以后继续。

7月，华光礁一号沉船遗址出水遗物，共计200多塑料箱（筐），由海南省博物馆运至广东阳江中国国家博物馆水下考古科研与培训基地。

8月5～28日，中国国家博物馆水下考古研究中心联合海南省博物馆等单位，组织考古专业人员对华光礁一号沉船发掘出水资料进行综合性的室内整理，对出水文物按探方等遗迹单位作了全部统计，计有各类标本10600余件，并做了器物分类统计表，并从中挑选了考古报告用标本，以备拍照、绘图、制作器物卡片、编写报告之用，约有840件。期间，先绘制部分器物线图、填写部分器物卡片，拍摄了第一批灰底背景的出版用数码照片。

10～11月，中国国家博物馆水下考古研究中心再次组织华光礁一号沉船遗址资料整理，主要完成了考古报告用文物标本的器物卡片填写、线图绘制工作，拍摄了第二批灰底背景的出版用数码照片。

2008年

1月，中国国家博物馆水下考古研究中心再次组织拍摄了华光礁一号沉船遗址出水文物的黑底背景出版用数码照片，以作补充备用。

1月7日，海南省文物保护管理办公室向国家文物局上报《华光礁一号沉船遗址第二阶段考古发掘和北礁水下文物调查工作实施方案》。水下考古发掘工作实行项目领队负责制，由张威具体负责，计划3月中旬开始，工作时间2个月。经费由中国国家博物馆列支。

1月30日，根据国家文物局《关于开展西沙华光礁沉船遗址第二阶段发掘和北礁海域水下文物调查工作的批复》（文物保函〔2008〕84号），原则同意工作方案，要求海南省文物保护管理办公室与中国国家博物馆签署正式的项目合作协议，要求明确经费安排及文物保存等问题，加强宣传管理和舆论引导，确保项目顺利实施。

3月12日，中国国家博物馆在广东阳江的中国国家博物馆水下考古科研与培训基地组织召开华光礁沉船遗址发掘研讨会，确定《2008年度华光礁一号沉船考古发掘工作计划与说明》《华光礁一号船体拆取与保护方案》《2008年西沙水下考古应急预案》等相关工作方案。

3月18日，水下考古发掘专用设备全部运抵海南，全体西沙考古工作人员海南集结。

3月19日，接国家文物局通知，根据国家相关要求，本次发掘工作推迟，只好等待时机再行出发，人员、设备疏散。

11月13日，经数日准备后，全体工作人员琼海集结。

11月14日，据海南省气象台预报，今日西沙群岛海域浪高2.5～3米，航行安全隐患较大，计划明日出发。上午，张威主持召开行前工作准备会，明确此行主要任务：一是完成华光礁一号沉船船体的发掘以及船板的拆解、包装并运回，二是对玉琢礁海域进行初步调查，为明年的工作做准备。赵嘉斌布置发掘工作分工。下午，开始准备登船事宜，制作水下发掘基线绳。

11月15日，下午3时30分，全体水下考古队员乘坐琼琼海08089、08011渔船（工作船），由潭门港码头出发奔赴西沙群岛海域。华光礁一号沉船遗址第二阶段考古发掘工作开始。

11月16日，中午12时，经过北礁灯塔，下午5时许到达珊瑚岛海域，下锚，翌日择机进入华光礁礁盘。

11月17日，上午8时，从珊瑚岛海域出发，前往琛航岛海域，与琼沙3号船汇合，迎接国家文物局单霁翔局长、王军司长、闫亚林处长、张喆副处长，海南省文体厅朱寒松副厅长、陈良处长，西沙工委温进辉副主任等一行调研检查工作。单局长一行登琼琼海08089船（工作船）了解工作准备情况，对全体水下考古队员表示慰问，充分肯定我国水下考古20年来的工作成果，指出国家文物局高度重视水下考古和本次发掘工作，并强调要将水下文物普查纳入第三次全国文物普查，要加强海上航线和海上丝绸之路研究，提出"十一五"期间要改善水下考古设施设备条件，筹建水下考古专用船只、水下考古博物馆等。随后，单霁翔局长一行乘琼琼海08068船（补给船）至甘泉岛调研，并返回琼沙3号船。因天气原因，考古队无法继续前往华光礁，派代表到琛航岛拜访、慰问驻岛部队，并经批准，琼琼海08098、08011和08068船先后驶入琛航岛港湾内避风。

11月18～21日，琛航岛港湾内避风。在驻岛部队陪同下，全体水下考古队员分两批登岛参观了国防纪念碑，瞻仰了烈士陵园，缅怀1974年中越西沙海战中英勇牺牲的18位烈士，中国军队在西沙海战中收复珊瑚、甘泉、金银三岛。

11 月 22 日，晨 7 时 30 分，起锚前往华光礁。11 时 20 分许，进入华光礁礁盘，抛锚于遗址附近海域。补给船返潭门港补给生活物资和发掘物品。下午，至华光礁一号沉船遗址现场，发现遗址再次被破坏，西侧有散落在表面的船板，遗址中心的大型凝结物被推到，去年大凝结物下方的部分器物已遭盗掘。沉船龙骨位置尚可确认，遗址表面因自然和人为破坏，有大量珊瑚碎块等物品覆盖，无法确认详细情况。开始制作发掘平台。

11 月 23 日，绘图组完成探方布设和遗址表面散落船板平面图绘制，并对其编号、清理，集中存放在遗址附近的指定地点。专业潜水员评估散落在遗址表面的凝结物，移走小型凝结物，存放于附近指定地点。

11 月 24 日，清理遗址表面和周边散落珊瑚、珊瑚沙等。潜水员利用浮力袋移走凝结物，并将两块采集的船板运回工作船，开始制作包装船板的木箱。文物保护组测试船板出水后的现场保护流程，完善工作环节。东北季风时节，天气变化剧烈。受冷空气影响，下午海上风力增加到 7 ~ 8 级，大雨。

11 月 25 ~ 26 日，继续清理船板表面的珊瑚块、沙，吊运凝结物，制作包装箱。

11 月 27 日，天气阴沉，风急浪高。召开工作会，讨论遗址清理和船板提取等相关问题，明确测绘组分工，分水下、水上两小组，水下组负责沉船平面、剖面和船板关系测绘，水上组负责绘制每块编号船板的平剖面图，填写登记表。

11 月 28 日，潜水员清理凝结物，基本完成发掘区域表层清理。清理东北方向船体表面，船体西北部已清理出大片船板，保存情况较好，表面呈现黑色，内部呈绿色，少量船板已漂浮移位，补绘此处平面图。制作水下摄影架和辅助工具。

11 月 29 日，摄影组负责发掘区域的摄影拼接。利用两条已布设的垂直交叉基线将遗址分为 4 个区，A 区即为今日拍摄拼接照片范围，其余三区，待清理完毕后，再行拍摄。补绘西北部清理出船板平面图，并摄影摄像。通过对南部区域船体的断裂面观察，发现此处上下计有 5 层船板。在东北方向，启动船体构件测绘记录和拆解提取，将已揭露出的船板按照编号、测量、绘图、照相、录像，然后拆解、提取的流程进行发掘。今日拆解编号的船板 16 块，其中 3 块运回工作船，移交绘图组，绘制单块船板的平剖面图，并摄影、登记。经初步文物保护处理后，包装入箱，并存放于琼海 08011 船舱内。船板多数残断，表面呈黄褐色，大多有小的方钉孔，孔径 0.5 厘米，船板接合方式有企口搭接、铁钉加固、透榫等方式。工作船上生活用水紧张。

11 月 30 日，专业潜水员清理遗址中部、西北部表面淤沙。绘图组登记、包装 13 块船板。清理遗址中部、中西部的珊瑚沙，杂有瓷器残片和大量铁质簇状遗物，发现新的船体结构。制作一个 2 米 ×4 米的可移动式工作平台。

12 月 1 日，提取、登记、包装 17 块东北部的船板。

12 月 2 日，提取、登记、包装 35 块船体北部的船板，其中采集编号 1 块。船体不同部位船板搭接方式有所不同：东北部，宽厚的长船板东西两侧呈斜坡状，截面呈细长菱形，通过斜坡面搭接，上下船板的正面形成东西向的阶梯状，在阶梯状处用细长菱形截面的窄长条船板覆盖，窄长条船板之间用短宽板覆盖，其厚度与窄长条船板相近，使得整个表面基本平整；西北部，宽厚的长船板通过企口互相搭接，整个表面基本平整。

12月3日，提取、登记、包装东北部、北部14块船板。下午，发掘清理遗址中部、南部的珊瑚沙。一组人员前往华光礁礁盘南部的礁门附近调查，发现铁炮4门，完成定位、测量绘图、照相工作。根据现场调查，4门铁炮相距不远，保存较好，铁炮与珊瑚板结，其中一门剥离于珊瑚海底表面，仍有较大被盗捞风险，如条件许可，考虑提取出水。补给船抵达，载来发掘设备和补给物资。

12月4日，全员清理船板表层珊瑚沙、珊瑚碎块，全部船体暴露。从已暴露船体看，北高南低，南北两端残断，从南端的断面观察，船板尚有4层之多；东部保存较好，有一南北向船体上的沟槽状结构，性质不明，西部残断。进行船体测绘、摄影。出水船板包装箱转运至补给船，以便分批运至陆地。

12月5日，风浪增大，上午继续进行船体测绘、摄影。制作船板包装箱。

12月6日，冷空气影响西沙海域。完成遗址4个分区照片、整体拼合照片拼接，完成了遗址第一层全图层图像拼接，以及大部分平面图的测量。采集散乱船板，进行船体编号、绘图，完成发掘准备。

12月7日，为便于记录和工作，以沉船船体西南侧的沙沟为大致分界线，将工作区域分为A、B两部分，A居西偏南、面积较小，B居东、面积较大，同时进行船体编号、测绘、摄影和拆解、提取。提取、登记、包装船体中部72块船板，其中采集编号3块。船板多为窄长条形，少量宽短，另有2块隔舱板，由北向南分别为第5、6道。其中，第6道隔舱板保存较好，结构由三部分组成，最南侧为隔舱板，中间为4道东西向侧板组成的船板，紧贴其北面为一排加固用的方木，方木通过榫孔与南北向的船板连接。

12月8日，出水船板包装箱转运至补给船。提取、登记、包装船体中北部船板37块。再次明确记录、发掘流程：出水船板，先拍摄正投影照片，据此绘船板线图，填写登记表；水下工作，先确定上层待提取船板，清理、绘图、照相后，拆解、移动、固定至运输托架上，再提取出水。

12月9日，提取、登记、包装船体中北部船板27块。大型船板增多，有的长约12、宽超过0.4米，拆解难度加大。今日基本完成第一层船板提取。补给船返潭门港，47个船板包装箱随船返回，上岸后交由海南省博物馆暂时保管。

12月10日，提取、登记、包装船体中部较长、宽厚的船板31块。

12月11日，提取、登记、包装船体中部、西部船板27块，其中，在西部边缘发现两处横嵌在最底层船板外缘25厘米×15厘米×15厘米的方木。

12月12日，提取、登记、包装船体东部、南部船板28块。一组队员前往华光礁南礁门提取已发现的4门铁炮，以浮力袋辅助提升，暂存工作船甲板。

12月13日，提取、登记、包装船体东部、南部船板37块。

12月14日，天气转阴，浪高1米，泛白浪花。提取、登记、包装船体中部船板15块。补给船抵达，携船板包装箱制作材料和生活物资。

12月15日，提取、登记、包装船体中部到西部、中南部船板30块。目前，船体构件已发掘清理至第四层船板并靠近龙骨部分，龙骨结构与泉州湾宋代海船相似。遗址中部至西部的第五层船板已暴露，南部保存不好，应与直接接触珊瑚有关，中南部保存尚好，中部因压在凝结物之下，船板多成碎块状，提取比较困难，商定改进托架来提取。经发掘清理，龙骨完全暴露，全长 8.8 米，南侧较窄，向北逐步变宽，靠近北侧变窄，呈纺锤状，北端明显上扬，角度约 17°，应是船艏位置，可能有首龙骨；龙骨南侧邻近位置，也有向上拼接船板，应是船艉部分，下一步需对易破裂船板进行细心发掘。

12 月 16 日，提取、登记、包装船体中北、中南部船板 14 块。第四层船板已基本提取完毕，清理暴露出第五层船板。

12 月 17 日，系统记录船体中南部的第五层船板平面分布情况，全面拍摄船体第五层船板正射影像，并拼接全图。提取、登记、包装船体中南部第五层船板 17 块。除了边缘船板因长期暴露于海床无法整体取出外，其余靠近船体主体部分船板全部完整地拆解、提取。

12 月 18 日，继续提取、登记、包装船体中北部船板 45 块，装箱 16 个。龙骨西侧的纵向宽大厚船板，拆解难度大。目前，除龙骨及龙骨两侧 4 块船板尚未提取外，其余已全部提取。船体西部发现第六层船板，保存现状很差，尽可能全部提取。同时，中部靠东部位也发现第六层船板残迹，仅保留痕迹和少量船板。由此推断，华光礁一号沉船的船体应由六层船板组成，一些部位仅或仅有五层，或仅保留至第五层。西侧船体边缘发现执壶、小口瓶等器物，多埋藏于第六层船板下，可能与船只沉没过程中船体向西倾斜，导致器物散落有关。

12 月 19 日，提取、登记、包装船体龙骨西侧的第五层船板 20 块，仅剩龙骨部分。

12 月 20 日，上午，提取东南部船板，完成遗址散落器物、散乱船板的采集，清理龙骨两侧珊瑚，完成平面、纵剖面的照相绘图。下午，龙骨分三段提起出水（原已自然断裂）。登记、包装大小船板 30 块，装箱 6 个。船体龙骨质地坚硬，接口完好，残长约 15 米，装入钢制框架，存放于工作船左舷甲板。至此，华光礁一号沉船遗址第二阶段发掘工作告一段落，自 11 月 22 日进入华光礁礁盘始至 12 月 20 日结束，历时 29 天，一共提取编号船板 511 块，装箱 176 个。

12 月 21 日，一组人员复查华光礁二号明代沉船遗址。发掘现场清理，整理、回收发掘设备，结束现场工作。中午 12 时，起锚，前往琛航岛避风。下午 5 时，三艘工作船（琼琼海 08098、08068、08011）抵达琛航岛港湾，驻泊避风。

12 月 22～26 日，受冷空气持续影响，西沙海域风大浪高，琛航岛港湾避风。

12 月 27 日，上午 7 时 30 分，驶离琛航岛；中午 12 时 40 分，驶离银屿；下午 5 时 30 分，经北礁灯塔，继续北上，驶返潭门港。

12 月 28 日，风大浪高，一路颠簸。下午 1 时，安全抵达潭门港。国家文物局文物保护与考古司柴晓明副司长、张磊副处长，中国国家博物馆考古部张威主任，海南省文体厅朱寒松副厅长、陈良处长，以及派员参加西沙水下考古工作的各省市兄弟单位领导，在码头迎接考古队归来。2008 年度西沙群岛华光礁一号沉船遗址水下考古发掘工作圆满结束。

12 月 29 日，上午，水下考古队召开工作总结会。下午，海南省文体厅组织召开华光礁一号沉船船体保护工作会议，朱寒松副厅长主持，决定由海南省博物馆总体负责沉船保护工作，成立由福建省泉州市海外交通史博物馆李国清研究员牵头，海南省博物馆业务人员为主，多家文物保护机构参加的华光礁一号沉船船体保护小组，开展后期保护工作。

本年度华光礁一号沉船遗址水下考古发掘工作前后历时 45 天，对华光礁一号沉船的船体进行了全面的发掘清理，完成测绘、拍照和录像记录后，拆解、提取了全部船体构件，为后续的保护和复原奠定了基础。其中，本年度共提取有编号船板 511 块，采集编号船板 48 块，专门制作了 244 厘米 ×47 厘米 ×35 厘米和 244 厘米 ×61 厘米 ×35 厘米两种规格的木箱 177 个，还采集了沉船不同部位的船板、舱料样品和珊瑚沙等环境样品近 100 个。本次发掘是继去年华光礁一号沉船遗址第一阶段发掘后，又一次大规模的远海水下考古发掘工作，也标志着华光礁一号沉船遗址野外发掘阶段全部结束，不仅出水了一大批船货，而且清理出水了一艘保存相对较好的宋代远洋商船船体，其结构和形制对研究宋代造船史和海外交通史具有重要意义。

2009 年

2 月，海南省博物馆组织专家初步制定了华光礁一号沉船船体保护工作计划。

5 月，中国国家博物馆水下考古研究中心组织专业人员着手编撰华光礁一号沉船遗址水下考古发掘报告，拟定了报告提纲和撰写人员分工，大致分为发掘过程、船体及构件、出水器物等内容。各负责人员按计划开始撰写。

12 月，陆续完成部分发掘报告初稿。

2011 年

4 月 15 日，根据国家文物局《关于华光礁Ⅰ号出水陶瓷器脱盐及保护修复方案的批复》（文物博函〔2011〕898 号）、《关于华光礁Ⅰ号出水铁器保护方案的批复》（文物博函〔2011〕899 号）、《关于华光礁Ⅰ号出水木船保护方案（Ⅰ期）的批复》（文物博函〔2011〕900 号），原则同意海南省文物局所报方案，组织开展各项保护工作实施。

10 月，海南省博物馆与中国文化遗产研究院签订沉船保护协议，保护周期为 38 个月。

2014 年

12 月 10 ～ 11 日，中国国家博物馆水下考古研究中心在广东阳江水下考古科研与培训基地，组织召开"水下考古报告整理与编撰座谈会"，讨论水下考古调查、发掘资料整理与考古报告编撰事宜，华光礁一号沉船遗址发掘报告列入出版计划。

2016 年

5 月 28 日，海南省博物馆组织召开华光礁一号出水陶瓷器脱盐及保护修复项目、华光礁一号出水木船保护项目（Ⅰ期）、华光礁一号出水铁器保护项目结项会。经专家组评议，同意结项。建议尽快开展华光礁一号出水木船保护项目（Ⅱ期）。

11 月 16 日，国家社会科学基金重大项目"西沙群岛出水陶瓷器与海上丝绸之路研究"获全国哲学社会科学规划办公室立项，项目批准号 16ZDA145，资助经费 80 万元。其中，"西沙群岛华光礁一号沉船遗址发掘报告编撰与研究"作为本项目的子课题二，继续开展相关研究。

2018年

9 月，基本完成考古发掘报告初稿，栗建安、赵嘉斌、孟原召开始统校、统改，再次商定报告文稿主要修改和补充内容，并反馈相关撰写人员修改意见。

10 月 17 日，海南省博物馆与中国文化遗产研究院签署协议，委托编制《华光礁 I 号出水木船保护项目（II 期）方案设计》。

2022年

2 月 7 日，国家文物局考古研究中心向海南省博物馆提交《馆藏可移动文物（华光礁 I 号沉船残体）保护修复方案》。

7 月 27 日，海南省博物馆向海南省旅游和文化广电体育厅报送《关于对馆藏可移动文物（华光礁 I 号沉船残体）保护修复方案进行审批的请示》（琼博字〔2022〕37 号），报告已于 7 月 12 日完成沉船残体文物定级评审鉴定工作，提请审批《馆藏可移动文物（华光礁 I 号沉船残体）保护修复方案》。

8 月 16 日，海南省文物局《关于海南省博物馆馆藏可移动文物（华光礁 I 号沉船残体）保护修复方案的批复》（琼文物便函〔2022〕93 号），原则同意《馆藏可移动文物（华光礁 I 号沉船残体）保护修复方案》，要求进一步完善并核准方案，要求按照相关技术标准做好可移动文物保护实施工作和实施效果评估。

（整理：赵嘉斌）

附录五　华光礁一号沉船考古散记

　　我曾长期工作于海南省文物管理部门，经历了华光礁一号沉船的发现、发掘的全过程，我想，把这其中的曲折过程和收获以散记的形式写出来，也算是对这项重要的考古工作有个交代吧。我也曾经是水下考古的一员，应该是与这批人的缘分难舍吧，不说点这些人的故事，恐怕对不住他们。由于在海边工作，加上初生牛犊不畏水，很自然便关注南海水下考古，这一关注几乎倾注了我和同伴的半生精力，青春奉献给了这片海洋。

　　南海考古始于 1974 年收复西沙之后，广东省先后做了两次工作。海南建省后，省文管办很快确立了主要发展海洋文化遗产保护的战略思路。为何要关注南海问题，源于我们对南海地缘的判断和对南海现状的焦虑。同时，人们对南海经济资源和安全的担忧逐渐明朗化，从海洋战略的视角，国家迟早会重视这片海洋的价值。正是基于这么一个时代环境，开始了南海水下考古的新探索，这些探索也纳入了国家文物局的视野，20 世纪 90 年代中国南海诸岛考古项目应运而生。1996 年以后，海南省文物保护管理办公室坚持不懈执行既定方向，取得了一个又一个的成功，影响日渐深远。

　　在最初时期，开展南海考古极其困难。从人力和投入方面，海南单方难以独立完成课题。所以"借鸡下蛋"是在学术资源匮乏条件下的首选战略思维，而中国历史博物馆成了唯一的合作伙伴，两家共同开启了南海考古的这片南风窗。二十余年来，水下考古的菁英们几乎无一例外地都潜入过这片蔚蓝的海洋，而且都无一例外地爱上了这片蔚蓝，也奉献了他们无悔的青春。那时候，去西沙是件非常不容易的事情，局外人也并没有完全认识到水下考古将来能为国家做些什么、会有何贡献。去南海要面临各种审批环节，一个环节的工作缺失，往往会导致队员们无法登船离岸去开展工作。但无论如何，随着一系列出色工作成果所带来的轰动效应，这批人的坚韧和奉献精神逐渐为社会所理解和尊重。我理解这一代水下考古人的价值观，至少他们自豪地曾经为这个国家、为这份事业努力过。

　　1996 年，经国家文物局批准，15 位同志挤在一艘只有 60 吨排水量的木质渔船上，船上仅有的几个 1.2 米宽的小舱位，每个舱位里要睡 2 位队员，有的人住不进舱位还要睡在通铺里，摇摇晃晃地来到了西沙。在北礁时，我们遇到了突如其来的热带风暴，迎着风暴来临的方向，我们加紧赶往琛航岛避风。途中，海浪滔天，昏天黑地，浪高已达到了 6 米，等到大家意识到可能将万劫不复的时候，大家默默地回到了自己的铺位，一切都是那么绝望，一切又是那么的坦然，没有悲鸣和焦躁。4 个小时后，大家惊魂甫定，我们幸运地驶入了琛航岛，那是唯一能够让我们重生的港湾，劫后余生的船长吴忠南先生仍心有余悸，告诉我们他也几乎绝望了。从那时起，我打心底里敬佩这些勇士，这是中国考古界的一批英雄。不论他们当时有多恐惧，有多后悔，起码为了自己的事业，他们来了，来得那么匆忙和无畏，以至于他们都没来得及考虑此行的凶险。这一年，海上调查分为陆地和水下两个小组。匆匆的半个来月，硕果累累，20余个岛礁都留下了考古人的足迹。这次在北礁、珊瑚岛等水下调查发现的丰富遗存给大家留下了深刻的印象。华光礁一号沉船遗址是在这一年被渔民发现的，而且被哄抢并爆破过。

1998年，大家决定再去西沙对水下文物进行一次抢救性发掘工作。3月，海南省文物保护管理办公室联合中国历史博物馆向国家文物局提出了西沙群岛北礁水下文物遗存抢救发掘工作的请示，并获得了有关方面的批准，外交部、海军也给予了积极配合。

1998年12月中，考古队成行了，张柏先生来给队员们送行。每次出行，总会在空气中弥漫着悲壮和自豪；而每次回归，队员们又总是满眼充盈着喜悦和踏实。这一年，队员们迎着咧咧的东北风度过了1999年元旦，当时正值华光礁一号沉船遗址考古试掘，他们将已经被海风吹得零落的国旗和队旗替下，换上了崭新的旗帜，国歌被人低吟唱起，随后汇响起雄壮的轰鸣，他们发自肺腑地为自己和祖国祝福。这是多么有趣的一批人啊！华光礁一号沉船遗址试掘历时13天，试掘面积25平方米。出水了800余件遗物，包括瓷器、铁器和木质标本。工作结束后，试掘区域又被重新回填。至此，华光礁一号沉船遗址的神秘面纱被这批人掀开了一角。

1999年之后，考古工作中断了。在此后将近8年间，沉船遗址继续遭受野蛮的盗掘和破坏，以至于许多考古数据都灭失了，非常可惜！由于不断的暴露，导致埋藏环境失衡，木质船体受生物和光照影响，变得更加酥松和脆弱，以至于出水后的木质标本在处理技术上遇到了很多困难，坚持考古工作的连续性和遗址保护的统筹安排是一项十分重要的工作，否则考古资料的缺失将是十分痛心的事情。

2003年，朱寒松先生任海南省文体厅副厅长，负责文化文物工作。上任之初，面对南海问题，他清楚应该为国家做些什么。不久，提出要我联系国家文物局和中国国家博物馆（中国历史博物馆已与中国革命博物馆合并，更名中国国家博物馆）的同行，希望能在西沙继续开展一些工作，为海南做点事。就这样，我们重提南海考古，大家十分振奋。此时距1999年已经相隔多年，中国水下考古也已经走入了一个新的阶段，实力得到了很大加强，具备了独立承担远海考古的能力。这一提议很快得到了国家博物馆和国家文物局的支持，期间，张柏、张威等先生给予了极大帮助。为了确保发掘工作有备无患，我决定先行赴华光礁做一次前期调查，2006年，我单独随渔船来到了华光礁，竟误打误撞又发现了3处新的遗址线索，并确认了华光礁一号沉船遗址仍有继续工作的价值。

2007年，水下考古队开始了华光礁一号沉船遗址的全面抢救发掘工作。这次工作历时55余天，经全面揭露遗址，获得船货一万余件，并意外发现船体仍保存得相当完好，尽管历经多次盗劫，船体的型制和复原数据比较完备，船体残长约18.4、残宽9米，船体平摊在海床上。鉴于船体相对完整，我积极呼吁将船体保护重视起来，并得到了国家博物馆同仁共识，经报国家文物局，第二阶段船体的发掘提取工作获得批准。

2008年，我们又重新启动了华光礁一号沉船船体的发掘工作。由于海生物影响和盗掘引起的埋藏环境变化，极度饱水的船体木构件，从初发现的坚硬状态，已经变得十分酥松。更因盗掘活动，使得船体由最初残长的 18.4 米缩短到 17 米，残宽也从 9 米缩短到 7.67 米，船体保存状况急剧恶化。所幸前期预案得当，我们对船体发掘采取了分层测量、记录，逐层揭取的解构方案，并获得成功。本次发掘历时一个半月，基本完成船体发掘和提取出水。这是继广东南海一号沉船整体打捞、整体保护尝试之后，我国水下考古对珊瑚沙埋藏环境下沉船发掘保护的又一次开拓性的工作。

华光礁一号沉船从 1996 年发现，到 2008 年全部出水，历时 12 年。水下考古工作不易，考古发掘工作的圆满完成，离不开水下考古人的不懈努力，在中国国家博物馆水下考古研究中心主持下，这群来自海南、山东、广东、福建、浙江、安徽、江西、湖北、辽宁、上海等地考古机构专业人员通力协作，沉船才得以全部发掘出水。在水下考古发掘期间，武警永兴岛边防所的黄石清少校给予考古队沿途护航的支持，提供了水下考古工作安全保障。

华光礁一号沉船的出水意义深远，这是一艘在远海海域中国水下考古人独立完成的水下考古发掘项目。船体结构特殊，地点意义重大：其一，有助于了解宋代航海技术和贸易状况；其二，该沉船位于南海核心地带，是我们在远海发现的唯一一艘接近完好的古代沉船，这对实证我国鲜明经略南海这一点意义尤为重大。

华光礁一号沉船的出水引起了社会轰动，海内外华人对南海的关注进入一个高涨时期。海南省注意到这一重要成果，国家南海博物馆的建设思路开始在最初的海南国际旅游岛设想之中逐渐清晰起来，当时选址考虑在永兴岛。

国家文物局对水下考古和本次水下考古发掘工作的高度重视。2008 年，时任国家文物局局长单霁翔先生在参加博鳌论坛会议后，考察了华光礁一号沉船遗址发掘现场，在讲话中对所有水下考古队员在艰苦条件下的工作表示慰问和感谢，对水下考古创建 20 年来的工作表示肯定。在永兴岛停留期间，我再次提起建设国家南海博物馆的话题，单霁翔先生颇为关注，他与朱寒松、陈良、王军等几位先生商议之后，初步形成了南海水下考古基地和南海博物馆比邻建设、统一规划、分步实施的发展战略，此是后话了。当然，由此也说明当初我们选择华光礁一号沉船开展水下考古工作是非常正确的。

木质船体的保护，在我们国家还是一项新课题。脱盐、脱硫、脱水技术虽然在国际上已有成熟的技术，但对于我们仍然是一项攻关课题。其难点在于整体的保护意识和观念不强，如何保护、如何研究、如何应用等问题，我们没有先例。十多年过去了，这个问题仍然没有实质性的改善。在以往水下考古工作中，沉船的船体发现较少，华光礁一号沉船的船体保存相对较好，十分难得。在这次发掘中，水下考古队有意识地针对沉船的后续复原和重建问题，采集了大量基础数据，包括原始的叠压关系、各种铆接关系、方位以及水质、珊瑚等海洋环境数据等，这些数据是保证未来开展船体保护和研究的基础。我希望在接下来的课题里，文物工作者更多地、全方位地致力于水下考古及相关领域的研究，甚至要更多地应用计算机技术，通过三维精测和计算机建模，实现船体和文物的复原工作，这不仅可解决修复问题，甚至还可以直接服务于展览陈列，服务于开发文化创意产品。遗憾的是，我因工作关系，不能继续为此付出努力，希望后来者能够更进一步，将南海的水下文化遗产保护工作做得更加精彩，将这份中华优秀传统文化更好地延续下去、传承下去。

　　华光礁一号沉船遗址的发掘工作已经过去十四载，凝结着一批水下考古人心血的《华光礁一号沉船遗址发掘报告》即将付梓，希望这是一部闯海考古人的重要报告，不仅在于其丰富多彩的考古过程，更希望其翔实的实物资料，能够为南海问题提供更加客观的文物史料。

（撰写：王亦平）

附录六　华光礁一号沉船文献著作目录

一　考古报告

中国国家博物馆水下考古研究中心、海南省文物保护管理办公室:《西沙水下考古（1998～1999）》，科学出版社，2006年。

海南省博物馆、海南省文物考古研究所:《1996年西沙文物普查》，科学出版社，2020年。

二　展览与图录

1.展览

大海的方向——华光礁Ⅰ号沉船特展，海南省博物馆，2011年11月。本展览荣获第十届（2011～2012年度）全国博物馆十大陈列展览精品奖。

华光礁一号沉船特展巡展，以海南省博物馆特展为原型，展览名称略有不同:南海遗珍——西沙华光礁沉船宝藏展，首都博物馆，2013年8月；大海的方向——西沙华光礁一号沉船宝藏展，河南博物院，2013年10月；华光礁Ⅰ号沉船特展，山西博物院，2013年12月；南海遗珍——西沙华光礁Ⅰ号沉船特展，宁夏回族自治区博物馆，2014年3月；扬帆南海——华光礁1号沉船出水文物特展，浙江省博物馆，2014年5月；大海的方向——华光礁Ⅰ号沉船特展，新疆维吾尔自治区博物馆，2014年8月；大海的方向——华光礁Ⅰ号沉船特展，四川博物院，2015年1月；碧海遗珍——华光礁Ⅰ号沉船特展，甘肃省博物馆，2015年5月；大海的方向——华光礁Ⅰ号沉船特展，呼伦贝尔民族博物院，2015年7月；大海的方向——华光礁Ⅰ号沉船特展，黑龙江省博物馆，2015年9月；问海——华光礁Ⅰ号沉船特展，南京博物院，2016年4月；南海归帆——西沙华光礁Ⅰ号沉船特展，河北博物院，2016年8月；大海的方向——西沙华光礁一号沉船特展，吉林省博物院，2016年11月。

八百年守候——华光礁Ⅰ号沉船特展，中国（海南）南海博物馆，2018年5月。

南溟泛舸——南海海洋文明陈列，海南省博物馆，2017年5月。

涨海推舟千帆竞渡——南海水下文化遗产大展，青岛市博物馆，2021年3月。

丝路帆远——海上丝绸之路文物精品七省联展，福建博物院，2013年10月；山东博物馆，启航——海上丝绸之路特展，2014年8月；广西壮族自治区博物馆，2015年1月；海南省博物馆，2015年12月；新疆维吾尔自治区博物馆，2016年4月；甘肃省博物馆，2016年8月。

直挂云帆济沧海——海上丝绸之路特展，国家文物局、福建省政府、北京市政府，首都博物馆，2014 年 4 月。

中国国家博物馆水下考古成果展，中国国家博物馆，2012 年 7 月。

CHINA 与世界——海上丝绸之路沉船和贸易瓷器大展，南京市博物总馆，宁波博物馆，上海中国航海博物馆，三馆联展，2017 年 9 月。

浮槎万里——中国古代陶瓷海上贸易展，中国国家博物馆，2020 年 9 月。

2. 图录

中国国家博物馆水下考古研究中心、宁波市文物考古研究所：《传说中的那片海——西沙水下考古·生活·风光摄影集》，中国民族摄影艺术出版社，2007 年。

海南省博物馆：《大海的方向——华光礁Ⅰ号沉船特展》，凤凰出版社，2011 年。

山西博物院、海南省博物馆：《华光礁Ⅰ号沉船遗珍》，山西人民出版社，2013 年。

浙江省博物馆：《扬帆南海——华光礁Ⅰ号沉船出水文物特展》，中国文化出版社，2014 年。

河北博物院、海南省博物馆：《南海归帆——西沙华光礁Ⅰ号沉船特展》，河北美术出版社，2017 年。

海南省博物馆：《南溟泛舸——南海海洋文明陈列》，南方出版社，2018 年。

福建博物院：《丝路帆远——海上丝绸之路文物精萃》，福建教育出版社，2013 年。

国家文物局：《海上丝绸之路》，文物出版社，2014 年。

中国国家博物馆：《中国国家博物馆水下考古成果》，安徽美术出版社，2015 年。

南京市博物总馆、宁波博物馆、上海中国航海博物馆：《CHINA 与世界——海上丝绸之路沉船和贸易瓷器》，文物出版社，2017 年。

中国国家博物馆：《浮槎万里——中国古代陶瓷海上贸易展》，北京时代华文书局，2020 年。

3. 其他

黄小钰：《"南海遗珍——西沙华光礁沉船宝藏展"的创意与策展》，《北京文博文丛》2014 年第 3 辑，北京燕山出版社，第 98 ～ 102 页。

三　研究论著

1. 水下考古与文物研究

孙键：《揭秘华光礁一号沉船》，《华夏地理》2007 年第 10 期，第 158 ～ 169 页。

张威：《南海丝路遗珍——西沙群岛华光礁一号沉船》，《南海水下文化遗产》第一辑，江苏人民出版社，2015 年，第 142 ～ 145 页。

孟原召：《华光礁一号沉船与宋代南海贸易》，《博物院》2018 年第 2 期，第 11 ～ 26 页。

包春磊：《南海"华光礁Ⅰ号"沉船水下考古试析》，《南海学刊》2015 年第 3 期，第 55 ～ 59 页。

符洪洪：《略谈西沙"华光礁一号"沉船船体发掘技术与经验》，《风景名胜》2019年第7期，第228页。

郝思德、张聪：《华光礁Ⅰ号沉船考古发掘及其历史价值》，第三届海上丝绸之路文化遗产保护论坛论文集，海南博鳌，2017年12月，第181～190页。

俞嘉馨：《南海归帆——由西沙华光礁Ⅰ号沉船说开去》，《中国文化遗产》2013年第4期，第68～75页。另以《南海归帆情何以堪——关于西沙华光礁Ⅰ号沉船》为题收录于《中外文化交流》2013年第12期（第62～69页）。

羊泽林：《从西沙华光礁一号沉船上的青釉褐彩器看福建釉下彩瓷的生产及外销》，《中国古陶瓷研究》第十四辑，紫禁城出版社，2008年，第11～20页。

冯冕：《从华光礁一号出水青白瓷看景德镇对福建青白瓷生产的影响》，中国古陶瓷学会：《外销瓷器与颜色釉瓷器研究》，故宫出版社，2012年，第75～84页。

包春磊：《华光礁Ⅰ号海船出水"开元通宝"铜钱刍议》，《中国钱币》2021年第1期，第54～58页。

张聪：《论华光礁Ⅰ号沉船出水茶器与宋代茶叶海外贸易之关系》，《农业考古》2022年第2期，第56～60页。

刘爱虹：《"华光礁Ⅰ号"沉船出水陶瓷器概览》，《文物天地》2017年第6期，第41～48页。

2.造船技术研究

龚昌奇：《华光礁一号宋代古船技术复原初探》，《国家航海》第二十辑，上海古籍出版社，2018年，第71～88页。

蔡薇、席龙飞、顿贺、李铖、吴轶钢：《基于测绘综合信息的华光礁Ⅰ号沉船船长及线型的推断》，《中国文化遗产》2019年第4期，第34～39页。

包春磊：《"华光礁Ⅰ号"海船的复原设计及三维模型建立》，《博物院》2021年第2期，第130～136页。

袁晓春：《南海"华光礁Ⅰ号"沉船造船技术研究》，《南海学刊》2018年第2期，第61～69页。

袁晓春：《"华光礁Ⅰ号"宋朝沉船与马可·波罗》，《船史研究》2018年刊（总第24期），武汉理工大学出版社，2018年，第139～145页。

袁晓春：《马可波罗对海上丝绸之路中国造船技术的记载与传播》，《南海学刊》2016年第1期，第108～112页。

包春磊：《"华光礁Ⅰ号"南宋沉船船体构件的用材分析》，《文物保护与考古科学》2020年第4期，第58～65页。

3.出水文物保护研究

包春磊、刘爱虹：《"华光礁Ⅰ号"南宋沉船保护（Ⅰ期）与研究》，文物出版社，2021年。

张月玲、付永海、张可：《西沙"华光礁一号"出水文物科学保护》，《东亚文化遗产保护学会第二次学术研讨会论文集》，科学出版社，2013 年，第 363 ～ 370 页。

　　包春磊：《"华光礁一号"南宋沉船出水文物的保护》，《南海水下文化遗产》第一辑，江苏人民出版社，2015 年，第 67 ～ 78 页。

　　刘东坡：《海洋出水南宋古沉船饱水木构件的定形保护》，《东方博物》第 55 辑，中国书店，2015 年，第 115 ～ 119 页。

　　符燕：《出水沉船的保护——以华光礁Ⅰ号沉船为例》，《中国文化遗产》2019 年第 4 期，第 40 ～ 43 页。

　　马丹、郑幼明：《"华光礁一号"南宋沉船船板中硫铁化合物分析》，《文物保护与考古科学》2012 年第 3 期，第 84 ～ 89 页。

　　包春磊：《"华光礁Ⅰ号"南宋沉船的发现与保护》，《大众考古》2014 年第 1 期，第 35 ～ 41 页。

　　包春磊：《"华光礁Ⅰ号"沉船木材降解评价及硫铁化合物分析》，《文物保护与考古科学》2021 年第 5 期，第 60 ～ 70 页。

　　罗武干、李乃胜、杨益民、陈岳、张朋：《"华光礁Ⅰ号"沉船出水凝结块的工业 CT 扫描分析》，全国射线数字成像与 CT 新技术研讨会论文集，上海，2010 年 7 月，第 145 ～ 147 页。

　　杨传森、王菊琳、张治国：《华光礁出水铁器腐蚀产物及脱盐研究》，《化工学报》2011 年第 9 期，第 2582 ～ 2587 页。

　　包春磊：《华光礁Ⅰ号出水铁器文物的腐蚀与保护措施》，《腐蚀与防护》2012 年第 7 期，第 614 ～ 617、625 页。

　　刘薇、张治国、李秀辉、马清林：《中国南海三处古代沉船遗址出水铁器凝结物分析》，《中国国家博物馆馆刊》2011 年第 2 期，第 145 ～ 156 页。

　　包春磊：《"华光礁Ⅰ号"沉船出水铜钱的腐蚀情况》，《腐蚀与防护》2022 年第 4 期，第 40 ～ 46 页。

　　李乃胜：《海洋出水瓷器保护研究》，科学出版社，2016 年。

　　陈岳、李乃胜、罗武干、王昌燧：《华光礁Ⅰ号出水瓷器脱盐方法研究》，《江汉考古》2013 年第 1 期，第 117 ～ 122 页。

　　李文静、陈岳、李乃胜、李斌、罗武干：《"华光礁Ⅰ号"沉船出水瓷器"保护性损伤"量化评估的 ICP-AES 分析》，《光谱学与光谱分析》2015 年第 35 卷第 3 期，第 772 ～ 776 页。

　　包春磊、贾世杰、符燕、刘爱虹：《"华光礁Ⅰ号"沉船出水青白瓷表面沉积物的分析》，《化学研究》2014 年第 25 卷第 1 期，第 76 ～ 81 页。

　　包春磊：《华光礁出水瓷器表面黄白色沉积物的分析及清除》，《化工进展》2014 年第 5 期，第 1108 ～ 1112、1141 页。

　　包春磊：《"华光礁Ⅰ号"出水青白瓷表面沉积物的分析》，《化学研究》2014 年第 1 期，第 76 ～ 81 页。

黄洁：《运用扫面电镜对华光礁出水瓷器瓷胎的研究》，《首都博物馆丛刊》第 24 辑，北京燕山出版社，2010 年，第 400 ～ 404 页。

胡晓伟：《几件西沙华光礁Ⅰ号沉船遗址出水瓷器的保护研究》，《文物保护与考古科学》2013 年第 4 期，第 54 ～ 64 页。

包春磊：《西沙群岛出水古陶瓷的特征及其保护》，中国古陶瓷学会：《外销瓷器与颜色釉瓷器研究》，故宫出版社，2012 年，第 25 ～ 33 页。

张月玲：《我国海洋出水文物保护技术现状分析》，《中国国家博物馆馆刊》2012 年第 6 期，第 133 ～ 139 页。

4.相关水下考古与南海沉船发现

蒋迎春：《西沙群岛文物普查获丰硕成果》，《中国文物报》1996 年 7 月 14 日第 1 版。

郝思德、王大新：《'96 西沙群岛文物普查》，《中国考古学年鉴·1997》，文物出版社，1999 年，第 216 ～ 217 页。

郝思德：《南海考古》，广西师范大学出版社，2011 年。

郝思德：《南海文物》，《海南历史文化大系·文博卷》，南方出版社、海南出版社，2008 年。

范伊然：《南海考古资料整理与述评》，科学出版社，2013 年。

赵嘉斌：《南海海域水下考古工作概况——以西沙群岛水下考古调查与文物巡查为重点》，《南海水下文化遗产》第一辑，江苏人民出版社，2015 年，第 47 ～ 58 页。

孟原召：《西沙群岛海域古代沉船》，宋建忠：《中国沉船考古发现与研究》第十一章，科学出版社，2021 年，第 167 ～ 212 页。

张威：《水下考古学及其在中国的发展》，《水下考古学研究》第一卷，科学出版社，2012 年，第 1 ～ 12 页。

赵嘉斌：《水下考古学在中国的发展与成果》，《水下考古学研究》第一卷，科学出版社，2012 年，第 13 ～ 56 页。

张威：《探海寻踪——南海海上丝绸之路水下考古》，《生态文明世界》2016 年第 4 期，第 32 ～ 43 页。

栗建安：《海上丝绸之路的中国水下考古概述》，《文物保护与考古科学》2019 年第 4 期，第 128 ～ 133 页。

吴春明：《环中国海沉船——古代帆船、船技与船货》，江西高校出版社，2003 年。

刘淼、胡舒扬：《沉船、瓷器与海上丝绸之路》，社会科学文献出版社，2017 年。

孟原召：《中国境内古代沉船的考古发现》，《中国文化遗产》2013 年第 4 期，第 54 ～ 65 页。

孟原召：《古代沉船遗迹的考古发现——以中国及东南亚海域为中心》，上海博物馆：《大唐宝船——黑石号沉船所见 9 ～ 10 世纪的航海、贸易与艺术》，上海书画出版社，2020 年，第 100 ～ 173 页。

焦天龙：《南海南部地区沉船考古的实践与问题》，《南海水下文化遗产》第一辑，江苏人民出版社，2015 年，第 32 ～ 40 页。

童歆：《9 ～ 14 世纪南海及周边海域沉船的发现与研究》，国家文物局水下文化遗产保护中心：《水下考古学研究》第二卷，科学出版社，2016 年，第 45 ～ 101 页。

路昊：《中国境内宋代沉船的发现与研究》，国家文物局水下文化遗产保护中心：《水下考古》第一辑，上海古籍出版社，2017 年，第 128 ～ 137 页。

5. 相关外销瓷与南海贸易研究

栗建安：《中国水下考古"六大发现"——海上丝绸之路上的中国古代外销瓷》，《国际博物馆（中文版）》2008 年第 4 期，第 106 ～ 113 页。

赵嘉斌：《海上丝绸之路上的中国古代外销瓷——中国水下考古的工作与发现》，《中国古陶瓷研究》第十四辑，紫禁城出版社，2008 年，第 1 ～ 10 页。

孟原召：《中国水下考古发现的陶瓷器概述》，中国国家博物馆：《中国国家博物馆水下考古成果》，安徽美术出版社，2015 年，第 317 ～ 339 页。

孟原召：《海上丝绸之路上的陶瓷生产与贸易》，陈同滨、陈凌：《丝路遗迹·生产篇》，中国建筑工业出版社，2021 年，第 1 ～ 87 页。

刘未：《中国东南沿海及东南亚地区沉船所见宋元贸易陶瓷》，《考古与文物》2016 年第 6 期，第 65 ～ 75 页。

孙键：《南海沉船与宋代瓷器外销》，《中国文化遗产》2007 年第 4 期，第 32 ～ 45 页。另以《南海沉船与宋瓷外销》为名收录于《中外文化交流》2008 年第 1 期（第 6 ～ 13 页）。

栗建安：《产自闽山拾之南海——记西沙群岛水下考古调查发现的福建陶瓷》，中国古陶瓷学会：《外销瓷器与颜色釉瓷器研究》，故宫出版社，2012 年，第 1 ～ 10 页。

栗建安：《从水下考古的发现看福建古代瓷器的外销》，《海交史研究》2001 年第 1 期，第 98 ～ 106 页。

栗建安：《福建地区宋元时期外销瓷研究的若干问题》，《十二至十五世纪中国外销瓷与海外贸易国际研讨会论文集》，（香港）中华书局，2005 年，第 30 ～ 46 页。

栗建安：《从山林到海洋——贸易全球化中的福建陶瓷生产与外销》，栗建安主编《考古学视野中的闽商》，中华书局，2010 年，第 1 ～ 67 页。

林国聪：《我国水下考古中所见的龙泉青瓷》，《中国古陶瓷研究》第十四辑，紫禁城出版社，2008 年，第 37 ～ 47 页。

吴寒筠、李灶新、肖达顺、崔剑锋：《广州南越国宫署遗址和"南海Ⅰ号"沉船出土酱釉器产地分析》，《文博学刊》2022 年第 2 期，第 30 ～ 39 页。

李庆新：《南宋海外贸易中的外销瓷、钱币、金属制品及其他问题——基于"南海Ⅰ号"沉船出水遗物的初步考察》，《学术月刊》2012 年第 9 期，第 121 ～ 131 页。

胡舒扬：《宋代中国与东南亚的陶瓷贸易——以鳄鱼岛沉船（Pulau Buaya wreck）资料为中心》，上海中国航海博物馆：《人海相依——中国人的海洋世界》，上海古籍出版社，2014 年，第 48 ～ 67 页。

焦天龙：《南海南部地区沉船与中国古代海洋贸易的变迁》，《海交史研究》2014 年第 2 期，第 9 ～ 25 页。

魏峻：《13 ～ 14 世纪亚洲东部的海洋陶瓷贸易》，《文博学刊》2018 年第 2 期，第 73 ～ 80 页。

吴春明：《从沉船考古看海洋全球化在环中国海的兴起》，《故宫博物院院刊》2020 年第 5 期，第 43 ～ 70 页。

（整理：孟原召、路昊）

编后记

这是一艘遗留在西沙群岛的距今约 860 年的远洋贸易商船，它承载着先辈们乘风破浪、征服海洋的伟大梦想！

这是一部记录水下考古工作者发掘再现这一帧生动历史画面的考古报告，也承载着中国水下考古人首次远海发掘、不畏艰辛的时代之梦！

华光礁一号沉船遗址的发掘，经过 2007 年遗址清理揭露、船内遗物堆积发掘出水和 2008 年船体遗迹发掘、船体构件拆解提取出水两个阶段，是我国水下考古工作中从船货到船体全面、系统发掘出水的首个典型案例，也是我国水下考古 35 年来远海水下考古发掘工作的成功实践。由于西沙群岛具有极佳的水下能见度，水下考古人员在发掘时做了大量的测绘和影像记录，这批资料内容丰富、记录翔实，最为关键的是极为清晰，为我们整理、研究和未来复原、重建沉船面貌提供了十分重要的原始资料。我们本着系统、全面、准确、客观地报导发掘中所得资料的报告编撰原则，本书尽量多地呈现不同阶段、不同区域、不同层位、不同类别的各类遗存信息，个别图片虽有局部重叠，但我们仍然尽多刊布，以期不同的研究者可以从中获取新的认识，也不枉这批中国水下考古工作中记录最为清晰、最为细致的水下图像资料，也不枉这群远离大陆、长期飘摇在渔船上并在炎炎烈日下坚持奋战在水下作业到瑟瑟发抖的水下考古人的付出，这一点在此略作说明。

华光礁一号沉船遗址发掘工作是在国家文物局指导和支持下，在海南省文化广电出版体育厅（现海南省旅游和文化广电体育厅）协调支持下，在中国国家博物馆、海南省文物保护管理办公室（现海南省文物局）的统筹协调下，由中国国家博物馆牵头，与海南省文物保护管理办公室、海南省文物考古研究所（海南省博物馆）合作完成的，并得到了全国其他省（市）兄弟单位和水下考古专业人员的鼎力支持。在此，我们感谢 2007 年和 2008 年发掘工作中付出辛苦努力的水下考古队员们：中国国家博物馆张威、赵嘉斌、孙键、徐海滨、李滨、鄂杰，海南省文物保护管理办公室王亦平、黎吉龙，海南省文物考古研究所（海南省博物馆）蒋斌、王明忠、李钊，海口市文物局姜涛，海口市博物馆符洪洪，辽宁省文物考古研究所冯雷，青岛市文物局邱玉胜，上海博物馆翟杨，宁波市文物考古研究所褚晓波、林国聪、王光远、罗鹏，安徽省文物考古研究所张辉，安徽省博物馆魏宏伟，吉安市博物馆曾瑾，武汉市文物考古研究所王浩，荆州市博物馆邓启江，福建博物院栗建安、楼建龙、羊泽林、王芳、宋蓬勃，福州市文物考古工作队朱滨、张勇、周春水，泉州市博物馆张红兴、吕睿，广东省文物考古研究所刘志远，阳江市博物馆张万星，桂林甑皮岩遗址博物馆韦军；以及参加发掘工作的上海中国航海博物馆王军，职业潜水员杨水德、杨松炎、张建星、张其能、林振华、杨志胜，福建省电视台水下摄影师张利诚，水面辅助技术人员邱秀华，后勤支持人员琼海市博物馆陈贻爱、何声乐等。其中，张威为项目负责人兼潜水安全总监，赵嘉斌为执行队长兼潜水安全监督，王亦平为执行队长，2008年黎吉龙为副队长；2007年，发掘组由邱玉胜负责，测绘由林国聪、羊泽林负责，文物组由孙键、王明忠负责，摄影组由李滨负责，摄影拼接由冯雷、曾瑾负责，设备组由朱滨负责；2008年，发掘组由栗建安负责，水下测绘由楼建龙、羊泽林、周春水负责，出水后船体构件测绘由王光远、翟杨负责，文物组由鄂杰、王明忠负责，摄影组由李滨负责，摄影拼接由冯雷、曾瑾负责，设备组由朱滨负责。

感谢关心和支持本项发掘工作的国家文物局和海南省文化广电出版体育厅领导，以及海南省外事办公室，海南省西、南、中沙群岛办事处，琼海市文化广电出版体育局，海南省西、南、中沙群岛永兴边防派出所，海南省琼海市潭门边防派出所等各级领导的支持与帮助。

感谢发掘期间的工作船琼琼海08068号、08098号、08077号、08011号渔船和李献忠、吴忠南、吴忠越、李高成等全体船员。

发掘工作结束后，我们即组织了华光礁一号沉船发掘资料的整理和报告的编撰。2007年8月，赵嘉斌负责联络海南省博物馆，将2007年发掘出水的200多筐（箱）文物标本运至广东阳江海陵岛中国国家博物馆水下考古科研与培训基地，并组织中国国家博物馆、福建博物院等专业人员，进行集中整理。参加本阶段整理工作的有：中国国家博物馆赵嘉斌、孙键、徐海滨、李滨、吴国培，海南省博物馆王明忠、叶帆、李钊，福建博物院栗建安，北京大学考古文博学院孟原召。由于出水标本按出水探方分类存放，瓷器原始堆积主要集中于T0616、T0617、T0716、T0717四个探方，又因沉船受破坏严重，船舱结构已不明显，故确定分类统计按探方进行，以产地、釉色先分大类，其下再分细类，不分式，以此列表记录特征、统计数量，此项分类统计工作主要由孟原召负责，当时我们确定的原则就是"所发现的材料全部刊布"，目标是"做一本水下考古报告的典范"。栗建安负责挑选报告用标本，徐海滨、李滨负责报告用文物摄影。同年10月，继续进行整理，栗建安挑选标本，羊泽林填制器物卡片，测绘技术人员陈建国和福州市文物考古工作队赵秀玉、赵荣娣绘制线图，并由陈建国统一描绘矢量线图。船体遗存发掘结束后，2009年5月，赵嘉斌即委托栗建安统筹发掘报告的撰写工作，并作了明确分工；同年12月，报告初稿已经初步完成。但是，报告的修改审定工作因种种原因一直未能如愿，2016年华光礁一号沉船遗址发掘报告纳入国家社科基金重大项目"西沙群岛出水陶瓷器与海上丝绸之路研究"子课题之一以后，进展仍然缓慢。直至今年初，在国家文物局考古研究中心唐炜主任的强力督促下，报告终得以完稿付样。

华光礁一号沉船遗址出水文物也是几经辗转，绝大部分出水文物现藏于海南省博物馆，包括所有的船体构件；但是，发掘报告采用的出水遗物即2007年出水器物标本，则大部分收藏于中国国家博物馆，从海口到阳江，从阳江至北京，又多次辗转于水下考古研究中心的不同阶段的不同的临时文物库房。因此，这批资料也随着迁移转运而被不断地登记、整理，直至2014年将其正式点交给中国国家博物馆藏品保管一部文物库房。

在后期的文物整理与报告编撰中，得到中国国家博物馆、国家文物局考古研究中心的大力支持，工作由赵嘉斌统筹协调，文物整理和报告编撰由孟原召负责，参加人员有赵嘉斌、孟原召、牛健哲、聂政、路昊、王霁、王亦晨、鄂杰、邓启江、于慧楠。部分后补的器物照片由王霁拍摄，部分金属器由邓启江拍照、绘图。沉船遗迹图、船体构件线图和器物线图，由吉林大学林雪川在原矢量图的基础上修改转绘而成栅格图。瓷器成分测试与分析由北京大学崔剑锋、吴寒筠完成；船体构件树种鉴定由中国林业科学研究院木材工业研究所郭娟、姜笑梅完成。

需要说明的是，报告用文物标本后来作了统一编号，以致于缺失了原始探方记录号，各类器物统计数据也曾一度缺失，这与原始初衷可谓差之千里。后几经周折，幸寻回当初详细的出水遗物分类统计数据，并将其统计数量分门别类地一一补入各类器物之后，这样才得以将这 10823 件文物全部刊布，原始统计数据亦作为附录列于后，希望有惠学界。

本报告编撰由孟原召主编，在赵嘉斌支持协调下、在栗建安前期整理和初步统稿基础上，进行了最终稿的修改、补充和校订。期间，孟原召重新核定了出水遗物的数量和分类体系；邓启江重新排定了船体遗存内容，并核对了船体构件的分层与分类；孟原召、赵嘉斌一起选择并核定了全书用图。报告各部分执笔情况如下：

第一章：张威。

第二章：第一节路昊；第二节林国聪；第三节邓启江、张辉；第四节冯雷；第五节曾瑾；第六节王光远。

第三章：第一节楼建龙、邓启江；第二节周春水、张红兴、邓启江。

第四章：第一节羊泽林、孟原召；第二节邓启江；第三节孟原召。

第五章：第一节吴寒筠、崔剑锋、孟原召、孙键；第二节席光兰。

第六章：孟原召。

附录一由路昊整理；附录二、附录三由孟原召整理；附录四由赵嘉斌整理；附录五由王亦平撰写；附录六由孟原召、路昊整理。英文摘要由辛光灿翻译。

最后，全部书稿由孟原召进行了统稿。

因时间久远，内容多而杂，记录亦时有抵触，亦或有差，如有讹误，其责全在主编，还望诸君海涵。

本报告是一项集体成果，我们是站在前人的肩膀上，才有机会向学术界展示这项中国水下考古的重要成果，展示宋代海上丝绸之路的繁盛和宋代造船技术、外销陶瓷和海外贸易的历史细节，也才能向世人展现中国水下考古人的执着品质、奉献精神和乐观情怀，也希望这本报告的出版能够助力中国水下考古事业继续前行，继续探索那淹没于深邃蓝色下的文明。

最后，感谢责任编辑秦或为本书付出的辛劳，让我们能在这个瘟疫肆虐的冬季以最快的速度嗅到这淡淡的墨香。

编者

2022 年 12 月 12 日